Werner Rau

MOBIL REISEN

OSTSEE-RUNDE

„BALTIC SEA CIRCLE“

Werner Rau

MOBIL REISEN

OSTSEE -RUNDE

Mobile Touring Highlights – Die Grand Tour
für individuelles Wohnmobil-Cruising,
Caravaning, Van-Camper- und Auto-Touring durch
Pommern und Masuren (Polen), Kaliningrad,
die Baltischen Länder Litauen, Lettland und Estland,
Sankt Petersburg,
Südfinnland, Südostschweden und
Dänemark (Insel Seeland)

Mit vor Ort erfassten GPS-Koordinaten

WERNER RAU VERLAG STUTTGART

Idee, Layout, Text, Karten, Stadtpläne und Fotos (falls nicht anders gekennzeichnet): Werner Rau

Titelfotos: Sankt Petersburg, Peterhof – Windmühlen auf der Insel Saaremaa, Estland – Riga, Schwarzhäupterhaus und St. Petrikirche, Lettland.

4. komplett überarbeitete Auflage 2021/2022

Herstellung: Druckerei & Verlag Steinmeier, 86738 Deiningen
Printed in Germany

ISBN 978-3-926145-88-8
Geo Nr. 663 10189

INHALT

Zum Kennen Lernen

Mobil Reisen – Die schönsten Auto- & Wohnmobil-Touren
OSTSEE-RUNDE – „Baltic Sea Circle"

Polen

Kaliningrad (Königsberg)

Litauen (Lietuva)

Lettland (Latvia)

Estland (Eesti)

Extra-Infos

Karten und Stadtpläne

KURZPORTRÄTS DER OSTSEESTAATEN

Baltikum

Das Baltikum besteht aus den drei souveränen Staaten **Litauen (Lietuva, LT)**, **Lettland (Latvija, LV)** und **Estland (Eesti, EST),** die alle drei an die Ostsee grenzen.

Von Nord nach Süd kann man sich die Reihenfolge der Länder ganz einfach merken, indem man sie alphabetisch aufzählt.

Das nördlichste Land, Estland, grenzt an Russland sowie im Süden des Landes an Lettland. Dieses wiederum grenzt an Belarus (Weißrussland) und Russland sowie an Litauen. Der südlichste der drei baltischen Staaten grenzt nicht nur an Belarus und Polen, sondern auch an die russische Exklave um Kaliningrad, dem ehemaligen Königsberg.

Im Baltikum leben rund 6 Mio. Menschen. Es umfasst eine **Fläche** von ca. 175.016 qkm und ist damit knapp halb so groß wie die Bundesrepublik Deutschland.

Auf **Litauen (Lietuva**) als größtem der drei Staaten entfallen 65.300 qkm. Dies entspricht in etwa der Größe von Niedersachsen und Sachsen-Anhalt zusammen. Dafür hat Litauen allerdings den kürzesten Küstenabschnitt von nur 99 Kilometer Länge, inklusive einer der schönsten Küsten Europas, der Kurischen Nehrung.

Der flächenmäßig zweitgrößte Staat **Lettland (Latvija)** ist mit 64.589 qkm nur etwas kleiner als Litauen. Lettland hat von den drei Staaten die längste West-Ost-Ausdehnung von knapp 450 km Länge. Bei einem Blick auf die Karte fällt in Lettland als erstes die Rīgaer Bucht auf, die im Norden von der estnischen Insel Saaremaa flankiert wird.

Estland (Eesti) ist mit seinen 45.339 qkm der kleinste baltische Staat und im Vergleich etwas kleiner als Niedersachsen.

Wer vom Baltikum spricht, darf aber dabei auch nicht das russische Gebiet um Königsberg vergessen. Diese Exklave grenzt im Süden an Polen und im Norden und Osten an Litauen, sowie im Westen an die Ostsee. Hier teilt sich Russland die Kurische Nehrung mit Litauen.

Dänemark

Das Königreich Dänemark (dänisch: *Kongeriget Danmark*), ältestes Königreich Europas, liegt zwischen Nord- und Ostsee und grenzt im Süden mit der Halbinsel Jütland an Schleswig-Holstein.

Größe des Landes: 43.094 qkm, davon entfallen auf die Halbinsel Jütland etwa 30.100 qkm (70%), der Rest verteilt sich auf gut 470 Inseln, von denen etwa 100 bewohnt sind. Die größten Inseln sind Seeland (7.025 qkm), Fünen (2.980 qkm), Lolland (1.245 qkm), Bornholm (590 qkm) und Falster (515 qkm). Ebenfalls zu Dänemark gehören – wenn auch unter autonomer Verwaltung – die Färöer Inseln und Grönland.

Die Länge der dänischen Küste misst annähernd 7.500 km! Die Landgrenze hingegen nur 67 km.

Bevölkerung: 5,7 Mio. Einwohner. Der ganz überwiegende Teil der Bevölkerung (ca. 87 %) gehört der evangelisch-lutherischen Glaubensrichtung an. Bevölkerungsdichte: 128,48 Einw./qkm.

Hauptstadt: Kopenhagen, rund 602.000 Einw. (ca. 1,22 Mio. Einw. inkl. der Außenbezirke).

Staatsform: Konstitutionelle Monarchie. Demokratische Regierungsform seit 1849 mit Einführung des Grundgesetzes.

Ein-Kammer-Parlament (Folketing) mit 179 Abgeordneten, inkl. je zwei Parlamentariern aus Grönland und von den Färöern. **Staatsoberhaupt** ist Königin Margrethe II. (seit 1972).

Landesnatur: Dänemark besteht aus der großen **Jütischen Halbinsel**, sowie aus den **Inseln Seeland, Fünen, Lolland, Falster, Møn, Langeland, Ærø, Alsen, Bornholm** und diversen kleineren Insel.

Das recht dicht besiedelte und landwirtschaftlich intensiv genutzte Land weist kaum nennenswerte Erhebungen auf. Lediglich einige aus der Eiszeit übriggebliebenen Endmoränen bilden „Berge" um 170 m Höhe.

Wirtschaftliche Schwerpunkte: Landwirtschaft mit ausgezeichneter Viehzucht und ausgedehntem Getreideanbau; verarbeitende Industrie landwirtschaftlicher Produkte; metallverarbeitende und Textilindustrie; Fischfang und damit verbundene Industriezweige. Exportiert werden vor allem Fleisch-, Milch- und Fischprodukte und Erzeugnisse der Maschinenindustrie.

Dänisches Design im Bereich des Kunsthandwerks und der Innenarchitektur wird weltweit geschätzt.

Führend im Bereich der Technologie von Windenergie.

Die **Nationalflagge „Danebrog"** ist ein querliegendes weißes Kreuz auf rotem Grund.

Längster Fluss ist mit 160 km Länge die **Gudenå** in Jütland.

Im Osten Mitteljütlands, südwestlich von Skanderborg, findet man auch die **höchsten Erhebungen** Dänemarks: Yding Skovhøj, 173 m hoch und Ejer Bavnehøj, 171 m hoch.

Estland

Bevölkerung: In Estland leben etwas mehr als 1,3 Millionen Menschen.

Die Mehrzahl der Einwohner sind Esten mit einem Bevölkerungsanteil von 69%, sowie Russen mit 26%. Die restlichen 5% teilen sich Ukrainer, Weißrussen und Finnen.

Die **Bevölkerungsdichte** liegt im Schnitt bei 29 Einwohnern je qkm. Über 70% der Esten leben in den Städten.

Rund ein Drittel der Bevölkerung gehört der **evangelisch-lutherischen Glaubensrichtung** an. In der von Russen dominierten Region herrscht der **russisch-orthodoxe** Glaube vor, dies entspricht 20% der gläubigen Bevölkerung.

Die meisten Esten leben in ihrer **Hauptstadt Tallinn** (rund 430.000 Einwohner). Die nächstgrößeren Städte in Estland sind die Universitätsstadt **Tartu** (knapp 98.000 Einw.), **Narva** (ca. 59.000 Einw.) und **Kohtla-Järve** (ca. 44.000 Einw.).

Die offizielle **Amtssprache** ist Estnisch. Estnisch gehört, wie Finnisch und Ungarisch, zur finno-ugrischen Sprachgruppe. Man spricht aber auch viel Russisch. Immer mehr setzen sich Englisch, Finnisch und Deutsch durch.

Nationalfeiertag ist der 24. Februar (Tag der Unabhängigkeit 1918).

In Estland gilt die **Osteuropäische Zeit** (OEZ = MEZ+1). Von Ende März bis Ende Oktober gilt die Sommerzeit, bei der die Uhr um eine Stunde vorgestellt wird.

Die estnische **Nationalflagge** besteht aus drei quer verlaufenden gleich hohen Balken. Von oben nach unten sind diese blau, schwarz und weiß. Diese Farben symbolisieren den Himmel, die Erde und den Frieden.

Staatswesen und Verwaltung: Im Jahr 1991 erlangte Estland wieder seine Unabhängigkeit von der Sowjetunion und bestätigte im Jahr darauf durch ein Referendum die derzeit gültige demokratische Verfassung. Der estnische Präsident ist das Oberhaupt des Staates, die Regierung wird vom Premierminister geführt.

Die Unabhängigkeit wird am 24. Februar gefeiert. Dieses Datum bedeutete 1918 die Unabhängigkeit der ersten estnischen Republik. Der Tag, an dem vor wenigen Jahren die Freiheit von der Sowjetbesetzung errungen wurde, gilt dagegen nicht als „Tag der Unabhängigkeit", da es sich hier ja nicht um die ursprüngliche Proklamation der Unabhängigkeit handelte, sondern um die Wiedererlangung und das Wiederaufleben bereits bestehender Rechte.

Wirtschaftliche Schwerpunkte: Der Handel mit Rohstoffen und Erzeugnissen aus den Bereichen Holz, Textil und Metall stellt den Kern der estnischen Wirtschaft dar. Hier wird etwa ein Drittel des Bruttoinlandsproduktes generiert.

Zusätzlich wird die Wirtschaft auch durch den Servicesektor, insbesondere in den Branchen Transport und Tourismus, gestützt. Dieser Bereich trägt zu einem knappen Drittel zum Bruttoinlandsprodukt bei.

Die Landwirtschaft spielt hingegen nur noch eine untergeordnete Rolle. Ihr Anteil liegt mittlerweile bei unter 4%.

Liberale Bedingungen in der Außenwirtschaftspolitik sowie die EU-Mitgliedschaft seit 2004 und ein

Einkommensteuersatz von 26% schaffen gute Investitionsbedingungen für ausländische Unternehmen. Die Privatisierung der früheren Staatsbetriebe ist inzwischen abgeschlossen.

Umweltpolitisch problematisch ist insbesondere die anhaltende Luftverschmutzung in der Region Ida-Virumaa im Nordosten des Landes durch die Verbrennung von Ölschiefer in Heizkraftwerken.

Alternative Energieträger stecken noch in den Kinderschuhen. Ein Windpark zur Energiegewinnung wurde westlich von Tallinn im Oktober 2002 angelegt.

Landesnatur: Estland liegt im nordwestlichen Teil des Osteuropäischen Plateaus, wo die Höhenunterschiede klein sind. Der Südosten und Osten des Landes liegen nur ein wenig höher als der westliche Landesteil. Die durchschnittliche Höhenlage beträgt 50 m über dem Meeresspiegel. Der höchste Gipfel, der **Große Eierberg - Suur Munamägi**, ragt 318 m über dem Meeresspiegel empor.

Zum Staatengebiet gehören über 1.500 kleinere und größere **Inseln**. Die wichtigsten hiervon sind **Saaremaa, Hiiumaa, Muhu** und **Vormsi**. Insgesamt nehmen die Inseln etwa 9,2% der Landesfläche Estlands ein.

Die **Küstenlinie**, inklusive der Inseln, beträgt 3.794 km. Die Küste wird von zahlreichen kleinen Buchten mit Sandstränden, Schärenlandschaften und zerklüftete Steilküsten geprägt.

Die artenreiche Pflanzenwelt im Binnenland und an den Buchten der Ostsee bietet den Zugvögeln im Frühjahr und Herbst reiche Nahrung. In der Rīgaer Bucht und in der Meerenge Väinameri nähren sich Millionen von Eisenten, Samt- und Trauerenten, auf den Strandwiesen halten sich hunderttausende von Weißwangen- und Ringelgänsen auf.

Im Binnenland gibt es fast ebenso viele Seen wie Inseln vor der Küste, 1.400 an der Zahl. Der größte von ihnen, der **Peipussee**, grenzt im Osten direkt an Russland und erstreckt sich über eine Fläche von 3.555 qkm. Er ist damit der viertgrößte See Europas.

Finnland

Die Republik Finnland (finnisch: *Suomen Tasavalta*) ist das am weitesten östlich gelegene der vier nordischen Länder. Finnland grenzt im Osten an Russland, im Norden und Nordosten an Norwegen, im Westen an Schweden und an den Bottnischen Meerbusen und im Süden an den Finnischen Meerbusen der Ostsee.

Größe des Landes: 338.455 qkm. Größte Ausdehnung in Nord-Süd-Richtung 1.160 km, in Ost-West-Richtung 540 km.

Die längste Grenze hat Finnland mit seinem östlichen Nachbarn Russland. Sie misst fast 1.270 km.

Das Land hat eine Küstenlänge von etwas mehr als 1.100 km.

Nahezu ein Zehntel des finnischen Territoriums, ca. 31.700 qkm, ist von Seen bedeckt. Wie man ließt sollen es 187.888 Seen sein. Außerdem weist Finnland nicht weniger als 179.584 Inseln auf.

Bevölkerung: 5,5 Mio. Einwohner. Annähernd 85 % der Bevölkerung bekennen sich zur evangelisch-lutherischen und rund 1% zur orthodoxen Kirche.

Bevölkerungsdichte: 16 Einw./qkm im Durchschnitt – in den südlichen Wirtschaftsregionen bis zu 90 Einw./qkm, im Norden dagegen kaum 2 Einw./qkm.

Landessprache ist Finnisch, das von 93,5 % der Bevölkerung gesprochen wird. Zweite Landessprache ist Schwedisch, das etwa 6,3 % der Einwohner sprechen.

Hauptstadt: Helsinki, 648.000 Einw.

Staatsform: Republik, parlamentarische Regierungsform nach der Verfassung von 1919 (geändert zuletzt 2000).

Der Reichstag (Eduskunta), ein Ein-Kammer-Parlament setzt sich aus 200 Abgeordneten, die auf vier Jahre gewählt sind, zusammen.

Staatsoberhaupt ist der Staatspräsident. Er wird von 300 Wahlmännern auf sechs Jahre gewählt.

Traditionsgemäß spielte im Finnland lange die von Moskau protegierte Kommunistische Partei Finnlands eine wichtige Rolle im Parlament. Nach den Zwischenfällen in der Tschechoslowakei im Jahre 1968 allerdings zersplitterte die Partei und 1990 wurde sie sogar aufgelöst. Seitdem konnte noch keine andere Partei eine absolute Mehrheit für sich verbuchen. Minderheitenregierungen oder Koalitionen kleinerer Parteien sind die Folge.

Landesnatur: Es lassen sich fünf große Landschaftsregionen erkennen.

Die **südfinnische Küstenebene** erstreckt sich entlang der Küste des Finnischen Meerbusens etwa zwischen Turku und der Russischen Grenze. Die Küste ist geprägt von vielen vorgelagerten, baumlosen Felsinseln. Bemerkenswert ist, dass in diesem Landstrich – der historischen Landschaft **Nyland** – die sonst in Finnland allgegenwärtigen Seen fast vollständig fehlen.

Die **bottnische Küstenebene** ist von ähnlicher Natur wie die südfinnische Küstenebene. Der etwa 100 km breite Landstreifen zieht sich von Turku bis hinauf zur schwedischen Grenze. Zahlreich sind auch hier die der Küste vorgelagerten Schären, diese kahlen Felsinseln. In diesem besonders im Süden stark landwirtschaftlich genutzten Landesteil liegt im Südwesten die historische Landschaft **Varsinais-Suomi**, die eigentliche Wiege Finnlands. Von hier aus verbreitete sich einst das Christentum und die europäische Kultur über das Land.

Die wichtigsten Städte in der Region sind Turku (schwed. Åbo, ca. 187.000 Einw.), ein bedeutender Winterhafen des Landes, dann Pori (Björnborg, ca. 85.000 Einw.), das vornehmlich als Ausfuhrhafen für die Industrieregion um Tampere fungiert und die Hafenstadt Vaasa (Vasa, ca. 67.000 Einw.).

Die Landschaft nördlich von Vaasa ist weniger wirtlich. Weite Wälder und Moore bestimmen das Landschaftsbild. Die Küste und ihre Häfen sind im Winter oft zugefroren und durch Eis blockiert.

Die Finnische Seenplatte, etwas höher gelegen als die Küstenebenen, ist die typisch finnische Landschaft, wie sie in zahllosen Bildern schon gezeigt worden ist. Unendlich sind die Wälder, zwischen denen immer wieder hellglänzend die weiten Flächen der Seen auftauchen. Urige Seenwildnis und weitgehend fast unberührte Natur sind hier durchaus noch zu finden.

Diese Landschaft des westlichen und des Saimaa-Seengebiets ist es, die Finnlands Süden prägt.

Lettland

Bevölkerung: Die Gesamteinwohnerzahl von Lettland (Latvija, LV) beträgt ca. 1,95 Mio. Davon entfallen rund 60% auf Letten, 27% sind Russen, 4% Weißrussen und 3% Ukrainer. Andere nationale Minderheiten sind Polen und Litauer. Weit mehr als die Hälfte der Bevölkerung lebt in den Städten.

Die Gesamtbevölkerung verteilt sich auf einer Fläche von 64.589 qkm. So ergibt sich eine **Bevölkerungsdichte** von etwa 36 Einwohnern pro qkm.

Der größte Teil der Bevölkerung gehört der **evangelisch-lutherischen Kirche** an. Im Osten des Landes dominiert jedoch die römisch-katholische Kirche. Neben der russisch-orthodoxen und der Jüdischen Synagogengemeinschaft existiert die deutsch-evangelisch-lutherische Kirche mit 5 Gemeinden.

Die **Hauptstadt Rīga** liegt südöstlich der Rīgaer Bucht und hat bei sinkender Tendenz rund 696.000 Einwohner.

Die zweitgrößte Stadt Lettlands ist **Daugavpils** im Südosten des Landes mit etwa 92.000 Einwohnern. Von der Einwohnerzahl dicht gefolgt wird sie von der Hafen- und Industriestadt **Liepāja**.

Die offizielle **Amtssprache** ist Lettisch. Russisch ist allerdings weit verbreitet.

Nationalfeiertag ist der **Tag der Proklamation im Jahr 1918**, der 18. November.

In Lettland gilt wie in Estland die **Osteuropäische Zeit** (OEZ = MEZ +1). Von Ende März bis Ende Oktober gilt wie in Deutschland die Sommerzeit, bei der die Zeit um eine Stunde vorgestellt wird.

Die lettische **Nationalflagge** erinnert ein wenig an die österreichische. Drei horizontal verlaufende Balken in

hinter ein Kiefernwald, in dem Elche und Wildschweine zu Hause sind.

Das dazugehörige Kurische Haff zwischen der Halbinsel und dem litauischen Festland ist dreimal so groß wie der Bodensee und gleichzeitig ein Paradies für Angler und Ornithologen.

Die höchste Erhebung Litauens, der 284 m hohe **Būdakalnis**, liegt im baltischen Hochrücken.

Wie Lettland ist auch Litauen überwiegend mit Wald bedeckt. Gleichzeitig zählt Litauen nicht weniger als 3.000 Seen.

Polen

Die **Rzeczpospolita Polska, Republik Polen** grenzt im Westen an Deutschland, im Süden an die tschechische Republik sowie die Slowakei und im Osten an die Ukraine, Belarus und Litauen. Im Norden grenzt Polen an die russische Enklave, dem Gebiet um Kaliningrad sowie an die Ostsee.

Größe des Landes: Insgesamt umfasst Polen eine **Fläche** von 312.700 qkm. Es ist das neunt größte Land Europas.

Die Küstenlinie verläuft über 440 km von der Pommerschen Bucht bis zur Danziger Bucht.

Der **längste Fluss** ist die **Weichsel**, die sich von Süd nach Nord durch das gesamte Land schlängelt.

Der **höchste Berg** ist der **Rysy** in der Hohen Tatra mit 2.499 m Höhe.

Bevölkerung: In Polen leben rund 38,4 Millionen Menschen. Die **Bevölkerungsdichte** liegt bei 123 Menschen je qkm.

Der überwiegende Teil der Bevölkerung (61,8 %) lebt in den 880 polnischen Städten.

Verwaltungstechnisch ist Polen in 16 **Woiwodschaften** aufgeteilt, die mit den deutschen Bundesländern zu vergleichen sind. Die Woiwodschaften sind Westpommern, Pommern, Ermland-Masuren, Podlasie, Lubuskie, Großpolen, Kujawien-Pommern, Masowien, Lublin, Niederschlesien, Opole, Łódź, Schlesien, Swiętokrzyskie, Kleinpolen und das Karpatenvorland.

Ethnisch betrachtet ist Polen ein recht homogenes Land. Nationale Minderheiten machen weniger als 4% der Gesamtbevölkerung aus.

Die überwiegende Mehrheit der polnischen Bevölkerung bekennt sich zum Katholizismus.

Hauptstadt und größte Stadt Polens ist **Warszawa (Warschau)** mit 1,7 Millionen Bürgern. Dies entspricht einem Bevölkerungsanteil von 4,2 %.

Weitere Großstädte sind Kraków (Krakau) mit ca. 774.000, Łódź mit 682.000, Wrocław (Breslau) mit 641.000, Poznań (Posen) mit 535.000, Gdańsk (Danzig) mit 468.000 sowie Szczecin (Stettin) mit 402.000 Einwohnern.

Die **Amtssprache** ist Polnisch.

Nationalfeiertage sind der 3. Mai, der Jahrestag der ersten polnischen Verfassung (1791) und der 19. November (Unabhängigkeitstag 1918).

In Polen gilt die mitteleuropäische Zeit **(MEZ)**. Demnach besteht kein Zeitunterschied zu Deutschland.

Polens **Nationalflagge** ist weiß-rot in zwei horizontalen Feldern.

Das **Staatswappen** zeigt einen weißen Adler mit einer goldenen Krone auf rotem Grund.

Staatswesen und Verwaltung: Entsprechend der **Verfassung** vom 2. April 1997 gestaltet sich die Zuständigkeit der Staatsorgane folgendermaßen: Für die Legislative – **Sejm** (untere Parlamentskammer) und **Senat** (obere Parlamentskammer) der Republik Polen, für die Exekutive – Staatspräsident und Ministerrat, für die Judikative – unabhängige Gerichte. Der **Sejm** wird in allgemeinen Wahlen für eine vierjährige Legislaturperiode gewählt und hat 460 Abgeordnete. Dem Sejm untersteht die Oberste Kontrollkammer, das höchste Kontrollorgan im Staat.

Der **Senat** wird gleichfalls für eine Legislaturperiode von vier Jahren in allgemeinen Wahlen gewählt. Ihm gehören 100 Senatoren an.

Der Staatspräsident wird in allgemeinen Wahlen für eine fünfjährige Amtszeit gewählt und darf nur einmal wiedergewählt werden.

Wirtschaft: Wirtschaftlich betrachtet haben in der Industrie neben Lebensmittelerzeugung und Energieversorgung nach wie vor Bergbau und Hüttenindustrie eine sehr starke Stellung, gefolgt von Maschinen und elektrischen Geräten, Fahrzeugen sowie Textilien und Bekleidung. Der Anteil des Dienstleistungssektors am BIP beträgt über 50%, der Industrie 24% und der Landwirtschaft 3%.

Die polnische Landwirtschaft ist weiterhin geprägt durch heterogene Strukturen mit einem sehr hohen Anteil kleiner Betriebe (80% unter 10 ha), mangelhafte Infrastruktur im ländlichen Raum und das weitgehende Fehlen von Beschäftigungsalternativen. Sie erfüllt jedoch in vielen Gebieten eine soziale Pufferfunktion.

Landesnatur: Einen großen Teil des polnischen Territoriums bilden Wälder, die einen der größten Komplexe in Europa bilden.

An der Grenze zu **Weißrussland** liegt die Heide von **Białowieża**, der einzige Niederwald in Europa. Hier lebt u. a. eine endemische Art von Wisenten. Trotz des vorherrschenden Tieflands (die Durchschnittshöhe ü.d.M. beträgt 173 m) bietet Polen dennoch ein recht abwechslungsreiches Landschaftsbild. Der Eiszeit ist die Herausbildung der herrlichen **Seenplatten** im Nordteil Polens zu verdanken (die größten sind die Pommersche und die Masurische Seenplatte), die im Sommer Scharen von Touristen aus dem In- und Ausland anlocken.

Die höchsten Gebirgszüge sind die Sudeten und die Karpaten, darunter die **Hohe Tatra** mit dem höchsten Berg Polens.

Russland

Russland bzw. **Russische Föderation** (russisch: ***Rossija, Россия*** bzw. ***Rossijskaja Federazija, Российская Федерация***).

Der in diesem Reiseführer beschriebene Teil der Russischen Föderation – Kaliningrad und Sankt Petersburg – ist nur ein mikroskopisch kleiner und unter vielen Aspekten auch kein repräsentativer Teil des riesigen Landes. Dennoch hier einige Daten als Anhaltspunkte.

Größe des Landes: Die Russische Föderation umfasst ein Territorium von gigantischen 17.075.400 qkm, was rund 11,5 % der Erdoberfläche entspricht. Russland ist flächenmäßig das größte Land der Erde.

Der überwiegende Teil des russischen Territoriums, nämlich gut drei Viertel des Landes, liegt auf dem asiatischen Kontinent, der kleinere Rest von den Westgrenzen bis zum Ural gehört zu Europa.

Russland wird von drei Ozeanen umspült, vom Atlantik, vom Pazifik und vom Arktischen Meer. Und Russland hat sogar eine Seegrenze mit den USA.

Die größte Ausdehnung in West-Ostrichtung beträgt gut 9.000 km, in Nord-Süd-Richtung rund 4.000 km! Fast 50% des Landgebietes ist Permafrostgebiet.

Das Land erstreckt sich über **11 Zeitzonen** von MEZ + 2 Stunde (Sankt Petersburg und Kaliningrad aber MEZ +1) bis MEZ + 12 Stunden in Ostsibirien.

Bevölkerung: In der Russischen Föderation leben annähernd 144 Mio. Menschen. Rund 80 % der Einwohner sind Russen. Zu den namhaften Minderheiten zählen Tataren und Ukrainer sowie nicht weniger als 155 weitere Völkerschaften.

Die **Bevölkerungsdichte** beträgt durchschnittlich 8 Menschen pro qkm (Deutschland 230 Einw./qkm).

Offiziell gibt es in Russland 59 Konfessionen. Die größte Religionsgruppe bilden **orthodoxe Christen**, zu denen sich annähernd 70 Mio. Russen bekennen.

Landessprache, oder besser gesagt Amtssprache, ist Russisch. In den einzelnen Teilgebieten bzw. Republiken wird aber auch die dortige Sprache als Landessprache anerkannt.

Hauptstadt ist **Moskau** mit fast 11,5 Mio. Einwohnern.

Die beiden nächstgrößeren Städte sind **Sankt Petersburg** (wie Moskau übrigens eine eigenständige Stadt) mit annähernd 4,9 Mio. Einwohnern und **Nowosibirsk** mit fast 1,5 Mio. Einwohnern.

Staatsform und Verwaltung: Nach der Verfassung von 1993 ist Russland eine **föderative, demokratische Republik**. Dem auf vier Jahre direkt gewählten Präsidenten stehen sehr weitreichende exekutive Befugnisse zu. Das Zweikammerparlament besteht aus **Staatsduma** mit 450 Abgeordneten und aus **Föderationsrat** mit 178 Abgeordneten.

Verwaltungstechnisch setzt sich die Russische Föderation aus 89 sog. „Föderalen Subjekten" zusammen. Zu ihnen zählen 21 Republiken, 49 Verwaltungsgebiete (Oblast) 6 Bezirke (Krai), 10 autonome Kreise (Okrug) und schließlich die eigenständigen Städte Moskau und Sankt Petersburg.

Landesnatur: Russland reicht von der Ostsee bis an den Pazifischen Ozean im Osten. Es gliedert sich im Wesentlichen in das Osteuropäische Flachland, geprägt von ausgedehnten Niederungen, wobei der von Nord nach Süd verlaufende Gebirgszug des Ural als Grenze zwischen Europa und Asien angesehen wird, in die Gebirge Zentralasiens, sowie in die asiatischen Großlandschaften Westsibirisches Tiefland, Mittelsibirisches Bergland, die Gebirge Süd- und Nordsibiriens sowie in die Fernostgebiete.

In Russland sind die größten Flüsse Europas und Asiens zu finden, wie die Wolga, der Ob, der Jenissej, die Lena oder der Amur.

Wirtschaftliche Schwerpunkte: Wichtigster Wirtschaftsfaktor ist der Export von Rohstoffen, allen voran Öl und Gas, die 80 % aller Exporte des Landes bilden. Das Land schöpft daraus über 40% seiner Steuereinnahmen.

Der Staatshaushalt schloss in der Vergangenheit mit einem Überschuss, das Bruttoinlandsprodukt verzeichnet steigende Tendenzen. Dennoch werden weite Bereiche des Dienstleistungsgewerbes und des Kleinunternehmertums als Schattenwirtschaftsunternehmen bezeichnet.

Vor allem die größeren Städte wie Sankt Petersburg profitieren von einem anhaltenden Bauboom. Und in den letzten Jahren verzeichnete der private Konsum und vor allem der Automarkt ganz erstaunliche Zuwächse. Nicht nur in Sankt Petersburg können Sie Luxusgeschäfte und Supermärkte mit einem Warenangebot finden, das seinesgleichen im westlichen Europa sucht. Und man hat den Eindruck, dass vielen Moskauern und Sankt Petersburgern die Automarke nicht nobel und teuer genug sein kann. Die Schlangen der mit teuren Automarken beladenen Autotransportern an der Grenze bei Viborg ist jedenfalls nicht kilometer- sondern x-kilometerlang!

Schweden

Das Königreich Schweden (schwedisch: *Konungariket Sverige*) – oder in der feierlich-literarischen Form *Svea Rike* – Reich der Svear – nimmt den östlichen Teil der skandinavischen Halbinsel ein. Schweden grenzt im Norden an Finnland, im Westen an Norwegen, im Südwesten an den Kattegatt und im Osten an die Ostsee und den Bottnischen Meerbusen.

Größe des Landes: 447.435 qkm. Schweden ist nach Russland, Frankreich und Spanien das viertgrößte Land Europas. Die größte Ausdehnung des Landes beträgt in Nord-Süd-Richtung 1.575 km, in Ost-West-Richtung 499 km. Mit allen Buchten und Einschnitten misst Schwedens Küste nicht weniger als über 7.600 km!

Bevölkerung: 10,2 Mio. Einwohner.

Rund 87% der Bevölkerung bekennen sich zur evangelisch-lutherischen Kirche, Schwedens Staatskirche.

Bevölkerungsdichte: 22 Einw./qkm, im Norden allerdings nur 1,2 Einw./qkm.

Hauptstadt: Stockholm, 949.000 Einw., Großraum 1,97 Mio. Einw.

Staatsform: Konstitutionelle Monarchie mit parlamentarischer Regierungsform. Regierungsbildender Riksdag (Reichstag), seit 1969 Ein-Kammer-Parlament mit 349 Sitze.

Staatsoberhaupt: König Carl XVI. Gustav (seit 1973).

Landesnatur: Das Land lässt sich in drei große Landschaftsregionen gliedern – in die sich nach Südosten neigenden, überaus wald- und flussreichen

Ausläufer des **westskandinavischen Gebirgsrückens**, die **mittelschwedische Senke** mit den größten Seen des Landes und schließlich das fruchtbare **südschwedische Hügelland** bis zur Halbinsel Schonen. Grob stimmt diese Gliederung auch mit den alten schwedischen Regionen **Norrland**, **Svealand** und **Götaland** überein.

Es lassen sich folgende Kulturlandschaften definieren:

Schonen (Skåne) ist Schwedens südlichste Landschaftsregion. Die abwechslungsreiche Landschaft der „Kornkammer Schwedens" wird geprägt von ausgedehnten Agrarflächen, großen Gehöften, weiten Laubwäldern und sehr schönen Küstenabschnitten mit Fels- und Sandstränden.

Südwestschweden mit den Provinzen **Halland** und **Bohuslän** wird geprägt von fruchtbaren Küstenebenen, die von Felsriegeln durchsetzt sind. Der Küste sind zahllose Felsinseln vorgelagert.

Als **südschwedisches Hochland** bezeichnet man das Gebiet um Jönköping am Vättersee und südlich davon, inklusive der Småländischen Seenplatte. Das Gebiet umfaßt Teile **Smålands** und **Väster-Götlands**.

Südostschweden mit der Küste am Kalmarsund unterscheidet sich stark von der Westküste. Aufgrund seiner geologischen Vorgeschichte ist es als sog. Tafelland ausgebildet. Die karstigen Ebenen setzen sich auf den Inseln Öland *(alvar)* und Gotland *(hällmark)* fort.

Das **Seentiefland Mittelschwedens** umfasst das Gebiet um die großen Seen Vänern, Vättern, Hjälmaren und Mälaren mit den Provinzen **Öster-Gotland**, Teile **Väster-Gotlands, Dalsland, Närke** und **Södermanland** und reicht bis hinauf nach **Uppland** (Uppsala) und **Västmanland**. Es ist das Kulturland und die historische Wiege Schwedens schlechthin. Die Region mit ihren sanften Landschaften wird von der historischen Wasserstraße des **Göta-Kanals** durchzogen.

Das **mittelschwedische Bergland**, bildet geographisch den Übergang von der mittelschwedischen Seensenke zum Norrland. Große Teile umfassen die alte, historische Provinz **Dalarna** sowie Teile **Värmlands**.

Norrland, Schwedens nördliche Landeshälfte mit einer Nord-Süd-Ausdehnung von annähernd 1.000 km, umfasst die Bezirke **Hälsingland, Härjeland, Medelpad, Jämtland, Ångermanland, Västerbotten, Norrbottn, Südliches** und **Nördliches Lappland**. Die weite Ausdehnung nach Norden bedingt starke klimatische Unterschiede zwischen den südlichen und nördlichen Gebieten Norrlands.

Wirtschaftliche Schwerpunkte: Bedingt durch die klimatischen Gegebenheiten konzentriert sich die Landwirtschaft auf den Süden des Landes. Schwerpunkte der Agrarproduktion sind Kartoffel- und Getreideanbau, Rinder- und Schweinezucht.

Obwohl die schwedische Agrarwirtschaft sehr fortschrittlich und effizient ist, ist Schweden längst kein Agrarstaat mehr. Weit über zwei Drittel der Beschäftigten des Landes sind heute in den Bereichen Industrie und Handel tätig.

Die reichen Waldbestände im Norden werden intensiv genutzt. Entsprechend groß ist Schwedens Bedeutung weltweit in Bezug auf Holz-, Zellstoff- und Papierindustrie.

Dank des reichen Vorkommens hochwertiger Eisenerze im Norden des Landes wurde Schweden zum größten Eisenexporteur der Welt.

Besonders nach dem 2. Weltkrieg formte sich Schweden unter dem Einfluss seiner sozialdemokratischen Regierungen zum vielbewunderten **Wohlfahrtsstaat**. Der Lebensstandard der schwedischen Bevölkerung ist der höchste in Europa und die sozialen Einrichtungen und Leistungen müssen auf fast allen Gebieten als vorbildlich bezeichnet werden.

Die **Nationalflagge** ist ein querliegendes gelbes Kreuz auf blauem Grund.

Höchster Berg: Kebnekaise, 2.114 m liegt in Nordschweden.

Größter See: Vänersee, 5.585 qkm.

Längster Fluss: Torneälven, ca. 570 km.

FÄHRVERBINDUNGEN IM OSTSEERAUM

Zwischen den deutschen, dänischen schwedischen, norwegischen und finnischen Häfen besteht ganzjährig ein überaus reger Fährverkehr.

Man kann wählen zwischen einer ausgedehnten Seereise z. B. von Helsinki nach Travemünde auf der Rückreise und kurzen Sprüngen über den Øresund und die „Vogelfluglinie" (kürzeste Fährpassage, dafür längster Straßenkilometeranteil).

Bei Reisen während der Ferienzeit empfehlen sich Platzreservierungen fürs Auto und ggf. für eine Kabine.

Endlich auf der Fähre, ist man gut beraten, sein Fahrzeug ordentlich zu verschließen. Es gibt kaum eine Reederei, die für das Gepäck im, am oder auf dem Auto haftet.

Selbstverständlich sind gasbetriebene Aggregate (z. B. Kühlschrank im Wohnmobil) während der Überfahrt abzuschalten und der Haupthahn am Gastank zu schließen!

Gerade in der betriebsamen Hochsaison werden die Autos auf den Fähren sehr, sehr dicht geparkt. Es ist deshalb wirklich kein Fehler, die Handbremse gut anzuziehen (eingelegter Gang alleine genügt nicht), um die Bewegungen des Autos während der Überfahrt so gering wie möglich zu halten.

Mein Tipp! Alle Utensilien, die man während der Überfahrt zu brauchen glaubt (Handy, Fotoapparat, Lesestoff, Pullover, Medizin etc.), nimmt man gleich aus dem Auto mit, denn während der Überfahrt ist das Autodeck in aller Regel nicht mehr zugänglich!

DEUTSCHLAND – BALTIKUM

Kiel – Klaipeda (Litauen)

DFDS Seaways – Ganzjährig, 1 Abfahrt tgl., Fahrtdauer ca. 22 Std.; *www.*

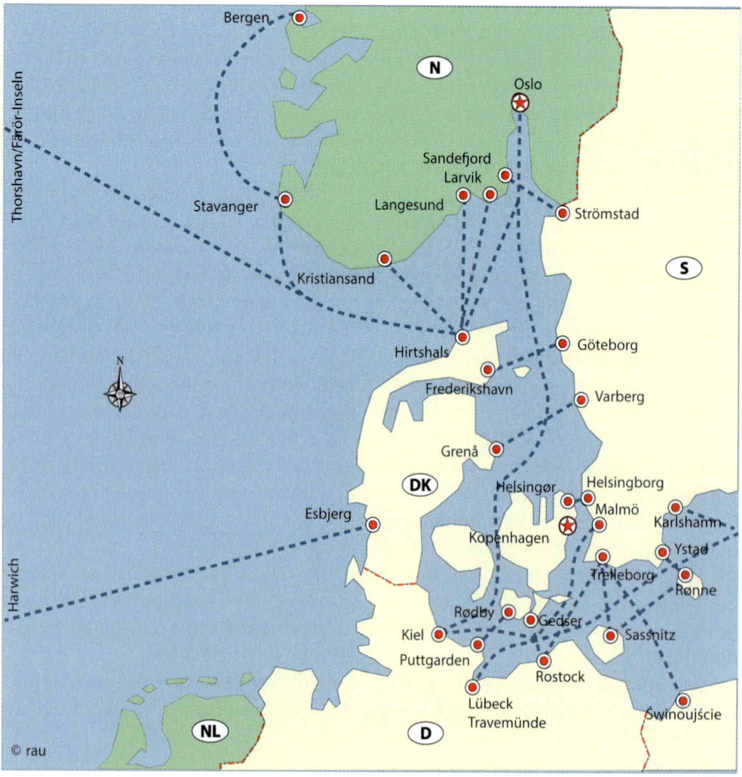

dfds.com/de-de/passagierfaehren/routen/faehren-ins-baltikum/kiel-klaipeda.

Travemünde – Liepaja (Lettland)

Stena Line – Ganzjährig, 1 Abfahrt tgl., Fahrtdauer ca. 27 Std.; *www.stenaline.de/baltikum.*

DEUTSCHLAND – FINNLAND

Travemünde – Helsinki

Finnlines – Ganzjährig, tägliche Abfahrten. Fahrzeit 29 Stunden; *www.finnlines.com/de/schiffsreise/fahrplaene/fahrplan-faehre-travemuende-helsinki.*

DEUTSCHLAND – DÄNEMARK

„Vogelfluglinie" Puttgarden – Rødby-havn (Lolland)

Scandlines – Ganzjähriger Verkehr, im Sommer bis über 40 Abfahrten täglich, alle 1/2 Stunde. Fahrtdauer 45 Minuten; *www. scandlines.de*. Scandlines bietet für die Strecken Puttgarden – Rødbyhavn und Helsingør – Helsingborg günstige **Kombinationstarife** an! *www. scandlines.de.*

Rostock – Gedser (Falster)

Scandlines – Im Sommer bis zu 10 Abfahrten täglich. Fahrtdauer 2 Stunden; *https://www.scandlines.de/tickets-und-tarife/tickets-und-preise.*

DEUTSCHLAND – SCHWEDEN

Kiel – Göteborg

Stena Line – Ganzjährig, tägliche Abfahrten (Nachtfahrt). Fahrtdauer 14 Stunden 30 Minuten; *www.stenaline.de*

Travemünde – Trelleborg

TT-Linie – Ganzjährig, bis zu 4 Abfahrten tgl., Fahrtdauer 9 Std. auf Tagesfahrten, 9,5 Std. auf Nachtfahrten; *www.ttline.com/de/passage/fahrplan/fahrplan-deutschland-schweden/.*

Travemünde – Malmö

Finnlines – Ganzjährig, bis zu 3 Abfahrten tgl.; Fahrtdauer 9 Std.; *www.*

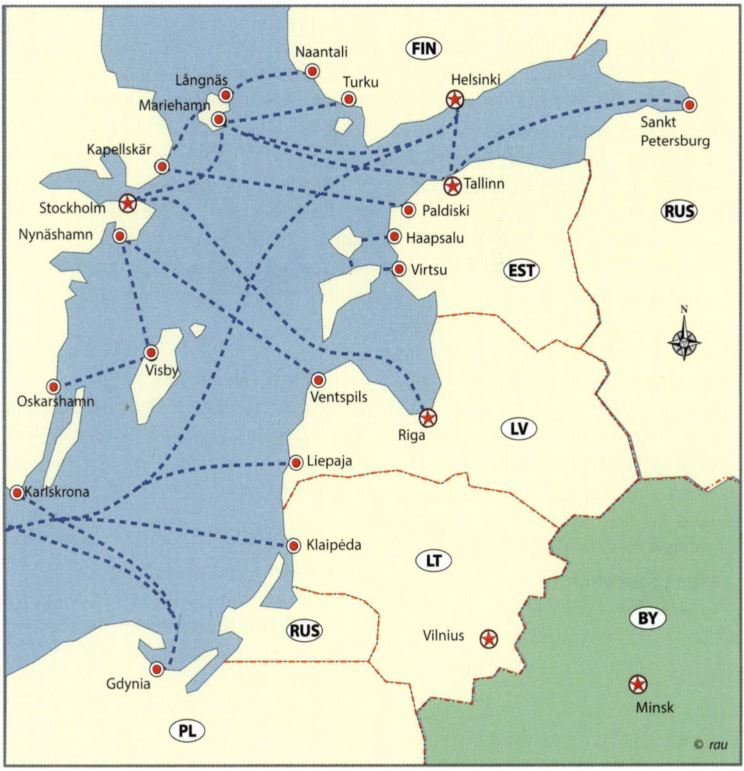

finnlines.com/de/schiffsreise/fahrplaene/fahrplan-faehre-travemuende-malmoe/.

Rostock – Trelleborg

Stena Line, TT-Line – Bis zu 6 Abfahrten tgl., Fahrtdauer ca. 6 Std.; *www.stenaline.de/skandinavien/.*

TT Line – Ganzjährig, bis zu 7 Abfahrten tgl., Fahrtdauer ca. 8 Std.; *ttline.com/de/passage/fahrplan/fahrplan-deutschland-schweden/.*

Sassnitz (Rügen) – Trelleborg

Stena Line – Bis 5 Abfahrten tgl., Fahrtdauer ca. 6 Std.; *www.stenaline.de.*

DÄNEMARK – SCHWEDEN

Helsingør – Helsingborg

HH Ferries, Scandlines – Ganzjährig rund um die Uhr laufende Abfahrten alle 20 Minuten. Fahrtdauer 20 Minuten.

Scandlines bietet für die Strecken Puttgarden – Rødbyhavn und Helsingør –Helsingborg günstige **Kombinationstarife**! *www.scandlines.de.*

POLEN – SCHWEDEN

Świnoujście/Swinemünde – Trelleborg

TT-Line, Ganzjährig, 3 Abfahrten tgl., Fahrtdauer 6 Std.; *www.ttline.com.*

Gdynia – Karlskrona

Stena Line – Im Sommer bis zu 4 Abfahrten tgl., Fahrtdauer ca. 10 Std.; *www.stenaline.de.*

LITAUEN – SCHWEDEN

Klaipeda – Karlshamn

DFDS Seaways – Ganzjährig 1 Abfahrt tgl. (Nachtfahrt); Fahrtdauer ca. 13 Std.; *www.dfds.com/de-de/passgierfaehren.*

LETTLAND – SCHWEDEN

Ventspils – Nynäshamn

Stena Line, bis zu 2 Abfahrten tgl., Fahrzeit 8,5 Sd.; *www.stenaline.de/unsere-routen/nynaeshamn-ventspils/.*

Riga - Stockholm

Tallink / Silja Line, 1 Abfahrt tgl., Fahrzeit ca. 16 Std.; *www.tallinksilja.de.*

FINNLAND – SCHWEDEN

Helsinki – Mariehamn (Insel Åland) – Stockholm

Tallink Silja Line und *Silja Line* – Ganzjährig, jeweils 1 Abfahrt tgl. Fahrtdauer ca. 15 Std.; *www.tallinksilja.de/stockholm-helsinki/.*

Turku – Mariehamn (Insel Åland) – Stockholm

Tallink Silja Line und Viking Line – Ganzjährig, 4 Abfahrten täglich, morgens und abends. Fahrtdauer 11 Std.; *www.tallinksilja.de/stockholm-turku und www.vikingline.de/reise-finden/fahrplane/turkustockholm/.*

Scandlines, Silja Line, Viking Line und andere in der Ostsee operierende Reedereien bieten günstige **Kombinationstarife** für die Strecken Deutschland/Dänemark – Schweden und Schweden – Finnland an!

Naantali – Långnäs (Insel Långnäs) – Kappelskär

Finnlines – Ganzjährig, 2 Abfahrten tgl., morgens und abends. Fahrtdauer ca. 11 Std.; *www.finnlines.com/de/schiffsreise/fahrplaene/fahrplan-faehre-kapellskaers-langnaes-naantali.*

ESTLAND – SCHWEDEN

Paldiski – Kappelskär

DFDS Seaways – Ganzjährig, 1 Abfahrt tgl.; Fahrtdauer ca. 9,5 Std.; *www.dfds.com/de-de/frachtschifffahrt/routen-und-fahrplaene/paldiski-kapellskar/.*

ESTLAND – FINNLAND

Tallinn – Helsinki

Tallink Silja Line, Viking Line, Eckerö Line – Ganzjährig, bis 12 Abfahrt täglich. Fahrzeit 2 Stunden; *www.tallinksilja.de, www.vikingline.de, www.eckeroline.fi.*

FINNLAND – ESTLAND – RUSSLAND

Tallinn – St. Petersburg

St. Peter Line Cruises – Im Sommer 2 bis 5 Nächte Kreuzfahrten mit Aufenthalt in St. Petersburg (bislang Visumfrei); *stpeterline.com.*

GRAND TOUR

OSTSEE-RUNDE

Am Usmas-See in der Kurländischen Schweiz, Lettland

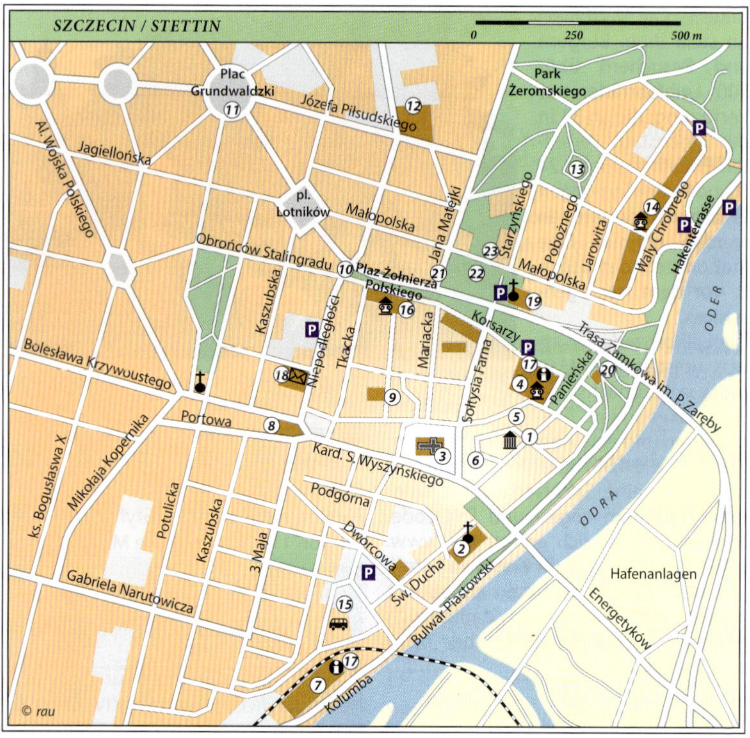

*SZCZECIN/STETTIN – **1** Altes Rathaus, Museum der Stadtgeschichte – **2** Johanneskirche – **3** St. Jakob Kathedrale – **4** Schloss der Pommerschen Herzöge –**5** Loitzenhof – **6** Stary Rynek, Marktplatz – **7** Bahnhof, ehemals „Berliner Bahnhof" – **8** Brama Portowa (Hafentor früher „Berliner Tor") – **9** Florastatue, Adlerbrunnen, Grumbkow-Palais – **10** Plac Żołnierza Polskiego – **11** Plac Grunwaldzki – **12** Pazim Center, Hotel Radisson Blu – **13** Adam Mickiewicz Denkmal – **14** Hakenterrasse, Wały Chrobrego, Seefahrtsakademie, Nationalmuseum, Woiwodschaftsamt – **15** Busbahnhof – **16** Nationalmuseumsgalerie, Diet's Palais– **17** Touristeninformation – **18** Postamt - **19** St. Peter und Pauls Kirche – **20** Wehrturm „Bastei der Sieben Mäntel" – **21** Königstor – **22** Solidarności-Platz, Denkmal „Dezember ´70", Dialogzentrum „Umbrüche" – **23** Konzerthaus*

Heute ist Szczecin mit annähernd 400.000 Einwohner die größte und wichtigste Stadt an Polens nordwestlicher Ostseeküste sowie eine Hafen-, Dienstleistungs- und Industriestadt, wobei der Tourismus eine immer bedeutendere Rolle spielt.

In gewisser Weise hat Szczecin Ähnlichkeit mit Hamburg, denn es ist eine Hafenstadt und liegt doch nicht am offenen Meer. Die Stadt ist nur über die Oder und das Stettiner Haff von der Ostsee aus zu erreichen.

Und wie eh und je wird die Geschichte der Stadt auch heute noch von ihrem Hafen und dem dazugehörigen Handel geprägt. Bei Szczecin handelt es sich genau wie bei der norddeutschen Metropole um eine geschäftige und weltoffene Stadt. Bei der Stadtplanung hat man allerdings eine andere europäische Großstadt als Vorbild genommen: Paris. Der französische Baron Haußmann inspirierte die Stadtplaner bei der Umgestaltung der Stadt im 19. Jahrhundert.

Stadtspaziergang

Ein guter Ausgangspunkt für einen Stadtrundgang ist das schon von weitem sichtbare **Zamek Książąt Po-**

morskich, das **Schloss der Pommerschen Herzöge (4) [Parkplatz, N53° 25' 36.1" E14° 33' 34.7"]** *(geöffnet 15. Apr. - 15. Okt. tgl. 10 - 18 Uhr; 16. Okt. - 14. Apr. Di - So 10 - 18 Uhr; https://zamek.szczecin.pl/de/).* Man betritt es, vorbei am Denkmal des pommerschen Herzogs Bogusław X. und seiner 1491 angetrauten Gemahlin Anna Jagiellońska, Tochter des polnischen Königs Kasimir, durch das von einem Turm überragte Nordwestportal an der ul. Korsazy und gelangt zunächst auf den langgestreckten Münzhof. Die in die Wand des sog. Barnim-Flügels linkerhand eingelassene Figur stellt Bischof Otto von Bamberg dar. Ein Treppenaufgang hier führt hinauf auf eine Ausichtsterrasse, von wo man einen schönen Panoramablick zum Hafengelände und zur Innenstadt und zur Oder genießen kann.

Schloss der Pommerschen Herzöge, Szczecin/Stettin

Im Flügel rechterhand, dessen Fassade eine Gedenktafel an das 12. „Podolski" Ulanen-Regiment ziert, ist das **Touristeninformationsbüro (17)** untergebracht.

Das Schloss liegt nördlich der Altstadt oberhalb des Oderufers und erstrahlt im Stile der Renaissance.

Die ursprüngliche Fertigstellung fand nach fast 100jähriger Bauzeit Mitte des 15. Jahrhunderts statt. Herzog Barnim III. hatte sich an der Stelle einer ehemaligen slawischen Burg diese fürstliche Residenz errichten lassen. Sein heutiges Aussehen erhielt das Schloss dann im späten 16. Jahrhundert.

Auch der quadratische Innenhof, der Große Hof, entstand erst bei dem Umbau zum Renaissancegebäude, als die zwei Flügel im Westen und Norden errichtet wurden. Die nachfolgende Zeit war jedoch nicht vom Glanz geprägt wie bei anderen Schlossbauten im Lande. Als im Jahr 1637 der letzte Greifenherzog verstarb, begann der Zerfall des Gebäudes. Erst wurde es geplündert, dann umgebaut und später diente es als Kaserne bzw. als Flakstellung im Zweiten Weltkrieg. Die vollständige Zerstörung fand 1944 statt.

Erst im Jahr 1982 konnte der Wiederaufbau abgeschlossen werden und lädt nun die Besucher zu einer Besichtigung ein.

Der Gebäudetrakt gegenüber vom Touristenbüro ist der sog. **Westflügel** oder Johann-Friedrich-Flüge, nach Herzog Johann Friedrich (1571 – 1582). Hier fanden 1491 die prunkvollen Hochzeitsfeierlichkeiten von Bogislaw X. und der polnischen Königstochter Anna Jagiellónska statt, die als prachtvollstes Hochzeitsfest gelten, das je im Schloss von Stettin stattfand

Um 1720 dann residierte im Westflügel der preußische Befehlshaber der Stettiner Garnison, General von Anhalt-Zerbst. Seine Tochter Sophie Auguste Friederike, die in der benachbarten Farna-Straße am 2. Mai 1729 geboren worden war und hier einen Teil ihrer Kindheit verbrachte, sollte als Zarin von Russland, Katharina II. die Große und gekrönte Berühmtheit in die Geschichte eingehen.

Ein Durchgang im Westflügel führt zum Großen Hof. Gegenüber erstreckt sich der **Ostflügel** oder Barnim XI.-Flügel. Er beherbergt heute das **Schlossmuseum** und den Zugang zur gotischen **Ausstellungsgalerie**.

In der erst 1946 wieder entdeckten Krypta der früheren Schlosskirche wurden eine Reihe herzoglicher Sarkophage gefunden, von denen heute sechs im Schlossmuseum zu sehen sind.

An der reich ornamentierten Fassade des im frühen 16. Jh. vollendeten **Südflügels** (Bogislaw X.-Flügel) fällt die prächtige **mechanische Uhr** aus dem Jahre 1693 ins Auge. Die Jahreszahlen darauf geben übrigens die Jahre der Restaurierungen wider.

Oben sieht man zwei Löwen, dazwischen eine Kugel, die die Mondphasen zeigt und darunter den Kopf eines Hofnarren, der mit seinen Armen die Stunden schlägt.

Im Zentrum des großen Ziffernblattes sieht man ein Gesicht, auf dessen Nasenspitze sich der Uhrzeiger dreht. Die Augen verfolgen dabei den Lauf der Zeigerspitze. Und im Mund wird das Tagesdatum angezeigt. Unter dem Ziffernblatt zwei Greifen, dazwischen die Anzeige der Viertelstunden.

Kulturliebhaber sind im Schloss genau an der richtigen Adresse. Es beherbergt nämlich – neben Marschallamtverwaltung, Standesamt, Schlossrestaurant und Café „Na Koncu Korytarza“ – auch die Oper der Stadt, Operette, ein Theater, sowie eine Kunstgalerie.

Und in den Sommermonaten kann der geneigte Besucher im Innenhof oder in der ehemaligen Schlosskapelle Konzerten lauschen.

Die mechanische Uhr im Stettiner Schloss

Wenn Sie nun das Schloss durch das Südportal am Ende des Münzhofes verlassen und ein kurzes Stück geradeaus gehen, kommen Sie am linkerhand gelegenen **Kamienica Loitzów,** dem **Loitzenhof (5) [N53° 25′ 31.0″ E14° 33′ 33.5″]** vorbei. Der Loitzenhof stammt aus dem 16. Jahrhundert, war der Familiensitz der Kaufmannsfamilie Loitz und zeigt sich im Stil der Renaissance.

Biegen Sie nach dem Loitzenhof nach links ab und Sie kommen gleich darauf zum **Stary Rynek**, dem **Alten Marktplatz**.

Ein Blickfang auf dem Stary Rynek ist das **Alte Rathaus Ratusz Staromiejski (1) [N53° 25' 28.3" E14° 33' 36.2"]**, das seit 1975 die **stadtgeschichtliche Abteilung** des **Nationalmuseums** beherbergt. Um das im 14. Jahrhundert entstandene Gebäude sind zahlreiche hübsch verzierte Bürgerhäuser zu sehen.

Das Alte Rathaus war im gotischen Stil errichtet, im 17. Jahrhundert aber im Barockstil umgebaut worden. Im Zweiten Weltkrieg erfuhr es erhebliche Zerstörungen. Erst durch den Neuaufbau nach 1945 erhielt das Alte Rathaus wieder sein ursprüngliches äußeres Erscheinungsbild.

Unter der Maßgabe originalgetreuer Restaurierung wurde das gesamte **Altstädtische Viertel** wieder errichtet. Heute sind in den engen Gassen der Altstadt zahlreiche Geschäfte und gastronomische Betriebe untergebracht.

Unser Spaziergang durch das Stadtzentrum geht weiter in Richtung Westen und über die ulica Kardynała S. Wyszyńskiego bis zur **Katedra Śv. Jakuba**, der **St. Jakob Kathedrale (3) [N53° 25' 27.9" E14° 33' 21.9"]**. Das gotische Gotteshaus ist eine der größten pommerschen Kirchen. Sie stammt aus dem 14. Jahrhundert. Zu sehen gibt es aus der Zeitepoche, die vom gotischen Stil geprägt war, den **Triptychonaltar** sowie das Kreuzgewölbe in der **Marienkapelle**. Außen am über 110 m hohen Kirchturm befindet sich eine Glocke, deren Gewicht mehr als fünf Tonnen beträgt. Übrigens: In St. Jakob präsentierte der Komponist Felix Mendelssohn-Bartholdy 1827 seinen „Hochzeitsmarsch" erstmals der Stettiner Öffentlichkeit.

Gehen Sie an der Kirche vorbei über die ulica Kardynała S. Wyszyńskiego weiter westwärts und Sie gelangen automatisch zum **Hafentor**, auf polnisch **Brama Portowa (8) [N53° 25' 29.9" E14° 33' 2.19"]**, ehemals auch als „Berliner Tor" bekannt. Erbaut wurde es nach Plänen des Architekten Cornelius von Walrave lediglich aus dekorativen Gründen. Im Inneren befindet sich heute u. a. ein bei jungen Leuten beliebtes Café.

Weiter geht der Weg nun nordwärts zum Plac Żołnierza Polskiego. Dazu benutzen Sie am Besten die etwas weiter östlich gelegene Nebenstraße pl. Orła Białego Staromłynska kurz vor der Westfassade der Kathedrale. Sie kommen dann an der **Florastatue (9) [N53° 25' 32.6" E14° 33' 18.3"]** vorbei, einer barocken Skulptur, die einst das nahe Grumbkow-Palais zierte. Dargestellt ist die römische Frühlingsgöttin.

Gleich darauf sehen Sie den **Adlerbrunnen [N53° 25' 34.0" E14° 33' 17.3"]** und den **Palast unter dem Globus**, das ehem. **Grumbkow-Palais**, das heute Büros der Kunstakademie beherbergt. In dem Palais aus den Anfängen des 18. Jh., das sich ein wohlhabender Hofbeamter namens Philipp Otto von Grumbkow hatte errichten lassen, erblickte im Oktober 1759 Sophie Dorothee Auguste Louise von Württemberg das Licht der Welt, die spätere „Mutter von Zaren" und zweite Frau von Zar Paul I.

Am Ende der Straße und an der Ostseite des **Plac Żołnierza Polskiego (10)** befinden sich zwei Abteilungen des **Nationalmuseums**. Rechts, ul. Staromłyńska 27, liegt das **Diet's Palais [N53° 25' 40.5" E14° 33' 17.6"]**, zu Beginn des 18. Jh. Sitz des preußischen Ständetages. Heute werden hier Ausstellungen zur pommerschen Kunstgeschichte und zur Herrschaft der Greifendynastie gezeigt.

Links sieht man das Gebäude der **Nationalmuseumsgalerie (16)** mit dem **Club der 13 Musen,** ul. Staromłyńska 1 *(geöffnet Di, Mi, Sa 10 - 18 Uhr, Do 10 - 20 Uhr, So 10 - 16 Uhr; www.muzeum.szczecin.pl)*. Hier werden in erster Linie Kunst aus der Zeit des Spätmittelalters und der früheren Neuzeit sowie regionale Malerei und regionales Kunsthandwerk gezeigt.

Ein weiteres sehenswertes Gebäude am Plac Żołnierza Polskiego ist die **Peter- und Pauls-Kirche (19) [N53° 25' 40.9" E14° 33' 31.3"]** am östlichsten Eckpunkt des weitläufigen Platzes. Ursprünglich stand hier eine schlichte Holzkirche aus dem frühen 12. Jh., die um 1370 durch einen gotischen Backsteinbau ersetzt wurde. Bemerkenswert sind die sog. Almosennische aus dem 15. Jh. zwischen den Platten der Heiligen Peter und Paul, sowie das aus dem frühen 18. Jh. stammende Holzgewölbe.

Vor der Kirche, mitten auf der Hauptstraße, sieht man Masten des Dampfer „S/S Kapitan K. Maciejewicz", die hier 1990 an der Stelle des früheren Stadttheaters aufgestellt wurden.

Auf dem Solidarności-Platz an der Westseite der Kirche steht das 2005 errichtete **Denkmal „Dezember 70" (22) [N53° 25' 41.8" E14° 33' 29.4"]**. Es erinnert an die Ereignisse, als Aufständische während des Arbeitrestreiks gegen den kommunistischen Staat im Dezember 1970 das nahe gelegene barocke **Königstor Brama Królewska (21) [N53° 25' 42.1" E14° 33' 24.0"]** stürmten. Dabei wurden 16 Streikende erschossen.

Eine neue Einrichtung des Nationalmuseums Stettin ist das **Dialogzentrum „Umbrüche" (Przełomy)** auf dem Solidarności-Platz 1 *(geöffnet Di, Mi, Do, Sa 10 - 18 Uhr, Fr + So 10 - 16 Uhr; https://przelomy.muzeum.szczecin.pl/en/)*. Das moderne Gebäude wird vom Architekten Robert Konieczny als „wertvolle urbanistische Klammer, welche die aus der Epoche der Gotik, des Barocks, des Historismus und der Moderne stammenden Nachbargebäude miteinander verknüpft" verstanden. Die Ausstellungen befassen sich „mit Ideen der Freiheit, sozialer Solidarität und des Portests gegen allerlei Totalitarismen und Nationalismen".

Unweit nördlich des Königstors sieht man eines der ungewöhnlichsten Bauwerke der neueren Stadtgeschichte Stettins, das mit Archtekturpreisen ausgezeichnete **Konzerthaus Filharmonia Szczecin (23) [N53° 25' 44.30" E14° 33' 2976"]**, ul. Małopolska 48; https://filharmonia.szczecin.pl/de. Das von den spanisch/italienischen Stararchitekten A. Veiga und F. Barozzi entworfene Gebäude erinnert mit seinem Äußeren entfernt an einen Eisberg und hebt sich markant von seiner Umgebung ab.

Wenn Sie vom Plac Żołnierza Polskiego auf der Narodowej in nordwestliche Richtung gehen, treffen Sie nach rund 300 m auf den belebten Treffpunkt **Plac Grunwaldzki (11) [N53° 25' 56.3" E14° 32' 55.0"]**. Hier ist ganz ausgezeichnet die bereits erwähnte Planung der Stadt nach Pariser Vorbild zu erkennen.

Während sich auf dem Platz inmitten des Verkehrstrubels gerne ältere Einwohner zum Schachspielen treffen, genießen andere auf den breiten Alleen, die auf den Platz zulaufen, die Möglichkeit eines der Cafés zu besuchen.

Nun führt unser Spaziergang wieder nach Osten in Richtung Oderufer. Auf dem Weg dahin erreichen Sie aber zuerst noch den **Plac Rodła [N53° 25' 54.9" E14° 33' 18.6"]**. Mit seinem modernen Rundturm ist das **Pazim Center (12)** dort nicht zu übersehen. Das Bürogebäude aus viel Glas und Stahl beherbergt zahlreiche Banken, Geschäfte und das Radisson Blu Hotel (Plac Rodła 10).

Wenn Sie weiter geradeaus gehen, treffen Sie automatisch auf den **Park Żeromskiego**. Er ist einer der größten und beliebtesten Parkanlagen der Stadt. Im südöstlichen Teil des Park erhebt sich das **Adam Mickiewicz Denkmal (13)**. Adam Mickiewicz (1798 – 1855) gilt als Nationaldichter Polens, der vor allem der Romantik zugetan war.

Ebenfalls im Park steht ein Denkmal zu Ehren von **Kaisers Friedrich III.** Friedrich III. (1415 – 1493) aus dem Hause Habsburg, war der letzte in Rom vom Papast gekrönte deutsch-römische Kaiser.

Zwischen dem Park und der Oder befindet sich der **Wały Chrobrego**. Es handelt sich dabei um einen Wall, benannt nach dem polnischen König Bolesław Chrobry, aus dem 19. Jahrhundert. Heute ist der Wall eine Prachtstraße, an der sich die repräsentativen Gebäude der Woiwodschaftsverwaltung, des Nationalmuseums Stettin und der Seefahrtsakademie.

Das **Gmach Główny Muzeum Narodowego w Szczecinie,** das **Nationalmuseum Stettin (14) [N53° 25' 48.0" E14° 33' 55.4"]**, Wały Chrobrego 3, lohnt einen Besuch *(geöffnet Di, Mi, Do, Sa 10 - 18 Uhr, Fr + So 10 - 16 Uhr; www.muzeum.szczecin.pl)*. Das 1913 nach Plänen von

Wilhelm Meyer-Schwartau errichtete Gebäude beherbergt heute Sammlungen der Pommernherzöge und der Oberschicht des Stettiner Bürgertums des 19. Jh. Darüber hinaus sieht man Ausstellungen zu folgenden Themen: Antike Wurzel Europas; Stettiner Sammlung der Dohrns; das Münzwesen im Westpommern vom 12. bis zum 19. Jh.; die Kunst Afrikas - zwischen Maske und Fetisch; im afrikanischen Dorf; Stettiner Werft und Hafen sowie „Astronomisches Heureka" mit dem Planetarium im Aussichtsturm. Der Aussichtsturm ist von März bis Ende September während der Öffnungszeiten zugänglich.

Unmittelbar vor dem Gebäudekomplex liegt die **Waly Chrobrego Promenade**, früher **Hakenterrassen**, die zur Oder hinab führen. Sie wurden nach dem ehemaligen Oberbürgermeister Hermann Haken benannt und sind heute ein beliebter Treffpunkt für die Stettiner. In den Eckpavillons findet man Restaurants und oben auf der Terrasse sieht man eine Skulptur, die Herkules mit einem Centaur kämpfend darstellt. Auf der unteren Terrasse eine Fontäne, Statuen berüchtigter Stettiner Seefahrer wie der legendäre Kaufmann und Freibeuter Jan Wyszak.

Am Oderufer findet man die **Anlegestelle von Ausflugsschiffen**. U. a. bieten sie Rundfahrten durch den Hafen von Szczecin an, gute Gelegenheit, sich einen Überblick über dessen Größe zu verschaffen. Auf einer Hafenrundfahrt sieht man unter anderem die Hafenkräne und Teile der **Stettiner Werftanlage**. Die Touren, die eine oder auch zwei Stunden dauern können, beginnen an der Anlegestelle Dworzec Morski, nordöstlich des Wały Chrobrego.

Andererseits kann man von hier aus auch bequem an der Oder flussaufwärts spazieren gehen und trifft dann auf den mächtigen **Wehrturm „Bastei der Sieben Mäntel"** aus dem 14. Jahrhundert. Er ist das letzte noch erhaltene Teilstück der ehemaligen Stadtbefestigung und diente bis 1723 als Gefängnis. Durch eine kleine Grünanlage gelangt man von hier aus wieder zurück zum Alten Rathaus am Stary Rynek.

Weitere Sehenswürdigkeiten in und um Stettin

Muzeum Techniki I Komunikacji, Museum für Technologie und Transport *(geöffnet Di 10 - 15 Uhr, Mi, Do, So 10 - 16 Uhr, Fr + Sa 10 - 18 Uhr; www.muzeumtechniki.eu)*. Wenn Sie sich für

An der Hakenterrasse in Stettin

PRAKTISCHE HINWEISE – SZCZECIN/STETTIN

Centrum Informacji Kulturalnej i Turystyznet [Parkplatz, N53° 25' 36.1" E14° 33' 34.7"], Touristen- u. Kulturinformationszentrum, u. Korsarzy 34, im Fürstenschloss, 70-540 Szczecin, Tel. +48 91 48 91 630; www.zamek.szczecin.pl/tourism. *Geöffnet 15. Apr. - 15. Okt. tgl. 10 - 18 Uhr; 16. Okt. - 14. Apr. Di - So 10 - 18 Uh.*

Centrum Informacja Turystyka PKP Szczecin Główny, gegenüber Stettiner Hauptbahnhof, ul. Kolumba 2, 70-4035 Szczecin, Tel. +48 91 48 30 850; www.zstw.szczecin.pl. *Geöffnet Mai - Sept. Mo - Sa 9 - 17 Uhr, So 9 - 14 Uhr; Okt. - Apr. Mo - Sa 9 - 17 Uhr, So 9 - 13 Uhr.*

Centrum Informacja Turystyka, Żołnierza Polskiego Platz 20, Glaspavillon auf der Blumenallee, 70551 Szczecin, Tel. +48 91 43 40 440. *Geöffnet Mai - Sept. Mo - Sa 10 - 18 Uhr, So 10 - 15 Uhr; Okt. - Apr. Mo - Sa 10 - 18 Uhr, So 10 - 14 Uhr.*

Für „Vielbesichtiger" kann die **Szczesinska Karta Turystyczna** von Interesse sein. Die Touristenkarte ist bei den Touristenbüros, bei der Stettiner Manufraktur am Chrobry Promenade (Hakenterrasse) und mit der kostenlosen App „Visit Szczecin" für Besichtigung auf Android und iOS erhältlich. Sie kann für eine Dauer von 24 Stunden oder drei Tage erworben werden. Vorteil: Mit der Karte können öffentliche Verkehrsmittel umsonst benutzt werden. Zudem gibt es 50%ige Ermäßigungen in allen Museen, Rabatte in Pubs, Restaurants, Cafés und Hotels. Infos unter www.szczecin.eu/de/odwiedz_szczecin/szczecin_tourist_card/.

RESTAURANTS

Eine Stettiner Spezialität sind die sog. **Pasztecik**, Stettiner Pastetchen, eine Art von frittierten Teigtaschen, die mit Fleisch, Kohl und Pilzen, Käse und Pilzen oder Ei gefüllt sind. Dazu isst man gerne ein würziges Rübensüppchen. Ein alteingesessener Imbiss in der al. Wojska Polskiego 46 ist stadtbekannt für seine Pasztecik. Am Eingang bestellen und bezahlen Sie, traditionellerweise werden Sie gefragt "im Papier oder auf die Hand" und wenig später wird Ihnen Ihre Pasztecik serviert.

Stara Komenda Browar Szczecin, pl. Batorego 3, Tel. +48 91 42 34 445; www.starakomenda.pl/de.html. Bar und Kneipe mit eigener Privatbrauerei, in der feines Pils, Hefeweizen, Bernsteinpils und monatlich wechselnde Bierspezialitäten gebraut werden.

Pierogarnia Kaszubska Centrum, plac Zgody 1, Tel. +48 50 62 92 680. Die Traditionsspezialität Piroggen wird hier gepflegt, man serviert sie in mindestens 10 verschiedenen Sorten.

Karczma Polska Pod Kogutem, pl. Lotnikow 3, Tel. +48 91 43 46 873; www.karczmapodkogutem.pl; traditionsreiches Lokal mit urigem Ambiente und gutbürgerlicher Küche.

CAMPING BEI SZCZECIN/STETTIN

Camping Marina [N53° 23' 42.4" E14° 38' 11.6"], ul. Przestszenna 23, Tel. +48 91 460 11 65; www.campingmarina.pl; Jan. - Dez.; nordöstlich von Stettin Richtung Flughafen und weiter nach Dąbie, gut ausgeschildert. Ausgedehntes Wiesengelände mit ca. 120 Stellplätzen, teilweise unter Bäumen, zwar am See gelegen, aber keine Bademöglichkeit direkt am Platz, am Bootshafen; ca. 5 ha – 120 Stpl. Standardsanitärausstattung. Restaurant,Waschmaschine, Trockner, Bootsrampe. V & E für Wohnmobile. Miethütten.

WOHNMOBIL-STELLPLATZ SZCZECIN/STETTIN

Wohnmobil-Stellplatz Hotel Panorama [N53° 21' 54.04" E14° 36' 57.91"], ul Radosna 60; Tel. +48 91 466 88 88. **Zufahrt:** Von Stettin Straße 10 südostwärts in Richtung Stargard, nach ca. 5 km in Zdroje auf die Straße 31 nach Podjuchy abzweigen, am östlichen Ortsrand zum Hotel Panorama abzweigen. Hier Stellplatz mit Platz für 12 Wohnmobile. **Ausstattung:** Ebener, gepflasterter, schattenloser Platz mit Frischwasserhahn und Strom. **Geöffnet:** Ganzjährig. **Gebühr:** Pauschale inkl. Wasser und Strom.

Technik und alte Autos interessieren, finden Sie im Norden von Stettin, in der ul. Miemierzyńska 18A, ein besuchenswertes Museum. Mit der Straßenbahnlinie 3 können Sie z. B. vom Bahnhof oder vom Hafentor Brama Portowa aus direkt bis vor die Tore des Museums fahren. Ausgestellt sind u. a. Oldtimer, Autos wie Motorräder (z. B. der Marke Junak), die zu Beginn des 20. Jh. in und um Stettin produziert wurden. Einer der Autohersteller war z. B. die Auto-Stoewer-AG. Aus ihrer Produktion stammt der Stoewer V5 (1935), eines der ersten Autos weltweit, die mit Vorderradantrieb ausgestattet waren. Darüber hinaus sind einst in Bremen und Dessau hergestellte Straßenbahnwagen, weiter Feuerwehrfahrzeuge, der Prototyp eines Amphibienfahrzeugs, Busse, Fahrräder, Technik aus dem Haushalt u. a. zu sehen.

Stettiner Untergrund Tour – Unter dem Stettiner Hauptbahnhof PKP, der früher mal „Berliner Bahnhof" hieß, ul. Kolumba 1, befindet sich Polens größter **Zivilschutzbunker**, der vor dem 2. Weltkrieg angelegt wurde, sich über fünf Stockwerke erstreckt und dessen Wände und Decken aus 3 m dickem Stahlbeton sind. Später wurde die Anlage zum Atomschutzbunker umfunktioniert. Angeboten werden zwei Besichtigungstouren – „2. Weltkrieg" (tgl. um 12 Uhr) und „Kalter Krieg" (nur samstags 13.30 Uhr). Nehmen Sie auf die Besichtigungstour unbedingt etwas zum Überziehen mit. Die Temperatur dort unten steigt nicht über 10° C. Infos und Details unter www.schron.szczecin.pl.

Starka – Der ausschließlich in Stettin hergestellte Starka Vodka ist eine in Polen seit Jahrhunderten bekannte und beliebte Spirituose, die aus Getreidemaische destiliert wird und entfernt eher an Whisky erinnert. Der Herstellungsprozess ähnelt stark der Whiskyproduktion. Und auch die Farbe des Destillats kommt wie beim Whisky von Eichenfässern, in denen der Starka bis 10 Jahre lagert. Die Produktionsstätte in der u. Jagiellońska 63-64 im Westen der Stadt kann nach Voranmeldung und gegen Gebühr auf Führungen besichtigt werden. Infos unter www.starka.pl.

Unter der Obhut des Stettiner Nationalmuseums steht auch das **Museum der Küstenschmalspurbahn in Greifenberg (Gryfice)**. Gryfice liegt allerdings rund 90 km nordöstlich von Stettin! Das Museum ist dort in der ul. Błonie 2 zu finden. Ausgestellt sind Dampflokomotiven, Personen- und Güterwagen der pommerschen Schmalspurbahn mit einer Spurweite von 1000 Millimetern. Dokumentiert wird auch der Übergang vom Dampflokzeitalter hin zum Verbrennungsantrieb; *www.urlaub-in-pobierowo.de/category/pobierowo/schmalspurbahn/.*

*ROUTE: Von Stettin zunächst auf der Straße 10 nach Südosten bis zur Autobahn 3/6/E65, der wir nordwärts folgen. Nach knapp 60 km knickt die Straße nach Westen ab und passiert 9 km weiter **Wolin/Wollin.***

Wolin/Wollin [Parkplatz, N53° 50' 33.6" E14° 37' 00.0"] liegt zwar auf einer Insel, die auch den gleichen Namen wie die Stadt trägt, aber man bemerkt die Insellage überhaupt nicht, wenn man die Dziwna im Osten der Stadt überquert. Und die Dzwina, die die Insel Wolin im Osten begrenzt – im Westen tut das die Świna, im Norden die Pommersche Bucht/Zatoka Pomorska und im Süden das Stettiner Haff/Zalew Szczeciński – ist auch kein richtiger Fluss, sondern ein sehr schmaler Meeresarm, der die Pommersche Bucht und das Stettiner Haff verbindet. Im Westen tut das in vergleichbarer Weise, aber wesentlich kürzer, die Świna.

Wolin, Blick zum sog. Wikingerdorf, Schauplatz des jährlichen Wikinger Festivals

Wolin ging aus einem frühmittelalterlichen slawischen Hafen hervor. Später wurde es eine nicht unbedeutende Hansestadt. Auf der Insel lebten auch Sachsen und vor allem Normannen, Wikinger also. Und ihnen wird nachgesagt, dass sie hier lange vor der Gründung des Hafens eine mächtige Seefestung hatten. An diese Zeit erinnert das kleine **Slawen- und Wikinger-Freilichtmuseum Slowian** *(geöffnet Apr. - Juni + Sept., Okt. tgl. 10 - 16 Uhr; Juli - Aug. 10 - 18 Uhr; www.jomsborg-vineta.com)* und das bunte, turbulente, alljährlich Anfang August veranstaltete **Woliner Wikinger Festival**.

Zu den eher bescheidenen Sehenswürdigkeiten der Stadt werden die restaurierte **Nikolaikirche** (15. – 19. Jh.) und das kleine **Regionalmuseum** gezählt.

ROUTE: *Weiterreise von Wolin auf der Straße 3 nach Nordwesten. Nach rund 20 km gabelt sich die Straße an einem großen Kreisverkehr. Rechts geht es zum Fährterminal der Fähren nach Schweden. Und nach links wird der Verkehr aufgrund der Beschilderung in einer weiten Schleife zur für Besucher alternativlosen* ***Autofähre [Fähranlager N53° 51' 42.3" E14° 17' 14.8"]*** *über die* **Świna** geführt. *Die Fähren verkehren laufend und sind kostenlos, Fahrtdauer rund 10 Minuten. Allerdings können Wartezeiten entstehen! Am Westufer der Świna angelangt, fährt man auf der Straße 93 noch 8 km bis* ***Świnoujście/Swinemünde.***

Übrigens: Es gibt noch eine zweite Fähre über die Świna, die in der Nähe des Fährterminals ins Zentrum von Swinemünde führt. Sie ist aber ausschließlich Bewohnern von Swinemünde mit Fahrzeugen mit ZSW-Kennzeichen vorgehalten!

Für Besucher aus dem norddeutschen Raum bietet sich der Weg nach Świnoujście/Swinemünde über **Wolgast, Heringsdorf** und **Ahlbeck (Insel Usedom)** an.

Świnoujście/Swinemünde liegt im äußersten Nordwesten Polens unmittelbar an der Grenze zu Deutschland. Auf einer Fläche von 195 qkm erstreckt sich die Gemarkung der Hafen- und Kurstadt über die Inseln Usedom, Wolin und Karsibór. Erstaunlicherweise wird die Fläche der Inseln im Laufe der Zeit immer größer, denn infolge eines merkwürdigen Rückganges der See verschiebt sich die Küstenlinie immer weiter nach Norden. So hat sich durch die Sandmenge, die sich am Strand ablagerte, die Uferlinie in den letzten 200 Jahren um rund 1,5 km weiter nach Norden verschoben.

PRAKTISCHE HINWEISE – ŚWINOUJŚCIE/SWINEMÜNDE

Informacja Turystyczna, Plac Słowiański 6/1, 72-600 Świnoujście, Tel. +48 91 322 49 99; www.swinoujscie.pl. *Geöffnet Mo - Fr 9 - 17, Sa 10 - 14 Uhr.*

CAMPING

Camping 44 "Relax" [N53° 55′ 01.9″ E14° 15′ 21.2″], ul. Słowackiego 1, Tel. +48 91 321 39 12; www.camping-relax.com.pl/de/; Feb. - Nov.; im Ort ausgeschildert. Im Kurviertel gelegener, meist gut besuchter Platz, auf dem es auch laut werden kann; ca. 3 ha – 120 Stpl.; Standardsanitärausstattung. Restaurant, Café, Laden, Grillstelle, WLAN; Mietbungalows. Gehnähe zum Strand.

WOHNMOBIL-STELLPLATZ – WOLIN

Wohnmobil-Stellplatz Familie Lafrentz [N53° 49′ 59.06″ E14° 37′ 23.71″], ul. Gogolice 20, Wolin-Gogolice, Tel. +48 51 01 00 402. **Zufahrt:** Von Wolin Straße 3 ostwärts über die Dziwna-Brücke, danach rechts/südwärts abzweigen Richtung Gogolica, hier zum Platz am Dziwna-Fluss in ruhiger Lage. **Ausstattung:** Wiese für 18 Wohnmobile mit Strom, Frischwasser, Picknicktische und V&E-Einrichtung. **Geöffnet:** Ganzjährig. **Gebühr:** Pauschale inkl. aller Einrichtungen. Nähe Wikinger-Freilichtmuseum Slowian.

Die meisten Einwohner von Świnoujście/Swinemünde leben auf dem polnischen Teil der Insel Usedom. Dort befindet sich auch das Stadtzentrum. Zum Stadtgebiet gehören nicht weniger als 40 weitere Inseln, die sich entlang der Swinemündung erstrecken.

Die **Świna/Swine** ist einer der drei Arme der Oder, die hier in die Ostsee fließen. Östlich von ihr befindet sich die **Piana**. Wenn man das Ganze genau betrachtet, handelt es sich bei diesen Gewässern allerdings nicht um Flüsse, sondern um Meeresarme, die das Stettiner Haff mit der Pommerschen Bucht verbinden.

Im Übrigen liegt keine andere polnische Stadt so nah an den skandinavischen Städten wie Świnoujście/Swinemünde. So kommt es nicht von ungefähr, dass hier diverse Schifffahrtsverbindungen eingerichtet wurden und sich Swinemünde zu einer internationalen Hafenstadt mit einer über 170jährigen Tradition entwickeln konnte.

Die nächstgrößere polnische Stadt Szczecin/Stettin ist nur 44 km näher als die dänische Hauptstadt Kopenhagen. Und Schweden liegt nur 175 km entfernt. Selbst die norwegische Küste ist Świnoujście/Swinemünde wenige Kilometer näher als die polnische Hauptstadt.

Durch diese geografisch günstige und dem Handel mit den skandinavischen Ländern zuträgliche Lage kreuzen sich in der Hafenstadt viele wichtige Seestraßen und Handelswege, was den Ort wirtschaftlich und touristisch attraktiv macht.

In früheren Zeiten allerdings hatte die attraktive seenahe Lage nicht nur Vorteile, sondern auch gravierende Nachteile. Immer wieder wurde die Insel von Seeräubern heimgesucht.

Auch Herrscher anderer Länder nahmen sich die Inseln gegenseitig immer wieder ab. Mal waren es die Slawen, dann die Germanen, dann wieder die Skandinavier, die sich die Inseln zu eigen machten.

Im 9. Jahrhundert wurde die Swine-Mündung von dem Stamm der Wolinianie beherrscht, deren Gebiete im darauf folgenden Jahrhundert infolge der vom Fürsten Mieszko I. vollzogenen Vereinigung zu Polen kam. Bald übernahmen pommersche Fürsten die Herrschaft. Laut historischen Urkunden soll der pommersche Fürst Bogusław an der Stelle des heutigen Swinemünde zwei Festungssiedlungen errichtet haben, die später während eines dänischen Überfalls abbrannten. In der ersten Hälfte des 17. Jh. gerieten die

Gebiete an der Swine unter schwedische Herrschaft; zu Beginn des nächsten Jahrhunderts fielen sie an Preußen.

Zu jener Zeit war die Swine nur ein seichter Fluss, so dass die in See stechenden Segler lieber die Piana, den westlichen Arm der Oder, auf ihrem Weg in die Ostsee benutzten. An der Piana richteten sich jedoch die Schweden ein, die von den Kaufleuten hohen Zoll erhoben.

Die Preußen begannen hingegen mit dem Bau eines Hafens in Swinemünde, mit dem sie den lästigen Gebühren auszuweichen gedachten. Die Stadt und der Hafen erfuhren einen gemeinsamen Aufstieg. Als ihr 1765 das Stadtrecht verliehen wurde, lebten in Swinemünde 2.500 Menschen.

Im 19. Jahrhundert wurde die Stadt als Badeort über ihre Grenzen hinaus bekannt. Noch heute ist der rund 10 km lange und stellenweise 50 bis 70 m breite Strand ein großer Anziehungspunkt. Im Jahr 1895 wurden Solen entdeckt und so wurde die Stadt auch noch zu einem beliebten Kurort.

Schnell errichtete man das Kurhaus und ein von der übrigen Stadt abgetrenntes Kurviertel mit einer beachtenswerten Bäderarchitektur, durch das noch heute ein Spaziergang lohnt.

Vor allem im 19. Jh. baute und logierte die „gesellschaftliche Elite" im Swinemünder Kurviertel. Zu den erlauchten Gästen zählten – neben namhaften Künstlern – Zar Nikolaus I., die Könige von Dänemark und Portugel, der preußische König Friedrich Wilhelm IV. und Kaiser Wilhelm II. Die Entwicklung der Stadt und ihres Kurbetriebes wurde vom Zweiten Weltkrieg unterbrochen.

In den umliegenden Wäldern und in der Umgebung von Peenemünde wurden die deutschen Wunderwaffen V1 und V2 getestet. Dadurch und durch die Lage des Hafens hatte Świnoujście/Swinemünde eine hohe militärische Bedeutung.

Heute ist in Strandnähe ein neues Viertel mit eleganten Cafés, Hotels, Kurpromenade und Konzertmuschel entstanden.

In Gehnähe zu diesem Promenadenviertel liegt auch der Campingplatz Relax, s. o.

In der Zeit vom 1. Mai bis 30. September sind alle Parkplätze im Bereich des Kurviertels von Montag bis Samstag gebührenpflichtig!

Von Swinemünde führt die gepflasterte Straße 111 (Fahrzeuge bis 3,5 t) ins nahe **Ahlbeck** auf dem deutschen Teil der Insel Usedom.

Abstecher nach Karsibór

Auf dem Weg zurück zur Hauptstraße 3 kann man gleich nach der Fähre rechts (südwärts) abzweigen, eine Brücke überqueren und hinausfahren nach **Karsibór**, einem kleinen Fischerdorf. Am Ende der fast 3 km langen Dorfstraße trifft man auf die hübsche, weiße **Kirche von Karsibór [N53° 51' 15.3" E14° 19' 33.1"]**, das einzige gotische Baudenkmal auf der Gemarkung von Świnoujście/Swinemünde. Die Ausstattung ist im barocken Stil erhalten. Vor der Kirche wachsen die sogenannten „Gustaf Adolf Bäume". Sie erinnern an den schwedischen König, der angeblich auf Grund einer Liebe zu einer Einwohnerin von Karsibór hier fünf Tage verweilte.

Die Kirche aus dem 14. Jh. steht übrigens an der Stelle einer früheren Fährstation, die eine wichtige Station eines uralten Handelsweges um die Ostsee war.

*ROUTE: Zurück zur Hauptstraße 3 und weiter ostwärts. Nach rund 14 km zweigen wir nordwärts ab auf die Straße 102 und kommen nach 3 km nach **Międzyzdroje/Misdroy.***

In **Międzyzdroje/Misdroy** befindet man sich wieder auf der Insel Wolin. Der Ort wartet neben einer 395 m langen Seebrücke, der längsten in Polen, mit rund 35 km langen Sandstränden auf.

Neueren Datums ist der **Baltische Miniaturpark**, ul. Nowomyśliwska 98 *(geöffnet Apr. tgl. 10 - 17 Uhr; Mai - Mitte Juni tgl. 10 - 18 Uhr; Mitte - Ende Juni 10 - 19 Uhr; Juli - Mitte Aug. tgl. 9 - 20 Uhr; Mitte*

PRAKTISCHE HINWEISE – MIĘDZYZDROJE/MISDROY

Informacja Turystyczna, Bohaterów Warszawy 20, 72-500 Międzyzdroje, Tel. +48 (0)91-328 27 78. *Geöffnet Apr. - Okt. Mo - Fr 9 - 18 Uhr, Sa + So 9 - 17 Uhr; Nov. - März Mo - Fr 9 - 17 Uhr.*

CAMPING

Camping Nr. 24 [N53° 55′ 15.8″ E14° 26′ 09.8″], ul. Polna 36, Tel. +48 91 328 02 75; www.camping24.info.pl; 30. Apr. – 25. Okt.; am westlichen Ortsrand. Abzweig von der Straße 102, vorbei am Netto-Markt in die Ulica Polna und noch gut 400 m. Ebenes, langgestrecktes, gepflegtes Wiesengelände, teilweise unter Bäumen, von hohen Laubbäumen begrenzt, in Meeresnähe; ca. 4 ha – 250 Stpl; Standardsanitärausstattung. Imbiss, Waschmaschine, WLAN. V & E für Wohnmobile.

WOHNMOBIL-STELLPLATZ

Kolczewo

Wohnmobil-Stellplatz Agroturystyka Stefanowicz [N53° 58′ 51.0″ E14° 37′ 54.6″], Tel. +48 91 326 52 51; www.stefanowicz.max-media.pl; ganzjährig; ca. 3 km östlich von Kolczewo Abzweig von der Straße 102 (Kolczewo-Miedzywodzie) und noch ca. 300 m unbefestigter Waldweg; Wiesen im Laubwald, auch für Zelte und Caravans, bei einer Pension.

Aug. - Ende Aug. 10 - 19 Uhr; Sept. 10 - 18 Uhr; Okt. tgl. 10 - 17 Uhr; Nov. - Jan. 10 - 15 Uhr; Feb. - März 10 - 16 Uhr; www.baltyckiparkminiatur.pl/de/). Im Maßstab 1:25 sind hier namhafte Gebäude aus den Hauptstädten der Ostsee-Anrainerstaaten zu sehen.

Die große Naturattraktion aber ist der **Woliński Park Narodowy**, der **Wolin Nationalpark [Parking Kwasowo, N53° 56′ 16.2″ E14° 28′ 31.5″]** (www.wolinpn.pl/index.php?page=44). Er beansprucht ein Fünftel der Insel und verläuft von der Steilküste bei Międzyzdroje bis zum Oderhaff. Dabei handelt es sich hauptsächlich um eine Moränenlandschaft, die überwiegend mit Buchenwald bedeckt ist.

Durch den Wald führen drei große **Wanderwege**. Der rot markierte **Weg „Entlang der Meeresufer"** führt von Międzyzdroje über den Leuchtturm „Kikut" nach Kołczewo und passiert dabei den 95 m hohen Gosań Berg, eine der höchsten Erhebungen an Polens Küste.

Der grün markierte **„Waldweg"** führt durch Buchen- und Eichenwälder ebenfalls von Międzyzdroje nach Kołczewo, geht aber am Wisentreservat vorbei weiter bis Warnowo. Schön ist der Abschnitt nahe der Straße Warnowo – Wiskełka, von wo aus man die Wolliner Seenplatte bewundern kann.

Der blau markierte **Weg „Am Stettiner Haff"** schließlich beginnt wieder in Międzyzdroje, endet aber in Wolin und passiert den Aussichtspunkt „Zielonka" mit Blick auf das Swine-Delta und das Stettiner Haff. Hunde sind im Nationalpark nicht erlaubt.

Naturliebhaber werden dem **Naturkundemuseum [N53° 55′ 38.1″ E14° 26′ 59.9″]** (u. a. Bernsteinsammlung, Voliere mit Seeadlern und Uhus) des Woliner Nationalparks in Międzyzdroje und dem **Wisentgehege** (längerer Fußweg) einen Besuch abstaten wollen.

Ausgangspunkt für einen Besuch des Wisentgeheges ist der **Park- und Picknickplatz Kwasowo [N53° 56′ 16.2″ E14° 28′ 31.5″]** an der Straße 102, ca. 2 km östlich von Międzyzdroje. Ein Fußweg durch den Laubwald führt in etwa 20 Gehminuten zum Wisentgehege *(ge-*

Die St. Johannes-Kathedrale in Kamień Pomorski/Cammin

öffnet im Sommer Di - So 10 - 18 Uhr; im Winter Di - Sa 8 - 16 Uhr; www.polando.de/item/wisent-bisongehege-in-misdroy/).

Auf der Weiterfahrt nach Osten passiert die Straße 102 einen weiteren Parkplatz, von dem ein Fußweg zum etwa 400 m entfernten **Aussichtspunkt Gosau [N53° 57′ 10.3″ E14° 29′ 33.9″]** führt.

ROUTE: *Weiterreise auf der Straße 102 nordostwärts über* ***Międzywodzie/Heidebrink*** *und* ***Dziwnow*** *bis* ***Dziwnowek.*** *Dort zweigt man südwärts ab auf die Straße 108, um ins nur 8 km entfernte* ***Kamień Pomorski/Cammin*** *zu gelangen.*

Der Kurort **Kamień Pomorski/Cammin** mit sehenswertem **Stadtkern** liegt ein wenig abseits der Ostseeküste an der „Europäischen Route der Backsteingotik". Cammin machte sich bereits im ausgehenden 12. Jh. einen Namen, als hier die ersten pommerschen Münzen geprägt wurden.

Um zur Kathedrale zu gelangen, fahren Sie am ersten Kreisverkehr rechts ab und folgen der Beschilderung „Katedra".

Auffällig und einen Besuch unbedingt wert ist die **St. Johannes-Kathedrale [Parkplatz, N53° 58′ 23.6″ E14° 46′ 23.0″].** Ihr Bau wurde bereits im 12. Jahrhundert begonnen, jedoch war ein Neuaufbau nötig, als das Gotteshaus im 15. Jahrhundert einem Brand zum Opfer gefallen war.

Die große Sehenswürdigkeit im Inneren des Kirchengebäudes im gotischen Backsteinstil ist die gewaltige, barocke **Orgel** (13 m hoch, 9 m breit, über 3000 Pfeifen)**,** deren Klang alljährlich im Sommer ein internationales Festival eröffnet. Das gewaltige Instrument stammt aus dem Jahr 1669 von einem Stettiner Orgelbauer.

Bemerkenswert sind darüber hinaus die **Kanzel** aus dem 17. Jh., das **Chorgitter** mit einem Triumphkreuz darüber, das Chorgestühl sowie geschnitzte Skulpturen wie die Heiligen Johannes der Täufer und Johannes der Evangelist im Chorraum.

Bei einem Besuch der Kirche lohnt auch ein Blick hinter das Gebäude. Dort befindet sich der dazugehörige **Kirchgarten (Viridarium)**, der mit einem sehr alten Baumbestand aufwarten kann.

Weitere Sehenswürdigkeiten in der Stadt am Camminer Haff (Zalew Kamieński) sind der **Bischofspalast** und das **Rathaus**, beide sind im gotischen Stil errichtet. Im Bischofspalast ist ein **Museum** eingerichtet, das sakrale Exponate und archäologische Funde zeigt.

Berühmt, die Barockorgel in der St. Johannes-Kathedrale in Kamień Pomorski

Ferner verdient im Süden das **Brama Wolińska [N53° 58' 18.9" E14° 45' 58.5"]**, das **Woliner Tor,** Beachtung, das im 14. Jahrhundert als Teil der Stadtmauer errichtet wurde.

In einem hübschen Fachwerkhaus aus dem 18. Jahrhundert befindet sich das **Hotel und Restaurant Pod Muzami**.

Des weiteren verfügt Kamień Pomorski, das allerdings – nachdem schon im Mittelalter die Dziwna-Mündung mehr und mehr versandete – schon lange keine direkte Verbindung zur Ostsee mehr hat, über einen Jachthafen und ein Seglerzentrum. Gesegelt wird im Camminer Bodden, an dessen Ostufer die Stadt liegt und der ein Ausläufer des Stettiner Haffs ist.

PRAKTISCHE HINWEISE – KAMIEŃ POMORSKI/CAMMIN

Informacja Turystyczna, ul. Stary Rynek 1, 72-400 Kamień Pomorski, Tel. +48 (0)91 382 11 42; www.kamienpomorski.pl.

CAMPING

Dziwnówek

Dziwnówek liegt rund 8 km nördlich von Kamień Pomorski an der Küste.

Camping Wiking [N54° 02' 01.6" E14° 47' 59.6"] (Nr. 194), ul. Wolności 3, Tel. +48 662 18 47 68; www.campingwiking.pl; 1. Mai – 10. Sept.; Einfahrt direkt an der 102 am westl. Ortsrand; ebenes, eingezäuntes Gelände mit sandigem Untergrund im hochstämmigen Kiefernwald, ca. 3 ha – 130 Stpl. + Dau.; gute Standardsanitärausstattung. Laden, Waschmaschine, Trockner, Mietbungalows. V & E für Wohnmobile, allerdings nicht direkt mit dem Womo zu befahren. Nachtwache. Tor zum Strand (Chipkarte zum Öffnen in der Rezeption). Über einen ca. 300 m langen Pflasterweg zum breiten, kilometerlangen Sandstrand.

Nahebei liegt **Camping Bialy Dom** (Nr. 118), ul. Kamienska 11 – 12; Tel. +48 91 381 11 71; 15. Apr. – 30. Sept.; ebenes Campinggelände im hochstämmigen, lichten Kiefernwald; ca. 2 ha – 70Stpl. + Dau., Standardsanitärausstattung. Laden, Restaurant, Waschmaschine, Trockner, Grillstelle, WLAN. Mietbungalows. V & E für Wohnmobile. Über Dünen zum nahen Strand.

TOUR 2: KAMIEŃ POMORSKI/CAMMIN – ŁEBA/LEBA

Länge der Tour: Rund 295 km, ohne Abstecher.

Die Route: Straße 102 über **Trzęsacz/Hoff, Rewal/Rewahl** und **Trzebiatów/Treptow Rega** bis **Kołobrzeg/Kolberg** – Straße 11 bis **Koszalin/Köslin** – Straße 203 über **Darłowo/Rügenwalde** bis **Ustka/Stolpmünde** – Straße 210 bis **Słupsk/Stolp** – Straße 6/E28 bis **Lębork/Lauenburg** – Straße 214 über **Wicko/Vietzig** bis **Łeba/Leba**.

Reisedauer: Mindestens ein Tag.

Höhepunkte: Die **Küstenlandschaft Pommerns** ** – Spaziergang entlang der **Promenade in Ustka/Stolpmünde** * – eine Wanderung über die **Dünen der „Polnischen Sahara“** ***.

ROUTE:** Auf der Straße 102 über **Trzęsacz/Hoff, Rewal/Rewahl** und **Trzebiatów/Treptow Rega** zunächst bis **Kołobrzeg/Kolberg.

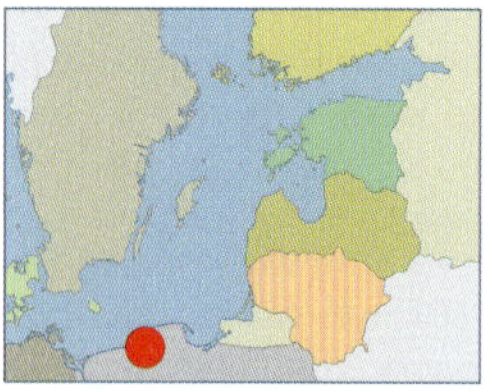

Unterwegs passiert man viele kleinere, aber interessante Küsten- und Badeorte.

In **Łukęcin** gibt es eine Reitschule und eine kleine Golfanlage.

Überreste einer Anfang des 19. Jahrhunderts ins Meer gestürzten Kirche sind in **Trzęsacz/Hoff**, einem Ferienort mit vielen neuen Appartementhäusern, zu besichtigen. Der Einsturz der Kirche wurde dadurch verursacht, dass die stetige Brandung den Standort der Kirche unterhöhlte.

Ein bei Familien beliebter Badeort ist **Pobierowo/Poberow**.

Am Strand von Rewal

Rewal/Rewahl liegt direkt am Meer und hat einen langen breiten Sandstrand unterhalb der hohen Steilküste.

Von Nadel- und Laubwäldern umgeben ist der Ferienort **Pogorzelica/Fischerkathen** mit etlichen Bungalowanlagen.

Das Wahrzeichen von **Niechorze/Horst** ist sein 1866 errichteter **Leuchtturm**. Man kann das nette Küstenstädtchen auch mit der Schmalspurbahn ab Rewal/Rewahl erreichen. Die Bahn fährt weiter bis nach Tirzebiatów.

Ein anderer beliebter Badeort ist **Kołobrzeg/Kolberg** (ca. 47.000 Einw., 2,5-t-Beschränkung zum Stadtzentrum). Die Stadt an der Mündung der **Parsęta**

CAMPING ZWISCHEN REWAL/REWAHL UND KOŁOBRZEG/KOLBERG

Rewal/Rewahl

Camping Nr. 192 „Klif" [N54° 04' 45.3" E15° 00' 16.6"], Kamienska 2, Tel. +48 91 386 26 18; www.klifrewal.pl; 1. Mai – 30. September; westlich Rewal, Zufahrt an der 102; Wiesengelände zwischen Straße 102 und einer dichten, hohen Laubbaumreihe. Zum Meer muss man einmal um das ganze Gelände laufen, da der Platz komplett umzäunt ist. Ca. 1,3 ha – 200 Stpl.; ordentliche Sanitäranlagen. Laden, Restaurant in der Hauptsaison. V & E für Wohnmobile. Miethütten.

Niechorze

Camping Pomona [N54° 05' 34.5" E15° 03' 58.6"], ul. Polona 25, Tel. +48 91 386 34 45 www.domki.niechorze.tv/de/camping.html; Anf. Mai – Ende Sept.; am westlichen Ortsrand von Niechorze, Einfahrt gegenüber von Balti Cliff Apartments; gepflegte Anlage mit ebener Wiese, durch Hecken und Bäume parzelliert; ca 2 ha – 100 Stpl; gute Standardsanitärausstattung. Restaurant, WLAN, schöne Mietbungalows- und häuser.

Kołobrzeg/Kolberg

Camping Baltic Nr. 78 [N54° 10' 52.5" E15° 35' 43.6"], ul. IV Dywizji Wojska Polskiego 1, Tel. +48 94-352 45 69; www,camping.kolobrzeg.pl; 14. April – 15. Okt.; knapp 2 km nordöstlich vom Bahnhof bei einem Park gelegenes, ebenes Wiesengelände, teils durch Hecken unterteilt, mit hochstämmigen Laubbaumgruppen; ca. 3 ha – 220 Stpl. plus angegliederter Zeltplatz; gute Standardsanitärausstattung. Laden, Waschmaschine, Fahrradverleih, WLAN. V & E für Wohnmobile. Mietbungalows. Zum Strand knapp 1 km.

konnte im Jahr 2000 den tausendsten Jahrestag ihrer Ernennung zum Bischofssitz feiern. Schon vor mehr als tausend Jahren war Kołobrzeg eine ausgebaute Festung und ein bedeutender Hafen. Das heutige Aussehen der Burg geht auf das Ende des 11. Jahrhunderts zurück.

Im 14. Jh. war Kolberg Hansestadt und wurde durch seine Salzsiedereien, den Salzexport und den Handel mit Heringen wohlhabend. Auf dem nördlichen Teil der Wyspa Solna/Salzinsel befand sich eine der größten Salzsiedereien der damaligen Zeit. Und seine Solequellen und Solebäder sind noch heute beliebt.

Das hier vorherrschende Klima aus frischer jodhaltiger Meeresluft und der dazugehörigen Portion an Sonneneinstrahlung macht Kołobrzeg zum größten polnischen Kurzentrum. Auch die zahlreichen Mineralquellen und die nicht wenigen Moorlager tragen ihren Teil dazu bei, ideale Bedingungen für Naturheilanwendungen zu schaffen.

Im Windschutz von ausgedehnten Parkanlagen erstrecken sich links und rechts der mächtigen Seebrücke herrliche **Sandstrände**. Die belebte **Seepromenade [N54° 11′ 11.9″ E15° 33′ 20.2″]** führt zum Leuchtturm an der Parsęta-Mündung, der seit 1770 den Schiffen den Weg zum Hafen weist. Im Hafen selbst liegen zahlreiche Ausflugsschiffe vor Anker.

Das Zentrum der im Krieg stark zerstörten Stadt wurde in den vergangenen Jahren rekonstruiert. Links und rechts der Fußgängerzone wurden die Häuser im historischen Stil wieder aufgebaut. Wer durch die Stadt schlendert, dem entgeht nicht die Anfang des Spätmittelalters errichtete **Marienkirche**. Ebenso auffällig ist das neugotische **Rathaus**, das nach Plänen von Karl Friedrich Schinkel erbaut wurde.

Abwechslung verspricht ein Besuch im **Oceanarium Kołobrzeg**, aleja I Armii Wojska Polskiego 6C *(geöffnet Mo - So 9 - 17 Uhr; www.oceanarium.com.pl)*, eine Aquariumanlage.

*ROUTE: Von **Kołobrzeg/Kolberg** auf der Straße 11 ostwärts Richtung **Koszalin/Köslin.** Knapp 10 km vor Koszalin kann man nordwärts über die Straße 165 zum Seebad **Mielno** abzweigen.*

Scharen von Sonnenhungrigen werden alljährlich von den langen **Sandstränden** bei **Mielno/Groß Mölln** angezogen. Dementsprechend überlaufen ist der kleine Ort in der Hochsaison. Im Ortsteil Gąski bietet sich vom 51 Meter hohen **Leuchtturm** ein herrlicher Rundblick, bei dem man sich selber auch ein Bild von den im Sommer überfüllten Stränden machen kann. An der Durchgangsstraße nach Łazy herrscht dann eine Art ständiger Jahrmarkt.

PRAKTISCHE HINWEISE – KOSZALIN/KÖSLIN

Informacja Turystyka [N54° 11′ 25.6″ E16° 10′ 21.9″], ul. Dworcowa 11 – 15, 75-201 Koszalin, Tel. +48 943 46 24 40; www.koszalin.pl.

CAMPING

Mielno/Groß Mölln

Camping Na Granicy Nr. 125 [N54° 15′ 44.0″ E16° 04′ 27.3″], ul. 6 Marca 4i, Tel. +48 60 845 18 54; www.nagranicy.pl; 1. Mai – 30. Sept.; www.nagranicy.pl; östlich von Mielno am westl. Ortsrand von **Uniescie** an der Straße 165 gelegen, beschildert; überschaubare, ebene, eingezäunte Wiese mit Pflasterwegen und einzelnen Laubbäumen, ansprechend zwischen einem Parkplatz und dem See Jezero Jamno gelegen; ca. 2 ha – 70 Stpl.; Standardsanitärausstattung. Badesteg.

Camping Rodzinny Nr. 105 [N54° 15′ 45.4″ E16° 04′ 21.0″], ul. Chrobrego 51, Tel. +48 943 18 93 85; www.campingrodzinny.pl; 15. Apr. – 15. Nov.; östlich von Mielno am westl. Ortsrand von Uniescie an der Straße 165 gelegen, beschildert, enge Einfahrt, neben dem Großimbiss Fenix gelegen; kleines, ebenes, von Hecken und Zaun umgebenes Wiesengelände hinter Wohnhäusern; ca. 0,8 ha – 50 Stpl.; Standardsanitärausstattung.

Der Weg über die Nehrung nach Łazy auf der Küstenstraße ist alles andere als aufregend, eher langweilig, kaum Möglichkeiten zum Parken, ohne im Sand zu versinken. Abwechslung bieten lediglich die Backsteinkirchen in den Dörfern und Storchennester da und dort.

Auch **Koszalin/Köslin** wurde von den Zerstörungen des Zweiten Weltkriegs nicht verschont. Die 100.000 Einwohner zählende Stadt ist daher von Plattenbauten aus den sozialistischen Nachkriegsjahren geprägt. Doch im Zentrum befindet sich die eindrucksvolle **St. Marien-Kathedrale [N54° 11′ 22.1″ E16° 10′ 48.1″]** aus dem 14. Jahrhundert.

Ansonsten verfügt die Stadt über eine reiche kulturelle Szene. Jedes Jahr kann der Musikliebhaber im Juni einem **Orgelfestival** beiwohnen.

Falls Sie auf den nachstehend geschilderten Abstecher nach Neustettin verzichten, bitte weiter mit „**Hauptroute**" weiter hinten!

Abstecher zur Pommerschen Seenplatte

*ABSTECHER: Von Koszalin/Köslin auf der S11 südostwärts nach **Bobolice/Bublitz**, 39 km, und auf der S11nach **Szczecinek/Neustettin**, das nach weiteren 30 km erreicht wird.*

Südlich von Koszalin/Köslin liegt die touristisch noch nicht so stark erschlossene **Pommersche Seenplatte**. Hier bieten sich zahlreiche Wassersportmöglichkeiten auf den etwa 200 Seen, von denen einige durch Flüsse und Kanäle miteinander verbunden sind. Auch Ruhe und Erholung kann man hier finden, etwa bei einer Radtour oder Wasserwanderung.

Für den Fall, dass man eine mehrtägige Tour zu Fuß, mit dem Rad oder dem Kanu entlang der Wasserwege plant, sollte berücksichtigt werden, dass die Infrastruktur nicht mit der in den Masuren vergleichbar ist.

So ganz vom Tourismus unberührt ist diese Region aber nicht mehr. **Szczecinek/Neustettin** mit seinen rund 40.000 Einwohnern z. B. bietet dem Besucher sehenswerte, historische Bauten aus dem 14. Jahrhundert. Auch hier haben die pommerschen Herzöge ihre Spuren hinterlassen, wie man an den Überresten des **Schlosses** aus jener Geschichtsepoche sehen kann. Ein **Regionalmuseum** befindet sich im **Gotischen Turm** in der ul. Ks Elżbiety 6. Es zeigt typische, volkskundliche Exponate.

Czaplinek/Tempelburg liegt an der Ost-West-Tangente S20 gut 45 km südwestlich von Neustettin am Südzipfel des **Drasko-Sees**, der zu den größten und tiefsten Seen der Region zählt.

HAUPTROUTE

*ROUTE: Rund 6 km östlich von Koszalin verlassen wir die Straße 6/E28 und folgen der Straße 203 über **Darłowo/Rügenwalde** bis **Ustka/Stolpmünde.***

CAMPING

Czaplinek/Tempelburg

Camping Czaplinek Nr. 251 [N53° 34′ 12″ E16° 13′ 49″], ul. Drahimska 79, Tel. +48 943 75 51 68; www.campingczaplinek.pl/; 1. Mai – 30. Sept.; am Nordrand des Ortes, Zufahrt von der Straße 163; kleines Wiesengelände mit Baumbestand, bis an den See Jezioro Drawsko reichend; ca. 1 ha – 80 Stpl.; zweckmäßige Ausstattung; Mietbungalows, Kanuverleih.

Das wenige Kilometer hinter der Küste liegende Städtchen **Darłowo/Rügenwalde** ist vom Zweiten Weltkrieg verschont geblieben.

Vielen wird Rügenwalde aber eher wegen der Wurstspezialitäten bekannt sein, die unter dem deutschen Stadtnamen vermarktet werden.

Im 14. Jh. stand die Stadt in enger Verbindung zur mächtigen Hanse und profitierte von einem regen Handel mit skandinavischen Ländern.

Aus jener Zeit stammt auch die mächtige, recht trutzig wirkende **Marieä Himmelfahrt Kirche**, die im gotischen Stil zu Beginn des 14. Jh. und mit Billigung des Bischofs Konrad von Kammin erbaut wurde und deren 60 m hoher Turm noch heute das Stadtbild prägt.

In der Krypta der Kirche befindet sich die Grabstätte des Herzogs Erich von Pommern, König von Dänemark, Schweden und Norwegen und auch bekannt als letzter großer Ostseekorsar oder als „letzter Wikinger der Ostsee". Erich von Pommern starb hier im Jahre 1459. Neben dem Sarkophag sieht man die Grabmäler der 1653 verstorbenen Gemahlin Erichs, der Herzogin Elisabeth und deren Tochter Hedwig.

Auch das **Schloss Zamek Książąt Pomorskich [N54° 25' 12.8" E16° 24' 41.3"]** aus dem 16. Jahrhundert ist eine Besichtigung wert.

Bogislaw III. hatte es sich in der zweiten Hälfte des 14. Jh. am Fluss Wieprza (Wipper) erbauen lassen.

Hundert Jahre Später ließ sich Herzog Erich von Pommern, nachdem er sein Königtum in Skandinavien verloren hatte, um 1449 hier nieder und veranlasste umfassende Umbaumaßnahmen.

Eine der letzten hochherrschaftlichen Bewohnerinnen des Schlosses war Herzogin Elisabeth, Gemahlin Bogislaws XIV. Ihr ist es zu verdanken, dass der einstige Rittersaal in die reich ausgestattete St. Elisabeth Schlosskapelle umgewandelt wurde.

Darłowo wartet mit einem hübschen **Rathausplatz [N54° 25' 20.1" E16° 24' 38.5"]** auf, dem Plac Tadeusza Kościuszki. Dort sieht man vor dem stattlichen Rathaus den sog. **Fischerbrunnen**. 1919 konnte man den Brunnen dank großzüger Zuwendungen der Reederfamilie Hemptenmacher, einer der reichsten Familie in Rügenwalde, errichten. Entworfen hat den Brunnen der deutsche Künstler Wilhelm Gross. Tafeln am Brunnenbecken stellen Motive dar, die sich auf die Stadtgeschichte beziehen.

Darlowo/Rügenwalde, Rathaus, Fischerbrunnen, dahinter die Marienkirche

PRAKTISCHE HINWEISE – DARŁOWO/RÜGENWALDE

Centrum Informacji Turystycznej [N54° 25' 17.44" E16° 24' 34.77"], ul. Pocztowa 6, 76-150 Darłowo, tel. +48 519 30 30 32; www.darlowo.com.pl. *Geöffnet im Sommer Mo - Fr 10 - 19 Uhr, Sa + So 10 - 16 Uhr; im Winter Mo - Fr 9 - 17 Uhr, Sa + So 10 - 16 Uhr.*

CAMPING

Camping Eurocamp Kopan 9 [N54° 27' 41.36" E16° 25' 51.53"], Tel. +48 518 399 214, März - Nov.; nordöstlich von Darłowo und ca. 3 km nördlich der 203 beim Ort **Cisowo** und rund 1,5 km vom Kopan-See entfernt gelegen. Teils schmale Zufahrtsstraße, die letzten 200 m unbefestigt. Wiese mit befestigten Standstreifen, bei einem Gehöft. Ca. 20 Stellplätze. Toilettenhäuschen. Weiterbestand unklar.

Nur wenige Autominuten weiter nördlich liegt **Darłówko/Rügenwaldermünde**. Dieser noch kleinere und beschauliche Ort ist bereits seit Anfang des 19. Jahrhunderts ein Ostseebad.

Ein Urlaubsort mit langjähriger Tradition ist **Ustka/Stolpmünde**, das noch heute nicht zuletzt wegen seiner Promenade Nadmorska oberhalb des Meeres und seiner kilometerlangen Strände „Sommerhauptstadt Polens" genannt wird. Wenn Sie vom markanten Leuchtturm an der Hafeneinfahrt ein Stückchen auf der Hafenmole hinausspazieren, kommen Sie schon bald zur erst 2010 aufgestellten **„Meerjungfrau von Ustka" [N54° 35'22.0" E16° 51' 11.1"]**, einer wohlgebauten jungen Frau mit Fischleib, die sehnsüchtig hinaus aufs Meer blickt. Schnell ist die Figur – ein ähnliches Motiv einer Nixe findet sich auch in einem alten Stadtwappen von Ustka – zum Wahrzeichen von Ustak geworden. Übrigens: Das Berühren der Brüste der Meermaid soll Glück bringen!

Zentrumsnahe, gebührenpflichtige **Straßenparkplätze [N54° 35' 15.1" E16° 51' 35.6"]** findet man u. a. an der Straße Zaruskiego nahe der Promenade und des Leuchtturms.

Ursprünglich gehörte Stolpmünde eigentlich nicht zu Kaschubien. Als die

Der Leuchtturm an der Mole in Ustka/Stolpmünde

Strand bei Ustka/Stolpmünde

Stadt und ihr Umfeld dann gegen Ende des 18. Jahrhunderts ihre letzten slawischen Merkmale verliert, wird Ustka/Stolpmünde zu Kaschubien gezählt.

Urlaubsort ist Ustka/Stolpmünde allerdings schon lange. Schon vor hundertfünfzig Jahren kamen Gäste in die Hafenstadt, die zeitweise als mondänes Seebad galt.

Interessant ist die Geschichte der sogenannten **dritten Mole** von Ustka/Stolpmünde. An der Küste gab es nur wenige natürliche Häfen. Um künstliche Häfen anlegen zu können, mussten Voraussetzungen geschaffen werden. Um 1930 begann man mit dem Bau eines 1.600 Meter langen Wellenbrechers westlich der Mündung der Stolpe, der erwähnten dritten Mole. Die Planungen sahen vor, zwischen dieser dritten Mole und dem heutigen Hafen ein Becken für große Schiffe zu bauen. Das Hafenprojekt sollte eine wirksame Konkurrenz zum sich entwickelnden Hafen von Gdingen werden und war mit entsprechend großen finanziellen Mitteln ausgestattet.

Der Ausbruch des Zweiten Weltkrieges verhinderte allerdings den Abschluss der Arbeiten. Seitdem wird die nicht zu Ende gebaute Mole vom Meer langsam wieder zurückerobert.

ROUTE: *Von Ustka/Stolpmünde auf der Straße 210 nach Südosten ins 18 km entfernte* ***Słupsk/Stolp.***

PRAKTISCHE HINWEISE – USTKA/STOLPMÜNDE

Centrum Informacji Turystycznej [N54° 34′ 58.6″ E16° 51′ 28.9″], ul. Marynarki Polskiej 71, 76-270 Ustka, Tel. +48 598 14 71 70; www.ustka.pl/en/. *Geöffnet Apr. - Okt. 8 - 16 Uhr; Mitte Juni - Ende Aug. 8 - 18 Uhr.*

CAMPING

Camping Morski Nr. 101 [N54° 34′ 35.3″ E16° 52′ 49.9″], ul. Armii Krajowej 4, Tel. +48 (0)59 81 44 426; www.morski101.pl/de/; 1. Mai - 30. Sept.; am südöstlichen Ortsrand bei einem Neubauviertel gelegen. Teilweise durch Hecken parzelliertes Wiesengelände unter Bäumen; ca. 2 ha – 120 Stpl. + Dau.; Standardsanitärausstattung. Waschmaschine, WLAN, Tennis, Fahrradverleih. Miethütten. Zum Strand ca. 2 km.

„Klein-Paris von Pommern" nannte man einst die 100.000 Einwohner zählende Stadt **Słupsk/Stolp,** einen ehemaligen Fürstensitz am Unterlauf des Flusses Slupia/Stolpe im Hinterland der Ostsee.

Erstmalig besiedelt wurde der Ort im 9. Jahrhundert, als auf einer heute nicht mehr existierenden Insel in der Stolpe eine kleine Burganlage errichtet wurde.

„Zu Beginn des 12. Jahrhunderts entstand auf der linken Flussseite eine offene Ansiedlung, die im Jahre 1265 Stadtrechte erhielt. Die **Burg Stolp** war zu jener Zeit eine der wichtigsten Residenzen des Herzogs **Swietopolk/Swantepolk**, dem Herrscher der Pomerellen.

1307 wurde die Stadt den Brandenburgern übergeben. Die Markgrafen gründeten die Stadt 1310 neu und verliehen ihr eine Reihe von Privilegien – unter anderem das Recht auf eine eigene Ostseeflotte.

Nach einem Intermezzo, in dem die Stadt vom Deutschen Orden beherrscht wurde, trat man im Jahre 1382 der Hanse bei. Slupsk/Stolp erlangte Wohlstand durch sein hochentwickeltes Handwerk und durch seine Bernsteinverarbeitung.

Im Jahre 1476 wurde ein Großteil der Stadt durch einen Brand zerstört, was aber dem Wohlstand keinen Abbruch tun konnte. Im 16. Jahrhundert war Słupsk/Stolp bekannt für seine hervorragenden Schulen. Und erst das 17. Jahrhundert mit seinen Wirren des 30-jährigen Krieges führte zum Niedergang der Stadt" (aus: „Kaschubien und die Halbinsel Hel").

Einen größeren **Parkplatz [N54° 27′ 55.3″ E17° 01′ 37.0″]** findet man einige Straßen westlich des Stadtschlosses in der Straße Plac Zwycięstwa, schräg gegenüber der Touristeninformation.

Zahlreiche historische Gebäude in Stolp wurden nach den Zerstörungen des Zweiten Weltkrieges wieder aufgebaut.

Das bedeutendste von ihnen ist das **Schloss der Pommerschen Herzöge [N54° 27′ 50.2″ E17° 02′ 01.8″]** aus dem 16. Jh. in der ul. Dominikańska 5 - 9. Dort ist heute das **Mittelpommersche Museum Pomorza Srodkowego** *(geöffnet 1. Juli - 1. Sept. 11 - 15 Uhr, Di - So 10.30 - 18 Uhr; 2. Sept. - 31. Okt., Mai, Juni Mi 12 - 17 Uhr, Do - So 9.30 - 17 Uhr; Nov.- Apr. Mi 12 - 16 Uhr, Do - So 10 - 16 Uhr, letzter Einlass 60 Min. vor Schließung; www.muzeum.slupsk.pl)* untergebracht.

Das Museum in Schloss erstreckt sich über drei Etagen. Im Erdgeschoss sind in

Das Schloss der Pommerschen Herzöge in Słupsk/Stolp,

PRAKTISCHE HINWEISE – SŁUPSK/STOLP

Agencija Promocji regionalnej „Ziemia Słupska" [N54° 27′ 55.7" E17° 01′ 35.7"], ul. Starzyńoskiego 8, 76-200 Słupsk, Tel. +48 597 28 50 41; www-ziemia-slupska.pl.

erster Linie Exponate, die im Zusammenhang mit der herzoglich-pommerschen Dynastie des Greifengeschlechts stehen, sowie Ausstellungen zur Stadtgeschichte zu sehen.

Im ersten Stock wird eine Ausstellung zur Kunst in Pommern in der Zeit vom 14. Jh. bis ins 18. Jh. präsentiert. Und im zweiten Stock schließlich wird eine Dauerausstellung mit Werken des polnischen Künstlers Stanisław Ignacy Witkiewicz (1885 – 1935) gezeigt.

Übrigens soll das Museum die neue „Heimat" des legendären **„Stolper Glücksbären"** werden. Der „Glücksbär" – im Museum wird eine vom Bernsteinkünstler Cezary Kalski gefertigte Kopie zu sehen sein - ist ein kleines, glattes, niedliches Bernsteinfigürchen, dessen Original auf ein Alter von annähernd 3.000 Jahre geschätzt wird und einstmals vermutlich der Talisman eines nordischen Bärenjägers war.

Zum Schloss gehört die barocke **Dominikanerkirche Sankt-Jacek** (Barockorgel, Grabmal des Fürsten Ernest Bogusław de Croy), in der in den Sommermonaten regelmäßig Konzerte stattfinden. Die mittelalterliche **Schlossmühle** aus dem 14. Jh. gegenüber vom Schloss gilt als ältestes Industriedenkmal in Polen und kann besichtigt werden.

Alternativroute

Wer nicht vom lebhaften Ferienort Łeba aus, sondern lieber von Süden her auf weniger überlaufenen Wegen dem **Słowiński-Nationalpark** einen Besuch abstatten möchte, der kann es mit diesem Alternativweg versuchen. Die Straßen hier sind aber nicht überall in bestem Zustand.

*ALTERNATIVROUTE: Von **Słupsk/Stolp** aus über die Straße 213 nach Nordosten und über **Żelkowo/Schwerinshöhe** nach **Wicko/Vietzig.** Unterwegs zweigt man nach rund 22 km nordwärts ab nach **Smołdziński Las,** das man nach weiteren 15 km erreicht.*

Ein Tipp! Wer sich traut, mit dem Wohnmobil über leicht sandige und relativ enge Waldwege zu fahren, der sollte von Süden her kommend dem zwischen den beiden Seen Jez. Gardno und Jez. Łebsko gelegenen Ort **Smoldziński Las/Holzkathen** einen Besuch abstatten. Dort findet man nach 2 Kilometern Richtung Czołpino einen gebührenpflichtigen **Wanderparkplatz [N54°42′50.04" E17°13′39.41"]** (gebührenpflichtig von 1. Mai bis 30. Sept, Toilettenhäuschen) mitten im Wald, von dem aus man Wandertouren unternehmen kann, ohne anderen Touristen auf die Füße zu treten. Parkplatz wir auch als **Stellplatz** genutzt.

Im kleinen **Museum** *(geöffnet 9 - 17 Uhr)* in **Smoldziński** kann man eine naturgeschichtliche Ausstellung besichtigen.

Mehr Informationen über den Nationalpark, seine Dünen und die „**Polnische Sahara**" lesen Sie bitte weiter unten bei Łeba/Leba.

HAUPTROUTE

*ROUTE: Von Słupsk/Stolp auf der Straße 6/E28 ostwärts bis ins 50 km entfernte **Lębork/Lauenburg.** Man durchquert die Stadt (im Zentrum max. Durchfahrtshöhe 3,20 m!) in nördlicher Richtung und folgt der Straße 214 über **Wicko/Vietzig** bis ins 28 km entfernte **Łeba/Leba.***

Łeba/Leba, einst ein beschauliches Fischernest, ist heute eines der beliebtesten Seebäder Polens überhaupt.

Das heutige Łeba liegt nicht mehr direkt an der See. Schon vor Generationen hatte man den Ort weiter landeinwärts verlegt, um den Sandmassen der Wanderdünen zu entgehen.

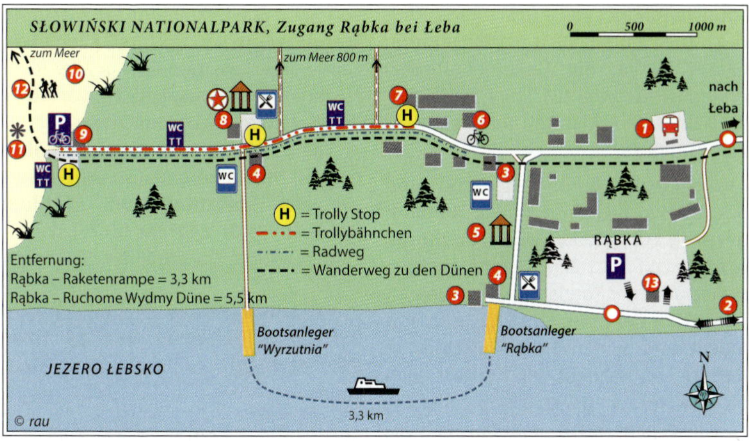

1 Busstop, Busse von und nach Łeba – 2 Zu- und Abfahrt für Autos, Womos, Busse – 3 Kasse, Eintrittskarten zum Nationalpark – 4 Kasse, Boote – 5 Naturhistorisches Museum – 6 Kasse, Fahrradverleih – 7 Kasse, Trollybähnchen – 8 Raketenabschussrampe, Ausstellung, Kasse – 9 Kasse, Wanderdüne – 10 Ruchome Wydmy, Wanderdüne – 11 Aussichtspunkt Gora Lącka, 42 m hoch – 12 Wanderweg in die Dünen – 13 Parkplatzkasse

Die kilometerlangen **Sandstrände** und die dahinter aufragenden **Sanddünen** (auf Polnisch *wydym*) sind wunderschön und ziehen im Sommer natürlich gewaltige Scharen, um nicht zu sagen Massen von Besuchern an. Dann geht in Łeba, in den Restaurants, Kneipen, Bars, Hotels und auf den Campingplätzen die Post ab. Und in der „Polnische Sahara", in ruhigen Zeiten ein unvergessliches Naturerlebnis, schieben sich die Besucher über die Dünen.

Der Słowiński-Nationalpark

Wer den Słowiński-Nationalpark besuchen möchte, lässt sein Auto am besten auf dem Campingplatz stehen und bedient sich des Touristenbähnchens, das von Łeba aus nach **Rąbka** fährt.

Auch mit Booten kann man sich von Łeba aus (Abfahrtstelle an der Flussbrücke) zur Anlegestelle Rąbka (przystan „Rąbka") schippern lassen.

Rąbka liegt knapp 2 km westlich von Łeba. Dort ist der östliche Zugang zum Nationalpark.

Auch mit dem Auto kann man nur bis Rąbka fahren. Dort endet die Straße und man muss das Auto auf dem auch von Reisebussen benutzten und immer sehr stark frequentierten, **gebührenpflichtigen Parkplatz [N54° 45′ 10.8″ E17° 31′ 03.2″]** abstellen. Eine Parkplatzalternative gibt es nicht.

Rąbka ist quasi das **Besucherzentrum** des Nationalparks. Hier bekommen Sie die Eintrittskarten, es gibt Restaurant und Cafeteria, WCs, Ausstellungen über Fauna und Flora des Parks und hier können Sie sich ein Fahrrad mieten oder sich einem Strandbuggy ähnlichen, elektrischen Touristenbähnchen durch die Dünenlandschaft chauffieren lassen, eine natürlich schön bequeme Möglichkeit, aber kein Vergleich mit einer Dünenwanderung auf den markierten Wegen!

Der anfängliche Weg zu den Dünen führt über eine nicht befestigte Staub-straße, die einst von der deutschen Wehrmacht angelegt wurde, die hier eine Raketenversuchsstation hatte, bevor in Peenemünde die V1 und V2 Raketen gefertigt wurden.

Nach gut 3 km kommt man an der ehemaligen **Raketenabschussrampe „Wyrzutnia rakiet" [N54° 45′ 05.1″ E17° 28′ 01.8″]** vorbei (Haltepunkt des

Touristenbähnchens, Restaurant, Imbiss). Hier gibt es auch ein **Museum** in einem Bunker mit Dokumentationen über die Raketenentwicklung.

Neben dem Museum führt ein Fußweg zum Meer.

Nochmals 2,5 km weiter, also rund 5,5 km westlich von Rąbka, beginnt der **Weg zur Lonsker Düne, Ruchome wydmy** (WC, Abstellplatz für Fahrräder, Haltepunkt der Touristenbähnchen).

Wer an der polnischen Küste Urlaub macht und sich nicht die **„Polnische Sahara"** angeschaut hat, der war auch nicht wirklich an der polnischen Küste.

Diese Landschaft befindet sich inmitten des **Słowiński-Nationalparks**, der sich wiederum von **Rowy** im Westen bis nach **Łeba** im Osten erstreckt. Er hat eine Größe von rund 18.000 Hektar und steht mittlerweile auf der Liste der schützenswerten Biosphärenreservate der **UNESCO**.

Die kleine Volksgruppe der **Slowinzen** ist Namensgeber für den Naturpark mit seinen pommerschen **Wanderdünen**. Der Park umfasst 2.500 Hektar Dünen und fast 4.600 Hektar Wald und ist Heimat für viele verschiedene Pflanzen und Tiere. Auch der **Łebsko-See** mit seinen rund 7.600 Hektar gehört mit zum Nationalpark. Er ist übrigens der drittgrößte See Polens.

Nach der letzten Eiszeit, als sich das Eis zurückzog und eine Moränenhügelkette entstand, konnte sich diese Naturlandschaft entwickeln. Von der Seeseite blies der Wind und brachte den herangespülten Sand in Bewegung. In der ursprünglichen Meeresbucht entstanden Nehrungen und schnitten das Wasser von der Ostsee ab.

Doch die größte und wohl auch schnellste Änderung kam durch den Eingriff des Menschen. Er rodete die Wälder und so konnten sich Wanderdünen bilden. Die größte ist die **Laska Gora/ Lonsker Düne**, mit einer Höhe von 42 Metern und einer „Geschwindigkeit" von zehn Metern pro Jahr.

Die eigentliche „Polnische Sahara" befindet sich auf der **Lebaer Nehrung**, die rund 2,5 km breit ist und eine Fläche von rund 600 Hektar umfasst. Markierte **Wanderwege** von über 140 Kilometern Länge laden ein, den Park in aller Ruhe zu genießen. Zugänglich ist er von Rowy im Westen und Rąbka im Osten.

Die Leuchttürme in **Scholpin/Colpino** und **Stilo** sind genauso sehenswert wie das **Freilichtmuseum** in **Kluki [N54° 40′ 55.0″ E17° 20′ 00.7″]**, das Architektur und Trachten der Slowinzen zeigt.

Die **Lonsker Düne** ist normalerweise von **Rąbka [Parkplatz, N54° 45′ 10.8″ E17° 31′ 03.2″]** aus am besten zu erreichen.

Von Rąbka aus kann man nun zu Fuß den Landschaftspark Lonsker Düne erkunden oder mit dem Elektroauto bis zur Düne fahren. Aber erklimmen muss man die Düne immer noch selber. Oben angekommen hat man einen **herrlichen Rundblick** über das Meer, während hinter einem der türkisblaue Lebsko-See funkelt. Ein Panorama, dass man in Europa nicht häufig vorfindet. Vergleichbar lediglich mit der Dune du Pilat am französischen Atlantik und der Düne auf der Kurischen Nehrung in Litauen.

Bei aller Begeisterung sollten die Besucher aber bitte eines immer berücksichtigen: Dies ist ein Nationalpark und somit ein Schutzraum der Natur. Deshalb wird eindringlich gebeten, sich nur in den dafür freigegebenen Bereichen, die groß genug für alle Aktivitäten sind, zu bewegen.

Dieses Dünengelände ist nämlich keine tote Wüste, hier existieren zahlreiche Lebensformen der Natur. Da gibt es Pionierpflanzen oder unübersehbare Kiefernwälder. Und in Seenähe haben sich eine seltene Sumpfpflanzenwelt sowie weite Schilfgürtel entwickelt.

Und wenn man auf den Wanderwegen im Park unterwegs ist und sich auf einer der Aussichtsplattformen aufhält, kann es durchaus passieren, dass man ein Wildschwein oder sogar einen Elch beobachten kann. Weitere Tiere, die hier gelegentlisch zu sehen sind, sind Seeadler, der Schwarzstörche oder auch manche Gänsearten, die auf ihren Zügen hier Rast machen.

PRAKTISCHE HINWEISE – ŁEBA/LEBA

Informacji Turystycznej, Touristikinformation „Leba - Blaues Land" [N54° 45' 28.2" E17° 33' 12.4"], ul. 11 Listopada 5a, Tel. +48 790 88 33 54; www.lotleba.pl.
Centrum Informacji Turystycznej „Brama Kaszubskiego Pierścienia", Zentrum für Touristikinformation „Tor des Kaschubischen Ringes", ul. 121 Kościuszki, Tel. +48 509 247 615; www.lotleba.pl.

CAMPING

Im kleinen Łeba gibt es nicht weniger als 10 Campingplätze! Die Konkurrenz untereinander ist groß, folglich sind die Unterschiede vor allem in den Preisen nur marginal.

Camping Przymorze Nr. 48 [N54° 45' 54.4" E17° 34' 20.6"], ul. Nadmorska 9, Tel. +48 59 86 61 304; www.camping-leba.pl; 1. Mai – 15. Sept.; östlich des Stadtzentrums von Łeba, hinter dem Hotel Leba. Eingezäuntes, meist ebenes, teils etwas sandiges Wiesengelände, im vorderen Platzteil einige Laubbäume, im hinteren Platzteil Kiefernwald; ca. 5 ha – 150 Stpl.; zeitgemäße Sanitärausstatung. Waschmaschine, WLAN; V & E für Wohnmobile. Mietbungalows. Zum Meer rund 200 m. Neben Camping Ambre.
Camping Ambre Nr. 4 [N54° 45' 54.6" E17° 34' 12.3"], ul. Nadmorska 9a, Tel. +48 598 66 24 72; www.ambre.leba.info; Ende Apr. – Ende Sept.; östl. von Łeba. Meist ebenes, teils etwas sandiges Wiesengelände im lichten Mischwald; ca. 3 ha – 120 Stpl.; zeitgemäße Sanitärausstattung. Waschmaschine, WLAN, Laden u. Restaurant in Saison; V & E für Wohnmobile. Mietbungalows. Zum Meer rund 200 m. Neben Camping Pryzymorze.
Camping Morski Nr. 21 [N54° 45' 41.0" E17° 32' 20.1"], ul. Turystyczna 3, Tel. +48 598 66 13 80; www.camping21.pl; 1. Mai – 30. Sept.; westl. von Łeba gelegen. Eingezäuntes, fast ebenes Wiesengelände teils mit sandigem Untergrund, durch einzelne Birken und Nadelbäume aufgelockert, von Föhrenwald umgeben; ca. 3 ha – 180 Stpl.; zeitgemäße Sanitärausstattung. Waschmaschine, Trockner, WLAN. Laden u. Restaurant in Saison. V & E für Wohnmobile. Miethütten. Zum Meer rund 500 m.
Camping Lesny Nr. 51 [N54° 45' 44.08" E17° 33' 58.47"], Brzozowa 16A, Tel. + 48 503 07 12 45; www.camping51.pl/de/; 15. Apr. – 30. Okt.; nordöstliche des Ortszentrums von Łeba gelegen; schattiges Wiesengelände; 1,2 ha –70 Stpl.; Standardsanitärausstattung. Laden, Waschmaschine, Trockner, Sauna, WLAN. Miethütten- und caravans. V & E für Wohnmobile.

Baumallee bei Łeba

TOUR 3: ŁEBA/LEBA – GDAŃSK/DANZIG – MALBORK/MARIENBURG

Länge der Tour: Rund 195 km, ohne Abstecher.

Die Route: Straße 214 bis **Wicko/Vietzig** – Straße 213 über **Żelazna/Hohenwaldheim** und **Żarnowiec** bis **Krokowa** – Straße 215 über **Jastrzębia Góra/Habichtsberg** bis **Władysławowo** – ggf. **Abstecher auf die Halbinsel Hel** – Straße 216 von **Władysławowo** über **Puck** bis **Reda** – Küstenstraße über **Gdynia/Gdingen** und **Sopot/Zoppot** bis **Gdańsk/Danzig** – Straße 7/E77 bis **Nowy Dwór Gdański** – Straße 55 bis **Malbork/Marienburg**.

Reisedauer: Mindestens ein Tag. Mit Abstechern und ausgiebiger Danzig-Besichtigung besser zwei Tage!

Abstecher: Auf die Halbinsel **Hel/Hela**, ca. 90 km.

Abstecher: Zur **Frischen Nehrung**, ca. 70 km.

Höhepunkte: Radeln auf der Halbinsel **Hel/Hela** * – **Gdynia**, Stadtmuseum, Marinemuseum und Museumsschiffe ** – **Sopot** ** – **Danzig** *** – die **Marienburg** *** in Malbork.

ROUTE: *Von Łeba auf der Straße 214 zurück bis **Wicko/Vietzig**, dort auf der Straße 213 ostwärts und über **Żelazna/Hohenwaldheim**, **Żarnowiec** und **Krokowa/Krockow** bis **Jastrzębia Góra**.*

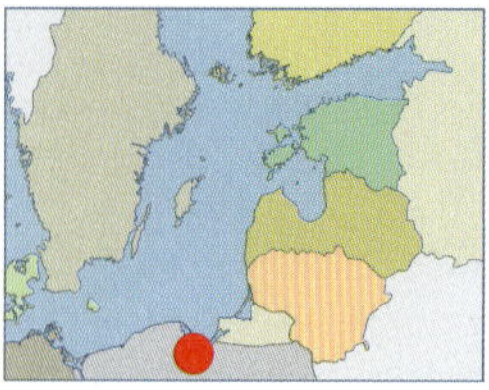

Rund 5 km nördlich von **Żarnowiec** mit seinem ehemaligen Benediktinerkloster liegt an einem naturgeschützten Küstenstrich der kleine Fischerort **Dębki**, heute ein beliebter Künstlertreff.

Bei Dębki erstreckt sich übrigens einer der wenigen **FKK-Strände** Polens (neben dem Strand von Kolobrzeg), an dem Freunde der Freikörperkultur im streng katholischen Polen toleriert werden .

In **Krokowa/Krockow** besteht die Möglichkeit, das **Stadtschloss [N54° 46' 37.6" E18° 09' 46.5"]** aus dem 14. Jh. zu besichtigen. Das ehemalige Anwesen der Gräfin Louise von Krockow beherbergt heute ein Hotel mit Restaurant und ein Tagungszentrum. Abwechslung versprechen ein Spaziergang durch den hübschen Schlosspark und ein Besuch im **Regionalmuseum** an der Nordseite.

*ROUTE: Rund 5 km östlich von Krokowa/ Krockow verlassen wir die Straße 213, nehmen die Straße 215 und fahren über **Karvia** nordostwärts ins gut 10 km entfernte **Jastrzębia Góra/ Habichtsberg.***

Jastrzębia Góra/Habichtsberg ist der größte Ferienort an der hiesigen imposanten Steilküste.

Unweit östlich des Ortes liegt der nördlichste Punkt Polens, das **Kap von Rozewie**. Es gibt zwei **Parkplätze**, der kleinere, hintere **Parkplatz [N54° 49' 48.6" E18° 20' 07.1"]** ist nur für Fahrzeuge bis 3,5 t zugänglich! Der **Leuchtturm** dort kann gegen Gebühr bestiegen werden. Nebenan liegt ein kleines Maschinenhausmuseum. Spazierwege führen durch den Laubwald hinab zum Strand.

Das hohe Kliff trennt Rozewie von der Küstenlinie, vor der sich das weiße Band eines **Sandstrandes** hinzieht. Der Zugang zum Strand ist durch die 33 m hohe Klippe erschwert, daher wurde im Jahr 1938 damit begonnen, einen Strandaufzug zu bauen. Doch seine Geschichte ist bewegt. Lange blieb das Vorhaben unvollendet. 1966 endlich konnte der Aufzug fertiggestellt werden, funktionierte fünf Jahre lang und blieb dann stehen. Letztendlich stürzte der Bau Anfang der 90er Jahre bei einem schweren Sturm ein.

Erstmalig erwähnt wurde **Jastrzębia Góra** im Jahr 1848. Doch die eigentliche Stadtentwicklung spielte sich zwischen den beiden Weltkriegen ab.

Der Leuchtturm von Rozewie am nördlichsten Punkt Polens

Die **Schlucht Lisi Jar/Fuchsschlucht** liegt östlich vor den Toren der Stadt und besticht mit einer außergewöhnlich reichen Pflanzenwelt. Sie ist – neben dem Strand natürlich – einer der Touristenanziehungspunkte der Region. Der dort aufgestellte **Obelisk** erinnert an die

CAMPING

Jastrzębia Góra/Habichtsberg

Camping Na Skarpie Nr. 60 [N54° 49′ 57.39″ E18° 19′ 19.62″], ul. Różewska 9, Tel: +48 692 19 46 85; 15. Juni – 31. Aug.; an der Straße 215 östlich des Ortes, im Ort beschildert. Anlage mit ca. 100 Stpl. + Dau.; einfache Sanitäreinrichtungen.

Rückkehr von König Zygmunt III. Waza, der nach seinem misslungenen Schwedenzug durch die Schlucht geritten sein soll.

In diesem Teil Polens sind Sie mitten in der Landschaft der **Kaschubischen Schweiz**. Das Küstenland der **Kaschubei** zeigt sich von einer ruhigen Seite. In der Region leben heute fast eine viertel Million Menschen, die vom slawischen Volksstamm der Kaschuben abstammen, die nach wie vor ihre eigene Sprache und Kultur pflegen.

Dieser ostpommersche Teil Polens ist relativ einsam und von der Landwirtschaft geprägt. Sanfte Hügel zwischen weiten Feldern und Weiden dominieren das Landschaftsbild.

Eine Grenze gibt es natürlich nicht, da es auch niemals einen eigenen nationalen Staat Kaschubei gab. Aber eine gedachte Linie für die Kaschuben ist Łeba-Bytow-Gdańsk.

Günter Grass setzte den Kaschuben mit der kaschubischen Großmutter Anna Bronski in seinem Roman „Die Blechtrommel" ein literarisches Denkmal.

Die Landschaft direkt am Meer ist gezeichnet von Salzwiesen und Moor- bzw. Sumpfgebieten. Die teilweise menschenleeren weißen Strände werden vom Binnenland durch einen Gürtel von Kiefernwäldern abgetrennt. Und wenn es keine bewaldeten Dünen gibt, dann zumindest steil abfallende Steilküsten, wie z. B. bei Jastrzębia Góra/Habichtsberg.

*ROUTE: Weiterreise auf der Straße 215 9 km südostwärts nach **Władysławowo/Großendorf**, dem größten Fischereihafen des Landes und Tor zur Insel Hel.*

Falls Sie auf den nachstehend beschriebenen Abstecher auf die Halinsel Hel verzichten, bitte weiter mit **„Hauptroute"** weiter hinten!

Abstecher auf die Halbinsel Hel/Hela

Die **Halbinsel Hel/Hela** erstreckt sich rund 35 km weit nach Südosten in die Ostsee, genauer in die Danziger Bucht. Stellenweise ist das schmale Band der Halbinsel kaum 200 m breit. Leider hat diese Enge den Nachteil, dass auf der gesamten Länge nur eine einzige Straße verläuft, die das Terrain auch noch mit einer Bahnlinie teilen muss.

An den Küsten von Hel dehnen sich lange, bewaldete Dünen, die sich mit endlos erscheinenden, feinsten **Sandstränden** abwechseln. In den Sommermonaten ist die Halbinsel völlig überlaufen.

Falls Sie Ihr Fahrrad dabei haben, sind Sie auf der Halbinsel genau richtig. Seit noch nicht allzu langer Zeit führt ein neu angelegter, gut ausgeschilderter **Radweg** an der Südwestseite von Chałupy kilometerlang, schnurgerade und ohne Steigungen an der Küste entlang Richtung Hel.

Der kleine Ort **Chałupy/Ceynowa** ist beliebt bei FKK-Anhängern.

In der zweiten Julihälfte startet in Chałupy eine Regatta mit alten kaschubischen Fischer- und Segelbooten.

Ein anderer Ort auf der Halbinsel Hel/Hela ist **Jastarnia/Heistenest**. Namentliche Erwähnung fand er zum ersten Mal im Jahr 1378, damals noch als **Hesternia**. Ausgrabungen belegen, dass hier schon im 1. Jahrhundert vor Christus Menschen siedelten. Mittelalterliche Quellen berichten, dass das Dorf im 18. Jahrhundert zur Pucker Ökonomie gehörte und 30 Wohnstätten zählte. Be-

Freizeithafen Kuźniga auf der Halbinsel Hel

PRAKTISCHE HINWEISE – HALBINSEL HEL

Hel/Hela
Informacja Turystyka, ul. Wiejska 50, 84-150 Hel, Tel: +48 586 77 72 40; www.hel-miasto.pl.

CAMPING

Chałupy/Ceynowa
Camping Kaper Nr. 152 [N54° 46′ 39.0″ E18° 27′ 22.9″], ul. Droga Helska 84 - 131, Tel +48 586 74 14 86; www.de.kaperkemping.pl; 1. Mai – 15. Sept.; an der Straße 216 etwa 3 km südöstlich von Wladyslawowo; schmaler, langgestreckter Platz teilweise im Wald, teils sandiges Grasgelände; ca. 3 ha – 100 Stpl. plus etwa doppelt soviele Dauercamper; einfache Standardsanitärausstattung. Laden, Imbiss, Restaurant, Waschmaschine, Trockner, WLAN, Surfschule, Tennis. Miethütten und -caravans. Über die Straße und die Bahnlinie zum Strand an der Ostsee. Wie viele Plätze auf Hel beliebter Standort für Surfer und Kitesurfer.

Chłapowo
Camping Alexa [N54° 48′ 28.87″ E18° 22′ 32.20″], ul Żeromskiego 44, Tel. +48 606 39 74 35; www.alexa.gda.pl/de/; 1. Jan. - 31. Dez.; Zufahrt im Ort von der Straße 215 (Wladyslawowo-Rozewie); Wiesengelände mit hohen Bäumen erhöht auf einer Klippe mit Blick zum Meer; 4 ha – 200 Stpl. + Dau.; Standardsanitärausstattung. Restaurant, Waschmaschine, Trockner, WLAN. V & E für Wohnmobile. Zum Strand über eine Treppe.
Camping Pole Namiotowe & Lazurowe [N54° 48′ 20.15″ E18° 23′ 0.23″], ul Żeromskiego 168-174, Tel. +48 501 19 74 50; www.lazurowe.com.pl; 1. Apr. - 30. Sept.; Zufahrt im Ort von der Straße 215 (Wladyslawowo-Rozewie); parzelliertes Wiesengelände mit Baumbestand; 3 ha 250 Stpl. - Dau.; Standardsanitärausstattung. Laden, Restaurant, Waschmaschine, Trockner, WLAN. V & E für Wohnmobile. Treppe zum Strand.
Camping Maly Horyzont [N54° 48′ 18.44″ E18° 23′ 6.34″], ul Żeromskiego 60, Tel. +48 516 15 81 88; www.malyhoryzont.pl; 25. Juni - 31. Aug.; Zufahrt im Ort von der Straße 215 (Wladyslawowo-Rozewie); langgestrecktes, teils gestuftes Gelände mit Baumschatten; 1 ha - 50 Stpl.; einfache Gesamtausstattung.

Pommern

Wer von **Pommern (Polnisch: Pomorze)** spricht, meint in der Regel nur den polnischen Küstenabschnitt. Dies ist so nicht ganz richtig, denn die historische und geographische Landschaftsregion im Norden Polens und Deutschlands erstreckt sich beiderseits der unteren Oder – *Vorpommern* (Teil des Bundeslandes Mecklenburg-Vorpommern) westlich der Oder und *Hinterpommern*, der heute polnische Teil, östlich der Oder. Die Teilung Pommerns ist erst nach Ende des Zweiten Weltkrieges entstanden.

Der Name „Pommern" leitet sich angeblich ab vom pommerschen **„po more" – „am Meer"**.

Erstmals schriftlich erwähnt wurde die Region in einem in lateinischer Sprache verfassten Dokument des polnischen Herzogs Mieszko I. Darin wird um das Jahr 992 auf das Gebiet des heutigen Pommern mit dem Begriff **„longum mare"** (am Meer entlang) hingewiesen.

Geographisch wird Pommern von den Flüssen Wisła/Weichsel, Noteć/Netze, Warta/Warthe und Odra/Oder begrenzt und seine Ostseeküste von drei großen Buchten geprägt, der Zatoka Pomorska/Pommerschen Bucht, dem Zalew Szczeciński/Stettiner Haff bzw. Kleinen Haff und der Zatoka Gdańska/Danziger Bucht mit der Mierzeja Helska/Halbinsel Hela, der Zatoka Pucka/Putziger Wiek, der Mierzeja Wiślana/Frischen Nehrung und dem Zalew Wślany/Frischen Haff. Außerdem zählen die Inseln Wolin/Wollin, Usedom/Uznam und Rügen zur Region Pommern.

Die historische Provinz Pommern wurde viele Jahrhunderte lang von Herzögen regiert. Allerdings starb das pommersche Herzogengeschlecht 1637 aus. Im 16. Jahrhundert annektierte Schweden den heutigen deutsch-polnischen Küstenstreifen, der nur 100 Jahre später zu Brandenburg kam und damit preußisch wurde. Und in einem alten Kinderlied aus der Zeit nach dem Dreißigjährigen Krieg (1618 – 1648) heißt es „Pommerland ist abgebrannt ...".

Polnisch Pommern teilt sich heute in drei Woiwodschaften – die Woiwodschaft Zachodniopomorskie/Westpommern mit der Hauptstadt Szczecin/Stettin, die Woiwodschaft Pomorskie/Pommern mit der Hauptstadt Gdańsk/Danzig und in die Woiwodschaft Kujawsko-Pomorskie/Kujawien-Pommern mit den Hauptstädten Bydgoszcz/Bromberg und Toruń/Thorn

Einer der ältesten Orte in Pommern ist das Städtchen **Hel/Hela** an der Südostspitze der gleichnamigen Halbinsel. Dort gibt es einige gut erhaltene Fischerhäuser, in die zwischenzeitlich Boutiquen und Restaurants eingezogen sind. Die gotische Backsteinkirche an der Fußgängerzone Bulwar Nad Morski 2 beherbergt heute ein **Fischereimuseum**.

wohnt waren diese aber ausschließlich von Fischern. Auf der Halbinsel gab es nämlich lange kein Ackerland. Im Laufe der Jahre allerdings vergrößerte sich die Nehrung ein wenig und es entstanden kleinere Felder, auf denen Kartoffeln angebaut wurden.

Zu einer Art heimlichen Hauptstadt der Halbinsel Hela entwickelte sich **Jastarnia** im Jahr 1836, als die mittlerweile 70 Jahre alte Kapelle durch eine Kirche abgelöst wurde.

Die heutige **Kirche [N54° 42' 10.8" E18° 40' 16.2"]** stammt jedoch aus dem Jahr 1932. Im Inneren basieren viele der Ornamente auf Fischermotive. So hat zum Beispiel die Kanzel die Form eines Fischerbootes, das durch ein stürmisches Meer schwimmt. Die Farben in der Kirche orientieren sich an der weiß-blaugrünen Tönung, die bei den Kaschuben sehr beliebt ist.

Weiterer Aufschwung kam für Jastarnia mit dem Bau der Eisenbahnlinie nach Hel. Rasch wurde Jastarnia nun zu einem viel besuchten Seebad und erhielt in den 20er Jahren des letzten Jahrhunderts einen Fischereihafen, der auch für sportliche Zwecke genutzt wurde.

Eine interessante Vergangenheit hat auch das heute zu Jastarnia gehörende Dorf **Bór**. Da die Nehrung bis zu den Ortsgrenzen von Jastarnia früher den Behörden von Gdańsk/Danzig unterlag, haben diese im 16. Jahrhundert in der Nähe eine Konkurrenzgemeinde gegründet, die mit Deutschen besiedelt wurde. Das hatte auf die Germanisierung der Bewohner von Jastarnia keinen Einfluss gehabt - im Gegenteil. Die Deutschen haben sich polonisiert.

Der Priester H. Gołgbiewski hat darüber wie folgt berichtet: „Die große Nähe von Kaschubischem und Katholischem im 500 Schritte entfernten Jastarnia verursachte, dass die Bevölkerung zuerst die Sprache und dann auch den Glauben von den Einwohnern Jastarnias übernahm, so dass es dort heute keinen deutschen oder lutheranischen Fischer gibt." Diese Entwicklung war aber nicht nur Resultat reger Aktivitäten der katholischen Kirche, sondern basierte nicht zuletzt auch auf Ehen, die zwischen Einwohnern von Bór und Jastarnia geschlossen wurden.

Ein weiterer Ferienort ist **Jurata** (rund 550 Einwohner). Er liegt an der engsten Stelle der Halbinsel. Die Ortsbezeichnung ist auf den litauischen Namen einer Ostseegöttin zurück zu führen. Diese soll sich der Sage nach in einen armen Fischer verliebt haben. Der darüber erzürnte Vater, der Meeresgott Gork, zerstörte daraufhin den aus Bernstein bestehenden unterseeischen Palast der Tochter. Die Splitter des Palastes wurden viele Jahrhunderte von der Brandung ans Ufer geschwemmt und von den Fischern gefunden.

HAUPTROUTE

*ROUTE: Von Wladyslawowo auf der Straße 216 über **Puck** bis **Reda**.*

8 km westlich von Reda liegt – über die E28 rasch zu erreichen – mitten in der Kaschubei die Stadt **Wejherowo**. Wenige Kilometer südlich der Stadt liegt westlich der Straße 224 **Kalwaria Wejherowo**, das sogenannte kaschubische Jerusalem, der wichtigste Pilgerort für die Kaschuben.

Museumsschiffe im Hafen von Gdynia/Gdingen

ROUTE: Weiterreise von Reda auf der stark befahrenen Straße S6/E28 über ***Rumia/Rhamel*** *südostwärts durch die sog. „Triple-Stadt" (Trójmiasto), oder* ***„Dreistadt" Gdynia/Gdingen-Sopot/Zoppot-Gdańsk/Danzig*** *nach* ***Danzig****.*

In den Anfängen handelte es sich bei **Gdynia/Gdingen** um ein kleines kaschubisches Fischerdorf. Doch nach Ende des Ersten Weltkrieges, als Polen seine Unabhängigkeit gewonnen hatte und Gdynia in polnisches Eigentum überging, beschloss man 1922, den Ort zu einer Hafenstadt auszubauen.

Schon ein Jahr darauf konnte ein provisorischer Hafen in Betrieb genommen werden. Damit begann ein Bauboom, der bis in die 1930er Jahre anhielt.

Bereits 1924 wurde fast der gesamte Handels- und Passagierverkehr über Gdynia abgewickelt. Zwei Jahre später erhielt die aufstrebende Hafenstadt denn auch das Stadtrecht.

Bis zur Besetzung durch deutsche Truppen im Jahr 1939 legten die polnischen Passagierschiffe am sogenannten „Meereshof" an, der als Passagiermole diente.

Unter deutscher Besetzung hatte die Stadt den Namen **Gotenhafen** erhalten und wurde als Marinestützpunkt genutzt. Die Zerstörungen im Zweiten Weltkrieg waren erheblich. Für die Alliierten war die Stadt ein logisches Ziel bei der Bombardierung. Und was die Bomber nicht zerstörten, sprengten die Deutschen bei ihrem Abzug in die Luft.

Die größten touristischen Attraktionen von Gdynia sind heute am Südpier im Hafen zu sehen.

Besichtigen kann man das **Akwarium Gdyńskie**, Al. Jana Pawla II 1, **[Parkplatz, N54° 31' 7.78" E18° 33' 24.79"]**, ein Meeresmuseum mit Beispielen der Fauna und Flora der Weltmeere *(geöffnet im Sommer tgl. 9 - 21 Uhr; im Herbst/Winter tgl. 9 - 19 Uhr; www.akwarium.gdynia.pl).*

Schräg gegenüber des Gdynia Aquariums kann man im Hafen **Museumsschiffe** des Marinemuseums sehen, Al. Jana Pawla II, *(geöffnet Mai, Jun, Sept. Okt. tgl. 9 - 18 Uhr; Juli + Aug. tgl. 10 - 19 Uhr; Jan - Apr. tgl. 10 - 17 Uhr; Nov. + Dez. tgl. 10 - 16 Uhr; www.muzeummw.pl/en/main/).*

Das erste der Museumsschiffe ist der 1909 in Hamburg gebaute **Dreimaster „Dar Pomorza"**, der von 1930 bis 1981 als Schulschiff der Marineakademie diente und seit der Ausmusterung

PRAKTISCHE HINWEISE – GDYNIA/GDINGEN

Miejska Informacja Turystyka w Gdyn, Touristeninformationszentrum, ul. 10 Lutego 24, 81-364 Gdynia, Tel. +48 5862 23 766; www.gdynia.pl/turystyczna-de.

1983 an der Südmole angelegt hat (www.cmm.pl). Die „Dar Młodzieży", Nachfolgerin der „Dar Pomorza" als Segelschulschiff der polnischen Marine, legt, wenn im Hafen, gewöhnlich gleich hinter der „Dar Pomorza" an.

Ein anderes Museumsschiff (wg. Überholung vorübergehend nicht im Hafen) ist der **Zerstörer „Bliskawica"**. Er war einer von vier polnischen Torpedozerstörern und nahm an Kampfhandlungen in der Normandie im Sommer 1944 teil. Am 1. Oktober 1936 war das Kriegsschiff in England vom Stapel gelaufen und wurde 40 Jahre später zum Museumsschiff umgebaut. Es zeigt die damals üblichen Waffenbestände und erklärt das Leben auf Deck.

Falls nicht gerade unterwegs, macht hier auch die 1982 in Danzig vom Stapel gelaufene Barkentine „Iskra" hier fest. Die „Iskra" ist das derzeitige Schulschiff der polnischen Marine.

Ein Denkmal neueren Datums, nämlich von 1976, ist **Joseph Conrad [N54° 31' 06.7" E18° 33' 31.1"]** gewidmet. Das Denkmal wurde von Danuta und Zdzislaw Kosed und Wawrzyniec Samp geschaffen. Es steht auf der großen Plattform oberhalb vom Gdynia Aquarium.

Viel hat Joseph Conrad (1857 – 1924) mit Gdynia eigentlich nicht zu tun, genau genommen gar nichts. Aber Conrad wurde zumindest in Polen geboren und zwar bei Białystok. Damals hieß Conrad noch Teodor Józef Konrad Korzeniowski.

Als 16-jähriger wandert Conrad 1874 (vielleicht über Gdynia?) nach Marseille aus, um Seemann zu werden. Vier Jahre später kommt Conrad nach England und wird 1886 britischer Staatsbürger. Ab 1888 verdient er sein Geld als Kapitän, fährt auf allen Weltmeeren und ist zeitweise auch Kapitän auf einem Flussdampfer auf dem Kongo.

Conrad beginnt, seine abenteuerlichen Reiseerlebnisse niederzuschreiben. Es folgen Erzählungen, bald auch Romane. Zu seinen berühmtesten Werken zählt der Roman „Der Freibeuter" sowie die Erzählung „Herz der Finsternis". Conrad starb am 3. August 1924 und ist in Canterbury beigesetzt.

Sehenswert ist das supermoderne **Muzeum Miasta Gdyni [Parkplatz, N54° 30' 58.4" E18° 32' 50.2"]**, das **Gdynia Stadtmuseum** in der ul. Zawiszy Czarnego 1, mit diversen Abteilungen über Seefahrt, Marine, Stadtgeschichte u. a. *(geöffnet Di, Mi, Fr 10 - 18 Uhr, Do 12 - 20 Uhr, Sa + So 10 - 17 Uhr; www.muzeumgdynia.pl).*

Gleich hinter dem Stadtmuseum kann das **Marinemuseum [N54° 30' 55.5" E18° 32' 52.8"]** besucht werden, das sich vor allem mit den militärischen Aspekten der Seefahrt befasst *(geöffnet Mai, Jun, Sept. Okt. tgl. 9 - 18 Uhr; Juli + Aug. tgl. 10 - 19 Uhr; Jan - Apr. + Nov. + Dez. tgl. 10 - 16 Uhr; www.muzeummw.pl/en/main/).*

Das **Abraham Haus [N54° 31' 16.9" E18° 32' 14.9"]**, ul. Starowiejsjka 30, das ehemalige Wohnhaus des kaschubischen Anwalts Antoni Abraham, präsentiert heute eine Ausstellung über die Stadtgeschichte Gdingens.

ROUTE: *Weiterreise auf der Küstenstraße südwärts nach* ***Sopot/Zoppot,*** *der mittleren der „Dreistadt" Danzig, Sopot, Gdingen.*

Der Aufstieeg zum renommierten Seebad begann für **Sopot/Zoppot** im Jahr 1823, als Johann Georg Häfner die erste Naturbadeanstalt eröffnete. Ursprünglich ein Fischerdorf, wurde Sopot/Zoppot im Jahr 1901 durch Kaiser Wilhelm II. das Stadtrecht zuerkannt.

Wie eh und je lockt vor allem der **kilometerlange weiße Sandstrand** die

Gäste an. Allerdings muss dies nicht immer von Vorteil sein – zwei Millionen Besucher pro Jahr sind nicht nur Vergnügen.

Die weit ins Meer hinein ragende **Mole in Sopot/Zoppot [N54° 26′ 43.8″ E18° 34′ 07.1″]** ist über einen halben Kilometer lang, um genau zu sein, 516 m. Vor allem Anfang des 19. Jh. flanierten auf der Mole von Sopot die Reichen und Schönen. Damals allerdings war die beliebte Mole „nur" etwas über 300 m lang.

Das ehemals mondäne Seebad zog immer wieder auch prominente Persönlichkeiten an wie z. B. Marlene Dietrich oder Josephine Baker.

Heute wird den Badegästen und Touristen ein Kulturangebot mit zahlreichen Konzerten offeriert, das den Geschmack eines breiten Publikums trifft.

Die Verlängerung der erwähnten Mole hinein in den Ort ist der Bohaterów Monte Cassino, ein breiter für Autos gesperrter **Fußgängerboulevard.** Er ist Achse und Herz des Shopping- und Touristentrubels.

Ein Blick in die Nebenstraßen der Amüsiermeile mit ihrer speziellen Bäderarchitektur lohnt sich aber allemal. Die schönen alten Häuser sind heute vielfach Pensionen. Sie beherbergen jedes Jahr unzählige Sommergäste.

Das hiesige Angebot an Freizeitabwechslung und Amüsement verdeutlicht aber auch, dass man wieder auf betuchtere Sommergäste hofft.

Das **Casino** lädt ein, sein Geld zu verspielen, nachdem man das Dinner im Grandhotel genossen und den Tee im luxuriösen Ambiente auf der Strandterrasse eingenommen hat.

PRAKTISCHE HINWEISE – SOPOT/ZOPPOT

Touristeninformation Sopot [N54° 26′ 43.7″ E18° 34′ 07.8″], Plac Zdrojowy 2, 81-720 Sopot, Tel. +48 50 15 90 773; www.visit.sopot.pl/en. *Geöffnet Mo - Fr 8 - 16 Uhr.*

CAMPING

Sopot-Kamienny Potok

Camping Metropolis [N54° 27′ 38.3″ E18° 33′ 16.6″], Al Niepodleglosci 899, Tel. +48 585 50 04 45; www.campingsopot.pl; 1. Mai – 30. Sept.; im nördlichen Ortsbereich im Stadtteil Kamienny Potok an der geräuschvollen, vierspurigen Durchgangsstraße 468 und westlich der Danziger Bucht gelegen, Abzweig von der Straße 468 an der Shell-Tankstelle; durch Platzstraßen unterteilte Stellplatzreihen, teils mit dichtem Baumbestand, ganz in der Nähe des Aquaparks Sopot; ca. 3 ha – 170 Stpl. + Dau.; Standardsanitärausstattung; V & E für Wohnmobile. Mietbungalows. Lärmbelästigung durch Bahngleise in unmittelbarer Nähe. Aber: Der Bahnhof Sopot Kamienny Potok [N54° 27′ 28.0″ E18° 33′ 13.3″] mit Bahnverbindungen nach Danzig liegt in Gehnähe, was den Campingplatz als Basis für Danzigbesuche geeignet macht.

Mit dem Vorortzug nach Danzig: Vorortzüge (SKM kolejka) zwischen Gdynia, Sopot und Danzig verkehren zwischen 5 Uhr und 19 Uhr ungefähr alle 10 Minuten, außerhalb dieser Zeitspanne weniger häufig. Fahrkarten zieht man aus Fahrkartenautomaten auf den Bahnsteigen (Bedienungsanweisung u. a. in Englisch, Deutsch). Falls defekt, was immer wieder mal vorkommt, kauft man Fahrkarten im Bahnhof am Schalter „Kasa Biletowa" oder notfalls beim Schaffner direkt. Fahrkarten bei Fahrtantritt in den gelben Automaten entwerten! Die Bahnfahrt von Sopot nach Danzig dauert rund 20 Minuten.

Camping Przy Plazy Nr. 67 [N54° 25′ 50″ E18° 35′ 14″], ul. Bitwy pod Płowcami 73, Tel. +48 58 55 16 523; www.camping67.sopot.pl; 15. Juni – 31. Aug. Im südl. Stadtbereich; ebene Wiesen mit Baumbestand direkt am Meer gelegen, Sandstrand; ca. 3 ha – 200 Stellplätze; Standardsanitärausstattung. Laden, Imbiss.

Alles in allem muss man aber festhalten, dass Sopot wahrlich nichts für Freunde der Ruhe und Abgeschiedenheit ist.

Besichtigen kann man das **Muzeum Miasta Sopot [N54° 26′ 24.0″ E18° 34′ 34.0″]**, ul. Księcia Józefa Poniatowskiego 8, mit Ausstellungen zur Stadtgeschichte *(geöffnet Di - So 10 - 16 Uhr, Eintritt frei; www.muzeumsopotu.pl/en/)*.

Interessante archäologische Ausstellungen findet man im **Skansen Archeologiczny „Grodzisko w Sopocie“ Museum [N54° 27′ 5.0″ E18° 33′ 36.2″]**, ul. Haffuera 63 *(geöffnet Mai - Okt. Di - So 10 - 18 Uhr; Nov. - Apr. Di - So 9 - 17 Uhr; www.archeologia.pl/de/)*.

Kulturelle Veranstaltungen sind zum Beispiel das **Opernfestival** in der Waldoper im Juli und August, oder das **Jazzfestival** an der Mole.

Und wer etwas über Sopots „In“-Gesellschaft erfahren möchte, dem sei ein Besuch in der Straße Tadeusza Kościnszki 10 im Geburtshaus (1926) des 1991 in Langunitas, Kalifornien, verstorbenen Schauspielers Klaus Kinski (unvergesslich in Werner Herzogs Filmen „Nosferatu“ und „Fitzcarraldo“) empfohlen. Dort wurde die **„Kinski-Galerie“ [N54° 26′ 29.6″ E18° 33′ 47.9″]** mit angeschlossenem Café eingerichtet und man hat die Möglichkeit, seinen Drink beim Betrachten eines Kinski-Filmes zu genießen *(geöffnet 16 - 4 Uhr)*.

Abwechslung versprechen die Badelandschaften im **Aquapark Park Wodny Sopot [Parkplatz, N54° 27′ 36.8″ E18° 33′ 25.6″]**, ul. Zamkowa Góra 3 – 5, *(geöffnet tgl. 8 - 22 Uhr; www.aquapark-sopot.pl)*. Neben Schwimmbecken unterschiedlicher Art und Größe findet man im Aqua Park auch Sauna, Bowlingbahnen und Restaurants. Die Anlage ist im Norden der Stadt in der Nähe des Campingplatzes **Kammienny Potok** zu finden.

Gdańsk/Danzig

Als Stadt fand Gdańsk/Danzig erstmals vor über 1000 Jahren Erwähnung. Anlass hierzu war die Ankunft des Heiligen Adalbertus.

Der letzte Wille des Danziger Fürsten Mściwój II. sah vor, dass die Stadt nach seinem Tode an König Przemysł II. falle. So wurde Gdańsk im Jahr 1294 polnisch. Doch schon 14 Jahre später kam Danzig an die Ritter des Deutschen Ordens und wurde zerstört.

Erst in den 40er Jahren des 14. Jahrhunderts wurde Danzig wieder aufgebaut. Diesmal erhielt es das Kulmische Stadtrecht und entwickelte sich dank des Holzhandels rasch wieder zu einer wichtigen Hafenstadt.

Als sich der Deutsche Orden nach der Schlacht von Tannenberg zurück ziehen musste, unterwarf sich Gdańsk dem polnischen König.

Die Stadt wuchs und hatte bereits Mitte des 15. Jahrhunderts 26.000 Einwohner, was für damalige Verhältnisse außerordentlich viel war. Dementsprechend groß war auch ihr Einfluss auf die Region und ihre Macht unter den Hansestädten.

Der größte wirtschaftliche Aufschwung für Gdańsk kam durch die enge Bindung der Stadt an das polnische Hinterland. So hatte das Land beispielsweise einen enormen Überschuss an Getreide, während es im übrigen Europa daran mangelte. Die Kaufleute in Danzig witterten natürlich ein großes Geschäft und bald verfügte die Stadt über den größten Umschlaghafen an der gesamten Ostsee.

In einer Zeit, in der Köln beispielsweise 40.000 Einwohner zählte, wohnten in Gdańsk bereits 70.000 Menschen und machten sie damit zur bevölkerungsreichsten polnischen Stadt im 16. und 17. Jahrhundert. Von allen Städten an der Ostsee konnte nur noch die dänische Hauptstadt Kopenhagen mit ihr verglichen werden.

Doch die Größe hatte nicht nur wirtschaftliche Vorteile, sondern weckte auch machtpolitische Begehrlichkeiten. Auf Grund der mächtigen Festungsanlagen, die bis heute noch teilweise vorhanden sind, war eine Belagerung der schwedischen Könige, die zur damaligen Zeit Krieg mit Polen führten, aber

Kriegsausbruch

Auf einer Sitzung des Reichstags am 1. September 1939 begründet Adolf Hitler den ohne Kriegserklärung erfolgten Angriff auf Polen, der mit der Eroberung der Westerplatte beginnt. Hitler – in Soldatenuniform – vermeidet in seiner Rede, die von allen deutschen Sendern übertragen wird, das Wort Krieg. Ziel sei die Lösung der Probleme Danzig und „polnischer Korridor". Der fingierte Überfall auf den Sender Gleiwitz dient als Rechtfertigung dafür, dass „zurückgeschossen" werden muss:

„Abgeordnete, Männer des Deutschen Reichstags. Seit Monaten leiden wir alle unter der Qual eines Problems, das uns einst das Versailler Diktat beschert hat und nunmehr in seiner Ausartung und Entartung unerträglich geworden war. Danzig war und ist eine deutsche Stadt. Der Korridor war und ist deutsch ...

Ich habe mich daher nun entschlossen, mit Polen in der gleichen Sprache zu reden, die Polen seit Monaten gegen uns anwendet ...

Polen hat nun heute Nacht zum ersten Mal auf unserem Territorium auch durch reguläre Soldaten geschossen. Seit 5.45 Uhr wird jetzt zurückgeschossen. Und von jetzt ab wird Bombe mit Bombe vergolten. Wer mit Gift kämpft, wird mit Giftgas bekämpft ....

Ich werde diesen Kampf, ganz gleich gegen wen, so lange führen, bis die Sicherheit des Reiches und seine Rechte gewährleistet sind ...

Mein ganzes Leben gehört von jetzt an erst recht meinem Volke! Ich will jetzt nichts anderes sein, als der erste Soldat des deutschen Reiches. Ich habe damit wieder jenen Rock angezogen, der mir selbst der heiligste und teuerste war. Ich werde ihn nur ausziehen nach dem Siege – oder ich werde dieses Ende nicht erleben."

nie ernsthaft beabsichtigt. Die Ordensburg des Deutschordens wurde Mitte des 15. Jahrhunderts demontiert und beseitigt.

Aber schon in der damaligen Zeit hatte jeder Aufschwung einmal ein Ende. Und nicht nur durch die ewigen Kriege im polnischen Hinterland brach der einträgliche Getreidehandel zusammen.

Nach der ersten polnischen Teilung gehörte Gdańsk zwar noch zu Polen, war jedoch durch Westpreußen vom Hinterland abgetrennt.

Nach der zweiten Teilung Polens wurde Danzig im Jahr 1793 von Preußen übernommen. In der Folge sank die wirtschaftliche Bedeutung stark.

Erst gegen Ende des 19. Jahrhunderts entwickelten sich der Hafen und die Werftindustrie, was zu einem erneuten wirtschaftlichen Aufschwung führte.

Nach Ende des Ersten Weltkrieges wurde das Stadtgebiet durch den Vertrag von Versailles zur Freien Stadt erklärt, blieb aber im gemeinsamen Zollgebiet mit Polen. Nun hatten die Danziger nach Jahrhunderten zwar endlich ihr Ziel erreicht, aber auf Grund der nationalistischen Tendenzen kam es schon kurz darauf zu einem wirtschaftlichen Konflikt mit Polen. Diese errichteten daraufhin den Hafen von Gdynia und exportierten ihre Waren über diesen Hafen.

Noch Schlimmeres kam über die Stadt schließlich am 1. September 1939, als vom Panzerschiff „Schleswig-Holstein“ Schüsse gegen den damaligen polnischen Militär-Umschlagplatz Westerplatte abgefeuert wurden und den Zweiten Weltkrieg einläuteten. Sieben Tage lang wurde dieser Posten erfolgreich verteidigt. Die Angliederung an das Dritte Reich konnte aber dennoch nicht verhindert werden.

Am Ende des Zweiten Weltkrieges war die Stadt nicht mehr dieselbe. Es waren nicht nur die Zerstörungen durch die Luftangriffe der Alliierten oder die Straßenkämpfe im März 1945 oder die Brandstiftungen der Roten Armee

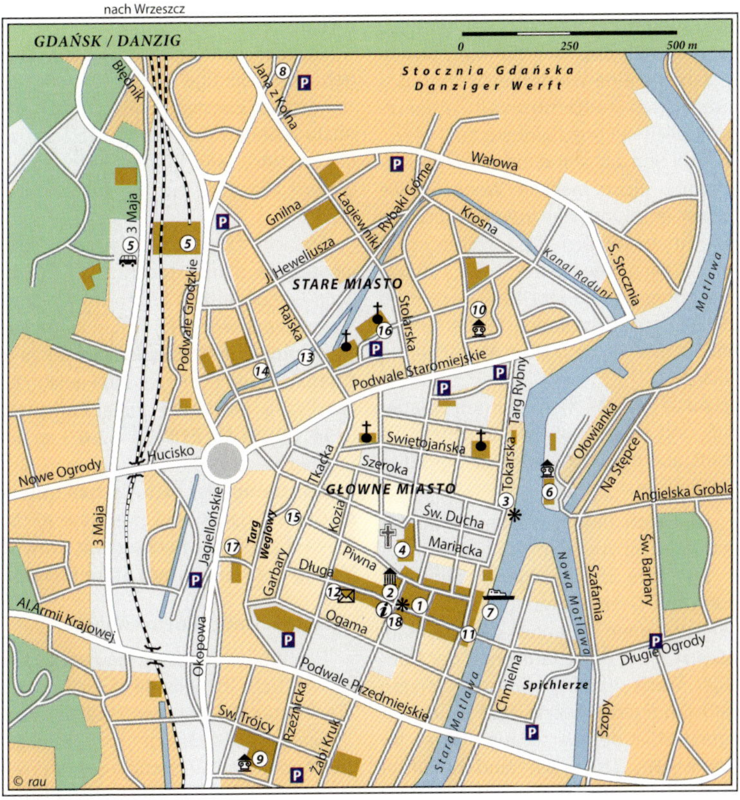

*GDAŃKS/DANZIG – **1** Artushof / Dwór Artusa, Neptunsbrunnen – **2** Rechtsstädtisches Rathaus – **3** Krantor – **4** Marienkirche – **5** Bahnhof, Busbahnhof – **6** Zentrales Schifffahrtsmuseum, Meeresmuseum – **7** Bootsanleger „Żuraw“ – **8** plac Solidarności und Arbeiterdenkmal u. Europäisches Zentrum der Solidarność – **9** Nationalmuseum – **10** Polnische Post, Museum – **11** Grünes Tor – **12** Postamt – **13** Große Mühle – **14** Altstädter Rathaus – **15** Großes Zeughaus – **16** Brigittenkirche (Bernsteinaltar) – **17** Bernsteinmuseum, Vortor Langgasse, Hohes Tor – **18** Touristeninformation*

nach der Stadteinnahme, unter der die Stadt zu leiden hatte. Es war auch der Austausch der Bevölkerung, der zur Veränderung der Stadt beitrug.

Von den Gebäuden der Stadt blieben nur wenige übrig, von den ursprünglichen Bewohnern allerdings auch. Die meisten flüchteten kurz vor dem Beginn der Kämpfe und siedelten nach Deutschland über. Dafür kamen viele Menschen aus den ehemaligen polnischen Ostgebieten und aus Pommern und Mittelpolen hierher.

Dann kam der Wiederaufbau von Gdańsk. Es wurde nach dem Krieg sogar darüber nachgedacht, eine moderne Bebauung durchzuführen. Letztendlich konnten sich aber die Stimmen durchsetzen, die eine Wiederherstellung des historischen Stadtzentrums in seiner ursprünglichen Form favorisierten.

Von nun an stand dem Wiederaufschwung nichts mehr im Wege. So wie in den Jahrhunderten zuvor, wuchs die Stadt in rasantem Tempo. Waren es im Jahr 5 nach Kriegsende noch 150.000 Einwohner und im Jahr 1960 noch rund 290.000, so lebten in den 1980er Jahren bereits eine halbe Million Menschen in Gdańsk.

Auch die Werften wurden wieder auf- und ausgebaut und machten die Stadt abermals zu einem der größten Ostseehäfen.

Und auch diesmal wollten die Bürger in Gdańsk nicht unterdrückt werden.

Erst kam die blutige Niederschlagung der Dezemberereignisse im Jahr 1970 und dann begannen die Streiks im August 1980. Diese führten in der Danziger Werft zur Gründung der ersten selbständigen Gewerkschaft im damaligen Gebiet des Warschauer Paktes. Ihr Name war „Solidarność" und ihr Führer war Lech Wałęsa, der später das Amt des Staatspräsidenten bekleiden und mit dem Friedensnobelpreis ausgezeichnet werden sollte. Für die Polen bedeuteten die Aktivitäten der Solidarność schließlich den Anfang vom Ende des Kommunismus.

Stadtbesichtigung Danzig

Kleiner Tipp zur Parkplatzsuche: Parken in der Danziger Innenstadt, vor allem im Altstadtbereich, ist schwierig. Ein größerer **Parkplatz [N54°21'14.55" E18°39'7.61"]** liegt am Westrand der Altstadt in der Straße Katarzynki hinter der Kirche Świętej Katarzyny. Andere zentrumsnahe **Parkplätze**, findet man z. B. an der **Podwale Staromiejskie [N54° 21' 11.23" E18° 39' 09.7"]** und an der Targ Rybny **[N54° 21' 12.2" E18° 39' 27.2"]** oder östlich der Altstadt an der breiten Ausfallstraße ostwärts Długie Ogrody. Aber die Plätze sind während der Geschäftszeiten natürlich immer gut belegt.

Generell kann gesagt werden, dass gebührenpflichtige Straßenparkplätze noch am ehesten in den Straßen der Altstadt/Stare Miasto (z. B. Olejarna) zu finden sind, was in der Rechtsstadt/Głowne Miasto so gut wie ausgeschlossen ist.

Südlich der Rechtsstadt und jenseits der Stadtautobahn 7/E77 (Podwale Przedmiejskie) liegen im Stadtteil Stare Przedmieście zwischen dem **Nationalmuseum (Muzeum Narodowe w Gdańsku)** und der Peter und Paul Kirche (Św. Piotra i Pawla) ein großer **Parkplatz [N54° 20' 43.4" E18° 38' 52.6"]** an der Straße Rzeźnicka.

Das Gebiet der historischen Innenstadt von Gdańsk ist in zwei wesentliche Teile aufgeteilt, die **Rechtsstadt Głowne Miasto** und die **Altstadt Stare Miasto**.

Rechtsstadt Głowne Miasto

Die interessantesten Bauwerke befinden sich in Głowne Miasto, dem „Rechtsstadt" genannten Stadtteil also.

Hier verläuft auch der sog. **„Königsweg"**, der das Herzstück des Viertels darstellt. Er führt vom westlichen **Brama Wyżynna/Hohen Tor** über das **Złota Brama/Goldenes Tor [N54° 20' 58.8" E18° 38' 53.1"]** und weiter durch die **ul. Długa/Lange Straße** und den anschließenden **Długi Targ/Langer Markt** zum **Brama Zielona/Grünen Tor (11) [N54° 20' 52.6" E18° 39' 20.4"]** im Osten am

Ufer der Motława/Mottlau.

Als Teil der ehemaligen Befestigungsanlage war **Brama Wyżynna [N54° 20' 59.2" E18° 38' 51.2"], das Hohe Tor**, einer der Haupteingänge in die Stadt. Das Tor, vor dem sich früher ein Graben einschließlich einer Zugbrücke befand, stammt aus dem 16. Jahrhundert.

Ein Jahrhundert jünger ist das nur wenige Meter entfernte im Renaissancestil errichtete **Złota Brama [N54° 20' 58.8" E18° 38' 53.1"]**, das **Goldene Tor**.

Zwischen den beiden Stadttoren liegt das **Museum Bursztynu**, das **Bernsteinmuseum (17) [N54° 20' 59.2" E18° 38' 51.12"]**, Targ Węglowy 26, www.mhmg.gdd.pl *(geöffnet Di 10 - 13 Uhr, Mi, Fr, Sa 10 - 16 Uhr, Do 10 - 18 Uhr, So 11 - 16 Uhr; www.polen.travel/de/museen/das-bernsteinmuseum-in-gdansk-danzig)*. Zu sehen gibt es riesige Bernsteinrohlinge, Bernstein mit Einschlüssen wie Insekten oder Pflanzen, kunstfertig bearbeiteter Bernstein und als Gag eine Gitarre aus Bernstein.

Untergebracht ist das Bernsteinmuseum im sog. **Folterturm**, das das ziemlich gruselige Foltermuseum Katowina beherbergt.

In der ul. Długa und am sich ostwärts anschließenden **Langen Markt Długi Targ** erheben sich prachtvolle Patrizierhäuser mit schmalen, hohen Fassaden. Gleichzeitig ist dies die Fußgängerzone der Rechtsstadt.

In den farbenfrohen Häusern sind viele Geschäfte und Restaurants untergebracht wie zum Beispiel die Teestube Maraska, das sehr beliebte und gut besuchte Café Złota Kaminenica oder „Probiernia Likierów", die Probierstube für feine Goldwässer und Wacholderbrände.

Auf dem Weg zum Brama Zielona/Grünen Tor sehen Sie auf der linken Seite das **Ratusz Głównego Miasta**, das **Rechtsstädtische Rathaus (2)**. Der Rathausturm ist 82 m hoch und mit einem Glockenspiel mit 37 Glocken bestückt. In luftiger Höhe sieht man die Figur von König Zygmunt August auf dem Turm. Ursprünglich im gotischen Stil errichtet, erstrahlt das Danziger Rathaus seit einem Brand Mitte des 16. Jahrhunderts im Renaissancestil. Das über die Treppen

Danzigs Neptunbrunnen am Langen Markt

zu erreichende barocke Hauptportal ist erst im 18. Jahrhundert hinzugefügt worden. Sehenswert im Inneren ist der **Rote Saal** *(geöffnet Mo 10 - 13 Uhr, Di - Do, Fr 10 - 18 Uhr, Fr - Sa 10 - 18 Uhr, So 10 - 16 Uhr)*. Gemälde niederländischer Künstler sind an den Wänden und der Decke in geschnitzten und vergoldeten Deckenreliefs angebracht. Die weiteren Innenräume erhielten ihr Aussehen ebenfalls im 16. Jahrhundert.

Neben dem Rathaus beginnt der Długi Targ, der Lange Markt. Sie schauen direkt auf den **Neptunbrunnen/Funtanna Neptuna (1) [N54° 20′ 54.7″ E18° 39′ 11.7″]**, der 1613 errichtet wurde. Er symbolisiert mit der Figur des Meeresgottes die Verbindung der Stadt mit dem Meer.

Hinter dem Brunnen steht der als schönstes Gebäude des Platzes geltende **Artushof/Dwór Artusa (1)**. Er wurde in vierjähriger Bauzeit 1481 fertig gestellt und war Treffpunkt der Danziger Kaufleute. Der Name des Anwesens bezieht sich auf die legendäre König Arturs Tafelrunde.

Wenn Sie nun über den Platz zwischen den farbenfrohen Häusern weiter nach Osten gehen, erreichen Sie das im Renaissancestil strahlende **Brama Zielona/Grünes Tor (11) [N54° 20′ 52.6″ E18° 39′ 20.4″]**. Direkt dahinter trifft man auf die **Uferpromenade an der Mottlau**.

Unser Stadtrundgang verläuft dort nach links und auf der belebten Promenade in Richtung Norden.

Erst passieren Sie das **Brotbänketor** aus dem 15. Jahrhundert und treffen anschließend auf das **Frauentor**. Das Frauentor wurde im Jahre 1484 errichtet. In unmittelbarer Nachbarschaft befindet sich das **Muzeum Archeologiczne, das Archäologische Museum [N54° 20′ 57.5″ E18° 39′ 23.7″]**, ul. Mariacka 25 - 26, *(geöffnet Juli + Aug. Di - Fr 9 - 17 Uhr, Sa + So 10 - 17 Uhr; Sept. - Juni Di, Do + Fr 9 - 16 Uhr, Mi 10 - 17 Uhr, Sa + So 10 - 16 Uhr, samstags freier Eintritt; www.archeologia.pl/de/)*. Es ist untergebracht im Haus der Naturforschenden Gesellschaft und informiert über die frühe Besiedelung des Danziger Gebietes, sowie über Methoden der Bernsteinverarbeitung.

Wenige Meter weiter nördlich erscheint das eher unbedeutende **Heiliggeisttor**.

Schließlich stehen Sie vor dem markanten Wahrzeichen der Stadt, dem **Żuraw**, dem **Krantor (3) [N54° 21′ 02.2″ E18° 39′ 27.3″]** aus dem 14./15. Jahrhundert.

Danzig, Blick vom Altstädtischen Rathaus zum Langgassertor

Das Krantor an der Mottlau-Promenade, Danzigs Wahrzeichen

Das Krantor mit seinem auffälligen hölzernen Vorbau war in der damaligen Zeit der größte Lastenaufzug der Welt. Und noch heute ist es ein mächtiges Monument, das an die große Zeit Danzigs als Handelsstadt erinnert.

Der Kran, mit dem Lasten bis zu 4 Tonnen in eine Höhe bis über 10 m gehievt werden konnten, diente aber nicht nur als Lastenkran, mit ihm wurden auch Masten in Schiffe eingesetzt.

Wenn Sie in das Tor unter dem Kran eintreten und nach oben schauen, erkennen Sie zwei riesige hölzerne Laufräder, jedes mit einem Durchmesser von 6 m. In ihnen liefen kräftige Männer, bewegten so die Räder, die wiederum die Seilwinden betätigten.

Heute befindet sich hinter den Mauern des Krantors, die eine Stärke von bis zu vier Metern erreichen, eine Abteilung des **Nationalen Maritime Museum (6)** *(geöffnet Mai - Mitte Juni +Sept. - Dez. Di, Do - So 10 - 16 Uhr, Mi 10 - 13 Uhr; Mitte Juni - Aug. tgl. 10 - 18 Uhr; Jan. - Apr. Di, Do - So 10 - 16 Uhr, Mi 10 - 13 Uhr; www.de.nmm.pl)*, neben wechselnden Ausstellungen, Dokumentationen über das Leben im Danziger Hafen in der Zeit des 16. bis ins 18. Jh., Modelle des Hafens sowie von Leuchttürmen u. ä.

Dem Krantor gegenüber, auf der anderen Flussseite der Mottlau/Motława, liegen die Gebäude und die Museumsschiffe der Hauptabteilung des **Centralne Muzeum Morskie/Zentralen Meeresmuseums [N54° 21' 03.2" E18° 39' 31.3"]** von Danzig *(geöffnet Di, Do - So 10 - 16 Uhr, Mi 10 - 13 Uhr; www.de.nmm.pl)*.

Unweit des Krantors legen Boote ab, die Sie in wenigen Minuten über die Motława zum Meeresmuseum bringen.

Die Abteilungen des Zentralen Meeresmuseums sind in großen, ehemaligen Speicherhäusern untergebracht. Die Ausstellungsthemen umfassen alle Bereiche der polnischen Seefahrtsgeschichte, der Handelsschifffahrt, der Unterwasserarchäologie, des Schiffsbaus mit seiner langen Tradition in Danzig und des Reedereiwesens. Natürlich gibt es auch eine große Sammlung von Schiffsmodellen zu sehen. Darüber hinaus kann man eine Reihe von Schiffen besichtigen, die an den Kais vor dem Museum festgemacht haben.

Von der Promenade am Krantor, die hier den Namen Długie Pobrzeże trägt, starten **Ausflugsschiffe** zur Westerplatte und zur nördlich gelegenen Halbinsel Hel/Hela.

Ein Hoch dem Machandel

„Ei das ist ein saubres Tröpfchen / in Welutzke seine Hand. / Son Machandel von zwei Treppchen / gibt bestimmt kein Dachstuhlbrand."

In der Zeit vor dem Zweiten Weltkrieg kannte jedermann in und um Danzig den Machandel, einen feinen Wacholderbrand. Markant auch die Flasche, in der er verkauft wurde. Die bauchig und gerippten Flaschen ähnelten den Holzfässchen, in denen früher die Feldarbeiter Brot, Speck und Käse mit zur Arbeit nahmen.

Und nach alter Tradition, kippte man den Machandel nicht einfach. Nein, man zelebrierte den Genuss. Unverzichtbar dabei war ein Stielglas, eine Backpflaume und ein hölzerner Span oder Zahnstocher. Mit dem Zahnstocher spießte man die Pflaume auf und schob sie zwischen die Zähne. Nun biss man auf die Pflaume, bis der Kern sich in die Backentasche schob (damit man ihn nicht mit verschluckte) und goss kräftig mit Machandel nach. Ordentlich legte man den Kern zurück ins Glas. Aber jetzt folgte das Wichtigste. Man musste den Zahnstocher noch in zwei Teile knicken und ebenfalls fein säuberlich ins Glas legen: *„Überm Flaumenstein im Glase / wie's nach altem Brauch sich schickt / wird dänn einmal vore Nase / der bewusste Stab jeknickt".* Und wehe man vergaß, das Stäbchen geknickt ins Glas zu legen. Dann ging kein Weg daran vorbei, die nächste Runde zu spendieren.

„Und dänn is er ausjetrunken / der Macheike, wie's sich sziemt / Stobb'scher Schnaps, der Jetterfunken / is in alle Welt beriehmt!"

Bis zum Zweiten Weltkrieg wurde der Machandel im Hause Stobbe, in Tiegenhof/Nowy Dwór Gdański bei Elbląg/Elbing gebrannt. Heute tut das eine deutsche Brennerei und in Danzig ist wieder Machandel zu bekommen, z. B. im Restaurant „Goldwasser", ul. Długie Pobrzeże 22, www.goldwasser.pl, oder in der „Probiernia Likierów" auf dem Długi Targ Nr. 28 – 29, www.probiernialikierow.

Wenn Sie am Frauentor links in die ul. Mariacka abbiegen und sich von der Mottlau entfernen, kommen Sie automatisch zur **Bazylika Mariacka, Marienkirche (4) [N54° 20' 59.7" E18° 39' 07.8"]**, die Sie zumindest teilweise schon vom Rathaus aus gesehen haben. In der mächtigen Kirche, die als größter sakraler Bau im ganzen Land gilt, finden bis zu 20.000 Menschen Platz.

Lange dauerte die Fertigstellung des dreischiffigen Baus, an dem von 1343 bis 1502 gearbeitet wurde. Von der Turmspitze genießt man einen unvergesslichen Blick über die Stadt.

In mühevoller Kleinarbeit wurde die **astronomische Uhr** in der Marienkirche wieder restauriert. Die Uhr ist ein mechanisches Meisterwerk von Hans Düringer, der sie zwischen 1464 und 1470 baute. Zur damaligen Zeit war sie die weltgrößte Zeitanzeige.

An der nordöstlichen Ecke der Marienkirche stößt man auf die benachbarte Königliche Kapelle. Sie ist das einzige sakrale Gebäude in der Stadt, das im barocken Stil erbaut wurde.

Teile des Kircheninventars der Marienkirche sind im Krieg ausgelagert und seitdem nicht mehr an ihren ursprünglichen Platz zurück gebracht worden.

So ist das **Altarbild** von Hans Memmling mit dem Titel „Jüngstes Gericht" nur eine Kopie. Das Original kann im **Danziger Nationalmuseum für altertümliche Kunst (9)** in der ul. Toruńska 1 betrachtet werden *(geöffnet Di - So 10 - 17 Uhr; www.muzeum.narodowe.gda.pl)*. Das Museum, das etwas südlich der Rechtsstadt liegt, ist in einem ehemaligen Franziskanerkloster untergebracht. Einen Schwerpunkt der Ausstellungen bilden gotische Wandteppiche, Skulpturen, Gemälde und Keramiken, Gold- und Silbergegenstände, von denen die meisten einen sakralen Bezug haben.

Altstadt Stare Miasto

Der zweite und weniger interessante Teil der Stadt ist die **Altstadt Stare Miasto**, die sich etwas mehr als einen halben Kilometer nördlich von der Rechtsstadt befindet.

Durch die Altstadt fließt der Kanal Raduni, in dem sich wiederum eine Insel befindet. Auf diesem kleinen Eiland steht die **Wielki Młyn/Große Mühle (13) [N54° 21' 14.6" E18° 39' 01.6"]**. 18 Mühlräder machten sie zu einer der größten Industriebetriebe in Nordeuropa. Errichtet wurde sie von den Deutschordensrittern im Jahr 1350. Bis 1945 tat die Mühle ihren Dienst, dann fiel sie einem Feuer zum Opfer. Heute existieren nur noch die Grundmauern.

Die **Mały Młyn/Kleine Mühle**, ebenfalls aus dem 14. Jahrhundert, liegt hingegen am Ufer des Kanals und diente damals als Lager für das Getreide.

Nur wenige Meter davon in Richtung Westen entfernt steht das **Ratusz Staromiejski**, das **Altstädtische Rathaus (14)**. Das im Renaissancestil erbaute Gebäude wird heute als Kulturzentrum genutzt, stammt aber ursprünglich aus dem 16. Jahrhundert.

Ganz im Osten der Altstadt, vorbei an der Katharinen- und Brigittenkirche (s. u.) befindet sich am Plac Obrońców Poczty Polskiej das Gebäude der **Polnischen Post Poczty Polskiej (10) [N54° 21' 18.8" E18° 39' 24.6"**. Hier wehrten sich polnische Postangestellte am Tag des Kriegsausbruchs 14 Stunden lang tapfer gegen die deutschen Angreifer. Ein kleines **Museum** *(geöffnet Mo - Fr 10 - 16 Uhr, Sa + So 10.30 - 14 Uhr)* in dem Gebäude erinnert an den verzweifelten Kampf.

In der aus dem 14./15. Jh. stammenden **Brigittenkirche (16) [N54° 21' 15.8" E18° 39' 06.8"]** (Kościół Św. Brydidy), ul. Profesorska 17, ist man dabei, Schritt für Schritt wieder einen großen Bernsteinaltar zu errichten, bzw. zu rekonstruieren, für den die Kirche früher berühmt war.

Die Brigittenkirche hat aber auch in der neueren Stadtgeschichte ihren Platz. Während der Unruhen im August 1980 fanden die streikenden Werftarbeiter Schutz in der Kirche, die darüber hinaus der antikommunistischen Opposition als Treffpunkt diente.

In der Altstadt Stare Miasto findet jedes Jahr Anfang August der **Dominikanermarkt** statt. Zwei Wochen lang beherrscht der große Flohmarkt die Altstadt. Gleichzeitig unterhalten zahlreiche Open-Air-Konzerte und Theateraufführungen die Besucher und Bürger der Stadt.

Im Nordosten der Stadt, unweit westlich der Ausfallstraße Jana z Kona (Straße 1/E75 Richtung Nowy Port) am Pl. Solidarności erhebt sich am Zugang zum **Danziger Werftgelände** (Stocznia Gdańska) das **Solidarność Denkmal (8) [N54° 21' 37.9" E18° 38' 56.6"]** (großer Parkplatz nebenan). Drei 42 m hohe, schlanke metallene Kreuze mit Ankern oben als Symbole der Hoffnung bilden das ernste Monument an der Gedenkstätte der Opfer des Streiks im Dezember 1970.

In unmittelbarer Nähe des Denkmals liegt das **Europäische Zentrum der Solidarność (ECS) (8)**, das an die Solidarnoscbewegung und die antikommunistische Opposition in Polen und Europa erinnern soll, **[Parkplatz, N54° 21' 41.2" E18° 38' 53.5"]**, Plac Solidarnosc 1 *(geöffnet Apr. - Sept. tgl. 10 - 20 Uhr; Okt. - Apr. tgl. 10 - 18 Uhr; www.ecs.gda.pl/en/)*. In dem 2014 eröffneten Zentrum dokumentieren Ausstellungen den steinigen Weg Polens zur Demokratie – vom Einmarsch der Roten Armee nach dem Zweiten Weltkrieg, über die Einrichtung der 3. Polnischen Republik bis hin zur Solidarność-Bewegung und zu den ersten demokratischen Wahlen im Lande. Zu den bedeutendsten Ausstellungsstücken zählen die berühmten Tafeln, auf die die Werftarbeiter den Wortlaut ihrer 21 Forderungen geschrieben haben.

Lech Wałęsa

Lech Wałęsa, zentrale Figur der Solidarność-Bewegung, späterer Staatspräsident und Nobelpreisträger und heute einer der prominentesten Einwohner von Gdańsk, wurde am 23. September 1943 geboren. Anfänglich ein einfacher Elektromechaniker unter vielen, kam er 1967 an die Danziger Leninwerft. Das Eintreten für seine Kollegen machten ihn aber bald unbeliebt bei den Offiziellen. Politische Aktivitäten brachten ihm eine Gefängnisstrafe ein, die ihn wiederum seinen Job in der Werft kostete.

Das Solidarność Denkmal in Danzig

1980 begannen die Streiks in der Werft und ein arbeitsloser Wałęsa wurde durch sein Engagement für die Rechte der Streikenden und seine flammenden Reden bald zum Kopf der Streikbewegung. Wałęsa verhandelte erfolgreich mit der Werksleitung und konnte im August 1980 ein Abkommen mit 21 Forderungen zu Gunsten der Werftarbeiter abschließen, die berühmt gewordenen „August-Übereinkünfte".

Dieser Erfolg machten Wałęsa bei den Behörden zu einer „unerwünschten Person". Ein 1981 ausgesprochener Hausarrest sollte den Führer der Streikbewegung Solidarność mundtot machen. Dann aber wird Lech Wałęsa 1983 der Friedensnobelpreis verliehen. Wałęsa und seine Solidaritätsbewegung Solidarność waren nun weltweit bekannt und in Polen eine politische Hausnummer.

Die freien Wahlen im Jahre 1989 bringen der Solidarność einen haushohen Wahlsieg und Wałęsa wird 1990 der erste postkommunistische, demokratisch gewählte Staatspräsident Polens. Das Amt hat Wałęsa bis 1995 inne.

Nach der Amtszeit schwindet der politische Einfluss Wałęsas, der nun gelegentlich auch in der Yellow Press auftaucht, z. B. als er ein Angebot der Firma Gillette über eine Million Dollar ablehnt, das ihn zum Abrasieren seines gewaltigen Schnurrbarts bewegen sollte.

Heute ist Lech Wałęsa – zwischenzeitlich mit über 30 Ehrendoktortiteln versehen – auf der ganzen Welt unterwegs, um gutdotierte Vorträge über Themen wie Demokratie, freie Märkte, Zivil- und Bürgerrechte u. ä. zu halten.

Übrigens: Danzigs Flughafen trägt Lech Wałęsas Namen – Port Lotniczy im. Lecha Wałęsy.

Auf einer Fläche von 3.000 qm auf zwei Etagen des Neubaus sind sechs Stationen mit interaktiven, eindrucksvollen Dokumentationen mit Filmen und Tondokumenten und eine Gedenkstätte zu sehen. Das Museum ist ein wichtiges Zeitdokument, das für alle ein Muss ist, die am Weg der Danziger und der Polen zur Freiheit interessiert sind.

Ausflüge ab Danzig

Wer sich auf die Spur des zumindest bei uns bekanntesten Danzigers, Günter Grass (1927 – 2015), machen möchte, den führt der Weg in den Nordwesten von Danzig, nach **Wrzeszcz**, den ehemaligen Vorort Langfuhr. Dort findet man in der ul. Joachima Lelewala 13 (nördlich der Bahnlinie und des Bahnhofs Gdańsk-Wrzeszcz) das **Geburtshaus von Günter Grass [N54° 23' 00.6" E18° 36' 42.8"]**, das mittlerweile eine entsprechende Inschrift trägt.

Auch Oskar Matzerath, der zwergenhafte Held aus dem Roman „Die Blechtrommel", lebte in diesem Viertel. Ihm haben die Danziger ganz in der Nähe auf dem etwas nüchternen Platz Wybickiego ein Denkmal gesetzt. Oskar, der nicht mehr wachsen wollte und mit seiner Stimme Gläser zerspringen lassen konnte, sitzt auf einer Bank und trommelt auf seiner berühmten Blechtrommel. Auf der Bank neben Oskar wäre noch Platz wie man sieht. Und tatsächlich war vorgesehen, dass dort Grass als Denkmalstatue sitzen sollte. Aber angeblich soll Günter Grass das Enthüllen seines Denkmals dort verweigert haben. Wie es heißt, meinte er, dass es nicht recht sei Geld für eine Bronzefigur auszugeben, wenn kein Geld für die Renovierung der umliegenden, ziemlich ramponierten Häuser vorhanden sei, in denen sich immer noch mehrere Wohnungen ein Bad und eine Toilette teilen müssten. In letzter Zeit war die Grass-Figur im Danziger Rathaus zu sehen.

Zwischenzeitlich geht es übrigens rasant aufwärts mit dem Stadtteil Wrzeszcz, was hoffentlich bald auch zu einer Verbesserung der Wohnqualität hier führt. Und vielleicht findet dann auch die Grass-Figur ihren Platz auf der Bank neben Oskar.

Die **Herz-Jesukirche** (Kościół Najświętszego Serca Pana Jezusa) südl. der Bahnlinie in der ul. ks. Józefa Zatro Przytockiego 3, kann ebenfalls besichtigt werden, allerdings nur Mo - Fr 6 - 9 und So 6 - 14 Uhr. In ihrem Inneren befindet sich die Jesusfigur am Marienaltar, der Oskar seine Trommel umhing.

Denkmal auf der Westerplatte

Westerplatte

Die **Westerplatte [Parkplatz, N54° 24' 23.6" E18° 40' 37.6"]** liegt ein gutes Stück nördlich der Innenstadt von

Danzig auf einer Landzunge der Danziger Bucht.

Im 19. Jh. Ostsee-Seebad der Danziger Bevölkerung, dann ab 1924 ein Depot für militärische Ausrüstungsgegenstände, entwickelte sich die Westerplatte zu einer ansehnlichen Verteidigungsanlage. Das dortige Fort muss in den Augen Hitlers und seiner Militärs offenbar von so großer strategischer Bedeutung gewesen sein, dass Hitler hier mit seinem Angriff auf Polen begann.

In den frühen Morgenstunden um 5:45 Uhr des 1. September 1939 eröffnete das Kriegsschiff „Schleswig-Holstein" – offiziell zu einem Freundschaftsbesuch in Danzig – das Feuer auf die Westerplatte. Die nächsten sieben Tage lang verteidigten 220 polnische Soldaten und Zivilsten in heldenhafter Weise die Westerplatte, letztendlich aber ohne Erfolg. Der lange, traurige Rest der Geschichte ist nur zu bekannt.

Heute ist die Westerplatte eine Gedenkstätte mit einem Museum, gesprengten Bunkern, Gebäuderuinen und dem 25 m hohen, etwas martialisch anmutenden Denkmal „Helden der Westerplatte" aus 236 Granitblöcken.

Westlich der Westerplatte befindet sich der kleine Badeort **Brzeźno/Brösen**, wohin die Familie Oskar Matzeraths regelmäßig zu den Sonntagsausflügen fuhr.

Oliwa

Oliwa, ein weiterer, allerdings wenig aufregender, etwas verschlafen wirkender Vorort Danzigs, liegt nordwestlich der Innenstadt. Oliwa kann auch mit der SKM-Vorortbahn erreicht werden, Bahnhof Gdańsk-Oliwa, etwas östlich des Ortes.

In der Mitte des 12. Jahrhunderts wurde in Oliwa ein **Zisterzienserkloster**

PRAKTISCHE HINWEISE – GDAŃSK/DANZIG

Gdańsk Tourist Information Centre (18) [N54° 20′ 52.94″ E18° 39′ 18.95″], ul. Długi Targ 28/29, 80-830 Gdańsk, Tel. +48 58 30 14 355; www.gdansk.pl/de/. *Geöffnet Mai - Aug. tgl. 9 - 19 Uhr; Sept. - Apr. tgl. 9 - 17 Uhr.*

Feste, Folklore

Baltic Sail, Hafenfest mit Windjammerschiffen und Shantykonzerten Anfang Juli und der **Dominikanermarkt** in der letzten Juliwoche und den ersten zwei Augustwochen.

RESTAURANTS

Goldwasser, ul. Dlugie Pobrzeze 22, Tel. +48 583 01 88 78; www.goldwasser.pl/de/; ein nicht nur bei deutschen Touristen beliebtes Restaurant an der Uferpromenade an der Motława, Nähe Krantor. Schöner Blick von der Terrasse im Obergeschoss.

Bazar, ul Szafarnia 6, Tel. +48 583 54 58 14, www.restauracjabazar.pl; zentral gelegenes Lokal an der Mottlawa am Hafen mit gehobener Küche.

CAMPING

Camping Stogi Nr. 218 [N54° 22′ 17.1″ E18° 43′ 40.5″], ul. Wydmy 9, Tel. +48 583 07 39 15; www.camping-gdansk.pl/de/; 25. April – 5. Okt.; östlich der Danziger Innenstadt im Stadtteil Stogi gelegen, die Zufahrt führt 2 km durch wenig einladende alte Werftanlagen, in Stogi nach der Ampel links und noch ca. 1,4 km sehr schlechte Straße, zuletzt 300 m schlechte Erdstraße; naturbelassenes, etwas hügeliges Kiefern- und Mischwaldgelände zwischen der Weichsel und dem Meer, auch befestigte Stellplätze; ca. 4 ha – 100 Stpl. + zahlr. Mietbungalows und Mietcaravans; Standardsanitärausstattung. Kiosk, Waschmaschine, Fahrradverleih,

WLAN auf Teilen des Platzes, Internetecke. In Gehnähe zum Platz liegt die Haltestelle „Stogi Plaża" der Straßenbahnlinien 3 und 8. Zum Danziger Zentrum in etwa 20 Minuten. V & E für Wohnmobile.
Gegenüber der Einfahrt zu Camping Stogi liegt die Einfahrt zu **Camping Camper Park Pryz Wydmach [N54° 22′ 21.51″ E18° 43′ 49.78″]**, ul. Wydmy 6, Tel. +48 58 30 72 070; www.osrodekprzywydmach.pl/de/. 1. Apr. – 30. Sept.; teils befestigte Stellplätze im Wald; 2 ha – 140 Stpl.; einfache Sanitärausstattung. Restaurant, Waschmaschine, WLAN auf Teilen des Platzes, Internetecke.

WOHNMOBIL-STELLPLATZ

Wohnmobil-Stellplatz Camper Park PG Gdansk University of Technology [N54° 22′ 17.03″ E18° 37′ 47.29″], Towarowa 40, Tel. +48 34 71 406 www.csa.pg.edu.pl/camperpark/english/. **Zufahrt:** In Danzig auf der Straße 468 nordwärts Richtung Sopot und nach ca. 2 km auf der Straße Towarowa zum Sportzentrum Centrum Sportu Akademickiego der Technischen Universität fahren, hier zum PG Camper Park-Stellplatz. **Ausstattung:** Teils sandiger Grasplatz an der Universität und Sportpark für 30 Wohnmobile. Frischwasser, Strom, WC, Duschen, V & E-Einrichtung. **Geöffnet:** 1. März - 1. Okt. **Gebühr:** Pauschale inkl. Strom, V & E-Nutzung, WC, WLAN. Zum Stadtzentrum 20 Min. Fußweg oder in 7 Min. mit der Tram.

errichtet, das allerdings Mitte des 14. Jahrhunderts durch ein Feuer zerstört wurde.

Die **Klosterkirche [Parkplatz, N54° 24′ 39.9″ E18° 33′ 27.4″]** *(geöffnet Mo - Fr 9 - 17 Uhr, Sa 9 - 15 Uhr, So 14 - 17 Uhr)* war ein im gotischen Stil errichteter, dreischiffiger Bau. Davon sind allerdings nur noch die zwei Türme zu sehen, die die Fassade begrenzen. Die Fassade und der Rest des Kirchenbaus wurden im 17. Jahrhundert barockisiert.

Ein kostbares Glanzstück der Kirche ist ihre Orgel. Sie wurde zwischen 1763 und 1788 gebaut. Die Töne werden 7.876 Pfeifen entlockt. Fast täglich kann man hier Konzerte hören. Und dann können Sie sehen, wie sich bei manchen Musikstücken bei vollem Werk sich trompeteblasende Engelfiguren an der Orgel in Bewegung setzten, sich verneigen oder drehen.

Gleich neben der Klosterkirche liegt der hübsche **Park Oliwski**, Oliwas Stadtpark, der zu einem Spaziergang einlädt, z. B. zum Palmengarten Palmiarnia im Südostteil des Parks. Im Grunde sind hier zwei Parks zu finden, ein südlicher Teil, bei dem es sich um einen englischen Landschaftsgarten handelt, während der nördliche Teil mit Palmengarten als französischer Garten angelegt wurde.

Kunstliebhaber wird interessieren, dass gleich an der Ostseite der erwähnten Klosterkirche ein **Kunstmuseum** liegt, ul. Cystersów 18 *(geöffnet Di - Fr 9 - 16 Uhr, Sa + So 10 - 17 Uhr; www.mng.gda.pl)*. Das Museum, untergebracht im ehemals bischöflichen Palais Opatów, einem stattlichen Barockbau aus dem 18. Jh., zeigt Werke von weit über einhundert polnischen Künstlern des 20. Jh.

Und ein Stückchen weiter nördlich ist das **Museum Etnograficzne** zu finden, u. Cystersów 19 *(geöffnet Di - So 9 - 16 Uhr)*. Das überaus interessante Volkskundemuseum gibt Einblick in das Leben der ostpommerschen Landbevölkerung vornehmlich im 18. Jh.

Eine Nebenstraße der Hauptstraße Opata Rybinskiego und ein gutes Stück südlich der Klosterkirche trägt den Namen „Schopenhauera", ein Hinweis darauf, dass der in Danzig (ul. Św. Ducha, ehem. Heiliggeistgasse) geborene Philosoph Arthur Schopenhauer (1788 – 1860) in Oliwa einige Jahre seiner Kindheit verbrachte.

Ein Stückchen weiter nordwestlich von Oliwa liegt der **Danziger Zoo** *(geöffnet im Sommer tgl. 9 - 19 Uhr; im Winter tgl. 9 - 15 Uhr; www.zoo.gda.pl/en/)*.

CAMPING – STEGNA/STEEGEN

Camping Nr. 159 [N54° 20' 31.3" E19° 77' 02.7"], ul. Morska 26, Tel. +48 55 24 78 303; www.camp.pl; 1. Mai – 15. Sept.; an der Kirche von Stegna meerwärts; meist im Mischwald mit einigen Geländekuppen für Zelte; ca. 2 ha – 100 Stpl.; einfache Sanitärausstattung. Waschmaschine, Trockner, Kiosk im Sommer, WLAN auf Teilen des Platzes. Zum Meer rund 500 m.

Krynica Morska/Kalberg
Camping Nr. 71 „Gallus" [N54° 22' 46.4" E19° 25' 28.3"], ul. Marynarzy 2, Tel. +48 55 24 76 126; www.mierzeja.pl; 1. Mai – 1. Okt.; im Ort an der Tankstelle nach links; leicht hügeliges, sandiges Waldgelände direkt am Meer, wenig ebene Stellmöglichkeiten; ca. 3,5 ha – 100 Stpl. + Dau.; ordentliche Sanitärausstattung, allerdings Engpässe in der Hochsaison möglich.
Weitere kleinere Campingplätze befinden sich auf der gesamten Frischen Nehrung.

ROUTE: Weiterreise von Danzig auf der Straße 7/E77 südostwärts bis **Nowy Dwór Gdański/Tiegenhof** *(rund 37 km). Etwa auf halbem Wege überquert man die Wisła, den Weichsel-Fluss.*

Falls Sie auf den Abstecher an die Frische Nehrung verzichten, bitte weiter mit **„Hauptroute"** weiter hinten.

Abstecher an die Frische Nehrung

ABSTECHER: In Nowy Dwór Gdański/Tiegenhof auf der Straße 502 nordwärts und über ***Stegna/Steegen*** *und* ***Sztutowo/Stutthof*** *zur* ***Frischen Nehrung.***

Rund 35 Kilometer östlich von Gdańsk/Danzig geht die flussdurchzogene Marschlandschaft des Danziger Werders in die bewaldete und sandige Frische Nehrung über. Auf der einen Seite das Haff, auf der anderen die offene Ostsee.

In dieses Naturparadies, das bis zum Zweiten Weltkrieg zum Freistaat Danzig gehörte, rückten im August 1939 SS-Truppen ein und begannen damit, ein Seniorenheim, das bis dahin der Erholung alter Menschen an der See gedient hatte, zu räumen und in ein Lager zu verwandeln. Aus dem Altenheim, idyllisch auf einer Ruhe und Behaglichkeit ausstrahlenden, malerischen Lichtung gelegen, wurde das Lager von **Sztutowo/Stutthof [Parkplatz, N54° 19' 44.2" E19° 09' 15.1"]**, heute **Gedenkstätte und Museum** *(geöffnet Mai - Sept. tgl. 8 - 18 Uhr; Okt. - Apr. tgl. 8 - 15 Uhr;, letzter Einlass 30 Min. vor Schließung, Eintritt frei, Fremdenführung und Dokumentarfilmvorführungen kostenpflichtig; www.stutthof.org/deutsch).* Eine Besichtigung des Lagers bedarf starker Nerven, denn was man zu sehen bekommt ist erschütternd und zutiefst bewegend. Das Gelände wurde eingezäunt und Baracken errichtet. Und bereits am ersten Kriegstag wurden die ersten 1.500 Danziger von Rollkommandos verhaftet und hier inhaftiert. Aus aller Herren Länder wurden gefangengenommene Juden, Sinti und Roma nach Stutthof deportiert.

Ursprünglich war Stutthof als Zivilgefangenenlager geführt worden, dann wurde es kurzzeitig ein SS-Sonderlager und als Himmler im Januar 1942 das Lager besuchte, wurde es zum staatlichen KZ erklärt und Stutthof wurde zur todbringenden Haftanstalt.

Bald wurde das Lager zu klein und es wurden sogenannte Satellitenlager im übrigen Ost- und Westpreußen eingerichtet. Es kamen Transporte aus dem Baltikum, weil dort die sowjetische Armee immer weiter vorstieß, genauso wie Gefangenentransporte aus Auschwitz. Die meisten Häftlinge waren Sklavenarbeiter in SS-Betrieben oder landwirtschaftlichen Betrieben in der unmittelbaren Umgebung.

Nach der Kapitulation im Mai 1945 marschierte eine Einheit der Roten Armee ein und befreite am 12. Mai 1945 die kleine Zahl der überlebenden Häftlinge. Von den etwa 120.000 Häftlingen, die das Lager durchlaufen hatten, starben mindestens 65.000, vielleicht sogar 80.000. Von den über 50.000 Juden, die nach Stutthof gebracht worden waren, starben fast alle.

Östlich von Sztutowo/Stutthof beginnt der **Naturpark Krajobrazowy Mierzeja Wiślana**, der den gesamten polnischen Teil der Frischen Nehrung einnimmt. Die nördliche Seite der Frischen Nehrung zum offenen Meer in der Danziger Bucht hin ist geprägt durch lange Strände mit feinem Sand, während auf der Südseite im Frischen Haff seltene Wasservögel die Möglichkeit haben, im Schilf zu nisten und zu brüten.

Die auf der Halbinsel gelegenen Städtchen Kąty Rybackie/Bodenwinckel und Krynica Morska/Kahlberg sind beliebte Badeorte.

Auch Russlands westlichster Grenzzaun befindet sich auf der Frischen Nehrung. Der südwestliche Teil der Halbinsel gehört zu Polen, während der nordöstliche Abschnitt zur russischen Enklave rund um Kaliningrad/Königsberg gehört. Eine Überquerung der Grenze ist nicht möglich, selbst wenn man ein gültiges Visum für die Russische Föderation dabei hätte. Der Grenzzaun verläuft quer durch den Wald und wird an dieser Stelle streng bewacht, da der russische Teil der Halbinsel militärisches Sperrgebiet ist.

Doch eine Wanderung bis zum Grenzzaun, sei es im Wald oder am Strand entlang ist durchaus möglich und nicht uninteressant, da es sich immerhin um die EU-Außengrenze handelt, die hier an das größte Land der Welt stößt.

*ABSTECHER: Von Stegna zurück nach **Nowy Dwór Gdański**.*

HAUPTROUTE

*ROUTE: In Nowy Dwór Gdański südwärts und auf der Straße 55 ins 28 km entfernte **Malbork/Marienburg**.*

An der Straße 55 am Nordwestrand der Stadt, an der Zufahrt zu Camping Nad Stawem, liegt ein großer, gebührenpflichtiger **Parkplatz [N54° 02‘ 34.6“ E19° 01‘ 32.0“]**. Von dort gelangt man über eine Brücke über die Nogat in die Stadt und zur Marienburg.

Beeindruckend, die historische Marienburg an der Nogat

Malbork würde wahrscheinlich gar nicht existieren, gäbe es nicht die gewaltige, sehr beeindruckende **Marienburg**, deren roten Mauern und Türme sich im Wasser des Flüsschens Nogat spiegeln. Der trutzige Backsteinbau ist so gewaltig, dass die Stadt dahinter fast zu verschwinden scheint.

Den schönsten Blick auf die Burg hat man – schon alleine wegen der Größe des monumentalen Bauwerks ist ein etwas entfernter Standpunkt günstig – von der anderen Seite des Flusses Nogat aus. Von dort erkennt man die Vorburg im Norden und das Mittelschloss mit der reich gegliederten Fassade des Hochschlosses.

Im Süden schließt sich direkt die Altstadt von Malbork/Marienburg an die Burg an.

Stadt und Burg sind eine Gründung des legendären, 1190 in Jerusalem als „Deutsche Hospitalbruderschaft der Heiligen Jungfrau" gegründeten Kreuzritterordens oder Deutscher Orden (auch Deutschherrenorden oder Deutschritter Orden), der 1270 mit dem Bau der Marienburg begann. Als Standort hatte man einen strategisch wichtigen Punkt an der Nogat und der Kreuzung stark frequentierter Handelswege.

Nicht nur die Hochburg, auch der Ort entwickelte sich rasant, sodass bereits im Jahre 1286 vom Kreuzrittermeister Konrad von Thierburg Marienburg Stadtrechte verliehen wurden. Und mit Beginn des 14. Jh. wurde die Marienburg fast 150 Jahre lang Sitz der Großmeister (auch Hochmeister) des Deutschen Ordens. Danach residierten die Großmeister des Ordens von 1457 bis 1525 in Königsberg.

Über den Ort Marienburg wird aus jener Zeit berichtet, dass die Stadt bereits aus 174 Häusern bestand, die von einer mächtigen Stadtmauer umgeben waren, und von denen sich über die Hälfte entlang des zentralen, langen Marktplatzes reihten. Marienburg unterhielt damals rege Handelsbeziehungen mit der Hanse.

Später diente Marienburg bis zur ersten polnischen Teilung im Jahre 1772 den polnischen Königen als Residenz.

Während des Zweiten Weltkrieges wurden die Marienburg und die Stadt stark zerstört. Um 1960 wurde mit dem Wiederaufbau der Ordensburg begonnen, die heute – meisterhaft restauriert – zu den wertvollsten Kulturdenkmälern in der Region gehört und von der UNESCO zu Recht in die Liste des schützenswerten Weltkulturerbes aufgenommen wurde. Auf einer Fläche von rund 20 ha wird der gesamte Komplex wieder von mächtigen Mauern und Wassergräben umgeben. Der älteste Teil der Burg ist das Hochschloss mit seinen vier Flügeln. Das Mittelschloss kam erst später hinzu.

Rund 500.000 Besucher besichtigen jedes Jahr die Marienburg, die größte mittelalterliche Burganlage weltweit, ul. Staroscinska 1. Für eine Besichtigung sollte man sich mindestens drei Stunden Zeit nehmen. *Geöffnet ist die Marienburg vom 1. Mai - 30. Sept. tgl. 9 - 19 Uhr; 1. Okt. - 30. Apr. tgl. 10 - 15 Uhr Uhr. Das Schlossgebiet ist eine Stunde länger zugänglich. Das Museum ist geöffnet Di - So 10 - 15 Uhr, letzter Einlass 30 Min. vor Schließung; www.zamek.malbork.pl/de/).* Es kann dann nur das Burggelände besichtigt werden. Der Eintrittspreis schließt eine Schlossführung ein. Separate Gebühr für Foto- oder Videoaufnahmen.

Große Anziehungskraft auf viele Besucher hat das im Sommer allabendlich präsentierte Lichterschauspiel „Licht und Klang".

Zu den schönsten Teilen der Burg gehört der **Palast des Hochmeisters** mit dem Sommer- und dem Wintersaal, sowie den dazugehörigen Palmengewölben. Der Hochmeisterpalast war von Beginn an für Repräsentationszwecke gedacht.

Südlich vom Hochmeisterpalast schließt sich das **Hochschloss** mit der Burgtoilette und der Goldenen Pforte an. Dieses als Hauptschloss geltende Bauwerk beherbergt sämtliche Wirtschaftsräume, im Südflügel die Marienkirche.

Die ritterlichen Schlafsäle befanden sich im Süd- und Ostflügel, während der Kapitelsaal in der ersten Etage des Nordflügels untergebracht war.

Oberhalb der Schlafsäle befindet sich heute die **Ausstellung über die Marienburg**. Ursprünglich handelte es sich hierbei um den Speise- und Versammlungssaal der Ritter.

Als sich im Jahr 1309 der Deutsche Orden hier niederließ, wurde mit dem Bau des Mittelschlosses begonnen. Es ist mit dem Hochschloss durch eine Brücke verbunden. In seinem Inneren befand sich der Große Saal, der zur damaligen Zeit zu einem der größten Säle europaweit galt. Bis zu 400 Personen konnten dort bewirtet werden.

Im Ostteil des Mittelschlosses befindet sich heute eine **Bernsteinausstellung**. Die Exponate zeigen die ungeheure Vielfalt an Formen und Farben und die Kreativität, die Kunsthandwerker bei der Verarbeitung des „Ostseegoldes" an den Tag legten.

Zu den Sehenswürdigkeiten in der Stadt Malbork zählen neben der altstädtischen **Stadtbefestigung** mit den Bastionen Mariacka-Bastei und Garncerska-Bastei vor allem das **Alte Rathaus, Ratusz**, (erbaut 1365, 1958 restauriert, heute Kunstgalerie), die Reste der alten Lateinschule, Szkoła Łacińska und die St. Johannes der Täufer Kirche, Kościół św. Jana Chrzciciela (Pfarrkirche aus der Mitte des 15. Jh., zwei Barockaltäre, in der Vorhalle gotisches Kruzifix, das aus dem Jerusalemer Krankenhaus des Kreuzritterordens stammen soll).

Übrigens: Sicher haben Sie schon einmal von der Kunstsprache Esperanto gehört. Ein Denkmal in einer kleinen Parkanlage hinter dem Hotel Stary Malbork erinnert an den Erfinder des Esperanto, an Ludwik Lejzer Zamenhof (deutsch Ludwig Lazarus Samenhof, 1859 – 1917), der aus Białystok stammte und als Augenarzt tätig war.

PRAKTISCHE HINWEISE – MALBORK/MARIENBURG

Centrum Informacji Turystycznej, ul. Kościuszki 54, 82-200 Malbork, Tel. +48 556 47 47 47; www.visitmalbork.pl. *Geöffnet Mo 8 - 16 Uhr, Di - Fr 8 - 18 Uhr, Sa + So 10 - 15 Uhr.*

CAMPING

Camping Malbork Nr. 197 [N54° 02' 47.8" E19° 02' 16.2"], ul. Parkowa 3, Tel. +48 552 72 24 13; www.caw.malbork.pl; 15. Apr. – 30. Sept.; von Westen oder aus Nowy Dwór Gdański kommend auf der Straße 55/22 an der südlichen Flussseite an der markanten Burg vorbei, an der Brücke links über den Fluss Nogat stadteinwärts und nächste Möglichkeit links Richtung Zamek (Marienburg), vorbei an der Burganlage und an den Burgparkplätzen und über die Parkowa Straße noch ca. 2 km zum Platz. Campinganlage neben den Sportstätten am **Hotel Parkowy** (19 Zi.). Schmales, langgezogenes, eingezäuntes Wiesengelände durch die Zufahrtsstraße und ein Wäldchen vom Flüsschen Nogat getrennt. Durch Wacholderbäumchen unterteilte, fast ebene Stellplätze, die von den gepflasterten Platzwegen teils über unangenehm hohe Bordsteinkanten angefahren werden müssen. Ca. 3 ha – 80 Stpl.; gute Standardsanitärausstattung im neueren Gebäude. Imbiss, Waschmaschine, Tennis, WLAN im Receptionsbereich, Restaurant Parkowa an der Einfahrt. Mietbungalows. Der Platz wird gerne von Gruppen geführter Wohnmobiltouren als Standquartier genutzt.

Camping Nad Stawem [N54° 02' 41.6" E19° 01' 34.6"], ul. Solskiego 10, Tel. +48 501 40 67 40; www.malbork-kemping.eu; 1. Apr. – 30. Sept.; verkehrsgünstig am Nordwestrand der Stadt gelegen, Zufahrt von der Straße 55, vorbei am öffentlichen Parkplatz; ebene Wiese an einem Weiher in einer Wiesensenke in einer langen Straßenkurve. In Gehnähe zur Marienburg; ca. 3 ha – 80 Stpl.; einfache Standardsanitärausstattung. Fahrradverleih, WLAN. V & E für Wohnmobile. Miethütten.

TOUR 4: MALBORK/MARIENBURG – MRĄGOWO/SENSBURG UND MASUREN-RUNDFAHRT

Länge der Tour: Rund 190 km, ohne Abstecher.

Die Route: Straße 22 bis **Elbląg/Elbing** – evtl. Abstecher nach **Frombork/Frauenburg** – Straße 7 bis **Pasłęk/Preußisch Holland** – Straße 526 zum Kanalpunkt „Buczyniec" am **Elbląg-Ostróda Kanal** – Straße 7/E27 bis **Ostróda** – Straße 16 über **Olsztyn/Allenstein** und **Biskupiec/Bischofburg** bis **Mrągowo/Sensburg**.

Reisedauer: Mindestens ein Tag. Plus mindestens ein separater Tag für die Masuren-Rundfahrt.

Abstecher: Nach **Frombork/Frauenburg**, ca. 80 km.

Masuren-Rundfahrt: Ca. 225 km.

Masuren-Rundfahrt: Von Mrągowo/Sensburg über die Straße 591 bis **Kętrzyn/Rastenburg** – Landstraßen über **Sztynort Duży/Steinort** bis **Pozezdrze/Großgarten** – Straße 63 bis **Węgorzewo/Angerburg** – Straße 63 über **Giżycko/Lötzen** und **Orzysz/Arys** bis **Pisz/Johannisburg** – Straße 58 bis **Ruciane-Nida/Niedersee** – Straße 610 bis **Ukta** – Straße 609 bis **Mikołajki/Nikolaiken** – Straße 16 bis **Mrągowo/Sensburg**.

Höhepunkte: **Elblągs Altstadt** ** – die **Kathedrale** ** in Frombork/Frauenburg ** – der **Elbląg-Ostróda Kanal** und seine **Rollberge** *** – Innenstadt von **Olsztyn/Allenstein** – eine Paddeltour mit Kanu und Zelt auf der **Krutynia Route** *** – die **Klosterkirche** von Heilige Linde/Święta Lipka und ihre **Orgel** *** – die Bunkerruinen der **Wolfsschanze**.

ROUTE: Von Malbork auf der S22 ostwärts. Nach rund 32 km erreicht man ***Elbląg/Elbing.*** *Passieren Sie die Schnellstraße 7/E27, nehmen Sie die Warszawska Straße Richtung Zentrum und fahren Sie über die Brücke rechts in die Stadt.*

Schon auf der Brücke über den Kanal sehen Sie auf der linken Seite den markanten Turm der St. Nikolai-Kathedrale von **Elbląg/Elbing**. Wenn Sie die Brücke überquert haben, halten Sie sich links, um ins Zentrum und zu den Parkplätzen zu gelangen. Rechts unter der Brücke liegt Elbings Campingplatz.

Elbląg/Elbing, eine alte, historische Stadt, ging aus Ansiedlungen pruzzischer Stämme und skandinavischer Sippen hervor. Nach der Eroberung 1233 durch Truppen des Deutschen Ordens wird Elbing zum ersten Mal schriftlich erwähnt. Und schon wenige Jahre später wurden Elbing 1246 durch das Lübecker Gesetz Stadtrechte zuerkannt.

Bei einem Brand im Jahre 1288 wurden fast alle Gebäude der Stadt, die alle aus Holz errichtet waren, vollständig vernichtet. Erhalten blieben nur die steinernen Häuser sowie die Kirche St. Jacob und die heute nicht mehr existierende Kirche des Hl. Georg, da sie außerhalb der Mauern lagen. Es brauchte viele Jahre, um Elbing nach dem großen Feuer wieder aufzubauen, nun allerdings in Ziegelbauweise.

1347 wurde die Stadt nach Südosten erweitert. Diese **„Neue Stadt" Nowe Miasto,** wie das Viertel genannt wurde,

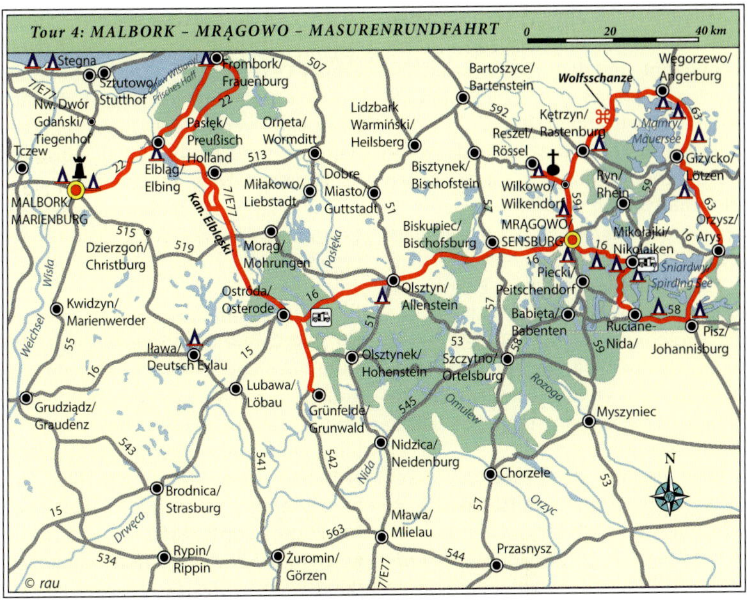

erhielt nach dem Lübecker Gesetz besondere Privilegien, was den Zuzug wohlhabender Bürger aus Hansestädten bewirkte.

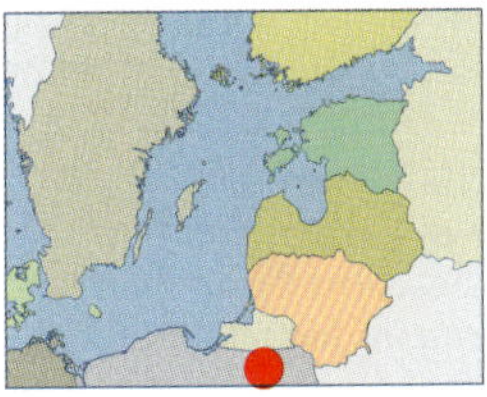

Aufgrund des Handels und der Mitgliedschaft in der Hanseatischen Liga wuchs die Stadt nun sehr schnell. Erst wurde sie ein lästiger, dann ein gefährlicher Rivale für Danzig.

Und Elbing wurde eine der aktivsten Städte der Preußischen Union, einem Zusammenschluss von Bürgern und Adeligen, die sich der Gesetzwidrigkeit und Habgier des Deutschen Ordens entgegenstellten. Durch gefälschte Dokumente seitens des Deutschen Ordens wurden 300 Mitglieder dieser Union zum Tode oder zur Verbannung verurteilt, was am 4. Februar 1454 zum Ausbruch des Aufstandes gegen den Orden führte.

Dem Deutschen Orden wurde am 22. Februar 1454 von König Casimir IV. Jagielon der Krieg erklärt und nur ungefähr zwei Wochen später, am 6. März 1454, gab der König die Eingliederung Preußens in das Herrschaftsgebiet der polnischen Krone bekannt.

Elbing war für den Deutschen Orden verloren, dem nur Marienburg, Chojnice und Stuhm blieben. Die Ordensburg in Elbing wurde zerstört.

Aus diesen Vorfällen und Händeln resultierte der „Dreizehnjährige Krieg" (1454 – 1466), in dem Elbing und Danzig erfolgreich eine Flotte organisierten und unterhielten, die den Nachschub für den Deutschen Orden unterbrach und blockierten.

Mit dem Frieden von Toruń, am 19. Oktober 1466 zwischen Polen, Litauen und dem Deutschen Orden geschlossen, wurde der Dreizehnjährige Krieg schließlich beendet. Ab dem Friedensschluss von 1466 war Elbing bis 1772 unter polnischer Herrschaft. Danach kam es an Preußen.

Die Zeit vom 16. Jh. bis weit ins 17. Jh. hinein war für Elbing eine Periode des Aufschwungs und Wohlstandes. Es entstand eine sehr moderne Werft und König Stefan Batory verlieh der Stadt Privilegien, die Elbing wiederum in die Lage versetzte, den Krieg gegen den Erzrivalen Danzig zu unterstützen.

Auch die Handelsaktivitäten der English East Company, auch Eastland Company genannt, und deren Interesse an den östlichen Märkten, sorgte für Beständigkeit und Wohlstand in Elbing.

In dieser Zeit des Wohlstands wurde die Uhrenherstellung zu einem neuen Wirtschaftszweig und Elbing erlebte einen wahren Bauboom, der in der Stadt sehr viele schöne Häuser entstehen ließ.

Das erste Gymnasium in Elbing wurde von dem Niederländer Wilhelm van der Voldergrandt gegründet. Diese Schule diente nicht nur Unterrichtszwecken, sondern wurde auch Zentrum der Anhänger der neu entstandenen Lutheraner-Bewegung.

Eine Periode der Besetzung durch schwedische Truppen Mitte des 17. Jh. schadete der Stadt sehr. Aufgrund seiner strategisch günstigen Lage wurde Elbląg/Elbing immer wieder in Konflikte zwischen Polen, Russland, Preußen und Schweden hineingezogen.

1772 kamen die Preußen. Die Übernahme durch die preußische Armee bedeutete viel Gutes für Elbing. So erhob die preußische Regierung viel niedrigere Steuern bei der Handelsmarine, als die polnische Regierung in der Konkurrenzstadt Danzig. Dadurch wurde der Seehandel mit Elbing verstärkt und die Stadt konnte sich von den vorangegangenen Krisen erholen.

Der Lauf des Flusses wurde verbreitert und tiefer ausgehoben. Siedler aus anderen Ländern begannen sich hier niederzulassen.

Ein Mann namens Schichau zum Beispiel eröffnete 1837 einen kleinen Betrieb für Maschinenbau, der sich im Laufe der Zeit auf die Herstellung exklusiver Maschinenbauprodukte spezialisierte. Er kaufte 1854 eine Werft und verlegte den Schwerpunkt seiner industriellen Aktivitäten auf den Bau von Schiffen aus Stahl.

Als nächster bedeutender Punkt in Elbings Entwicklung ist der Bau der Eisenbahnlinie zu betrachten. Schichau war sehr anpassungsfähig. Ab sofort baute er Lokomotiven.

Ein weiterer Meilenstein in der Stadtentwicklung war der Bau des **Kanals Elbląg-Ostróda**, des **Oberlandkanals**, der Elbings Hafen am Frischen Haff unter Einbeziehung des Sees Drużno und anderer westmasurischer (oberländischer) Seen mit dem Hinterland verband.

Die Pläne zu diesem wasserbautechnischen Meisterstück lieferte der preußische Ingenieur Georg Jacob Steenke.

Nach längeren Verzögerungen konnte 1844 unter der Regentschaft des Preußenkönigs Friedrich Wilhelm IV. endlich der erste Spatenstich erfolgen. Und acht Jahre später konnten die ersten Dampfschiffe „Martha" und „Ernst" zwischen Iława [Eylau] und Karczemka verkehren. Es dauerte aber noch bis Ende August 1860, bis der letzte Rollberg bei Buczyniec [Buchwalde] fertiggestellt war und die ersten Schiffe die Gesamtstrecke des 62,5 km langen, in Europa einzigartigen Wasserweges befahren konnten.

Bis 1872 wurde der Kanal weiter ausgebaut, um Schiffen bis zu 50 Tonnen die Durchfahrt zu ermöglichen und damit den Handel vor allem mit Holz und Agrarprodukten zu optimieren.

Geradezu spektakulär muten noch heute die fünf sog. „Aufschleppen" an, über die die Kanalschiffe auf speziell dafür konstruierten Wagen und mittels kunstvoll über Umlenkräder geführte Stahlseile über Geländerampen geschleppt werden, um die Höhenunterschiede im Terrain zu überwinden.

Geradezu modern nimmt sich der Antrieb der Seilwinden und Umlenkrollen an. Es wurden und werden nämlich keine Motoren dazu verwendet, sondern der Antrieb erfolgt mechanisch mit der Wasserdurchflusskraft.

Der Kanal, seine Rampen (Rollberge) und vor allem der Schiffstransport dort, sind heute eine der großen Sehenswürdigkeiten der Gegend. Siehe auch weiter hinten!

Einen großen Aufschwung erlebte Elbing noch einmal in der Hitler-Ära. Damals wurden ein Flughafen und ein Militärgelände angelegt. Akademien,

Markant, die St. Nikolai-Kirche von Elbing

Schulen, eine Brauerei, eine Molkerei und eine Zigarrenfabrik folgten. Schweden und die Schweiz eröffneten auswärtige Vertretungen. Und Elbing bekam eine Straßenbahn. Die Stadt zählte während des Zweiten Weltkrieges bis zu 100.000 Einwohner.

Zum Ende des Krieges planten die Deutschen eine starke Verteidigung dieser Metropole. Vom 23. Januar bis zum 10. Februar 1945 versuchten sie, die Stadt zu halten, was aber große Zerstörungen mit sich brachte. Ihre Bewohner flüchteten in einem dramatischen, verlustreichen Treck über das winterliche, eisige Frische Haff. Am Ende wurden die noch nicht demolierten Maschinenteile und Fabrikausrüstungen aus Elbing von der sowjetischen Armee demontiert und mit nach Russland genommen.

Eine recht zentrale **Parkmöglichkeit [N54° 09' 30.8" E19° 23' 52.7"]** war bislang zwei Straßen östlich der St. Nikolai-Kathedrale zu finden.

Größte Sehenswürdigkeit im Elbląg der heutigen Zeit ist die historische **St. Nikolai-Kathedrale**, die **Katedra Św. Mikołaja [N54° 09' 30.6" E19° 23' 40.6"]**, die seit dem 25. März 1992 Dom der Elbinger Diözese ist. Der Kirchenbau stammt aus dem 13. bis 15. Jahrhundert. Ihr 95 Meter hoher Turm überragt markant das historische Bauwerk.

Betritt man die Kirche, kann man das gotische bzw. aus der Renaissance stammende **Gewölbe** und das bronzene, gotische **Taufbecken** aus dem Jahre 1387 bewundern. Außerdem sieht man die gotische **Skulptur „Die Kreuzigung"** von Johann von der Matten, der sie zwischen 1410 und 1414 schuf, sowie den figurenreich geschnitzten **Hauptaltar** von 1510, der „Die Anbetung der Heiligen Drei Könige" zeigt.

Das 1319 errichtete **Markttor**, das ehemals den nördlichen Zugang zur Altstadt bewachte, wurde 1950 wieder aufgebaut. Es ist neben der Marienkirche aus dem 13. Jahrhundert eine weitere historische Sehenswürdigkeit der Stadt. Die **Marienkirche [N54° 09' 37.8" E19° 23' 40.6"]** wurde ebenfalls aus Trümmern wieder aufgebaut. Heute findet man in ihr Ausstellungen moderner Kunst.

Die Ruinen des **Dominikanerklosters** aus dem 13. und 14. Jahrhundert in der Św. Ducha Straße, ein Straßenzug südlich der Kathedrale, sowie der Gebäudekomplex des historischen **Heilig-Geist-Hospitals** mit der Hospi-

PRAKTISCHE HINWEISE – ELBLĄG/ELBING

Informacja Turystyka [N54° 09' 31.2" E19° 23' 46.2"], Ratusz Staromiejski, ul. Stary Raynek 25, 82-300 Elbląg, Tel. +48 552 39 33 77; www.elblag.pl. *Geöffnet im Sommer tgl. 10 - 18 Uhr; im Winter Mo - Fr 8.30 - 16.30 Uhr.*

CAMPING

Camping Elbląg Nr. 61 [N54° 09' 12.5" E19° 23' 37.6"], ul. Panieńska 14, Tel. +48 556 41 86 66; www.camping61.com.pl; 1. Mai – 30. Sept.; über die Brücke von Malbork her kommend sieht man links die Kathedrale und auf der rechten Seite unterhalb der Brücke den Campingplatz. Kleines, ebenes Wiesengelände mit Laubbäumen direkt am Kanal; von hohen Hecken umgeben, durch eine Mauer vom Kanal getrennt; in Gehnähe zur Altstadt; aufmerksame Platzführung; ca. 1 ha – 40 Stpl.; einfache, aber funktionelle Sanitärausstattung. Waschmaschine, Trockner, Fremdenzimmer, Fahrrad- u. Bootsverleih. V & E für Wohnmobile.

talkirche sind interessant. Neben den alten Gemäuern findet man heute die Stadtbibliothek.

Die Stadtgeschichte lässt sich auf interessante Weise im **Elbląg Museum [N54° 09' 23.5" E19° 23' 35.5"]** verfolgen, Bulwar Zygmunta Augusta 11 *(geöffnet Juni - Sept. Di - So 10.30 - 17.30 Uhr; Okt. - Mai Di - So 8.30 - 15.30 Uhr; www.muzeum.elblag.pl)*. Das Museum, das südlich des Heilig-Geist-Hospitals am Ufer der Elbląg liegt, ist in Räumlichkeit untergebracht, welche die Reste der einstigen Ordensritterburg darstellen.

Schließlich sollte man sich bei einem Stadtspaziergang durch Elbing, die Ruinen der alten **Ordensburg** und die **Giebelhäuser** im Renaissancestil in der ul. Wigilijana [N54° 09' 28.6" E19° 23' 50.2"] und ul. Mostowa nicht entgehen lassen.

Nordöstlich von Elbląg und vornehmlich westlich der Straße 504 erstreckt sich die **Elbinger Höhe/Wysoczyzna Elbląska.** Der Besucher erlebt hier – außer einem gesunden Klima – eine abwechslungsreiche, wunderschöne Landschaft mit weiten Aussichten (Anhöhen um 138 m) auf das Frische Haff, die Frische Nehrung im Nordwesten und den Drużno-See im Süden. Die so genannte „Randzone" im Hinterland des Frischen Haffs ist die interessanteste Gegend der Region. Ein Abstecher hierher lohnt sich zu jeder Jahreszeit. Zahlreiche tiefe Schluchten und Täler mit Mischwäldern aus Buchen und Eichen sorgen für Abwechslung.

In zwei Naturschutzgebieten sollen die Waldbiotope der Elbinger Höhe der Nachwelt erhalten bleiben. Der **„Cadiner Wald"** ist an der östlichen Grenze von **Kadyny/Cadinen** gelegen und der Park **„Buchenwälder der Elbinger Höhe"** erstreckt sich zwischen Kadyny und **Łęcze/Lenzen**.

Falls Sie auf den nachfolgend beschriebenen Abstecher nach Frombork verzichten, bitte weiter mit **„Hauptroute"** weiter hinten.

Abstecher nach Frombork/Frauenburg

*ABSTECHER: Von Elbląg auf der Straße 503 und über **Kadyny/Cadinen** und **Tolkmicko** nach **Frombork**, das nach rund 41 km erreicht wird.*

Die Fahrt führt auf relativ schlechter Landstraße, aber durch schöne, alte Alleen zwischen Frischem Haff im Westen und dem Rand der Elbinger Höhe im Osten entlang.

Kurz vor Tolkmicko passiert man **Kadyny/Cadinen**. Hier hatte Kaiser Wilhelm II. ein prächtiges Anwesen mit Gestüt. Heute wurde daraus eine Luxusherberge gemacht, deren Gäste die angebotenen Reitmöglichkeiten mit edlen Pferden gerne in Anspruch nehmen.

Im Ort soll angeblich eine „1.000-jährige Eiche" stehen. Das Alter kann aber nicht ganz stimmen, wenn sie, wie die Legende berichtet, erst 1454 vom Anführer der Aufständischen gegen den Deutschen Orden gepflanzt worden sein soll.

Auf Hügeln an der Ostseite des Frischen Haffes liegt seit dem 12. Jahrhundert das Städtchen **Frombork/ Frauenburg**. Im Ort findet man unmittelbar an der Hauptstraße den markanten **Domhügel** (Wzgórze Katedralne).

Unterhalb des Domhügels liegt ein kleiner **Parkplatz [N54° 21' 27.9" E19° 40' 52.3"]** für Fahrzeuge bis 2,5 t. Die Parkplatzsituation in Frombork für Fahrzeuge über 2,5 t ist schlecht.

Gegründet wurde Frauenburg von Bischof Heinrich I. Fleming, der in seiner jungen Gemeinde Kolonisten aus Lübeck ansiedelte. Daher wurde bei Ausrufung der Stadtrechte im Jahr 1310 Lübecker Recht zugrunde gelegt.

Im 14. Jahrhundert, genauer gesagt im Jahre 1388, wurde die sehenswerte, auf einer Anhöhe gelegene und von einem hohen, turmbewehrten Mauerring umgebene **Domkirche [N54° 21' 24.8" E19° 40' 53.2"]** *(geöffnet Mai - Sept. Mo - Sa 9 - 17 Uhr, So 12.10 - 17 Uhr; Okt. - Apr. Di - Sa 10 - 15 Uhr, So 12 - 15 Uhr, Orgelkonzerte im Juli + Aug. Di - Sa um 11.30, 13, 15 Uhr, So um 13 Uhr; www.muzeum.frombork.pl/indexde.html)* fertiggestellt. Dem gewaltig großen, roten gotischen Backsteindom zu Frombork mangelt es allerdings an einem richtigen Kirchturm, wenn man von den kleinen Türmchen an den Ecken und dem kleinen Laternentürmchen auf dem First einmal absieht.

Das Kircheninnere ist nur noch bruchstückhaft im originalen Zustand erhalten. König Gustav Adolfs marodierende schwedische Truppen haben 1626 ganze Arbeit geleistet. Zu den wenigen erhaltenen Originalstücken zählt die **Madonna auf der Mondsichel** an der Nordwand. Bemerkenswerte **Barockorgel**. An einem Pfeiler des Kirchenschiffs erinnert eine Denkmalsbüste an Nikolaus Kopernikus.

Frombork war der Geburtsort einer völlig neuen Weltsicht, die von hier aus ihren Ausgang nahm und die astronomische Wissenschaft auf den Kopf stellte.

Kopernikus-Büste in der Domkirche von Frombork

Ein gewisser **Nikolaus Kopernikus**, seines Zeichens Astronom, stellte hier die These auf, die er durch jahrelange wissenschaftliche Sternbeobachtungen und durch Experimente dann auch bewies und in seinem revolutionären Werk „De revolutionibus orbium coelestium" beschrieb, in dem er nämlich feststellte, dass die Erde ihre Kreise um die Sonne zieht und nicht umgekehrt. Das heliozentrische Weltbild war entdeckt!

1473 in Thorn geboren, studierte Kopernikus in Krakau, der damaligen Hauptstadt Polens, später auch in Bologna, Rom, Ferrara und Padua, um 1503 endlich in Frombork in die Dienste seines Onkels, des Bischofs von Ermland, zu treten. Nikolaus Kopernikus verstarb

PRAKTISCHE HINWEISE – FROMBORK/FRAUENBURG

Informacja Turystyczna, Mlynarska Str. 5A, Tel. +48 244 06 77; www.frombork.pl.

CAMPING

Camping Frombork Copernicus Nr. 12 [N54° 21' 31.4" E19° 41' 44.1"], ul. Braniewska, Tel. +48 506 80 31 51; www.campingfrombork.pl; Mai – Okt.; am östl. Ortsrand an der Straße 504 Richtung Braniewo; parzelliertes Gelände mit ca. 100 Stellplätzen und mit einfacher Sanitärausstattung. Waschmaschine, Restaurant. Könnte besser gepflegt sein.

nach über 40-jährigem Aufenthalt in Frombork im Jahre 1543. Ein unübersehbares Denkmal am Domhügel erinnert an den großen Astronomen.

Im bischöflichen Palast gegenüber der Kathedrale wurde das **Kopernikus-Museum** eingerichtet *(geöffnet Palast, Hospiz und Observatorium Di - Sa 9 - 16 Uhr; Palast und Observatorium So 9 - 16 Uhr, Palast Mo 9 - 16 Uhr, letzter Einlass 30 Min. vor Schließung; www.frombork.art.pl)/de/)*, das an seine Arbeiten erinnert. Zu sehen sind u. a. Handschriften, Fernrohr u. ä.

Und im **Radziejowski-Turm**, einem Wehrturm neben dem Palais, ist ein **Planetarium** untergebracht und ein sog. Faucaultsches Pendel aufgehängt, mit dem die Drehung der Erde zu beweisen ist. Man kann den Turm besteigen. Die Mühe wird mit einer prächtigen Aussicht belohnt.

Von Frombork aus können **Ausflugsfahrten zum Frischen Haff** unternommen werden.

ABSTECHER: Von Frombork auf der bislang noch miserablen Straße 505 durch schöne Baumalleen und vorbei an Dörfern mit vielen Storchennestern südwärts zur Fernstraße S22, der wir nach Südwesten bis zur Anschlussstelle der Straße 7/E77 südöstlich von Elbląg folgen.

HAUPTROUTE

*ROUTE: Weiterreise von Elbląg auf der stark befahrenen Straße 7/E77 südostwärts bis **Pasłęk/Preussisch Holland.** Dort südwestwärts ab auf die Straße 526, die uns über **Krasin** zum **Kanał Elbląski**, den Elbląg-Ostróda-Kanal, bringt.*

Südlich des Elbinger Stadtgebiets erstreckt sich der **Drużno-See**. Er ist wichtiger Brutort vieler Wasser- und Sumpfvogelarten und steht deshalb unter Naturschutz. Durch diesen See verläuft der Anfang des **Oberlandkanals Elbląg-Ostróda**.

An der neu restaurierten **Aufschleppstelle Kąty [Parkplatz, N53° 59' 39.8" E19° 36' 52.8"]** ist nicht nur der Vorgang des Aufschleppens der Kanalschiffe gut zu beobachten, sondern auch der Antrieb der Schleppseile durch Wasserkraft gut zu erkennen. Hier wird auf einer über 400 m langen schiefen Ebene ein Höhenunterschied von 19 m überwunden. Die Schleppstation Kąty, die zwischen 1850 und 1859 gebaut wurde, ist nur über sehr grob gepflasterte Straßen zu erreichen. Man erreicht Kąty von Pasłek aus auf der Straße 526 über Krasin Richtung Lepno. Nach Krasin Abzweig in Slivica.

Sehr gut ist der Transport der Kanalschiffe mittels Seilzügen über eine der fünf grasbewachsenen schrägen Ebenen, den Rollbergen oder sog „Aufschleppen", auch am **Kanalpunkt „Buczyniec" [Parkplatz, N53° 58' 39.3" E19° 37' 15.0"]** zu beobachten (nicht zu verwechseln mit dem gleichnamigen Ort Buczyniec/Buchwalde weiter östlich), Besucher finden hier neben einem Parkplatz eine Gaststätte und das **Kanalmuseum** (interessante Videofilme über den Kanal, auch in deutscher Sprache *(geöffnet 1. Mai - 30. Sept. tgl. 9 - 18 Uhr; www.zegluga.com.pl/kontakt/biuro-w-buczyncu-4.html)*.

„Aufschleppen" - Schiffstransport über einen sog. Rollberg am Elbląg-Ostróda-Kanal

Mit diesen sog. „Aufschleppen" werden die knapp 100 m Höhenunterschied zwischen Drużno-See und dem weiter südlich gelegenen flussähnlich-schmalen Piniewo-See überwunden. Der Transport der Schiffe auf Transportwagen über die Rollberge – die einzigen in ganz Europa übrigens – ist ein sehenswertes Schauspiel.

Heute dient der Kanal in erster Linie touristischen Zwecken und beschaulichen Bootsfahrten. Die **Ausflugsschiffe**, auf denen 30 bis 60 Passagiere Platz finden, verkehren zwischen 1. Mai und Ende September je nach Passagieraufkommen, im Juli und August aber täglich. Die gesamte Reise von Elbląg bis Ostróda dauert 11 Stunden (8 Uhr ab Elbląg, 19 Uhr an Ostróda). Man kann auch nur auf Teilstücken mitfahren. Die Aufschleppe in Buczyniec passieren die Schiffe gewöhnlich gegen 12:50 Uhr. *Information und Platzreservierung bei Żegluga Ostródzko-Elbląska, ul. Wodna 1b, 82-300 Elbląg, Tel. +48 896 70 92 27; www.zegluga.com.pl/de/.*

ROUTE: *Vom Kanal weiter über Landstraßen ostwärts zur Fernstraße 7E/77 nach* ***Ostróda/Osterode.***

Falls Sie auf den nachfolgend beschriebenen Abstecher nach Tannenberg verzichten, bitte weiter mit **„Hauptroute"** weiter hinten.

Abstecher nach Tannenberg

Ostróda/Osterode weist keine Sehenswürdigkeiten auf. Von historischem Interesse dagegen ist die Gegend weiter südwestlich bei **Olsztynek/Hohenstein** zwischen **Stębark/Tannenberg** und **Grunwald**.

Im Juli 1410 tobte hier eine historische Schlacht, als die polnischen Heere unter König Jagiello I. zusammen mit litauischen Verbänden den Truppen des Deutschen Ordens eine herbe Niederlage bereiteten, wobei der damals amtierende Hochmeister des Ordens, Ulrich von Jungingen, fiel.

Der Deutsche Orden wurde dadurch empfindlich geschwächt und musste große Gebietsverluste hinnehmen.

1470 schließlich wandelte der Hochmeister Markgraf Albrecht von Brandenburg – der Orden residierte damals in Königsberg – das Gebiet des Deutschen Ordens um in das Herzogtum Preußen.

Heute erinnert ein monumentales **Denkmal [Parkplatz, N53° 29'**

24.1" E20° 07' 09.3"] an die Schlacht von 1410, die übrigens jedes Jahr am 15. Juli während eines großen Festes von historisch gewandeten Darstellern nachgestellt wird.

1914 im August fand hier abermals eine blutige Schlacht statt, mit gravierenden Auswirkungen auf die Geschichte Europas. Damals – Ostpreußen sollte von den russischen Okkupanten zurückerobert werden – standen sich in der **Schlacht von Tannenberg** deutsche und russische Truppen gegenüber. General Paul von Hindenburg als Oberbefehlshaber der 8. Armee und Generalstabschef Ludendorff führten das deutsche Heer siegreich aus der Schlacht, die auf beiden Seiten immense Verluste forderte. Rund 12.000 Soldaten waren gefallen, 90.000 Russen gingen in Gefangenschaft. Der russische Heerführer, General Samsonow, erschoss sich.

Das Reichsehrenmal Tannenberg bei Hohenstein/Olsztynek erinnert an die Gefallenen und an das Ereignis.

In einem der Türme des Ehrenmals war 1934 Generalfeldmarschall Paul von Hindenburg beigesetzt worden. Im Lauf des Zweiten Weltkriegs musste Hindenburgs Sarg vor der anrückenden Roten Armee in Sicherheit gebracht und in die Marburger Elisabeth-Kirche überführt werden. Das Ehrenmal wurde gesprengt.

HAUPTROUTE

*ROUTE: Weiterreise von Ostróda/Osterode auf der Straße 16 ostwärts nach **Olsztyn/Allenstein**, 34 km.*

Olsztyn/Allenstein wurde bereits 1348 erstmals erwähnt und bekam 1353 das Stadtrecht verliehen. Für heutige Besucher ist die Stadt ein günstiges Standquartier für Ausflüge in die Welt der Masurischen Seen, bietet sie doch eine gute touristische Infrastruktur.

Durch das Zentrum von Olsztyn/Allenstein fließt der Fluss Łyna/Alle, auf dem häufig Paddelbootfahrten und Regatten veranstaltet werden. Und über die Łyna/Alle kann man – bei guter Kondition und mit einem russischen Visum ausgestattet – mit dem Kanu die russische Grenze erreichen und (mehr theoretisch als praktisch) nach passieren des Grenzüberganges bis nach Kaliningrad weiterpaddeln.

Olsztyn ist auch eine überaus lebhafte Universitätsstadt. Mehr als 30.000 Studenten sind eingeschrieben. Und sicher trägt das Studentenleben mit dazu bei, dass der Besucher den Eindruck mitnimmt, dass Olsztyn ein recht jugendliches Flair ausstrahlt.

Ein kleines Juwel ist die frisch restaurierte **Olsztyner Altstadt**, ein für diese Region selten geschlossenes, mittelalterliches Ensemble historischer Gebäude.

Man betritt die Altstadt durch das **Hohe Tor/Wysoka Brama [N53° 46' 39.3" E20° 28' 39.2"]**, das einzige noch vorhandene gotische Stadttor. Querab sieht man am **Fischmarkt/Targ Rybny** das Haus der **Gazeta Olsztynska**, dem angestammten Domizil der seit über 115 Jahren bestehenden polnischsprachigen Zeitung. Heute wird das Haus als Museum genutzt mit einer sehenswerten Ausstellung zur Stadtgeschichte.

Vom Fischmarkt gelangt man auf der Olsztyner Paradestraße **ul. Staromiejska** weiter zum alten **Marktplatz**, Rynek, der für hiesige Verhältnisse relativ klein ist und somit durch seinen fast intimen Charakter besticht.

Der vom alten **Rathaus** dominierte Platz ist von Giebelhäusern – teils mit Laubengängen – umgeben und strahlt vor allem im Sommer mit seinem bunten Treiben und den Straßencafés ein fast mediterran anmutendes Flair aus. Piazza-Feeling in Polen.

Auf einer Seite des Platzes ist durch die winkeligen Gassen ein wenig versteckt die **Jakobikirche/Kosciol Sw. Jakuba [Parkplatz, N53° 46' 34.3" E20° 28' 44.7"]** zu sehen, eine eindrucksvolle chorlose, dreischiffige Hallenkirche.

Nicht zu übersehen hingegen ist auf der anderen Platzseite das **Olsztyner Schloss [N53° 46' 39.2" E20° 28' 25.8"]**, mit dessen Bau der Deutsche Ritterorden bereits 1348 begonnen hatte.

Berühmtester Bewohner des Schlosses war der Astronom Nikolaus

Kopernikus, der hier Berechnungen für sein Hauptwerk anstellte, in dem er als erster feststellte, dass die Erde sich um die Sonne dreht und damit das Ende des Mittelalters einläutete. So ist denn auch die Kopernikus-Ausstellung der reizvollste Teil des **Schlossmuseums** *(geöffnet Juni - Sept. Di - So 9 - 17 Uhr; Okt. - Mai Di - So 10 -16 Uhr; www.muzeum.olsztyn.pl)*.

Sehenswert ist darüber hinaus der **Schlosspark**. Der Park liegt einladend am Flüsschen Lyna/Alle, das der Stadt ihren ursprünglichen Namen Allenstein gab.

Nicht wegzudenken aus der Kopernikusstadt Olsztyn ist natürlich das **Planetarium** und das Observatorium, das zwar östlich etwas außerhalb der Altstadt liegt, aber von dort aus noch gut zu Fuß erreichbar ist **[Parkplatz, N53° 46' 20.06" E20° 29' 19.17"]** *(Vorführungen ab 9 Uhr bis 17 Uhr zur vollen Stunde; www.planetarium.olsztyn.pl)*.

Das Rathaus in Olsztyn/Allenstein

Viele Gebäude, auch solche an den Altstadträndern, erstrahlen in frischem Glanz. In den neu renovierten Straßenzeilen halten immer mehr schicke Geschäfte Einzug. Polierte Granitsäu-

PRAKTISCHE HINWEISE – OLSZTYN/ALLENSTEIN

Informacja Turystyka [Parkplatz N53° 46' 42.38" E20° 28' 45.13"], pl. Jana Pawla II 1 (im Rathaus), 10-959 Olsztyn, Tel. +48 895 21 03 98; www.olsztyn.eu/de/ueber-olsztyn/touristeninformation/o-informacji.html. *Geöffnet Mo - Fr 10 - 18 Uhr, Sa + So 12 - 16 Uhr.*

CAMPING

Dywity bei Olsztyn

Camping Masuren 173 Herkus Dywity, [N53° 50' 1.00" E20° 25' 14.10"], ul. Barczewskiego; Tel. +48 89 51 20 646; www.masuren-camping-polen.de; 2. Mai – 15. Sept.; ca. 8 km nördlich von Olsztyn in Dywity von der Straße 51 westwärts ab und noch gut 3 km, zuletzt Waldweg, beschildert; kleiner, ansprechender Platz, Wiesengelände am Flüsschen Łyna mit lichtem Baumbestand und von Hecken eingefassten Stellplätzen; ca. 1 ha – 50 Stpl; Standardsanitärausstattung. Waschmaschine, WLAN, Kanuverleih. V & E für Wohnmobile. Miethütten.

WOHNMOBIL-STELLPLATZ

Stare Jablonki

Wohnmobil-Stellplatz Aktywna Agroturystyka Stare Jablonki [N53° 41' 50.51" E20° 6' 8.96"], Olsztyńska 4, Tel. +48 69 22 53 220; www.starejablonki.pl. **Zufahrt:** Ca. 7 km östlich von Ostróda Abzweig von der Straße 16 und noch ca. 500 m. **Ausstattung:** Wiese für 10 Wohnmobile bei einem Bauernhof mit Strom, Wasser, V & E-Einrichtung, Dusche. **Geöffnet:** Ganzjährig. **Gebühr:** Pauschale inkl. Versorgung.

len, Marmortreppen, blankpoliertes Messing, glänzender Edelstahl gehören mittlerweile genauso selbstverständlich zum Stadtbild, wie das hochgestylte Ambiente etlicher Hochwertparfümerien und Designerboutiquen.

Aber auch das kulturelle Angebot kann sich sehen lassen. Sommerfestivals aller möglichen Sparten, von Theater bis zu verschiedenen Musikrichtungen, Kunstworkshops, Ausstellungen und ein spezielles Sommertheater gehören immer zum Angebot in Olsztyn.

*ROUTE: Auf der Straße 16 über **Biskupiec/Bischofsburg** nach **Mrągowo/Sensburg**, 61 km.*

Mrągowo/Sensburg ist wichtiger Touristenort in der Region der Masurischen Seen. Nicht ohne Grund, denn 18 Seen rund um das Städtchen laden ein

CAMPING BEI MRĄGOWO

Nowe Bagienice

Camping Lorsby [N53° 50' 24.1" E21° 12' 27.0"], Nowe Bagienice 16, Tel. +48 897 42 82 63; 1. Jan. – 31. Dez.; ca. 7 km westlich von Mrągowo Abzweig von der Straße 16 nordwärts zum nahen Jezero Sarż; hügeliges Wiesengelände in ansprechender Lage zwischen See und Bahnlinie, mit Baumbestand am See, Bade- und Angelmöglichkeit, ca. 2 ha – 30 Stpl.; gute Sanitärausstattung. Waschmaschine, Restaurant, Brötchenservice, Boots- und Fahrradverleih, Sauna, Boots- und Fahrradverleih. WLAN im Receptionsbereich. V & E für Wohnmobile. 5 Fremdenzimmer. Guter Standpunkt für Kanuten, die vom nahen, nur gut 5 km westlich gelegenen Sorkwity aus zu einer längeren Paddeltour starten wollen (s. u.).

Ruska Wieś

Camping Seeblick [N53° 56' 33.4" E21° 19' 12.4"], Ruska Wieś 1, Tel. +48 897 41 31 55; www.campingpension.de; Jan. - Dez.; ca. 11 km nördlich von Mrągowo Abzweig von der Straße 591 (Mrągowo – Ketrzyn) ostwärts und noch rund 400 m unbefestigte Zufahrt; mehrere breite Geländestufen, sowie fast ebenes Wiesengelände mit kleinen Weihern, in ansprechender Lage an einem See mit Bade- und Angelmöglichkeit, kleiner Bade-/Bootssteg; ca. 3 ha –690 Stpl., funktionelle, aber etwas beengte Sanitäranlagen; Waschmaschine, Bootsverleih, Tennis, Imbiss, Brötchenservice, WLAN. Sehr einfache V & E für Wohnmobile; Imbiss .

Polska Wies bei Mrągowo

Camping Masur Natur [N53° 55' 16.43" E21° 16' 42.55"], Ruska Wieś, Tel. +48 897 41 00 96; www.masur-natur.de; Mai - Sept.; über Polska Wies zum Platz am Juno See; schräges Wiesengelände oberhalb des Sees; 2 ha – 90 Stpl.; sehr einfache Sanitärausstattung. Bootsverleih, Waschmaschine.

Eine größere Auswahl an Campingplätzen, findet man in und um **Mikolajki** (s. u.), ca. 22 km östlich von Mrągowo.

zu paddeln, Wasserski zu fahren oder sich einen Jetski auszuleihen.

Besonders lebhaft wird es in der Stadt jedes Jahr im Juli, wenn im Amphitheater das internationale **Country-Festival** stattfindet.

Außer eine Paddeltour zu unternehmen, gibt es in Mrągowo aus Touristensicht aber nicht viel zu tun. Die Sehenswürdigkeiten erschöpfen sich in ein paar hübschen Straßenzeilen in der Innenstadt und im bescheidenen **Stadtmuseum** im Rathaus.

Paddeltour mit Kanu und Zelt auf der Krutynia Route

Nur 12 km, also wenige Autominuten westlich von Mrągowo entfernt liegt an der Straße 16 der kleine Ort **Sorkwity/Sorquitten**. Hier starten bzw. enden – je nach Ausgangspunkt – **Paddeltouren auf dem Fluss Krutynia**.

Eine Wanderfahrt mit Zelt und Kanu auf dem gut 100 km langen **Wasserweg von Sorkwity nach Ruciane-Nida** zählt zu den schönsten Paddeltouren in ganz Polen. Entsprechend stark frequentiert ist die Tour im Sommer. Viele Reiseveranstalter in Deutschland bieten Pauschaltouren an. Im Internet werden Sie da rasch fündig. Dennoch, die Gewässer sind weit, die Strecke lang – „es verteilt sich" also, sodass man die überwältigende Stille dieser Landschaft und das glasklare Wasser der Krutynia immer noch in Ruhe genießen kann.

Der Fluss selbst fließt gerade so schnell, dass er auch in den harten masurischen Wintern nicht zufriert, auch wenn die Wassertiefe gerade einmal maximal einen Meter beträgt. Der Vorteil des Tourstarts in Sorkwity ist der, dass man immer schön mit der Strömung reist. Insgesamt wird die Paddeltour als „einfach" bezeichnet. Es gibt z. B. keinerlei Stromschnellen oder ähnliches. Und man sollte sich ordentliches Kartenmaterial besorgen. Verpflegung nicht vergessen!

Der genaue Verlauf einer **Paddeltour** beginnt am **Lampasz-See** bei **Sorkwity,** geht quer über den Lampasz-See zur Anlegestelle Bienki, weiter durch einige kleinere Seen wie den Jez. Dłużec bei Borowe, den Jez. Białe und den Jez. Zyzdrój Wlk. und romantische Flussabschnitte in einer weiten südlichen Schleife in den **Mokre-See**, wo man die vielen kleinen Inseln ansteuern kann. Von dort geht es weiter durch den **Krutynskie-See** in den eigentlichen **Krutynia-Flusslauf** vorbei an idyllischen Dörfern wie **Krutyn**.

In Masuren bei Mrągowo/Sensburg

An **Wojnowo** und seinem russisch-orthodoxen **Philliponenkloster** (schöne Ikonensammlung) entlang paddelt man dann nordwärts in den **Gardynskie-See** und endlich durch einen der schönsten masurischen Seen, den **Bełdany,** nun wieder südwärts bis **Ruciane-Nida**.

Die oben erwähnte Paddeltour kann man in neun Tagen gemütlich in voller Länge absolvieren. Man kann sie aber auch in Einzelabschnitten zurücklegen. Für das volle Naturerlebnis sollte man zumindest eine mehrtägige Teiltour einplanen. Und bei Selbstgebrutzeltem am Lagerfeuer den Tag ausklingen lassen und in einem Campinghäuschen oder im Zelt auf einem der Biwakplätze am Ufer übernachten rundet den Abenteuertrip in die Wildnis natürlich erst richtig ab.

Masuren-Rundfahrt

Masuren ist vielen bekannt als weite Seenlandschaft. Kennern aber ist es ein Synonym für Ruhe, Erholung, Gemütlichkeit, für unberührte Landschaften, dichte Wälder und kristallklare Seen.

Viele Menschen in Deutschland haben jemanden in ihrem Bekanntenkreis, der zumindest wiederum einen kennt, der möglicherweise aus Polen oder sogar aus Masuren stammt. Und viele, die von dort stammen und schon seit Jahren nicht mehr in ihrer Heimat waren, werden bei dem Gedanken an Masuren wehmütig.

Wenn Ihnen der Sinn danach steht, können Sie in Masuren heute noch das einfache Leben für sich selbst finden, die Seele baumeln lassen oder auch beim Bauern im Heu schlafen. Stundenlang können Sie durch Wälder streifen, ohne einer Menschenseele zu begegnen. Und an so mancher einsamen Bucht an den größeren Seen werden Sie mit atemberaubend schönen Panoramablicken belohnt. Das ist die eine Seite der Masuren.

Längst hat sich heute aber eine zweite Seite dazugesellt, das Geschäft mit den Besuchern. Der Tourismus verzeichnet steigende Zuwachszahlen. Die touristische Infrastruktur hat eine rasante Entwicklung genommen. Wenn Sie an einem warmen Sonnentag zur Ferienzeit zum Beispiel durch Mikołajki gehen, werden Sie vielleicht daran denken.

Agrotourismus, eine Art „Ferien auf dem Lande" z. B. steht hoch im Kurs, oft mit Serviceangeboten wie Fahrrad- oder Kanuverleih verbunden. Auch Segelboote können mittlerweile in Masuren gechartert werden. Doch aufgepasst, viele kleinere Inseln in den Seen sind als Vogelschutzgebiet ausgewiesen und dürfen deshalb nicht betreten oder angefahren werden.

Nach einer Bademöglichkeit muss man meist nicht lange suchen. Und fast jeder noch so kleine Ort ist mit seinem Übernachtungs- und Freizeitangebot auf Reisende eingestellt.

Leider sind auf einer Rundfahrt durch die Masurische Seenplatte nur wenig Parkmöglichkeiten direkt an den Seen zu finden!

Der größte See in Masuren und auch von ganz Polen ist der **Śniardwy-See/Sperlingsee**. Er erstreckt sich südöstlich von Mikołajki, reicht fast bis nach Pisz und ist mit einer Fläche von stattlichen 114 qkm ein beliebtes Revier für Wassersportler, insbesondere für Segler.

Der etwas nördlich gelegene **Mamry-See/Mauersee**, südwestlich von Węgorzewo gelegen, ist gerade mal 10 qkm kleiner und hat daher kaum ein geringeres Angebot für Wassersportfans.

Masurens große Seen sind durch ein Netz von Flüssen und Kanälen miteinander verbunden, so dass man ohne weiteres auf dem Wasserweg von **Ruciane Nida/Niedersee** aus bis nach **Węgorzewo/Angerburg** fahren kann.

So ergibt sich neben den vielfältigen Möglichkeiten, das Land durch Wanderungen und Radtouren kennen zu lernen, auch immer wieder die Gelegenheit zu Paddeltouren und Ausflugsfahrten mit den Schiffen der „Weißen Flotte".

Wer als Tourist auf nichts verzichten möchte, ist in den folgenden Orten genau richtig: **Giżycko/Lötzen**, **Mikołajki/Nikolaiken** und **Węgorzewo/Angerburg**. Sie sind die drei wichtigsten Städte in der Seenplatte und bieten jede erdenkliche Infrastruktur. Vom Wasser-

Die Klosterkirche Święta Lipka/Heilige Linde und ihre prächtige Orgel

skiverleih bis zum Internetcafé ist hier alles vorhanden.

Selbst im Winter bieten sich hier vielfältige Möglichkeiten. So treffen sich beispielsweise in dem auf der Landenge zwischen Mamry- und Niegocin-See gelegenen Giżycko/Lötzen die Eissegler. Während in Ufernähe die Schlittschuhläufer ihre Bahnen ziehen und die Eisstockschützen zu punkten versuchen, rasen die Eissegler weiter draußen auf den zugefrorenen Seen und erreichen dabei Geschwindigkeiten von bis zu 70 km/h. Profis, die mit dieser Sportart an Wettkämpfen teilnehmen, schaffen sogar mitunter das Doppelte.

Eissegelschulen bieten Kurse an und verleihen die gesamte dazugehörige Ausrüstung. Zudem macht es auch noch Spaß, sich in einer zigarrenähnlichen Kiste mit Hilfe des Windes unter blauem Himmel durch eine weiße, winterliche Landschaft fortzubewegen.

Schon vor dem Zweiten Weltkrieg waren die Masurischen Seen eine Hochburg des Eissegelns mit großen Regatten bei Węgorzewo/Angerburg. Heute ist Mikołajki/Nikolaiken die Hochburg der Eissegler. Und für immer mehr deutsche Eissegler ist der Sniardwy-See der Geheimtipp.

ROUTE: Von Mrągowo/Sensburg auf der Straße 591 nordwärts nach ***Kętrzyn/Rastenburg.*** *In* ***Wilkowo****, 10 km vor Kętrzyn, sollten Sie aber auf einen* ***kurzen Abstecher*** *westwärts (24 km hin und zurück) nach* ***Święta Lipka/Heilige Linde*** *und* ***Reszel/Rößel*** *nicht verzichten.*

Święta Lipka/Heilige Linde ist bedeutender Wallfahrtsort und eine historische Stätte der Marienverehrung in Polen. Jedes Jahr kommen Zehntausende von Pilgern nach Heilige Linde.

CAMPING

Pilec bei Święta Lipka/Heilige Linde

Camping Pension Impuls [N53° 59′ 37.7″ E21° 13′ 37.6″], Pilec 16, 11-407 Święta Lipka; Tel. +31 (0)30 27 15 871; www.impuls-polen.com; Jan. – Dez.; ca. 5 km südl. von Święta Lipka in Pilec gelegen, eine von Niederländern betriebene Campingmöglichkeit mit ca. 10 Stpl. am angrenzenden Bauernhof mit einfacher Standardausstattung; 4 Fremdenzimmer, Kanuverleih.

Der Ursprung der Marienverehrung ist auf eine Legende zurückzuführen. Wie es heißt, habe ein in den Verließen der Burg von Rastenburg (Kętrzyn) einsitzender Gauner die Mutter Maria um Vergebung seiner Missetaten angefleht in der Hoffnung, dass das Todesurteil an ihm nicht vollstreckt würde. Der Missetäter erhielt ein himmlisches Zeichen, das bedeutete, er solle eine Marienfigur schnitzen. Der Mann tat so und schuf eine wunderbare Madonnenfigur, von der die Richter, die den Verurteilten am nächsten Tag zum Galgen führen wollten, so beeindruckt waren, dass sie den Mann begnadigten. Auf dem Heimweg nach Rößel stellte er die Figur an einer Linde auf. Fortan geschahen an der Stelle wundersame Dinge. Heute steht an der Stelle das **Kloster von Heilige Linde**.

Eine wahre Sehenswürdigkeit ist die barocke **Klosterkirche**, deren dreischiffiges Inneres prachtvoll ausgemalt und dekoriert ist. Vorne im Chorraum sieht man an einer Säule links, gegenüber der wunderbar gearbeiteten Kanzel, eine nachempfundene Linde mit Marienfigur *(geöffnet tgl. 8 - 18 Uhr; www.swlipka.pl)*.

Aber geradezu überwältigend ist der Anblick der riesigen **Orgel**, die sich wie ein Gebirge aus Pfeifen, Türmchen, Engelfiguren, Ornamenten und Schmuckelementen auf einer Empore über dem Eingang türmt. Und über allem schwebt ein mächtiger Strahlenkranz des Heiligen Geistes. Was für ein Brausen geht durch den Kirchenraum, wenn der Organist alle Register zieht und die Orgel im vollen Werk erklingt. Wirklich unvergesslich! Und dann beginnen sich doch tatsächlich die Orgelfiguren zu bewegen, Strahlenkränze zu drehen, Schellenbäume zu klingen, Erzengel sich zu verneigen. Ein Schauspiel, bei dem man am Ende nicht so recht weiß, ob man es unter Kunst oder unter Kitsch einordnen soll. Aber sehen Sie selbst. Die Musikdarbietungen selbst jedenfalls hinterlassen einen bleibenden Eindruck.

Orgelkonzerte finden zumindest in der Zeit von 1. Mai bis 30. Sept. Montag bis Freitag um 9:30, 10:30 und 11:30 Uhr, sowie 13:30 bis 17:30 Uhr stündlich und sonntags um 10:30, 12:30, 13:30, 15:30 und 16:30 Uhr statt (www.swlipka.pl). Im Juli und August finden zusätzlich immer freitags die Heiligelinder Musikabende statt, Beginn 20 Uhr. Der Eintritt in die Kirche ist frei. Nach den Konzerten wird aber eine Kollekte veranstaltet, bei der jede Spende willkommen ist.

Vor der Kirche befindet sich ein großer, gebührenpflichtiger **Parkplatz [N54° 01′ 29.4″ E21° 13′ 01.0″]**.

6 km nordwestlich von Święta Lipka/Heilige Linde liegt **Reszel/Rößel**. Rund um den Marktplatz stehen eine ganze Reihe hübscher Bürgerhäuser. Richtiggehend imposant dagegen ist die **Bischofsburg [Parkplatz, N54° 02′ 53.4″ E21° 08′ 49.2″]**. Sie entstand im 14. Jh. und ist quadratisch angelegt. Innerhalb der Burgmauern findet man heute auch ein Hotel. Die Zufahrt zur Bischöflichen Residenzburg war zuletzt für Fahrzeuge über 3,5 t Gesamtgewicht gesperrt!

Die imposante Bischofsburg in Reszel/Rößel

Kętrzyn/Rastenburg liegt wenige Kilometer westlich des

Mamry-Sees. Hier ließen die Kreuzritter im Jahr 1329 eine **Ordensburg** errichten, die heute als **Museum** genutzt wird.

Weitere Sehenswürdigkeiten sind der 48 Meter hoch aufragende Turm der **Wehrkirche** sowie die **Kirche St. Georg** im Zentrum der Stadt. Im 14. Jahrhundert wurde die Wehrkirche als Teil der Stadtbefestigung errichtet, daher auch der Name.

18 km nordwestlich von Kętrzyn liegt das Dorf **Drogosze**. Bekannt ist der Ort mit heute kaum mehr als 120 Einwohnern wegen des **Guts Dönhoffstädt** mit dem Schloss der Grafen Dönhoff. Das Anwesen inmitten eines ausgedehnten Parks gilt als größtes Schloss in ganz Ostpreußen. Es stammt aus den Anfängen des 18. Jh. Nur weil es nach dem Krieg als Landwirtschaftsschule, in der vor allem Traktoristen ausgebildet wurden, genutzt wurde, blieb dem Schloss das Schicksal der Verwahrlosung oder Zerstörung, das den meisten Gütern und Schlössern in Ostpreußen widerfuhr, erspart.

Einer der bekannten Namen aus dem Hause Dönhoff ist Marion Gräfin Dönhoff (1909 – 2002), Schriftstellerin, Chefredakteurin und Herausgeberin der „Zeit".

Rund 2 km östlich von Kętrzyn/Rastenburg zweigt von der Straße 592 nordwärts die Landstraße nach Gierloz ab, auf der man nach weiteren 8 km die Reste der sogenannten **Wolfsschanze (Wilczy-Szaniec)** erreicht, die ehem. Hochbunkeranlage der Nazi-Führung, des Führerhauptquartiers und des Oberkommandos des Heeres, *(geöffnet tgl. 8 Uhr bis Sonnenuntergang; www.wolfsschanze.pl)*. Neben dem kostenpflichtigen **Parkplatz [N54° 04‘ 44.2“ E21° 29‘ 35.0“]** gibt es eine **Campingwiese**, auf der genächtigt werden kann. Und im ehemaligen Quartier der Leibwache ist heute ein Hotel eingerichtet.

Kleiner Tipp: Wenn Sie empfindlich auf Insektenstiche reagieren, nehmen Sie auf die Besichtigungstour unbedingt ein Schutzmittel mit.

Die baulichen Überreste auf dem ehemaligen Gelände des Führerhauptquartiers ziehen immer noch viele Besucher an. Über 250.000 Besucher kommen jedes Jahr.

Ein markierter Rundweg führt durch das gesamte, fast 3 qkm große Laubwaldgebiet. Doch zu sehen gibt es nur noch zerborstene, zerfallene, feuchte und teilweise von der Natur schon wieder zurückeroberte Stahlbetonklötze

Wolfsschanze, Gedenktafel für die Widerstandskämpfer des 20. Juli 1944

mit bis zu sechs bis acht Meter dicken Mauern und Decken, die gegen Gebühr auch auf deutschsprachigen Führungen erklärt werden. Die Führungen beginnen am dunklen Gebäudeblock des Hotel-Restaurants (Toiletten).

Als der Wehrmachtsstab im Januar 1945 die Wolfsschanze verließ, wurden alle Bunker gesprengt und das Gelände mit über 5.000 Sprengsätzen vermint. Und nach dem Krieg wurde von Polen alles was nicht niet- und nagelfest war und noch irgendwie verwertbar schien, abmontiert und weggebracht. Lange suchten „Schatzsucher“ mit allen möglichen Hilfsmitteln nach dem angeblich hier versteckten „Nazi-Gold“.

Heute ist es kaum noch möglich, sich eine Vorstellung von der Anlage zu Zeiten des Hitlerattentats zu machen.

Am 20. Juli 1992 wurde ein Gedenkstein in Form eines aufgeschlagenenen Buches mit geborstenem Rücken am Beginn des Rundweges errichtet, der an das Bombenattentat auf Adolf Hitler am 20. Juli 1944 erinnert (Punkt Nr. 3 des Rundweges). Der Anschlag stand im Zusammenhang mit der „Operation Walküre“, einem Staatsstreichversuch.

An jenem historischen Tag hatte Oberst Claus Schenk Graf von Stauffenberg eine Aktentasche mit einem Sprengsatz (zwei waren eigentlich vorgesehen) bei einer Lagebesprechung – die unvorhergesehenerweise eine halbe Stunde vorverlegt worden war, weil sich Benito Mussolini zu einem überraschenden Besuch angesagt hatte – in einer Baracke (nicht im eigentlichen Führerhauptquartier) unter einem Landkartentisch platziert. Bei der Explosion wurde Hitler nur leicht verletzt. Stauffenberg und viele seiner Helfer wurden noch in derselben Nacht hingerichtet. Die erhoffte Wende hin zu einer Beendigung des Zweiten Weltkriegs trat bedauerlicherweise nicht ein.

ROUTE: Von der Wolfsschanze weiter auf Landstraßen, teils auf holprigen, miserablen Pflasterstraßen, nordostwärts über ***Radżieje,*** *weiter am Südufer des großen Sees* ***Jez. Mamry*** *entlang und über* ***Harsz*** *nach* ***Pozezdrze*** *an der Hauptstraße 63.*

In **Sztynort Duży/Groß Steinort** sind die zwischenzeitlich etwas traurig anmutenden Reste des einstmals stattlichen **Gutshofs der Grafen von Lehndorff** noch zu sehen. Besichtigen kann man das weitgehend baufällige Anwesen, das früher für seine Eichenallee berühmt war, allerdings nicht, Privatbesitz. Die Ursprünge des Schlosses gehen zurück auf das 17. Jh. Mitte des 17. Jh. ein Raub der Flammen, wurde es danach im Barockstil wieder aufgebaut und später noch mehrfach umgestaltet.

Ein Familienmitglied der Lehndorffs, das mit der Geschichte des Zweiten Weltkriegs ebenso eng wie tragisch verbunden war, ist Heinrich Graf von

CAMPING

Węgorzewo/Angerburg

Camping Rusalka Nr. 175 [N54° 11′ 11.9″ E21° 46′ 13.3″], Lesna 2, Tel. +48 87 2 7 21 91; 1. Mai – 30. Sept.; am südl. Stadtrand beschildert; zeitgemäße Anlage direkt am See Swiencajty, mit großer Zeltwiese; ca. 9 ha –280 Stpl. + Dau.; Standardsanitärausstattung; Restaurant. Miethütten.

Harsz

Camp Park Sonata [N54° 08′ 51.8″ E21° 44′ 55.1″], Tel. +48 87-427 95 09; www.masuren-campingplatz.de; 15. Apr. – 15. Okt.; westlich von Harsz ruhig und ansprechend gelegen; durch einen Fahrweg geteiltes Wiesengelände auf einer Landzunge zwischen den Seen Jez. Dargin und Jez. Mamry; ca. 3 ha – 50 Stpl.; gute Sanitärausstattung; Restaurant, Imbiss, Brötchenservice, Waschmaschine, Boots- und Fahrradverleih. V + E für Wohnmobile. Gute Bade-, Angel- und Paddelmöglichkeiten. Wohnmobilfahrern stehen eine Handvoll separater **Stellplätze** zur Verfügung.

Lehndorff. Er war als Mitglied der „Operation Walküre" am Widerstand gegen Hitler beteiligt und wurde 1944 hingerichtet.

Filmliebhabern wird seine Tochter Vera „Veruschka" Gräfin von Lehndorff (geb. 14. Mai 1939), die als Filmschauspielerin und Fotomodell von sich reden machte, besser bekannt sein.

*ROUTE: Rund 11 km nördlich von Pozezdrze liegt **Węgorzewo/Angerburg.***

Węgorzewo/Angerburg, am nördlichen Zipfel des Mamry-Sees gelegen, hat an Sehenswürdigkeiten nicht sonderlich viel zu bieten. Die im Zweiten Weltkrieg zerstörte **Kreuzritterburg** stammt aus dem 14. Jahrhundert. Sie war zu mittelalterlichen Zeiten ein Stützpunkt des Deutschen Ordens. Nach Kriegsende wurde sie wieder aufgebaut.

Der Vollständigkeit halber sei die **Kirche Peter und Paul** erwähnt, die eine der ältesten Orgeln Masurens besitzt.

Am **Plac Wolności** gibt es ein kleines **Heimatmuseum**. Ansonsten wird der Ort heute von einem militärischen Übungsgelände geprägt.

*ROUTE: Weiterreise auf der Straße 63 südwärts bis **Giżycko/Lötzen.***

Giżycko/Lötzen, ein 30.000-Seelen-Städtchen, ist eines der touristischen Zentren der Masurischen Seenplatte mit ganzjährigem Angebot.

Natürlich wird auch Giżycko vom Wasser geprägt, das den Ort umgibt. So verbindet beispielsweise der Luczanski-Kanal die beiden Seen Jez. Dargin im Norden und Jez. Niegocin im Süden und verläuft quer durch das Stadtgebiet. Dementsprechend groß ist das Angebot

PRAKTISCHE HINWEISE – GIŻYCKO/LÖTZEN

Informacja Turystyka [N54° 02' 09.3" E21° 46' 04.2"], ul. Wyzwolenia 2, 11-500 Giżycko, Tel. +48 874 28 52 65; www.gizycko.pl/de/.

CAMPING

Camping Elixir Hotelik Caravan & Camping Nr.79 [N54° 02' 12.9" E21° 41' 53.0"], Guty 9, Tel. +48 87 42 82 826; www.elixirhotel.com; 1. Mai – 31. Okt.; ca. 4 km westl. von Giżycko Abzweig von der Straße 592 und noch ca. 1 km nordwärts zum Platz; langgestrecktes, zum See hin leicht geneigtes Wiesengelände in ansprechender Lage; am teils verschilften Seeufer einige Laubbäume, Boots- und Badesteg, Anmeldung im Hotel; ca. 3 ha – 70 Stpl.; funktionelle, etwas beengte Sanitäreinrichtungen. Restaurant im angeschlossenen Hotel.

Bystry bei Giżycko/Lötzen
Camping Borowo [N54° 01' 18.6" E21° 48' 30.8"], Tel. +48 87 42 93 659; www.campingborowo.com.pl/de/; Jan. - Dez.; ca. 2 km südöstlich von Giżycko/Lötzen unterhalb der Straße 63 gelegen; Wiesen mit hochstämmigen Laubbäumen bis an den See Jez. Niegocin reichend, teils durch Hecken parzelliert; ca. 3 ha – 70 Stpl.; einfache Sanitärausstattung; Cafeteria, V + E für Wohnmobile; Badegelegenheit mit Badesteg.

Rydzewo
Camping Echo [N53° 58' 00.5" E21° 46' 34.6"], ul. Marurska 48, Tel. +48 87 421 11 86; www.campingecho.pl; 1. Mai – 30. Sept.; 9 km südl. von Giżycko Abzweig von der Straße 63 in Ruda nach Westen und noch ca. 4 km; gepflegtes, ebenes Wiesengelände, teils mit hohen Kiefern, bis an den See Niegocin reichend; ca. 2 ha – 40 Stpl.; Standardsanitärausstattung; Boots- und Fahrradverleih, Badebucht am sonst verschilften Seeufer.

für Wassersportler. Beispielsweise gibt es einen Jachthafen.

Aber auch für Besucher, die lediglich einen Tagesausflug auf dem Wasser unternehmen wollen, ist gesorgt. Die sogenannte „Weiße Flotte“ bietet ein breit gefächertes Programm an, die Stadt vom Wasser aus zu betrachten.

Weitere Sehenswürdigkeiten sorgen für Abwechslung. Die Ruine der alten **Ordensburg** zum Beispiel befindet sich in der Nähe der **Drehbrücke**, die auch eine kleine Attraktion ist.

Oder man stattet der **Twierdza Boyen/Feste Boyen** oder der evangelischen Kirche aus dem Jahre 1826, die ein Schinkel-Entwurf ist, einen Besuch ab.

*ROUTE: Straße 63 über **Orzyzs** bis **Pisz/Johannesburg**, rund 55 km.*

Pisz/Johannesburg [N53° 37′ 45.6“ E21° 48′ 28.9“], unweit südlich des ausgedehnten Sees Jez. Śniardwy gelegen, ist die wichtigste Stadt im südlichen Bezirk der Masurischen Seen. Weiter im Südwesten dehnt sich die **Puszcza Piska**, die **Johannesburger Heide**, das größte Wald-Heide-Gebiet der Masuren. Pisz eignet sich deshalb auch besonders gut als Ausgangspunkt für Wanderungen in die Heide.

„Pisa“ ist polnisch und bedeutet Sumpf. Angesichts der sumpfigen Ufer eines Flüsschens, das im **See Roś** seinen Ursprung hat, nannten die Bewohner ihr Städtchen und den Wasserlauf „Pisa“. In der Preußenzeit wurde aus „Pisa“ der Ortsname „Pisz“.

Die Burg, die schon zu Beginn des 14. Jh. an der Pisa errichtet wurde, erhielt den Namen Johannesburg. Im Jahr 1367 wurde der Siedlung rund um die Burg das erste Handelsprivileg verliehen. Aber es dauerte noch fast 300 Jahre, bis Pisa 1645 endlich Stadtrechte zuerkannt wurden. Einheimische Masuren nannten die Stadt noch bis in die Zeit nach dem Zweiten Weltkrieg weiterhin **Jańsbork**.

Schon vor der Verleihung der Stadtrechte erlebte Pisz eine Blütezeit. Für die zahlreichen Kaufleute, die von Süden her kamen, lag der Ort verkehrsgünstig auf dem Weg nach Gdańsk/Danzig. Aber nicht nur für Geschäftsleute, die über den Landweg reisten, war Pisz eine günstige Station. Auch zu Wasser konnte man die Ortschaft gut erreichen. Pisz war also auch eine lebhafte Anlegestelle für die Flößer, die ihre Waren auf der Pisa zur Narew und zur Wisła/Weichsel trifteten.

Ein bedeutender Fortschritt für den Handels- und Verkehrsknotenpunkt war die Ankunft der Eisenbahn. Ausgangs des 19. Jh. bekam Pisz seinen Bahnhof.

Im Laufe der Zeit entwickelte sich besonders die Holzindustrie. Das Sägewerk von Pisz wurde in einen Sperrholzbetrieb umgewandelt, der den Kern der hiesigen holzverarbeitenden Industrie darstellt.

Und aus Pisz stammen Persönlichkeiten, die in Polen Berühmtheit erlangten: Der Wissenschaftler Jerzy Pisański zum Beispiel, der im 18. Jahrhundert lebte und arbeitete, verfasste das erste Werk über Preußens Geschichte. Und Gustaw Gizewiusz aus dem 19. Jahrhundert, ein Pfarrer und Sprachenforscher von Mazury, war Verfasser der bekannten Arbeit „Polnische Sprachenfrage in Preußen“.

*ROUTE: Von Pisz auf der Straße 58 westwärts ins 16 km entfernte **Ruciane-Nida/Rudschanni.***

Das 5.000 Einwohner zählende Städtchen **Ruciane-Nida/Rudschanni** ist unter Wasserwanderern bekannt als Endstation der weiter oben schon erwähnten Paddeltouren über den Krutynia-Fluss und es ist Stützpunkt der „Weißen Flotte“. Nicht umsonst ist Ruciane- Nida eines der wichtigsten Wassersportzentren Polens. Vielen Besuchern gefällt aber einfach die Lage des Städtchens mit seinen dichten, bis ans Seeufer reichenden Wäldern und kommen deswegen gerne nach Ruciane-Nida.

Wenige Kilometer westlich liegt der kleine Ort **Wojnowo/Eckertsdorf.** Hier befindet sich das **Kloster [Parkplatz, N53° 39′ 18.7“ E21° 27′ 53.6“]** der aus Russland emigrierten Philipponen (eine im 18. Jh. in Russland verfolgte Glaubensgemeinschaft), das besichtigt werden kann.

*ROUTE: Weiterreise auf der Straße nach **Ukta** (7 km) und dort nordwärts auf die Straße 609, die mitten durch den Naturpark Mazurski Park Krajobrazowy nach **Mikołajki/Nikolaiken** führt, das nach weiteren 15 km erreicht wird. In der Gegend findet sich eine ganze Reihe einladender Campingplätze.*

Mikołajki/Nikolaiken, ein im Sommer aus allen Nähten platzendes Städtchen, das von Liebhabern gerne auch als „Masurisches Venedig" betitelt wird, liegt mitten in der Masurischen Seenplatte.

Benannt ist das 1444 gegründete Städtchen Mikołajki nach dem Schutzpatron der Fischer und Seefahrer, dem hl. Nikolaus von Myra. Damals im 15. Jh. kannte man den Fischerort aber noch als St. Niclas oder Nickelsdorf.

Die Fischerei auf den masurischen Seen war – zumindest vor der stürmischen Entwicklung zum Touristenzentrum – der wichtigste Erwerbszweig. Vor allem die Nikolaiker Maräne gilt noch heute als Delikatesse.

Wer einen ruhigen und urtümlich typischen Ort in Masuren sucht, ist in Mikołajki schlicht verkehrt. Dafür hat der Ort eine ausgesprochen gute touristische Infrastruktur. Um den großen Jachthafen und an der Uferpromenade liegen zahlreiche Pensionen, Hotels, Ferienwohnungen, Kneipen, Restaurants, Cafés, Souvenirläden etc., die alle um die Gunst der Gäste buhlen.

Einen größeren **Parkplatz [N53° 48′ 11.0″ E21° 34′ 27.4″]**, der auch als Wohnmobil-Stellplatz genutzt wird, findet man nordöstlich des Ortszentrums an der Straße Jana Pawła II.

Die Promenade ist auch gleichzeitig Anlegestelle für die privaten Segelboote, die abends von ihren Ausflügen zurückkehren.

Nicht weit von der Promenade entfernt trifft man auf die kleine Fußgängerbrücke, unter der immer noch der sog. **Stinthengst Sielaw/Król Sielaw** angekettet ist, der einer Sage nach einst der gekrönte Fischkönig des Spirdingsees war.

Der riesige Fisch, so die Sage, war über die Habgier der hießigen Fischer so erbost, dass er immer wieder Fischerboote umkippte und so den Fischern ihren Fang nahm. Langsam wurde die Situation bedrohlich, die Fischer fingen an zu hungern. Natürlich sann man auf Abhilfe und fand sie in der Idee, ein Netz aus Eisenringen herzustellen und damit den Fischkönig zu fangen. Endlich gelang das Vorhaben. Zwar versprach der Fischkönig nun, künftig immer für gefüllte Netze sorgen zu wollen, aber die Fischer trauten ihm nicht und ketteten ihn eben an dieser Brücke an.

Zu den wenigen Gebäuden von architektonischer Bedeutung in der Stadt zählt die evangelische **Kirche der Hl. Dreifaltigkeit [N53° 48′ 03.1″ E21° 34′ 34.0″]** im Osten der Stadt, unweit des zentralen Platzes Plac Wolności gelegen. Der Kirchenbau, nach Plänen des namhaften Städtebauarchitekten des 19. Jh. Karl Friedrich Schinkel errichtet, fällt durch seine hohen, schlanken, viereckigen, mit einer Spitzhaube abgeschlosesen Turm auf.

Der nahe gelegene **Łuknajno-See** ist übrigens Europas größtes Reservat für wilde Schwäne.

PRAKTISCHE HINWEISE – MIKOŁAJKI/NIKOLAIKEN

Informacja Turystyka [N53° 48′ 00.4″ E21° 34′ 22.7″], pl. Wolnosci 7, 11-730 Miklajki, Tel. +48 874 21 68 50; www.mikolajki.pl.

CAMPING

Camping Wagabunda Nr. 2 [N53° 47′ 43.5″ E21° 33′ 53.8″], ul. Leśna 2, Tel. +48 874 21 60 18; www.wagabunda-mikolajki.pl; 1. Mai – 30. Sept.; am südwestlichen Ortsrand, beschildert; ebene Wiese hinter dem Rezeptionsgebäude (Hotel), von Hecken und hohen Bäumen umgeben; am hinteren Platzrand relativ kleine, durch Hecken abgeteilte Stellplatzkojen, in der Mitte des Platzes Baumgruppe und Müllcontainer.; ca. 3 ha – 70 Stpl.; gute Sanitärausstattung. Imbiss, Fahrradverleih, Waschmaschine, WLAN; V & E für Wohnmobile.

Tałty

Camping KamA [N53° 50′ 39.6″ E21° 33′ 33.6″], ul. Tałty 36, Tel. +48 874 21 65 75; www.kama.mazury.pl; 1. Mai – 15. Okt.; rund 5 km nördlich von Mikołajki am Ostufer des Tałtysees gelegen, am östl. Ortsrand am großen Gittersendemast von der Straße 16 abzweigen und noch 4,5 km; fast ebenes Wiesengelände beiderseits der Straße, ein Platzteil bis an den See reichend, dort von Bäumen begrenzt, ansprechend, ruhig und abgeschieden gelegen; ca. 2 ha – 50 Stpl.; ordentliche Sanitärausstattung; Restaurant, Badegelegenheit, Bootssteg; V & E für Wohnmobile. Mietbunglows,

Wygryny bei Ukta

Camping Nad Zatoka Nr. 9 [N53° 41′ 11.8″ E21° 32′ 49.0″], ehem. Camping Kruska, Wygryny 52, Tel. +48 874 23 15 97; www.nadzatokawygryny.pl; 1. Mai – 30. Sept.; rund 5 km östlich von Ukta im Weiler Wygryny, dort links halten! Letzter Teil der Zufahrt unbefestigt. Von Lattenzaun, Büschen und Laubbäumen begrenzte, leicht geneigte Wiese bis an den Bełdany-See reichend, schöne, ruhige Lage; ca. 2 ha – 50 Stpl.; funktionelle Sanitäranlagen. Restaurant, großes Grillzelt, Waschmaschine, Brötchenservice, kleiner Bootshafen mit Steg am schilfbewachsenen Ufer, Kanu- und Fahrradverleih. V & E für Wohnmobile; Fremdenzimmer.

Ukta

Camping Galindia [N53° 44′ 10.8″ E21° 33′ 45.7″], Tel. +48 874 23 14 16; www.galindia.com.pl; 1. Mai – 30. Sept.; nördlich von Ukta Abzweig von der Straße 609 Richtung Isnota, nach rund 3,5 km Abzweig zum Platz und noch 1,5 km staubige Sandstraße; Freizeitgelände im „Steinzeitstil" mit Campingmöglichkeit in einem weitläufigen Waldgebiet, das bis an den See reicht, mehr Freizeitpark als Campingplatz; 4 ha – 90 Stpl.; einfache Sanitäranlagen. Imbiss, Restaurant, Bootssteg, Boots- und Fahrradverleih. Personal in „mittelalterlichen" Gewändern, skurile Holzskulpturen rund ums Hotel.

Piecki

Camping PTTK Piecki Nr. 269 [N53° 46′ 44.8″ E21° 20′ 04.4″], ul. Zwyciestwa 60, Tel. +48 89 742 10 25; www.owpiecki.pl; Ende Apr. – Ende Sept.; etwa auf halbem Wege zwischen Mrągowo und Ruciane-Nida und ca 2 km nördl. von Piecki an der Straße 59 gelegen;von Bäumen umgebene Seewiese, Ferienheim mit Campingplatz; ca. 10 ha – 70 Stpl.; einfache Sanitärausstattung. Imbiss, Restaurant, Brötchenservice, Boots- und Fahrradverleih. Fremdenzimmer. Badegelegenheit.

WOHNMOBIL-STELLPLATZ

Wohnmobil-Stellplatz Parking Mikołajki [N53° 48′ 11.0″ E21° 34′ 27.4″], ul Jana Pawla III. **Zufahrt:** Am nordöstlichen Ortsrand von Mikołajki von der Durchgangsstraße 59 Abzweig südwärts zum nahen, deutlich beschilderten Parkplatz. **Ausstattung:** Parzellierter Platz mit für 20 Wohnmobile abgegrenzter kleinen Wiese, ausgeschildert, gebührenpflichtig. Trinkwasserentnahme, Abwasserentsorgung, Stromanschlüsse, WC, Duschen. WC und Duschen gegen Extragebühr. **Geöffnet:** Ganzjährig. **Gebühr:** Pauschale inkl. V & E, Wasser, Strom. Zu Fuß etwa fünf Minuten ins Ortszentrum.

Wohnmobil-Stellplatz Camperpark Mikolajki [N53° 47′ 58.74″ E21° 34′53.05″], ul. Papierza Jana Pawla II. **Zufahrt:** Am östlichen Ortsrand bei einer Gaststätte. **Ausstattung:** Schotterfläche für 14 Wohnmobile. V & E-Einrichtung, Strom, Wasser, WC, Dusche, WLAN. **Geöffnet:** 1. Apr. - 30. Okt. **Gebühr:** Pauschale inkl. aller Einrichtungen.

TOUR 5: KALININGRAD / КАЛИНИНГРАД (KÖNIGSBERG)

Länge der Tour: Rund 135 km, ohne Abstecher.

Die Route: Von **Mągrowo (Sensburg)** Straße 16 bis **Biskupiec (Bischofsburg)** – Straße 57 bis **Bartoszyce (Bartenstein)** – Straße 51 über **Bezledy** zur **polnisch-russischen Grenze** bei **Bagrationovsk/Багратионовск (Preußisch Eylau)** – Straße 195 bis **Kaliningrad/Калининград (Königsberg).**

Reisedauer: Mindestens ein Tag.

Höhepunkte: Der **Königsberger Dom** ** und das **Kant-Museum** – das **Bernsteinmuseum** ** – rund um den **Platz Pobedy** .

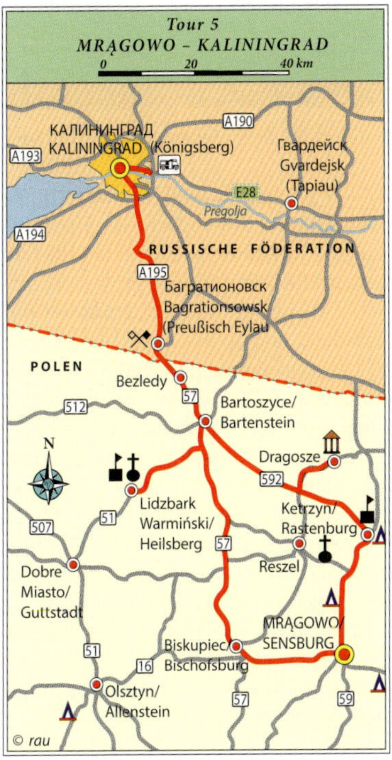

*ALTERNATIVROUTE: Falls Sie auf den Weg über Kaliningrad verzichten und den Weg über **Kaunas** in Litauen nach **Klaipėda/Memel** nehmen möchten, bitte weiter mit **Tour 6A Mrągowo (PL) – Kaunas (LT) – Klaipėda/Memel** weiter hinten.*

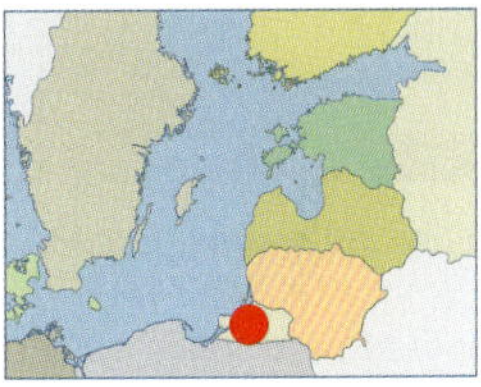

HAUPT-ROUTE

*ROUTE: Von **Mrągowo (Sensburg)** auf der Straße 16 westwärts bis **Biskupiec (Bischofsburg)**, 25 km. Dort nordwärts und auf der Straße 57 bis **Bartoszyce (Bartenstein)**, 50 km.*

*Je nach Interessenlage bietet sich rund 5 km südlich von Bartoszyce Gelegenheit zu einem **Abstecher nach Lidzbark Warmiński (Heilsberg)** (ca. 20 km einfach).*

Abstecher nach Lidzbark Warmiński (Heilsberg)

Das Gesicht der Stadt **Lidzbark Warmiński (Heilsberg)** wird geprägt durch den **Palast der Bischöfe von Ermland [N54° 07′ 30.8″ E20° 34′ 54.4″]**. Der mächtige, mehr einer Festung ähnelnde Bau besteht aus vier Flügeln rund um einen Innenhof, der von Laubengängen umsäumt wird.

Ursprünglich war der Festungspalast von den Rittern des Deutschen Ordens gegründet worden. Mitte des 14. Jahrhunderts dann wurde der Backsteinbau zum Palast ausgebaut. Heute beherbergt er das 4-Sterne-Hotel Krassiecky sowie das **Burgmuseum**, das mittelalterliche Kunstwerke zeigt und über die

Lidzbark Warmiński am Łyna-Flüsschen, im Hintergrund die St. Peter und Pauls Kirche

Geschichte der Stadt und die Burganlage informiert.

Nochmals 21 km weiter südwestlich liegt **Dobre Miasto (Guttstadt)**. Nicht zu übersehen ist dort im Zentrum das **Kollegiatsstift**. Diese aus dem 14. Jahrhundert stammende Kirche ist nach dem Dom in Frombork die zweitgrößte Kirche in der Region.

KALININGRAD HAUPTROUTE

*ROUTE: Von **Bartoszyce (Bartenstein)** auf der Straße 51 über **Bezledy** nordwestwärts bis zur polnisch-russischen Grenze bei **Bagrationovsk/Багратионовск (Preußisch Eylau) [N54° 22‘ 10.5“ E20° 39‘ 47.7“]**, ca. 17 km. Auf russischer Seite erscheint auf der rechten Seite ein Denkmal in deutscher Sprache sowie kurz darauf ein Findling, an dem der Ortsname von Bagrationovsk auch in Deutsch angebracht wurde.*

*Nach der oft zeitraubenden Grenzabfertigung weiter auf der Straße 195 bis **Kaliningrad/Калининград (Königsberg)**, rund 40 km.*

Falls Sie in Kaliningrad gleich zum Hotel Baltica (Балтика) [N54° 42′ 25.4″ E20° 37′ 01.2″] fahren wollen, nehmen Sie schon rund 7 km südlich des Stadtzentrums von Kaliningrad die umgehende Ringstraße (Obyezdnoje shosse) in östlicher Richtung. Nach Überqueren der Bahnlinie und später nach Überqueren des Flusses Pregolja treffen Sie auf die Autobahn A229. Fahren Sie ein kurzes Stück ostwärts Richtung Черняховск/Černjahovsk. Unmittelbar nach dem Straßenkontrollposten sehen Sie links das Hochhaus des Baltica Hotels. Etwas umständliche Zufahrt, siehe weiter hinten bei Camping. Das Hotel liegt rund 8 km östlich des Stadtzentrums.

Und bitte nicht vergessen: Lassen Sie sich Ihre Einreisekarte im Hotel abstempeln. Wird u. U. bei der Ausreise überprüft!

Tipps zu Reisen nach Kaliningrad

Zur Einreise in die Russische Föderation ist ein Visum notwendig. Die Beschaffungsprozedur ist immer noch langwierig. Näheres auch unter **„Praktische und nützliche Informationen von A bis Z – Einreisebestimmungen“** weiter hinten.

Seit 1. Juli 2019 können Staatsangehörige der EU-Staaten, ohne Großbritannien, ein kostenfreies elektronisches Visum für das Kaliningrader Gebiet zur einmaligen Einreise für maximal 8 Kalendertagen, nicht acht 24-Stunden-Tage, beantragen. Genaue Informationen geben die Webseiten www.germania.diplo.de/ru-de/service/11-InformationenfuerTourisen/-/2216046 und www.russische-botschaft.ru/de/consulate/visafragen/elektronische-visa-fuer-besucher-des-kalinigrader-gebiets/).

Sollte Ihr Reiseplan aber einen Besuch in Kaliningrad und in Sankt Petersburg vorsehen, müssen Sie sich nach wie vor ein Touristenvisum für mehrmalige Einreise besorgen.

Eine Reise durch das Kaliningrader Gebiet ist mit einer Reise durch das restliche Baltikum kaum zu vergleichen – und sie ist möglicherweise nicht für Jeden etwas.

Mein Tipp: Dringend zu empfehlen ist, sich rechtzeitig vor Reiseantritt etwas mit der russischen Sprache zu befassen! Lernen Sie wenigsten ein paar elementare Worte oder Sätze und vor allem, lernen Sie die russischen Buchstaben zu lesen! Beschriftungen – oder auch die Speisekarten in den meisten Kaliningrader Restaurants –sind (mit minimalen Ausnahmen) immer in kyrillischer Schrift. Ohne diese Kenntnisse können Sie unterwegs nichts lesen! Das ist vor allem bei Straßenschildern und Wegweisern fatal. Die Suche nach dem richtigen Weg wird dann noch schwieriger.

Und Fragen hilft auch selten weiter. Die Leute werden immer freundlich bemüht sein, Ihnen den Weg zu beschreiben, was aber bei beiderseitigen Verständigungsschwierigkeiten nur selten verlässlich gelingt. Fremdsprachen werden oft nur von in der Tourismusbranche tätigen Menschen beherrscht.

Russland ist abenteuerlicher, Russland ist komplizierter, wenn man nur an die Abfertigungsprozeduren an den Grenzen denkt, und – eine Reise nach Kaliningrad ist teurer als eine Reise in die benachbarten Staaten.

Wer sich für eine Wohnmobilreise durch die Kaliningradskaja Oblast, das russische Gebiet rund um Kaliningrad, entscheidet (gilt natürlich in vergleichbarer Weise auch für Reisen nach Sankt Petersburg, siehe dort), hat im Verhältnis zu dieser kleinen Region unverhältnismäßig hohe Ausgaben zu erwarten.

Nicht auf den ersten Blick ist das so. Kraftstoff, Diesel zumal, ist aus unserer Sicht z. B. sehr preiswert. Aber es summieren sich die „Nebenkosten" – Visumgebühr samt Beschaffungskosten (ggf. Beschaffung eines Reisepasses, Visumgebühr zuletzt rund 65,- Euro pro Person, Porto, Fotos, ggf. neuer EU-Führerschein, internat. Führerschein).

Seit geraumer Zeit entfallen die Kosten für eine - früher übliche - russische Kfz-Haftpflichtversicherung. Es wird die „Internationale Grüne Versicherungskarte", wenn sie durch den Eintrag „Russland" bzw. „RUS" für die Russische Föderation gültig gemacht ist, als Nachweis einer Kfz-Haftpflichtversicherung anerkannt. Dringend zu empfehlen ist der Abschluss einer Vollkaskoversicherung!

Und schließlich schlagen die Gebühren für den Nationalpark Kurische Nehrung für ein Wohnmobil je nach Reisezeit zwischen 15,- Euro und 30,- Euro, die auf litauischer Seiten nochmals erhoben werden (rund 20,- Euro), was fairerweise dazugesagt werden muss, noch zu Buche.

Und wenn schon von Gebühren die Rede ist, hier gleich noch ein gutgemeinter **Tipp**: Halten Sie sich als Autotourist unbedingt an alle Anweisungen und an alle Verkehrsvorschriften! Im Gebiet Kaliningrad gilt auf Straßen (Nationalstraßen) außerhalb von Ortschaften und falls nicht anders ausgeschildert eine Höchstgeschwindigkeiten von 90 km/h! Schon geringste Übertretungen von Verkehrsregeln, z. B. das nicht vollständige Anhalten an einem Stoppschild so, dass die Räder stillstehen, werden sehr gerne dazu benutzt, kräftig Bußgelder in erheblicher Höhe zu kassieren.

Das Reisen nicht einfacher macht der Umstand, dass es in der gesamten Oblast Kaliningrad (Oblast = russische Bezeichnung für einen Verwaltungsbezirk, entfernt vergleichbar mit einem deutschen Bundesland) bis auf den heutigen Tag nur wenige campingplatzähnliche Anlage zum Übernachten für Campingreisende gibt. Eine günstige Campingmöglichkeit für Kaliningradbesucher liegt östlich von Kaliningrad beim Hotel Baltica. Genaue Beschreibung und Lage siehe am Ende dieser Etappe.

Das freie Campieren ist verboten! Es gibt zwar einige Stellen z. B. an der Küste, die zu einem freien Stehen mit dem Wohnmobil verlocken, doch aus zweierlei Gründen wird davon abgeraten. Zum einen ist die Armut im Lande recht hoch und ein westliches Wohnmobil übt auf den einen oder anderen vielleicht doch eine gewisse „Anziehung" aus und zum anderen ist die Polizei-Präsenz in Russland so hoch, dass man damit rechnen muss, bei dieser verbotenen Art der Übernachtung erwischt zu werden, was wiederum teuer werden kann.

Man wird es zwar nicht schaffen, ganz ohne Polizeikontrolle durch das Land zu kommen. Aber es gibt kaum einen uniformierten Russen, der nicht auch ein freundliches Wort übrig hätte.

Auf jeden Fall aber hilft eine Reise durch die Russische Föderation evtl. Vorurteile gegenüber den „bösen Russen" abzubauen

Zumindest über die Fragen „Wo kann ich tanken", „Wo kann ich Geld tauschen" oder „Wo kann ich einkaufen" brauchen Sie sich keine allzu großen Gedanken machen.

Viele **Geschäfte** sind ab 9 Uhr bis weit in die Abendstunden hinein, viele gar rund um die Uhr geöffnet. Supermarktketten sind gewöhnlich von 9 bis 24 Uhr geöffnet.

Kleiner Tipp: Wenn Sie in einem großen Supermarkt einkaufen und mit Ihrer Kreditkarte bezahlen wollen, ist das grundsätzlich möglich. Sie müssen aber darauf achten, sich an einer Kasse anzustellen, die auch Kreditkarten akzeptiert!

Tankstellen gibt es in und um Kaliningrad ausreichend.

Und Geld wechselt man in **Wechselstuben**, die in der Innenstadt zahlreich zu finden sind, oder man bedient sich der **Bankautomaten**. Auch sie gibt es in der Innenstadt zahlreich. Allerdings fallen da ganz erhebliche Gebühren an.

Weniger gut ist die Idee, Geld in den Touristenhotels zu tauschen. Dort ist der Wechselkurs in aller Regel recht ungünstig für den Gast.

Und bei den „fliegenden" Geldwechslern auf der Straße wird man – zumal man ja sofort als sprachunkundiger Tourist erkannt wird – sicher auch einen sehr ungünstigen Umrechnungskurs erhalten.

Übrigens: Rubel schon zu Hause zu kaufen, lohnt am allerwenigsten. Banken müssen die Währung oft erst beschaffen, der Kurs ist für uns sehr unvorteilhaft und die Einfuhr von Rubel nach Russland ist begrenzt.

Und wenn Sie am Ende der Reise Rubel übrig haben sollten, dann kaufen Sie sich lieber was Schönes dafür oder noch besser, tanken Sie nochmal voll. Das ist alles wesentlich sinnvoller, als Rubel wieder mit nach Hause zu nehmen und sie hier wieder zurücktauschen zu wollen.

Übirgens: Die Rezeptionen der großen Hotels verfügen meist auch über Informationsmaterial zur Stadt. Oft liegt an den Rezeptionen auch die Info-Broschüre „Welcome to Kaliningrad" aus.

Und noch etwas – **Telefonieren** mit Ihrem „Mobilnik", sprich Mobiltelefon, innerhalb des Kaliningrader Gebiets, ebenso wie mit Ihren Lieben zu Hause, schlägt sich mit unverhältnismäßig hohen Gebühren auf ihrem Konto nieder.

Wenn Sie von Kaliningrad aus in Deutschland anrufen, müssen Sie als Landesvorwahl die „8-1049" (Österreich 1043, Schweiz 1041) und *nicht* wie sonst für Deutschland üblich die „0049" vorwählen, danach dann die Ortskennzahl ohne Null, dann die Rufnummer.

Um von Deutschland aus eine Nummer in Kaliningrad zu erreichen, wählen Sie die Landesvorwahl für Russland +7 (007), dann die Ortsvorwahl für Kaliningrad 4012, danach die Teilnehmernummer.

Zeitunterschied: Während der Periode unserer „Winterzeit" gehen die Uhren in Kaliningrad ein Stunde vor.

Hotel Baltica bei Kaliningrad

Beispiel: Bei uns 12 Uhr – in Kaliningrad 13 Uhr.

Detaillierte Informationen über die Beschaffung eines Russischen Visums und über die Einreiseprozedur finden Sie weiter hinten im Buch unter „Praktische und nützliche Informationen von A bis Z – Einreisebestimmungen – Einreise nach Russland".

Geografisches

Bei der **Kaliningrader Oblast**, heute eine Exklave der Russischen Föderation, handelt es sich um das ehemalige nördliche Ostpreußen.

Wie mit dem Lineal gezogen, verläuft die südliche Grenze zwischen der Exklave und Polen geradewegs von Ost nach West. Südlich dieser Grenzlinie befindet sich der polnische Teil Ostpreußens, der an die Masurische Seenplatte angrenzt.

Im Westen der Oblast befindet sich die **Bernstein-** oder auch **Samlandküste**. Sie ragt wie eine Halbinsel in die Ostsee hinein und breitet sich nach Norden und Süden aus. Im Süden liegt das **Frische Haff,** das sich Russland mit Polen teilt. Im Norden liegt das **Kurische Haff**, welches mit Litauen eine Grenze bildet.

In das Kurische Haff fließt die Memel, die heute Nemunas heißt und auf weite Strecken litauisch-russischer Grenzfluss ist. Weiter südlich bilden die beiden ebenfalls im Osten entspringenden Flüsse Inster und Pissa den Fluss Pregel/Pregolja, der durch die Stadt Kaliningrad fließt.

Die größte Stadt in der Exklave ist Kaliningrad, gefolgt vom weiter östlich gelegenen Černjahovsk/Черняховск, dem ehemaligen Insterburg.

Geschichtliches

Kaliningrads und damit Ostpreußens Geschichte ist nicht nur umfassend, sondern auch sehr bewegt und schwierig.

Man muss sich zuerst mit der Frage beschäftigen, wann denn die Geschichte Kaliningrads überhaupt beginnt. Nach russischer Denkart erst im Jahr 1946. Zumindest will es das landeskundliche Museum so.

Doch was ist mit den älteren Bauwerken und was mit der Geschichte, die vorher auf dem Gebiet stattfand? Von Persönlichkeiten wie Kant und E.T.A. Hoffmann ganz zu schweigen.

Eine genaue Beschreibung der Geschichte Kaliningrads bzw. Königsbergs würde ein eigenes Buch füllen. Es wurde auch schon mehrfach getan. Begonnen hat alles im 13. Jahrhundert, als im Hinterland der Bernsteinküste auf einer Insel im Fluss Pregel eine Burg des Deutschen Ordens entstand, die zu Ehren König Ottokars II. den Namen „Königsberg" erhielt. Schon kurze Zeit darauf ging der Name auf die ganze Region über.

Und der Name „Preußen" stammt von den Prussen (auch Pruzzen) ab, die den Aufstand probten, während besagte Burg befestigt werden sollte. Die Prussen werden als heidnischer Bauernstamm beschrieben, der in der Gegend des Kurischen Haffs lebte und enge Bindungen zu seinen baltischen Nachbarn pflegte.

Nach zahlreichen Machtwechseln, bedingt auch durch die Schlacht von Tannenberg im Jahr 1410, dem Thorner Frieden, der wiederum zu einem tiefgreifenden Machtverlust des Deutschen Ordens in Ostpreußen führte, wurde Königsberg Sitz des Hochmeisters des Deutschen Ordens. Und im Jahr 1544 gründete Herzog Albrecht die Königsberger Universität. Sie ist damit älter als die von Moskau.

In der Folgezeit gab es immer wieder Auseinandersetzungen rund um die Stadt und in der Region. Nicht nur Litauen und Polen versuchten in Sachen Preußen bzw. Königsberg mitzureden, auch von der anderen Seite der Ostsee kamen Machthaber und kämpften um die Vorherrschaft. So der schwedische König Gustav II. Adolf. Er forderte von Königsberg eine Neutralitätserklärung und besetzte die Stadt dafür nicht.

Als Preußen am Anfang des 18. Jahrhunderts zu einem Königreich wurde, begann unter Preußenkönig Friedrich I., Sohn des Großen Kurfürsten von Brandenburg, Friedrich Wilhelm, die Blüte von Königsberg. Die Stadt hatte damals so viele Einwohner wie Berlin. Und als königliche Residenzstadt wurde sie berühmt.

Wirtschaftlich ging es der Stadt niemals besser als um die Wende zum 20. Jahrhundert. Damals wurde viel gebaut in Königsberg – die Börse, der Seekanal zwischen Pillau (heute Baltijsk) und Königsberg, ein komplettes Eisenbahnnetz, eine Kunsthalle, das Telegrafenamt, die Eisenbahndirektion und viele weitere wichtige Institutionen und Gebäude. Nach einigen Zerstörungen im Ersten Weltkrieg und dem anschließenden Wiederaufbau kam die Tragödie des Zweiten Weltkrieges über Königsberg.

Lange Zeit hatte Königsberg nicht viel vom Krieg mitbekommen, außer dass zahlreiche Waffen und Kriegsgüter hier umgeschlagen wurden.

Dann aber, im Jahre 1944, bombardierten die Engländer Königsberg und vernichteten fast die halbe Stadt. Den Rest übernahmen die Russen, als sie im April 1945 in die Stadt einmarschierten.

Wer nicht schon vorher auf einem der legendären, verlustreichen Flüchtlingstrecks geflohen war, war dem Hass des Kriegsgegners ausgeliefert, wurde vergewaltigt, hingerichtet oder auf den Todesmarsch geschickt. Am Ende des Krieges gab es dann wirklich nichts mehr. Königsberg war dem Erdboden gleichgemacht worden.

Das Gebiet rund um Königsberg wurde als besondere Verwaltungseinheit der Russischen Sowjetrepublik zugeschlagen. Diese gaben der Stadt im Juli 1946 den Namen „Kaliningrad" nach dem damalige Obersten Sowjet und Gefolgsmann Stalins, Michail Iwanowitsch Kalinin (1875 – 1946).

Damit nichts mehr an die deutsche Vergangenheit erinnerte, wurden zuerst einmal alle Deutschen ausgewiesen. Als nächstes gab man jeder noch bestehenden Ortschaft einen neuen Namen, sowohl im russischen Teil der Sowjetunion als auch in der litauischen Sowjetrepublik.

Anschließend kamen die Neusiedler nach Kaliningrad, entweder aus der Ukraine oder Kasachstan oder aus vielen anderen Regionen der Sowjetunion. Sie wurden angesiedelt in einer Region, die ihnen fremd war, mit der sie überhaupt nichts zu tun und zu der sie keinerlei Bindungen welcher Art auch immer hatten, ob russische oder gar deutsche. Und dieses Desinteresse spiegelt sich heute im ganzen Stadtbild wieder. In nur einem Jahr kam damals rund eine Viertelmillion Menschen in das darniederliegende Kaliningrad.

Nachdem man die gröbsten Kriegsschäden beseitigt hatte und langsam ein Wiederaufbau erkennbar war, beschloss man den Abriss des Königsberger Schlosses. Es wurde Mitte der 60er Jahre gesprengt und abgetragen. Nun war auch noch das letzte Zeugnis von Rang der langen Stadtgeschichte und Preußens dahin.

Wenige Jahre später beschloss man ein Neubauprogramm und plante ganze Stadtteile neu. Nun mussten auch noch die letzten wenigen Häuser aus deutscher Zeit weichen. Die spärlichen Hinweise auf deutsche Spuren gingen mit diesem Bauprogramm endgültig verloren. Das ursprüngliche Königsberg existierte jetzt tatsächlich nicht mehr. Eine neue Stadt wurde geschaffen.

Die Oblast Kaliningrad galt als die isolierteste Region der Sowjetunion. Jahrzehntelang wusste außerhalb der Sowjetunion keiner was dort geschieht. Selbst innerhalb des Sowjetreiches war dies nicht immer bekannt.

Deutsche Spuren sind nicht nur in Kaliningrad, sondern im ganzen Kaliningrader Gebiet kaum noch auszumachen. Es existieren zwar noch vereinzelt deutsche Schriftzüge an manchen Gedenksteinen, doch wer hier einst als Ostpreuße wohnte, wird heute kaum noch etwas wiedererkennen.

Von der einstigen Altstadt Königsbergs ist heute kaum noch etwas zu sehen. Und dass sich mal am Ufer der Pregel ein herrschaftliches Schloss befand ist heute fast unvorstellbar, auch wenn man an der richtigen Stelle, dem nichtssagenden pl. Centralnaja, steht.

„Nach dem Beitritt der DDR als ‚Neue Bundesländer' gab das nun souveräne Deutschland am 14. November 1990 in Paragraph 1 des **Zwei-Plus-Vier-Vertrages** mit dem darin eingebetteten bilateralen Deutsch-Polnischen Grenzvertrag jegliche Gebietsansprüche außerhalb der Bundesrepublik, der DDR und Westberlins auf. Spätestens mit dessen Inkrafttreten 1992 sind deutsche Gebietsansprüche auf die ehemaligen Deutschen Ostgebiete und damit auch auf Ostpreußen, erloschen" (zitiert aus einem Wikipedia- Beitrag).

Als schließlich mit Perestroika und Glasnost ein Umdenken erfolgte, be-

Blick über den Pregel zur Kneiphof-Insel (heute Kant-Insel) mit dem Dom von Kaliningrad, im Vordergrund die Honigbrücke mit „Hochzeitsschlössern"

schloss man die Öffnung Kaliningrads für westliche Besucher zum 1. Januar 1991. Die deutschen Reisenden, die daraufhin ihre alte Heimat oder die Heimat ihrer Eltern besuchen wollten, waren enttäuscht. Sie suchten vergeblich das ihnen vertraute Gesicht der Stadt Königsberg, das Schloss, und sie fanden einen Dom in desolatem Zustand.

In den 1990er Jahren hat man den Dom wieder restauriert. Doch was sonst geblieben ist, hat mit deutscher Kultur und Vergangenheit nichts mehr gemein. Erstaunlicherweise sind aber viele Russen, besonders sehr viele junge Russen, heute bemüht, deutsche Spuren zu suchen und zu bewahren.

Aber letztendlich ist Kaliningrad heute eine russische Stadt, die ihren Namen nach alter Sowjetmanier in großen kyrillischen Denkmalsbuchstaben am Stadtrand präsentiert, mit einer breiten Lenin-Straße, bunter Neon-Werbung für weltbekannte Importartikel zwischen Plattenbauten und mit chaotischem Verkehr. Und auch dem unvoreingenommenen Besucher fällt es schwer, das heutige Kaliningrad als „Reise-Muss" in Erinnerung zu behalten.

Stadtbesichtigung

Der Autoverkehr in Kaliningrad ist heftig, vor allem während der Geschäftszeiten, Tendenz rasant zunehmend.

Auch das Gebaren mancher Verkehrsteilnehmer ist gewöhnungsbedürftig, um einen moderaten Ausdruck zu gebrauchen. Überholen auf welcher Seite auch immer, nicht selten unter Einbeziehung der Gehwege ist keine Seltenheit. Niemand staunt, wenn ein Verkehrsteilnehmer, dem die Schlange vor einer Ampel zu lange ist, einfach ausschert und auf der Gegenfahrbahn nach vorne prescht und auch noch bei Rot die Kreuzung überquert. Wem es zu langsam geht, nutzt auch schon mal die Trasse der Straßenbahn als Fahrspur. Achten Sie auf Straßenbahnen. Sie biegen gnadenlos ab und queren Ihre Fahrspur, auch wenn Sie bei Grün losgefahren sind.

Noch vorsichtiger müssen Sie sein, wenn Sie als Fußgänger über die Straße wollen. Rücksicht Fußgängern, auch Radfahrern, gegenüber, ist offenbar völlig unbekannt.

Wer mit dem eigenen Fahrzeug nach Kaliningrad/Калининград hineinfährt, wird suchen müssen, bis er einen **bewachten Parkplatz** findet. Diese sind in der Stadt bei weitem noch nicht so bekannt wie in den benachbarten Staaten. Und auf einem bewachten Parkplatz sollten Sie Ihr Auto schon abstellen, wenn Sie es länger verlassen.

Mein Rat wäre, lassen Sie Ihr Wohnmobil am Hotel Baltica stehen und nehmen den Bus Nr. 37 in die Stadt. Haltestelle vor dem Hotel. Bewachte Parkplätze gab es zuletzt – beim Hotel Moskwa [N54° 43′ 12.19″ E20° 29′ 14.02″] und dann östlich vom pl. Pobedy am Zentralmarkt an der Černjachovskogo oder noch weiter östlich am Roßgärter Tor. Diese Informationen sind ohne Gewähr. Schließlich gibt es eine Tiefgarage unter dem zentralen pl. Pobedy, die aber für Wohnmobile ungeeignet ist.

Alternativ bieten sich einige – in der Regel aber unbewachte – Parkplätze direkt hinter dem Dom auf der Oktjabrskaja-Straße (Октябрская) an.

Wer auf Nummer Sicher gehen will, dem kann nur empfohlen werden wie schon erwähnt, seinen Wagen am Hotel Baltica stehen lassen und mit der Buslinie Nr. 37 zur Stadt zu fahren oder mit dem Taxi zum gewünschten Ort zu fahren.

Aber seien Sie auch hier aufmerksam. Offiziell haben heute alle Taxis ein Taxameter. Achten Sie darauf, dass es vor Antritt der Fahrt auch eingeschaltet wird. Und wenn es zufälligerweise „gerade kaputt gegangen" sein sollte, dann nehmen Sie lieber ein anderes Taxi. Und nicht verkehrt ist es, wenn Sie sich im Hotel vor Antritt der Fahrt über den Circapreis der Taxifahrt zu Ihrem Ziel erkundigen, damit Sie eine grobe Vorstellung davon haben, ob ein verlangter Preis realistisch oder überhöht ist.

*KALININGRAD (KÖNIGSBERG) – **1** Richtung Hotel Baltica, Camping- u. Wohnmobilplatz, ca. 8km – **2** Sackheimer Tor – **3** Haus der Räte, daneben Aussichtsstelle auf Reste des Königsberger Schlosses – **4** Dom, Museum, Kant Grabdenkmal – **5** ehem. Heiligkreuzkirche – **6** ehem. Börse, z. Zt. Kulturpalast der Seeleute – **7** Museum der Weltmeere, Stadtmuseum, Museumsschiffe – **8** Brückenhaus – **9** Orgelkonzerthalle, ehem. Kirche der Hl. Familie – **10** Museum für Russische Geschichte, ehem. Friedländer Tor – **11** Richtung Bagrationovsk – **12** Südbahnhof, früher Hauptbahnhof – **13** Brandenburger Tor – **14** Haus der Kunst – **15** Immanuel Kant Denkmal – **16** Universität – **17** Stadthaus, ehem. Handelshof, Touristeninformation – **18** Erlöserkirche – **19** Geschäftszentrum, ehem. Nordbahnhof – **20** Theater, ehem. Neues Luisentheater, – **21** Schillerdenkmal – **22** Stadion Baltica – **23** Zoo – **24** Kunstdenkmal „Kämpfende Wisente" – **25** Wrangelturm – **26** Dohnaturm, Bernsteinmuseum – **27** Roßgärter Tor – **28** Bastion Grolmann – **29** Königstor Museum – **30** Regionalmuseum für Kunstgeschichte, ehem. Rathaus – **31** Markt – **32** Kriegerdenkmal – **33** Friedrichsburg Tor – **34** Bunkermuseum – **35** E. T. A. Hoffmann Gedenkstein*

Sehenswertes in Kaliningard

Der Fluss Pregel (Pregolja) fließt von Ost nach West durch Kaliningrad und teilt die Stadt in eine nördliche und eine südliche Hälfte. In Kaliningrad leben heute fast 432.000 Menschen.

Im südlichen Bereich befindet sich unweit des **Südbahnhofs (12)**, des ehemaligen Hauptbahnhofs am Reichsplatz, heute pl. Kalinina (Площадъ Калининиа) das **Brandenburger Tor (13) [N54° 41′ 50.4″ E20° 29′ 41.1″]**. Es

Der Dom und das Julius Rupp Denkmal in Kaliningrad

wurde im neugotischen Stil Mitte des 19. Jahrhunderts errichtet und gehört zu den letzten Stadtbefestigungen, die überhaupt noch in Europa gebaut wurden. Östlich vom Tor sieht man den modernen Bau (von 1970) des **Hauses der Kunst (14)**.

Geht man den Kalinina Propsekt an einer Parkanlage entlang nach Osten, trifft man auf das rechterhand gelegene **Friedländer Tor (10) [N54° 41' 44.0" E20° 31' 17.2"]**, Kalinina pr. 6. Es stammt aus der Mitte des 19. Jh. und beherbergt heute ein kleines **Museum** zur Geschichte Preußens, mit wechselnden Ausstellungen *(geöffnet tgl. 10 - 18 Uhr)*.

Weiter nordwärts sieht man am Pregelufer ein turmbewehrtes, seltsames Haus, das sog. **Brückenhäuschen (8) [N54° 41' 56.4" E20° 31' 02.3"]**. Im Gebäude befanden sich Maschinerien, die die früher hier existierende Hubbrücke bewegten.

Weiter flussaufwärts sieht man am Leninski Prospekt Nr. 83 ein schönes, stattliches Gebäude mit neoklassizistischer Fensterfassade. Es wurde 1875 nach Plänen von H. Müller erbaut und ist eines der wenigen alten Königsberger Repräsentativbauwerke, das von den Russen restauriert wurde. Einst diente es als **Börse (6)**, heute ist es der **„Kulturpalast der Seeleute" [N54° 42' 18.6" E20° 30' 24.1"**. Die Löwenskulpturen an der Freitreppe waren den Königsbergern als „Gebrüder Löwenstein" bekannt.

Direkt gegenüber der Börse befindet sich die kleine **Kneiphof-Insel** (heute Kant-Insel), das historische „Herz" von Kaliningrad, mit dem Wahrzeichen der Stadt, dem **Königsberger Dom (4) [Parkplatz, N54° 42' 20.9" E20° 30' 51.5"]**. Über den verkehrsreichen Leninski-Prospekt (Лениский Проспект) gelangt man auf die Insel. Fußgänger gehen auf einer breiten Promenade und über Treppen hinab zum Dom. Autofahrer müssen einen Umweg an die Ostseite der Insel machen. Dort gibt es an der Oktjabrskaja Straße (Октябрьская) an der kleinen **Brücke** zur Insel einige Parkplätze (falls nicht von Bussen zugeparkt).

Wenn Sie über die Brücke, eine alte Klappbrücke, auf die Kneiphof-Insel gehen, werden Ihnen an dem schmiedeeisernen Brückengeländer die vielen, vielen Schlösser der unterschiedlichsten Machart auffallen. Nach altem Brauch kommen Brautpaare nach der Trauung hierher, bringen ein Schloss an der Brücke an und werfen den Schlüssel in die Pregel, ein hübscher Brauch und nettes Symbol der „ewigen Verbundenheit" des Paares.

In früheren Zeiten war dieses kleine Eiland Kneiphof-Insel dicht bebaut. Heute erhebt sich hier nur noch der von Grünflächen umgebene Dom, an dessen Nordostseite das große, von einem hohen Gitter abgeschrankte **Grabdenkmal von Immanuel Kant** zu sehen ist. Es gibt Stimmen, die davon überzeugt sind, dass dem Königsberger Dom nur deshalb das Schicksal des Königsberger Schlosses, also der komplette Abriss, erspart blieb, weil sich hier das Grabdenkmal des auch von der russischen Intelligenz verehrten Philosophen Kant befindet.

Vor dem südöstlichen Ende des roten Backsteingebäudes des Doms sieht man auf dem Rasen einen kleinen **Gedenkstein für Julius Rupp** mit der deutschen Inschrift: „Wer nach der Wahrheit, die er kennt, nicht lebt, ist der gefährlichste Feind der Wahrheit selbst." Käthe Kollwitz, Enkelin von Julius Rupp, hatte das Original des Rupp-Denkmals geschaffen.

Der Grundstein zum Dom von Königsberg wurde im Jahr 1333 gelegt. Fertiggestellt wurde er, nach einer für die damalige Zeit bemerkenswert kurzen Bauzeit, schon nach 18 Jahren. Später diente der Dom als Grabkirche für die Hochmeister des Deutschen Ordens, für Bischöfe, hohe Geistliche und andere Würdenträger.

Im August 1944 wurde der historische Kirchenbau ein Raub der Flammen. Das 96 m lange Kirchenschiff stand während der Sowjetzeit viele Jahre lang als Ruine mitten in der Stadt.

Erst 1992 hat – mehr schlecht als recht – der Wiederaufbau begonnen. U. a. wurden der 57 m hohe Turm und die markante Westfassade wieder hergestellt. Für die Restaurierung der einstmals berühmten Glasfenster des Doms hat es aber offenbar bislang nicht gereicht. Die Fensternischen sind nur angedeutet.

Immanuel Kant Grabdenkmal

Fachleute äußerten sich über den Wiederaufbau gelegentlich auch skeptisch. So wird gesagt, dass ziemlich gedankenlos Mengen von Beton beim Wiederaufbau verwendet wurden, anstatt möglichst originalgetreue Materialien wie roten Backstein zu verwenden. Außer aus ästhetischen Gründen wird Beton hier auch aus statischen Gründen als unangebracht angesehen. Das historische Bauwerk ruht nämlich auf einer uralten Pfahlgründung, die den Betongewichten auf Dauer vermutlich nicht gewachsen sein wird. Vielleicht wurde bei der Bedeckung des großflächigen Kirchendaches aus diesen Gründen auf Dachziegel verzichtet und Kupfer verwendet?

Heute sind im Dom mehrere **Ausstellungen** untergebracht. Für Gottesdienste werden lediglich zwei kleine Kapellenräume rechts und links des Eingangs benutzt. Der Kirchenraum dient als Konzertsaal.

In den Turmetagen sind die **Museumsräume** untergebracht *(geöffnet tgl. 9 - 17 Uhr)*. Zu sehen sind Ausstellungen zur Geschichte des Kneiphofes, wie Königsberg im Mittelalter genannt wurde, Sammlungen zur Historie des Domes, eine umfangreiche Kant-Ausstellung, Exponate aus dem Dom vor seiner Zerstörung u. ä.

Immanuel Kant, 1724 in Königsberg geboren, gilt als einer der größten Philosophen. Er wirkte als Professor an der Königsberger Albertina und kam über die Grenzen seiner Heimatstadt zeitlebens nie hinaus. Dennoch prägten seine Weltsicht, seine Sicht der Dinge die philosophische Wissenschaft wie kaum ein anderer. Zu seinen großen wissenschaftlichen Werken zählen u.a. „Kritik der reinen Vernunft" (1781) und „Zum ewigen Frieden" (1795). Immanuel Kant starb am 12. Februar 1804 in Königsberg.

Am Pregelufer östlich der Dominsel soll ein ganz neues Stadtviertel – Projektname **„Fischdorf"** – entstehen, das in seinem Erscheinungsbild wieder an das alte Königsberg, das sich einst auf dem Kneiphof rund um den Dom erstreckte, erinnern soll.

Ein recht interessantes Museum, das **Museum der Weltmeere (7) [Parkplatz, N54° 42′ 24.6″ E20° 29′ 53.8″]**, liegt unweit westlich der Kneiphof-Insel am Nordufer des Pregel-Flusses, Nabereschnaja Petra Welikowo 1 *(geöffnet Mi - So 10 - 18 Uhr, letzter Einlass 1 Std. vor Schließung; www.world-ocean.ru/en/)*. Zentrum der Ausstellungen ist das ehemalige Forschungsschiff „Witjas". Daneben hat ein U-Boot festgemacht, das nun als Museumsschiff Einblick in die Geschichte der russischen U-Boot-Flotte gewährt.

Nördlich des Domes, auf der anderen Seite des Nowaja Pregolja (Neuer Pregel), fällt das unrühmliche **Rätehaus Dom Sovetov (3) [N54° 42′ 35.8″ E20° 30′ 42.7″]** auf.

Ein richtiges Zentrum hat das heutige Kaliningrad ja eigentlich nicht. Es gibt lediglich den ziemlich nüchternen **Zentralplatz (Площадь Центральная)**, wo sich früher das **Königsberger Schloss** befand. Heute steht an dem Platz das merkwürdig anmutende Rätehaus. Und es heißt, beim Bau des Rätehauses sei so schlecht gearbeitet worden und dabei seien so viele Mängel entstanden, dass der hässliche Betonklotz nie genutzt werden konnte!

Man liest aber auch, dass bei der Sprengung des alten Königsberger Schlosses Mitte der 60er Jahre, das in unmittelbarer Nähe des Baugrunds des Rätehauses lag (und das mit etwas gutem Willen durchaus auch wieder hätte restauriert werden können), zu viel des Guten getan wurde und die Detonation nicht nur dem Schloss den Garaus machte, sondern auch das Rätehaus als Bauruine zurückließ, obwohl es äußerlich, so im Vorbeigehen, ganz intakt aussieht.

Dass sich auch in Kaliningrad die Zeiten ändern können geht vielleicht daraus hervor, dass in jüngster Zeit ab und zu Stimmen laut werden, die über den Wiederaufbau des Königsberger Schlosses, samt Rekonstruktion des legenddären Bernsteinzimmers, nachdenken. Andere Pläne der Stadt sehen vor, am ehemaligen Schloßplatz ein „Zentrum dreier Kulturen" entstehen zu lassen. Diskussionen darüber flammen immer wieder auf. Aber über das Planungsstadium hinaus ist man noch nicht gekommen.

Hinter dem Rätehaus erstreckt sich der schmale, lange **Schlossteich Nishnij Prud (Пруд Нижний)** nach Norden. Ein Spaziergang durch die Uferparks mit diversen Lokalen ist eine hübsche Abwechslung.

Das Gewässer reicht fast bis zum **Roßgärter Tor (27) (Россгартенские Ворота) [Parkplatz, N54° 43′ 18.9″ E20° 31′ 25.6″]**, einem weiteren Tor der einstigen Stadtbefestigung aus der Mitte des 19. Jh. Im **Dohna-Turm (26)** gleich daneben ist eines der weltgrößten **Bernsteinmuseen (26) (Музей Янтаря) [N54° 43′ 19.5″ E20° 31′ 22.1″]** untergebracht, Ploschadj Marschala Wassilweskowo 1 *(geöffnet Mai - Sept. tgl. 10 - 19 Uhr; Okt. -Apr. Di - So 10 - 18 Uhr, letzter Einlass 30 Min. vor Schließung; www.ambermuseum.ru/en/)*. 6.000 Exponate, teilweise mit seltenen Insekteneinschlüssen, Objekte aus dem Bernsteintagebau von Palmnicken und Kunsthandwerkliches, alles aus dem begehrten „Baltischen Gold", werden dort gezeigt.

Der Dohna-Turm befindet sich auf der östlichen Seite des **Oberteiches**, der zu einem kleinen Naherholungsgebiet gehört. Auf der anderen Uferseite befindet sich der **Wrangel-Turm (25) (Башня Врангеля) [N54° 43′ 19.5″ E20° 31′ 22.1″]**. Dieses unter Denkmalschutz stehende, düstere Bauwerk aus der Mitte des 19. Jh. ist ein massives Bollwerk, das die sowjetische Armee als Lagerraum nutzte.

Der ehemalige Hansaplatz in Königsberg, heute pl. Pobedy

In unmittelbarer Nähe befindet sich das **Haus der Technik**, auf dem heute noch eine deutsche Inschrift angebracht ist.

Geht man auf der Ul. Tschernjachowskowo (улица Черняховского), auch Chernyhovskogo (ehemals Wrangelstraße) nach Westen, gelangt man zum **Platz Pobedy (Площадь Победы) [N54° 43′ 08.7″ E20° 30′ 05.3″]** erkenntlich u. a. an der schlanken hohen Triumphsäule Triumfal'naya Kolonna mitten auf dem Platz. Am südlichen Ende des Platzes liegt das **Stadthaus (17),** heute ist hier auch das **Touristenbüro** untergebracht.

Und gegenüber des **Nordbahnhofs (19) [Parkplatz, N54° 43′ 14.7″ E20° 29′ 57.3″]** liegt die Technische Hochschule.

Der Pobedy-Platz, einst der **Hansaplatz**, heute Platz des Sieges, hat sich zum eigentlichen Zentrum Kaliningrads entwickelt. Zumindest spielt sich hier ein Großteil des öffentlichen gesellschaftlichen Lebens ab.

Und an der Ostseite des Platzes erkennt man die glänzenden Kuppeln der orthodoxen **Christ-Erlöser-Kathedrale (18) (Собор Христа Спасителя) [N54° 43′ 14.2″ E20° 30′ 09.7″]**, die 2005 rechtzeitig zur 750-Jahr-Feier anlässlich der Stadtgründung wieder eingeweiht werden konnte.

Von Südosten her trifft der Leninski Prospekt (Ленинский Проспект), ehemals Kneip Langgasse, und von Südwesten her der Gvardeyskiy Prospekt (Гвардейский Проспект), ehemals Deutschorden Ring, auf den turbulenten Platz.

Wenn Sie etwas weiter westlich die Bahngleise überqueren und die **Technische Hochschule** rechts liegen lassen, sehen Sie auf der linken Seite in einer kleinen Grünanlage in der Kurve das **Schiller-Denkmal (21) [N54° 43′ 10.2″ E20° 29′ 38.5″]**. Es stammt aus dem Jahr 1910, steht heute aber nicht mehr ganz an derselben Stelle wie ehedem. Zudem wurde von den Russen die Inschrift auch in Kyrillisch (ШИЛЛЕР) eingemeißelt.

Nach dem Straßenknick des Mira-Prospekts (Проспект Мира) steht hinter einigen Bäumen das **Neue Schauspielhaus (20) [N54° 43′ 09.7″ E20° 29′ 32.9″]**, das ehemals als „Neues Luisentheater" bekannt war.

Schräg gegenüber vom Schauspielhaus sieht man das kleine **Stadion Baltica (22)** und ein Stück westlich vom

Die Kuppeln der orthodoxen Christ-Erlöser-Kathedrale

Schauspielhaus liegt auf der rechten Seite **Kaliningrads Zoo (23) (Зоопарк)**. Der Wiederaufbau des Zoologischen Gartens wurde von Bürgermeister Wiktor Denissow veranlasst. Er war auch dafür verantwortlich, dass die Kunstgalerie errichtet wurde und die weiter im Westen gelegene Luisenkirche erhalten blieb. Ebenso ließ Bürgermeister Denissow den Schlossteich sanieren und verschönerte dadurch die Stadt, die zu dem Zeitpunkt schon ziemlich herunter gekommen war. Als „Dankeschön" musste er Mitte der 1980er Jahre seinen Stuhl als Stadtoberhaupt räumen.

Der Weg unseres Spaziergangs durch Kaliningrad führt über den Platz Pobedy zurück zum Leninski Prospekt. Wenn Sie dieser breiten Straße nun südostwärts Richtung Rätehaus folgen, passieren Sie zunächst das rechterhand gelegene Denkmal „Mutter Russland" (Inschrift: „Kommt her zu mir, ihr Kinder Russlands ..."), eine energisch nach Osten blickende Frau und kommen, kurz vor dem Rätehaus, zum **Kant-Denkmal (15) [N54° 42′ 49.9″ E20° 30′ 38.0″]** auf der linken Seite direkt am Universitätsgebäude. Das von Marion Gräfin Dönhoff gestiftete Denkmal wurde 1992 enthüllt. Ein früheres Denkmal des berühmtesten Königsbergers ging in den Kriegswirren unter. Nur der Denkmalsockel, den von 1945 an für 45 Jahre Ernst Thälmann zieren durfte, ist original erhalten

Vor der Universität (16) befindet sich der unterirdische ehemalige Befehlsstand von General Otto von Lasch, dem Verteidiger von Königsberg. In dem Militärbunker, in dem Lasch die Kapitulation Königsbergs unterschreiben musste, ist heute ein **Museum „Blindazhbunker Lyasha" (34) [N54° 42′ 48.1″ E20° 30′ 35.7″]** eingerichtet, das an Hand von Fotos und Dokumenten den Kampf um Königsberg in den letzten Tagen des Zweiten Weltkrieges dokumentiert *(geöffnet tgl. 10 – 17 Uhr).*

PRAKTISCHE HINWEISE – KALININGRAD

Regionales Touristisches Informationszentrum Kaliningrad [N54° 43′ 10.33″ E20° 30′ 2.11″], Pobedy Platz 1, im Gebäude des Kaliningrader Stadthauses, Tel. +8 800 200 55 39 oder Tel. +8 (412) 555-200; www.visit-kaliningrad.ru/de/. *Geöffnet Mo - Fr 10 - 19 Uhr, Sa + So 10 - 17 Uhr.*

Internet: www.russlandjournal.de oder auch www.kaliningrad.aktuell.ru; Seite der Internet-Zeitung „Russland Aktuell", sehr informativ und in Deutsch. U. a. gibt es Informationen zu Stadtnachrichten, zu Aktuellem, Sehenswertem in Kaliningrad, zu Hotels, Restaurants, Verkehr etc. Infos auch über Sankt Petersburg und über Moskau.
Deutsches Generalkonsulat Kaliningrad, Generalnoje Konsulstwo Germanii, uliza Telmana 14, 236 008 Kaliningrad, Tel. +7 4012 92 02 30; Visastelle: Tel. +7 4012 92 02 30; https://germania.diplo.de/ru-de/vertretungen/gk-kali. *Geöffnet Mo - Do 9 - 17 Uhr, Fr 9 - 12 Uhr. Visastelle: Mo - Do 14 - 16 Uhr.*

CAMPING

Camping Hotel Baltica (Балтик) [N54° 42' 25.4" E20° 37' 01.2"], Moskowskij Prospekt 233 (Московский Проспект 233), Tel. (aus dem Ausland) +7 4012 35 35 11, +7 4012 35 34 00; Tel. (innerhalb von Kaliningrad) 8 (4012) 35-35-07, 8 (4012)-35 34 00; www.baltica-hotel.ru/en/; Anmeldung an der Hotelrezeption, man spricht deutsch. Auf Nachfrage vor Ort im Hotel wurde der Weiterbestand der Campingmöglichkeit beim Hotel ausdrücklich bestätigt! Ganzjährig geöffnet. Das Hotel liegt ca. 8 km östlich des Stadtzentrums von Kaliningrad verkehrsgünstig an der autobahnähnlichen A229/E28/E77 (Kaliningrad – Černjahovsk / Калининград – Черняховск).
Ebene, schattenlose Wiese hinter dem Hotelhochhaus, oberhalb des Sees „Mühlenteich". Stromanschlüsse vorhanden, aber nur teilweise funktionsfähig. Dusche-, Toiletten- und Waschbeckenbenutzung in der Hotelsauna möglich. Keinerlei V & E für Wohnmobile.
Zufahrt: Von Osten kommend kurz VOR dem Kaliningrad-Schriftzug-Monument die A229 verlassen und noch knapp 1 km (links halten) zum Hotel. Hat man diesen Abzweig versäumt, nächste Gelegenheit bei der Tankstelle und noch VOR dem Kontrollposten rechts ab und zurück zum Hotel.
Aus Süden kommend kann man schon rund 7 km südlich des Stadtzentrums die umgehende Ringstraße (Obyezdnoje shosse) in östlicher Richtung nehmen. Nach Überqueren der Bahnlinie und später nach Überqueren des Flusses Pregolja treffen Sie auf die Autobahn A229 (Autobahnkreuz). Fahren Sie ein kurzes Stück ostwärts Richtung Черняховск/Černjahovsk. Unmittelbar nach dem Straßenkontrollposten sehen Sie links das Hochhaus des Baltica Hotels (s. o.), aber etwas umständlichere Zufahrt. Haltestelle vor dem Hotel der Buslinie 37 zur Innenstadt. Fahrzeit ca. 20 Min.

Kaliningrad, an der Stadtgrenze, ganz im Hintergrund links das Baltica Hotel

TOUR 6: KALININGRAD – KURISCHE NEHRUNG – KLAIPĖDA (LITAUEN)

Länge der Tour: Rund 200 km, ohne Abstecher.

Die Route: Straße A193 bis **Primorsk/Приморск (Fischhausen)** – Straße A192 über **Svetlogorsk/Светлогорск (Rauschen)** bis **Želenogradsk/Зеленоградск (Cranz)** – Straße P515 bis zur **russisch-litauischen Grenze** auf der **Kurischen Nehrung** – Straße 167 über **Nida** bis **Klaipėda (Memel)**.

Alternativroute: Straße A229/E28 bis **Talpaki/Талпаки (Taplacken)** – A216/E77 bis **Sovetsk/Советск (Tilsit**) zur **russisch-litauischen Grenze** – Straße 141 über **Šilutė** bis **Klaipėda (Memel).**

Reisedauer: Mindestens ein Tag.

Höhepunkte: Die Küstenlandschaft der **Kurischen Nehrung***** – das **Thomas-Mann-Haus**** und die **Große Düne bei Nida*****.

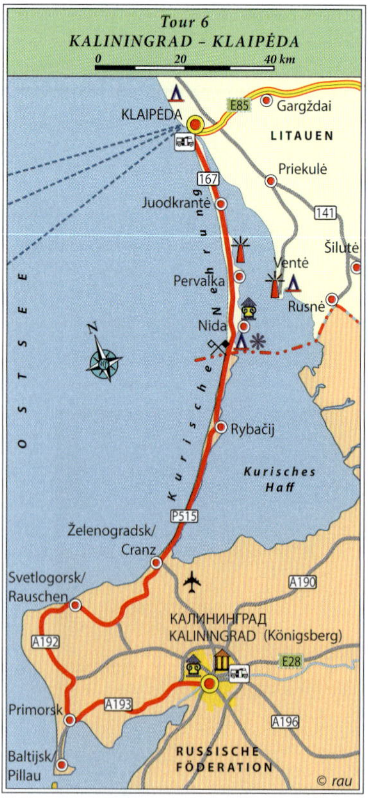

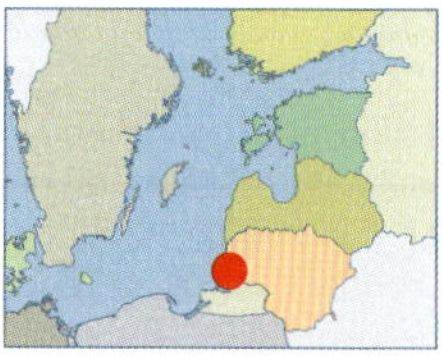

ALTERNATIVROUTE

Falls Sie auf den Weg über die Kurische Nehrung verzichten wollen, bietet sich zur Weiterreise ab Kaliningrad **der Weg über Sovetsk/ Советск (Tilsit)** nach Litauen an.

*ALTERNATIVROUTE: Von Kaliningrad auf der Straße A229/E28 ostwärts bis **Talpaki/Талпаки (Taplacken)**, 57 km. Dort nordostwärts auf der Straße 216/E77 zur **russisch-litauischen Grenze** bei **Sovetsk/Советск (Tilsit)**, 60 km.*

Sovetsk (Советск), oder **Tilsit**, wie es früher hieß, ist heute Grenzstadt zu Litauen und liegt am Südufer des Nemunas, dem Grenzfluss, den man einmal als „Memel" kannte.

Der Nemunas wird hier von der beeindruckenden **Königin-Luise-Brücke [N55° 04' 58.0" E21° 54' 18.4"]** überspannt, dem heute noch markanten und vielleicht auch schönsten Bauwerk der Stadt. Beim Rückzug der Deutschen im Zweiten Weltkrieg sprengten diese die Brücke. Aber das Brückenportal aus

Sandstein blieb stehen und es macht die Brücke heute zu einer kleinen Sehenswürdigkeit.

Als die Stadt noch Tilsit hieß, war die Brücke eine der letzten Grenzübergänge Deutschlands. Heute ist ein Überqueren der Brücke nur noch möglich, wenn man Russland verlassen möchte.

Am Ende des Brückenkopfes befinden sich zahlreiche hässliche Plattenbauten.

Früher stand hier die Deutsche Kirche, die das Stadtbild prägte. Doch die Überreste des Gotteshauses wurden in den 1970er Jahren endgültig abgerissen. Dieses Schicksal musste die Deutsche Kirche mit den anderen Gotteshäusern in der Stadt teilen. So ist auch von der Litauischen Kirche in der Drushbystraße nichts mehr zu sehen.

ALTERNATIVROUTE: Nach Grenzübergang und Überqueren des Flusses Nemunas auf der A12/E77 bis ***Papegiai.*** *Dort trifft man auf die Straße 141 der wir nordwestwärts über* ***Šilutė*** *bis* ***Klaipėda (Memel)*** *folgen, 97 km.*

HAUPTROUTE

Mein Tipp: Machen Sie sich möglichst mit ausreichend gefülltem Tank auf den Weg. Tankstellen auf der gesamten Kurischen Nehrung sind rar. Bislang war nur eine bei Nida zu finden.

ROUTE: Wir verlassen Kaliningrad über den ***Prospekt Mira/Проспект Мира*** *(die alte Hufenallee) in westlicher Richtung und folgen der Straße A193 bis* ***Primorsk/Приморск (Fischhausen),*** *ca. 41 km. Rund 12 km südlich von Primorsk liegt* ***Baltijsk/Балтийск (Pillau).***

Primorsk, ehemals **Fischhausen**, wurde im Zweiten Weltkrieg völlig zerstört. Der heutige Ort ist belanglos und hinterlässt einen wenig anziehenden Eindruck.

Auch das alte **Pillau**, heute **Baltijsk (Балтийск),** wurde im Zweiten Weltkrieg komplett zerstört.

Zum Kriegsende hin waren über Pillau die letzten Flüchtlingstransporte per Schiff möglich, mit denen weit über eine halbe Million Ostpreußen noch kurz vor Toresschluss vor der anrückenden Roten Armee fliehen konnten.

Seit der Sowjetzeit ist Baltijsk eine reine Militärstadt. Hier befindet sich die größte Marinebasis der Baltischen Flotte nach St. Petersburg. In jüngster Zeit wird die Küstengegend um Baltijsk zum beliebten Spekulations- und Anlageobjekt für betuchte Moskauer.

Kurz vor Baltijsk trifft man auf einen **Kontrollposten**. Die Weiterfahrt ist nur mit Genehmigung in Form eines Passierscheins möglich. Man will sich aber langsam ausländischen Besuchern öffnen. Und vielleicht ist bis zu Ihrem Besuch eine Genehmigung nicht mehr notwendig. In jüngster Zeit konnten Reisende den Passierschein gegen Bezahlung zeitweise auch direkt am Kontrollposten bekommen.

Sich um die Genehmigung zu bemühen – man bekommt sie gewöhnlich bei jedem größeren Reisebüro in Kaliningrad – lohnt bislang aber nur, wenn man einen speziellen Grund hat, nach Baltijsk zu fahren.

Das einzige **Museum** in Baltijsk beschäftigt sich mit dem Thema Kriegsmarine sowie mit Ruhm und Ehre der Baltischen Flotte, wie sollte es auch anders sein.

Kenner des alten Pillau schwärmten allerdings von der schönen Aussicht vom alten, über 30 m hohen **Leuchtturm** auf die Mole und auf das Elisabeth-Denkmal dort, das die Zarin hoch zu Ross zeigt. Den Leuchtturm hat übrigens kein geringerer als der Architekt Karl Friedrich Schinkel zu Beginn des 19. Jh. errichtet. Vor dem Turm steht ein Denkmal zu Ehren Zar Peters I.

Freunde großer Windjammer wird interessieren, dass der Stolz der Baltischen Flotte, die Viermastbark **„Krusenstern“,** in der Königsberger Bucht in der Nähe von Baltijsk ihren Heimathafen hat.

Auf der Tecklenborg-Werft in Bremerhaven gebaut und 1926 als „Padua“ vom Stapel gelassen, gehörte sie – wie die „Passat" in Travemünde, die „Pommern" in Mariehamn (Åland Inseln) und die legendäre, 1957 in einem Hurrikan gesunkene „Pamir" – zu den berühmten „Acht Schwestern" der Hamburger Flying-P-Line. 1946 kam der Rahsegler als Reparationsleistung an Russland, wurde umbenannt in „Krusenstern" nach dem estnisch-russischen Admiral und Weltumsegler Adam Johann von Krusenstern und dient heute als Segelschulschiff.

ROUTE: Von Primorsk (Fischhausen) nordwärts und auf der Straße A192 bis ***Svetlogorsk/Светлогорск (Rauschen).*** *Auf dem Weg dorthin kann man einen kleinen, aber nicht sonderlich lohnenswerten Abstecher westwärts nach* ***Jantarnyj (Palmnicken)*** *machen.*

Die Zeiten, als **Jantarnyj/Янтарный (Palmnicken)** von Fremden nicht betreten werden durfte, weil es einerseits in einem Küstengrenzgebiet lag und andererseits, weil hier Bernstein in großem Stil abgebaut wird, sind längst vorbei.

Mittlerweile dürfen sich Besucher auch wieder am **Strand** aufhalten und der ist immerhin bis zu 100 m breit und lockt mit feinem Sand. Tourismus ist in Jantarnyj aber immer noch fast unbekannt. Die Spuren des Bernsteintagebaus, der einzige seiner Art auf der Welt, kann man von der Steilküste aus sehen.

Rauschen, wie das heutige **Svetlogorsk (Светлогорск)** vor 1945 hieß, war einmal ein erholsames Kur- und Seebad. Bereits im 13. Jahrhundert wurde die Ortschaft erwähnt. Der Aufschwung kam jedoch erst mit der Wende zum 20. Jahrhundert, als die Samlandbahn gebaut wurde. Nun konnten Sommerfrischler aus Danzig, ja bis aus Berlin bequem anreisen.

Svetlogorsk, das in einem weiten Waldgebiet liegt, ist unterteilt in zwei Stadtteile – in Svetlogorsk I (früher Rauschen-Ort) und in Svetlogorsk II (früher Rauschen-Düne). Letzteres befindet sich nördlich der Durchgangsstraße etwas weiter oberhalb und ist der eigentliche Kurort. Wer also zum Kuren und Entspannen hierher kommt, muss nach Svetlogorsk II gehen. Wohnhäuser dagegen gibt es fast ausschließlich in Svetlogorsk I.

Und seit Glasnost und Perestroika steht das alte Rauschen auf der Liste begehrenswerter Spekulationsobjekte reicher Moskauer und St. Petersburger ganz, ganz oben.

Das kuppelartige Gebäude mit dem Turm ist der **Wasserturm [N54° 56' 35.86" E20° 9' 16.10"],** ehemals das „Warmbad". Im Turm befindet sich nicht nur ein Wasserreservoir, sondern in 25 m Höhe auch eine Aussichtsplattform.

Einen Blick in die „gute alte Zeit" in Rauschen vermitteln die Ausstellugen im **Heimat- und Regionalmuseum „Rad der Geschichte" "Колесо истории" [N54° 56' 27.69" E20° 8' 49.35"]** in der Ulitsa Gorkogo 9 *(geöffnet 11 - 17 Uhr; http://www.kolesoistorii.ru/, Webseite in russischer Sprache!)*

An der Steilküste an der Nordseite von Svetlogorsk kann man hinunter an den Strand gehen und wunderschöne Spaziergänge unternehmen.

Von der Straße Letnyaya Ulitsa Nr. 3 führt auch eine **Kabinenseilbahn [N54° 56' 40.68" E20° 8' 49.53"]** hinab an den Strand von Rauschen. Im Sommer am Strand von Svetlogorsk/Rauschen einen Platz zu finden ist noch schwieriger als oben im Ort einen Parkplatz!

Oberhalb des Strandes kann man auf der etwa einen halben Kilometer langen, immer bevölkerten **Promenade [N54° 56' 44.8" E20° 08' 50.5"],** vorbei an Skulpturen, wie der pitoresken „Undine" oder der Skulptur „Nimfa" bis zur großen Sonnenuhr flanieren. Zumindest ein Teil der Promenade scheint allerdings aus nichts als aus einer Ansammlung von Kneipen und Bernsteinläden zu bestehen. Ostwärts schließt sich die weiterführende Novyy Promenade an.

Die Skulptur **„Nimfa" [N54° 56' 45.87" E20° 9' 3.36"]** auf der Promenade, eine Nymphen-Bronzeplastik in einer Mosaikmuschel, wurde von dem aus Stuttgart stammenden Bildhauer Hermann Brachert (1890 – 1972) geschaffen.

Hermann Bracherts Sommerhaus [N54° 56′ 26.93″ E20° 6′ 58.91″], das heute als Museum dient, liegt westlich von Svetlogorsk/Rauschen in Otradnoje/Georgenswalde in der Ulitsa Tokareva 7 *(geöffent tgl. 10 - 19 Uhr; http://hbrachert.ru/, Webseite nur in russischer Sprache und Schrift!)*. Brachert war um 1920 in Königsberg tätig.

ROUTE: Von Svetlogorsk führt unser weiterer Reiseweg zunächst ein Stück ins Landesinnere. Folgen Sie nicht der Beschilderung nach Pionerskiy! Es ist eine Sackgasse. Sondern halten Sie sich in Richtung ***Želenogradsk/ Зеленоградск (Cranz).***

Cranz, an der **Samlandküste**, dem Küstenstrich zwischen Frischer und Kurischer Nehrung, war vor dem Zweiten Weltkrieg der bedeutendste und mondänste Kurort der ganzen Region. Heute heißt Cranz **Želenogradsk/ Зеленоградск,** hat ungefähr 13.000 Einwohner und ist für viele Kaliningrader ihr beliebtester Ferienort.

Die Gegend um Cranz ist übrigens uraltes Siedlungsgebiet. An den hiesigen Ufern des Kurischen Haffs hat man bei Grabungen – unter Beteiligung deutscher Wissenschaftler – vor allem im nahen Mochowje wertvolle Grabbeigaben und Schmuckgegenstände gefunden, die auf eine legendäre Siedlung namens *Wiskiauten* hinweisen, deren prussische Bewohner zwischen dem 9. und 11. Jh. offenbar einen regen Handel mit den Wikingern trieben.

Bis ins 13. Jh. hinein lebten hier die heidnisch-baltischen Bauernstämme der Prussen oder Pruzzen. Vor allem der Handel mit Bernstein war einer ihrer wichtigsten Erwerbszweige. Mit dem Auftreten des Deutschen Ordens in der Region wurden die heidnischen Prussen gezwungen zum Christentum überzutreten. Im Laufe der Zeit wurde Prussen schließlich zu Preußen.

Lange war geplant, hier am Kurischen Haff gegenüber des Želenogradsker Hafens Cranzbeek ein Prussen-Museumsdorf, ein Freilichtmuseum, zu errichten. Leider ist bislang von der Erinnerungsstätte an die prussische Kultur nichts konkretisiert worden

Von Cranz aus hat man beste Möglichkeiten die **Kurische Nehrung** (Kuršskaja kosa/Куршская коса) zu erreichen.

Dieser sehr schmale, sichelförmige Sand- und Dünenstreifen zwischen Kurischem Haff (Kuršskij zaliv/Куршский залив) und Baltischer See ist heute **Nationalpark** – sowohl auf russischer, wie auf der nördlich anschließenden litauischen Seite. Der südliche, russische Teil ist zwar urtümlicher, jedoch touristisch kaum erschlossen. Bei einer Fahrt über die gesamte Nehrung merkt man diesen Unterschied sehr deutlich, obwohl es sich um das gleiche Landschaftsbild und die gleiche Flora handelt. Der Zugang zum russischen wie zum litauischen Teil der Nehrung ist gebührenpflichtig.

ROUTE: Von Želenogradsk auf der Straße P515, dem einzigen Verkehrsweg auf der ***Kurischen Nehrung,*** *nordwärts bis* ***Nida*** *(Litauen), ca. 55 km.*

Schon wenige Kilometer hinter Želenogradsk wird man an einer

Marker Nationalpark Kurische Nehrung

Schranke aufgehalten und zur Kasse gebeten. Im Haus auf der linken Straßenseite hat man die Eintrittsgebühr in den **Nationalpark Kurische Nehrung** (Nacionalnyipark Kurššskaja kosa/ Национальный парк Куршская коса) zu entrichten (zuletzt ab 15,- Euro, hängt von der Reisezeit und dem Fahrzeug ab). Dafür bekommen Sie auch ein informatives Faltblatt, das Ihnen viel über den Nationalpark und die Naturgeschichte des Haffs erzählt. Hier, am sog. Checkpoint 1, postiert sich gerne auch eine Polizeistreife, die dann Ihre Papiere kontrolliert.

Die Fahrt über die Kurische Nehrung ist nicht berauschend, um nicht zu sagen enttäuschend langweilig. Die Straße, teils in schlechtem Zustand, wird auf beiden Seiten von dichten Wäldern flankiert. Weder von den gerühmten, kilometerlangen Stränden und Dünen, noch vom Haff, geschweige denn von der Ostsee ist von der Straße aus etwas zu sehen.

Es gibt allerdings mehrere **Park- und Picknickplätze**, die meist auf der westlichen Straßenseite zur Ostsee hin liegen. Die Zufahrten zu den Parkplätzen sind aber fast immer unbefestigt, teils tiefsandig.

Übrigens: Auf der ganzen Nehrung ist es verboten zu zelten, Feuer zu entzünden oder außerhalb der ausgewiesenen Parkplätze zu parken und – die Dünen zu betreten.

Badestrände liegen bei **Lesnoje/Лесной [N55° 00′ 59.3″ E20° 36′ 44.2″]**, beim **Dünenmuseum** bei KM 14, bei der **Touristenstation „Düny“**, bei der **Feldstation „Fringilla“** mit Vogelwarte bei KM 23 sowie bei den Weilern **Rybačij/Рыбачий (Rossitten)** und bei **Morskoje/Морское (Pillkoppen) [N55° 13′ 50.6″ E20° 55′ 08.3″]**.

Aussichtsplattformen und **Startpunkte für Wanderungen** findet man nach 32 km bei den Parkplätzen westlich von Rybačij bei **„Müllers Höhe“** (2 km langer Wanderweg), beim sog. **„Tanzenden Wald“** nördlich von Rybačij, bei KM 37, mit einer besonderer Art von Kieferngruppen, dann weiter bei KM 42 an der sog. **„Ephas Höhe“ [N55° 13′ 20.0″ E20° 53′ 31.2″]**, benannt nach Franz Epha, dem Pionier bei der Erforschung des „Aufhaltens“ der Wanderdünen (Parkplatz mit Imbissstation, knapp 3 km langer Wanderweg) und schließlich bei KM 46 beim sog. **„Schwanensee“** westlich von Morskoe (4 km langer Wanderweg).

Die schmale Halbinsel der Kurischen Nehrung ist insgesamt ziemlich genau 98 km lang. Sie endet wenige hundert Meter vor der litauischen Stadt Klaipėda.

Ein Viertel von **Neringa**, wie die Kurische Nehrung auch genannt wird, ist mit Sanddünen bedeckt. Der Rest besteht hauptsächlich aus Kiefern- und Birkenwäldern, die in dem lockeren Sandboden Halt gefunden haben. Hier leben neben zahlreichen Vogelarten auch Rehe, Füchse, Hasen und Wildschweine.

Im Jahr 1991 wurde die Kurische Nehrung zum Nationalpark erklärt. Neun Jahre später erfolgte die Eintragung in die Liste des UNESCO-Weltnaturerbes.

In der Zeit etwa vom 14. bis ins 18. Jh. hinein wurden die Wälder entlang der Ostsee gedankenlos abgeholzt. Man brauchte Baumaterial für die Handels- und Kriegsflotten und man brauchte Ackerland. Das Resultat aber war eine rasche und unaufhaltsame Erosion der sandigen Küstengestade. Die Sandmassen begannen in gewaltigen Dünen zu „wandern“. Bald waren Wege, Felder und vor allem Siedlungen und Dörfer unter den Sandmassen begraben oder zumindest von ihnen bedroht. 14 Dörfer wurden rund ums Haff ein Raub des Sandes. Im ausgehenden 19. Jh. ging man endlich daran, die Wanderdünen durch das Anpflanzen von residenten Gräsern und Bäumen zu stoppen.

LIETUVA (LITAUEN)

Bitte beachten: Zeitunterschied zu uns plus eine Stunde und seit dem 1. Januar 2015 gilt auch in Litauen der Euro als Währungseinheit.

Ziemlich genau auf der Hälfte der langgestreckten Kurischen Nehrung verläuft die **russisch-litauische Gren-**

Kilometerlang und außerhalb der Badeorte oft menschenleer – die Strände an der Kurischen Nehrung, wie hier am Epha's Point

ze [N55° 16' 46.9" E20° 57' 50.9"]. Die Grenzabfertigung geht hier in aller Regel zügig vonstatten. Das Aufkommen an Fahrzeugen ist wesentlich geringer als an anderen Grenzübergängen nach Kaliningrad und es gibt so gut wie keinen Schwerlastverkehr! Auf litauischer Seite lediglich Ausweiskontrolle, aber

Thomas Mann

Geboren wurde Paul Thomas Mann, wie er mit vollem Namen hieß, am 6. Juni 1875 in Lübeck. Schon während der Schulzeit schien ihm klar zu sein, dass er Schriftsteller sein möchte, da er bereits im Alter von 14 Jahren mit „Thomas Mann – lyrisch-dramatischer Schriftsteller" unterschrieb.

Nach dem Schulbesuch nahm er einen bürgerlichen Beruf auf und arbeitete in einer Versicherung. Doch dies langweilte ihn so sehr, dass er die Tätigkeit im Jahr 1895 beendete. Kurz zuvor erschien sein erstes Werk, die Kurznovelle „Gefallen".

Sein erster großer Roman war „Buddenbrooks. Verfall einer Familie", der 1901 erschien und für den er im Jahr 1929 den Literaturnobelpreis erhielt. Die Auszeichnung war mit einer sehr hohen Summe dotiert, mit der Mann u. a. auch den Kauf des Sommerhauses in Nida finanzierte.

Schon früh erkannte Thomas Mann die Gefahren der aufstrebenden Nationalsozialisten und appellierte in einer Rede in Berlin an die Vernunft. Schließlich kehrte er mit seiner Frau Deutschland den Rücken und zog nach Südfrankreich, später in die Schweiz und schließlich in die USA. Zwischenzeitlich wurde ihm die deutsche Staatsangehörigkeit aberkannt.

Weitere Werke von ihm sind „Der Zauberberg", „Lotte in Weimar" und „Doktor Faustus".

Thomas Mann starb 1955 nach kurzer Krankheit im Alter von 80 Jahren in Zürich.

ohne „Papierkram", und Entrichtung der „Naturschutzgebühr" für die Kurische Nehrung (zuletzt ca. 20 Euro, je nach Fahrzeug, Änderung möglich!).

*ROUTE: Auf der einzig möglichen Straße 167 über **Nida (Nidden, Neringa)** nach **Klaipėda (Memel)**, ca. 52 km plus Fähre.*

Fast 3.000 Menschen leben auf litauischer Seite der Kurischen Nehrung in den kleinen Ortschaften **Nida (Nidden), Preila (Preil), Pervalka (Perwelk), Juodkrantė (Schwarzort), Alksnynė** und **Smiltynė (Sandkrug)**.

Nida (Nidden, Neringa), das administrative und auch touristische Zentrum der Halbinsel, liegt nur knapp 5 km nördlich der russisch-litauischen Grenze an der Haffseite der Kurischen Nehrung.

Das Städtchen mit kaum mehr als 1.600 Einwohnern, muss jedes Jahr im Sommer mehr als 50.000 Besucher verkraften. Dennoch wirkt Nida, das mit seiner hübschen **Strandpromenade** und mit seinen kleinen, gemütlichen Holzhäusern an den Straßen eher an ein skandinavisches Städtchen erinnert, selten überlaufen.

Anfang des 20. Jh. hatte sich in Nida eine Künstlerkolonie etabliert, die sich vornehmlich an der Kunstrichtung des Expressionismus orientierte. Künstlertreffpunkt war damals das „Gasthaus Blode", das heute noch als Hotel „Nidos Smilte" existiert.

Eine recht zentrumsnahe **Parkmöglichkeit [N55° 18' 12.6" E21° 00' 20.0"]** findet man in der Straße Taiko gatvė.

Das wohl bekannteste Haus ist das **Thomas-Mann-Haus (Thomo Manno Kultūros Centras) [Parkplatz, N55° 18' 45.55" E21° 0' 46.06"]** in der Skruzdynės gatvė 17 *(geöffnet 1. Mai - 30. Sept. tgl. 10 - 18.00 Uhr; 1. Okt. - 30. Apr. Di - Sa 10 - 17 Uhr, Führungen Di um 14 Uhr und Do um 10 Uhr in deutsch; https://www.mann.lt/de/)*. Das Thomas-Mann-Haus liegt am nördlichen Ortsrand von Nida. Vom Parkplatz muss man noch ein kurzes Stück zu Fuß bis zum Haus gehen.

Das Haus liegt ein gutes Stück nördlich des Ortszentrums nahe der Küste des Kurischen Haffs.

Thomas Mann hielt sich 1929 zum ersten Mal in Nida auf, nachdem er von einem Urlaub aus Rauschen, dem heutigen Svetlogorsk, zurückkam. Das Haus, in dem er sich damals in Nida aufhielt, gefiel ihm so gut, dass er es kaufte und es im Jahr darauf mit seiner Familie als Sommerhaus bezog.

Bis 1932 verbrachte Thomas Mann drei Sommer in Nida. Hier schrieb er z. B. „Joseph und seine Brüder". Als er 1933 emigrierte, ging das Haus in den Besitz von Hermann Göring über, der es als Jagdhaus nutzte.

Als der Zweite Weltkrieg zu Ende ging, war das Haus abbruchreif. Der Schriftsteller Antanas Vencloca setzte sich aber für den Erhalt des für diese Region typischen roten Holzhauses mit weit heruntergezogenem Dach ein.

Nach Beendigung der Restaurierungsarbeiten im Juli 1967 konnte hier eine Thomas-Mann-Gedenkstätte eingeweiht werden. Seit 1995 ist das Anwesen nun offizielles **Thomas-Mann-Kulturzentrum**. Zu ihm gehören u. a. sog. „Übersetzungswerkstätten" die zur Förderung von jungen Übersetzern beitragen und dem literarischen Austausch dienen.

Eine neue Ausstellung im Kulturzentrum mit Namen **„Frau Thomas Mann"** widmet sich der Gattin Thomas Manns Katia Mann. Die Ausstellung soll die Wichtigkeit von Katia Mann für Thomas Mann dokumentieren. Die Funktionen als Mutter von sechs Kindern, Vertraute, Ratgeberin und Sekretärin vereinte sie in ihrer Rolle und stärkte so die Schaffenskraft von Thomas Mann.

Auf dem Weg zum Thomas-Mann-Haus nördlich von Nida kommt man an zwei weiteren Museen vorbei, am **Bernsteinmuseum [N55° 18' 30.9" E21° 00' 28.0"]**, Pamario gatvė 20 *(geöffnet Juni - Aug. tgl. 9 -20 Uhr; Apr., Mai, Sept., Okt. tgl 10-19 Uhr; www.ambergallery.lt)* und ein Stückchen weiter am **Historischen Museum Kurische Nehrung [N55° 18' 40.6" E21° 00' 36.1"],** Pamario gatvė 53 *(geöffnet 1. Juni - 30. Aug. tgl. 10 - 18 Uhr; 1. Sept. - 31. Mai Di - Sa 10 - 17 Uhr; www.neringosmuziejai.lt/de/).*

Ein Thema, das auch im Historischen Museum behandelt wird, ist der **Krähenfang**. In früheren Zeiten, als die Wanderdünen die Felder zugeweht hatten, mussten sich die Bewohner der Kurischen Nehrung neben dem Fischfang noch nach anderen Verpflegungsmöglichkeiten umsehen. Man kam darauf, dass auch Krähen genießbar seien. Aber wie an die schlauen Vögel kommen? Man versuchte es mit in Schnaps getränkten Körnern, mit Fliegenpilz-Ködern und man stellte Netzfallen auf, in die die Krähen durch einen dort angebundenen Artgenossen gelockt wurden. Beim Töten der Krähen war man nicht zimperlich. Man biss ihnen einfach den Nacken durch und krönte das Ganze mit einem kräftigen Schluck Schnaps. Wie man liest, soll Krähe angeblich überaus lecker schmecken. Und damit auch nichts verkam, benutzte man die Krähenfedern zum Füllen von Bettkissen und Bettdecken. Heute dürfen Sie aber davon ausgehen, dass die Hotelbetten nicht mehr mit Krähenfedern gefüllt sind und in den Restaurants auch kein Krähengericht mehr aufgetischt wird.

In der Nähe des Bernsteinmuseums liegt in einem Wäldchen der **Friedhof** der evangelisch-lutherischen Gemeinde von Nida. Bemerkenswert sind die für die Kurische Nehrung typischen geschnitzten **Holzkreuze** (krikštai) auf dem Friedhof.

Sehenswert ist darüber hinaus das **Kurische Fischergehöft [N55° 18′ 05.6″ E21° 00′ 21.4″]** (Žvejo etnografinė sodyba), Naglių gatvė 4, ein ethnographisches Museum mit Ausstellungen über Leben und Kultur der Kurischen Fischer in frühern Zeiten *(geöffnet 1. Juni - 30. Aug. tgl. 10 - 18 Uhr; 1. Sept. - 31. Mai Di - Sa 10 - 17 Uhr; www.neringsomuziejus.lt/de/).* Hübsch anzusehen sind auch die bunten **Wetterfahnen** im Garten des Museums.

Nida eignet sich vorzüglich für Wassersportaktivitäten, vor allem aber als Ausgangspunkt für **Radtouren**. Es gibt kilometerlange Radwege, die durch die Wälder nordwärts führen, zunächst an

PRAKTISCHE HINWEISE – NERINGA-NIDA, KURISCHE NEHRUNG

Kultur- und Touristen-Informationszentrum „Agila" [Parkplatz, N55° 18′ 12.6″ E21° 00′ 20.0″], NagliC gatvė 18E, 93121 Neringa-Nida, Tel. +370 469 523 45; www.visitneringa.com/de. *Geöffnet Mo - Sa 9 - 13 + 14 -18 Uhr.*
Lankytojų centrai, Besucherzentrum des Nationalparks Kurische Nehrung, Nagli Naglių gatvė 8, 93123 Neringa, Tel. +370 469 512 56; www.nerija.lt. *Geöffnet Juni - Aug. tgl. 9 - 18 Uhr; Mai + Sept. Mo - Sa 9 - 12 + 12.45 - 18 Uhr.*

RESTAURANT

Nidos Seklyčia, Lotmiškio gatvė 1. Tel. +370 469 500 00; www.neringaonline.lt. Dieses einladende Restaurant am südöstlichen Rand von Nida mit guter Küche und sowohl litauischen, wie auch west- und südeuropäischen bis hin zu vegetarischen Gerichten. Angeschlossenes Gästehaus.

CAMPING

Camping Nidos Kempingas [N55° 17′ 55.5″ E20° 58′ 57.7″], E. A. Jonušo gatvė. 11, Tel. +370 469 520 45; www.kempingas.lt; 1. Apr. – 31. Okt.; am Südwestrand von Nida gelegen. Kleiner, aber gut ausgestatteter Platz auf Wiesen im Kiefernwald. Durch Rasengittersteine befestigte Stellplätze für Caravans und Wohnmobile. Kleine Wiese für Zelttouristen. Ca. 1,5 ha – 180 Stpl.; Standardsanitärausstattung. Restaurant, Fahrradverleih, Tennis, Schwimmbad, Sauna. 10 Fremdenzimmer. V & E für Wohnmobile. Der Campingplatz, der gerne von geführten Wohnmobilgruppen als Standquartier genutzt wird, ist nur wenige Meter vom Zugang zur Großen Düne entfernt.

Bernstein – Gold des Baltikums

Bernstein wird oft als das „Gold der Ostsee" oder auch als „Gold des Baltikums" bezeichnet. Um dieses, im bearbeiteten Zustand geheimnisvoll golden leuchtende, handfreundliche Material ranken sich natürlich viele Legenden.

Eine davon, die auch uns bekannt ist, dreht sich z. B. um das legendäre **Bernsteinzimmer**. Der Raum mit seinen Bernsteinkostbarkeiten wurde zwar aufwendig nach alten Fotografien rekonstruiert und ist heute im Katharinenpalast in St. Petersburg-Puschkin wieder zu bestaunen. Wo aber das Originalzimmer am Ende seiner mysteriösen Odyssee nach dem Zweiten Weltkrieg verblieben ist, ist unbekannt. Fast ein Vierteljahrhundert waren russische Spezialisten damit beschäftigt, diesen Prunksalon wieder detailgetreu zu rekonstruieren. Im Jahr 2003 konnte das Juwel endlich vollendet werden.

Rohbernstein

Und natürlich wird Bernstein – aufs Feinste poliert, manchmal auch bearbeitet und geschnitzt – sehr gerne als Schmuckstück getragen.

Aber was ist Bernstein eigentlich genau? Um es vorweg zu nehmen, Bernstein ist trotz der Bezeichnung „Stein" nicht mineralisch. Es ist gehärtetes Harz, das vor ungefähr 260 Millionen Jahren zähflüssig von den Bäumen tropfte.

In den 90er Jahren des letzten Jahrhunderts machte Bernstein in dem verfilmten Buch von Michael Crichton „Jurassic Park" Furore. In der Geschichte wird erzählt, in einem Bernstein sei ein frühzeitlicher Moskito gefunden worden, in dessen Blut sich DNA von Dinosauriern befindet, die mittels moderner Technologie geklont werden können. Dies ist natürlich nur Fiktion. Aber Bernsteinstücke mit so genannten „Inklusen", also Einschlüssen von kleinen Tieren, werden tatsächlich gefunden und sind für Paläontologen von großem Interesse.

Bernstein kann im Übrigen elektrostatisch aufgeladen werden. Und es gab in der Vergangenheit zahlreiche Versuche zur Elektrizitätserzeugung mit diesem Harz. Nicht umsonst heißt Bernstein im griechischen „Elektron".

Man unterscheidet zwischen **Rohbernstein** (ungeschliffen und naturbelassen), **Naturbernstein** (geschliffen und poliert, farblich nicht verändert) und **Pressbernstein**. Letzterer wird in der Regel als „Echtbernstein" oder „Ambroid" angeboten, entstand aber nicht natürlich, sondern unter Verwendung technischer Mittel, hohem Druck und hoher Temperatur. Bei der Herstellung von Pressbernstein werden die Formen und Farbtöne verändert.

Eine wichtige physikalische Eigenschaft von Bernstein – im Gegensatz zu mineralischen Steinen – ist seine Schwimmfähigkeit. Harz ist nur ein wenig schwerer als Wasser und sinkt auf Grund seiner geringen Dichte in Süßwasser sofort. In stark salzhaltigem Wasser jedoch, wie zum Beispiel in einer gesättigten Kochsalzlösung, bleibt Bernstein an der Wasseroberfläche. Durch diese Eigenschaft wird das Sammeln und Sortieren erleichtert.

Die bekannteste und auch ergiebigste Fundregion innerhalb Europas ist der Ostseeraum. Besonders auf der Halbinsel des Kaliningrader Gebietes, also zwischen dem Frischen Haff in Polen und dem Kurischen Haff in Litauen, ist die Chance am größten, fündig zu werden. Doch auch an der deutschen, niederländischen und dänischen Küste kann das Millionen Jahre alte Harz, insbesondere nach starken Stürmen, gefunden werden.

Selbst im europäischen Binnenland lagern einige Vorräte an Bernstein. Vorkommen gibt es auch in Tschechien, Rumänien und Ungarn. Man spricht dort vom „Mährischen Bernstein" oder „Rumänit".

Bernsteinsouvenirs

Außerhalb des europäischen Kontinents ist Bernstein ebenso zu finden. Der Madagaskar-Bernstein beispielsweise ist jedoch nur tausend bis zehntausend Jahre alt.

Bliebe noch zu klären, warum Bernstein gerade an den Ufern der Baltischen See so zahlreich angeschwemmt wird.

Im Zeitraum des Alt-Tertiärs, also vor rund 40 bis 50 Millionen Jahren, gab es die Ostsee, wie wir sie heute kennen, noch nicht. Damals verlief die Küstenlinie von Norwegen bis zum heutigen Gebiet der Oder. Und das Binnenland war mit endlosen Kiefernwälder bedeckt. Die Bäume versanken im Laufe der Zeit in Mooren und als der Meeresspiegel anstieg, lockerten die Wellenbewegungen und Strömungen den einstigen Waldboden auf und spülten das alternde Harz heraus.

Das dürfte auch der Grund dafür sein, dass man in der Regel bei den Inklusen nur Landbewohner, meist Insekten, findet. Allerdings ist die Chance, überhaupt eine Inkluse zu finden, äußerst gering. Nur jeder 500. Bernstein enthält Teile eines Lebewesens.

der Haffseite entlang über Preila nach Pervalka, dann weiter an den Stränden der Ostsee entlang. Wenn Sie Lust auf eine Radtour bekommen, aber kein Fahrrad mitgebracht haben, ist das in Nida kein Problem. Es gibt im Ort viele Fahrradverleihs.

Einer der großen touristischen Anziehungspunkte, den man auch auf einem ausgedehnten Spaziergang erreichen kann, ist die **Große Düne, die Parnidis-Düne/Parnidžio kopa [Parkplatz, N55° 17′ 42.5″ E20° 59′ 12.7″]**. Die bis weit über 50 m hohe Düne erstreckt sich unweit südlich von Nida. Allerdings kann der angegebene Parkplatz von Touristenbussen zugeparkt sein. Für Wohnmobile bleibt dann kaum noch Platz. Und vom größeren Parkplatz [N55° 18′ 4.29″ E20° 59′ 14.97″] an der Straße ist es doch ein Stück Wegs hinauf auf die Düne.

Vom Oberen Parkplatz führt ein kurzer Fußweg bis zu einer **Sonnenuhr**. Eine frühere Sonnenuhr wurde von Anatolij, einem Orkan, im Jahre 1999 umgestürzt.

Von hier oben genießen Sie einen fantastischen Panoramablick. Wenn Sie nach rechts schauen, dann sehen Sie drei Farben – das Blau der Ostsee, das Grün der rechts liegenden Wälder und das Braun-Beige des Sandes.

Und nach Süden Sand soweit das Auge reicht bis hin zur russischen Grenze. Am Horizont gut zu erkennen ist die große Düne. Diese darf nicht betreten werden, einerseits aus Gründen des Naturschutzes, andererseits auch weil die Düne die Grenze zu Russland markiert. Mit bloßem Auge gerade noch so zu erkennen, ist die Grenzbeschilderung.

Ein Spaziergang durch die zugängliche Dünenlanschaft lohnt allemal. Es geht im steten Auf und Ab durch den meterhohen Sand durch zwei kleine Täler. Das „Tal des Schweigens", in dem es tatsächlich still zu sein scheint, sowie das „Tal des Todes". Dieses ist schnell zu erkennen. Zahlreiche Holzkreuze erinnern an die französischen Soldaten, die 1870 bis 1872 in dem Tal gefangen genommen wurden und starben.

Wenn Sie hier spazieren gehen, bleiben Sie bitte auf den angelegten Wegen, das schützt nicht nur die fragile Dünennatur, sondern auch Sie vor gefährlichen Sandbewegungen!

Vor dem Campingplatz Nidos Kempingas unterhalb der Großen Düne führt eine kleine Straße aufwärts zu erwähntem Parkplatz.

Vom Hafen in Nida führt der knapp 2 km lange Dünenpfad und zuletzt ein Treppenweg hinauf zu einem Aussichtspunkt auf dem Dünenkamm.

ROUTE: *Weiterreise nordwärts über* ***Preila (Preil), Pervalka (Perwelk)*** *und* ***Juodkrantė (Schwarzort)*** *nach* ***Smiltynė,*** *ca. 46 km plus Fähre.*

Unweit südlich von Preila liegt zwischen Straße und Haffufer die **Vecegruga-Düne**. Mit einer Höhe von über 67 m ist sie die (mittlerweile bewachsene) höchste Düne auf der ganzen Kurischen Nehrung.

Man kommt am Abzweig nach **Preila (Preil),** vorbei. Mit etwas mehr als 200 Einwohnern ist Preila der drittgrößte Ort der Nehrung.

Auf dem weiteren Weg passiert man die **Düne Karvaičių**. Sie hat einstmals den gleichnamigen Ort unter sich begraben, aus dem die Einwohner der heutigen Orte Preila und Pervalka stammen. Noch ein Stück weiter erhebt sich eine 53 m hohe **Skirpstas-Düne.**

In **Pervalka (Perwelk)** gibt es nicht viel zu sehen. Lediglich 40 Menschen wohnen in der kleinen Gemeinde, die gegründet wurde, weil die ursprünglichen Ortschaften Nagliai und Karvaiciai vom Sande verweht wurden.

Nach weiteren 14 km passiert man **Juodkrantė**. Der einstige deutsche Name Schwarzort entstammt wahrscheinlich der Tatsache, dass die Gemeinde bzw. das Ufer recht dunkel erscheint.

Einen größeren **Parkplatz [N55° 32′ 36.12″ E21° 7′ 20.88″]** findet man direkt an der Durchgangsstraße und unweit nördlich vom Schiffsanleger.

Ganz in der Nähe, in der L. Rezos gatvė 8, liegt das **Touristenbüro Juodkrantės turizmo informacijos centras [N55° 32′ 32.15″ E21° 7′ 17.27″],** Tel. +370 469 53 490; https://visitneringa.com/ *(geöffnet Di - Sa 10 - 18 Uhr).*

In Juodkrante wird Anfang Juli das **Internationale Fischerfest** organisiert, bei dem der Festzug des Neptuns stattfindet.

Erwähnt wurde Juodkrantė zum ersten Mal im Jahr 1429. Richtig Aufsehen erregte der Ort aber erst in der Mitte des 19. Jahrhunderts, als über 2.000 Tonnen Bernstein in unmittelbarer Nähe (heute Gintaro ilanka, Bernsteinbucht) gefunden und abgebaut wurden. Im Anschluss entwickelte sich der Ort zu einem Kurort, der weit über die Grenzen hinaus bekannt war.

Der Kurbetrieb endete zwar mit Beginn des Zweiten Weltkrieges, aber auch heute kann man noch über die **Promenade** schlendern.

Im südlichen Ortsbereich findet man den sog. **Hexengarten/Raganų kalnas [N55° 32′ 8.57″ E21° 7′ 3.33″]**. Bei ausreichend zur Verfügung stehender Zeit – ein Stunde wird nötig sein – lohnt ein Spaziergang hierher allemal.

Man wandert durch einen Skulpturenpark, der Ende des 20. Jh. angelegt wurde. Unter dem Motto „Die Erde und das Wasser" fand zwei Jahre lang ein Bildhauersymposium statt, bei dem über 30 Skulpturen von ausländischen und litauischen Bildhauern geschaffen wurden. Zu sehen sind u. a. Phantasiefiguren aus der baltisch-nordischen Märchenwelt, zu denen natürlich Hexen ebenso zählen wie Teufel oder Kobolde.

Die Dorfkirche, ein roter Backsteinbau, gehört eigentlich zur evangelischen Gemeinde, dient aber auch der katholischen Bevölkerung für deren Messen.

Neben der Kirche findet man ein interessantes **Miniaturenmuseum [N55° 31′ 55.1″ E21° 07′ 02.5″]**.

Achtung! Frauen-Strand! – Die sehr breiten **Badestrände bei Smiltynė** mit ihrem weißen, feinen Sand gelten als die schönsten und saubersten Strände bei Klaipėda.

Wundern Sie sich bitte nicht, wenn Sie den Strand eingeteilt finden in „Frauen-Strand" (moterų pliažas) und in „Männer-Strand" (vyrų pliažas). Das ist an der gesamten baltischen Küste nichts Außergewöhnliches und wird von den Badegästen durchaus als angenehm empfunden und strikt respektiert. Denn hier können Sie auch hüllenlos baden wenn Sie wollen, was an den „gemischten" Stränden (bendras pliažas) überhaupt nicht üblich ist.

Auf unserer Route gelangt man bei **Smiltynė** mit der **Autofähre [N55° 41′ 06.8″ E21° 07′ 48.0″]** über die Mündung des Kurischen Haffs nach Klaipėda. Die Fähren verkehren regelmäßig in kurzen Abständen (www.keltas.lt/en/). Die Überfahrt dauert 15 Minuten. In Richtung Smiltynė – Klaipėda wurde (im Gegensatz zur Gegenrichtung) bislang nicht kassiert.

Achtung! Die weiter nördlich verkehrende Fähre ist nur Fußgängern und Radfahrern vorbehalten!

Details über Klaipėda/Memel finden Sie bitte am Ende der nächsten Etappe, Tour 6A, Mrągowo - Kaunas - Vilnius - Klaipėda.

Im Jachthafen und Kreuzfahrtterminal von Klaipėda

TOUR 6A: MRĄGOWO (PL) – KAUNAS (LT) – KLAIPĖDA

Länge der Tour:	Rund 525 km. Abstecher nach Vilnius ca. 235 km hin und zurück bis Kaunas.
Die Route:	Straße 16 über **Orzysz/Arys** und **Ełk/Lyck** bis **Augustów** – Straße 8/E67 über **Suwałki /Suwalken** zur polnisch-litauischen Grenze bei **Budzisko** – Straße 5/E67 über **Kalvarija** und **Marijampolė** bis **Kaunas** – Straße 141 über **Jurbarkas** und **Šilutė** bis **Klaipėda/Memel**.
Abstecher:	Von Kaunas nach **Trakai** und **Vilnius**.
Reisedauer:	Mindestens ein Tag, besser zwei Tage. Mindestens zwei weitere Reisetage für den Abstecher nach Vilnius.
Höhepunkte:	Wanderung im **Nationalpark Wigierski** * – Sehenswertes in **Kaunas** ** – die **Burg in Trakai** *** – ein **Stadtspaziergang durch Vilnius** ***.

ROUTE: *Weiterreise von Mrągowo oder von Mikołajki auf der Straße 16 ostwärts und über **Orzysz/Arys** und **Elk/Lyck** bis **Augustów**, ca. 120 km, bzw. 90 km.*

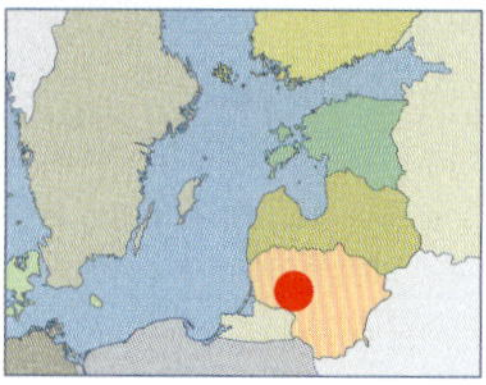

In **Ełk/Lyck**, einem eher beschaulichen Städtchen, können Sie eine Eisenbahnfahrt ganz besonderer Art erleben. „Eine Kleinbahn namens Popp", heißt das literarische Denkmal, das der 1926 in Lyck geborene Schriftsteller Siegfried Lenz in seinen 20 masurischen Kurzgeschichten von 1955 „So zärtlich war Suleyken" der Schmalspurbahn gesetzt hat.

Auch im Roman „Heimatmuseum", einem Werk von Siegfried Lenz aus dem Jahre 1978, spielt seine Heimatstadt als „Lucknow" eine Rolle. Siegfried Lenz starb am 7. Oktober 2014 in Hamburg.

Noch heute ist die **Veteranenbahn** die touristische Attraktion in Ełk schlechthin. Gebaut wurde die „Ełcka Kolej Dojazdowa" um 1880 als Schmalspurbahn. Später wurde sie auf eine Spurweite von 750 m umgespurt, was Eisenbahnfans sicher interessieren wird. Ihre größte Länge erreicht sie um 1910. Damals fuhr die Bahn bis Turowo (Auersberg), das einst an der deutsch-polnischen Grenze lag. Bis ins Jahr 2000 konnte der Linienverkehr der Bahn aufrecht erhalten werden. Und seit 1992 steht die Bahn nun unter Denkmalschutz, was ihren Erhalt sicherstellt. Heute bedient sie von Mai bis September gewöhnlich eine Strecke, vorbei an kleinen Dörfern, Feldern und Wiesen zwischen Ełk und Sypitki (15 km). Abfahrt ab Ełk ist gewöhnlich um 10 Uhr, ab Syptiki um 12.15 Uhr (Änderungen möglich!); www.2.muzeum.elk.pl/de/.

Im **Bahnhof** der **EKW Ełk Kolej Wąskotorowa [N53° 48' 59.1" E22° 21' 11.9"]**, ul. Wąski Tor 1, wurde von den Eisenbahnfreunden Adam und Miroslaw Sawczynski ein interessantes kleines **Eisenbahnmuseum** eingerichtet *(geöffnet Mai - Sept. Di - So 9 - 17 Uhr; Okt. - Apr. Di - So 9 - 15 Uhr, in dieser Zeit auch Führungen; www.2.muzeum.elk.pl/de/)*. Vom Museum werden auch Ausflugsprogramme mit der Bahn organisiert.

*ROUTE: Straße 16 bis **Augustów**. Dort trifft man auf die Straße 8/E76 (auffallend starker Lkw-Verkehr, der in Augustów gelegentlich zu kilometerlangen Staus führt), der wir nordwärts über **Suwałki/Suwalken** bis zur polnisch-litauischen Grenze (keine Grenzkontrolle) bei **Budzisko** folgen.*

Das südlicher gelegene **Augustów** (ca. 30.000 Einw.) ist von drei Seen umgeben, was der Stadt den Ruf eines bekannten Segelzentrums eingebracht hat. Außerdem starten in Augustówo Ausflugsfahrten der „Weißen Flotte".

Östlich der Stadt dehnt sich bis hin zur weißrussischen Grenze die **Puszcza Augustowska**, die **Augustower Heide**, eines der größten zusammenhängenden Waldgebiete Polens. Hier lässt sich

PRAKTISCHE HINWEISE – EŁK/LYCK

Informacja Turystyczna-Kulturalnej [Parkplatz, N53° 49' 15.07" E22° 20' 47.84"], ul. Wojska Polskiego 47, 19-300 Ełk, Tel. +48 87 621 70 10; www.turystyka.elk.pl. *Geöffnet Juli + Aug. tgl. 9 - 17 Uhr; übrige Zeit Mo - Fr 8 - 16 Uhr.*

CAMPING

Camping Miejski Osrodek Sportu i Recreacji w Ełku Nr. 62 [N53° 48' 59.0" E22° 21' 12.1"], ul. Parkowa 4, Tel. +48 87-610 97 00; www.mosir.elk.pl/plaza-miejsky/camping/; 1. Juni – 15. Sept.; von der Straße 16 (Olsztyn – Augustow) am westl. Ortsrand Richtung Centrum und noch 2 km zum beschilderten Abzweig. Platz der Gemeinde Ełk am westl. Stadtrand am Jezioro Ełekie; noch in Gehnähe zur Innenstadt gelegen; 7 gepflasterte, durch Büsche und hohe Nadelbäume unterteilte Stellplatzbuchten, jeweils mit Stromanschluss, Frischwasserhahn und Abwasserausguss, sowie eine rechteckige Wiesenmulde unter hohen Laubbäumen für Zelte (nicht mit Autos zugänglich), außerdem kleine naturbelassene Wiese vor dem Sanitärhaus; der Platz liegt zwischen geräuschvollem Skaterpark, Tennisplätzen und einer Festwiese am See, Badesteg; ca. 1 ha – 50 Stpl.; einfache, veraltete Sanitäranlagen, keine Wäschewascheinrichtungen.

PRAKTISCHE HINWEISE – AUGUSTÓW

Informacja Turystyka, Rynek Zygmunta Augusta 19, 16-300 Augustów, Tel. +48 511 18 18 48; www.augustow.pl/en. *Geöffnet Juni Mo - Fr 8 - 18 Uhr, Sa + So 10 - 18 Uhr; Juli + Aug. Mo - Fr 8 - 20 Uhr, Sa + So 9 - 20 Uhr; Mai + Sept. Mo - Fr 8 - 17 Uhr, Sa + So 10 - 15 Uhr; übrige Zeit Mo - Fr 8 - 16 Uhr.*

stundenlang spazieren gehen oder Fahrrad fahren, ohne einem Menschen zu begegnen. Beliebt bei den Einheimischen ist das Pilzesammeln im Wald. Doch Vorsicht mit dem Wohnmobil auf den engen Straßen im Wald. So Mancher ist bereits im lockeren Sandboden stecken geblieben und musste auf Hilfe warten!

Eine beliebte Attraktion für sportlich motivierte Touristen ist die fast 100 Kilometer lange **Paddelstrecke** durch den Urwald über den Augustów-Kanal und den Fluss Czarna Hańcza.

Suwałki/Suwalken liegt 32 km nördlich von Augustów. Der zentrale Stadtplatz ist der Plac Piłsudskiego. Er ist umgeben von einigen spätklassizistischen Bauwerken. 1993 wurde Suwałki vom Europarat für seine Bemühungen um den Schutz einer natürlichen Umwelt ausgezeichnet.

Bei ausreichend zur Verfügung stehender Zeit lohnt es sich, in Suwałki rechts (ostwärts) in Richtung Sejny (Straße 653) abzubiegen und zum **Wigierski Nationalpark [Muzeum Wigier, N54° 04' 32.5" E23° 04' 31.3"]** zu fahren, der

PRAKTISCHE HINWEISE – SUWAŁKI

Informacja Turystyka [Parkmöglichkeit, N54° 06' 00.3" E22° 55' 34.5"], Aleksandra Hamerszmita 16, 19-400 Suwałki, Tel: +48 87 56 62 079; www.pogodnesuwalki.pl. *Geöffnet Juli + Aug. Mo - Fr 8 - 18 Uhr, Sa + So 9 - 15 Uhr; Mai - Juni + Sept. Mo - Fr 8 - 16 Uhr, Sa + So 9 - 15 Uhr; Jan. - Apr. + Okt. - Dez. Mo - Fr 8 - 16 Uhr.*

CAMPING

Camping Eurocamping Osir Nr 133 [N54° 5' 36.1" E22° 54' 50.1"], Zarzecza 26, 16-400 Suwalki; Tel. +48 87 56 73 307; www.osir.suwalki.pl; 1. Mai - 18. Sept.; neben dem Stadion gelegen; ebenes Wiesengelände mit relativ großzügig bemessenen Parzellen, je mit Stromanschluss, ca. 3 ha - 42 Stpl.; Toiletten, Duschen, V & E-Einrichtung.

Stary Folwark bei Suwałki/Suwalken

Camping Folwark PTTK Nr. 148 [N54° 04' 37.1" E23° 04' 57.3"], Tartak, Tel: +48 87 56 65 961; www.suwalki.pttk.pl; 1. Mai – 30. Sept.; Campingmöglichkeit bei Stary Folwark; von Suwałki über die Straße 653 rund 8 km ostwärts Richtung Sejny; von Wald und Büschen umgebenes Wiesengelände am Ortsrand am Wigry-See, im Wigierski Nationalpark; ca. 50 Stpl.; Fremdenzimmer.

– Sowie diverse **Agroturystika-Plätze** wie z. B. **Gospodarstwo Agroturystyczne Zofia Tarasiewicz [N54° 5' 14.74" E23° 5' 07.72"],** Tartak 9, Tel. +48 87 56 37 174; www.superturystyka.net/; am Pietry-See, Mai - Sept.

Vištytis

Camping Viktorija [N54° 24' 33.4" E22° 45' 40.6"], Tel. +370 342 47 521; www.viktorija.lt; 1. Apr. – 31. Okt.; beim gleichnamigen **Hotel** (40 Zi.); von Kalvarija auf der Straße 200 rund 35 km bis Vištytis und dort noch ca. 5 km südostwärts am Ostufer des Vištytis-Sees entlang; bei geschlossenem Einfahrtstor durch Fußgängerpforte zur Rezeption im Hotel gehen. Etwas unebene Wiesen hinter der Hotelanlage am Vištytis-See (Grenzsee), zum See hin schmale Picknick- und Liegewiese vorgelagert, an einer Seite von einem Nadelwäldchen begrenzt, schöner Blick über den See; ca. 3 ha – 20 Stpl., 11 Stellplätze mit Picknicktischen. 6 Sanitärkabinen jeweils mit Dusche, Wasch-

becken und WC, Sauna. Chemikalausguss. Badegelegenheit. Restaurant, Hallenbad, Sauna im Hotel.
Camping Kempingas Pušelė [N54° 25′ 39.95″ E22° 45′ 3.72″], Zirgėnu village, Tel. +370 61 15 11 21; www.pusele.lt; 1. Mai – 1. Okt.; ca. 4 km südlich von Vištytis am Ostufer des Vištytis Sees; schräge Wiese am See; 5 ha – 50 Stpl.; einfache Sanitärausstattung. Laden, Restaurant, Café, Sauna, WLAN, keine Musik erlaubt. Mietbungalows. Auf dem Gelände sind Kunstobjekte der Kunstausstellung „Iron Fantasy" des Künstlers Darius Renaldas Dulinskas zu sehen.

Störche

Polen gilt als das Land der Störche. Das zu Recht, denn kein anderes Land auf der Welt zählt so viele Störche wie Polen. Und die Polen lieben Störche.

Störche spielen in vielen polnischen Märchen eine wichtige Rolle. Störche sind Maskottchen, sind auf Briefmarken abgebildet oder zieren zahlreiche Wappen. Und ein Storchennest auf dem eigenen Hausdach gilt als gutes Omen und wird daher als Glücksbringer angesehen.

In vielen Ortschaften sieht man auf den Dächern quer liegende Wagenräder. Sie sind vom Eigentümer angebracht worden, um Störchen eine Basis für ihr Nest zu bieten. Mittlerweile gibt es eigens Firmen, die solche Nestplattformen herstellen und auch fachmännisch anbringen, denn so ein Storchennest kann auch schon mal bis zu 500 kg auf die Waage bringen und dann wird es gefährlich für das hauseigene Dach. Störche kommen nämlich immer wieder zu ihrem Nest zurück und bauen es vor der nächsten Brut weiter aus. Die Nester wachsen also mit den Jahren und können wie erwähnt ein bedenkliches Gewicht erreichen. Und besser ein Wagenrad auf dem Dach als ein Storchennest auf dem Kamin. Schon manches Bauernhaus ist abgebrannt, weil der Kamin zugebaut war.

Im April jeden Jahres kommen die Störche zurück zu ihrem Geburtsort. Erst erscheinen die Männchen und eine knappe Woche später folgen die Weibchen. Sie bleiben in der Regel bis Mitte August und fliegen dann über die Türkei bis in ihr afrikanisches Winterquartier.

Vor allem im Ostteil Polens, kurz vor der litauischen und der russischen Grenze existieren Dörfer, in denen die Population der Störche bei weitem die Anzahl der menschlichen Bevölkerung übersteigt. Doch wundern muss man sich nicht über die vielen Adebars in Polen, denn die zahlreichen Gebiete mit kleinräumiger Landwirtschaft bieten ideale Lebensbedingungen. Brach liegende Felder und Äcker mit geringer oder kaum vorhandener chemischer Düngung gelten als perfektes Nahrungsrevier. So kam es, dass zwischen den letzten Storchenzählungen in den Jahren 1984 und 1995 die Zahl der Vögel um rund ein Drittel zugenommen hat und in Polen damit ein Viertel aller Störche weltweit leben.

rund 6 km südwestlich von Suwałki liegt. Einer der großen Seen im Nationalpark ist der weitverzweigte **Wigry-See**. An seinen nördlichen Ufern liegt unweit der Straße 653 ein ehemaliges Kloster des Kamaldulenser-Ordens aus dem Ende des 18. Jh., das heute als Erholungszentrum dient.

Wenn Sie sich im Wigierski Nationalpark aufhalten und sich für Kirchenarchitektur interessieren, bietet es sich an, weiter bis nach **Sejny** zu fahren, das rund 30 km östlich von Suwałki liegt. Grund des Abstechers ist eine markante **Basilika [N54° 06′ 32.1″ E23° 20′ 42.8″]**, die Klosterkirche einer Dominikanerabtei, deren Türme den Wallfahrtsort beherrschen. Sehenswert ist die barocke Westfassade und das reich dekorierte Kircheninnere mit gotischer Madonnenfigur.

Sejny hatte einmal eine große jüdische Gemeinde, an die die **Biała Synagoga**, die **Weiße Synagoge,** erinnert. Sie dient heute als Museum.

Das Baltikum

Historikern zufolge war es ein gelehrter Mönch namens Adam von Bremen, der im 11. Jh. davon berichtet, dass Ostseeanrainer das Meer als „Mare Balticum" bezeichneten. „Baltas" bedeutet im Lettischen und im Litauischen soviel wie „weiß". Schon in jener Geschichtsepoche siedelten in den baltischen Gebieten Volksstämme wie die Kuren, die Jotwinger, Liven, Galinder, Litauer, Letten, Pruzzen oder Semgallen.

Gesprochen wurden Sprachen, die weder zu germanischen noch zu slawischen Sprachfamilien gehörten. Erhalten haben sich bis heute die eigenstädigen, aber verwandten Sprachfamilien des Litauischen und des Lettischen. Das Estnische dagegen zählt zu den finno-ugrischen Sprachstämmen und ist dem Finnischen sehr verwandt.

Im 13. Jh. kamen Esten und Letten unter die Herrschaft des Livländischen Ordens und mussten zwangsweise zum christlichen Glauben konvertieren. Es entstand der Ordensstaat Livland, der von deutschstämmigen Ordensmitgliedern dominiert wurde. Benannt hat sich der Orden nach dem Volksstamm der Liven, die sich damals in der Rigaer Bucht angesiedelt hatten. Dieser Ordensstaat Livand bestand bis weit ins 16. Jh. hinein, bis Polen und Schweden das Gebiet eroberten.

Nur Kurland, das Gebiet des westlichen Lettland, blieb als eigenständiges Herzogtum von der Mitte des 16. Jh. bis zum Ende des 18. Jh. hin mehr oder weniger unabhängig.

Zu Beginn des 18. Jh. eroberte Russland die damals von Schweden beherrschten Gebiete und 1795 fiel auch Kurland an Russland. Es dauerte noch bis 1918 bis Estland und Lettland endlich zu unabhängigen Staaten wurden.

Litauen nahm einen etwas anderen Weg zum souveränen Staat. Im 13. Jh. hatte sich ein Großfürstentum etabliert, das sich bis ins 15. Jh. hinein gegen Machtansprüche des Livländischen Ordens im Norden und des Deutschen Ordens in Preußen behaupten konnte. Im 14. Jh. ging das Großfürstentum eine Verbindung mit Polen ein, was u. a. zur Christianisiereung der litauischen Fürstentümer und zu einer Union mit Polen führte. Teile Litauens wurden preußisch.

In der zweiten Hälfte des 18. Jh. führten die Polnischen Teilungen dazu, dass der Litauisch-Polnische Doppelstaat an Russland fiel. Es dauerte fast einhundert Jahre, bis es 1918 zu einer Neugründung Litauens kam.

Infolge des Hitler-Stalin-Paktes wurden die baltischen Staaten Litauen, Lettland und Estland in die Sowjetunion eingegliedert. Erst 1991 erhielten sie ihre Eigenstaatlichkeit zurück und 2004 wurden die drei Staaten Mitglieder der EU und der NATO.

Der Abschnitt „Das Baltikum" wurde zusammengestellt unter Verwendung von Unterlagen der Tourismusämter von Litauen, Lettland und Estland.

Litauen

Der **Grenzübertritt von Polen nach Litauen bei Budziska** (Straße 8/A5/E67) gestaltet sich seit der EU-Erweiterung im Mai 2004 gewöhnlich völlig problemlos. Es finden in Normalfall weder Ausweis- noch Zollkontrollen statt.

35 km westlich von **Kalvarija**, dem ersten litauischen Ort auf unserer Reise, liegen südlich von **Vištytis** der abgeschiedene **Campingplatz Viktorija [N54° 24′ 33.4″ E22° 45′ 40.6″]** sowie der **Campingplatz Pušelė [N54° 25′ 39.95″ E22° 45′ 3.72″]** (siehe weiter vorne unter „Praktische Hinweise – Suwałki – Camping). Wer evtl. über Kybartai in die Russische Föderation und nach Kaliningrad reisen möchte, dem bietet sich dieser Platz an.

Einreise über Kybartai nach Kaliningrad/Russische Föderation

Folgen Sie in **Kybartai** der Beschilderung „Kaliningrad". Sie werden zur Einfahrt zu einem großen Parkplatzgelände geführt. An der Einfahrtsschranke müssen Sie an einem Schalter einen Parkschein kaufen. Auf dem Parkschein wird eine Nummer vermerkt, die die Nummer Ihres Parkplatzes angibt. Sie fahren die wenigen Meter bis zu diesem Parkplatz und warten. Die Wartezeit kann Stunden dauern. Wir haben dort schon mehr als sieben Stunden verbracht! Auf dem Gelände gibt es Toiletten.

In längeren Abständen verteilen Parkwächter an die wartenden Autofahrer (in der Reihenfolge ihrer Ankunft) kleine Zettel. Diese Zettel berechtigen zum Weiterfahren (über eine Bahnlinie) bis zur eigentlichen Grenzstation auf litauischer Seite. Davor wird besagter Zettel von einem Beamten eingesammelt. Nach langer Wartezeit erfolgt die Grenzkontrolle auf litauischer Seite.

Am Grenzübergang auf litauischer Seite gibt es in einem Gebäude links Toiletten und eine Wechselstube. Man kann die Zeit nutzen und dort Rubel kaufen.

Nach der litauischen Grenzkontrolle fährt man wenige hundert Meter weiter bis zu einem Kontrollposten. Wieder warten, diesmal kürzer, bis man endlich zum russischen Grenzkontrollpunkt in Sichtweite weitergewunken wird. Dort Ausfüllen der Formulare zur Einreise- und Zollprozedur (siehe auch unter Tour 5, Kaliningrad, oder Tour 13, Sankt Petersburg). Dann Passkontrolle, Personenkontrolle, Zollkontrolle. Mit Wartezeiten ist zu rechnen. Veranschlagen Sie eine Stunde, es kann auch länger dauern.

Nach unserer Erfahrung gestaltet sich der Grenzübertritt in Kybartai extrem langwierig, nicht zuletzt auch wegen des sehr starken Aufkommens an Lkw, die allerdings eigene Abfertigungsspuren haben. Falls man die Wahl hat, empfiehlt es sich, eher von Polen her über Bezledy/Bagrationowsk z. B. (siehe Tour 5) nach Kaliningrad einzureisen.

HAUPTROUTE

*ROUTE: Von der polnisch-litauischen Grenze über **Kalvarija** und **Marijampolė** bis **Kaunas** (ca. 92 km).*

Kaunas (Kauen) ist mit annähernd 305.000 Einwohnern die zweitgrößte Stadt Litauens.

Gegründet wurde Kaunas am Zusammenfluss von Nemunas (Memel) und Neris, wo sich im 13. Jh. um eine Burg erste Siedlungen bildeten. Zu Beginn des 15. Jahrhunderts durfte sich Kaunas nach den Magdeburger Stadtrechten schließlich als „Stadt" bezeichnen. Zur Entwicklung der Stadt trug vor allem der Flusshafen an der Memel bei. Kaunas war Litauens einzige Stadt, die dem Hansebund angeschlossen war.

Im Laufe ihrer Geschichte wurde die Stadt im Memelland von Bränden, Überfällen und Eroberungen heimgesucht. Napoleon was here. Und – Kaunas war einmal Hauptstadt des Landes, wenn auch nur kurz, als die Rotarmisten Vilnius besetzt hielten und die Regierung nach Kaunas umziehen musste. Dies nützte der Stadt insofern, dass sie wirtschaftlich und kulturell für diese kurze Zeitspanne aufblühte. In dieser Periode entstand der Botanische Garten und die Universität wurde gegründet.

Mit dem Ende des Zweiten Weltkrieges, während dessen im Ghetto von Kaunas mehrere tausend Juden umkamen, musste die Stadt ihren Titel als Hauptstadt wieder an Vilnius abgeben, das von 1940 bis zur Unabhängigkeit Litauens im Jahre 1990 Hauptstadt der Litauischen Sozialistischen Sowjetrepublik war.

Das Rathaus in Kaunas

Die alte Stadtburg und andere Sehenswürdigkeiten findet man in der **Altstadt von Kaunas Senamiestis**, die auf einer Halbinsel am Zusammenfluss von Nemunas und Neris liegt.

Einen großen, bislang gebührenfreien **Parkplatz [N54° 54' 0.07" E23° 53' 15.76"]**, neuerdings mit „Elektro-Tankstelle" versehen, findet man am Nordwestrand der Altstadt vor der Stadtfestung und ganz in der Nähe des Rathausplatzes. Guter Ausgangspunkt für einen Altstadtrundgang. Ansonsten sind Parkplätze in der Altstadt allerdings Mangelware. Erst entlang der nach Nordosten entlang der Neris führenden Ausfallstraße Jonavos gatvė, die auch zu Kaunas City Camp führt, findet man mehrere Parkplätze.

Will man die Stadtbesichtigung lediglich auf die Neustadt von Kaunas beschränken, kann man auch den steilen Savanorių prospektas, die Ausfallstraße nach Nordosten, hinauf in den Stadtteil Aleksotas auf den Žaliakalnis-Hügel (Grünberg) fahren, sich oben einen **Parkplatz [N54° 54' 7.95" E23° 55' 4.79"]** suchen, um dann mit der **Žaliakalnis-Standseilbahn Funikulieriui (1) [N54° 54' 7.50" E23° 55' 5.03"]** *(verkehrt Mo - Fr 7 - 19, Sa + So 9 - 19 Uhr, Änderungen möglich!)*, eine der ältesten Standseilbahnen in Europa, hinab in die Neustadt Naujamiestas zu gelangen.

Bis in die Altstadt ist es von hier allerdings noch ein gutes Stück nach Westen. Unterwegs gibt es aber einiges zu sehen.

Die Stadt Kaunas stellt Bewohnern und Besuchern gegen Gebühr insgesamt 300 Räder und 2000 Scooter (Roller) zur Verfügung. Wem's behagt kann sich damit u. U. die Stadtbesichtigung etwas erleichtern. Aktivieren kann man Räder und Roller über die App „CityBee", https://www.citybee.lt/bikes oder https://www.citybee.lt/scooters.

Spaziergang durch Kaunas' Altstadt Senamiestis

Ausgangspunkt ist der **Rathausplatz Rotušės aikštė (11) [N54° 53' 49.1" E23° 53' 08.0"]**.

Das Haus mitten auf dem Rathausplatz fällt ins Auge, ähnelt es auf den ersten Blick doch einer Kirche, ist aber keine. Es wird im Volksmund gerne als „Weißer Schwan" bezeichnet. Naheliegend, denn das schneeweiße Gebäude mit dem Turm kann mit etwas Fantasie an einen Schwan erinnern – oder eben auch an eine Kirche. Tatsächlich handelt es sich um das **Rathaus**. Errichtet werden sollte

Die Burg von Kaunas

es schon im 16. Jahrhundert, doch schwere Zerstörungen stoppten das Bauprojekt, so dass es erst Mitte des 17. Jahrhunderts fertiggestellt werden konnte.

Gotische, barocke und frühklassizistische Elemente machen das Bauwerk, architektonisch betrachtet, interessanter als manch eine Kirche. Während der Zarenzeit diente das stattliche Rathaus gelegentlich als standesgemäße Unterkunft, wenn sich der russische Herrscher in Kaunas aufhielt.

Heute findet man im Rathaus neben diversen Ämtern das **Kaunas Stadtmuseum (Kaunas Istorijos Tėkmėje)** *(geöffnet Di - Sa 10 - 18 Uhr, So 10 - 16 Uhr; www.kaunomuziejus.lt/en/)*, das sich mit der Stadtentwicklung befasst, und das **Keramikmuseum**. Es ist im Kellergewölbe untergebracht und zeigt litauische Keramik und die Geschichte des Porzellans *(geöffnet Di - So 11 - 17 Uhr, Do 11 - 19 Uhr; www.muzieja.lt/Kaunas/keramikos_muziejus.en.htm)*.

Ebenso hier untergebracht ist das **Touristenbüro (4)**.

Wenn Sie im Uhrzeigersinn einmal rund um das Rathaus gehen, können Sie unterwegs einige interessante Gebäude und Museen besichtigen.

Es beginnt mit dem **Literatur- und Maironis-Museum [N54° 53′ 48.4″ E23° 53′ 03.1″]**, Rotušės aikšte Nr. 13 *(geöffnet Di - Sa 9 - 17 Uhr; www.maironiomuziejus.lt/en/)*. Vor dem Haus befindet sich eine Statue des bereits erwähnten Literaten und Pfarrers Mačius-Maironis. Im Haus nebenan, dem **Maironis-Haus (14)**, hat er lange Zeit gewohnt. Die ehemaligen Wohnräume dienen heute als „Gedenkwohnung" an den dichtenden Gottesmann. Zusätzlich gibt es in der ersten Etage eine Ausstellung mit Exponaten aus der Entwicklung der litauischen Literatur.

Im Haus Rotušės aikšte Nr. 19 befand sich einst ein Museum für Kommunikationsgeschichte. Schwerpunkthemen waren Postwesen, Telekommunikation und Informatik.

Etwas weiter westlich vom Rathausplatz kommt man in der Straße Papilio gatvė vorbei am Masalski-Palast. In der ehemaligen Stadtresidenz der Fürsten Masalski ist heute ein Priesterseminar untergebracht.

Noch ein kurzes Stück weiter sieht man, ebenfalls in der Papilio gatvė, die **Georgenkirche Sv. Jurgio (15) [N54° 53′ 54.41″ E23° 53′ 1.48″]**. Nördlich davon findet man die restaurierte **Burg**

Das barocke Innere der St. Peter-und-Paul-Kathedrale

(16) [N54° 53' 56.7" E23° 53' 07.7"] *(geöffnet Juni - Aug. Di - Sa 10 - 18 Uhr, So 10 - 16 Uhr; Sept. - Mai Di - Sa 10 - 18 Uhr; www.visit.kaunas.lt/de/erleben/sights/museen-und-galerien/museen/die-burg-kaunas)*. Man begann mit dem Bau im 13. Jahrhundert. Damals war das befestigte Gebäude das erste von Bedeutung hier. Rasch etablierte sich um die Burg eine Siedlung, aus der schließlich die heutige Stadt entstanden ist.

Die strategisch günstige Lage am Zusammenfluss von Neris und Nemunas machte die Festung bei den Feinden der Stadt bald zu einem begehrten Ziel. Und so dauerte es auch nicht lange, bis sie 1362 von Ordensrittern erobert und zerstört wurde. Schon bald begann man mit dem Wiederaufbau. Die heute sichtbare Burganlage entstand im 16. Jh., damals die erste Festung in Litauen, die ganz aus Backsteinen errichtet und mit zwei Wallanlagen versehen wurde.

An der Nordostseite des Rathausplatzes ist in den ehemaligen Räumlichkeiten der medizinischen Fakultät der Universität von Kaunas, Rotušės aikšte 28, das **Lietuvos medicinos ir farmacijos istorios muziejus [N54° 53' 49.44" E23° 53' 15.20"]**, das Museum für litauische Medizingeschichte und Pharmazie untergebracht *(geöffnet Di - Sa 10 -17 Uhr; www.ismu.lt)*. Das Museum zeigt eine schöne Ausstellung über die Geschichte der litauischen Heilkunde und Pharmazeutik sowie der Medizinischen Universität Kaunas. Im Inneren sind eine Apotheke inklusive Laboratorium und Kellerräume aus dem 19. Jahrhundert nachgebildet.

An der Nordostecke des Rathausplatzes sieht man den dunklen Backsteinbau die **St. Peter-und-Paul-Kathedrale, Šv. Petro ir Povilo arkikatedra (12) [N54° 53' 49.6" E23° 53' 17.8"]**, Vilniaus gatvė 1, mit ihrem 55 m hohen Kirchturm. Der ursprünglich gotische Bau stammt aus den Anfängen des 15. Jh., erfuhr im Laufe seiner Geschichte aber viele Um- und Anbauten in unterschiedlichen Stilen. Vom gotischen Kirchenbau ist eigentlich nur noch der Chor übriggeblieben.

Auf der Südseite der Kathedrale befindet sich die Grabstätte des Pfarrers und Dichters Mačiulis-Maironis.

Das Innere der Kirche beeindruckt den Besucher mit neun reich verzierten Altären und einer Sakristei mit Kreuzgewölbe.

Wer vom Rathausplatz südwärts weiter bis zum Ufer des Flusses Nemunas geht, trifft auf das **Lithuanian Sport-**

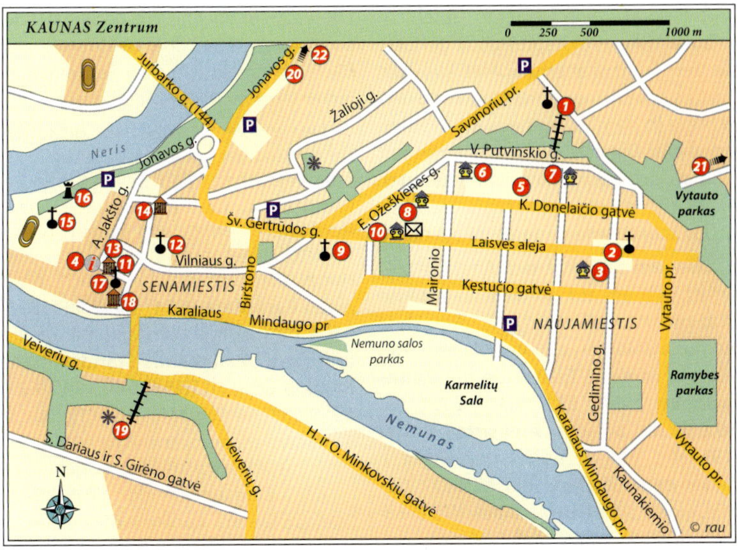

KAUNAS (KAUEN) ZENTRUM – ***1*** *Žaliakalnis-Standseilbahn Bergstation, Auferstehungskirche –* ***2*** *Unabhängigkeitsplatz/Michaeliskirche –* ***3*** *Žilinskas-Museum –* ***4*** *Touristeninformation –* ***5*** *Vienybės Platz –* ***6*** *Kriegsmuseum –* ***7*** *Teufelsmuseum –* ***8*** *Puppentheatermuseum –* ***9*** *St. Gertrude-Kirche –* ***10*** *Zoologisches Museum –* ***11*** *Rathausplatz Rotušės aikštė –* ***12*** *St. Peter-und-Paul-Kirche –* ***13*** *Rathaus/Touristenbüro –* ***14*** *Maironis-Haus –* ***15*** *Georgenkirche –* ***16*** *Burg –* ***17*** *St. Franziskus-Kirche –* ***18*** *Perkūnas-Haus –* ***19*** *Aleksotas-Hügel, Aussicht –* ***20*** *Richtung IX. Fort –* ***21*** *Richtung Kaunasser Stausee –* ***22*** *Richtung Kaunas City Camp*

museum [N54° 53' 45.2" E23° 53' 01.3"], Muziejaus gatvė 7 *(geöffnet Di - Sa 10 - 17 Uhr, letzter Do im Monat geschlossen; www.lietuvossportomuziejus.lt)*. Neben der Entwicklung der Sportgeschichte Litauens informiert es über die Teilnahme an internationalen Wettkämpfen und erinnert an litauische Sportler.

Zwei weitere wichtige Gebäude befinden sich auf der Südseite des Rathausplatzes.

Schnell zu erkennen ist die **St. Franziskuskirche (17) [N54° 53' 46.4" E23° 53' 10.5"]**, für deren Bau man fast 100 Jahre benötigte. Sie wurde 1753 geweiht, diente erst den Franziskanern als Ordenskirche, war danach die Alexander-Nevskij-Kathedrale und musste in der Sowjetzeit schließlich als Schule herhalten. Seit Anfang der 1990er Jahre hat sie ihre Funktion als Gotteshaus zurückbekommen.

Ganz in der Nähe liegt das gotische **Perkūnas Namas (18)**, das **Haus des Donnergottes [N54° 53' 43.9" E23° 53' 11.6"]**, Aleksoto gatvė 6. Es stammt aus dem 15. Jahrhundert, wurde von Kaufleuten geplant und als Handelshaus des Hansebundes genutzt. Bei Umbauarbeiten Anfang des 19. Jahrhunderts fand man in einer Mauer eine Bronzestatue, die den Donnergott (Perkūnas) darstellt. Nach dem Einzug des litauischen Theaters im Jahr 1844 hat man das Bauwerk im letzten Jahrhundert mehrfach umgebaut und restauriert, bis es sein heutiges Aussehen erhielt. Heute beherbergt es ein Jesuitengymnasium.

Die letzte Sehenswürdigkeit in der Altstadt ist schließlich die **Vytautas-Kirche [N54° 53' 42.2" E23° 53' 10.6"]** aus dem 15. Jh. Die Kirche in der Aleksotas gatvė 3, geweiht der Heiligen Jungfrau Mariä Himmelfahrt, ist eines der ältesten Kaunasser Gebäude im gotischen Stil und kann auf eine bewegte Geschichte zurückblicken. Ursprünglich gehörte sie den Franziskanern. Später kam die französische Armee unter Napoleon und richtete in dem Gotteshaus ein Waffenlager ein. Danach wurde sie eine Zeit lang als orthodoxe Kathedrale benutzt. In der Kirche befindet sich die Grabstätte des Schriftstellers Tumas-Vaižgantas.

Hier am Südrand der Altstadt bietet es sich an, auf der Brücke Vytauto Didžiojo tiltas (Straße 130) den Fluss Nemunas/Memel zu überqueren. Am Südufer liegt die **Talstation der Zahnradbahn [N54° 53′ 31.7″ E23° 53′ 16.0″]**, die auf den **Aleksotas-Hügel (19)** fährt. Von dort oben genießt man hinter dem Gebäude der Musikakademie einen schönen Ausblick [N54° 53′ 29.5″ E23° 53′1 01.4″] auf die Stadt.

Auf der rechten Seite kann man die kleine Insel im Fluss erkennen, die mit ihrer schönen Parkanlage zum Spazieren und Picknicken einlädt.

Spaziergang durch Kaunas' Neustadt Naujamiestis

Will man den Stadtspaziergang hinein in Kaunas' Neustadt Naujamiestis ausdehnen, verlässt man die Altstadt am Rathausplatz Rotušės aikštė nach Osten und folgt der verkehrsberuhigten **Vilniaus gatvė** bis zur **St. Gertrude-Kirche (9) [N54° 53′ 50.7″ E23° 54′ 05.0″]**. Über die Laisvės alėja schließlich gelangt man hinein in die Neustadt.

Allerdings ist es ein gutes Stück Wegs von der Altstadt in die Neustadt! Aber die gepflasterte Vilniaus Straße, die als älteste und eine der schönsten Straßen in ganz Kaunas gilt, bietet Abwechslung, (z. B. bemerkenswerte Telefonzellen u. ä.).

In der Vilniaus gatvė Nr. 33, fast am Ostende des Straßenzuges, sieht man am Nordrand eines Parks das **Historische Präsidentenpalais Litauens [N54° 53′ 50.8″ E23° 53′ 50.3″]** *(geöffnet Di, Mi, Fr 10 - 17 Uhr, Do 10 - 19 Uhr, Sa + So 11 - 16 Uhr; www.istorineprezidentura.lt/en/)*. Das Palais war Präsidentensitz in der Zeit um 1846, als Kaunas vorübergehend Hauptstadt von Litauen war. Besucher des Präsidentenpalais erfahren Interessantes über die Entstehung der Republik Litauen und über den Wandel, den die Stadt Kaunas von einer Festungsstadt hin zu einer modernen Stadt erlebte.

Um in die Neustadt zu gelangen, kann man aber auch – wie weiter vorne schon erwähnt – den steilen Savanorių prospektas, die Ausfallstraße nach Nordosten wählen und hinauf in den Stadtteil Aleksotas auf den Žaliakalnis-Hügel (Grünberg) fahren, sich oben einen **Parkplatz [N54° 54′ 7.95″ E23° 55′ 4.79″]** suchen, um dann mit der historischen **Žaliakalnis-Standseilbahn Funikulieriui (1) [N54° 54′ 7.50″ E23° 55′ 5.03″]** *(verkehrt Mo - Fr 7 - 19, Sa + So 9 - 19 Uhr, Änderungen möglich!)* hinab in die Neustadt Naujamiestas zu gelangen.

Die Bergstation der Žaliakalnis-Standseilbahn Funikulieriui befindet sich in der Aušros gatvė 6, an der **Auferstehungskirche,** unverkennbar durch ihren markanten, über 70 m hohen Turm. An der Kirche wurde sage und schreibe 50 Jahre lang gebaut. Mit Unterbrechungen wohl, denn zeitweise musste die Kirche auch als Radiofabrik herhalten. Auf dem Kirchendach gibt es eine Aussichtsterrasse, von der ein schöner Blick auf die Stadt möglich ist.

Mit der Standseilbahn unten in der Neustadt angekommen, führt von der Talstation in der Putvinskio gatvė Nr. 22 die Straße A. Mickevičiaus gatvė geradewegs nach Süden. Wir folgen der Straße, die nach dem polnischen Dichter Adam Mickiewicz benannt ist, nach Süden hinein in die **Neustadt Naujamiestas**.

Die zweite Querstraße ist die **Laisvės alėja**, die breite, autofreie, 1,6 km lange Haupt- und Einkaufsstraße, die Neustadt und Altstadt verbindet. Wir biegen hier links ab und folgen der Laisvės alėja bis zum nahen **Unabhängigkeitsplatz Nepriklausomybės aikšte (2)**.

Unübersehbar auf dem Platz erhebt sich die **Michaeliskirche [N54° 53′ 49.4″ E23° 55′ 15.4″]**. Errichtet wurde sie ausgangs des 19. Jh. von russischen Architekten im russisch-orthoxen Stil eines sog. Sobors für die Armee des Zaren. Das Gotteshaus ist mit seinen fünf Kuppeln weithin sichtbar und gehört heute wieder der katholischen Gemeinde.

Nur ein kurzes Stück südlich der Michaeliskirche liegt rechter Hand die **Kunstgalerie Mykolas Žilinskas (3) [N54° 53′ 46.3″ E23° 55′ 13.4″]** *(geöffnet Di, Mi, Fr 10 - 17 Uhr, Do 10 - 19 Uhr, Sa + So 12 - 17 Uhr; www.visit.kaunas.lt/de/erleben/sights/museen-und-galerien/galerien/mykolas-zilinskas-kunst-galerie/).* Die Galerie zeigt antike und ägyptische Kunst und erklärt die Geschichte der Porzellanmalerei im Europa der letzten 300 Jahre.

Wir gehen nun über die Laisvės alėja (Allee, Fußgängerzone) nach Westen. Auf fast 2 km reihen sich zahlreiche kleinere und größere Geschäfte, Restaurants, Cafés etc. Raucher aufgepasst! In der Fußgängerzone ist Rauchen verboten! Seit 1990 nimmt die Stadt nämlich am internationalen Projekt „Gesunde Stadt" teil.

Nachdem Sie die A. Mickevičiaus gatvė wieder passiert haben, gehen Sie die Daukanto gatvė rechts, vorbei am Hotel Metropolis und an der Technischen Universität zur Donelaičio gatvė. Gleich gegenüber liegt der Platz **Vienybės aikštė (5)**, der zu sowjetischen Zeiten Lenin-Platz hieß.

1928 errichtete man auf dem Platz eine Statue, die Litauens Unabhängigkeit symbolisieren sollte. Sie wurde während der Okkupation entfernt, aber schon 1989 neu enthüllt.

Zu sehen gibt es am Vienybės Platz zudem den **Garten des Kriegsmuseums [N54° 53′ 57.6″ E23° 54′ 45.8″]** (K. Donelaičio gatvė 64), in dem sich einige Büsten und Statuen für bedeutende Schriftsteller und Politiker des Landes befinden. Im Garten brennt ständig ein Feuer, das als ewige Flamme zusammen mit den Holzkreuzen hier an die Gefallenen erinnert, die für Litauens Unabhängigkeit gekämpft haben. Zu den Unabhängigkeitskämpfern zählt zum Beispiel auch der Student *Romas Kalanta*, der sich 1972 aus Protest gegen die Sowjetherrschaft selbst verbrannte.

Im **Kriegsmuseum (6)** selbst, K. Donelaičio Str. 64, *(geöffnet Di - So 10 - 17 Uhr, letzter Einlass 30 Min. vor Schließung; www.vdkaromuziejus.lt/en/)* sind zeitgenössische Dokumente, typische Waffen und auch Wrackteile des abgestürzten Flugzeuges, mit dem die beiden Piloten Darius und Stasys Girėnas den Atlantik in neuer Rekordzeit und schneller als der legendäre Charles Lindbergh in West-Ost-Richtung überqueren wollten, ausgestellt.

Alternativ dazu hat man die Möglichkeit, das im selben Gebäude untergebrachte **Nationale Čiurlionis-Museum [N54° 54′ 01.3″ E23° 54′ 43.3″]** zu besichtigen, V. Putvinskio gatvė 55 *(geöffnet Di - Sa 11 - 18 Uhr, So 11 - 16 Uhr, letzter Einlass 30 Min. vor Schließung; www.ciurlionis.lt/en/).* Das Museum für bildende Kunst zeigt Gemälde und Grafiken des Künstlers M. K. Čiurlionis (1875 – 1911), sowie eine Ausstellung über die litauische Malerei des 20. Jahrhunderts.

Im Gebäude unweit westlich gegenüber, V. Putvinskio gatvė 64, muss es mit dem Teufel zugegangen sein, zumindest ist es dort „höllisch" interessant. Der Künstler A. Žmuidzinavičius hat zahlreiche Darstellungen des Teufels geschaffen, die nun im sog. **Teufelsmuseum Velnių muziejus (7) [N54° 54′ 03.0″ E23° 54′ 38.0″]** präsentiert werden, das im Atelier in der ehemaligen Wohnung des Künstlers eingerichtet ist, *(geöffnet Di - Sa 11 - 18 Uhr, So 11 - 16 Uhr, letzter Einlass 30 Min. vor Schließung; www.ciurlionis.lt/en/).* Ein kurioses Museum, in dem übrigens auch Stalin und Hitler entsprechend teuflisch dargestellt sind.

Vom Teufelsmuseum oder vom Platz Vienybės aikštė westwärts zur Maironio gatvė und dort südwärts bis zur Fußgängerzone Laisvės alėja. Ein kurzes Stück weiter westlich findet man in einem Hinterhaus das **Puppentheatermuseum Kauno valstybinis leliu teatras (8) [N54° 53′ 50.8″ E23° 54′ 26.2″]**, Laisvės alėja 87A *(geöffnet Do + Fr 11 - 17 Uhr, Sa + So 10 - 14 Uhr; www.kaunoleles.lt)*, das für seine wunderschön gefertigten Handpuppen bekannt ist.

Wir gehen die Fußgängerzone Laisvės alėja weiter nach Westen bis zum Platz mit dem **Denkmal des Großfürsten Vytautas**. Der aus Litauen stammende Bildhauer Grybas entwarf das Denkmal, das im Andenken an den 560. Todestag des geehrten Großfürsten enthüllt wurde. Unter der Figur sind vier Soldaten zu erkennen, die seine Gegner symbolisieren; einen Teutonen, einen Tataren, einen Polen und einen Russen. Die Litauer mussten auch dieses Denkmal 1990 nach dem Abzug der Russen neu einweihen.

Wenig weiter westlich passiert man den Eingang des Zoologisches Museum **Kauno Tado Ivanausko Zoologijos Muziejus (10) [N54° 53′ 52.41″ E23° 54′ 14.29″]**, Laisvės alėja 106 *(geöffnet Di - So 10 - 18 Uhr; www.zoomuziejus.lt/en/).* 140.000 Exponate aus dem gesamten Spektrum des Tierreiches befinden sich in der 1919 gegründeten Ausstellung. Neben den zahlreichen Tierpräparationen bietet das Museum auch einen kleinen Kinosaal, in dem interessante Naturfilme gezeigt werden.

Schließlich erreicht man die etwas versteckte **St. Gertrude-Kirche (9) [N54° 53′ 50.7″ E23° 54′ 05.0″]**, einen Backsteinbau im gotischen Stil aus dem 15. Jh.

Hinter der St. Gertrude-Kirche kann man links in die Vilniaus gatvė einbiegen, die hinein in die **Altstadt Senamiestis** führt. Die **Statuen der drei Präsidenten Litauens** auf der rechten Seite im Park vor dem Historischen Präsidentenpalais Litauens erinnern daran, dass man sich in der zeitweiligen Hauptstadt Litauens befindet. Diese drei Staatsoberhäupter (Smetona, Grinius und Stulgiskis) regierten das Land von Kaunas aus.

Sehenswertes außerhalb des Stadtzentrums von Kaunas

Eine wesentliche Sehenswürdigkeit von Kaunas kann nicht unerwähnt bleiben. Sie liegt allerdings außerhalb der Stadt, was einen fahrbaren Untersatz bedingt.

Will man die Sehenswürdigkeit besichtigen verlässt man Kaunas in nordwestlicher Richtung und folgt am besten zunächst der Autobahn A1 Richtung Klaipėda, zweigt aber schon kurz darauf am großen Autobahnverteiler auf die A5 ab, um gleich danach rechts zum **Parkplatz [N54° 56′ 27.46″ E23° 52 ,34.71″]** in der Nähe des Fort-Museums abzuzweigen.

Von Parkplatz führt ein Fußweg am **Museum Kauno IX forto muziejus** vorbei zum **Fort Kauno tvirtoves IX fortas**, Žemaičių plentas 73 *(geöffnet Mi - So 10 - 16 Uhr, diverse Führungen gegen Gebühr; www.9fortomuziejus.lt/?lang=en).*

Das Neunte Fort gehörte zu den Festungsanlagen der Stadt aus jüngerer Zeit. Begonnen hatte man mit dem Bau erst zu Beginn des 20. Jahrhunderts und fertig gestellt wurde die Anlage am letzten Abend vor Beginn des Ersten Weltkrieges. Im Zweiten Weltkrieg wurde das Fort von den Nationalsozialisten genutzt und erhielt den Decknamen Fabrik Nr. 1005-B. 80.000 Menschen wurden hier ermordet, etwas weniger als die Hälfte waren jüdischen Glaubens (Gedenkstätte für Holocaustopfer).

Nach Ende des Zweiten Weltkrieges übernahmen andere Machthaber das Kommando, nutzten diese „Fabrik" aber zu ähnlichen Zwecken. Denn auch in der Zeit der Okkupation durch die Sowjetunion wurden hier Erschießungen durchgeführt. Heute können die Räumlichkeiten, teils nur mit einer Führung, besichtigt werden.

Die gestaute Memel bildet östlich von Kaunas einen ausgedehnten See, das „Kaunasser Meer" **Kauno marios**. Der Stausee ist das größte künstliche Gewässer im Land und entstand 1959, als das Wasserkraftwerk gebaut wurde. Allein die gesamte Uferlänge beläuft sich auf rund 200 km und umfasst eine Wasseroberfläche von 63,5 qkm. Die tiefste Stelle im See liegt bei rund 22 Metern.

Um den See herum hat man 1992 einen **Regionalpark** eingerichtet, um die Natur und die Kulturdenkmäler zu schützen. Das gesamte Areal umfasst mehr als 10.000 ha. Man kann am Ufer durch zahlreiche Kiefernwälder spazieren gehen oder das **Kloster bei Pažaislis [Parkplatz, N54° 52′ 32.34″ E24° 1′ 11.95″]** besichtigen, bei dem es sich um ein prachtvolles Barockbauwerk handelt.

Längst ist der Regionalpark ein beliebtes Ausflugsziel der Kaunas-

PRAKTISCHE HINWEISE – KAUNAS (KAUEN)

Touristeninformation Kaunas Rathaus [Parkmöglichkeit, N54° 53' 49.1" E23° 53' 08.0"], Rotušės aikštė 15, Tel. +370 616 50 991; www.visit.kaunas.lt/en/. *Geöffnet Mo - Fr 9 - 13 + 14 - 18 Uhr, Sa 10 - 13 + 13.30 - 16 Uhr, So 10 - 13 + 13.30 - 15 Uhr.*

RESTAURANT

Bernelių užeiga, M. Valančiaus gatvė 11, Tel. +370 61 52 68 12; www.berneli-uuzeiga.lt. Das Restaurant bietet das rustikale Ambiente von Landgasthöfen mit leckeren typischen Gerichten aus Litauen.

CAMPING

Camping Kaunas City [N54° 56' 05.4" E23° 55' 06.5"], Jonavos gatvė 51A, Tel. +370 61 80 94 07; www.kaunascamping.eu/?lang=de; 1. Mai – 1. Sept.; am Nordwestrand der Stadt am Ostufer der Neris und unterhalb der Autobahn A1/E85 (Kaunas – Warschau), Autobahnausfahrt Senamiestis bei KM 4 (von Norden kommend) bzw. bei KM 5 (von Süden kommend) zur Straße 141 (Jonavos gatvė) Richtung Centras, neben der Jozita-Tankstelle. Ebenes, eingezäuntes, baumloses, neu gestaltetes Campinggelände mit befestigten, parzellierten Stellplätzen mit Strom und Wasser zwischen Grasstreifen; ca. 2,5 ha – 25 Stpl.; Standardsanitärausstattung neueren Datums. Sauna, Waschmaschine, Mietbungalows. Bushaltestelle vor dem Platzeingang.

Camping Kaunas Camp Inn [N54° 54' 55.9" E23° 50' 02.3"], Raudondvario plentas 161A, Tel. +370 602 33 444; www.campinn.lt; 1. Mai – 30. Sept.; etwa 3 km westlich des Stadtzentrums, Zufahrt von der Autobahn A5/E67 Ausfahrt Centras; kleines, eingezäuntes, videoüberwachtes, etwas geneigtes Grasgelände mit Nadel- und Laubbaumgruppen, teils erdiger Untergrund, auch gekieste Stellflächen. Im hinteren Platzteil Tennisplatz angrenzend. An zwei Seiten stark befahrene Straßen, laut durch Straßenlärm. Unterhalb des Platzes der Lampedis-See mit Sandstrand; ca. 2 ha – 50 Stpl.; Standardsanitärausstattung. Waschmaschine, Trockner, WLAN. Miethütten. Gut zugängliche V & E Station am Platzeingang. Vor dem Platz Parkplatz für Badegäste.

ser Bevölkerung geworden mit entsprechendem Besucherandrang an sommerlichen Wochenenden.

In **Rumšiškės**, gut 16 km südöstlich von Kaunas (zu erreichen über die Autobahn A1 nach Vilnius), findet man in der L. Lekavičiaus gatvė 2 das **Litauische Freilichtmuseum Lietuvos liaudies buities muziejus [Parkplatz, N54° 51' 57.47" E24° 12' 7.20"]** oder auch Brauchtumsmuseum genannt *(geöffnet Park + Gebäude Mai - Sept. tgl. 10 - 18 Uhr; Park 1. Okt. - 31. März tgl. 10 - 16 Uhr; Apr. tgl. 10 - 17 Uhr; www.llbm.lt/de/).* Dieses besuchenswerte, aber sehr weitläufige Freilichtmuseum gibt einen schönen Einblick in die ländliche Architektur und in die Volkskunde der in dieser Gegend lebenden Litauer.

Zahlreiche Wohn- und Wirtschaftsgebäude aus den verschiedensten Regionen des Landes wurden hierher geschafft und originalgetreu wieder aufgebaut. Über 50 Häuser präsentieren in vier „Regionen" Dauerausstellungen mit Möbeln, Textilien, Küchen- und Arbeitsgeräten.

Neben den Wohn- und Handwerksbereichen ist auf einem kleinen, separaten Teil des Geländes ein Eisenbahnwaggon zu sehen, der zur Deportation der litauischen Bevölkerung genutzt wurde und der nun an diese tragische Zeit erinnert.

Und wer lieber mit dem Schiff den Kaunasser Stausee überqueren will, hat die Möglichkeit dies mit einem der beiden **Ausflugsboote** zu machen. Sie heißen ‚Algirdas' und ‚Nemunas' und fahren über den Nemunas-Fluss sogar bis nach Birštonas.

Falls Sie auf den nachstehend beschriebenen, sehr lohnenden **Abstecher nach Vilnius** verzichten, bitte weiter mit **„Hauptroute"** weiter hinten!

Abstecher von Kaunas über Trakai nach Vilnius (Wilna)

Ein sehr empfehlenswerter Abstecher, auf den man eigentlich nicht verzichten und dafür mindestens zwei Tage vorsehen sollte!

***ROUTEN:* Vilnius** *lässt sich von Kaunas aus auf der Autobahn A1/E85 rasch erreichen, ca. 100 km.*

Man kann aber auch den südlicheren Weg über Prienai und die Straße A16 nehmen und kommt dann bequem an ***Trakai*** *und seiner sehenswerten Burg vorbei, ca. 135 km.*

Vilnius liegt nur knapp 30 km nordöstlich von Trakai.

Die prächtige **Burg von Trakai** ist der Anziehungspunkt im Ort schlechthin. Das in rotem Sandstein aufgeführte Gebäudeensemble gleicht einer Bilderbuchburg, die malerisch auf einer Insel im Norden des Galvės-Sees liegt, dessen Ufer bis an das Stadtgebiet von Trakai reicht.

Im Jahr 1409 erhielt Trakai die Magdeburger Stadtrechte. Daraufhin ließen sich zahlreiche Kaufleute aus England und Deutschland hier nieder. Bedeutung erhielt die Stadt auch dadurch, dass hier der litauische Obergerichtshof tagte, vor allem aber, weil Trakai Residenzstadt der litauischen Großfürsten war.

Heute leben rund 4.500 Menschen in Trakai, einem von zahlreichen Seen umgebenen, dem Tourismus zugewandten Städtchen.

Parkplätze [N54° 38′ 57.39″ E24° 55′ 49.87″] findet man ehesten noch am Westrand der Stadt entlang der Trakų gatvė.

Trakais Burg Pilies sala [Zugangssteg, N54° 38′ 56.8″ E24° 55′ 57.8″], oder Inselburg *(geöffnet Mai - Sept. tgl. 10 - 19 Uhr; März, Apr. + Okt. Di - So 10 - 18 Uhr; Nov. - Feb. Di - So 10 - 17 Uhr, letzter Einlass 30 Min. vor Schließung; www.trakaimuziejus.lt; Hunde verboten)* betritt man über eine schmale Holzbrücke. Am Ende durchschreitet man ein Tor und befindet sich erst einmal in der Vorburg, die durch einen tiefen Graben von der Hauptburg getrennt ist.

Die **Vorburg** mit großem Innenhof besitzt die Form eines unregelmäßigen Trapezes und ist von einer Mauer mit drei Türmen umgeben. Benutzt wurde die Vorburg als Zufluchtsort für die Bürger der Stadt bei Angriffen.

An den Innenhof grenzen auf der Westseite die Kasematten, in denen heute in einer kleinen Ausstellung Waffen, Porzellan und komplett eingerichtete Zimmer der einstigen Burgmannschaft zu sehen sind.

In der **Hauptburg**, die früher nur über eine Zugbrücke zu erreichen war, ist der **Große Saal** untergebracht. Er ist mit einem schönen gotischen Sterngewölbe verziert.

Darüberhinaus beherbergt die Burg heute das **Historische Museum Trakai** mit archäologischen und historischen Ausstellungen, einer Münzsammlung, Ausstellungen zur Geschichte Litauens, zur Karäischen Kultur, zur Geschichte des Kunsthandwerks und des Schrifttums der Region u. a.

Es lohnt sich aber auch einfach nur der Spaziergang auf der Insel um die Burg herum. Besonders der Gang durch den Graben zwischen Vorburg und Hauptpalast lässt ahnen, wie sicher man sich innerhalb der Mauern fühlen konnte.

Die Burg von Trakai

Von der Holzbrücke aus sieht man in Richtung Osten am Ufer einige Ruinen. Sie gehören zur Halbinselburg, die sich im Norden des Ortes befand und von elf Türmen geschützt wurde. Beide Burgen wurden im Jahr 1655 zerstört, doch nur die Inselburg wurde wieder komplett aufgebaut. Von der Halbinselburg wurden bisher nur vier Türme wieder errichtet.

Das bewirtschaftete **Fahrgastschiff „Skaistis"** legt zwischen 10.30 und 18.30 Uhr alle 60 Minuten zu 45-minütigen Touren über den Galvé-See ab. Informationen erhält man unter Tel. +370 69 92 77 97 oder bei www.barta.lt.

Man kann auch mit kleinen Segeljachten über den See schippern. Die Kapitäne bieten etwas aufdringlich vor dem Schloss ihre Dienste an, mit ihnen eine Rundfahrt zu machen.

Trakai, dessen kleine **Promenade** sich fest in Händen der Souvenirhändler befindet, ist auch bekannt für eine religiöse Minderheit, die **Karäer**.

Diese kleinste Volksgruppe Litauens, zu der sich heute nur noch 150 Menschen zählen können, wurde bereits in der Mitte des 16. Jahrhunderts in Trakai angesiedelt. Die Religion der Karäer ähnelt dem Islam, ging jedoch aus dem Judentum hervor. Ihre Sprache ist der türkischen Sprachfamilie zuzuordnen.

Wenn Sie sich an der Promenade nach links (südwärts) wenden, gehen Sie über die Hauptstraße Karaimų gatvė, die Karäer Straße, und sehen die typischen Holzhäuser der Gemeindemitglieder. Die der Straße zugewandte Hausseite zeigt immer den Giebel des Gebäudes sowie drei kleine Fenster. Das erste Fenster ist traditionell Gott, das zweite dem Großfürsten Vytautas dem Großen (1392 – 1430) und das dritte schließlich dem Hausherrn gewidmet.

Im Haus Karaimų gatvė Nr. 22 befindet sich das **S. Šapšalo Karaimų National Museum [N54° 38′ 49.8″ E24° 55′ 59.0″]** *(geöffnet Apr. - Okt. Mi - So 10 - 18 Uhr; Nov. - März Mi - So 9 - 17 Uhr; www.trakaimuziejus.lt)*, das über die Lebensweisen und Traditionen des Karäischen Volkes informiert. Das Gebäude selbst ist das Gebetshaus der Karäer, die **Kenesa**, was soviel wie Tempel bedeutet. Das Wort „Kenesa" stammt aus dem Arabischen und soll nicht-islamische Gebetsstätten bezeichnen. Ähnlich wie in islamischen Gebetshäuseren werden auch in einer Kenesa keine figürlichen Darstellungen, sondern Ornamente oder Pflanzendarstellungen zur Ausschmückung des Raumes verwendet.

PRAKTISCHE HINWEISE – TRAKAI

Trakai Touristeninformation [N54° 38′ 55.7″ E24° 55′ 56.4″], Karaimų gatvė 41, LT 21004 Trakai, Tel. +370 528 51 934; www.trakai-visit.lt. *Geöffnet Mai - Sept. tgl. 9 - 18 Uhr; Okt. - Apr. Mo - Fr 8 - 17 Uhr, Sa + So 10 - 17 Uhr.*

RESTAURANT

Kybynlar, Karaimų gatvė 29, Tel. +370 528 55 179; www.kybynlar.lt. Bei einem Besuch in Trakai ein Muss, denn das Restaurant mit zwei großen Sälen serviert Gerichte aus der Küche der Karäer. Angeboten werden u. a. Fleisch- und Geflügelgerichte sowie geräucherter Fisch. Mit Außenterrasse direkt am Galvė-See.

CAMPING

Camping Slėnyje [N54° 40′ 08.6″ E24° 55′ 46.2″], Slėnio g. 1 (Užutrakis), Tel. +370 52 85 38 80; www.camptrakai.lt; 1. Jan. – 31. Dez.; rund 7 km nördlich von Trakai gelegen, Zufahrt von der Straße nach Rykantai bei KM 2, einspurige Zufahrt; parkähnliches, gestuftes Wiesengelände in ansprechender Lage auf einer Halbinsel im Norden des Galvė-Sees, bei einem Hotel (36 Zi), Anlegestelle für Ausflugsboote nach Trakai; ca. 5 ha – 150 Stpl.; gute Standardsanitärausstattung; Restaurant, Imbiss, Waschmaschine, Trockner, Sauna, Bootsverleih, Segel-und Tauchschule. WLAN im Receptionsbereich. Mietbungalows. V & E für Wohnmobile. Badegelegenheit, teils verschilftes Ufer.

WOHNMOBIL-STELLPLATZ

Wohnmobil-Stellplatz Trakai Parking Žalioji [N54° 38′ 59.71″ E24° 55′ 31.70″], Žalioji gatvė 5. **Zufahrt:** Nordwestlich des Ortes Trakai und unweit südlich der nördlichen Zufahrtsstraße Karaimų gatvė. **Ausstattung:** Privat geführter, kostenpflichtiger Park- und Wohnmobil-Stellplatz in eingezäuntem, unbefestigtem, schattenlosem Innenhof eines Anwesens, an den See mit Bootssteg grenzend. Frischwasser, Strom, WLAN, Biotoilette. **Geöffnet:** Ganzjährig. **Gebühr:** Pauschale inkl. Wasser + Strom.

Nur ein kurzes Stück weiter, Žalioji gatvė 5, findet man rechts der Straße einen weiteren kostenpflichtigen **Parkplatz [N54° 38′ 57.69″ E24° 55′ 28.77″]** auf welliger Wiese mit einigen befestigten Platzteilen bei einzel stehenden Wohnhäusern, der ebenfalls als Wohnmobilstellplatz genutzt wird.

Und auch Karäer beten in der Kenesa nach Geschlechtern getrennt.

Unweit südlich, in der Kęstučio g. 4, kann man auf einer kleinen Halbinsel das **Museum für Sakrale Kunst [N54° 38′ 44.5″ E24° 56′ 10.9″]** besichtigen. Zu sehen ist die Kapelle eines früheren Dominikanerklosters. Umzug der Ausstellung in die Burg von Trakai vorgesehen.

Auf der Halbinsel soll im 15. Jh. der Großfürst Žygimantas Kęstutaitis einem Verschwörerkomplott zum Opfer gefallen sein. Und auf dem höchsten Punkt der Halbinsel, dem Opferberg, soll in grauer Vorzeit heidnischen Göttern geopfert worden sein.

Noch ein Stück weiter südlich liegt auf einer leichten Erhebung die **Kirche Heimsuchung der Hl. Jungfrau Maria [N54° 40′ 35.6″ E24° 56′ 4.6″]**, Birutės gatvė 5, *(geöffnet 9 - 17 Uhr; www.trakubaznycia.lt)*. Sie wurde im Jahr 1409 von Großfürst Vytautas gestiftet und im gotischen Stil errichtet. Es wird vermutet, dass das von den Gläubigen – ähnlich wie die Schwarze Madonna im polnischen Częstochowa – hochverehrte **Marienbildnis** über dem Altar im Jahr 1123 im damaligen Konstantinopel gemalt wurde.

Über die Karaimų gatvė, die Karäer Straße, und vorbei an den Karäerhäusern gehen wir zurück zur Promenade.

Blick auf die Altstadt von Vilnius, vom Gediminas-Turm aus gesehen

Westlich von Trakai und westlich der Straße 107 erstreckt sich um den See **Plomėnų** das **Vogelschutzgebiet Plomėnų**. In dem Naturreservat mit einer Fläche von 314 Hektar können fast 90 Vogelarten beobachtet werden, von denen zwei Drittel hier nisten und brüten. Ausgangspunkt für einen ausgedehnten Spaziergang durch das Vogelschutzgebiet sind die **Parkplätze [N54° 39' 01.7" E24° 55' 21.8"]** in der Apžvalgos gatvė am nordwestlichen Ortsrand an der Zufahrtsstraße nach Trakai.

Das Vogelschutzgebiet, die Altstadt, die Inselburg und zahlreiche Seen in unmittelbarer Nähe gehören zum **„Historischen Nationalpark von Trakai" – Trakų istorinis nacionalinis parkas**, der im Jahr 1991 gegründet wurde. Er dient dem Schutz der historischen und archäologischen Kultur- und Naturdenkmäler und ist der einzige seiner Art in ganz Litauen – Trakai NP, Karaimų gatvė 5, 21104 Trakai, Tel. +370 528 55 776; www.seniejitrakai.lt.

Falls Sie Lust und Zeit zu einem erholsamen Spaziergang haben, bietet sich der prächtige, im Stil Ludwigs XVI. angelegte **Park** des restaurierten **Gutshofes in Užutrakis** an, Užtrakio gatvė 17, **[Parkplatz, N54° 39' 46.56" E24° 56' 47.95"]**. Das ehemalige Anwesen von Graf J. Tiškevičius (1868 – 1917) liegt nordöstlich von Trakai am Ostufer des Galvės-Sees *(geöffnet für angemeldete Gruppen; www.seniejitrakai.lt)*.

Auf dem Weg zum Gutshof in Užutrakis, kann man von der Straße 4722 nach Rykantai (östlich des Abzweigs der Uztrakio-Straße) zum sog. **Hügel der Engel Angelų kalva [Parkplatz, N54° 40' 35.1" E24° 55' 42.8"]** abzweigen und von dort einen prächtigen Panoramablick auf die Seenlandschaft genießen. Der Hügel mit seinen zahlreichen hölzernen Engelsskulpturen wurde anlässlich der 1000-Jahrfeier Litauens angelegt.

Vilnius (Wilna)

Fürst Gediminas berichtete im Jahr 1323 in einem Schreiben an die Hansestädte, den Papst und an zahlreiche Kaufleute zum ersten Mal von seiner neu gegründeten Hauptstadt **Vilnius**. Anfang des 16. Jahrhunderts baute man um die rasant wachsende Stadt eine knapp 3 Kilometer lange Mauer, in der sich neun Tore befanden. Ein Jesuitenkolleg wurde im Jahr 1570 gegründet. Es war Vorreiter für die erste baltische Universität.

Doch die Blütezeit nahm ein abruptes Ende als sich Litauen mit Polen durch

Der Gediminas-Turm auf dem Burgberg von Vilnius

die Union von Lublin vereinte. Vilnius wurde unbedeutend. Ende des 19. Jahrhunderts erhielt die Stadt den Beinamen „Jerusalem des Nordens". Rund die Hälfte der damaligen 150.000 Einwohner war jüdischen Glaubens.

Der Einfluss fremder Mächte auf Vilnius war auch im 20. Jahrhundert nicht beendet. Nach der Besetzung durch die deutsche Wehrmacht kamen die Sowjets zum Zug und hielten über vier Jahrzehnte die Stellung.

Das änderte sich 1991, als Litauen endlich die Unabhängigkeit erlangte. Leider starben dabei am 13. Januar 1991 (Vilniusser Blutsonntag) 14 Menschen am Fernsehturm, die eine Menschenkette bildeten und bei der Erstürmung durch sowjetische Fallschirmspringer von Panzern überrollt wurden.

Heute ist Vilnius mit fast 575.000 Einwohnern das, was es einst sein sollte – die Hauptstadt eines unabhängigen Litauens.

Die beste **Parkmöglichkeit** in Vilnius hat man im Norden der Altstadt. Am südlichen Ufer des Flusses Neris verläuft die breite Straße T. Kosciuškos gatvė. Etwas südlich der Straße, genau an der Mündung des kleinen Wasserlaufs Vilnia, befindet sich unterhalb des Kalnų-Hügels ein kostenpflichtiger, meist bewachter **Parkplatz/Wohnmobilstellplatzmöglichkeit (1) [N54° 41' 16.9" E25° 17' 37.6"]**, auf dem man im hinteren Parkplatzteil mit einem Wohnmobil auch nächtigen kann (Änderung der Stellplatzsituation möglich!). Der Parkplatz – von dem man übrigens vermuten kann, dass sich hier vor rund 700 Jahren das besagte Nachtlager von Fürst Gediminas befunden haben muss – ist ein guter Ausgangspunkt, um die Stadt zu erkunden.

Das Flüsschen Vilnia, dessen Name soviel wie „Welle" bedeutet, war Namensgeber der Stadt.

Auch wenn Vilnius – im Vergleich zu anderen Hauptstädten – in weiten Bereichen eher den Eindruck eines Provinzstädtchens macht, lassen Sie sich nicht täuschen. Achten Sie – wie überall in vielbesuchten Städten – auf Ihre Habseligkeiten – auch auf oben erwähntem Parkplatz!

Sehenswertes in der Altstadt

Falls man oben erwähnten Parkplatz als Ausgangspunkt für einen **Stadtspaziergang** nimmt, geht man vom Parkplatz zurück zur Hauptstraße T. Kosciuškos gatvė, wendet sich links (westwärts) und steht vor dem großen Gebäudeensemble des **Alten Arsenals**. Es war Teil der Unteren Burganlage von Vilnius. Hier ist das **Taikomosios Dailės Muziėjus**, das **Museum für Angewandte Kunst (4) [N54° 41′ 18.1″ E25° 17′ 30.6″]** eingerichtet, Arsenalo gatvė 3A *(geöffnet Di - Sa 11 - 18 Uhr, So 11 - 16 Uhr; www.lndm.lt/en/*.

Im Museum sind nicht nur Kunstwerke, wie zum Beispiel Porzellan, Keramik oder Möbel, aus Litauen und dem Ausland, sondern auch Mauerreste des **Alten Arsenals** zu sehen. Es handelt sich dabei um ein Zeughaus aus dem 16. Jahrhundert. Ebenso kann man Teile der einstigen Stadtbefestigung betrachten.

Im Innenhof des Alten Arsenals findet man die **Talstation des Schrägaufzuges (29)**, mit dem man sehr bequem hinauf zur knapp 50 m hoch gelegenen oberen Burganlage und zum markanten **Gediminas-Turm (8)** gelangt. Sie verkehrt von April bis September tägl. 10 - 21 Uhr und von Oktober bis März täglich 10 - 20 Uhr, letzter Einlass 30 Minuten vor Schließung. Der Turm ist der stattliche Rest der Mitte des 16. Jh. im Krieg mit Russland zerstörten Burganlage. Im Turm ist heute eine Ausstellung zur Geschichte der Burg untergebracht. Und von den Zinnen des Turms hat man einen prächtigen **Panoramablick** auf Alt- und Neustadt und auf die Windungen des Flusses Neris.

Wieder zurück im Hof des Alten Arsenals gehen wir auf der Arsenalo gatvė links zur Südseite des Alten Arsenals und kommt gleich darauf zum **Nationalmuseum - Lietuvos Nacionalinis Muziėjus (5) [N54° 41′ 14.5″ E25° 17′ 20.2″]** *(geöffnet Di - So 10 -18 Uhr; www.lnm.lt/en/)*. Durch das Denkmal an König Mindaugas direkt vor dem Eingang ist das Museum kaum zu verfehlen. Hier ist eine ständige Ausstellung über die Landesgeschichte von der Steinzeit bis in die Moderne untergebracht.

Wenn wir uns nun links (südwärts) halten, so sehen wir den frei stehenden **Glockenturm der Kathedrale von Vilnius (6) [N54° 41′ 8.5″ E25° 17′ 12.1″]**. Hier am Kathedralenplatz befand sich einst die so genannte „Untere Burg“, die jedoch Mitte des 17. Jahrhundert zerstört wurde. Sie war mit Mauern und Gängen mit der Oberen Burg verbunden.

Der 57 m hohe Glockenturm war einst ein Teil der Befestigungsanlagen. Er beherbergt 16 Glocken und ist vermutlich eines der ältesten Bauwerke der Stadt.

Die Kathedrale von Vilnius und ihr freistehender Glockenturm

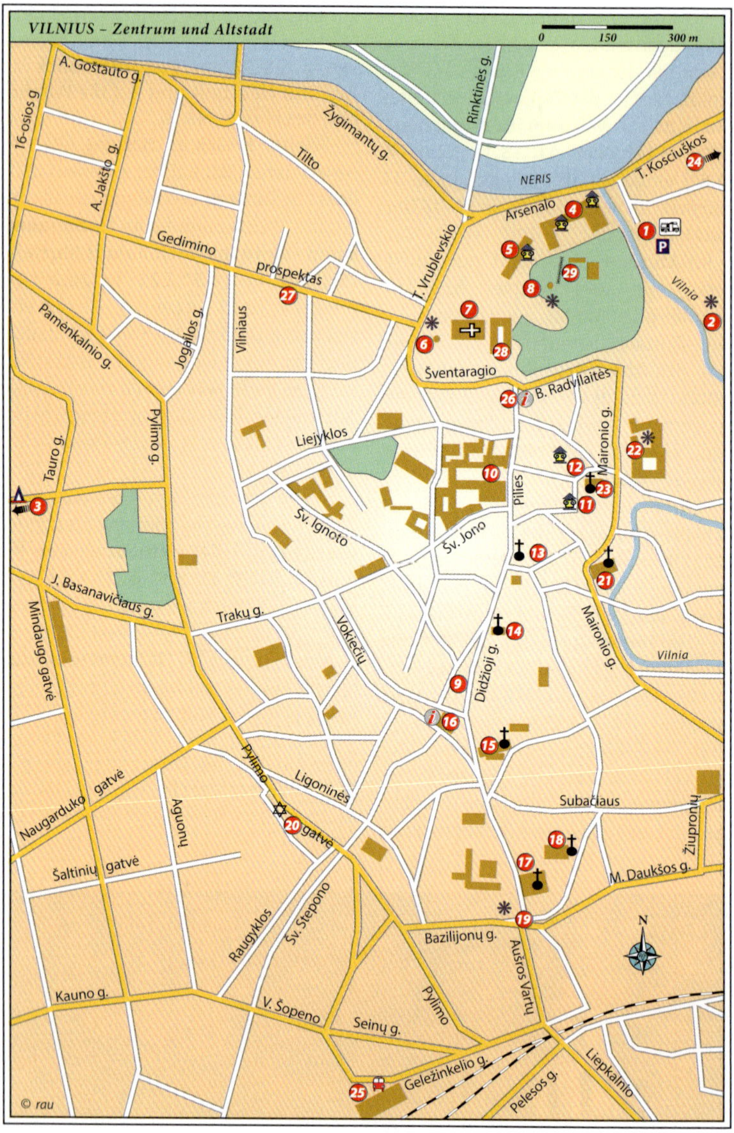

*VILNIUS (WILNA) – **1** Parkplatz – **2** Berg der drei Kreuze – **3** Richtung Fernsehturm und City Camping – **4** Museum für Angewandte Kunst und Archäologisches Museum – **5** Nationalmuseum und Denkmal – **6** Glockenturm – **7** Kathedrale – **8** Gediminas-Turm – **9** Rotušės Platz – **10** Universität – **11** Bernsteinmuseum – **12** Mickevičius-Museum – **13** Piatnickaya-Kirche – **14** St. Nikolai-Kirche – **15** St. Kasimir-Kirche – **16** Tourismus-Information, Rathaus – **17** Theresienkirche – **18** orthodoxe Heiliggeistkirche – **19** Tor der Morgenröte – **20** Synagoge – **21** orthodoxe Kirche der Heiligen Mutter Gottes – **22** gotisches Ensemble – **23** St. Michaelskirche – **24** St. Peter-und-Paul-Kirche – **25** Bahnhof – **26** Touristen-Information Piliesgatvė – **27** Genozidmuseum (ehem. KGB-Museum) – **28** Palast der Großfürsten – **29** Funiculare, Schrägaufzug zum Gediminas-Turm*

Unmittelbar neben dem Glockenturm erhebt sich das Wahrzeichen der Stadt, die **Kathedrale Arkikatedra bazilika (7)**. Die sechs dorischen Säulen an der Westfassade sind rund 20 m hoch und erinnern an einen griechischen Tempel. Die vier Statuen in den Nischen stellen die vier Evangelisten dar. Weiter oben erkennt man Heiligenfiguren sowie Noah mit seiner Familie, wie sie sich für die Rettung vor der Flut bedanken.

Die Seitenflanken der Kathedrale sind ebenfalls mit jeweils sechs Säulen versehen. Auf der Südseite, die zur Altstadt hin ausgerichtet ist, sind dazwischen litauische Fürsten dargestellt. Auf der anderen Seite stehen Statuen von Heiligen und Aposteln.

Die Kathedrale wurde im 15. Jahrhundert gebaut, nachdem ein Vorgängerbau durch ein Feuer vernichtet worden war. Doch auch dieser Bau wurde ein Opfer des „Roten Hahns" und brannte bei dem Großfeuer von 1610 nieder. Das danach erbaute barocke Gotteshaus erhielt sein heutiges Gesicht schließlich im 18. Jahrhundert. Im letzten Jahrhundert dann wurde die Kathedrale auf Befehl der Sowjets als Konzertsaal zweckentfremdet.

Im dreischiffigen Kircheninneren sieht man 11 **Kapellen**. In der hinteren rechten Ecke ist die **Kasimir-Kapelle** aus dem 17. Jahrhundert zu finden, die wertvollste Kapelle der Kathedrale. Hier ist Alexander, König von Litauen und Polen beigesetzt.

In den **Katakomben** der Kathedrale sind die Grabmale von Fürsten, Adeligen und Bischöfen des Großfürstentums Litauen zu finden, darunter Gediminas, der wohl mächtigste Herrscher Litauens, dann Vytautas der Große, der zeitweise in Trakai residierte, weiter Königin Elžbieta Habsgurgaitė, die Gemahlin von Žygimantas Augustas und dessen zweite Frau Königin Barbora Radvilaitė.

Etwa zwischen Glockenturm und Westfassade der Kathedrale ist in das Pflaster des Platzes die **„Wunder-Pflasterplatte"** eingelassen. Viele Leute in Vilnius glauben fest daran, dass Wünsche in Erfüllung gehen, wenn man sich auf der Platte stehend einmal um sich selbst dreht. Die Buchstaben auf der Platte ergeben das Wort „Stebuklas", was „Wunder" bedeutet. Tatsächlich erinnert die „Wunder-Pflasterplatte" an die 595 km lange Menschenkette, den legendären „Baltischen Weg", der 1989 hier begann und über Riga bis nach Tallinn reichte.

Gegenüber der Kathedrale zieht sich der **Gedimino Prospektas,** die Haupteinkaufsstraße des sog. **Neuen Zentrums,** rund 1,5 km weit nach Westen, vorbei an den größten Plätzen der Stadt bis zum Ufer der Neris. Zahlreiche Cafés, Restaurants und Geschäfte säumen den breiten Boulevard, genauso wie einige staatliche Gebäude. Das Justiz-, das Landwirtschafts- und das Verkehrsministerium sind ebenso zu sehen, wie das **Parlamentsgebäude [N54° 41' 25.0" E25° 15' 41.2"]** am Ende der Straße.

Zum Glück nicht mehr ihrem ursprünglichen Zweck dienen die Einrichtung in Haus Nummer 2A in der Aukų gatvė, einer Nebenstraße der Gedimino Prospektas. Das ehemalige Gerichtsgebäude beherbergte zwischen 1944 und 1991 das Ministerium für Staatssicherheit, Büros des KGB u. ä. Davor hatte sich in der Nazi-Zeit die Gestapo dort eingerichtet. Über 1.000 Menschen sollen hier ermordet worden sein. Fast alle der Hingerichteten hatten sich für die Freiheit Litauens eingesetzt. Heute informiert im Haus das **Museum der Genozid-Opfer [N54° 41' 17.0" E25° 16' 14.3"]** über die dunkle Geschichte der damaligen Zeit *(geöffnet Mi - Sa 10 - 18 Uhr, So 10 - 17 Uhr; www.genocid.lt/muziejus/en/)*. Zu sehen gibt es unter anderem die Zellen der dort Inhaftierten, die original belassen wurden.

Zurück zum Kathedralenplatz.

Nicht zu übersehen ist auf dem weiten Kathedralenplatz das monumentale **Denkmal**. Es erinnert an Gediminas, den

Die „Singende Revolution"

Gegen Ende der 80er Jahre des 20. Jh. erlebte die Welt einen gewaltigen politischen Wandel. Der damalige sowjetische Staats- und Parteichef Michail Gorbatschow z. B. sprach von Perestroika (Umgestaltung) und Glasnost (Öffnung) und gab den Menschen in den ehemaligen Ostblockstaaten ein Zeichen zum Aufbruch. Und die Menschen in den baltischen Sowjetrepubliken nutzten die Gelegenheit ihren Unmut zu äußern auf ihre Art – sie sangen.

In Litauen war es die Bewegung „Sajudis", die zu Autonomiebestrebungen aufrief. Die erste Großkundgebung von Sajudis fand mit über 100.000 Menschen im Juli 1988 im Vingis-Park, dem traditionellen Ort großer Sängerfeste, statt.

Daraufhin versammelten sich die Bewohner von Vilnius vor dem Parlament, vor dem Pressehaus, dem Rundfunksender und dem Fernsehturm und begannen, ihre Stimme musikalisch zu erheben. Der Begriff „Singende Revolution" machte nun endgültig die Runde.

In der Nacht zum 13. Januar 1991 allerdings besetzen sowjetische Soldaten den Fernsehturm und erschossen bei der Erstürmung 14 der singenden Demonstranten. Trotz alledem trug die „Singende Revolution" mit zur Auflösung der Sowjetunion bei und war letztendlich notwendig für die Unabhängigkeit der baltischen Staaten.

ersten Großfürsten Litauens, Einiger des Landes und Gründer von Vilnius. In einem Dekret des Großfürsten wird der Stadtname Vilnius 1323 erstmals erwähnt. Gediminas wurde 1275 geboren und regierte das Land 25 Jahre lang bis zu seinem Tod 1341.

Unmittelbar hinter der Kathedrale sieht man den komplett neu restaurierten **Palast der Großfürsten von Litauen (28) [N54° 41′ 08.5″ E25° 17′ 18.9″]**. Das Gebäudeensemble mit großem Innenhof ruht auf den Mauerresten der sog. „Unteren Burg" aus dem 13. Jh.

Eine Blütezeit erlebte das Palais im 16. Jh. während der Regentschaft des Fürsten Žygimantas Augustas. Vor allem dessen erster, aus Italien stammender Frau Bona Sforza ist es zu verdanken, dass etwas von der Eleganz des Renaissancestils auch am Hofe in Vilnius Einzug hielt. Anfang des 17. Jh. war dar Palast Schauplatz der ersten Opernaufführung in Litauen. Eine kleine Sensation in den Kreisen des Adels der damaligen Zeit.

Kaum ein halbes Jahrhundert später wurde der Palast während der Auseinandersetzungen mit Russland stark in Mitleidenschaft gezogen, war mehr und mehr dem Verfall preisgegeben. Im 19. Jh. schließlich wurden die Reste des Palastes von der „zaristischen Verwaltung Russlands" ganz abgerissen. Erst 2002 konnte mit dem Wiederaufbau begonnen werden. 2009 war Wiedereröffnung.

Der Palast der Großfürsten beherbergt nun das interessante **Historische Museum Nacionalinis muziejus Lietuvos Didžiosios Kunigaikštystės valdovų rūmai** *(geöffnet 1. Juni – 31. Aug. Mo, Di, Mi + So 10 - 18 Uhr, Do, Fr + Sa 10 - 20 Uhr; 1. Sept. - 31. Mai Di, Mi, Fr + Sa 10 - 18 Uhr, Do 10 - 20 Uhr, So 10 - 16 Uhr; www.valdovurumai.lt/de/)* mit Dauerausstellungen und Dokumentationen zur Geschichte des Fürstenpalastes, wiederhergestellten historischen Sälen und Salons, einer Schatzkammer u. ä.

Der Altstadtbereich von Vilnius

Südlich der Kathedrale beginnt die **Pilies gatvė**. Sie ist eine der ältesten Straßen, war im Mittelalter die wichtigste von Vilnius und ist noch heute gut für einen gemütlichen Stadtbummel durch die Altstadt.

Die Pilies gatvė führt zum **Rotušės Platz (Rathausplatz, - 9 -)**, trägt dort den Namen Didžioji gatvė, zweigt vor der Konzerthalle nach links ab und verläuft als Aušros Vartų weiter bis zum **Tor der Morgenröte Medininkų aušros (19)**. Es ist das einzig erhalten gebliebene Tor der alten Stadtmauer.

Auf dem Weg dorthin, vorbei an Geschäften, Cafés, Restaurants und Kneipen, passieren Sie rechterhand als Erstes das Gebäude der **Universität (10) [N54° 40' 56.7" E25° 17' 17.4"]**. 1579 gegründet, ist sie die älteste Hochschule des Baltikums. Das Areal der Universität weist neben der Universitäts-Bibliothek zahlreiche Höfe auf. An den größten und wichtigsten Hof grenzt neben dem Hauptgebäude der Hochschule auch die gotische **Johanniskirche**. Sie wurde im Jahre 1387 erbaut. Aber nach einem Brand in der ersten Hälfte des 18. Jahrhunderts erhielt sie starke barocke Züge.

Gegenüber der Universität beginnt die Šv. Mykolo gatvė 8. Hier ist das **Bernsteinmuseum und Galerie - Gintaro muziejus (11)** zu finden **[N54° 40' 58.6" E25° 17' 28.3"]** *(geöffnet tgl. 10 - 19 Uhr; www.ambergallery.lt)*. Es zeigt nicht nur zahlreiche Schmuckstücke, sondern erklärt auch die Entstehung und die Verarbeitungsweise des „Baltischen Goldes".

Direkt im Anschluss kann man das **Mickevičius-Museum (12) [N54° 41' 00.2" E25° 17' 30.3"]** in der Bernardinų gatvė 11 besichtigen *(geöffnet Di - Fr 10 - 17 Uhr, Sa + So 10 - 14 Uhr)*. Der polnische Schriftsteller Adam Mickiewicz studierte und lebte lange Zeit in Vilnius. Über diese Schaffenszeit informiert das Museum in seiner ehemaligen Wohnung.

Vom Mickevičius-Museum zurück zur Pilies gatvė.

Auf dem weiteren Weg Richtung Tor der Morgenröte, vorbei am Hotel Narutis (Pilies 24, traditionsreiches, ältestes Hotel in Vilnius und am längsten bestehendes Hotel in ganz Osteuropa) und am Haus der Signatoren (Pilies 26, 1918 Unterzeichnung der Litauischen Unabhängigkeitserklärung) gelangen Sie zur **Piatnickaja-Kirche/St. Paraskeve-Kirche (13) [N54° 40' 51.2" E25° 17' 20.0"]**. Ursprünglich stand hier seit dem 14. Jh. eine Art Tempel für den heidnischen Gott Ragutis. Nachdem dieser niederbrannte, hat man an derselben Stelle gegen Ende des 16. Jahrhunderts ein orthodoxes Gotteshaus errichtet. In den Jahren 1705 und 1708 besuchte daraufhin sogar Zar Peter I. die neu erbaute Kirche.

Eine weitere orthodoxe Kirche folgt kurz darauf zwischen den beiden Botschaftsgebäuden von Österreich und Schweden. Es ist die **St. Nikolai-Kirche (14) [N54° 40' 47.7" E25° 17' 18.3"]** im typisch gotisch-byzantinischen Stil. Das heutige Aussehen erhielt sie jedoch erst im Jahr 1865 als sie während der Russifizierung umgebaut wurde.

Nun sind es nur noch wenige Meter bis zum dreieckigen **Rotušės aikštė (Rathausplatz, - 9 -)**. Im Rathaus mit seiner Säulenfassade ist u. a. ein Büro der **Touristeninformation (16) [N54° 40' 41.61" E25° 17' 14.89"]** untergebracht. Daneben ist im ehemaligen Rathaus der **Künstlerpalast** eingerichtet.

An der linken, südöstlichen Seite des Rathausplatzes erkennt man die etwas zurückversetzte, in einem Rosafarbton gehaltene Fassade der **St. Kasimir-Kirche (15) [N54° 40' 39.4" E25° 17' 16.0"]**, Didžioji gatvė 34 *(geöffnet Apr. - Sept. Mo - Sa 10 - 18.30 Uhr, So 8 - 18.30 Uhr; Okt. - März Mo - Sa 16 - 18.30 Uhr, So 8 - 14 Uhr; www.vilnius-tourism.lt/de/sehen/sehenswurdigkeiten/kirchen/st-kasimirkirche/)*.

Der Kirchenbau mit einer 40 m hohen Kuppel hat eine turbulente Geschichte hinter sich. Errichtet wurde die St. Kasimir-Kirche zu Beginn des 17. Jahrhunderts vom Jesuitenorden. Drei Jahrzehnte später waren die Bauarbeiten beendet und die Kirche konnte geweiht werden. Es dauerte allerdings nur 20 Jahre, bis sie beim Einmarsch der russischen Armee völlig niederbrannte. Bald baute man die Kirche wieder auf. Und das nicht nur einmal. Das Gotteshaus brannte 1704 und noch einmal 1749 völlig aus.

Um die Wende des 18. Jahrhunderts wurde der Jesuitenorden kurzzeitig aufgelöst und die Kirche wurde von den Augustinern übernommen.

Die St. Kasimir-Kirche am Rathausplatz in Vilnius

Die Dekorationen und Kunstelemente im Innern der Kirche wurden durch die französische Armee zerstört, als diese das Gebäude zur Getreideaufbewahrung nutzte.

Nachdem die Franzosen abzogen, richteten Missionare alles wieder her und ergänzten 11 Altäre. Dennoch blieb das Gotteshaus bis 1839 ungenutzt bzw. in den Händen der Russen, die sie schlicht und einfach in eine orthodoxe Kirche mit dem Namen St. Michael umbauten. Nachdem Anfang des 20. Jahrhunderts die Deutschen im Besitz des Gebäudes waren, gab man sie 1919 wieder an die Jesuiten zurück.

Die letzte Schließung fand 1949 statt, als die Sowjets das Gebäude als Getreidelager nutzten. Dabei wurden die Glocken und die Orgel zerstört. Im Jahr 1963 kam die sowjetische Führung sogar auf die Idee, in dem Haus ein Museum des Atheismus zu eröffnen.

Doch seit 1991 arbeiten wieder Jesuiten in der Kasimir-Kirche. Sie gilt als eine der schönsten Barockkirchen in der Hauptstadt mit einigen Elementen der Gotik und der Renaissance. Ihr Vorbild war die Il Gesù-Kirche in Rom. Danach war sie wiederum Vorbild für die meisten Barock-Kirchen in Litauen. Die Kuppel hat einen Durchmesser von rund 17 m. Auf ihr ist die Krone der Großfürsten von Litauen zu sehen.

Am Rathaus mit der Touristeninformation folgen Sie links weiter der Didžioji gatvė, passieren das einladende Hotel Radisson Blu Astorija mit Restaurantterrasse, dann das **Basilius-Tor** des gleichnamigen Klosters sowie die Philharmonie und sehen vor sich die breite Fassade der **St. Theresienkirche - Šv. Teresės bažnyčia (17) [N54° 40′ 30.4″ E25° 17′ 21.5″]**. Sie stammt aus dem 17. Jahrhundert und wurde im frühbarocken Stil erbaut. Dazu gehört ein Kloster, das berühmt ist für das Bier, das schon die Karmeliter-Mönche in früheren Zeiten brauten. Das Innere der Kirche wurde erst durch eine Renovierung in den heutigen imposanten Zustand gebracht.

Kurz vor der Theresienkirche ist noch ein kleines Tor zu sehen. Geht man hindurch, kommt man zur russisch-orthodoxen **Heiliggeistkirche (18)**. Auch sie stammt aus dem 17. Jahrhundert und beherbergt die sterblichen Überreste der Märtyrer Antonius, Iwan und Eustachius. Zu sehen gibt es, mit schönen Reliefs und Ikonen verziert, auch eine große Ikonostase, die von freistehenden Säulen gestützt wird.

Auf der anderen Seite der Theresienkirche endet schließlich die Fußgängerzone. Dort befindet sich das **Tor der Morgenröte – Aušros-Tor (19) [N54° 40′ 27.8″ E25° 17′ 22.2″]**. Es stammt aus der ersten Hälfte des 16. Jahrhunderts, wurde 300 Jahre später erweitert und beherbergt seitdem die wichtigsten Heiligtümer der katholischen Kirche Litauens. So ist das Tor ein wichtiges Pilgerziel für katholische Polen, Weißrussen und Ukrainer.

Wenn Sie durch das Tor der Morgenröte hindurch gehen und danach sofort nach rechts in die Bazilijonų gatvė einbiegen und später der Pylimo gatvė folgen, erreichen Sie die linkerhand gelegene **Synagoge (20) [N54° 40′ 34.1″ E25° 16′ 54.0″]**. Sie ist die letzte von einstmals über 100 Synagogen und jüdischen Tempeln, die sich früher auf dem Stadtgebiet von Vilnius befanden. Dieses gestreifte Gebäude wurde während der Naziherrschaft als Lagerhaus benutzt. Heute konnte die Synagoge wieder ihrem eigentlichen Zweck als Gotteshauses zugeführt werden. An der Fassade steht ein hebräischer Schriftzug, der übersetzt etwa lautet: „Ein Haus des Gebetes ist ein heiliger Platz für alle Menschen".

Vilnius wurde auf Grund ihres hohen Juden-Anteils auch als „Jerusalem des Nordens" bezeichnet. Jeder zweite Bürger war Jude, es erschienen sechs jiddische Zeitungen in der Stadt. Und dann kam der Holocaust. Am Ende überlebten gerade einmal 800 Juden. Wenn wir ein Stück zurückgehen und rechts in die Rudninkų gatvė einbiegen, passieren wir den auf der rechten Seite liegenden **Gedenkstein** in Erinnerung an das jüdische Ghetto.

Zurück zum Rathausplatz und auf der Didžioji gatvė wieder nordwärts. Biegen Sie rechts hinter der St. Paraskeve-Kirche in die Latako gatvė ab. Sie führt zur Maironio gatvė, wo sich auf der rechten Seite die orthodoxe **Kirche der Heiligen Mutter Gottes (21) [N54° 40′ 52.4″ E25° 17′ 31.2″]** erhebt. Mitte des 14. Jh. auf Veranlasssung von Julijona, Gemalin von Großfürst Algirdas erbaut und im

Das Tor der Morgenröte

16. Jh. unter Fürst Konstantinas Ostrogiskis umgebaut, diente das Gotteshaus im 18. Jh. als Hör- und Anatomiesaal der Universität. Mitte des 19. Jh. kam die Kirche wieder in den Besitz der orthodoxen Gemeinde. Dieses Bauwerk ist die erste orthodoxe Kirche und auch das größte Gebäude seiner Art in der Stadt. Die Fassade ist im georgischen Stil erbaut und gleicht durch die schneeweißen Wände und den fehlenden Zwiebeltürmen nicht den anderen orthodoxen Bauten.

Etwas weiter nördlich, also wieder in Richtung Gediminas-Hügel, ist ein weiteres interessantes Baudenkmal zu sehen. Das sogenannte **„Gotische Ensemble" (22)** besteht aus der **St. Annakirche [N54° 40′ 59.10 E25° 17′ 34.4″]** und dem dreistöckigen Gebäude des ehemaligen **Bernhardinerklosters**, das sich gleich dahinter anschließt.

Die kleine St. Annakirche, ein Meisterwerk der gotischen Backsteinarchitektur, stammt aus dem 15. Jahrhundert und reicht bis fast an die Straße heran, während sich das Kloster ein wenig im Hintergrund befindet.

Mehr als zwei Dutzend verschiedene Backsteinarten wurden extra für die filigrane, von drei Türmchen geschmückte

Westfassade der St. Annakirche angefertigt. Der Kirchturm befindet sich rechter Hand vom Gotteshaus und wurde 1874 im neugotischen Stil errichtet. Direkt dahinter verbirgt sich die Christustreppe aus dem 17. Jahrhundert.

Ein Torbogen am Glockenturm ist Zugang zum Kirchhof der wesentlich größeren Bernhardinerkirche, die genau genommen Kirche des Hl. Franziskus und Hl. Bernhardin heißt. Sie wurde im 16. Jahrhundert mit in die Stadtmauer integriert und diente somit auch dem Schutz der Stadt. Im Innenraum ist ein Holzaltar aus dem Jahr 1614 zu sehen.

Auf der linken Seite der Bernhardinerkirche – dafür muss man einmal um die St. Annakirche gehen – steht das Bernhardinerkloster, in dem heute die Kunstakademie von Vilnius untergebracht ist.

Die **St. Michaelskirche (23) [N54° 40′ 58.6″ E25° 17′ 33.4″]** liegt auf der anderen Straßenseite, gegenüber der Anna-Kirche. Das Interieur des Gotteshauses ist reich mit Verzierungen geschmückt. Der freistehende Glockenturm ist Anfang des 18. Jahrhunderts erbaut worden und wird gekrönt von einer eisernen Wetterfahne, die den Erzengel Michael darstellt. Heute findet man in der Kirche ein Architekturmuseum.

Wenn wir nun die Maironio gatvė weiter nordwärts hinab gehen, erreichen wir nach der Linkskurve über die Barboros Radvitalitės gatvė und die Šventaragio gatvė wieder den Kathedralenplatz. Von dort bis zum Parkplatz ist es nicht mehr weit.

Und wer Lust hat, eine weitere Kirche zu besichtigen, der geht am Parkplatz einfach geradeaus vorbei und gelangt nach rund 1 km zur **St. Peter-und-Paul-Kirche (24) [Parkmöglichkeit, N54° 41′ 36.3″ E25° 18′ 19.0″]**. Unscheinbar und schlicht ist die Kirche von außen.

Doch im Inneren präsentiert das barocke Bauwerk an den Wänden über 2.000 Skulpturen mit verschiedensten Ornamenten. Zahlreiche historische Geschehnisse und biblische Momente werden dargestellt. Über dem Altar hängt ein Gemälde, auf dem Petrus und Paulus zu sehen sind.

Einen schönen Blick auf die Stadt mit ihren zahlreichen Kirchtürmen kann man nach einem etwas mühsamen Aufstieg vom **„Berg der drei Kreuze“ (2) [Trys kryžiai, N54° 41′ 12.33″ E25° 17′ 52.08″]** im Kalnų Park im Norden der Altstadt genießen. Vor rund 100 Jahren sagte man, es sei egal, aus welcher Richtung man sich der Stadt nähere, man sehe immer mindestens vier Kirchen. Neben einem Freilichttheater findet man auf der Anhöhe drei große Kreuze. Sie stehen in Erinnerung an sieben Franziskanermönche, die im 17. Jahrhundert in Vilnius ermordet wurden.

Weit im westlichen Stadtbereich, jenseits des Neris-Ufers, sieht man den **Fernsehturm Paukščių Takas [N54° 41′ 18.2″ E25° 12′ 51.3″]** *(geöffnet 10 – 21 Uhr)*. Er ist mit 326 m Höhe das höchste Gebäude des Landes und bietet in 190 m Höhe ein Restaurant sowie eine langsam rotierende **Aussichtsplattform**, von der man ebenfalls einen wunderbaren Blick über die Stadt hat. Der 1980 errichtete Turm machte 13. Januar 1991, dem „Vilniusser Blutsonntag“ weltweit Schlagzeilen als sowjetische Soldaten den Turm stürmten, um eine Unabhängigkeitsdemonstration zu beenden. 14 Demonstranten kamen damals ums Leben. Gedenksteine befinden sich heute an den Stellen, wo damals die Toten lagen. Heute kann man eine Ausstellung über die Geschehnisse von damals sehen. Die Straße am Turm wurde nach dem tragischen 13. Januar benannt: Sausio 13-osios gatvė.

Reise zum Mittelpunkt Europas

Falls Sie schon immer einmal Ihren Fuß in das geografische Zentrum Europas setzten wollten, rund 26 km nördlich von Vilnius, beim Ort **Purnuškės** und unweit westlich der A14, haben Sie Gelegenheit dazu. Dort markiert ein Obelisk, 2004 anlässlich des Beitritts Litauens zur EU aufgestellt, den **Mittelpunkt des europäischen Kontinents [N54° 54′ 23.41″ E25° 19′ 08.35″]**.

PRAKTISCHE HINWEISE – VILNIUS (WILNA)

Touristeninformation Rathaus [N54° 40' 41.61" E25° 17' 14.89"], Didžioji gatvė 31, LT-01128 Vilnius, am Vilniusser Rathaus, Tel. +370 52 62 64 70; www.vilnius-tourism.lt/de/. *Geöffnet tgl. 9 - 13 + 14 - 18 Uhr.*

Touristeninformation Altstadt [N54° 41' 4.87" E25° 17' 23.10"], Pilies g. 2, LT-01124 Vilnius, Tel. +370 52-62 96 60; www.vilnius-tourism.lt/de/. *Geöffnet tgl. 9 - 12 + 13 - 18 Uhr.*

RESTAURANTS

Etno Dvaras, Pilies gatvė 16, Tel. +370 656 13 688; www.etnodvaras.lt; typisch litauische Gerichte in rustikaler Umgebung direkt in der Altstadt.

Boom!Burgers, Gedimino 1, Tel. +370 652 14 534; www.boomburgers.lt; gegenüber der Kathedrale, etwas versteckter Eingang, hier gibt es leckere Burger, Salate, Käsekuchen mit Eiscreme, Eisshakes und solche Sachen zu erschwinglichen Preisen.

Ein deftiges Gericht litauischer Hausmannskost sind **„Cepelinai"**, mit Hackfleisch gefüllte Kartoffelklöße, die mit Soße und Grieben serviert werden. Die ovalen Klöße, die alternativ auch mit Quark, Gemüse, Speck oder Pilzen gefüllt sein können, ähneln der Form eines Zeppelins, daher der Name. Und wie es heißt, isst jeder gestandene Mann mindestens zwei davon. Eine andere litauische Spezialität, die vor allem gerne im Sommer gegessen wird, ist **Šaltibarščiai**, die **Kalte Rote-Beete-Suppe**, aus Roter Bete, Kefir, saure Sahne und Gurken.

CAMPING

Camping Vilnius City [N54° 40' 48.9" E25° 13' 37.1"], Parodų gatvė 11, Tel. +370 629 72 223; www.vilnius-camping.lt; 1. Mai – 15. Sept.; im Westen der Stadt gelegen, aus Richtung Trakai bzw. Kaunas kommend auf der Ringstraße bis zum großen Verkehrsverteiler kurz vor dem Fluss Neris, hier abzweigen, unter der Schnellstraße hindurch und nordwärts zum Platz, eine grobe Orientierung bietet der Fernsehturm; ebenes, eingezäuntes, von hohen Laubbäumen umgebenes Wiesengelände hinter den Messehallen; ca. 1,2 ha – 80 Stpl.; einfache Sanitärausstattung in Containern. V & E Station am Eingang. Fahrradverleih.

*ROUTE: Von Vilnius auf der Autobahn A1/E85 zurück nach **Kaunas.***

HAUPTROUTE

Der wesentlich schnellere Weg von Kaunas nach Klaipėda führt über die Autobahn A1. Bei ausreichend zur Verfügung stehender Zeit bietet sich der etwas langwierigere, unten beschriebene Weg über Straße 141 an.

*ROUTE: Von Kaunas über die Straße 141 am **Fluss Nemunas** entlang westwärts bis **Jurbarkas**, 86 km.*

Auf dem Wege nach Jurbarkas liegen an den Ufern der Nemunas/Memel zwei beachtenswerte Burgen oder besser Schlösser.

In **Raudonė** etwa, rund 63 km westlich von Kaunas, erwartet den Besucher das **Schloss Raudonė [N55° 05' 49.0" E23° 07' 47.9"]**, das von einem Park umgeben ist und nach einer langen Periode der Restaurierung nun wieder mit seinem 33 m hohen Turm über den Fluss Nemunas hinweg weithin sichtbar ist.

9 km weiter kommt man durch **Pilis** oder **Pilis I**. Dort findet man **Schloss Panemunė [Parkplatz, N55° 05' 58.3"**

E22° 59' 08.1"]. Das Anwesen aus den Anfängen des 17. Jh. war einst in Händen der ungarischen Kaufmannsfamilie Eperjes. Nach jahrzehntelangem Verfall begann man in der Sowjetzeit mit der Restaurierung. Heute liegt das Schloss mitten in einem kleinen Regionalpark.

Die Geschichte von **Jurbarkas** beginnt Mitte des 13. Jahrhunderts als der Deutsche Orden an der Mündung des Flusses Mituva in den Nemunas eine Burg, die Georgenburg, errichtete. Diese Festung wurde aber nach der Niederlage gegen das polnisch-litauische Heer im Jahr 1410 aufgegeben. Heute ist von ihr leider nichts mehr zu sehen.

Später wurde die Stadt aufgrund der Grenzlage zu einem bedeutenden Handelsplatz mit Zollrechten.

Während der Sowjet-Ära kam der Charme des Städtchens völlig abhanden. Zu den recht bescheidenen Sehenswürdigkeiten zählt die zweitürmige **Hl. Dreifaltigkeitskirche** aus dem Jahre 1907. Sie steht in unmittelbarer Nähe der längsten Nemunas-Brücke des Landes.

*ROUTE: Weiterreise auf der Straße 141 über **Šilutė** bis **Klaipėda** (150 km).*

In **Šilutė (Heydekrug)** selbst gibt es nicht viel zu sehen. Lediglich eine Kirche aus den 20er Jahren des letzten Jahrhunderts ist ein Blickfang. Vielmehr dient der Ort als Ausgangspunkt für eine Fahrt auf die Rusnė-Insel oder auf die Halbinsel Ventės ragas, die in das Kurische Haff hineinragt.

Klaipėda, das frührere **Memel,** war einmal eine der nordöstlichsten Städte Preußens. Und was die wenigsten wissen: Memel war sogar einmal Hauptstadt des Königreichs Preußen, auch wenn das nur ein ganz kurzes Kapitel in der Stadtchronik ist, als nämlich Berlin im Jahr 1807 Besuch von einem Franzosen namens Napoleon bekommen hatte.

Übrigens soll der Name Klaipėda nach der Legende über die Stadtgründung angeblich von „klampi pėda" her stammen, was soviel wie „schlammige Füße" heißen soll. Legende wie gesagt, denn die wissenschaftlicher klingende Version lautet, dass sich der Stadtname ableitet vom Kurischen für „Brot essen" - „klaip ėda" nämlich.

Begonnen hat alles Mitte des 13. Jh., als Ritter des Deutschen Ordens hier eine Festung errichteten. 1254 wurden der entstandenen Siedlung Lübecker Stadtrechte verliehen. Nach dem Niedergang des Deutschen Ordens kam Memel an Preußen und wurde, wie

PRAKTISCHE HINWEISE – ŠILUTĖ (HEYDEKRUG)

Touristeninformation Šilutės turizmo informacijos centras, Lietuvininkų gatvė 10/Parko gatvė 2, LT 99185 Šilutė, Tel.: +370 44 17 77 85; www.silute-info.lt/de/.

CAMPING

Ventė

Camping Ventainė [N55° 21' 22.43" E21° 12' 21.57"], Mariu 7, Ventė, Tel. +370 44 16 85 25; www.ventaine.lt/de/; 1. Jan. – 31. Dez.; rund 23 km westlich von Šilutė auf der kleinen Halbinsel **Ventės ragas** befindet sich ein ehemaliger Bauernhof direkt am Kurischen Haff im Regionalpark des Nemunas Deltas mit kleinem Sandstrand, der mit tausenden von Muscheln übersät ist. Weites, so gut wie ebenes Wiesengelände; ca. 3 ha – 30 Stpl., plus ca. 50 Zeltplätze + Dau.; Standardsanitärausstattung. Waschmaschine, Trockner, Restaurant, WLAN, Sauna, Wurfschule. Boots- und Fahrradverleih.
Zum Anwesen gehört ein Hotel mit 27 Zimmern, ein römisches Bad und Billardraum. Holzskulpturen baltischer und skandinavischer Künstler auf dem Gelände. In knapp 2 km Entfernung Leuchtturm mit ornithologischem Museum, wo Zugvögel beobachtet und beringt werden, mit Fähre nach Nida vom Platz aus zu erreichen.

schon erwähnt von 1807 bis 1808 Hauptstadt des preußischen Königreichs.

1854 wird Klaipėda, wie schon einmal ziemlich genau 300 Jahre zuvor, durch einen gewaltigen Stadtbrand fast vollständig zerstört. 1923 endlich wird Klaipėda an Litauen angeschlossen. Heute leben in der Hafenstadt, die als einzige in Litauen im Winter eisfrei bleibt, annähernd 163.000 Menschen.

Wer mit dem Schiff direkt von Deutschland nach Klaipėda kommt – ganzjährige Fährverbindungen von/nach Kiel – der wird zuerst ein wenig abgeschreckt. Auf den ersten Blick nur Hafenkräne, Industrie und Öltanks. Ebenso ergeht es einem bei der Fahrt aus der Stadt hinaus. Die Vororte sind geprägt von zahlreichen Hochhaus-Siedlungen, die den Einfluss der Sowjets auf den Wohnungsbau nach dem Zweiten Weltkrieg nicht verleugnen können.

Das Ännchen von Tharau Denkmal auf dem Theaterplatz in Klaipėda

Das Stadtgebiet von Klaipėda ist sehr schmal, nur bis zu drei Kilometer breit, dafür zieht sie sich fast 20 km an der Küste entlang.

Einen größeren, bislang kostenfreien **Parkplatz [N55° 42' 19.6" E21° 07' 54.4"]** findet man am Jachthafen gegenüber den Mauerresten einer früheren Burg in der Pilies gatvė, am südwestlichen Rand der Altstadt. Von dort nur über die verkehrsreiche Pilies gatvė (Fußgängerüberweg etwas weiter oben an der Zufahrt zum Jachthafen) und schon ist man in der Altstadt auf dem hübschen Theaterplatz.

Im Herzen der Stadt befindet sich eine ansehnliche **Altstadt**, die sich an das südliche Ufer des kleinen Flusses Danė schmiegt. Im schachbrettartigen Altstadtviertel befinden sich zahlreiche **Fachwerkhäuser** sowie am Jachthafen Reste einer **Burg [N55° 42' 17.69" E21° 7' 48.32"]**, die sich einstmals hier erhob, Priešpilio St. 2 *(geöffnet Di - Sa 10 - 18 Uhr, Führungen, letzter Einlass 30 Min. vor Schließung; www.mlimuziejus.lt)*. Natürlich gibt es ein **Burgmuseum**, das über die Vergangenheit der Burg und von Prinz Friedrich berichtet. Man sieht den **Großen Saal** mit Sammlungen von Waffen, Werkzeugen und Alltagsgegenständen, sowie eine Ausstellung über das Leben in der Stadt in den vergangenen Jahrhunderten.

Ganz in der Nähe liegt am westlichen Rand der Altstadt und an der Ostseite der Durchgangsstraße Pilies der **Theaterplatz [N55° 42' 28.5" E21° 07' 53.7"]**. Mitten auf dem Platz blickt man direkt auf den Brunnen mit dem Standbild **„Ännchen von Tharau".** Es wurde 1989 wieder enthüllt, ist aber lediglich eine Kopie der Figur, die bereits 1912 an der Stelle stand.

Das Ännchen steht auf dem Springbrunnen, der nach Simon Dach benannt ist, dem Dichter, dem die „Ännchen-Verse" einfielen.

„Ännchen von Tharau ist's, die mir gefällt, / Sie ist mein Leben, mein Gut und mein Geld. / Ännchen von Tharau hat wieder ihr Herz / Auf mich gerichtet in Lieb' und in Schmerz." Etc, etc.

Falls Sie auf Litauisch mitsingen wollen:

„Anke van Tharaw öß, de my geföllt, / Se öß mihn Lewen, mihn Goet on mihn Gölt. / Anke van Tharaw heft wedder eer Hart / Op my geröchtet ön Löw' on ön Schmart." Etc, etc.

Zwei Straßenzüge vom Theaterplatz weiter altstadteinwärts können Sie – wenn Sie viel Zeit und Lust dazu haben – nach dem **„Wundertätigen Altstadtmäuschen" [N55° 42' 30.7" E21° 07' 56.1"]** suchen. Diese kleine, wohlbeleibte, kaum 20 cm hohe Bronzemaus auf einem halbkugelförmigen Sockel kann nämlich Wünsche wahr werden lassen, wenn man ihr eine Zauberformel ins Ohr flüstert. Die Zauberformel muss aber die richtige sein, nämlich die, die auf dem Bronzeband unten eingraviert ist und die nach freundlicher Übersetzung des Verkehrsamtes auf Deutsch lautet: „Fasse Gedanken in Worte – und Worte wirken Wunder". Das Altstadtmäuschen ist in der Kurpių gatvė, gegenüber vom Jazzclub „Kurpiai" (www.jazz.lt; Tel. +370 464 105 55) mit der berühmtesten Bar im Lande, zu finden.

Fast gegenüber vom Touristenbüro liegt in der Liepu gatvė das **Uhrenmuseum Laikodžių musiejus [N55° 42' 44.32" E21° 8' 3.02"]**. Die Sammlung wunderschöner alter Uhren ist interessant zu besichtigen. Zudem wird über die Geschichte des Uhrmacherhandwerks berichtet.

Ein großes, bis 22 Uhr geöffnetes **Einkaufszentrum [N55° 41' 40.05" E21° 9' 16.46"]**, das „Akropolis" (Taikos ave. 61, www.akropolis.lt) mit über 200 Geschäften, über 10 Restaurants, Kino, Bowlingbahnen, Spielkasino etc. liegt im südöstlichen Bereich der Stadt.

PRAKTISCHE HINWEISE – KLAIPĖDA (MEMEL)

Tourismus- und Kulturinformationszentrum [N55° 42' 30.0" E21° 08' 01.1"], Turgaus gatvė 7, 91247 Klaipėda, Tel. +370 46 41 21 86; www.klaipeda-info.lt/de/. *Geöffnet im Sommer Mo - Fr 9 - 19 Uhr, Sa + So 10 - 16 Uhr; im Winter Mo - Fr 9 - 18 Uhr.*

RESTAURANTS

Memelis, Žvejų 12, Tel. +370 612 60 477; www.memelis.lt; zünftige Brauereigaststätte.

Navalis Restaurant, Herkaus Manto gatvė 23, Tel. +370 464 042 00; www.navalis.lt. Recht nobles Restaurant im gleichnamigen Hotel, gehobene Preislage.

CAMPING

Giruliai bei Klaipėda

Camping Pajūrio Kempingas [N55° 45' 57.9" E21° 05' 32.2"], Slaito gatve 3, Tel. +370 677 732 27; https://campingklaipeda.lt/de/; 1. Jan. – 31. Dez; ca. 8 km nördlich von Klaipėda beim Ort Giruliai; fast ebenes Grasgelände im Mischwald an der Küstenstraße nach Palanga; ca. 3 ha – 80 Stpl; Standardsanitärausstattung. Waschmaschine, Trockner, Sauna, WLAN auf Teilen des Platzes. V & E für Wohnmobile. Mietbungalows.

Karklė bei Klaipėda

Camping Kopos [N55° 48' 36.4" E21° 04' 21.8"], Placio gatve 37; +370 68 74 94 56; www.karkleskopos.lt/en/; 1. Apr. – 1. Okt.; kleine, ebene Wiese an der Küstenstraße; ca. 2 ha – 50 Stpl.; einfache Standardsanitärausstattung. Miethütten.

Camping Karkle Camp Pajurio Takas [N55° 48′ 30.3″ E21° 04′ 23.8″], Placio 54 A, Tel. +370 645 39 330; www.karklecamp.com/de/; 1. Mai – 30. Sept.; Campingmöglichkeit bei einem Gästehaus, ebene Wiese zwischen Straße und Waldrand, mit markierten Stellplätzen; 2 ha – 80 Stpl.; Sanitäranlagen neueren Datums. Waschmaschine, Trockner, WLAN, Fahrradverleih. V & E für Wohnmobile. Miethütten.

Camping Olandų Kepurė [N55° 47′ 54.19″ E21° 4′ 43.09″], Krikštų 5, Tel. +370 62 03 04 54; www.olandokepure.lt; 1. Apr. - 1. Okt.; südlich von Karkle an der Küstenstraße; Wiesengelände, von dichtem Laubwald umgeben. ca. 2 ha – 30 Stpl.; einfache Standardsanitäranlagen. Waschmaschine, Trockner, Cafeteria, Sauna, WLAN auf Teilen des Platzes, Internetecke.

WOHNMOBIL-STELLPLATZ – SMILTYNE, KURISCHE NEHRUNG

Wohnmobil-Stellplatz Marina Smiltyne [N55° 41′ 47.07″ E21° 7′ 10.81″], Smiltynes gatve 25, Tel. +370 62 64 20 00. **Zufahrt:** Am nördlichen Ende der Kurischen Nehrung ca. 2,5 km nördlich vom Fährhafen Smiltyne (Fähre nach Klaipeda). **Ausstattung:** Ebene, schattenlose Wiese am Sportbootshafen für 20 Wohnmobile in schöner Lage. Frischwasser, Ausguss für Grauwasser und Chemikaltoiletten. **Geöffnet:** Mitte April – Ende Nov. **Gebühr:** Pauschale inkl. V & E-Einrichtung. Kein Campingleben gestattet!

Klaipėdas „Wundertätiges Altstadtmäuschen“

TOUR 7: KLAIPĖDA (LITAUEN) - VENTSPILS (LETTLAND)

Länge der Tour: Rund 170 km, ohne Abstecher.

Die Route: Straße A13/E272 über **Palanga** bis zur **litauisch-lettischen Grenze** - Straße A11 bis **Liepaja** - Straße P111 über **Jūrkalne** bis **Lēči** - Straße P108 bis **Ventspils (Windau).**

Abstecher nach Šiauliai: 155 km, einfache Strecke.

Reisedauer: Mindestens ein Tag. Plus ein separater Tag für den Abstecher nach Šiauliai zum „Berg der Kreuze".

Höhepunkte: Der **Botanische Garten** und das **Bernsteinmuseum** in **Palanga** - der **Nationalpark Žemaitijos** - der **„Berg der Kreuze"** ** - Stadtbesichtigung und **Strand** von **Ventspils (Windau)** ***.

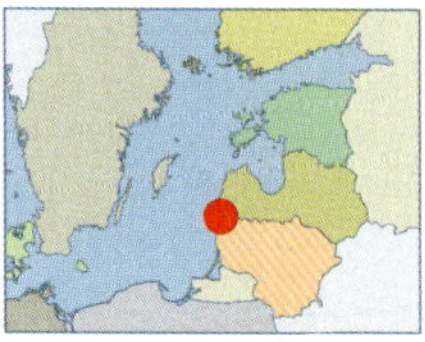

ROUTE: *Von Klaipėda zur Hauptstraße A13/E272 und nordwärts bis **Palanga**, ca. 32 km.*

Wer Ruhe, einsame Strände, vielleicht noch einen gemütlichen Fischerort sucht, wird sich in **Palanga** nicht sonderlich gut aufgehoben fühlen.

Palanga ist ein sehr lebhafter Kurort, der vor allem in den Sommermonaten, wenn die Stadt mit Touristen überbevölkert ist, aus allen Nähten zu platzen droht. Vor allem in der berühmt-berüchtigten **Jonas Basanavičiaus Straße** (früher Graf Tiškevičiai Boulevard, nach dem Begründer des Kurbetriebs), eine Fußgängerzone, schieben sich die Menschen dann an den Souvenir- und Imbissbuden, an Cafés und Kneipen vorbei.

Bernsteinfischen und das Bearbeiten des „Baltischen Goldes" war lange Zeit die Haupteinnahmequelle vieler Einwohner von Palanga. Was lag also näher, im 19. Jh. bei der Schaffung eines neuen Stadtwappens auf die lange Bernsteintradition zurückzugreifen. Seitdem ziert eine goldene Bernsteinkette auf blauem Grund das Wappen. Gekrönt wird die Kette von einer zierlichen silbernen Krone, ein Hinweis auf die legendäre Meeresgöttin Jūratė, die immer mit einer Halskette aus Bernstein dargestellt wurde.

Einer der schönsten Plätze in Palanga, der zu langen Spaziergängen einlädt, ist der **Botanische Garten Botanikos Sodas [N55° 54' 37.2" E21° 03' 43.7"]** *(geöffnet Mo - Do 8 - 17 Uhr, Fr 8 - 16 Uhr, Sa + So 10 - 18 Uhr, letzter Einlass 1 Std. vor Schließung; www.botanikos-sodas.vu.lt/en/).* Angelegt und gestaltet wurde der Park im Jahr 1897 von dem französischen Landschaftsarchitekten Eduard Andre.

Der Botanische Garten liegt im Süden der Stadt und dehnt sich westwärts bis an den Strand aus.

Dort am Strand findet man die 470 m lange **Seebrücke [N55° 55' 11.5" E21° 03' 01.3"]**. Sie wurde 1997 erbaut, ist aber nicht die erste Brücke dieser Art, die an der Stelle errichtet wurde. Auf jeden Fall ist die Seebrücke eine vor allem von romantisch gesinnten Besuchern eine sehr beliebte Promenade. Und es wird schon seinen Grund haben, warum die Straße die zur Seebrücke führt auch „Liebesallee" „Meiles alja" genannt wird. Und bei schönem Wetter ist der Badesteg ein gerne besuchter Ort, um die Sonne über der Ostsee untergehen zu sehen.

Neben der Flora im Botanischen Garten kann man das mitten im Park gelegene, sehr sehenswerte **Bernsteinmuseum Gintaro muziejus** bewundern **[N55° 54' 25.02" E21° 03' 22.08"]**, Vytauto gatvė 17 *(geöffnet Juni - Aug. Di - Sa 10 - 20 Uhr, So 10 - 19 Uhr; Sept. - Mai Di - Sa 11 - 17 Uhr, So 11 - 16 Uhr; www.pgm.ldm.lt/de/home-2).* Es beherbergt seit 1963 in 15 Räumen über 4.500 Ausstellungsstücke aus Bernstein, die allesamt in der näheren Umgebung gefunden und in Palanga bearbeitet wurden. Untergebracht ist das Museum in den Räumlichkeiten des prächtigen ehemaligen Schlosses des Grafen Feliksas Tiškevičiai.

Leider gibt es beim Museum im Park keine Parkmöglichkeit. Und auch in den Straßen am Rand des Parks ist es schwierig einen Parkplatz zu finden.

Im südlichen Bereich des Parks liegt der 22 m hohe **„Berg" Birutės**, eher ein flacher Hügel, aber einer mit uralter Kulttradition. In früheren Zeiten soll hier ein heidnischer Tempel gestanden haben, später dann bis ins 14. Jh. eine Sternwarte. Heute steht hier eine gotische Kapelle aus dem 19. Jh.

In der Stadt selbst erhebt sich im lebhaften Zentrum zwischen zahlreichen

PRAKTISCHE HINWEISE - PALANGA

Touristeninformation [N55° 55' 05.3" E21° 03' 59.8"], Vytauto gatvė 94, LT-00132 Palanga, Tel. +370 46 04 88 11, www. palangatic.lt/. *Geöffnet Mo - Fr 8 - 18 Uhr, Sa 10 - 15 Uhr.*

RESTAURANTS

Restaurant, Hotel und Café Medūza, Kontininkų gatvė 9, Tel. +370 460 56 450; www.pkmeduza.lt; 150 m von der Ostsee entfernt mit Blick in den Kiefernwald. Im Restaurant gibt es überwiegend italienische Küche, im Café kontinentale Gerichte.

Restaurant Žuvinė, Basanavičiaus gatvė 37a, Tel. +370 656 59 647; www.zuvine.lt/en/. Modernes Fischrestaurant, Fischgerichte in allen denkbaren Variationen, schöne Sommerterrasse.

CAMPING

Camping Palangos Kempingas Compensa [N55° 52' 35.27" E21° 3' 57.63"], Nemirseta, Klaipėdos pl. 33i, Tel.: +370 60 08 88 11; https://palangacamping.lt/de/; 25. Mai - 1. Okt.; ca. 5 km südlich von Palanga, Zufahrt von der Hauptstraße Klaipedos. Gelände im Nadelwald; ca. 5 ha – 70 Stpl., Standardsanitärausstattung; Restaurant, Tennis, V & E für Wohnmobile. Etwa fünf Gehminuten von der Ostsee entfernt. In der Nähe vom Platz führt der Küstenradweg vorbei.

Geschäften die **St. Maria-Kirche [N55° 55' 02.7" E21° 03' 55.9"]**, die Mariä Himmelfahrt geweiht ist. Das neugotische Gebäude wurde um die Wende zum 20. Jh. von einem schwedischen Architekten und mit finanzieller Hilfe von Graf Tiškevičiais errichtet. Mit ihrer stattlichen Höhe von 76 m Höhe ist sie das höchste Gebäude von Palanga.

Falls Sie auf den nachfolgend beschriebenen **Abstecher nach Šiauliai und zum „Berg der Kreuze"** verzichten, bitte weiter mit **„Hauptroute"** weiter hinten.

Abstecher zum „Berg der Kreuze"

*ABSTECHER: Von Palanga auf der A11/E272 ostwärts und über **Kretinga Plungė** und **Kuršėnai** bis **Šiauliai**, 150 km.*

Kretinga Ist eine kleine Stadt mit rund 21.000 Einwohnern. Sie wurde zum ersten Mal im Zusammenhang mit der Errichtung einer Burg erwähnt.

Die **Touristeninformation [N55° 53' 27.5" E21° 14' 31.3"]** findet man in der Vilniaus gatvė 2B, Tel. +370 445 73 102; www.kretingosturizmas.info.

Ein größerer **Parkplatz [N55° 53' 21.8" E21° 14' 28.3"]** liegt südlich der Touristeninformation jenseits einer Parkanlage an der Straße Rotušės a.

Sehenswert ist die **Mariä-Verkündigungskirche [N55° 53' 31.0" E21° 14' 36.5"]** am Rathausplatz. Sie stammt aus den Anfängen des 17. Jahrhunderts und ist mit zahlreichen Holzschnitzereien ausgestattet.

Nicht weit davon entfernt erkennt man an dem stufenförmigen Giebel das Franziskanerkloster, das zur gleichen Zeit wie die Kirche erbaut wurde.

In der Vilniaus gatvė 20 kann man ein ehemaliges **Herrenhaus [Parkplatz, N55° 53' 58.8" E21° 14' 51.7"]** besichtigen *(geöffnet im Sommer Mi - So 10 - 18 Uhr, Wintergarten Di - So 10 - 20 Uhr; im Winter Mi - So 10 - 18 Uhr, Wintergarten Di - So 10 - 18 Uhr; www.kretingosmuziejus.lt/in-english)*, das seit Anfang der 1990er Jahre ein **Museum** mit Wintergarten beherbergt. Es zeigt eine Dauerausstellung über alte litauische Volkskunst sowie Exponate der Grafenfamilie Tyszkiewicz, die einst Herren des Adelsgutes waren. Zu ihrer Zeit wurde im Jahr 1875 ein Wintergarten angelegt, in dem heute fast 600 verschiedene Pflanzen zu sehen sind.

Wer sich sehr für Kunst aus der Region interessiert, kann in **Plungė,** das

Am Platelių-See bei Plateliai im Žemaitijos Nationalpark

unweit südlich der Fernstraße A11/E272 liegt und das man nach rund 53 km erreicht, das **Žemaičių dailės muziejus [Parkplatz, N55° 55' 12.1" E21° 50' 41.6"]** besuchen, Parko gatvė 1, Plungė. Das Museum ist in einem prächtigen Schlösschen in einem schönen Park unweit des Bahnhofs untergebracht.

Von Plungė führt die Straße 164 nordwärts hinein in den **Nationalpark Žemaitijos nacionalinis parkas**. Das Naturschutzgebiet erstreckt sich um den See Platelių ež.

An seinem Westufer liegt der Ort **Plateliai [Parkplatz, N56° 02' 16.5" E21° 48' 49.6"]**, urbanes Zentrum des Nationalparks. Die Gegend um den See war uraltes Siedlungsgebiet der Samogiten, ein Menschenschlag, der sich nur langsam der Neuzeit öffnete und noch heute seine Traditionen pflegt. Wahrscheinlich sind auch deshalb noch viele alte Legenden gerade aus der Region Žemaitija erhalten geblieben.

Plateliai ist jedes Jahr Schauplatz eines großen **Mittsommerfestes**.

Über Aktivitäten, Wander-, Wassersport- und Angelmöglichkeiten im Nationalpark und im See gibt das **Nationalparkzentrum** Auskunft, Dižioji gatve 10 *(geöffnet tgl. 8 - 17 Uhr; www.zemaitijosnp.lt)*.

Knapp 9 km östlich von Plateliai und jenseits des Sees Platelių ež., bei der ehemaligen Militärsiedlung **Plokštinė/ Plokščiai,** Šilinės gatvė 4 **[Parkplatz, N56° 01' 47.7" E21° 54' 20.5"]** liegt eine (nun natürlich nicht mehr aktive) **Atomraketenbasis** aus der Zeit der Sowjetherrschaft. Das Gebiet war bis in die 1980er Jahre hinein absolutes Sperrgebiet. Wahrscheinlich wussten die allerwenigsten Litauer, was sich hier tat. Das ganze Objekt unterlag strengster Geheimhaltung. Heute sind Besucher willkommen, um das hier eingerichtete **Museum über den Kalten Krieg Šaltojo karo muziejus** auf Führungen zu besichtigen. Mit einem gewissen Schaudern im Rücken bekommt man u. a. die vier 27 m tiefen Raketensilos zu sehen, in denen Atomraketen standen, die auf uns in Westeuropa gerichtet waren. *Führungen finden statt: 1. Mai - 30. Sept. tgl. zwischen 10 Uhr und 18 Uhr; 1. Okt. - 30. Apr. tgl. zwischen 10 und 16 Uhr. Führungen starten im Sommer immer zur vollen Stunde, im Winter um 10, 12, 14, 16 Uhr.* Infos dazu findet man auch auf der Webseite des Nationalparks *https://www.zemaitijosnp.lt/en/expositions/*. Die Anfahrt, vor allem auf dem letzten Wegstück, ist wegen der schlechten Straße etwas anstrengend!

ABSTECHER: *Vom Nationalpark Žemaitijos zurück zur A11/E272 und ostwärts nach* ***Šiauliai (Schaulen)****, ca. 110 km.*

Šiauliai (Schaulen), eine Stadt, die den weiten Weg durchaus lohnt, darf von Ausländern erst seit 1987 wieder besucht werden. Zuvor war die Stadt, in der heute rund 130.000 Menschen leben, ein sowjetisches Industriezentrum, in dem Militärprodukte hergestellt wurden. Damals hatten Besucher, die nicht aus der litauischen Sowjetrepublik kamen, keinen Zutritt.

Seine politische und wirtschaftliche Bedeutung errang Šiauliai vor allem in den Jahrhunderten vor dem Ersten Weltkrieg als wichtiger Warenumschlagsplatz an den hanseatischen Handelswegen von Berlin über Königsberg nach Sankt Petersburg.

In seiner langen Geschichte vor der Sowjetzeit war Šiauliai immer wieder Ziel von Zerstörungen durch fremde Truppen.

Schwedische Truppen gingen nicht gerade zimperlich mit Šiauliai um, als sie Anfang des 17. Jh. nach Litauen einfielen.

Zu Beginn des 19. Jh. dann plünderten Napoleons Truppen auf ihrem Russlandfeldzug die Stadt und hinterließen eine Spur der Zerstörung. Kaum hatte man sich davon einigermaßen erholt, vernichtete 1872 ein verheerender Brand sämtliche Holzhäuser, und das waren damals fast alle Gebäude der Stadt.

Die letzte Tragödie mussten die Bürger von Šiauliai schließlich im Zweiten

Weltkrieg erleiden, als 75% der Stadtfläche dem Erdboden gleichgemacht wurde. Die Stadt, die der Besucher heute sieht, kann also - bis auf eine Ausnahme – keine altertümlichen oder historischen Bauwerke mehr aufweisen.

Das einzige Gebäude, das sämtliche Plünderungen und Zerstörungen überstanden hat, ist die **Peter-und-Paulskirche [N55° 55′ 57.6″ E23° 19′ 07.6″]**, Aušros takas 3. Sie stammt aus dem 17. Jahrhundert. Auf dem Weg ins Stadtzentrum sieht man ihren 70 m hohen Kirchturm. Er ist zwar der zweithöchste Turm in ganz Litauen, wurde aber – im Gegensatz zur Kirche selbst – erst gegen Ende des 19. Jh. errichtet.

Zwei Straßenzüge südwestlich der Peter- und Paulskirche kreuzt die große Einkaufsstraße und Fußgängerzone **Vilniaus gatvė** den Innenstadtbereich im Zentrum von Šiauliai. Zahlreiche Geschäfte, Restaurants, Boutiquen und mehrere Museen sind dort zu finden.

Am südöstlichen Beginn der Fußgängerzone findet man z. B. das **Fahrradmuseum Dviračių Muziejus [N55° 55′ 42.3″ E23° 19′ 12.0″]**, Vilniaus gatvė 139 *(geöffnet Di, Do, Fr 10 - 18 Uhr, Mi 10 - 19 Uhr, Sa 11 - 17 Uhr; www.ausrosmuziejus.lt/dviraciu-muziejus/)*. Nicht nur zahlreiche Räder können besichtigt werden, man kann auch unterschiedliche Herstellungsweisen von Drahteseln sehen.

Etwas weiter die Straße hinauf sieht man rechts das **Fotografiemuseum,** Vilniaus gatvė 140, danach das **Dramen-Theater** und das daran angrenzende **Einkaufszentrum**. Schräg gegenüber befindet sich die **Touristeninformation [N55° 55′ 55.3″ E23° 18′ 49.2″],** Vilniaus gatvė 213.

Und Katzenfreunde werden nicht umhin können, dem kleinen **Katzenmuseum Katinų muziejus [N55° 55′ 38.02″ E23° 20′** , Žuvininkų gatvė 18, einen Besuch abzustatten *(geöffnet Di - Fr 10 - 17 Uhr, Sa 9 - 16 Uhr). Es ist bis auf weiteres geschlossen).* Katzen aus aller Welt überall, als Leuchten, auf Stühlen, als Ornamente, Ansichtskarten, Fotos, Gemälden, Souvenirs etc. etc.

Für Schleckermäuler sei das **Schokoladenmuseum [N55° 55′ 46.65″ E23° 18′ 42.85″]** in der Tilžes g. 133 empfohlen. Es zeigt, wie Schokolade schon seit den Mayas und Azteken und bis heute in Litauen hergestellt wurde. Die Firma Rūta produziert seit 1913 viele Köstlichkeiten und in deren Candy Shop läßt sich natürlich eine Kostprobe der Pralinenvielfalt erstehen *(geöffnet Mo - Fr 10 - 19 Uhr, Sa 10 - 17 Uhr; www.sokoladomuziejus.lt/en/)*.

Einen kurzen Abstecher lohnt bei ausreichend zur Verfügung stehender Zeit der **Talšos-See**. Er liegt am Ostrand des Stadtzentrums von Šiauliai an der St. Salkauskio gatvė, Ecke Ezero gatvė. In einem **Park** am Südwestufer des Sees sieht man einen 21 m hohen **Obelisken [Parkplatz, N55° 55′ 48.2″ E23° 19′ 37.6″]**, auf dessen Spitze die goldene Figur eines auf einer Kugel stehenden Bogenschützen angebracht wurde. Erst auf den zweiten Blick stellt man fest, dass es sich bei dieser Säule um eine Sonnenuhr handelt. Auf dem Platz vor dem Obelisken sind die Zahlen 12, 3 und 6 eingelassen, die an das Jahr der ersten Stadterwähnung von Šiauliai, 1236, erinnern.

Willkommene Abwechslung verspricht eine Besichtigung der traditionsreichen **Brauerei „Gubernija“ [N55° 57′ 0.20″ E23° 19′ 13.60″].** Sie befindet sich seit dem Jahr 1796 in der Dvaro gatvė 179. Auf einer Führung (Eintrittsgebühr) erhält der Besucher Einblick in den Produktionsprozess. Abschließend findet ein Imbiss statt, bei dem ein frisch gebrautes Bier natürlich nicht fehlen darf.

PRAKTISCHE HINWEISE - ŠIAULIAI (SCHAULEN)

i **Touristeninformation [N55° 55′ 55.28″ E23° 18′ 49.17″]**, Vilniaus gatvė 213, Tel. +370 41 52 31 10; https://tic.siauliai.lt/de. *Geöffnet Mo - Fr 9 - 18 Uhr, Sa 10 - 16 Uhr, im Sommer auch So 10 - 15 Uhr.*

RESTAURANTS

Salingas, Tilžes gatvė 168, Tel. +370 415 209 22. Asiatische Gerichte.
Kavine Retro, Vilniaus gatvė 146, Tel. 41-52 12 02. Europäische Küche in gemütlicher Atmosphäre.

CAMPING

Šiauliai-Sutkūnai

Camping Gražina [N55° 58′ 22.5″ E23° 19′ 37.7″], Masiuliškių gatvė 1, Sutkūnai, Tel. +370 69 93 87 35; 1. Jan. - 31. Dez.; nördlich von Šiauliai beim Vorort Sutkūnai gelegen. Von der A12 westwärts auf die Umgehungsstraße A18 zur Straße 154, die südwärts zum Platz führt. Kleiner familiärer Campingplatz bei einer Pension (8 Fremdenzimmer). Kleiner Birkenhain und ebenes, eingezäuntes Wiesengeviert mit etwas welligem Untergrund, zwischen Wiesen und Gärten und Blick auf hörbare Fabrikanlage; die nahe Bahnlinie mit seltenem Bahnverkehr stört kaum. Einen großen Teil des kleinen Platzes nimmt ein Volleyballnetz ein. Ca. 1 ha – 20 Stpl. Wenig, nicht nach Geschlechtern getrennte Sanitäreinrichtungen. Waschmaschine, Trockner, Sauna, Chemikaltoilettenausguss, WLAN auf Teilen des Platzes.

Šiauliai-Domantai

Camping Girelė [N55° 59′ 56.9″ E23° 22′ 57.5″], Domantu k., Tel. +370 41 21 10 43; www.sodybagirele.lt/en/; 1. Mai - 30. Nov.; ca. 9 km nördlich von an der Straße A12 (Šiauliai - Rīga) und etwa 1 km südlich des Abzweigs zum Berg der Kreuze gelegen; fast ebenes, gepflegtes Rasengelände mit zwei kleinen Teichen, vor der Pension Girelė mit Restaurant und Fremdenzimmern; ca. 1,5 ha - 30 Stpl.; Stromanschlüsse, Sanitärs mit Duschen und WC, kein Chemikalausguss (wg. Naturschutzgebiet). Laut durch A12. Am Platz führt ein Radweg vorbei, zum Berg der Kreuze ca. 2,5 km.

Kurtuvėnai

Camping Kurtuvėnai Manor [N55° 49′ 38.2″ E23° 02′ 46.9″], Parko g 2, Tel. +370 41 37 03 33; www.kurtuva.lt; 1. Mai - 1. Okt.; rund 22 km südwestlich von Šiauliai im **Kurtuvėnai Regional Park** gelegen, Straße A12/E77 von Šiauliai südwärts bis Bubiai, dort westwärts auf die 215 und noch 6 km bis **Kurtuvėnai**, vorbei an der Kirche und links; kleines Wiesengelände an einem Weiher, durch Holzzäune begrenzt und in Stellplätze unterteilt, beim Landgut Kurtuvėnai ruhig und abgeschieden gelegen; ca. 1 ha – 50 Stpl., Standardsanitärausstattung. Waschmaschine, Trockner, WLAN. Chemikaltoilettenausguss.

Der „Berg der Kreuze"

Der **„Berg der Kreuze" Kryžių kalnas [Parkplatz, N56° 00′ 47.8″ E23° 24′ 27.3″]**, eine der größten, bestimmt aber eine der meistbesuchten Sehenswürdigkeiten nicht nur Litauens, sondern des ganzen Baltikums, liegt rund 10 Kilometer nordöstlich von Šiauliai und östlich der A12/E77 (Šiauliai – Rīga). Mit „Kryžių Kalnas" beschilderter Abzweig. Folgen Sie ihm über die schmale Straße und nach weiteren knapp 2 km haben Sie auf der linken Seite den Parkplatz und sehen auch schon zahllose Kreuze auf einem kleinen Hügel.

Am Berg der Kreuze konnte man in den letzten Jahren sehr gut die touristische und kommerzielle Entwicklung im Baltikum verfolgen. Befanden sich vor wenigen Jahren noch auf der rechten Seite an einem unbefestigten Parkplatzstreifen kleine Holztische, an denen ältere Frauen ihre spärliche Rente mit dem Verkauf von Holzkreuzen aufbesserten, wurde nun ein großer, asphaltierter, gebührenpflichtiger Park-

Der „Berg der Kreuze"

platz mit Informationszentrum und Cafeteria eingerichtet. Und die Rentnerinnen haben ihre Holztische vor einem großen Verkaufsgebäude für Souvenirs gleich am Parkplatz aufgestellt. Die Parkgebühr ist in der Cafeteria zu bezahlen.

Vom Parkplatz führt ein ca. 500 m langer, gepflasterter Fußweg zum knapp 10 m hohen Berg der Kreuze, der mit kaum einer anderen Sehenswürdigkeit auf der Welt zu vergleichen ist.

Längst reicht der eigentliche Hügel nicht mehr aus, um alle Kreuze zu fassen, die hier im Laufe der Zeit von den Pilgern aus Gründen der Dankbarkeit für die Erfüllung eines Wunsches aufgestellt wurden.

In dem Pavillon links neben dem Berg hielt im Jahr 1993 der verstorbene Papst Johannes Paul II. eine Messe ab.

Schauen Sie sich in Ruhe die Kreuze an. Sie werden feststellen, dass der Ort kein nationales Pilgerziel mehr ist. Viele Kreuze mit Inschriften aus aller Herren Länder sind zu entdecken. Die meisten stammen natürlich aus Europa. Doch auch Inschriften von überseeischen Wallfahrern sind zu finden.

Angefangen hat vermutlich alles, nachdem der Aufstand gegen den Zarismus niedergeschlagen worden war. Daraufhin tauchten im 19. Jh. hier die ersten Kreuze auf. Seinen größten „Aufschwung" erlebte der Berg der Kreuze nach dem Zweiten Weltkrieg. Damals wurden aus ein paar hundert Kreuzen ganz schnell mehrere tausend.

Die sowjetische Regierung versuchte den religiösen Brauch zu stoppen. Aber je öfter sie die Kreuze demolieren ließ, umso rascher kamen noch mehr neue Kreuze hinzu. Nach der Wiedererlangung der Unabhängigkeit gab es schließlich kein Halten mehr und der Berg der Kreuze wuchs und wuchs. Ein Ende ist nicht abzusehen.

ABSTECHER: Man fährt entweder zurück bis ***Palanga*** *und dort - entsprechend unserer Hauptroute - nordwärts über* ***Liepāja*** *nach* ***Ventspils****, oder man nimmt den Weg über die Landstraßen 155 und 170 über* ***Mažaikiai*** *und* ***Skuodas*** *nach* ***Liepāja (Libau).***

Abkürzende Alternativroute

Alternativ bietet sich ab Šiauliai eine erhebliche Abkürzung des Reiseweges an. Man fährt dann von Šiauliai auf der A12/E77 nordostwärts direkt nach Rīga (siehe Tour 8, Ventspils – Rīga).

HAUPTROUTE

ROUTE: Von Palanga auf der A13 nordwärts. Nach 18 km passiert man ohne Formalitäten und gewöhnlich auch ohne aufhaltende Kontrollen die ***litauisch-lettische Grenze****. Nach weiteren 60 km erreicht man nach einer nichtssagenden Fahrt auf fast schnurgerader Straße durch Birkenwälder schließlich* ***Liepāja (Libau)****. Vom Meer ist auf diesem Streckenabschnitt nichts zu sehen.*

Zumindest nach Ansicht der 76.000 „Dorfbewohner" ist das lettländische **Liepāja (Libau)** ein „Dorf". So bezeichnen die Einwohner nämlich liebevoll ihre Stadt, die früher einmal **Liva** hieß. Kein Wunder also, dass das Motto eines der großen Stadtfeste jüngst unter dem Motto „750 Jahre des Dorfes Līva" stand. Und das „Dorf" Līva, später auch Libawe und Libau genannt, war für kurze Zeit in der Geschichte Lettlands sogar auch Hauptstadt des Landes. Die Einwohner von Liepāja machen darüber allerdings kein großes Aufheben.

Liepāja, mittlerweile die drittgrößte Stadt des Landes, wurde 1625 mit Stadtrechten versehen. Damals war Liepāja Heimathafen einer der wichtigsten und größten europäischen Handelsflotten. Einer der Gründe dafür: Der Hafen bleibt im Winter eisfrei.

Ältere Bürger von Liepāja sind noch heute ein wenig stolz darauf, dass in ihrer Stadt 1899 die erste elektrische Straßenbahn im ganzen Baltikum verkehrte. Die Bahn ist noch heute auf ihrer historischen 12,8 km langen Strecke in Betrieb.

1915 konnte Liepāja sein eigenes Geld drucken und als 1919 Liepāja zwar nur für sechs Monate Hauptstadt von Lettland wurde, waren die Einwohner von der Bedeutung ihrer Stadt vollends überzeugt.

Heute hat der Hafen, von dem bis 1906 regelmäßige Überseeverbindungen nach Nordamerika bestanden, in Sachen Seehandel stark an Bedeutung verloren, was einigermaßen zu verschmerzen ist, denn Liepāja hat eine

Die St. Joseph-Kathedrale in Liepāja

andere Einnahmequelle entdeckt, den Badetourismus. Die langen **Sandstrände** nördlich und südlich der Stadt, die mit der Blauen Flagge ausgezeichnet wurden und damit sauberes Wasser und gute Badequalität versprechen, ziehen jedes Jahr mehr Sommergäste an. Der Sand an den Stränden hier ist so fein, dass er früher problemlos in Sanduhren verwendet werden konnte.

In den Straßen sind Parkplätze mit Parkscheinautomaten zu finden. Wenn möglich, empfiehlt es sich in der Nähe der **St. Joseph-Kathedrale, Šv. Jāzepa Katedrāle (1) [N56° 30′ 19.0"1 E21° 00′ 26.7"]**, zu parken. Einen größeren **Parkplatz [N56° 30′ 17.0" E21° 00′ 39.2"]** findet man ein Stück östlich der St. Joseph-Kathedrale am Petermarkt.

Die **St. Joseph-Kathedrale (1)** wurde im 19. Jahrhundert errichtet, war nach Fertigstellung jedoch wesentlich kleiner als heute und erhielt ihr jetziges Aussehen im Laufe der Zeit durch zahlreiche Anbauten.

Gut zu erkennen ist die Erweiterung auch im Inneren der Kirche. Der **Altar** auf der linken Seite wurde in der Anfangszeit als Hauptaltar genutzt. Früher

LIEPĀJA/LIBAU – ***1*** *St. Joseph-Kathedrale* – ***2*** *Petermarkt* – ***3*** *Okkupationsmuseum* – ***4*** *St. Annakirche* – ***5*** *Peters Häuschen* – ***6*** *Rosenplatz* – ***7*** *Touristeninformation* – ***8*** *Hl. Dreifaltigkeitskirche* – ***9*** *Theater* – ***10*** *Museum für Kunst und Geschichte* – ***11*** *Stadtteil Karosta* – ***12*** *St. Nikolaus-Kirche* – ***13*** *Mole* – ***14*** *Naherholungsgebiet Beberliņi* – ***15*** *Gefängnis von Karosta, Marinehauptwache* – ***16*** *Konzerthalle*

hing über dem Altar ein Schiffsmodell, ein sog. Votivschiff, wie es in vielen küstennahe Kirchen nicht nur in Lettland typische Tradition ist. Viele Kapitäne stifteten ein solches Schiff vor oder nach einer schwierigen Seereise und ließen es in der Kirche aufhängen.

Östlich der Kathedrale erstreckt sich der **Petermarkt (2)** bzw. **Pētertirgus**. Auf diesem Platz fanden bis zum Jahr 1792 Hinrichtungen statt. Heute präsentiert sich der Petermarkt wesentlich freundlicher, nämlich als gerne besuchter Platz, um frisches Obst und Gemüse zu kaufen.

Ein anderer bedeutender Kirchenbau, die **St. Annakirche (Annas baznīca, - 4 -) [N56° 30' 16.0" E21° 00' 40.6"],** liegt östlich des Petermarktes. Sie gilt als das älteste sakrale Gebäude in der Stadt. Die Kirche wurde im Jahr 1587 erbaut, war jedoch nicht die erste Kirche an der Stelle. Schon Anfang des 16. Jh. war von einer St. Annakirche die Rede, die im Jahr 1560 zerstört wurde.

Auch dieser Kirchenbau erfuhr im Laufe der Jahrhunderte viele Veränderungen. Das Kirchenschiff z. B. wurde Ende des 19. Jahrhunderts im neugotischen Stil umgebaut und der 60 m hohe Kirchturm kam erst später dazu. Für beides, für Kirche und Turm, ist der Berliner Architekt Max Paul Bertschy verantwortlich.

Das Innere der Kirche ist eindrucksvoll, nicht nur wegen der drittgrößten **Orgel** dort. Des Weiteren findet man in der Kirche einen **barocken Holzaltar** aus dem 17. Jahrhundert mit einer Breite von rund 5 m und einer Höhe von fast 10 m.

Der aus Berlin stammende Architekt und Baumeister Max Paul Bertschy (1840 - 1911) bekleidete von 1871 bis zu seinem Tod das Amt des Stadtbaumeisteres von Libau/Liepāja. Bertschy ist auch in Libau/Liepāja gestorben.

Einen Straßenzug weiter südlich des Petermarkts findet man in der K. Ukstiņa iela 7/9 das **Museum „Liepāja in der Okkupationszeit" (3) [N56° 30' 08.7" E21° 00' 38.5"]**. Die Ausstellung informiert über die schwierigen Zeiten der Einwohner während der Sowjetzeit *(geöffnet Mi - So 10 - 18 Uhr, Eintritt frei)*.

Vom Petermarkt aus gehen wir südlich an der St. Annakirche vorbei über die Eduarda Veidenbauma iela nach Osten und biegen links in die Bariņu iela ein.

Nach rund 200 m, Ecke Kungu iela/ Bariņu iela, kommt man zu einer Stelle, an der einstmals ein kleines Blockhäuschen mit einem steilen Ziegeldach lag. Es wird in der Bevölkerung auch als **„Peters Häuschen" (5)** bezeichnet. Zar Peter I. soll hier im Jahr 1697 bei einem Aufenthalt in der Stadt genächtigt haben.

Zahlreiche Geschäfte modernerer Art finden sich nördlich der St. Annakirche auf dem **Platz Kuršu [N56° 30' 16.75" E21° 0' 39.55"]**, früher auch Krämerladenplatz genannt. Während sich im 18. Jahrhundert zahlreiche kleine und traditionelle Läden gruppierten, fand man später hier u. a. auch das erste Rockcafé des Landes, auf das die Einwohner besonders stolz waren. Hier wurde nicht nur Live-Musik gemacht, sondern im Sommer hatte man auch fast rund um die Uhr geöffnet. Besonders stolz war man in der Stadt darauf, dass das erste Rockcafé im „Dorf" Liepāja eröffnet wurde und nicht in der Hauptstadt Rīga.

In diesem Zusammenhang sei auch erwähnt, dass Musik mittlerweile ein großes Thema in der Stadt ist. Überall im Stadtgebiet verteilt sieht man Skulpturen von überdimensionalen Musikinstrumenten wie zum Beispiel das Schlagzeug in Strandnähe oder die E-Gitarre in der Straße Ziviju iela, Ecke Kungu iela.

Ganz in der Nähe befinden sich in der Straße Zivju iela drei Dutzend Betonsockel auf denen jeweils eine Bronzeplatte befestigt wurde. Dieser **„Lettische Walk of Fame" [N56° 30' 23.68" E21° 0' 43.42"]** erinnert an verstorbene und noch lebende Musiker aus Lettland.

Der bereits besuchte Petermarkt war gewissermaßen „Zufluchtsort" für die Markthändler, die bis zum Jahr 1910 auf dem **Rosenplatz Rožu laukums (6) [N56° 30' 28.5" E21° 00' 39.1"]** ihren Geschäfte nachgingen. Grund für die „Flucht" auf den anderen Marktplatz war der Beschluss der Stadt, aus dem Rosenplatz eine Grünfläche zu machen, was auch gelungen ist. Zwischen den zahlreichen Rosenstöcken liegen Steintafeln mit den Namen der Partnerstädte Liepājas.

An der Südostseite des Rosenplatzes ist seit einiger Zeit das **Touristenbüro (7)**, Rožu laukums 5/6, eingerichtet.

Wenn Sie vom Touristenbüro am Hotel Liva vorbei auf der gleichen Straßenseite noch etwas weiter nordwärts gehen, erreichen Sie die wichtigste Kirche der Stadt, die **Hl. Dreifaltigkeitskirche Svetas Trisvienibas Katedrâle (8) [N56° 30' 36.2" E21° 00' 46.2"]** *(geöffnet Mai - Sept. Mo - Sa 11 - 18 Uhr; Okt. - Apr. Mo - Sa 11 - 13 Uhr; www.trinitatis.lv/language/de/fuhrungen/).* Der Turm kann bestiegen werden. Die Dreifaltigkeitskirche war Mitte des 18. Jh. für die deutsche Kirchengemeinde Libaus gebaut worden. Sie beherbergt die größte **Orgel** der Stadt, die gleichzeitig die zweitgrößte des Landes ist. Bis zum Jahr 1912 war sie mit 7.000 Pfeifen sogar die größte der Welt. Gebaut wurde sie 1885 von den Stettiner Orgelbauern Grüneberg.

Jahrelang wurde das Gotteshaus von Studenten der Technischen Universität restauriert. Hauptsächlich ging es bei der Restaurierung darum, die Figuren und Skulpturen der mit Ornamenten verzierten Inneneinrichtung der Kirche zu säubern und zu konservieren.

Weitere deutsche Spuren finden wir hinter der Dreifaltigkeitskirche. Gehen Sie in die Skolas iela östlich der Kirche, dort finden Sie das **Lettische Theater [N56° 30' 35.2" E21° 00' 54.5"]**, das nach dem Ersten Weltkrieg in das Gebäude des deutschen Theaters einzog.

Wenn wir vom Lettischen Theater zurück zur Hl. Dreifaltigkeitskirche gehen und dort die Hauptstraße Lielā iela überqueren können Sie der Radio iela bis zur **Konzerthalle „Großer Bernstein" (16) [Parkplatz, N56° 30' 43.63" E21° 0' 36.41"]** folgen. Der supermoderne Bau, der für seine ausgezeichnete Akustik gelobt wird, fällt durch seine bernsteinfarbene Glasfassade auf. Die Konzerthalle, ein Werk des österreichischen Stararchitekten Volker Giencke, kann montags bis samstags von 10 bis 20 Uhr und sonntags von 10 bis 15 Uhr besucht werden; www.greatamber.lv.

Die Radio iela mündet in die Jūras iela, die westlich in die Straße Kūrmājas prospekts übergeht.

Weiter im Nordwesten der Stadt, in der Straße Kūrmājas prospekts 16/1, liegt das **Liepāja Museum [N56° 30' 38.2" E21° 00' 08.4"]** *(geöffnet 1. Juni - 31. Aug. tgl. 10 - 18 Uhr; 1. Sept. - 31. Mai Mi - So 10 - 18 Uhr, Eintritt frei; www.liepajasmuzejs.lv/en/lm/).* Am einfachsten gelangt man dorthin, wenn man zurück bis zum **Rosenplatz Rožu laukums (6) [N56° 30' 28.5" E21° 00' 39.1"]** und dort über die Graudu iela nach Nordwesten geht. Sie führt zur Kūrmājas prospekts, der man noch ein Stück nach Westen Richtung Strandpark folgt. Das Museum für Kunst und Stadtgeschichte ist in einem markanten Gebäude mit Stufengiebeln eingerichtet, das nach Plänen des Architekten Max Paul Bertschy (siehe St. Annakirche) gebaut worden ist. In den Ausstellungssälen werden rund 3.000 Kunstgegenstände gezeigt. Daneben informiert es anschaulich über die Zeit der deutschen Geschichte in Liepāja.

Der weitere Verlauf unseres Stadtspaziergangs führt auf dem Kūrmājas prospekts in Richtung Strand. Dabei kommt man zu einem Platz, auf dem sich einstmals das Kurhaus befand. Auch dieses wurde vom Baumeister Bertschy errichtet, brannte 1937 aber vollständig ab und wurde nicht mehr aufgebaut. Die mysteriösen Umstände des Brandes wurden nie ganz geklärt.

Der Kūrmājas prospekts war im Übrigen in früheren Zeiten die Vorzeige-Promenade von Libau. Wer es sich leisten konnte wohnte hier. Zahlreiche Villen und Einfamilienhäuser von betuchten Familien standen am Kūrmājas prospekts nebeneinander. Zumindest aber führte man seine Besucher hierher um zu repräsentieren.

Am Westende der Straße kann man durch den **Strandpark [N56° 30' 35.4" 20° 59' 45.0"]**, vorbei an über 140 ver-

PRAKTISCHE HINWEISE - LIEPĀJA (LIBAU)

Touristeninformation (7) [N56° 30' 28.22" E21° 0' 43.48"], Rožu laukums 5/6, LV-3401 Liepaja, Tel. +371 634 80 808; www.liepaja.travel.lv. *Geöffnet Mo - Fr 9 - 17 Uhr, Sa 10 - 16 Uhr.*

RESTAURANTS

„Pastnieka Māja", Brīvzemnieka iela 53, Tel. +371 634 07 521; www.pastniekamaja.lv. Übersetzt heißt das Restaurant „Postbotenhaus". In seiner Speisekarte wird die Geschichte des Briefträger Arvīds erzählt, typisch lettisches Lokal mit osteuropäischer Küche.

Piano, Veca Ostmala 40, Tel. +371 634 83 800; www.promenadehotel.lv/en/restaurant-and-bar/restorans-piano; die Küche bietet lokale und internationale Gerichte mit selbstgebackenem Brot, freitag- und samstagabends Pianomusikunterhaltung. Im Hotel Promenade.

Die lettische Küche ist deftig und bodenständig. Graue Erbsen mit Speck, Heringe, Sauerampfersuppe oder Kartoffeln mit Quark gehören z. B. dazu. Für Leckermäuler gab es *Rupjmaizes kārtojums*, eine Süßspeise aus Schwarzbrot oder *Sklandrauši*, ein aus dem Kurländischen stammender Möhrenkuchen. Leider werden es immer weniger Restaurants, die solche Spezialitäten servieren. Eher noch finden Sie in Lokalen, die lettische Kost auf der Karte haben, den beliebten Speckkuchen oder einen Kümmelkäse.

CAMPING BEI LIEPĀJA (LIBAU)

Pērkone

Camping Verbelnieki [N56° 25' 32.79" E20° 59' 49.09"], Nicas novads, Nicas pagasts, Tel. +371 291 38 565; www.verbelnieki.lv; 15. Apr. – 30. Sept.;

rund 10 km südlich von Liepāja von der Straße A11 zum Meer abzweigen; von Wald umgebenes Wiesengelände mit Baumgruppen und kleinen Weihern, bei einem Gasthof; ca. 8 ha – 100 Stpl.; einfache Sanitäreinrichtungen. Restaurant, Kiosk, Sauna, WLAN im Rezeptionsbereich, Segwayverleih, Bungee-Trampoline. Steichelzoo. Beliebtes „Sommercafé". Miethütten. V & E für Wohnmobile. Durch einen schmalen Wald- und über einen Dünengürtel zum nahen Strand.

Nicas

Camping Ērgļi [N56° 22' 22.7" E20° 59' 46.5"], Nīcas, Tel. +371 292 95 337; https://www.latvia.travel/de/unterkunft/camping-ergli; 1. Mai – 30. Sept.; gut 15 km südlich von Liepāja zwischen Nīcas und Bernāti, Zufahrt von der A11 und noch ca. 300 m unbefestigt. Kleiner Wiesenplatz; ca. 2 ha – 50 Stpl.; einfache Sanitärausstattung. Waschmaschine, Sauna. Miethütten. WLAN auf Teilen des Platzes und im Rezeptionsbereich. 5 Gehminuten zum Strand.

Skatre

Camping Paběrzi [N56° 23' 29.46" E20° 59' 59.46"], Tel. +371 202 01 310; 1. Mai – 30 Sept.; rund 12 km südlich von Liepāja bei Skatre von der Straße A11 westwärts Richtung Meer abzweigen, naturbelassenes Wiesengelände, ca. 2 ha – 50 Stpl., einfache Standardsanitärausstattung. Hübsche Miethütten.

schiedenen Baum- und Straucharten, flanieren.

Geht man weiter bis zum langen Sandstrand passiert man das **Denkmal der verunglückten Seefahrer und Fischer Piemineklis bojā gājušiem jūrniekiem un zvejniekiem**, das Denkmal für auf der See gebliebene Fischer und Seeleute.

Inmitten des Parks ist die alte Badeanstalt aus dem 19. Jh. mit ihren dorischen Säulen nicht zu verkennen. Auch sie ein Werk Bertschys, finanziert allerdings von Zar Alexander II. Das Gebäude enthielt in besseren Zeiten ein Meerwasserbad mit warmem Wasser, einige Heilschlammbäder und eine römische Sauna.

Weiter im Süden des ausgedehnten Strandparks sieht man am Strand den Stadtnamen Liepāja in großen Lettern. Und man findet dort große Abenteuerspielplätze, Sport- und Freizeitanlagen.

Eine weitere Möglichkeit, die Stadt zu erkunden, schlägt die Touristeninformation der Stadt vor. Sie hält einen Prospekt über die weiter vorne schon erwähnte, historische **Straßenbahnlinie** bereit, mit der man von Endhaltestelle zu Endhaltestelle in knapp 30 Minuten quer durch die Stadt fahren kann. Dabei passiert die Linie fast alle wichtigen Sehenswürdigkeiten der Stadt, die in der Broschüre beschrieben werden. Man muss nur daran denken an der Endstation auszusteigen und einen neuen Fahrschein zu kaufen. Schon seit ca. 1899 fahren Straßenbahnen durch Liepāja. Damals waren sie die modernsten Verkehrsmittel im ganzen Baltikum.

Außerhalb des Zentrums befindet sich ein Stadtteil, der einen kurzen Besuch durchaus wert ist. **Karosta [N56° 33' 13.1" E21° 00' 58.8"] (11)**, was nichts anderes als Kriegshafen bedeutet, liegt im Norden der Stadt und gilt als eigenständiges Viertel. Es besitzt eine eigene Infrastruktur und sogar ein eigenes Kraftwerk.

Bei einer Fahrt durch Karosta kann einem der Gedanke kommen, möglichst jetzt bitte keine Autopanne zu haben. Es mögen Vorurteile sein, doch es ist wahrscheinlich sicherer, das eigene Auto in Karosta nicht alleine stehen zu lassen, sondern mit Bussen der Linien 3 oder 4 hierher zu fahren.

Die Plattenbauten in Karosta stehen nach Abzug der Russen teilweise leer, sehen schmuddelig aus und vermitteln einen unheimlichen Eindruck. Dennoch sollte man sich nicht abhalten lassen, auch diesen Teil der Stadt zu besichtigen. Karosta hat nämlich einige historische Baudenkmäler und eine interessante Geschichte.

Alexander III. erteilte den Befehl, an dieser Stelle einen Hafen anzulegen. Sein Sohn, Zar Nikolaus II., schlug wiederum vor, diesen Hafen nach seinem Vater zu benennen. Daher hieß Karosta in früheren Zeiten „Hafen des Imperators Alexander III.", doch dieser Name verschwand nach der ersten Unabhängigkeit Lettlands ganz schnell von den Landkarten.

Im Zentrum Karostas erhebt sich das orthodoxe Kirchengebäude der **St. Nikolaus-Kirche (12) [N56° 33' 10.7" E21° 00' 40.9"].** Das Bauwerk, dessen Grundstein im Jahr 1910 von Zar Nikolaus II. gelegt wurde, kommt ganz ohne Pfeiler aus und wird nur von den Außenwänden getragen.

Karosta verfügt über eine **Mole (13) [Parkplatz, N56° 33' 27.2" E21° 00' 00.3"].** Die Liepājas Ziemeļu mols, die vom Ende der Ložmetējnieku iela 1,8 km weit in das Meer hineinragt ist bis zu 7 m breit.

Nördlich der Mole sind Ruinen einer Festungsanlage zu entdecken, die um die Wende zum 20. Jahrhundert errichtet und noch vor dem Ersten Weltkrieg wieder gesprengt wurde. Dieses verwinkelte Bauwerk ist heute bei Hobby-Höhlenforschern sehr beliebt und war während der Sowjetzeit gesperrt, obwohl es zu dem Zeitpunkt bereits eine Ruine war. Man vermutet, dass alle Einrichtungen dieser Festung mit einem einzigen unterirdischen Gang verbunden sind, der bis heute nicht gefunden werden konnte.

Schließlich darf das **Gefängnis von Karosta (15) [N56° 32' 47.16" E21° 01' 15.02"]**, Invalīdu iela 4, (heute Gefängnismuseum Karosta, *geöffnet Juni - Aug. tgl. 9 - 19 Uhr; Mai + Sept. tgl. 10 - 18 Uhr; Okt. + Apr. tgl. 11 - 17 Uhr; Nov. - März Fr, Sa, So 12 - 16 Uhr; www.karostascietums.lv/de)* nicht unerwähnt bleiben. Ursprünglich diente das Gebäude offiziell als „Krankenhaus". Doch schon kurz nach der Eröffnung wurden die ersten „Patienten" inhaftiert. Es wurden aber nicht nur Freiheitsstrafen vollzogen. Dort wo heute Garagen zu sehen sind, fanden früher auch Erschießungen statt.

In den schmalen und oftmals überfüllten Zellen saßen einst Rebellen, später Fahnenflüchtige, die von der deutschen Wehrmacht eingesperrt wurden. Auch die Sowjetunion nutzte das Gebäude genauso wie die lettische Armee nach der Wiedererlangung der Unabhängigkeit als Haftanstalt. Die letzten Wandbemalungen innerhalb der Zellen stammen aus dem Jahr 1997.

Heute steht das Bauwerk keineswegs leer, zumindest nicht ganz. Besucher haben die Möglichkeit, bei der Veranstaltung „Hinter Gittern", lt. Touristenbüro „eine grausame, historische Realitätsaufführung", in die Rolle eines Gefangenen zu schlüpfen und sich „einkerkern" zu lassen. Und - über Geschmack lässt sich bekanntlich streiten - Sie können, wenn Ihnen der Sinn nach einer Nacht im Knast steht, in einer Zelle eine Nacht verbringen.

Unweit nördlich von Karosta und etwas landeinwärts vom Strand liegt das **Naherholungsgebiet Beberliņi (14)**. Zahlreiche Wanderwege verlaufen durch den Wald und an mehreren Seen vorbei. Das Naherholungsgebiet wird gelegentlich auch zu Querfeldein-Wettbewerben genutzt. Am größten der See findet man einen Tarzan-Klettergarten, eine Wasserskianlage, einen angelegten Weg zum Barfußlaufen und im hochstämmigen, naturbelassenen Kiefernwald die **Stellplatzmöglichkeit für Wohnmobile BB Camping [N56° 33' 50.17" E21° 0' 58.10"]**, Übernachtungshütten, Café.

ROUTE: Von ***Liepāja (Libau)*** *geht es ostwärts nach* ***Grobiņa,*** *wo sich Ruinen einer* ***Ordensburg*** *aus dem 13. Jh. befinden. In Grobiņa biegen wir links (nordwärts) ab auf die P111 und fahren durch eine waldreiche, ziemlich langweilige Gegend rund 50 km bis zum Abzweig westwärts in das Küstenstädtchen* ***Pāvilosta.***

Nach wenigen Kilometern erscheint beim Ort Kapsede ein Abzweig von der P111 westwärts zu einer typisch baltischen Sehenswürdigkeit, zum **Kapsēdes**

dižakmens [N56° 35′ 12.87″ E21° 6′ 32.85″], dem **größten Stein Lettlands**. Um diesen Findling anzuschauen, biegen Sie links ab auf die unbefestigte Straße, die mehr einer „Wellblechpiste" gleicht, nach **Dižakmens** (1,8 km). Kurz vor dem Felsbrocken, der am Straßenrand liegt und eine kaum noch lesbare Inschrift hat, die an den Ersten Weltkrieg erinnert, befindet sich ein kleiner See mit einigen schön angelegten **Picknickplätzen**.

ROUTE: Zurück zur Straße P111 der wir weiter nach Norden folgen. Bei Saka bietet sich die Gelegenheit westwärts zur Küste und nach ***Pāvilosta*** *abzuzweigen.*

Weiter westlich von der P111 führt der sog. **Bernsteinweg** entlang der Küste über **Pāvilosta bis nach Jūrkalne**. Die Wanderung verläuft durch eine schöne Naturlandschaft, die fast unberührt scheint und endet an der etwa 20 m hohen sandigen Steilküste Jūrkalnes Stāvkrasts [N57° 0′ 21.11″ E21° 22′37.91″] bei Jūrkalne.

Das Küstenstädtchen **Pāvilosta** liegt an der Mündung des kleinen Flusses Saka und dehnt sich hauptsächlich auf der Nordseite des Flusses aus. Der schöne lange Ostseestrand macht Pāvilosta zu einem beliebten Ausflugsziel, ist aber dennoch nicht so überlaufen, wie manch andere Gemeinden an der baltischen Ostseeküste.

Wenn Sie durch den langgestreckten Ort auf das Meer zu fahren, sehen Sie auf der linken Seite, am südlichen Saka-Ufer eine Grünanlage mit der etwas versteckten katholischen Heilig-Geist-Kirche. Sie wurde erst 1999 eingeweiht.

In Pāvilosta, der Stadt mit kaum 1.000 ständigen Einwohnern, haben selbst die Grünanlagen eine Geschichte. An der Brücke über den Fluss Saka sieht man eine Eiche, die 1929 vom damaligen lettischen Präsidenten Gustavs Zemgals gepflanzt wurde. Anlass hierfür war der 50. Jahrestag des Hafenbaus von Pavilosta. Baron Otto von Lilienfeld hatte 1879 den Bau des Hafens veranlasst, der dann tatsächlich maßgeblich zum Aufschwung der Stadt beitragen sollte. Und Baron war auch der Namensgeber des neuen Hafens. Er nannte ihn „Paulshafen" nach seinem Bruder Paul, einem namhaften kurländischen Politiker.

Ein halbes Jahrhundert nach der feierlichen Einpflanzung der Gedenkeiche wurde 1979 der Park an der Brücke angelegt. Nur, damals gab es keinen lettischen Präsidenten der einen Baum pflanzen konnte, also wurde zum 100jährigen Bestehen des Hafens lediglich ein Stein in der Mitte des Parks platziert.

Am Ende der Hauptstraße Dzintaru iela liegt am Hafen und ganz in der Nähe des Stadtstrandes das älteste Steingebäude Pāvilostas. In ihm ist heute das **Pāvilosta-Museum [N56° 53′ 21.05″ E21° 10′ 22.07″]** untergebracht *(geöffnet Mitte Mai - Mitte Sept. Mi - Fr 11 - 17.00 Uhr, Sa + So 12 - 16.00 Uhr; Mitte Sept. - Mitte Mai Mo - Fr 9 - 17.00 Uhr; www.pavilosta.lv/en/Sights/)*. Es informiert über die Geschichte des Ortes und der Region.

PRAKTISCHE HINWEISE – PĀVILOSTA

Touristeninformation Pāvilostas tūrisma informācijas centrs [N56° 53′ 17.72″ E21° 10′ 44.76″], Dzintaru iela 2, Tel.: +371 63 49 82 29, LV-3466 Pāvilosta; www.pavilosta.lv. *Geöffnet Mo - Fr 7.30 - 19.30 Uhr, Sa + So 7.30 - 16 Uhr.*

WOHNMOBIL-STELLPLATZ

Wohnmobil-Stellplatz Pāvilosta Marina [N56° 53′ 13.91″ E21° 10′ 27.79″], Ostmalas iela 4, Tel.: +371 63 49 85 81; www.pavilostamarina.lv; 1. Mai – 30. Sept.; im südwestlichen Ortsbereich am Yachthafen, auf der Südseite des Saka-Flusses. Auf dem Gelände des Yachthafens besteht die Möglichkeit in einem eingezäunten Bereich mit dem Wohnmobil zu übernachten. Dusche, Toilette, Feuerstelle für Picknicks. Moderne Mietwohnungen.

*ROUTE: Von **Pāvilosta** zurück zur P111 dort links, nordwärts. Nach 21 km kommt man nach **Jūrkalne.***

Jūrkalne ist lediglich auf Grund seiner 20 m hohen **Steilküste** erwähnenswert.

*ROUTE: In Jūrkalne ostwärts auf die Straße 119 und über **Alsunga** und **Ēdole** nach **Kuldīga (Goldingen)**, ca. 42 km.*

Alsunga mit seiner **Livonischen Ordensburg [N56° 58' 53.9" E21° 34' 01.8"],** Pils iela 1, aus der 1. Hälfte des 14. Jh. (heute Museum), ist das Zentrum der Suitu-Region, die wiederum bekannt ist für ihre „singenden Frauen" und ihre lange folkloristische Tradition.

Ēdole, ein kleiner Ort mit Dorfsee, ist stolz auf sein **Schloss Edwahlen [Parkplatz, N57° 1' 3.19" E21° 41' 51.01"]** aus dem 13. Jh., am Ostufer des Sees. Das von Parks umgebene Schloss beherbergt heute u. a. ein Hotel und ein Restaurant. Für Besucher ist das Anwesen Donnerstag bis Sonntag zwischen 10 und 17 Uhr zugänglich. Ursprünglich erbaut wurde Schloss Edwahlen vom kurländischen Bischof von Piltene. Später war das Anwesen bis 1920 im Besitz der Familien der deutsch-baltischen Barone von Behr. Aber trotz der zahlreichen Umbau- und Renovierungsmaßnahmen im Laufe seiner langen Geschichte, zuletzt im 19. Jh., kann der Bau seine mittelalterliche Herkunft nach wie vor nicht verleugnen.

Entstanden ist **Kuldīga (Goldingen)** an den Ufern des Venta-Flusses (Fluss Winau) im 13. Jh. durch die Befestigung des Flussübergangs mit einer Burg des Kreuzritterordens. Später dann, im 17. Jh., fungierte die Kleinstadt als Hauptstadt des Herzogtums Kurland.

Obwohl weit im Hinterland gelegen, war Kuldīga Hansestadt. Und in der Blütezeit des Hafenstädtchens unter der Herrschaft von Herzog Jakob, segelten Schiffe aus Kuldīga bis nach Afrika und Südamerika.

Im 19. Jh. blühten in Kuldiga die Herstellung von Streichhölzern und Nadeln, aber auch die Produktion von Zigarren, Seife und Branntwein.

Vor allem wegen der noch umfangreich vorhandenen und gut erhaltenen Bebauung mit typischen Holzgebäuden aus dem 17. und 18. Jh. wurde dem Städtchen 2008 der Titel „Stadt des europäischen Kulturerbes" verliehen.

Ein größerer öffentlicher **Parkplatz [N56° 58' 09.0" E21° 57' 36.9"], Pilsētas laukums,** findet man am Westrand der Altstadt an der Piltenas iela.

In der Altstadt findet man in den hübschen Gassen, die auch schon als Filmkulisse herhalten mussten, das neogotische **Rathaus [N56° 58' 10.2" E21° 58' 16.7"]** und in der Baznīcas iela 10 die ehemalige **Herzogliche Hofapotheke [N56° 58' 08.7" E21° 58' 15.1"]** Herzog Jakobs, die nach der Restaurierung wieder zu besichtigen sein sollte.

Zu den eher bescheidenen Sehenswürdigkeiten zählen – neben dem **ältesten Holzgebäude** in Kuldiga aus dem Jahre 1670 in der Baznīcas iela 7 – das **Museum des Bezirks Kuldīga [N56° 58' 05.7" E21° 58' 35.9"]** *(geöffnet tgl. a. Mo 10 - 18 Uhr; Eintritt frei; www.kuldigamuzejs.lv)*, Pils iela 5, am Ostufer des Venta-Flusses (das Gebäude war Teil des russischen Pavillons auf der Weltausstellung 1900 in Paris, heimatgeschichtliche Ausstellungen, Wohnung des wohlhabenden Bürgertums im 19./20. Jh., Spielkartensammlung), das ehemalige **Haus des Bürgermeisters**

CAMPING BEI ALSUNGA

Camping Atputas vieta Ķiši [N56° 56' 2.21" E21° 38' 31.03"], Tel. +371 292 44 221; www.kisi.lv; Apr. – Okt.; einige Kilometer südöstlich von Alsunga beim Ort Grāveri ostwärts zum See Zvirgzdu ezers abzweigen, lange, unbefestigte Zufahrt. Wiesengelände in ländlicher, ruhiger Umgebung sehr ansprechend am Westufer des Sees gelegen, ca. 2 ha – 40 Stpl.; sehr einfache Sanitärausstattung. Badesteg am teilweise verschilften Ufer. Sauna. Mietunterkünfte. Bootsverleih, Angelmöglichkeit.

Der Wasserfall Ventas Rumba von Kuldīga, ein beliebtes Ausflugsziel

Stafenhagen [N56° 58' 10.2" E21° 58' 16.7"], Baznīcas iela 17, (Gebäude aus dem 17. Jh. mit einem Wandschrank des schwedischen Königs Karl XII., der 1702 im Haus nächtigte) sowie die **Backstein-Bogenbrücke [N56° 58' 11.2" 21° 58' 36.0"]** über die Venta aus dem Jahre 1874. Die Brücke aus der Zarenzeit ist gerade so breit angelegt, dass damals zwei Kutschen aneinander vorbeikommen konnten (heute Fahrzeug bis max. 3,5 t).

Übrigens: Erschrecken Sie nicht, wenn Sie in der Mittsommernacht über die alte Steinbrücke spazieren sollten. Ein ebenso seltsamer wie alter Brauch wird in Kuldīga angeblich immer noch gepflegt – der „Nacktlauf". In der Mittsommernacht rennen etwa 50 Nakkedeis über die historische, 170 m lange Backstein-Bogenbrücke.

Kuldīga wartet gleich mit zwei **Wasserfällen** auf. Mit einer Fallhöhe von sage und schreibe 4,15 m ist einer der beiden Wasserfälle der höchste in Lettland, zumindest aber in Kurland. Gebildet wird er vom Fluss Alekšupīte.

Der andere Wasserfall, der **Ventas Rumba** (Windau Rummel) **[Parkplatz, Café, N56° 58' 14.80" E21° 58' 49.05"]**, wird vom Fluss Venta gebildet, ist stattliche 249 m breit, aber nur einen Meter hoch, gleicht also mehr einem Wehr als einem Wasserfall. Dennoch gilt er als der breiteste Wassersturz Europas.

Nicht weit nördlich der Stadt Kuldīga und ein Stück östlich der Straße (Fußweg durch ein Waldgebiet zum Fluss), liegen am Fluss Riežupe die **Sandsteinhöhlen Riežupes smilšu alas [Parkmöglichkeit, N57° 00' 25.3" E21° 58' 42.5"]** *(geöffnet tgl. 11 - 17 Uhr; http://www.smilsualas.lv/)*. Es handelt sich um ein ganzes Höhlenlabyrinth von fast 2 km Länge. Zu Zeiten von Herzog Jakob im 17. Jh. wurde hier quarzhaltiger Sand zur Glasherstellung abgebaut, der mit Schiffen über die Venta abtransportiert wurde.

ROUTE: *Von Kuldīga auf der Straße 108 in nordwestlicher Richtung durch das Venta-Tal in der waldreichen Land-*

PRAKTISCHE HINWEISE – KULDĪGA (GOLDINGEN)

Touristeninformation Kuldīgas Tūrisma Informācijas centrs [N56° 58' 08.03" E21° 58' 15.73"], Baznīcas iela 5, LV-3301 Kuldīga, Tel. +371 63 32 22 59; www.visit.kuldiga.lv/en/. *Geöffnet Mo - Fr 9 - 17 Uhr.*

RESTAURANT

Pagrabiņš, Baznicas iela 5, Tel. +371 633 20 034; www.pagrabins.lv/en/; Restaurant mit Terrasse mitten in der Altstadt beim Rathaus, man serviert auch regionale Spezialitäten. Vielleicht finden Sie auf der Karte *Rupjmaizes kārtojums*, eine Süßspeise aus Schwarzbrot oder *Sklandrauši*, ein aus dem Kurländischen stammender Möhrenkuchen.

CAMPING

Padure/See Nabes ezeri

Camping Nabīte [N57° 04' 32.7" E21° 48' 47.8"], Kuldigas novads, Padures pagasts „Nabīte", Tel. +371 29 45 89 04; www.nabite.viss.lv; Apr. - Okt.; rund 17 km nordwestlich von Kuldīga und östlich der Straße P108 am Nordufer des Sees Nabes ezeri gelegen, Zufahrt knapp 2 km unbefestigt; weitläufiges schräges Wiesen- und Waldgelände, bis an den See reichend; ca. 9 ha – 120 Stpl.; einfache, aber zweckmäßige Sanitärausstattung; Imbiss, Waschmaschine, Bootsverleih, Sauna, WLAN im Receptionsbereich. V & E für Wohnmobile. Bademöglichkeit. Zahlreiche Mietbungalows. Im Sommer Freiluftdisco am Sonntag.

schaft von Kurland nach ***Ventspils (Windau)****, ca. 60 km.*

Ventspils (Windau), die einzige Stadt von Rang im äußersten Nordwesten des Landes, ist Lettlands „Blumenstadt". Seinen Beinamen erhielt Ventspils wegen seiner zahlreichen Pflanzendekorationen und Blumenskulpturen, die überall in der Stadt verteilt sind, liebevoll gepflegt werden und so fast das ganze Jahr hindurch zu sehen sind.

Ventspils ist 1290 zum ersten Mal erwähnt worden. Die 39.000 Einwohner der Stadt erinnern jedes Jahr im August mit einem großen Fest daran.

Namensgeber von Ventspils ist der Fluss Venta, an dessen Mündung sich die Stadt ausbreitet. An der breiten Flussmündung befindet sich noch heute ein wichtiger **Handels- und Fährhafen**, dessen Bedeutung dadurch noch steigt, dass er im Winter nicht zufriert.

Fähren von Stena Line (https://www.stenaline.co.uk/routes/ventspils-nynashamn) verkehren mehrmals pro Woche zwischen Ventspils und Nynäshamn in Schweden, Fahrtdauer rund 10 Stunden.

Einen **Stadtspaziergang** startet man am einfachsten in der Nähe des **Fährterminals (17)** am Hafen. Hier findet man auch eine Reihe von **Straßenparkplätzen [N57° 23' 55.0" E21° 34' 04.2"]**.

Direkt an der Hafenmauer befindet sich das historisch bedeutendste Gebäude der Stadt, die **Burg des Livländischen Ordens (1) [Parkmöglichkeit, N57° 23' 46.4" E21° 33' 38.0"]**, Jāņa iela 17 *(geöffnet Di - So 10 - 18 Uhr; www.ventspilsmuzejs.lv/en/)*. Um die Burg siedelten sich im 14. Jahrhundert zahlreiche deutsche Kolonisten an und verhalfen dem Ort zu Stadtrechten, die im Jahr 1378 verliehen wurden.

Die Burg ist keine Festung wie die in Trakai zum Beispiel. Vielmehr handelt es sich um ein eher bescheidenes festes Gebäude, das in pastellfarbenen Tönen glänzt.

Mitte der 90er Jahre des vergangenen Jahrhunderts restaurierte man die Burg. Bei den Arbeiten kamen nach dem Abtragen zahlreicher Putz- und Farbschichten wertvolle Fragmente von Wandmalereien zutage, deren Alter auf bis zu 500 Jahre geschätzt wird.

Im Inneren der Burg befindet sich heute eine der modernsten **Ausstellungen** des gesamten Baltikums. Gezeigt wird in einer digitalen Vorführung mit dem Motto „Lebendige Geschichte" Interessantes über die Burg, die Stadt und den Hafen. Wer sich rechtzeitig anmeldet hat zudem die Gelegenheit, einen Schuss aus einer echten Kanone abzufeuern. Die ganzjährig geöffnete Burg wird auch für kulturelle Ausstellungen,

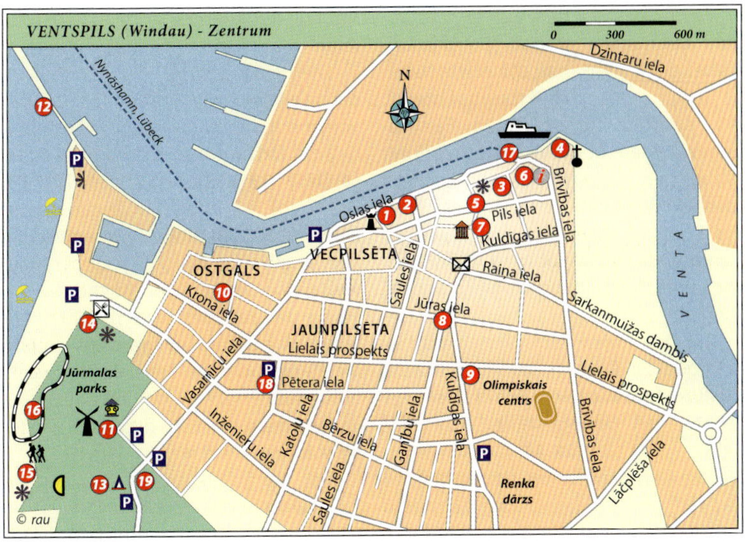

*VENTSPILS (WINDAU) – **1** Burg – **2** Krišjānis-Valdemārs-Denkmal – **3** Promenade mit Steindenkmal und Blumenskulpturen – **4** St. Nikolai–Kirche – **5** Tirgus laukums – **6** Touristeninformation – **7** Rathausplatz – **8** Mühlenplatz – **9** Blumenuhr – **10** Stadtteil Ostgals – **11** Freilichtmuseum – **12** Südmole – **13** Camping „Piejūras" – **14** Aquapark – **15** Park mit Ankerskulpturen – **16** Veteranenbähnchen – **17** Fährterminal – **18** „Stadt der Kinder" Spielplatz – **19** Kuh-Skulptur am Campingplatz*

Konzerte und für ein alljährliches Ritterturnier benutzt.

Nach einem Besuch der Burg lohnt sich ein **Spaziergang durch die Stadt**.

Gehen Sie über die Ostas iela an der Kaimauer des Hafens entlang in Richtung Osten.

Auf einem Bummel durch Ventspils stößt man immer wieder auf große Plastiken in Form von Kühen. Sie stammen von der sogenannten „Kuhparade" aus dem Jahr 2002, bei der es sich um ein internationales Künstler- und Mäzenprojekt handelte. Sieben von den einstmals 26 **Kuh-Skulpturen** sind noch heute über das gesamte Stadtgebiet verteilt. Die Kühe im Hafen tragen Namen wie „Seekuh an der Burg", „Reisekuh" oder „Erdöl". Und am Campingplatz befindet sich übrigens auch eine Kuh-Plastik. Sie heißt „Londoner Kuh".

Als nächstes treffen Sie auf Krišjānis Valdemārs, der als Begründer der lettischen Seefahrt gilt. Seine auf einer Parkbank sitzende **Bronzestatue (2)** **[N57° 23′ 49.15″ E21° 33′ 36.94″]** wird gerne als Fotoobjekt verwendet. Interessant ist die „Blickrichtung" der Figur, denn es entgeht ihm kein Schiff, das im Hafen ein- oder ausläuft.

Das **grüne Haus**, an dem wir vorbei spazieren ist die Verwaltung des Freihafens. Ursprünglich war dieses Jugendstilbauwerk das Hotel Royal. Im Jahr 1998 wurde es restauriert und gewann sogar einen Preis. Es erhielt die Auszeichnung des Lettischen Architektenverbandes als beste Restaurierung des Jahres.

Auf dem weiteren Weg wird der Hafen etwas belebter, es beginnt die **Promenade (3)**. Bis Mitte des 20. Jahrhunderts noch befanden sich hier zahlreiche Lagerhallen bzw. Speicher. Doch mittlerweile sind alle abgerissen und die Promenade wird zum Spazieren und Verweilen genutzt.

Etwas weiter kann man die Skulpturengruppe der **„Sieben mentalen Meteoriten"** sehen. Geschaffen wurde sie vom Bildhauer Feldberg, der zu den populärsten seiner Zunft in Lettland zählt.

Wenn man an den auf Metallstangen befestigten sieben Felsbrocken vorbei geht, sieht man die etwas witzige Skulptur des **„Schiffsbeobachters"**. Der Künstler formte einen Felsbrocken zu einem Kopf und versah ihn mit zahlreichen Löchern. Aus den Löchern sprudeln Wasserfontänen, die das „Haar" des Kopfes bilden. Der aus Schweden stammende Fels wiegt rund 15 Tonnen. Vor seiner Bearbeitung wog er sogar 38 Tonnen.

Um den Hafen vom Wasser aus besichtigen zu können, bietet sich eine **Ausflugsfahrt auf dem Schiff „Hercogs Jēkabs"** an **[Anlegestelle, N57° 23' 54.52" E21° 33' 59.48"]**. Es fährt von Mai bis Oktober fünf bis sieben Mal am Tag. Auf der 45 Minuten-Tour sieht man u. a. den Hafen und die Venta-Mündung; *www.portofventspils.lv/en/sustainability/boat-tour-on-hercogs-jekabs/*.

Abschließend sieht man am östlichsten Ende der Promenade einen Stein in Erinnerung an die Vertiefung des Freihafens. Dieser 1998 aufgestellte Stein wurde aus 17,5 m Tiefe ausgegraben.

Ihm gegenüber sieht man eine der vielen **Blumenskulpturen (3)** in Ventspils. Ihr Name ist, wie man beim Anblick vermuten kann, „Marienkäferfamilie".

Die St. Nikolai-Kirche in Ventspils

Die Verlängerung der Promenade nach Osten ist die Plosta iela. Sie führt vom modernen Gebäude des Fährterminals zur **Orthodoxen Kirche St. Nikolai (4) [N57° 23' 55.26" E21° 34' 20.04"]**. Die Kirche mit ihren fünf Zwiebeltürmchen wurde 1901 eingeweiht, entspricht aber in allen Details der typischen Bauweise einer orthodoxen Kirche des 17. Jh. In der Zeit des Ersten Weltkrieges wurde das Gotteshaus geschlossen und als Pferdestall bzw. Benzinlager zweckentfremdet. Nach dem Krieg dauerte es weitere neun Jahre, bis die Kirche wieder als solche genutzt werden konnte.

Von der St. Nikolai-Kirche gehen wir am Fährterminal stadteinwärts (südwärts) und am **Touristenbüro (6) [N57° 23' 53.5" E21° 34' 08.6"]** in der Darzu iela Nr. 6 vorbei bis zur nahen Pils iela. In der Gegend um das Touristenbüro gibt es mehrere Parkplätze. Unweit rechts liegt der **Tirgus laukums (5) [N57° 23' 51.95" E21° 34' 3.71"]**, der alte Marktplatz aus dem 17. Jh. Er ist bei den Einwohnern sehr beliebt, denn an den teilweise überdachten Ständen wird immer noch nach traditioneller Manier Markt abgehalten. Bis Mitte des 19. Jahrhunderts befand sich hier auch das Rathaus.

Um zum heutigen Rathaus zu gelangen überqueren Sie die Pils iela und erreichen den **Rathausplatz Rātslaukums (7).** Hier finden regelmäßig Veranstaltungen und Feste statt.

Am Platz fallen zwei Gebäude auf. Einerseits am Westrand die moderne **Bibliothek**, deren Einweihung im Jahr 2005 gefeiert wurde und als Kontrast dazu andererseits die evangelische **Nikolaikirche [N57° 23' 45.7" E21° 34' 03.2"]** aus dem Jahr 1835. Sie steht unter Denkmalschutz und besitzt einen spätklassizistischen Turm, der auf einer Führung besichtigt werden kann.

Vom Rathausplatz gehen wir südwärts am **Kulturzentrum** vorbei und gelangen auf die **Kuldīgas iela**, der wichtigsten Straße in der Stadt, die sich in den Sommermonaten zur reinen **Fuß-**

gängerzone verwandelt. Zahlreiche Geschäfte, Boutiquen und Restaurants laden hier zum Schlendern und Shoppen ein.

Weiter südlich liegt auf der rechten Seite der Straße Ganību iela eine Grünzone mit dem **Mühlenplatz (8) Dzirnavu laukums [N57° 23′ 32.20″ E21° 33′ 49.26″]**, zu erkennen am **Springbrunnen**, der aus echten Mühlsteinen gefertigt wurde. Es ist aber schon lange her, dass an dieser Stelle tatsächlich Mühlen standen und ihren Dienst verrichteten.

Wenige Meter weiter finden wir einen weiteren **Springbrunnen**. Auch er bekam von der Bevölkerung einen Beinamen. Er wird **„Sonnenboot"** genannt, weil man durch die Gischt des Wassers fast immer einen kleinen Regenbogen sehen kann und die Steine im Brunnen wie Boote aussehen.

Gehen Sie noch ein Stück durch den Park, um zwei weitere Blumenskulpturen zu entdecken. Erst sehen Sie die Figur **„Bobsleighteam"** mit einem echten Bob unter bunten Pflanzen und auf der anderen Seite zeigt die **Blumenuhr (9) [N57° 23′ 22.49″ E21° 33′ 52.95″]** an der Straßenkreuzung Kuldīgas iela und Lielais prospekts die Zeit an. Die Blumenuhr hat einen Durchmesser von fünf Metern und besitzt sogar einen Sekundenzeiger. Zusätzlich schlägt sie zu jeder Stunde. In den Wintermonaten werden die echten Blumen durch kältebeständige Pflanzen ersetzt.

Wenn man auf dem Lielais prospekts rund 1,5 km nach Westen geht, erreicht man den **Stadtteil Ostgals (10)**. Alternativ bleibt nur der Rückweg über die Kuldīgas iela und die Karļa iela, um zum Hafen zurück zu kehren.

Das unter Denkmalschutz stehende Viertel Ostgals wurde Mitte des 19. Jahrhunderts auf Veranlassung der russischen Regierung gegründet, um die Sandverschüttung der Stadt zu verhindern und damit die westliche Flanke von Ventspils zu befestigen. Heute präsentiert sich Ostgals als ein ruhiges und romantisches Viertel, auf dessen Kopfsteinpflaster ein gemütlicher Spaziergang lohnt. Direkt hinter Ostgals erstreckt sich der lange, breite **Ostseestrand**, dessen Abschnitt an dieser Stelle regelmäßig mit der „Blauen Flagge" ausgezeichnet wird. Diese Ehrung erhält ein Küstenstreifen nur, wenn er den Umweltschutzrichtlinien entspricht und dementsprechend zum Baden einlädt.

Wer nicht in natürlichen Gewässern baden möchte, kann sich alternativ auch im angrenzenden **Freibad Aqua-Park (14)** erfrischen.

Rund um den Aqua-Park und hinter dem Strand nach Süden verläuft in einer Parkanlage der **Ankerpfad (15)**. Auf ihm sind zahlreiche zu Kunstobjekten gruppierte, teils riesengroße Anker zu sehen, die im Laufe der Jahre aus dem gesamten Baltikum gesammelt wurden. Der größte von ihnen befindet sich vor dem Bad, ist 6 m hoch und wiegt 23 Tonnen. Manche der ausgestellten Anker stammen aus dem 17. Jahrhundert.

Sie alle gehören zum **Küsten-Freilichtmuseum Piejuras brivdabas muzejs (11) [N57° 23′ 05.9″ E21° 32′ 18.9″]** *(geöffnet Mai - Okt. Di - So 10 - 18 Uhr; Nov. - Apr. Mi - So 10 - 17 Uhr; www.latvia.travel/de/sehenswurdigkeit/kusten-freilichtmuseum-ventspils)*.

Im Freilichtmuseum, das 1954 gegründet worden ist und unmittelbar neben dem Campingplatz liegt, können u. a. Fischerkaten, Windmühlen, Räuchereien, kleine Gehöfte, Boote, Werkstätten u. ä. besichtigt werden.

Nicht nur Kinder haben besonders Spaß daran, mit der **Schmalspurbahn** durch das Museumsgelände – dort liegt auch der „Bahnhof" der dampfbetriebenen Veteranenbahn – und durch den angrenzenden Park zu fahren. Bis Mitte des letzten Jahrhunderts noch war die Bahn offiziell im Linienbetrieb entlang der Küste unterwegs und verband zahlreiche Fischerdörfer; *www.latvia.travel/de/sehenswurdigkeit/kustenfreilichtmuseum-ventspils*.

Schließlich bietet sich bei ausreichend zur Verfügung stehender Zeit noch die Möglichkeit, vom 19 m hohen **Aussichtsturm [Parkplatz, N57° 23′**

48.74" E21° 31' 59.66"] auf der **Südmole (12)** einen weiten Blick über das Meer zu genießen. Die Südmole wurde im Jahr 1905 angelegt und dient seit einigen Jahren als kleine Promenade zum Spazieren. Beim Parkplatz sind Museumsschiffe und Kuh-Plastiken zu sehen.

PRAKTISCHE HINWEISE - VENTSPILS (WINDAU)

Touristeninformation Ventspils tūrisma informācijas centrs [N57° 23' 54.18" E21° 34' 9.78"], Dārzu iela 6, Tel.: +371 63 62 22 63, +371 29 23 22 26; www.visitventspils.com/de/. *Geöffnet Mo - Fr 8 - 18 Uhr, Sa 10 - 16 Uhr, So 10 - 16 Uhr.*

RESTAURANTS

Kupfernams Café, Karla iela 5, Tel. +371 636 26 999; www.hotelkupfernams.lv; einladendes Restaurant, gute Küche, Terrasse, beim gleichnamigen Hotel.
Skroderkrogs, Skroderu iela 6, Tel. +371 636 27 634; angenehmes Ambiente, gute Küche, Terrasse, Reservierung empfehlenswert.

CAMPING

Camping Piejūras „Seaside Camping" (13) [N57° 23' 02.65" E21° 32' 13.91"], Vasarnīcu iela 56, Tel. +371 636 279 25; www.camping.ventspils.lv/de/; 1. Jan. - 31. Dez. Der Platz liegt im Westen der Stadt. Aus Süden kommend am Kreisverkehr der Campingbeschilderung folgen und über die Inženieru iela zur Vasarnīcu iela, die schließlich zum Platz führt. Zeitgemäße Campinganlage, zählt zu den besseren Anlagen an diesem Küstenstrich Lettlands. Ebenes Gelände, größtenteils im hochstämmigen Pinienwald. Teils auch auf schattenloser Grasfläche im Zentrum der Anlage zwischen Sanitärgebäude, Miethüttenreihe und Beachvolleyballplätzen, dahinter amphitheatralische Bühne. Die Stellplätze auf der schattenlosen Fläche sind dem Geräuschpegel der Spielplätze, Miethütten und Grillstellen ausgesetzt. Ca. 9 ha – 300 Stpl.; zeitgemäße Sanitärausstattung. Waschmaschine, Imbiss, Fahrradverleih, Sauna. Große Campingküche. 30 Mietbungalows. Das Freilichtmuseum liegt unmittelbar neben dem Platz!
Vom Campingplatz führt ein Bretterweg an besagter Bühne vorbei über einen kleinen Hügel zu einer weitläufigen, gepflegten **Parkanlage** mit vielen Ankerskulpturen. Durch den Park fährt das Veteranenbähnchen vom Freilichtmuseum (siehe dort). Man geht durch den Park etwa 400 m bis zum kilometerlangen, breiten **Sandstrand**, der sich hinter einem Dünengürtel ausdehnt.

Eine Windmühle ist das Wahrzeichen von Ventspils' Freilichtmuseum

TOUR 8: VENTSPILS (WINDAU) – RĪGA

Länge der Tour:	Rund 260 km, ohne Abstecher.
Die Route:	Strasse A10/E22 bis zur Kreuzung P120 – Straße P120 bis **Talsi** – Straße P126 bis **Roja** – Straße P131 bis **Engure** – Straße P128 bis **Jūrmala** – Straße A10/E22 bis **Rīga**.
Reisedauer:	Mindestens ein Tag. Aufenthalt in Rīga mindestens zwei weitere Tage.
Höhepunkte:	Erholung am **Usmas-See** ** – Kemeri-Nationalpark ** – Besichtigung und **Strand von Jūrmala** * – Stadtrundgang in **Rīga** *** mit **Altstadt, Domplatz, Rathausplatz** *** und **Schwarzhäupthaus** ***, die **St-Petrikirche** und der **Blick von deren Turm** ***, **Jugendstilhäuser** *** in der Alberta iela.

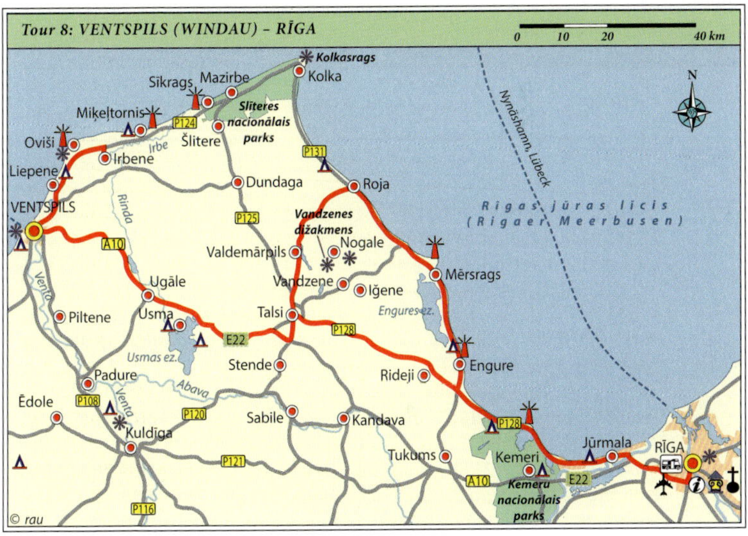

Abstecher nach Kolka

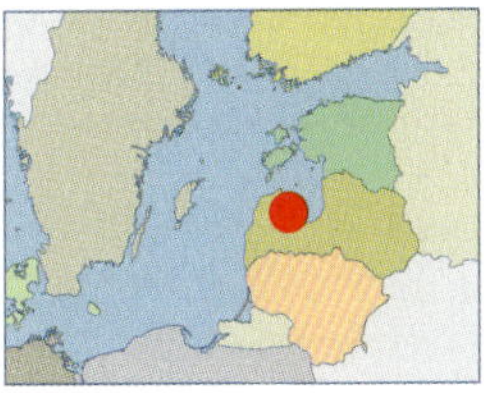

ROUTE: ***Kolka*** *liegt rund 90 km nordöstlich von Ventspils auf einer Landspitze am Nordostende des Küstennationalparks* ***Slīteres nacionālais parks.*** *Die Straße P124 nach Kolka ist seit geraumer Zeit durchgehend asphaltiert. Die zur Küste oder ins Inland abzweigenden Nebenstraßen sind aber unbefestigte Staubstraßen. Die Fahrt über* ***Liepene*** *nach Kolka ist landschaftlich allerdings absolut unspektakulär!*

Der Grund für den weiten Abstecher nach Kolka kann in den Wandermöglichkeiten entlang der Küste im Nationlapark Slīteres nacionālais parks liegen.

Rund 30 km nordöstlich von Ventspils bietet sich Gelegenheit von der Hauptstraße P124 zwischen KM 25 und KM 26 südwärts nach **Irbene** abzuzweigen. Nach knapp 1 km auf befestigter Rollbahn kommt man zum **Ventspils Starptautiskais Radioastronomijas Centrs**

Strand bei Liepene

CAMPING

Liepene

Camping Jēņi [N57° 29′ 31.2″ E21° 39′ 34.3″], Tārgales pagasts, Liepene, Tel. +371 29 15 29 71; www. campingjeni.lv; 1. Jan. – 31. Dez; rund 15 km nördlich von Ventspils Abzweig von der P124 Richtung Liepene und noch ca. 2 km staubige Schotterstraße bis zur Weggabelung, dort rechts und noch ca. 800 m Erdstraße. Größeres Wiesengelände beiderseits der staubigen Zufahrtsstraße, mit Waldanteil. Ca. 5 ha –190 Stpl.; Standardsanitärausstattung. Waschmaschine, Trockner, Sauna, Grillstelle, Brötchenservice. WLAN. V & E für Wohnmobile. Miethütten.

Camping Liepene [N57°° 29′ 23.5″ E21° 38′ 52.4″], Tārgales pagasts, Tel. +371 29 10 29 90; 1. Jan. – 31. Dez.; rund 15 km nördlich von Ventspils Abzweig von der P124 Richtung Liepene und noch ca. 2 km staubige Schotterstraße bis zur Weggabelung, dort geradeaus zum Platz. Naturbelassene, ausgedehnte, wellige Waldwiesen mit einzelnen Nadelbaumgruppen und einem Froschteich hinter zwei Wohnhäusern (Rezeption). Im vorderen Platzteil Stromanschlüsse. Picknicktische. Ca. 5 ha – 100 Stpl.; sehr einfache Sanitäreinrichtungen. Imbiss, Sauna, Internetecke, Aufenthaltsraum. Kein Chemikalausguss. Durch einen Waldgürtel zum ca. 400 m entfernten Ostseestrand.

Miķeļtornis

Camping Miķeļbāka [N57° 35′ 52.21″ E21° 57′ 55.86″], Miķeļtornis, Tel. +371 27 88 44 38; www.mikelbaka.lv/de/. 1. Mai – 30. Sept.; am westlichen Ortsrand am Meer gelegen; Campinggelände auf Wiesen von Wald umgeben. Zeltwiese und Stellmöglichkeiten für Wohnmobile und Caravans. Ca. 3 ha – 50 Stpl.; Standardsanitärausstattung. Großer zentraler Picknickplatz mit Feuerstelle. Sommercafé. Miethütten. V & E für Wohnmobile. Der Platz liegt direkt an einem langen Sandstrand.

(IZI VSRC), einer absolut unscheinbaren Anlage. Lediglich zwei riesengroße **Radioteleskop-Parabolantennen,** die die Sowjets einst hier in den abgelegenen Wäldern errichtet hatten, fallen ins Auge. Alleiniger Verwendungszweck

Wanderbeschilderung im Slīteres Nationalpark

damals: Spionage und das Abhören von Satellitenverbindungen in der westlichen Welt. Die größere der beiden verbliebenen Parabolantennen RT-32 hat einen Durchmesser von 32 m und ist heute noch die größte ihrer Art in Nordeuropa und die achtgrößte weltweit.

Heute nützen Radioastronomen aus Lettland die Anlage zu wissenschaftlichen Zwecken. Nach der Restaurierung der Antennen werden wieder Führungen unter fachkundiger Leitung angeboten, allerdings nur nach telefonischer Anmeldung unter Tel. +371 292 308 18 oder eMail: Infovirac@venta.lv. Infos unter https://venta.lv/en/science/ventspils-international-radio-astronomy-centre/. Es gibt einen kostenpflichtigen **Parkplatz [N57° 33' 11.20" E21° 51' 30.40"]**.

Kurz vor **Kolka** liegt links (westlich) des großen Kreisverkehrs, keine 400 m vom Ostseestrand entfernt, ein gebührenfreier **Parkplatz [N57° 45' 23.8" E22° 35' 28.2"]** mit hohem **Aussichtsturm**. Wer sich der Mühe des Aufstiegs unterzieht, wird mit einem Blick auf die umliegenden Wälder und aufs Meer belohnt.

Am Parkplatz beginnt der Pinienpfad „Priezu dabas taka", ein 1,2 km langer, ausgeschilderter Rundwanderweg durch den Küstenwald, einem kleinen „Urwald" mit Jahrhunderte alten, umgestürzten und vom Sand zurückeroberten Pinien. Weiter über die ältesten und längst wieder bewaldeten Dünen und am Strand zurück zum Aussichtsturm und Parkplatz.

Ein weiterer, allerdings gebührenpflichtiger **Parkplatz [N57° 45' 23.8" E22° 36' 00.2"]** liegt vor der Cafeteria „Kolkasrags", wenn man an besagtem Kreisverkehr geradeaus fährt.

Eine **Campingmöglichkeit [N57° 44' 55.8" E22° 35' 35.4"]** findet man in Kolka gegenüber der orthodoxen Kirche (am Kreisverkehr Richtung Centrs Kolka) und weiter südöstlich an der Straße P131 bei **Pūrciems** – **Camping Plaucaki [N57° 34' 57.4" E22° 37' 53.5"]**, Tel. +371 264 451 24; www.viesunamiem.lv/plaucaki; Mai - Sept.; kleine, einfache, ruhig gelegene Campinganlage, wellige, eingezäunte Wiese am Waldrand, ansprechend gestaltet.

Alternativ zu der nachstehend beschriebenen, etwas abwechslungsreicheren Hauptroute bietet sich ab Kolka der Weg auf der küstennahen Straße P131 über **Pūrciems**, **Roja**, **Mērsrags** und **Engure** direkt nach Riga an.

Lettlands älteste Orgel in Ugāle

HAUPTROUTE

*ROUTE: Ventspils verlassen wir in östlicher Richtung, überqueren den Fluss Venta und folgen der Straße A10/E22 Richtung Rīga. Nach rund 35 Kilometern erreicht man **Ugāle**.*

In **Ugāle [N57° 16′ 30.96″ E22° 1′ 47.25″]**, einem kleinen Ort, gibt es eigentlich nicht viel zu sehen, außer einer Besonderheit. In der evangelischen Kirche ertönt seit nunmehr über 300 Jahren die **älteste Orgel Lettlands**, die nach vierjähriger Bauzeit im Jahr 1701 fertig gestellt wurde und aufgrund ihres prächtigen Schnitzwerks sehenswert ist.

*ROUTE: Weiter auf der A10/E22 Richtung Rīga. Nach ca. 10 km passiert man den **See Usmas**.*

Wenn Sie auf einem der zahlreichen Campingplätze rund um den **Usmas-See** (Usmas ezers) übernachten, werden Sie morgens mit großer Wahrscheinlichkeit auf eine Nebelwand blicken. Fast täglich macht der See in den Morgenstunden seinem Namen alle Ehre, denn Usma ezers bedeutet nichts anderes als Nebelsee.

Es gibt zwar größere Seen in Lettland – sie liegen aber alle wesentlich weiter östlich im Landesinneren – der Usmas-See aber zieht die meisten Touristen an. Vielleicht liegt das an seiner Nähe zum Meer und der touristischen Infrastruktur.

Mitten im Usmas-See liegt die **Moritzinsel** (Moricsala). Sie gilt als ältestes Naturschutzgebiet Lettlands, gegründet 1912. Und sie ist der zweitälteste Naturschutzpark Europas. Die Insel verdankt ihren Namen dem sächsischen Grafen Moritz, der sich dort im 18. Jh. vor russischen Truppen versteckte.

*ROUTE: Weiter auf der A10/E22 südostwärts rund 33 km bis zur autobahnähnlich ausgebauten P120, der wir nordwärts bis ins 6 km entfernte **Talsi** folgen.*

Mehrere Seen liegen in der hügeligen Umgebung des Städtchens **Talsi.** Die beiden größten – der Vilkmuīžas ezers und der Talsu ezers – liegen im Norden bzw. im Süden des Stadtgebietes.

Talsi gilt auch als **Zentrum der Kurländischen Schweiz**, einer relativ flachen und von zahlreichen Seen und Wasserläufen durchsetzten Landschaft, deren einzige Hügel bei Talsi zu finden sind.

CAMPING

Usmas ezers, Usmas-See

Camping Usmas [N57° 14′ 24.7″ E22° 10′ 05.4″], Priežkalni, Usmas pagasts, Ventspils rajons, Tel. +371 26 33 45 00; www.usma.lv/de; beim Usma Spa Hotel. 15. Apr. – 15. Okt. An der Usma-Tankstelle (bei KM 141) Abzweig von der Straße A10/E22 (Ventspils – Rīga) südwärts und noch knapp 1 km; fast ebene Wiesen hinter dem Hotel direkt am Usma-See, ein einladender Platz in schöner Lage in waldreicher Umgebung; ca. 4 ha – 40 Stpl.; zeitgemäße Sanitärausstattung. Restaurant, Schwimmbad, Sauna, Solarium im Hotel. Kiosk, Waschmaschine, Badegelegenheit, Angelmöglichkeit, Boots- und Fahrradverleih. V & E für Wohnmobile.

Ģibuļi

Camping Bukdangas [N57° 11′ 22.06″ E22° 12′ 44.31″], Gibulu pag., Tel. +371 29 25 64 87; www.bukdangas.lv/de/bukdangas; Jan. - Dez.; Zufahrt von der A10/E22 (Ventspils-Riga) ca. 2 km südöstlich der Usma-Tankstelle westwärts abzweigen und noch ca. 2 km zum Platz am Usmas-See. Ebene Wiese von Laubbäumen umgeben in ruhiger Lage am Usmas-See; 4 ha – 50 Stpl.; einfache Standardsanitärausstattung. Kiosk, Grillstelle, Fahrrad- und Bootsverleih. Miethütten, Fremdenzimmer.

Bei der Fahrt vom großen Kreisverkehr an der P120 über die rechts (nordostwärts) abzweigende Straße Stendes iela (P127) in die Stadt, trifft man zuerst auf den südlichen See **Talsu ezers**. Am Nordostufer des Sees kann man den Burgberg erkennen, der in früheren Zeiten von den Kuren besiedelt war. Dies haben archäologische Ausgrabungen in den 1930er Jahre bewiesen.

Nahe des Südrandes des Sees kann man links in die Fabrikas Iela abzweigen, die am Westufer des Tulsa-Sees vorbei stadteinwärts führt.

Auf der linken Seite der Straße sieht man das **Denkmal [N57° 14' 30.01" E22° 35' 44.98"]** des lettischen Freiheitskämpfers Koklētājs. An dem 1996 eingeweihten Denkmal erkennt man gut die Kokle, ein lettisches Musikinstrument, das an eine Harfe erinnert.

Wenn Sie die Straße weiter hinab fahren, erreichen Sie das Zentrum der 11.000-Einwohner-Stadt. Auf der linken Seite hat man **Parkmöglichkeiten** auf dem Platz Pilsētas laukums, der direkt vor der **Touristeninformation [Parkplatz, N57° 14' 38.4" E22° 35' 28.9"]** liegt, Lielā iela 19/21, Tel. +371 26 46 90 57; www.visittalsi.com/de/.

An die Altstadt, die rasch durchquert ist und höchstens durch Teile des alten Baubestands aus dem 19. Jh. auffällt, grenzt im Norden der größte See der Stadt, der **Vilkmuižas ezers.** Der See wurde vom 11. bis ins 14. Jh. als Begräbnisstätte der Kuren benutzt. Man verbrannte die Toten und verstreute ihre Asche auf dem See.

Auf dem Burgberg am Seeufer findet man ein kleines Schloss, das sich einstmals ein Freiherr von Firck erbauen ließ.

Schließlich lohnt noch ein kurzer Blick auf das Haus in der Zvaigžņu iela 1. Es beherbergt die Familiengruft der Kupffers, einer ehemaligen stadtbekannten Arztfamilie.

Eine Ausstellung über die Geschichte Talsis kann man im **Talsi-Regionalmuseum - Talsu Novada Muzejs** sehen **[N57° 14' 33.5" E22° 36' 11.0"]**, Mīlenbaha iela 19, *(geöffnet Di - So 10 - 17 Uhr; www.talsumuzejs.lv)*. Das am östlichen Ortsrand auf dem 105 m hohen Hügel Tiguļu kalnā gelegene neoklassizistische Museumsgebäude wartet auch mit einem Kunst-Café auf.

*ROUTE: Weiterreise von Talsi nordostwärts und auf der Straße P127 über **Vandzene** zur Küste bei **Upesgrīva** (Mērsrags), ca. 35 km.*

Vandzene wartet mit einem stattlichen Herrensitz im klassizistischen Stil auf. Und in **Iģene**, wenige Kilometer östlich von Vandzene, kann eine **Holzkirche** aus dem 18. Jh. besichtigt werden (falls geöffnet). Besondere Erwähnung verdient die aufwendig gearbeitete Holzkanzel. Kirchen dieser Art gibt es nur noch wenige in Kurzeme, dem alten Kurland.

*ROUTE: In dem kleinen Küstenort **Upesgrīva** treffen wir auf die Küste der Rīgaer Bucht und auf die Straße P131, der wir nach Südosten folgen.*

Falls Sie auf den nachstehend beschriebenen Abstecher nach Roja verzichten, bitte weiter mit **„Hauptroute"** weiter hinten!

Abstecher nach Roja

Der Abstecher in das nur 18 km nordwestlich gelegene Roja lohnt einmal wegen des sehr einladenden, schönen, felsdurchsetzten **Strandes** (Parkplatz) zwei Kilometer südlich von Roja (eine der wenigen Strandregionen hier oben, die ohne lange Fahrten über unbefestigte Strandwege erreicht werden kann). Zum anderen ist es das **Roja Museum** an der Hauptstraße P131 (s. u.), das den Weg hierher allemal lohnt.

Roja ist ein eher unscheinbares Küstenstädtchen. Auch die evangelische **Kirche von Roja** wirkt auf den ersten Blick schlicht, ganz im Gegenteil zu ihrem Inneren mit einem Altarbild aus dem Jahr 1890, das „Jesus auf dem See" darstellt. Die Kirche war ursprünglich ganz aus Holz, bevor sie im Jahr 1854 einen Steinturm erhielt und schließlich auch mit Steinmauern befestigt wurde.

Die Kirche ist nur während der Gottesdienste zugänglich!

Besichtigen kann man das interessante **Museum für Hochseefischerei [N57° 30′ 05.1″ E22° 48′ 53.5″]** in der Selgas iela 33 *(geöffnet Mai - Aug. Di - Fr 10 - 18 Uhr, Sa 10 - 17 Uhr, So 10 - 15 Uhr; Sept. - Apr. Di - Sa 10 - 17 Uhr; muzejs.lv/en/museums/roja-marine-fishery-museum/)*. Dort hat man Gelegenheit, Wissenswertes über die Fischerei und die Geschichte der Seefahrt an der Kurländischen Küste zu erfahren. Eine weitere Abteilung befasst sich mit dem Segelschiffbau im 19. Jh.

HAUPTROUTE

ROUTE: Straße P131 südostwärts über ***Mērsrags*** *bis* ***Engure****, ca. 32 km.*

Eine markante Landmarke bei **Mērsrags** ist der aus dem Jahr 1875 stammende fast 22 m hohe **Leuchtturm [Parkplatz, N57° 21′ 55.1″ E23° 07′ 19.0″]**, Bākas iela 60. Besichtigen kann man in Mērsrags das **Dorfmuseum „Saieta nams" [N57° 20′ 54.9″ E23° 07′ 15.4″]**, Rožu iela 16 *(geöffnet tgl. 10 - 18 Uhr)*, eine kleine private Runensammlung mit mythologischen Symbolen sowie einer maritimen Sammlung. Die Ausstellungen im Museum, das in einem der ältesten Häuser des Ortes untergebracht ist, geben darüber hinaus Einblick in die Geschichte des Küstenstädtchens.

Das **Touristeninformationsbüro [N57° 20′ 11.68″ E23° 7′ 22.47″]** in Mērsrags findet man in der Zvejnieku iela 2, Tel. +371 632 37 704; www.mersrags.lv/de/; *geöffnet Mo + Mi 8 - 12 + 13 - 17 Uhr, Di + Do 8 - 12 +13 -18 Uhr, Fr 8 - 14 Uhr.*

Mērsrags liegt am Nordostrand des **Naturparks Engures ezera dabas parks**, der sich rund um den **Engure See** erstreckt und einen langen Küstenstrich fast bis Engure mit einbezieht. Vor Jahrhunderten war der See noch eine Meeresbucht, die sich im Laufe der Zeit durch Sandaufspülungen aber schloss und seitdem eine Lagune bildet.

Die sieben Inseln im Engure See sowie seine Ufergestade sind Heimat für rund 60 Vogelarten. Viele Ornithologen kommen regelmäßig hierher und nutzen die Aussichtsplattform für Vogelbeobachtungen.

In der nahe gelegenen Ortschaft **Bērzciems** kann man zusammen mit einem Führer eine Vogelstation besichtigen. Wer Glück hat, kann sogar beim Beringen von Vögeln dabei sein. Ob dieser Service Besuchern auch weiterhin angeboten wird, war nicht verlässlich in Erfahrung zu bringen. Außerdem findet man in dem kleinen Ort Bērzciems einige Fischräuchereien mit Restauration.

Rund um den See breitet sich Salzgrasland aus, das bis zur Ostseeküste reicht. Hier sind **Wanderwege** angelegt, die zum Teil rund um den See führen. Dabei passiert man auch Bootsstationen, bei denen man Ruderboote ausleihen kann. Die Naturparkverwaltung bittet sehr darum, beim Rudern das schutzbedürftige Ufer und Schilf zu respektieren, damit kein Vogel beim Nisten gestört wird; https://eedp.lv.

Abstecher nach Cinevilla

Rund 7 km südlich von **Engure** bietet sich Gelegenheit südwärts nach **Tukums** abzuzweigen, ca. 17 km.

Südlich von Tukums, also weiter im Landesinneren, liegt **Cinevilla [Parkplatz, N56° 52′ 40.1″ E23° 13′ 13.1″]**. Zu erreichen ist der Ort über die P98 von Tukums Richtung Slampe, dann der Beschilderung folgen.

Für den Besuch des Dorfes wird eine kleine Gebühr erhoben.

Aber Cinevilla ist ein Dorf ohne Bewohner. Und von den Häusern sind auch nur die Frontfassaden zu sehen. Der Grund: Cinevilla ist eine Filmstadt. Im Jahr 2004 wurden die Kulissen errichtet und der erste Film im Ort gedreht: „Rīgas sargi" was so viel bedeutet wie „Verteidiger Rigas". Da der Film bisher leider nicht ins Deutsche synchronisiert wurde, muss man sich bei Interesse mit der englischsprachigen Version „Defenders of Riga" begnügen.

Besucher von Cinevilla können in die Kostüme der Darsteller schlüpfen und so durch die Filmstadt schlendern. Man darf also nicht überrascht sein, wenn ein Soldat des Ersten Weltkriegs auf einen zumarschiert und dabei eventuell Turnschuhe trägt. Zudem existiert auf dem Gelände noch ein Kriegsmuseum, welches sich mit Ausrüstungsgegenständen des Ersten Weltkrieges befasst *(geöffnet tgl. 10 - 19 Uhr; www.cinevilla.lv).*

*ROUTE: Auf der Fahrt von Mērsrags über **Engure** Richtung **Jūrmala** sind immer wieder schöne Ausblicke auf das Meer, die Rīgaer Bucht, möglich, was auf den meisten bisherigen küstennahen Straßen kaum möglich war. Die Sandstrände sind vielfach mit großen Steinen und Felsbrocken durchsetzt, aber recht einladend.*

Südlich der Küste zwischen Klapkalnciems und Jūrmala erstreckt sich der erst 1997 gegründete **Nationalpark Ķemeru nacionalais parks [N56° 54' 58.85" E23° 27' 52.04"]**, ein ausgedehntes Waldgebiet mit Hochmooren und einigen kleineren Mineralquellen. Die Hochmoore bilden eine Torfschicht, die eine Dicke bis zu 8 m erreicht und sage und schreibe 8.000 Jahre alt ist.

Das ganze Naturschutzgebiet ist ein idealer Rastplatz für Zugvögel, wie zum Beispiel für den Weißrückenspecht, der zum Wappentier des Nationalparks wurde.

Für Besucher wurde rund 2,5 km südlich des Ortes **Ķemeri** ein **Rundweg [Parkplatz, N56° 54' 58.85" E23° 27' 52.04"]** eingerichtet. Auf extra angelegten Holzplankenwegen und Knüppeldämmen kann man fast 3 km weit durch das Moor spazieren. Zwei Stunden sollten Sie dafür einplanen. Die Parkverwaltung bittet dringend darum, die Holzplanken nicht zu verlassen, um die überaus fragile Pflanzenwelt der Moore nicht zu zerstören! Es gibt einen Aussichtsturm zum Tiere beobachten. Die Parkplätze im Kemeri-Nationalpark sind alle kostenpflichtig. Weitere Informationen erhält man bei der Nationalparkverwaltung in Kemeri, Tel. +371 677 30 078; www.latvia.travel/de/sehenswurdigkeit/kemeri-nationalpark; www.kemerunacionalaisparks.lv.

In und um Ķemeri, dem Hauptort des Nationalparkgebiets, leben heute rund 3.500 Menschen. In der Gegend sind Soldatengräber, sowie Schützengräben aus dem Ersten und dem Zweiten Weltkrieg zu finden.

Schmal und lang ist das Stadtgebiet von **Jūrmala**. Eingezwängt zwischen Ostsee und dem Fluss Lielupe bzw. dem See Babītes kann sich die Stadt nur in Ost-West-Richtung ausdehnen, was sie denn auch auf einer Länge von stattlichen 30 km tut!

Die Ein- und Durchfahrt durch **Jūrmala ist mautpflichtig!** Tickets kann man aus am Stadtrand an den Zufahrtsstraßen in Haltebuchten aufgestellten Automaten ziehen, 1. Apr. - 30. Sept. Gebühr 2,- Euro, Okt. - Apr. keine Mautgebühr. Elektrofahrzeuge sind von der Maut befreit! Es gibt Parkscheine mit einer Gültigkeit von 24 Stunden. Kontrollen sind häufig und die Bußgelder bei Nichtbeachtung der Mautpflicht sind heftig! Infos über Mautgebühren, auch zur Maut in Lettland, hält die Webseite https://www.bussgeldkatalog.org/maut-lettland/ bereit.

Wer lediglich durch Jūrmala (mit Mautgebühr!) hindurchfährt, wird später behaupten, es reihe sich ein Gästehaus an das nächste und der Ort habe nichts zu bieten, außer einer ewig langen Hauptstraße. Dies ist so natürlich nicht ganz richtig. Aber dass Jūrmala stark vom Tourismus geprägt ist, kann die Stadt nicht verbergen. Bis ins 19. Jh. war hier an der südlichen Küste der Rīgaer Bucht wenig mehr als eine Handvoll Fischerdörfer zu finden. Das änderte sich schlagartig, als im 19. Jh. die ersten Badegäste – angezogen von den kilometerlagen, breiten, feinsandigen **Stränden** und den **Kuranwendungen** mittels Heilschlamm etc. – aus der nahe gelegenen Hauptstadt Rīga hierher zur Sommerfrische kamen. Von da an wuchs die Gemeinde zu einem immer größer werdenden Kur- und Seebad von mittlerweile stattlicher Ausdehnung heran. Die touristische Infrastruktur ist entwickelt, vor allem das Hotelwesen. Die meisten Hotels bieten Heilbäder und/oder Wellnessbereiche an.

PRAKTISCHE HINWEISE – JŪRMALA

Touristeninformation [N56° 58′ 17.6″ E23° 47′ 52.8″], Lienes iela 1/5, LV-2015 Jūrmala-Majori, Tel. +371 67 14 79 00; www.visitjurmala.lv/en/. *Geöffnet Mo - Sa 9 - 17 Uhr, So 10 - 15 Uhr.*

RESTAURANTS

Restaurant Kūriņš, Kaugurciema iela 47, Tel.: +371 677 34 677. Urige Kneipe mit deftiger Kost, in Strandnähe nordöstlich der Innenstadt. Im Sommer mit Strandterrasse.

Restaurant Romantica, ehemals Al Thome, Pilsoņu iela 2. Restaurant am Majori-Strand.

Bistro Dukāts, Baznīcas iela 12/14, Tel.: +371 677 60 482. Bistro mit Konditorei und Café.

CAMPING

Camping Jūrmala [N56° 58′ 00.4″ E 23° 45′ 29.0], Dubultu prospekts 51, Tel. +371 26 40 05 00; www.campingjurmala.lv/en/; 1. Mai – 30. Sept.; Zufahrt in Jūrmala von der Hauptstraße P128, beschildert; baumbestandenes Wiesengelände, zum Dubulti-Strand ca. 200 m; ca. 4 ha – 60 Stpl.; sehr einfache Sanitärausstattung. Waschmaschine, Tennis, WLAN auf Teilen des Platzes, Tennis. V & E für Wohnmoblie. Zum Bahnhof „Dubulti" 1,2 km, Verbindungen nach Riga, Fahrzeit ca. 40 Minuten.

Camping Nemo [N56° 57′ 33.16″ E23° 38′ 42.43″], Altbalss iela 1, Tel. +371 677 261 00 500; www.nemo.lv/de/; 1. Mai – 30. Sept.; am westlichen Stadtrand gelegen, beschilderter Abzweig von der Hauptstraße P128 meerwärts. Platzeinfahrt unmittelbar vor dem Einfahrtsverbotsschild nach Jurmala für Nichteinheimische (Mautstelle). Ebenes, eingezäuntes Wiesengelände mit einzelnen hohen Birken, am Rande einer engstehenden Miethüttenreihe, von Wald umgeben; ca. 4 ha–100 Stpl.; einfache, zu wenig, nicht mehr zeitgemäße, ungepflegte Sanitäranlagen am Rande der Zumutbarkeit (6/15), ungünstiges Preis-/Leistungsverhältnis. Imbiss. Fotografierverbot auf dem Platz. Zum Meer rund 200 m durch einen Kiefernwald. 80 Miethütten. Ganz in der Nähe des Platzeingangs gibt es eine Bushaltestelle mit regelmäßigen Verbindungen ins nahe Rīga!

Viele Hotels liegen am beliebten **Stadtstrand „Majori"**, der seit Jahren regelmäßig mit der blauen Flagge des Europäischen Umwelt Fonds ausgezeichnet wird. In den Sommermonaten erreicht das Wasser eine Temperatur von 16° bis zu 20°C.

Reisenden, die etwas Zeit mitbringen, können – neben schön mit sehenswerten Schnitzereien verzierten Holzhäusern aus dem frühen 20. Jh. – in der Tirgoņu iela Nr. 27/29 ein besuchenswertes **Stadtmuseum [N56° 58′ 16.5″ E23° 48′ 05.0″]** besichtigen *(geöffnet Mi - So 10 - 17 Uhr; www.liveriga.com/de/9417-stadtmuseum-jurmala/)*. Das Museum informiert nicht nur über die Stadtgeschichte, sondern lädt auch zu einer Art archäologischer Unterwasserexpedition ein. Anschaulich und kurzweilig wird die historische Bucht des Rīgaer Meerbusen erklärt, der übrigens im Schnitt nur 26 m tief ist. Die tiefste Stelle bringt es auf 60 m.

Mein Tipp: Wenn Sie sich mit dem Gedanken tragen, in Jūrmala ein paar Tage auszuspannen, sollten Sie sich nicht unbedingt ein Wochenende dazu aussuchen. Wenn dann noch das Wetter mitmacht, erstickt Jūrmala im Verkehr und Stadt und Strand platzen aus allen Nähten!

ROUTE: Von Jūrmala gelangt man auf der autobahnähnlich ausgebauten, stark befahrenen A10 relativ rasch und bequem hinein nach ***Rīga****.*

RĪGA

Auch in Rīga stellt Parken, zumal mit einem größeren Fahrzeug, ein Problem dar. Große Teile der verwinkelten Altstadt sind für den allgemeinen Autoverkehr gesperrt. **Parkmöglichkeiten (1)** größeren Umfangs findet man an der breiten Umgehungsstraße 11. novembra krastmala **[N56° 56' 57.3" E24° 06' 03.1"]** zwischen Altstadt und dem Fluss Daugava.

Wo immer Sie auch auf gebührenpflichtigen Parkplätzen in Rīga parken, halten Sie unbedingt ganz penibel die

Der Hansebund

Die Hanse, heute oftmals assoziiert mit dem ersten „H" bei den Autokennzeichen von Hamburg, Bremen, Lübeck oder Rostock, umfasste einstmals weit mehr Städte als die vier genannten.

Die Hanse war ein Bund von Kaufleuten in rund 70 größeren und bis zu 130 kleineren Städten in zahlreichen europäischen Staaten. Der Hansebund kontrollierte den Warenhandel von den Niederlanden bis nach Estland und von Schweden bis zur Linie Köln-Erfurt-Krakau. Insgesamt aber reichte der wirtschaftliche Machtbereich der Hanse in seiner Blütezeit von Portugal bis nach Russland. Der Bund aus Fernhandelskaufleuten war so mächtig, dass sogar Wirtschaftsblockaden gegen einzelne Königreiche verhängt und im extremen Fall sogar Kriege geführt werden konnten.

Ein genaues Gründungsdatum existiert nicht, aber es wird allgemein vom Jahr 1159 gesprochen, als Lübeck wieder aufgebaut wurde. Doch es gab auch schon zuvor Zusammenschlüsse mehrerer Kaufmannsgenossenschaften. Eine davon wurde 1157 auch urkundlich festgehalten.

Gehandelt wurde mit fast allen Dingen des täglichen Lebens, aber auch mit Luxuswaren, wie z. B. mit Pelzen.

Es gab vier große Hauptumschlagsplätze in Europa – Novgorod in Russland, Bergen in Norwegen, Brügge im belgischen Flandern und London.

In der zweiten Hälfte des 14. Jh. war die Hanse eine nordeuropäische Großmacht, deren weitreichender Einfluss im Wesentlichen auf dem gewaltigen Finanz- und Wirtschaftspotential der 70 größten Hansestädte basierte. Doch es gab auch ein nichtstädtisches Mitglied, den Deutschen Orden.

Die Hansestädte im Baltikum waren: Cesis, Koknese, Kuldiga, Limbazi, Rīga, Straupe, Valmiera, Ventspils (alle Lettland), Narva, Pärnu, Tallinn (damals Reval), Tartu, Viliandi (alle Estland) und das litauische Kaunas.

Von 1356 an wurden Beschlüsse des Hansebundes auf so genannten Hansetagen gefasst.

Die Macht der Hanse ließ im Laufe der Jahre allerdings aus unterschiedlichen Gründe nach. Einerseits lag es schlicht an der Entdeckung des amerikanischen Kontinents, der andere Handelsrouten nun wichtiger werden ließ, sowie andererseits in der Erstarkung der Ostsee-Anrainerstaaten bzw. der dortigen Landesherren.

Der letzte historische Hansetag fand im Jahr 1669 in Lübeck statt. Zu diesem Zeitpunkt waren aber nur noch neun Städte Mitglied in der Hanse.

Über 300 Jahre später, im Jahre 1980, wurde die „neue Hanse als Lebens- und Kulturgemeinschaft der Städte über die Grenzen hinweg" gegründet. Dabei geht es neben dem Handelsaustausch auch um die Kultur und die Förderung des Tourismus. Seit den 90er Jahren des letzten Jahrtausends gibt es nun auch wieder Hansetage.

Parkdauer ein, auch an Wochenenden! Selbst kürzeste Zeitüberschreitungen von zwei, drei Minuten werden gerne mit einer deftigen Buße belegt! Einsprüche dagegen sind in lettischer Sprache abzufassen!

Mein Tipp: Am einfachsten stellt man sein Campingfahrzeug auf einem der stadtnahen Campingplätze, Rīga City Camping oder Riga Riverside Camping ab und startet von dort zu Stadtbesichtigungen.

Falls Sie aus Westen, aus Jūrmala etwa, kommend Rīga City Camping oder Rīga Riverside Camping (Details siehe am Ende der Stadtbeschreibung) ansteuern wollen, fahren Sie VOR der Vanšu tilts-Brücke über den Daugava-Fluss rechts ab, unter der Brücke hindurch und auf der anderen Seite zurück, aber nicht auf die Schnellstraße, um gleich danach rechts abzubiegen, um zu den Campingplätzen zu kommen.

Rīga City Camping liegt relativ günstig noch in Gehnähe zur Altstadt, die man zu Fuß ebenfalls über erwähnte Vanšu tilts-Brücke erreicht. Am Ende der Brücke sieht man rechts das Stadtschloss liegen, Ausgangspunkt unseres ersten Stadtrundgangs. Oder man nimmt sich ein Taxi, die nicht allzu teuer sind.

Rīgas Altstadtkern ist, wie schon erwähnt, für den allgemeinen Autoverkehr gesperrt! Die Zufahrtstraßen in die historische Altstadt sind mit Schranken versehen und nur von Anliegern, Zulieferern oder mit Genehmigung bzw. Zufahrtspass zu passieren.

Wenn Sie sich lange, vielleicht mit der ganzen Familie, in Rīga aufhalten wollen und viele Besichtigungen vorhaben, kann für Sie der Erwerb des **Rīga Passes** von Vorteil sein. Den Rīga Pass können Sie im Rīgaer Tourismusinformationszentrum Ratslaukums, Rātslaukums 6, Tel. +371 6703 7900; info@rigatic.lv oder über das Internet www.liveriga.com/de/7854-riga-pass/ für eine Gültigkeit von 24 Std. für Euro 25,-, 48 Std. für Euro 30,- oder für 72 Std. für Euro 35,- kaufen. Eingeschlossen in die Kartenpreise sind u. a. der kostenlose oder ermäßigte Eintritt in Museen, kostenlose Fahrten im öffentlichen Nahverkehr, kostenlose oder ermäßigte Führungen sowie Rabatte in Restaurants und Infomaterial.

Beim Kauf des Rīga Passes über www.LiveRiga.com erhalten Sie 10% Rabatt

Rīga, Blick vom Turm der St. Petrikirche
Linke Seite: Bahnhof und „Stalins Geburtstagstorte" (Turm links davon).
Rechte Seite: Rathausplatz im Vordergrund, in der Mitte der Dom, rechts vom Domturm das Schloss, links davon die Brücke Vanšu tilts und der Daugava-Fluss.

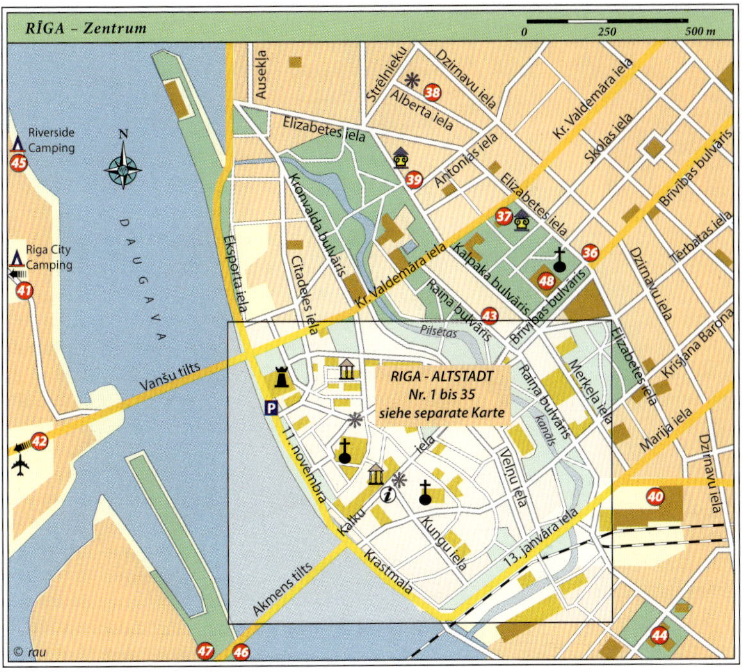

RĪGA – **Nummern 1 bis inkl. 35** *siehe RĪGA, ALTSTADT* – **36** *Radisson Blu Hotel Latvia* – **37** *Staatliches Kunstmuseum* – **38** *Alberta iela, Jugendstilhäuser* – **39** *Medizingeschichtsmuseum* – **40** *Bahnhof* – **41** *Richtung Riga City Camping und Riga Riverside Camping* – **42** *Richtung Flughafen* – **43** *Französische Botschaft* – **44** *Panormablick vom „Stalins Geburtstagstorte"-Hochhaus* – **45** *Riga Riverside Camping* **46** – *Nationalbibliothek Lettlands* – **47** *Eisenbahnmuseum* – **48** *Russisch-Orthodoxe Kirche*

*RĪGA, ALTSTADT – **1** Parkmöglichkeit – **2** Schloss – **3** Maria-Magdalenen-Kirche – **4** St. Jakobi-Kirche – **5** Parlament – **6** Kaiserliches Lyzeum – **7** „Drei Brüder"-Ensemble – **8** Domplatz – **9** Dom – **10** Herder-Büste – **11** Dommuseum – **12** Kleine Gilde – **13** Große Gilde – **14** Livenplatz – **15** Russisches Dramentheater – **16** Rathausplatz – **17** Rathaus – **18** Schwarzhäupterhaus – **19** Touristeninformation – **20** Okkupationsmuseum – **21** Mentzendorff-Haus – **22** St. Petri-Kirche – **23** Museum für Angewandte Kunst – **24** Eckens Konvent – **25** Johanniskirche – **26** Fotografie-Museum – **27** Reformierte Kirche – **28** Pharmaziemuseum – **29** Oper – **30** Universität – **31** Deutsche Botschaft – **32** Naturkundemuseum – **33** Pulverturm – **34** Freiheitsdenkmal – **35** Kunstmuseum in der ehemaligen Börse*

und einen Voucher, der an einem der Verkaufsstellen gegen den Rīga Pass eingetauscht werden kann. Beim Kauf des Rīga Passes über das Internetportal www.LiveRiga.com ist eine Stornierung und/oder Änderung nicht möglich. Der Rīga Pass ist nur für den auf der Karte angegebenen Zeitraum gültig. Sollten Probleme bei Dienstleistungen oder dessen Qualität auftreten, kontaktieren Sie bitte info@rigatic.lv oder Tel. +371 670 37 900.

Rīgas Stadtgeschichte

Es existieren zwar Chroniken, die vermuten lassen, dass Rīga bereits im Jahr 1198 gegründet wurde. Man entschied sich aber, das Jahr 1201 als Stadtgründungsjahr zu benennen. Damals verlegte der aus norddeutschen Landen stammende Bischof Albert seine Residenz von Uexküll an das Ufer des Riegebaches. Diese Tat gilt offiziell als Gründung Rīgas. Und es dauert keine drei Jahrzehnte bis Rīga Stadtrechte erhält.

Viele deutsche Kaufleute, die mit östlichen Ländern Handel treiben, wählen Rīga als Sitz ihrer Kontore und als Umschlagplatz für ihre Waren. Bald entstehen der Dom, das Rathaus sowie die Gilde- und Speicherhäuser. Und 1282 schließt sich Rīga der Hanseatischen Liga, der Hanse, an.

Um 1522 kommt die Reformation nach Rīga, das nun eine lutherische Stadt wird. Im ausgehenden 16. Jh. ist Rīga Spielball verschiedener Mächte. Nach dem Livländischen Krieg (1558

Das Gebäudeensemble „Drei Brüder"

– 1583) wird Rīga dem Polnisch-Litauischen Königreich einverleibt.

Von 1584 an erlebt Rīga über Jahrhunderte hinweg immer wieder Unruhen, die auf Zwistigkeiten zwischen dem Rat der Stadt und den mächtigen Kaufmannsgilden zurückzuführen waren.

Ab 1621 kommt Rīga während der Regentschaft König Gustav Adolfs II. unter schwedische Herrschaft.

Hundert Jahre später endet der Nordische Krieg. Rīga sieht sich an der Seite der Verlierer und wird unter Zar Peter I. dem Russischen Reich einverleibt.

Trotz der Wirren der Zeit büßte Rīga nie ganz seine Bedeutung als Handelshafen ein. Rīga war zwar bedeutend, aber flächenmäßig noch nicht sonderlich groß. Dies änderte sich erst im 19. Jh. als die Wallanlage verschwand und man die Vorstädte niederriss. 1812 war Napoleon im Anmarsch und man wollte seinen Truppen die ungeschützten Vorstädte nicht so ohne weiteres in die Hände fallen lassen. Auf dem frei gewordenen Gelände an der damaligen Stadtperipherie entstanden später neue Stadtviertel mit zahlreichen Jugendstilgebäuden, die noch heute eine der großen Sehenswürdigkeiten Rīgas darstellen.

Zur Hauptstadt Lettlands wurde Rīga erst im Rahmen der ersten Unabhängigkeit im Jahr 1918 erklärt.

Während des Zweiten Weltkrieges litt Rīga wie ganz Lettland zuerst unter den Truppen der deutschen Wehrmacht und danach von 1944 bis 1990 unter der Sowjetischen Okkupation.

1987 endlich formierten sich erste Proteste gegen die Sowjetherrschaft an der Freiheitssäule in Rīga. 1991 führt der Kampf um die Unabhängigkeit Lettlands zum Erfolg.

Heute leben in Lettlands Hauptstadt Rīga, der größten Metropole des Baltikums, annähernd 697.000 Einwohner.

Stadtbesichtigung

Erster Rundgang: Vom Rīgaer Schloss zum Schwarzhäupterhaus

Startpunkt unseres Stadtrundgangs ist das **Rīgaer Schloss - Rīgas Pils (2) [N56° 57′ 02.7″ E24° 06′ 05.9″]**, Pils laukums 3 (Schlossplatz). Erste Anfänge des Schlosses gehen auf eine Befestigung am Ufer der Daugava zurück, die der Orden der Schwertbrüder um 1209 angelegt hatte. Es war wegen seines hellen Baumaterials auch „Schloss Wittenstein" genannt worden. Später dann, zwischen 1330 und 1353, erweiterte der Deutsche Orden unter dem Großmeister D. Kriege das befestigte Anwesen unter Einbeziehung der Heiliggeistkirche und Teilen der Stadtmauer. Gegen Ende des 15. Jh. zerstörten Bürger der Stadt das offenbar unbeliebte Schloss, das aber wegen seiner strategischen wichtigen Lage am Fluss, Rīgas wichtige Handelsstraße, rasch wieder neu errichtet wurde. Später, vor allem im 18. Jh., wurden zahlreiche Umbauten und Erweiterungen vorgenommen.

In der Zeit zwischen dem Ersten und Zweiten Weltkrieg hatte der lettische Staatspräsident seinen Sitz im Rīgaer Schloss. Heute beherbergt es neben der Staatskanzlei drei verschiedene **Museen**, die sich mit der **Lettischen Geschichte** (Latvijas Nacionālais vestures muzejs), mit **ausländischer Kunst** (Ārzemju makslas muzejs) und mit **Literatur, Theater und Musik** (Rakstniecības, teātra und mūzikas muzejs) befassen.

An der Südseite des Schlosskomplexes sieht man die katholische **Kirche der Schmerzensreichen Madonna** aus dem 18. Jh.

Gehen Sie zur Südostseite des Schlossplatzes, dort ein kurzes Stück in die Mazā Pils iela hinein und folgen der wenig später links abzweigenden Gasse.

Gleich darauf sind Sie in der Klostera iela. Folgen Sie ihr bis zur nahen **Maria-Magdalenenkirche (3) [N56° 57′ 02.8″ E24° 06′ 12.5″]**. An ihrer Stelle befand sich im 13. Jh. die Kapelle eines Frauenklosters. Ursprünglich wurde das Gotteshaus als russisch-orthodoxe Kirche errichtet, aber 1923 übergab man sie der katholischen Kirchengemeinde. Architekt Arthur Moedlinger baute 1929 die Turmspitze um.

Gleich hinter der Maria-Magdalenenkirche liegt in der Klostera iela 2 unübersehbar die **St. Jakobikirche - Svētā Jēkaba baznīca (4) [N56° 57′ 03.2″ E24° 06′ 15.5″]**. Ihr spitzer Turm mit dem winzigen Glockenerkerchen ist ein markanter Blickfang im Stadtpanorama Rīgas. Die St. Jakobikirche wurde erstmalig im Jahre 1225 erwähnt, also gerade mal ein knappes Vierteljahrhundert nach Stadtgründung. Die Kirche lag damals außerhalb der Stadtmauern, was eine ungefähre Vorstellung über die noch recht geringe Ausdehnung des Stadtgebiets im 13. Jh. vermittelt.

Heute gehört die St. Jakobikirche der römisch-katholischen Kirchengemeinde Rīgas. In der Reformationszeit allerdings wurde hier zum ersten Mal die lutherische Lehre verkündet und die ersten evangelischen Gottesdienste gefeiert.

Links neben der Kirche steht das ehemalige Haus der Livländischen Ritterschaft aus der zweiten Hälfte des 19. Jh. Heute tagt hier das lettische **Parlament (5) [N56° 57′ 03.9″ E24° 06′ 16.7″]**.

Ein kurzer Gang um die St. Jakobikirche bringt uns zum **Kaiserlichen Lyzeum (6) [N56° 57′ 01.8″ E24° 06′ 16.1″]** im Haus Nummer 4 der Mazā Pils iela. In dem Bauwerk aus dem Jahre 1657 lehrte der baltische Heimatforscher Johann Christoph Brotze. Seine hinterlassenen Aufzeichnungen gelten heute als kunsthistorisch wertvoll.

Rein optisch sind die drei gegenüberliegenden Gebäude schöner anzuschauen. Das nicht nur aus architektonischer Sicht bemerkenswerte Gebäudeensemble trägt im Volksmund die Bezeichnung **„Drei Brüder" - Trīs brāļi (7) [N56° 57′ 01.5″ E24° 06′ 15.5″]**.

Übrigens: In Tallinn steht ein Ensemble mit dem Namen „Drei Schwestern", doch dies ist nur ein Zufall. Ein Zusammenhang besteht nicht.

Bei den „Drei Brüdern" handelt es sich vermutlich um die ältesten Wohnhäuser in der Stadt. Der älteste der drei Brüder ist Haus Nr. 17. Es entstand schon Ende des 15. Jh. und gilt als das älteste komplett erhaltene Steinhaus in Rīga. Die Nachbarhäuser entstanden in den folgenden Jahren und wurden sowohl für Wohnzwecke, als auch als Verkaufsraum und Werkstatt genutzt. Die Keller und Dachböden dienten als Lagerräume.

Da die Gebäude ein typisches Beispiel für die mittelalterliche Baukunst und der Wohnkultur sind, brachte man hier das **Lettische Architekturmuseum** unter *(geöffnet Mo 9 - 18 Uhr, Di - Do 9 - 17 Uhr, Fr 9 - 16 Uhr).*

Gehen Sie nun von den „Drei Brüdern" die Gasse Mazā Pils iela nach Osten bis zur Jēkaba iela, hier rechts bis zum nahen **Domplatz** - **Doma laukums (8)**.

Am südlichen Ende erhebt sich unübersehbar der **Dom St. Marien** - **Doma baznīca (9) [N56° 56' 57.8" E24° 06' 16.6"]** auf einem historischen Grundstück, das von Bischof Albert im Jahr 1211 geweiht wurde. Diese erzbischöfliche St. Marien-Kathedrale ist, architektonisch betrachtet, ein Spiegelbild der gesamten Stadt. An und in der Kirche werden Sie sämtliche Baustile finden. Sei es die Romanik oder das Barock am Ostgiebel. Im Wesentlichen aber gilt der Sakralbau als gotisches Bauwerk.

Auf der Südseite wurde der Dom mit dem Domkapitel verbunden. Auf diesem dadurch entstandenen Innenhof ist ein Denkmal für Bischof Albert zu sehen. Dieses ist allerdings nur eine Kopie des Originals aus dem Jahr 1897. Es wurde im Ersten Weltkrieg zerstört. Erst aus Anlass der 800-Jahr-Feier weihte man das heutige Denkmal ein.

Ein Blick in das Innere des Doms *(geöffnet Mai - Sept. Mo, Di, Do, Sa, So 9 - 18 Uhr, Mi + Fr 9 - 17 Uhr; Okt. - Apr. tgl. 10 - 17 Uhr; www.doms.lv/index/?lang=eng/)* ist nicht so spektakulär, wie man vielleicht glauben möchte. Erwähnenswert ist allerdings die **Orgel,** die bei der Einweihung die größte der Welt war. Sie besitzt 6718 Pfeifen und wurde von der Ludwigsburger Firma Walcker & Co. gebaut.

Auf der rechten Domseite befindet sich das Westportal, das zugleich auch das Hauptportal ist.

Ein kleines Stück daran vorbei und wir erreichen eine schmale Grünfläche. Auf ihr steht die **Büste des Schriftstellers Johann Gottfried Herder** (Herdera laukums) **(10)**. Bevor er zahlreiche Volkslieder veröffentlichte, lehrte Herder bereits im Alter von 20 Jahren unter anderem als Pastor an der Domschule. Wem diese Büste bekannt vorkommt und sie in Weimar schon mal gesehen hat, muss sich nicht wundern. Denn die-

Das J. G. Herder Denkmal neben dem Dom

ses Denkmal in Rīga ist eine Kopie der Weimarer Büste und wurde 1864 auf dem hiesigen Herder-Platz errichtet.

Zwischen Dom und Herder-Büste geht es links zum **Dommuseum (11) [N56° 56' 54.0" E24° 06' 15.5"]**, Palasta iela 4. 1773 bereits gegründet, wurde es Ende des 19. Jh. in diesem Gebäude eingerichtet und präsentiert sich nun als **Museum der Rīgaer Stadtgeschichte und der Schifffahrt Lettlands** (*geöffnet Mai - Sept. tgl. 10 - 17 Uhr; Okt. - Apr. Mi - So 10 - 17 Uhr; www.rigamuz.lv).*

Die Anfänge des Museums gehen zurück auf die Privatsammlung des Arztes Nikolaus von Himsel. Diese Sammlung weitete sich im Laufe der Zeit zu einem richtiggehenden Museum aus. Heute sind hier eine halbe Million Exponate zu besichtigen. Die meisten stammen aus dem Mittelalter und befassen sich mit dem Leben der Bürger Rīgas und mit der Navigation auf hoher See.

Die lateinische Inschrift auf der rechten Seite des Portals des Museumsgebäudes lautet übersetzt: „Mit Gottes Hilfe haben die Nachfahren, das Andenken ihrer Ahnen wahrhaft ehrend, das restaurierte einstige Kloster der Kathedrale der Kunst und der Wissenschaft übergeben und gewidmet."

Nach diesem kurzen Abstecher gehen wir zurück zum Domplatz. Wir passieren das auf der linken Seite, Doma laukums 6, liegende Börsengebäude aus dem Jahres 1855. Im ehemaligen Börsengebäude ist heute das **Kunstmuseum „Rigaer Börse" Mākslas Muzejs Rīgas Birža (35) [N56° 56' 59.73" E24° 6' 17.43"]** eingerichtet *(geöffnet Di - Do 10 - 18 Uhr, Fr 10 - 20 Uhr, Sa + So 10 - 17 Uhr, letzter Einlass 15 Min. vor Schließung; www.lnmm.lv/en/mmrb/)*. Neben lettischem Design und dekorativer Kunst seit dem 19. Jh., Arbeiten lettischer Künstler von 1945 bis 2000, moderner Kunst aus Russland, antiken oder orientalischen Kunstobjekten, sowie Silberschmiedearbeiten und einer Sammlung kostbaren Porzelans sind auch wechselnde Ausstellungen zu sehen.

Gegenüber der alten Börse biegen wir an der Ostseite des Domplatzes in die Šķūņu iela ab. Auf der linken Seite zweigt kurz darauf die Amatu iela ab.

Bevor Sie dort hinein gehen, werfen Sie einen Blick auf das rechts liegende Haus. Das **Jugendstilgebäude** ist mit zahlreichen Ornamenten versehen und wurde vom Architekten Friedrich Scheffel erbaut. Wer etwas genauer hinschaut, kann auf dem Dach die Hundefigur sehen, die Herr Scheffel dort anbringen ließ.

Am Ende der Amatu iela stehen sich zwei bedeutende, sehr repräsentativ und stattlich anmutende Gebäude gegenüber – die **Große Gilde** - **Lielā Ģilde (13) [N56° 56' 58.78" E24° 06' 29.1"]**, auch St. Mariengilde genannt, und die **Kleine Gilde** - **Mazā Ģilde (12)** oder St. Johannisgilde.

Die Kleine Gilde war ein Zusammenschluss der Handwerkszünfte, während es sich bei der Großen Gilde um eine Vereinigung der Kaufleute handelte, die im 14. Jh. gegründet worden war.

Die alten Gildegebäude an gleicher Stelle waren im Laufe der Zeit zu klein geworden und mussten im 19. Jh. durch die heutigen neugotischen Bauwerke ersetzt werden. Zu den Architekten zählten u. a. Heinrich Scheel und Friedrich Scheffel, die auch die Pläne zu anderen sehenswerten Stadthäusern im Jugendstil lieferten.

Im Haus der Großen Gilde ist heute die Lettische Philharmonie untergebracht.

Wenn Sie zwischen den beiden Gildehäusern entlanggehen, treffen Sie auf den **Līvu laukums**, den **Livenplatz (14)**. Der Platz erhielt seinen Namen im Jahr 2000 zu Ehren der livländischen Ureinwohner. Entstanden ist der Platz im Übrigen erst im Zweiten Weltkrieg, als die dort stehenden Häuser zerstört und nicht mehr aufgebaut wurden.

Auf der linken Seite des Platzes sehen Sie gegenüber der Großen Gilde ein weiteres Bauwerk des Architekten Friedrich Scheffel, das sog. **„Katzenhaus" [N56° 57' 0.86" E24° 6' 30.41"],** benannt nach einer hübschen Katzenfigur, die – einen Buckel machend – auf der Spitze eines Kegeldaches balanciert.

An der Südostseite des Livenplatzes verläuft die **Kalķu iela [N56° 56' 56.1" E24° 06' 32.9"]**, Rīgas größte Einkaufsstraße mit Kneipen der unterschiedlichsten Art, mit Boutiquen und Geschäften sämtlicher bekannter Marken.

Diese Ecke der Rīgaer Altstadt ist das touristische Zentrum der Stadt, das mit seinem aufgesetzten Nostalgieambiente seinen ehemaligen Charakter etwas eingebüßt hat und zur turbulenten Amüsiermeile gemacht worden ist.

In Haus Nummer 16 der Kalķu iela ist – neben einem Büro der **Touristeninformation [N56° 56' 56.1" E24° 06' 33.6"]** – das russische **Dramentheater (15)** untergebracht. Der Bühnenturm des Theaters wurde 1960 von den Sowjets ergänzt, das ursprüngliche Bauwerk stammt aus 1880er Jahren.

An der Kreuzung am Büro der Touristeninformation gehen wir links und kommen über die nach Südwesten führende Kaļķu iela zu einem weiteren bedeutenden Platz in der Stadt, dem **Rathausplatz Rāts laukums (16) [N56° 56' 51.0" E24° 06' 23.8"]**. Hier befinden sich eine ganze Reihe von Sehenswürdigkeiten. Da ist z. B. die **Roland-Figur**, die mitten auf dem Rathausplatz steht.

Ein Blickfang in Rīgas Stadtbild, das prächtig restaurierte Schwarzhäupterhaus

Die Figur ist allerdings nur eine Kopie und wurde erst 1999 aufgestellt. Der Original-Roland ist in der St. Petrikirche zu finden, stand aber einstmals an dieser Stelle. Als die Original-Figur im Jahr 1896 aufgestellt wurde, symbolisierte das nach oben gerichtete Schwert den Mittelpunkt Rīgas.

Die Roland-Figur ist nicht das Einzige, was auf dem Rathausplatz neu geschaffen wurde. Das gesamte Areal war nach Ende des Zweiten Weltkrieges Brachland und wurde in der Sowjetzeit vernachlässigt. Erst 1995 begannen die Letten den Platz neu zu restaurieren. Heute präsentiert sich der Rathausplatz wie einst vor dem Krieg wieder als architektonisches Kleinod.

Das auffallende weiße Gebäude an der Westseite rechts ist das **Rathaus (17)**, zwar ein Neubau aus dem Jahr 2003, aber im Stil dem Originalrathaus aus dem 18. Jh. nachempfunden. Während der ganzen Zeit der sowjetischen Okkupation lag hier 50 Jahre lang nur Schutt. Das erste Rathaus an dieser Stelle wurde bereits im 14. Jh. erbaut.

Das neue Rathaus im alten Gewand ist innen modern gestaltet und man integrierte sogar die Jaunavu iela (Jungfernstraße) mit in das Gebäude und es entstand so eine Ladenpassage innerhalb des Rathauses. In der Jaunavu iela ist übrigens ein Eichenstamm zu sehen, der bei den Arbeiten am Rathaus freigelegt wurde. Der Stamm bringt es auf ein geschätztes Alter von 3.500 Jahren.

Das zweite, auffälligste und die Aufmerksamkeit des Betrachters fesselnde Gebäude an der Ostseite des Rathausplatzes ist das so genannte **Schwarzhäupterhaus - Melngalvju nams (18)**, die Attraktion im Rīgaer Stadtbild schlechthin *(geöffnet tgl. So 10 - 18 Uhr; www.melngalvjunams.lv/en/)*. Auch hier konnte der originalgetreue Nachbau des komplett zerstörten Gebäudes erst zwischen 1995 und 1999 stattfinden und er wurde exakt an derselben Stelle des ersten Schwarzhäupterhauses aus dem Jahr 1334 errichtet. Im linken Teil des Hauses ist heute die **Touristeninformation (19) [N56° 56‘ 50.4“ E24° 06‘ 25.0“]** untergebracht.

Bei den „Schwarzhäuptern" handelte es sich in früheren Zeiten um ledige Kaufleute aus anderen Städten, die sich hier trafen und Unterkunft fanden. Die Mitglieder der Gilde der Schwarzen Häupter müssen ein verschworener und unternehmungslustiger Kreis gewesen sein, der nicht nur gute Geschäfte machte, sondern der hier gerne und häufig feuchtfröhliche Feste feierte.

Schutzpatron der Schwarzhäupter war der Heilige Mauritius, der immer als Moor dargestellt wird. Sein schwarzes Haupt ziert das Wappen der Schwarzhäuptergilde.

Man kann das Schwarzhäupterhaus auch innen besichtigen. Interessant ist hierbei ein Gang durch die Kellerräume, in denen die Grundmauern des Originalgebäudes zu sehen sind. Bei einer Führung wird dem Besucher die gesamte Rekonstruktionsgeschichte erläutert.

Wie der Rathausplatz aussehen würde, wenn der gesamte Wiederaufbau des Platzes durch die Sowjets stattgefunden hätte, kann man nur wenige Meter entfernt sehen. Dort steht ein dunkler, trister Gebäudeklotz, dessen Äußeres nicht so recht zu dem schön rekonstruierten Rathausplatz passen will. In dem Haus, das in den 1960er Jahren erbaut wurde, befand sich ein Gedenkmuseum für die lettischen Rotarmisten. Mittlerweile musste diese Ausstellung dem **Okkupationsmuseum - Latvijas Okupācijas muzejs (20) [N56° 56' 49.4" E24° 06' 23.6"]** weichen *(geöffnet tgl. 11 - 18 Uhr, Eintritt frei, Spende wird erbeten; Führungen gegen Gebühr; www.okupacijasmuzejs.lv/de/)*.

Im Okkupationsmuseum sind zahlreiche Dokumente zu sehen, die an die Sowjetherrschaft und an die Zeit des Naziregimes erinnern. Interessant ist zudem die Darstellung, wie Lettland sich erneut zu einem unabhängigen Staat entwickelte. Zwischenzeitlich musste das Okkupationsmuseum in die Neustadt umziehen und ist bis auf weiteres am Raina bulvaris zu finden.

Hinter dem Gebäude aus der Sowjetzeit an der Südseite des Rathausplatzes steht eine Statue von einstigen lettischen Schützen, die in Richtung Daugava blicken (Latviešu strēlnieku laukums, N56° 56' 48.44" E24° 6' 20.77").

Ein weiteres architektonisches Relikt aus der Sowjetzeit liegt ein gutes Stück weiter östlich in der Turgeņeva iela, in Bahnhofsnähe. Von dem im sozialistischen Repräsentationsstil errichteten Hochhaus, das die Rigaer gerne auch **„Stalins Geburtstagstorte" [N56° 56' 35.8" E24° 07' 18.1"]** nennen, hat man von der Aussichtsplattform in 65 m Höhe einen weiten Blick auf die Stadt.

Weiter westlich vom Rathausplatz findet man an der Brücke Akmens tilts die **Anlegestellen der Ausflugsboote** auf der Daugava.

Unser weiterer Rundgang durch die lettische Hauptstadt Rīga führt an die Südseite des Rathausplatzes. Hinter dem Schwarzhäupterhaus findet man in der Straße Grēcinieku iela Nr. 18 das sogenannte **Mentzendorff-Haus - Mencendorfa nams (21) [N56° 56' 48.2" E24° 06' 30.3"]** *(geöffnet Mi - So 11 - 17 Uhr; www.mencendorfanams.com)*. Das Gebäude, ein gelungenes Beispiel eines Patrizierhauses aus dem 17. Jh., trägt den Namen seiner früheren Besitzer, der Familie Mentzendorff.

Später war in diesem Haus bis zu Beginn des letzten Jahrhunderts die älteste Apotheke der Stadt eingerichtet.

Nach einem Umbau im 18. Jh. und einer kompletten Restaurierung in den 80er Jahren, die erst 1991 beendet wurde, finden hier heute zahlreiche Ausstellungen und Veranstaltungen statt. Auch ein Teil des Museums der Rīgaer Stadtgeschichte und Schifffahrt ist hier untergebracht.

Ein weiterer Höhepunkt auf einem Spaziergang durch Rīga ist – nach Dom und Schwarzhäupterhaus – die **St. Petrikirche - Sv. Pētera baznīca (22) [N56° 56' 51.6" E24° 06' 31.2"]**, die Sie schon vom Rathausplatz aus sehen konnten.

Die St. Petrikirche, größte Kirche in ganz Lettland, ist dem Heiligen Petrus geweiht, dem Schutzpatron Rīgas *(geöffnet Mai - Aug. Di - Sa 10 - 19 Uhr, So 12 - 19 Uhr; Sept. - Apr. Di - Sa 10 - 18 Uhr, So 12 - 18 Uhr, letzter Einlass 1 Std. vor Schließung; www.peterbaznica.riga.lv/en/)*.

Erstmalig erwähnt wurde der Sakralbau im Jahr 1209, acht Jahre nach Stadtgründung. Seitdem gab es an der Kirche immer wieder An- und Umbauten. An der Westfassade beispielsweise sind drei Portale mit barocken Skulpturen zu sehen, die aus dem 17. Jh.

Portalfassade an der St. Petrikirche

stammen. 200 Jahre älter ist das Sterngewölbe in Inneren der Kirche.

Und der 120 m **Kirchturm** schließlich stammt in seiner heutigen Form aus dem Jahr 1973. Der frühere Kirchturm, eine Holzkonstruktion, brannte verschiedentlich ab, zuletzt im Zweiten Weltkrieg. Der heutige dreistufige Turmaufsatz wird von einer Stahlkonstruktion getragen, die es erlaubte, in 72 m Höhe eine Aussichtsplattform einzurichten, die mit einem Fahrstuhl (Gebühr) bequem erreicht werden kann. Der herrliche Panoramablick von dort oben über die Stadt ist phantastisch!

In einer Höhe von 51 m befindet sich am Turm die Replik der Uhr aus dem Jahr 1746. Fünfmal am Tag, von morgens neun bis abends neun, ertönt von ihr eine lettische Volksweise. Das Gotteshaus und auch die Aussichtsplattform sind montags geschlossen.

Eine andere Sehenswürdigkeit der Stadt bedarf keiner großen Erklärung, wenn man weiß, dass Bremen die Partnerstadt Rīgas ist: Auf dem Petrikirchplatz steht ein Denkmal der **Bremer Stadtmusikanten**, das seit dem Jahr 1990 hier aufgestellt ist.

Das älteste Steinhaus der Stadt, die ehemalige **St. Georgikirche - Sv. Jura baznica [N56° 56' 53.1" E24° 06' 33.4"]**, befindet sich in der Skārņu iela 10. Man erreicht es, wenn man an der St. Petrikirche links vorbei geht. Das schlichte Gebäude stammt aus dem 13. Jh., wurde aber im 17. Jh. zu einem mehrgeschossigen Lagerhaus umgebaut. Nach einer Komplettrestaurierung in den 1980er Jahren richtete man hier das **Museum für Dekorative Kunst und Design - Dekoratīvās mākslas und dizaina muzejs (23)** ein *(geöffnet Di - So 11 - 17 Uhr, letzter Einlass 15 Min. vor Schließung; www.lnmm.lv/en/)*. In drei Sälen wird neben Porzellanmalereien, Textilhandwerkskunst und Keramikvasen in verschiedenen Kunstvariationen auch die lettische, dekorative angewandte Kunst der ersten Hälfte des 20. Jh. gezeigt. Im Untergeschoss finden zudem Wechselausstellungen und gelegentlich Konzerte statt.

Liebhaber erlesener Porzellankunst kommen sicher ganz in der Nähe im **Rigaer Porzellanmuseum [N56° 56' 53.54" E24° 6' 38.27"]**, Kalēju iela 9/11, auf ihre Kosten (geöffnet Di - So 11 - 18 Uhr; www.liveriga.com/de/1692/rigaer-porzellanmuseum). Die Ausstellung gibt einen einmaligen Überblick über die Porzellankunst, die einst von den

Manufakturen Kusnezow und Jessen, die beide im 19. Jh. produzierten und später in der Rigaer Porzellanfabrik aufgingen, hergestellt wurde.

Etwas weiter rechts vom Museum für Dekorative Kunst und Design, in der Skārņu iela 22, steht neben dem roten Backsteinbau der St. Johanniskirche der so genannte **Eckens Konvent (24)**, benannt nach dem ehemaligen Bürgermeister Nikolaus Ecke, der um 1455 in Rīga amtierte. Das Gebäude fällt auf durch seine freundliche Fensterfassade, die beiden **Portale** mit schönen Reliefs darüber und durch ein **Relief** „Jesus und die Sünderin" aus dem Jahre 1618 zwischen den Fenstern im ersten Stock. Im Konvent war ein Witwenasyl für die Hinterbliebenen der Handwerksmeister der Kleinen Gilde eingerichtet. Heute findet man im Erdgeschoss eine hübsche, gemütliche Teestube.

Links vom Eckens Konvent führt ein Hausdurchgang hinein in den **Konventhof Konventa sēta [N56° 56' 53.1" E24° 06' 36.4"]**. Dieses komplexe Gebäudeensemble stellte ab dem 13. Jh. für viele Generationen quasi das „soziale Zentrum" der Stadt dar. Hier befanden sich Asyle von Bruderschaften und Schwesternorden, Herbergen, Hospize, Armenhäuser und sonstige wohltätige Anstalten, in denen Bedürftige um Hilfe bitten konnten.

Heute findet man im Konventhof Geschäfte, Restaurants, einen Biergarten und das sehr einladende **Hotel „Konventa Sēta"**, das sich alleine schon wegen seiner vorzüglichen zentralen Lage bestens für einen Aufenthalt eignet.

Rechts, im Anschluss an den Eckens Konvent, führt ein Gässchen zum **Portal der St. Johanniskirche Jāņa baznīca (25)**. Früher stand hier eine Kapelle des Dominikanerklosters aus dem Jahr 1297, die Ende des 15. Jh. durch die St. Johanniskirche ersetzt wurde. Sie gilt als das einzige Bauwerk der Stadt, das Stilelemente der Renaissance vorweisen kann. Der Südostturm allerdings, das prächtige Netzgewölbe im Inneren und auch das Eingangsportal (eine originalgetreue Kopie aus dem Jahre 1925), an dem wir vorbeigegangen sind, wurden im gotischen Stil errichtet.

Durch das düstere **Johannistor Jāņa vārti** tritt man hinaus auf den **Johannishof Jāņa sēta [N56° 56' 52.8" E24° 06' 37.9"]**, in dem sich die erste Burg der Schwertbrüder befand, die später von Rīgaer Bürgern zerstört wurde. Im frühen 13. Jh. stand hier auch die erste Residenz von Bischof Albert, der als Gründer von Rīga gilt. So gesehen kann der Johannishof mit Fug und Recht als Wiege Rīgas angesehen werden.

Eine weitere Abteilung des Museums der Rīgaer Stadtgeschichte und Schifffahrt, das **Museum für Fotografie (26) [N56° 56' 47.5" E24° 06' 37.8"]**, liegt in der Mārstaļu iela 8. Um dorthin zu gelangen, gehen wir auf der Skārnu iela weiter Richtung Südwest. Die dortige Ausstellung zeigt eine sehenswerte Sammlung historischer Apparate und erläutert die Entwicklung der Fotografie in Lettland von 1839 bis zum Zweiten Weltkrieg *(geöffnet Mi, Fr, Sa, So 10 - 17 Uhr, Do 12 - 19 Uhr; www.fotomuzejs.lv)*.

Die **Reformierte Kirche (27)** gleich neben dem Fotografiemuseum, stammt aus der ersten Hälfte des 18. Jhs, wurde jedoch fast 200 Jahre lang als Lagerhaus benutzt. Erst seit den 1980er Jahren finden in der Kirche wieder Gottesdienste statt. Das Sandsteinportal wurde übrigens 1737 in Bremen hergestellt.

Gehen Sie nun zurück zum Johannishof und verlassen Sie ihn durch das nördliche Tor. Von der Teātra iela biegen Sie links in die Riharda Vāgnera iela ab und erreichen dort im Haus Nummer 13 das **Pharmaziemuseum (28) [N56° 56' 54.6" E24° 06' 42.3"]** *(geöffnet Di - Sa 10 - 17 Uhr, So 10 - 16 Uhr; www.fm.mvm.lv)*. Neben einem kleinen Garten mit Heilkräutern sieht man im Museum eine barocke Holzwendeltreppe und ein Rokoko-Portal. Doch das eigentliche Thema dieses Museums ist die Geschichte und Entwicklung der Pharmazie Lettlands bis zum Jahr 1940.

Zweiter Rundgang: Von der Nationaloper zur „Jugendstilmeile" Alberta iela.

Mein Tipp! Auch für diesen zweiten Teil der Stadtbesichtigung sollten Sie sich einen separaten Tag vornehmen. Bequemes Schuhwerk ist hilfreich, da die Entfernungen der einzelnen Sehenswürdigkeiten wesentlich größer sind als in der Altstadt.

Bürgermeister Armitsted-Denkmal

Wir verlassen das Zentrum der Altstadt über die Hauptgeschäftsstraße Kaļķku iela in nordwestlicher Richtung, lassen das noble Traditionshotel **De Rome [N56° 57' 00.4" E24° 06' 42.4"]** rechts liegen, überqueren den lauten und verkehrsreichen Aspazijas bulvāris und kommen in den nördlichen, neueren Stadtteil von Rīga. Hier reihen sich zahlreiche Grünanlagen und Parks entlang des Stadtkanals.

Gleich rechts erstreckt sich zwischen Aspazijas bulvāris und dem Stadtkanal ein hübscher Park mit dem **Nymphenbrunnen**. An seinem Ostende sieht man die Säulenfassade der Lettischen Nationaloper.

Gehen Sie am Kanal entlang bis zur Oper. Kurz vor der Brücke, die links abzweigt und die wir später überqueren, sehen Sie am Weg rechterhand die lebensgroße **Bronzeplastiken von Bürgermeister Džordž Armitsted** samt Frau und Hund. Armitsted, der von 1901 bis 1917 amtierte, hatte sich sehr für Rīga verdient gemacht. Er sorgte z. B. dafür, dass Rīga schon sehr früh eine elektrischen Straßenbahn bekam, war maßgeblich dafür verantwortlich, dass die prächtigen Jugendstilhäuser in der Alberta ieal entstanden (auch dort erinnert ein Denkmal an ihn) und Armitsted war es, der den Bau der Oper initiierte.

Die **Lettische Nationaloper (29) [N56° 56' 58.8" E24° 06' 50.4"]** konnte erbaut werden, nachdem Mitte des 19. Jh. die Reste der Stadtwälle am Kanal abgetragen waren. Ihr erstes Opernhaus, das sog. „Deutsche Theater", nannten die Rīgaer gerne auch ihr „Weißes Haus". Und kein geringerer als Richard Wagner war von 1837 bis 1839 Musikdirektor am Deutschen Theater in Rīga. Aber die Rīgaer hatten nur 20 Jahre Freude an ihrem neuen Opernhaus, das 1882 von einem Feuer vernichtet wurde. In den Neubau konnte die Oper erst nach dem Ersten Weltkrieg wieder einziehen. Sein heutiges Gesicht erhielt das Opernhaus nach Restaurierungen und Modernisierungen in den letzten 90er Jahren.

Der Nymphenbrunnen vor der Lettischen Nationaloper

Wenn Sie von der Südseite des Theaters über den Aspazijas bulvāris hinüber in die Altstadt schauen, sehen Sie in der Teātra iela linkerhand ein markantes Gebäude, das heute die italienische Botschaft beherbergt und dessen Dachkuppel von einem besonderen Kunstwerk, der **Atlantengruppe**, gekrönt wird. Drei bärtige Atlanten mit verschränkten Armen tragen auf ihren Schultern einen großen Erdball, der abends beleuchtet ist. Das Kunstwerk wurde vom Bildhauer August Volz geschaffen, aus dessen Werkstatt übrigens auch der Nymphenbrunnen vor dem Theater stammt.

Von der Lettischen Nationaloper gehen wir über die schon erwähnte Brücke, die Timm-Brücke, über den Kanal. Benannt ist die Brücke nach der Witwe eines Akademikers aus St. Petersburg, die großzügigerweise die Kosten für den Brückenbau übernommen hatte.

Auf der anderen Seite des Kanals sehen wir am Raiņa bulvāris das Hauptgebäude der lettischen **Universität (30)**. Ursprünglich wurde das Haus 1862 für das Polytechnikum errichtet, doch seit 1919 hat hier die Universität Einzug gehalten. An der Fassade können Sie die drei Wappen erkennen, das von Livland, von Kurland und von Lettgallen.

Links neben der Universität liegt das Gebäude der **Deutschen Botschaft (31)**.

Halten Sie sich rechts bis zur nächsten großen Kreuzung. Auf der rechten Straßenseite sehen Sie das 1979 eingeweihte **Denkmal [N56° 56′ 57.0″ E24° 06′ 59.2″]** des lettischen Opernkomponisten **Alfrēds Kalniņš** (1879 – 1951). Der ältere, bärtige Herr sitzt sehr ernst auf seinem Podest.

Direkt gegenüber biegen Sie nordwärts in die Krišjaņa Barona iela ab. Während sich im Gebäude auf der linken Seite die **Lettische Musikakademie** befindet, ist rechts das **Lettische Naturkundemuseum - Latvija Dabas muzejis (32) [N56° 56′ 57.9″ E24° 07′ 04.1″]** zu sehen, Krišjaņa Barona iela 4 *(geöffnet Mi + Fr 10 - 17 Uhr, Do 10 - 19 Uhr, Sa + So 11 - 17 Uhr; www.dabasmuzejs.gov.lv/en/)*. Naturwissenschaftliche Ausstellungen aus Lettland und vielen anderen Ländern.

Auf dem weiteren Weg passieren wir die Merķeļa iela und haben auf der linken Seite den **Vērmanes dārzs** (Wöhrmannscher Garten) **[N56° 57′ 00.3″ E24° 07′ 06.4″]**.

Beim Durchqueren der Parkanlage auf dem Hauptweg in westlicher Richtung passieren wir einige Denkmäler. Das interessanteste befindet sich noch außerhalb des Parks auf der linken Seite. Es zeigt den Maler **Kārlis Padegs**, dessen 1998 geschaffene Figur lässig an einer Metallstange lehnt.

Im Park selbst treffen wir auf eine Plastik, die den Kopf von **Krišjanis Barons** darstellt. Barons war Namensgeber für die an der Ostseite des Parks entlang führende Straße. Barons lebte von 1835 bis 1932 in Lettland und galt als populärer Folklorist.

An der Nordwestecke des Parks erwartet uns der Gebäudekomplex des alten **Lichtspielhauses Rīga**. Dieses altehrwürdige Gebäude stammt aus dem Jahr 1923. Noch heute sind Portal, Foyer und der frühere Vorführsaal mit zahlreichen Rokoko-Ornamenten und schönen Wandbildern verziert.

Heute haben sich hier diverse Restaurants etabliert.

Darüber hinaus ist in dem Gebäudekomplex das **Andrejs Upīts Gedächtnismuseum** untergebracht. Der lettische Schriftsteller Andrejs Upīts lebte hier bis 1970. Das Museum informiert über sein Leben, Wirken und seine Werke *(geöffnet Di - Sa 11 - 17 Uhr; www.upisamuzejs.lv)*.

Im Gebäudeblock [N56° 57′ 08.3″ E24° 06′ 54.2″], der sich am breiten Brīvības bulvāris nordöstlich anschließt, befinden sich Büros und Sitzungssäle des **Ministerrats.**

Gegenüber, an der Westseite des Boulevards, erstreckt sich der **Park Esplanāde**.

Unübersehbar dort ist die kuppelreiche russisch-orthodoxe **Christi-Geburt-Kirche (48) [N56° 57′ 13.4″ E24° 06′ 57.9″],** Brīvības bulvāris 23.

Sie wurde auf Geheiß von Alexander II. in der zweiten Hälfte des 19. Jh. im russisch-byzantinischen Stil nach Plänen des Architekten August Pflug erbaut. Wie so viele Kirchen Lettlands wurde auch diese während der Sowjetzeit zweckentfremdet. Von den 1960er Jahren an bis zur politischen Wende waren in dem Bauwerk eine Ausstellungshalle und ein Planetarium untergebracht. Nach umfassenden Restaurierungen wird die Kirche nun wieder als Gotteshaus genutzt.

Unweit nördlich sieht man ein modernes Hochhaus, das noch aus der Sowjetzeit stammt und heute das **Radisson Blu Hotel Latvija** beherbergt. **Kleiner Tipp:** Wenn Sie etwas Zeit mitbringen, kommen Sie doch abends nochmals hierher zurück zum Hotel Latvija. Im 26. Stock finden Sie die **Skyline Bar**, geöffnet von 16 bis 02 Uhr. Von hier oben können Sie bei einem Drink einen schönen Blick auf Rīga genießen.

Man kann nun den Stadtspaziergang abkürzen und über den Brīvības bulvāris am Park Esplanāde entlang nach Südosten zum Freiheitsdenkmal (siehe weiter unten) und zurück stadteinwärts gehen.

Oder man kann von hier aus den Stadtrundgang noch etwas ausdehnen und weiter in den Westteil der Stadt in die **Alberta iela** mit ihren sehenswerten **Jugendstilhäusern** gehen, was empfehlenswert ist!

Um zur Albertas iela zu gelangen gehen wir am Radisson Blu Hotel Latvija links in die Elizabetes iela nach Nordwesten, überqueren die Hauptstraße Kr. Valdemāra iela und gehen bis zur Querstraße Anonijas ielas. Schöne **Jugendstilfassaden** weisen die **Gebäude Nr. 10a und 10b** links auf. Sie stammen aus dem Jahre 1903, Architekt Michail Eisenstein, Vater des berühmten Regisseurs Sergei Eisenstein. Von Michail Eisenstein stammen die meisten der Jugendstilhäuser in diesem Viertel.

An der Westecke der Kreuzung Elizabetes iela/Anonijas ielas sieht man das nette Lokal **„Zum Fliegenden Frosch" - „Lidojošā varde" [N56° 57′ 29.1″ E24° 06′ 38.4″].** Man kann hier auch schön im Freien sitzen und eine willkommene Pause auf dem Stadtspaziergang einlegen.

Wir gehen rechts am „Fliegenden Frosch" vorbei, die Anonijas ielas ein kurzes Stück nach Norden und wenden uns kurz darauf links in die **Alberta iela [N56° 57′ 30.9″ E24° 06′ 41.6″]**. Hier erklärt sich nun deutlich der Beiname „Jugendstilstadt", den Rīga trägt. Viele der bereits wunderbar restaurierten Fassaden sind Paradebeispiele für den

Jugendstilfassade in der Alberta iela

Jugendstilfassade in der Alberta iela

ehemaligen Wohnung untergebracht, in der zeitweise auch der Schriftsteller Rūdolfs Blaumanis sowie der Jugendstilarchitekt Konstantins Pēkšēns logierten.

Am Westende der Alberta iela gehen wir links in die **Strēlnieku iela,** die uns zurück zur Elizabetes ielu bringt. Gleich linkerhand fallen in der Strēlnieku iela wunderschöne Jugendstilfassaden auf. Bemerkenswert ist besonders **Haus Nr. 4A,** das 1905 ebenfalls nach Plänen von Michail Eisenstein entstanden ist.

Dieses Gebäude wurde ursprünglich als Wohnhaus konzipiert, beherbergte später diverse Schulen, war von 1957 bis 1993 Studentenherberge, bis es 1993 vom Lettischen Staat der Stockholmer Hochschule für Wirtschaft gestiftet wurde. Prächtig restauriert konnte es im November 1994 in Anwesenheit des schwedischen Königs Karl XVI Gustaf und Präsident Guntis Ulmanis neu eröffnet werden.

Ein Denkmal vor dem Eingang ist Bürgermeister Džordž Armitsted gewidmet, dem wir schon an der Lettische Nationaloper begegnet sind.

Im Weitergehen stoßen wir auf die Elizabetes ielu. Gegenüber liegt der weitläufige **Kronvalda Park**. Am Nordrand des Parks, an der Elizabetes ielu, dient ein Fragment der Berliner Mauer als Mahnmal [N56° 57′ 30.90″ E24° 06′ 14.9″].

Entweder durch den Park oder über den an seiner Ostseite verlaufenden Oskara Kalpaka bulvāris gehen wir links, ostwärts.

An der Einmündung der Antonijas iela passiert man das linkerhand gelegene **Pauls-Stradiņš-Museum für Medizingeschichte - Paula Stradiņa**

Jugendstil. Auch hier stammen viele Pläne von Michail Eisenstein (Häuser Nr. 2, 2a, 6, 8 und 13). Besonders prächtig ist die Fassade an **Haus Nr. 13** in dem sich heute die Hochschule für Rechtswissenschaften befindet.

Die meisten Jugendstilhäuser in der Alberta iela entstanden in relativ kurzer Zeit zwischen 1901 und 1908. Und benannt ist die Straße übrigens nach Bischof Albert, dem Stadtgründer.

Sehenswert ist – neben den Jugendstilgebäuden – das **Jugendstilmuseum - Muzejs „Rīgas Jūgendstila Centrs“ [N56° 57′ 34.2″ E24° 06′ 30.8″]**, Alberta iela 12, Eingang in der Strēlnieku iela *(geöffnet Di - So 10 - 18 Uhr, letzter Einlass 15 Min. vor Schließung; www.jugendstils.riga.lv/en/)*. Gezeigt werden u. a. Werke und Arbeiten des Kunstmalers Janis Rozentāls. Sein Denkmal steht vor dem Lettischen Nationalen Kunstmuseum (siehe weiter hinten). Das Jugendstilmuseum ist in Rozentāls

Medicīnas vēstures muzejs (39) [N56° 57' 25.0" E24° 06' 28.8"] *(geöffnet Di, Mi, Fr, Sa 11 - 17 Uhr, Do 11 - 19 Uhr, So 11 - 16 Uhr; www.mvm.lv/en/)*. Das Museum – eines der größten seiner Art weltweit – zeigt eine interessante Sammlung des Medizinhistorikers Stradiņa, die er später der Stadt vermachte. Die ausgestellten Exponate informieren über die Entwicklung der Medizin vom Altertum bis heute.

Schräg gegenüber liegt innerhalb des Kronvalda Parks das **Kongressgebäude [N56° 57' 20.6" E24° 06' 25.9"]**. Zu erkennen ist das moderne Bauwerk aus dem Jahre 1982 an seinem verspiegelten Anbau und dem sich davor befindlichen Springbrunnen. Vor dem Eingang erinnert ein Denkmal an den Schriftsteller Andrejs Upits (1877 – 1970).

Das monumentale neoklassizistische Gebäude aus dem Jahre 1913 an der Kr. Valdemāra 3 [N56° 57' 15.9" E24° 06' 27.7"], östlich des Kongressgebäudes, diente schon vielen Herren und Zwecken. Ursprünglich Sitz des Rīgaer Hypothekenvereins, dann des Außenministeriums, diente es zeitweise als Residenz des letzten lettischen Präsidenten vor dem Zweiten Weltkrieg, Kārlis Ulmanis, und wurde schließlich bis 2003 vorübergehend als Rathaus genutzt.

Folgt man dem Oskara Kalpaka bulvāris weiter nach Südosten ist die nächste große Hauptstraße die man quert, die Kr. Valdemāra iela.

An der gegenüber liegenden Westecke des Esplanāde Parks sieht man einen futuristischen Stahlobelisken, der sich bei genauerem Hinsehen als **Standuhr** mit zwei verschiedenen Uhrzeiten entpuppt, ein Geschenk der japanischen Stadt Kobe, Rīgas Partnerstadt. Die Uhren zeigen lettische und japanische Zeit.

Weiter links sieht man den neugotischen Gebäudekomplex der **Staatlichen Kunstakademie,** 1940 ursprünglich als Kommerzschule des Börsenkomitees errichtet.

Nördlich der Kunstakademie liegt – gleich neben dem Denkmal des lettischen Malers Janis Rozentāls – das **Lettische Nationale Kunstmuseum - Latvijas Nacionālais mākslas muzejs (37) [N56° 57' 21.4" E24° 06 '45.8"]** *(geöffnet Di - Do 10 – 18 Uhr, Fr 10 - 20 Uhr, Sa + So 10 - 17 Uhr, letzter Einlass 15 Min. vor Schließung; www.lnmm.lv/en/)*. Das neobarocke Museumsgebäude wurde vom Architekten Wilhelm Neumann entworfen. Neumann war zugleich auch Kunsthistoriker und wurde daher auch der erste Direktor des Museums, das ursprünglich ein städtisches Museum war. Begonnen hat alles mit einer Gemäldegalerie, die durch Exponate des Kunstvereins und durch Schenkungen erweitert wurde.

Der weitere Verlauf unseres Stadtspaziergangs führt nun auf dem Kalpaka bulvāris noch ein kurzes Stück weiter ostwärts bis zur Reimersa iela, die rechts abzweigt.

Würde man hier links hinein in den Esplanāde Park gehen, käme man zum roten Granitdenkmal des lettischen Dichterfürsten **Rainis [N56° 57' 14.8" E24° 06' 46.9"]**, der eigentlich Jānis Pliekšāns hieß und zwischen 1865 und 1929 lebte.

Wir gehen rechts hinein in die Reimersa iela bis zum verkehrsreichen Reina bulvāris.

Mitten im gegenüber liegenden **Park Bastejkalns** steht ein Denkmal für den Schriftsteller **Rūdolfs Blaumanis** (1863 – 1908) **[N56° 57' 10.3" E24° 06' 35.0"]**. Die Inschrift auf dem Denkmalsockel gibt einen von Blaumanis gerne benutzen Satz wieder: „Mein Gold ist mein Volk, meine Ehre ist seine Ehre".

In der Nähe dieses Denkmals befinden sich fünf Gedenksteine. Sie erinnern an die Opfer, die beim Beschuss des Innenministeriums durch die Sowjets ums Leben kamen.

Schließlich erreicht man – dem Reina bulvāris weiter ostwärts folgend, achten Sie auf auf des **Okkupationsmuseum (20)** und die wunderschöne Villa linkerhand, in der sich heute die französische Botschaft befindet – den großen Platz mit dem Obelisken des **Freiheitsdenkmals Brīvības piemineklis (34) [N56°**

57′ 5.7″ E24° 06′ 48.7″]. Das 1935 errichtete Denkmal ist 42 m hoch und wurde ausschließlich mit Spendengeldern aus der Bevölkerung finanziert, was vielleicht auch die fünfjährige Bauzeit erklärt. Die Frauenfigur auf der Spitze, von den Einheimischen liebevoll „Milda" genannt, hält in ihren Händen drei goldene Sterne, die die historischen Provinzen Livland, Lettgallen und Kurland symbolisieren. Der Sockel ist mit mythologischen Figuren und Darstellungen von Geschichtsereignissen verziert.

Im weiteren Verlauf trägt der breite Boulevard zwischen Freiheitsdenkmal und Aspazijas bulvāris den Namen Brīvības iela.

Vom großen Platz gehen wir über die Brīvības iela südwärts, überqueren die große Kanalbrücke, sehen auf der linken Seite wieder die Nationaloper und auf der anderen Kanalseite die sog. **Laima-Uhr**, ein stadtbekannter und bei Jung und Alt sehr beliebter Treffpunkt. Laima, der Schriftzug ist unter der Uhr unübersehbar angebracht, ist der Firmenname eines der ältesten Süßwarenproduzenten in Rīga.

Man kann den verkehrsreiche Aspazijas bulvāris am Hotel de Rome

Sockel des Freiheitsdenkmals, Rīga

überqueren, der Kaļķu iela ein kurzes Stück hinein in die Altstadt folgen und schon kurz darauf rechts in die Vaļņu iela einbiegen, die direkt auf den runden, unübersehbaren **Pulverturm Pulvertornis (33) [N56° 57′ 04.3″ E24° 06′ 31.2″]** aus dem 17. Jh. zuführt. In früheren Zeiten stand an dieser Stelle der so genannte „Sandturm". Er sicherte den Zugang zur Stadt über den Großen Sandweg. Das heutige Bauwerk – sein Name verrät es schon – diente als Magazin und Lager für das Schießpulver der Stadtwachen.

Das **Lettische Militärmuseum Latvijas Kara muzejs**, Smilšu iela 20, befindet sich in einem Anbau an den Pulverturm aus den 1930er Jahren *(geöffnet Apr. - Okt. tgl. 10 - 18 Uhr; Nov, - März tgl. 10 - 17 Uhr; www.karamuzejs.lv/)*. Eines der Ausstellungsthemen des Museums ist die Geschichte Lettlands des 20. Jh. Dabei erhält der interessierte Besucher nicht nur Einblick in die Gründungsgeschichte der unabhängigen Republik Lettland, sondern ihm wird auch Anschauungsmaterial über die Zerstörungen in den beiden Weltkriegen und während der Besetzungen durch fremde Mächte gezeigt.

Letzter Punkt auf unserem Stadtrundgang durch Lettlands Hauptstadt ist das kleine **Schwedentor Zviedru vārti [N56° 57′ 05.2″ E24° 06′ 23.0″],** unweit westlich des Kriegsmuseums Ecke Aldaru iele und Torņa iela gelegen. Es entstand Ende des 17. Jh., als die Schutzwälle abgerissen wurden und man dieses Tor als Durchbruch in die Stadtmauer baute.

Wenn Sie nun über die Torņa iela weiter Richtung Daugava-Fluss gehen, gelangen Sie wieder zum **Rīgaer Stadtschloss**, dem ursprünglichen Ausgangspunkt unserer Stadtbesichtigungen.

Für Süßmäuler sei noch kurz das **Schokoladenmuseum „Laima" - Šokolādes Muzejs [N56° 57′ 47.10″ E24° 7′ 53.53″]** in der Miera iela 22 erwähnt *(geöffnet Di - So 10 - 18 Uhr; www.laimasokoladesmuzejs.lv/en/)*. Den Besucher erwartet viel Information über die Herstellung von Schokolade, den Anbau von Kakao, Tipps zur eigenen Herstellung von Schokolade und natürlich Kostproben von heißer Schokolade etc.

Schließlich verdient das **Ethnographische Museum** von Rīga Erwähnung. Es liegt allerdings außerhalb der Stadt und wird deshalb am Anfang der nächsten Tour näher beschrieben.

Wer sich wirklich sehr für alte Flugzeuge interessiert, sollte sich die Mühe machen und dem **Luftfahrtmuseum [N56° 55′ 32.2″ E23° 58′ 53.1″]** am Internationalen Flughafen von Rīga einen Besuch abstatten *(geöffnet Mo - Fr 10 - 16 Uhr; https://en.airmuseum.lv/deutsch/)*. Das privat geführte Museum, das ohne staatliche Unterstützung und ohne Ausstellungshalle auskommen muss, präsentiert auf seinem Freigelände eine beachtenswerte Sammlung von sowjetischer Flugzeugtechnik, die als die umfangreichste außerhalb der GUS gilt. Mancher der Flugzeugveteranen, von denen keiner mehr flugtauglich ist, machen zwar einen schon etwas ramponierten Eindruck, geben aber einen sehr interessanten Überblick, was in russischen Flugzeugwerften alles konstruiert und produziert wurde.

Die neue **Nationalbibliothek Lettlands Latvijas Nacionālā Bibliotēka (46) [Parkplatz, N56° 56′ 25.08″ E24° 5′ 56.11″]** wurde am linken Daugavaufer im August 2014 eröffnet. Das imposante pyramidenartige Gebäude wurde vom berühmten lettischen Architekt Gunārs Birkerts geschaffen und beherbergt über 4 Millionen Bücher *(geöffnet Mo - Fr 9 - 20 Uhr, Sa + So 10 - 17 Uhr; Führungen vom Erdgeschoss bis zum 11. Obergeschoss werden von montags bis samstags angeboten, Reservierung unter Tel. +371 220 22 920 oder per eMail bei ekskursijas@lnb.lv. Besuche ohne Führung können vom Erdgeschoss bis zum 7. Obergeschoss unternommen werden; www.lnb.lv/en/)*.

Direkt hinter dem Gebäude der neuen Nationalbibliothek Lettlands liegt das sehenswerte **Lettische Eisenbahnmuseum von Riga - Dzelzceļa Muzejs (47) [Parkplatz, N56° 56′ 26.13″ E24° 5′ 37.64″]** *(geöffnet Di, Mi, Fr, Sa 10 - 17 Uhr, Do 10 - 20 Uhr; www.railwaymuseum.lv/en)*, Uzvaras bulvāris 2A. Es zeigt die Geschichte der Eisenbahn in Lettland seit Ende des 19. Jh. Eine interessante Animation beschreibt z.B. den Bau und die Funktionsweise einer Dampflokomotive. Ein nachgebauter Bahnsteig aus dem 18.Jh. versetzt den Besucher in die damalige Zeit. Viele weitere Dokumente und Exponate runden den lohnenswerten Besuch ab.

Ausflug zum Schloss Rundāle

Schloss Rundāle Rundāles Pils Muzejs (Ruhental) [Parkplatz, N56° 24′ 59.7″ E24° 01′ 49.4″], das man auch

PRAKTISCHE HINWEISE – RĪGA

Touristeninformation im Schwarzhäupterhaus Melngalvju nams [N56° 56′ 50.4″ E24° 06′ 25.0″], Rātslaukums 6, LV-1050 Rīga, Tel. +371 670 37 900; www.liveriga.com/de/7831. *Geöffnet tgl. 10 - 18 Uhr.*
Touristeninformationszentrum für Lettland [N56° 56′ 56.1″ E24° 06′ 33.6″], Platz der Liven, Kalku iela 16, Tel. +371 672 27 444; www.liveriga.com/de/7831. *Geöffnet tgl. 10 - 18 Uhr.*

Feste und Folklore
Rimi Riga Marathon – am 16./17. Mai; *www.rimirigamarathon.com/en/.*
Stadtfest Riga – 14. - 16. August mit vielen Konzerten in Sälen, Gärten und Parks. Im Rahmen des Festes findet das internationale Oldtimer-Treffen „Riga Retro" statt; *www.rigasvetki.lv/2019/en.*

RESTAURANTS

Alus Arsenals, Pils laukums 4, Tel. +371 673 22 675; www.alus-arsenals.lv; Eingang in der Arsenāla iela; in der Altstadt unweit östlich des Stadtschlosses, stadtbekanntes und beliebtes Lokal im Stil eines lettischen „Krogs" (Gasthaus), deftige, typisch lettische Küche, viele Gerichte „vom Schwein". Hauseigenes Bier (alus arsenāls), rustikales Ambiente, erschwingliche Preise.

Peter's Brewhouse, Skārņu iela 9, Tel. +371 67 806 404. Privatbrauerei mit Restaurant in der Altstadt, deftige Küche, große Karte, frisches alus (Bier), abends zeitweise Live Music.

Folkklubs Ala Pagrabs, Peldu iela 19, Tel. +371 277 96 914; www.folkklubs.lv/en; sehr bekanntes Restaurant in der Altstadt, mit Folkloreunterhaltung. Bodenständige Küche und eine große Auswahl an lettischen Bieren, es sollen 27 verschiedene sein.

Als **landestypisches Getränk** gilt – neben alus (Bier) natürlich – der **„Melnais Balzāms"** der **„Schwarze Balsam"** aus Rīga, ein dunkler, hochprozentiger, bitter-süßer Likör, dessen gesamter Zutatenmix aus 24 Ingredienzien (u. a. Beeren, Pfefferminz, Johanniskraut, Wermut, Birkenknospen, Ingwer, Melisse), aber geheim ist. Als „Createur", als Schöpfer des Schwarzen Balsams, gilt ein Apotheker aus Rīga namens Abraham Kunze, der Mitte des 18. Jh. den „Heiltrank" in irdene Flaschen abfüllte und erstmals anbot. Wie es heißt schwören viele Letten, vor allem der älteren Generation, auf „ihren" Balzāms. In Maßen, aber schön regelmäßig genossen, halten sie ihn für reine Medizin. Und hartnäckig hält sich die Legende, Schwarzer Balsam hätte schon Zarin Katharina die Große geheilt. Heute trinkt man ihn nicht nur pur, sondern lieber als Basis für Mixgetränke, mit Kaffee, mit einem großen Löffel Speiseeis oder mit warmer Milch.

CAMPING

Camping Rīga City (41) [N56° 57' 23.0" E24° 04' 48.0"], Kīpsalas iela 8, Tel. +371 670 67 519; www.rigacamping.lv/index_de.html; 15. Mai – 15. Okt.; westlich der Stadt im Stadtteil Kīpsala auf einer Insel am westlichen Daugava-Ufer gelegen. Aus Westen, aus Jūrmala zum Beispiel, kommend auf der A10/E22 immer Richtung Zentrum fahren, dann aber VOR der Daugava-Brücke rechts ab, unter Brücke hindurch und auf der anderen Seite zurück, aber nicht auf die Schnellstraße, sondern vor dem Olympia Supermarkt rechts ab und am Islande Hotel vorbei zum Campingplatz.

Ebene, schattenlose Wiese wenig ansprechend hinter dem Stadion und der Messehalle gelegen. Teils auf Gras, teils befestigter Untergrund, separate Wiese für Zelte rechts vom Platzeingang; ca. 1,5 ha – 100Stpl.; einfache Sanitärausstattung in Containern, Duschen in separatem Gebäude, Imbiss. Stadtrundfahrten starten zweimal täglich am Campingplatz.

Rīga City Camping liegt günstig noch in Gehnähe zur rund 2,5 km entfernten Altstadt, die man zu Fuß ebenfalls über erwähnte Daugava-Brücke erreicht. Am Ende der Brücke sieht man rechts das Stadtschloss liegen, Ausgangspunkt unseres ersten Stadtrundgangs (s. o.).

Camping Rīga Riverside (45) [N56° 57' 56.3" E24° 04' 48.8"], Matrozu iela 15, Tel. +371 266 588 99; www.riversidecamping.lv; 15. Mai – 15. Sept.; westlich der Stadt im Stadtteil Kīpsala auf einer Insel am westlichen Daugava-Ufer gelegen. Aus Westen, aus Jūrmala zum Beispiel, kommend auf der A10/E22 immer Richtung Zentrum fahren, dann aber VOR der Daugava-Brücke rechts ab, unter Brücke hindurch und auf der anderen Seite zurück, aber nicht auf die Schnellstraße, sondern vor dem Olympia Supermarkt rechts ab und am Islande Hotel und an der Zufahrt zu Riga City Camping vorbei noch ca. 800 m zum Campingplatz, beschildert.

Eher ein Stellplatz als ein Campingplatz. Eingezäunte Asphaltfläche in einem Gewerbegebiet am Westufer der Daugava mit Blick auf Hafenanlagen und zur Stadt; ca. 2 ha – 35 markierte Stellplätze, Sanitäranlagen in Containern.

als „Versailles des Baltikums" bezeichnen könnte, liegt rund 80 km südlich von Rīga. Man fährt auf der A7/E67 bis **Bauska [N56° 24' 25.6" E24° 11' 14.8"]** (mittelalterliche Burgruine, Sitz des Livländischen Ordens im 15. Jh., im 16. Jh. Residenz der Herzöge von Kurland) und dort auf der P103 12 km westwärts bis **Pilsrundāle**.

Erbauen ließ sich das prächtige barocke Anwesen, das mit seinen drei Flügeln einen weiten Innenhof umschließt, der Herzog von Kurland, Ernst Johan von Biron (1680 – 1772). Zwischen 1736 und 1740 und mit Unterbrechungen bis 1769 entstand ein Palast mit 138 Räumen. Besucher können heute 48 der am kostbarsten ausgestatteten Salons und Repräsentationsräume besichtigen *(geöffnet Mai - Okt. tgl. 10 - 17.30 Uhr; Nov. - Apr. 10 - 16.30 Uhr; www.rundale.net)*. Eines der Glanzstücke ist der üppig dekorierte und mit einem riesigen Deckengemälde versehene **Goldene Saal**, der Audienzsaal des luxusverliebten Herzogs von Kurland. Der Saal wird heute gelegentlich bei staatlichen Empfängen genutzt.

Die Pläne zu Schloss Rundāle stammen von keinem geringeren als dem russischen Hofarchitekten Bartolomeo Francesco Rastrelli, der bereits für den Bau des Winterpalais in Sankt Petersburg verantwortlich zeichnete.

Der Bauherr, der höfischen Prunk liebende Herzog von Biron, ein Favorit der russischen Zarin Anna Joanovna (1693 – 1740) galt im 18. Jh. als mächtigster und wohl auch als einer der begütertsten Männer Russlands. In solch herausragender Position blieb es nicht aus, dass sich der Herzog eine Reihe einflussreicher Gegner und Neider machte. Als die Zarin dann 1740 verstarb, sank der Stern des Herzogs rapide. Seine Gegner witterten Morgenluft. Und es dauerte nicht lange und der Herzog sah sich als Verbannter in Sibirien wieder. Erst als Katharina II. die Große auf den Zarenthron kam, durfte der Herzog zurückkehren und an Schloss Rundāle weiterbauen lassen. Als der Riesenpalast 1769 endlich fertiggestellt war, blieben ihm nur noch drei Jahre, um sich daran zu erfreuen. Ernst Johan von Biron, Herzog von Kurland, starb 1772.

Nach dem Tode Birons kam das Anwesen in rasch wechselnde Hände und wurde jahrelang für wenig höfische Zwecke wie Veteranenheim, Schule, Lager u. ä. zweckentfremdet.

Ausgangs des vergangenen Jahrhunderts dann wurde endlich mit den dringend notwendigen Restaurierungsarbeiten begonnen. Und heute können Besucher Schloss Rundāle wieder in seiner ganzen Pracht bewundern.

Abwechslung und Entspannung verspricht ein gemütlicher Spaziergang durch den herrlichen barocken **Rosengarten** des Schlosses.

Unweit nordöstlich von Schloss Rundāle liegt nördlich der Straße P103 das stattliche **Schloss Mežotne**, das als schönstes klassizistisches Architekturbeispiel in ganz Lettland gilt. Gebaut wurde das Schloss von Zarin Katharina II. der Großen für Charlotte von Lieven, die Gouvernante der Kinder der Zarin. Heute nimmt ein Großteil des Anwesens ein Nobelhotel und ein Restaurant ein.

TOUR 9: RĪGA (LETTLAND) – PÄRNU (ESTLAND) – INSEL SAAREMAA – HAAPSALU

Länge der Tour:	Rund 340 km, ohne Abstecher. Plus Fähre.
Die Route:	Straße A2/E77 bis **Sigulda** – Straße P6 bis **Saukasti** – Straße A1/4/E67 bis **Pärnu** – Straße 60 bis **Lihula** – Straße 10 bis **Virtsu** – Fähre nach **Kuivastu** (Insel Muhu) Straße 10 bis **Kuressaare** (Insel Saaremaa) und zurück bis **Virtsu** – Straße 10 bis **Laiküla** – Straße 31 bis **Haapsalu**.
Reisedauer:	Mindestens zwei Tage. Mit Abstecher zur Insel Saaremaa mindestens ein weiterer Tag.
Höhepunkte:	Das **Motormuseum von Rīga** ** – Das **Freilichtmuseum von Lettland** ** nordöstlich von Rīga – Wandern und Paddeln im **Gauja Nationalpark** – Stadtbesichtigung von **Pärnu** ** – das **Freilichtmuseum Koguva** ** auf der Insel Muhu – die **Insel Saaremaa** *** – **Kuressaare** und seine **Bischofsburg** ** – das **Bauernhofmuseum Mihkli** ** in Viki (Saaremaa) – die **Windmühlen** * **bei Angla** (Saaremaa) – die **Steilküste bei Panga** – **Haapsalu**, seine **Bischofsburg** und sein **Eisenbahnmuseum** *.

ROUTE:

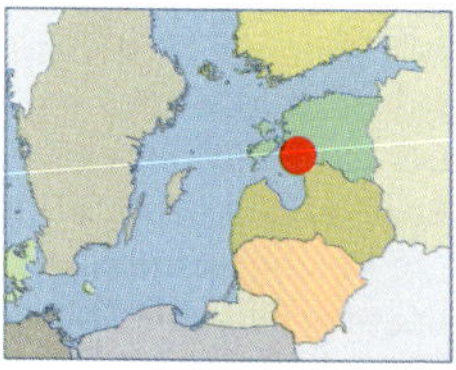

*Von Rīga auf der Ausfallstraße Brivības iela, später A2/E77, nordostwärts. Nach rund 10 km bietet sich Gelegenheit von der A2/E77 auf die Straße Richtung **Mežciems** abzuzweigen. Am westlichen Ortsrand von Mežciems liegt das **Motormuseum Rīga**.*

Das sehenswerte **Motormuseum von Rīga [Parkplatz, N56° 58′ 13.93″ E24° 13′ 42.59″]** liegt in der Sergeja Eizenšteina iela 8 *(geöffnet tgl. 10 - 18 Uhr; www.motormuzejs.lv; Ermäßigung auf den Eintrittspreis bei Vorlage des Rīga Passes)*. Das Motormuseum zeigt auf über 4000 qm historische Automobile und Motorräder, darunter über 100 Unikate. U. a. wird die größte Sammlung historischer Kraftfahrzeuge im Baltikum mit Hilfe von multimediatechnischem Design präsentiert. Eine der Raritäten des Museums ist die legendäre „Göttin" und Autodesign-Ikone Citroen DS 19.

Im Ethnographischen Freilichtmuseum Lettlands bei Rīga

ROUTE: *Vom Motormuseum zurück zur A2/E77, um nach weiteren rund 2 km von der A2/E77 bei Jugla zum* ***Freilichtmuseum Lettlands*** *abzuzweigen, Zufahrtsbeschilderung „Open Air Museum". Das Museumsgelände befindet sich in unmittelbarer Nähe zur Autobahn.*

Das **Ethnographische Freilichtmuseum - Brivdabas muzejs [Parkplatz, N56° 59' 41.8" E24° 16' 07.9"],** Brīvības iela 21 *(geöffnet im Sommer tgl. 10 - 20 Uhr, sonst tgl. 10 - 17 Uhr; www.brivdabasmuzejs.lv)* lohnt einen Stopp. Ein ausgedehnter Spaziergang durch das weitläufige lichte Föhrenwaldgelände, das sich zwischen Schnellstraße und Juglas-See erstreckt, führt den Besucher zu weit verstreut liegenden, typischen alten Bauernhäuser, Kirchengebäude, Fischerkaten, Scheunen, Windmühlen und Werkstätten von Schmieden, Töpfern, Webern etc. etc., die aus den historischen Regionen Lettlands, aus Kurzeme, Zemgale, Letgale und Vidzeme hierher gebracht wurden. 1924 hatte man die Idee das Freilichtmuseum einzurichten. Aus anfänglich sechs Ge-

PRAKTISCHE HINWEISE – SIGULDA (SEGEWOLD)

Touristeninformation [N57° 09' 11.6" E24° 51' 13.6"], Ausekļa iela 6, LV-2150 Sigulda, Tel. +371 679-713 35; www.tourism.sigulda.lv. *Geöffnet 1. Mai - 31. Okt. tgl. 9 - 19 Uhr; übrige Zeit 9 - 18 Uhr.*

CAMPING

Camping Siguldas Pludmale [N57° 09' 27.5" E24° 50' 14.5"], Peldu iela 2, Tel. +371 292 449 48; www.makars.lv; 1. Mai – 1. Okt.; nordwestlich des Ortes Zufahrt an der Straße nach Turaida, vor der Flussbrücke links und noch 600 m. Schmale, wellige Wiese, durch Laubwaldgürtel vom Gauja-Fluss getrennt, gegenüber „Tarzans Klettergarten"; ca. 1 ha – 40 Stpl.; einfache Sanitärausstattung. Bootsverleih, WLAN. V & E für Wohnmobile**.** Miethütten.

Camping Lakeside [N57° 7' 52.78" E24° 51' 50.98"], Kalnabeites, Sigulda pagats, Tel. +371 271 52 155; www.lakeside.lv; 1. Mai – 30. Sept.; im Süden von Sigulda über die Straße P8 (Sigulda – Mālspils) zu erreichen; Wiese am Matiņu See; 1,5 ha – 40 Stpl.; einfache Sanitärausstattung. WLAN auf Teilen des Platzes, Internetecke, Boots- und Fahrradverleih.

bäuden ist heute auf dem 80 ha großen Gelände eine Ausstellung mit 121 Gebäuden geworden.

*ROUTE: Rund 14 km nordöstlich von Riga gabeln sich die Verkehrswege. Nach Norden führt die A1/E67 in Küstennähe zur lettisch-estnischen Grenze und weiter ins estnische **Pärnu**. Nach Nordosten dagegen führt die autobahnähnlich ausgebaute A2/E77 nach **Sigulda (Segewold)** mit seinem hübschen Bahnhof, in dem sich auch das Touristeninformationsbüro befindet. Von **Sigulda** auf der P8 nordwärts nach **Turaida**, 6 km.*

Auf dem Weg durch das grüne Gauja-Tal von Sigulda hinauf nach Turaida passiert man den Zugang zur **Gutmannshöhle Gutmana ala [Parkplatz, N57° 10′ 33.2″ E24° 50′ 44.8″]**, der größten Höhle im Baltikum *(Besucherzentrum geöffnet Mai - Sept. tgl. 9 - 19 Uhr; Okt. - Apr. tgl. 9 - 17 Uhr; www.entergauja.com/de/sachen-zu-erledigen/enter-natur/gutmannshöhle)*. Gutmannshöhle heißt sie übrigens deshalb, weil hier ein „guter Mann" mit dem angeblich wundertätigen Wasser der hießigen Quelle Kranke geheilt haben soll. Diese Quelle wiederum sei entstanden, so die Legende, als die Frau des livischen Fürsten Rindaugs einen Strom von Tränen vergoss. Wegen ihrer Untreue hatte sie ihr Mann hier am Ufer eingegraben. Eine andere tragische, wahre Liebesgeschichte soll 1620 auch hier ihren Anfang genommen haben, nämlich die der jungen Maija, der „Rose von Turaida", die sich hier heimlich mit ihrem Geliebten Victor getroffen haben soll. Ihr Grabdenkmal ist im Museumsreservat von Turaida zu sehen.

Weiter oben passiert die Straße das **Museumsreservat von Turaida [Parkplatz, N57° 11′ 12.2″ E24° 50′ 46.0″]**, *geöffnet Mai - Sept. tgl. 9 - 20 Uhr, Okt. tgl. 9 - 19 Uhr, Nov. - März tgl. 10 - 17 Uhr Apr. 10 - 19 Uhr; www.turaida-muzejs.lv.*

Ein Spaziergang durch diese weite Parkanlage des ehemaligen Landgutes Turaida lohnt. Vom Eingang mit dem Besucherzentrum/Kasse und dem etwas unterhalb gelegenen ehemaligen Haus des Gutsverwalters, geht man vorbei an der Getreidedarre zur kleinen Kirche, die links etwas erhöht auf einem mittelalterlichen Begräbnishügel liegt. Mit Unterstützung von Pfarrer Daniel Merkel konnte die Kirche um 1750 erbaut werden. Sie gilt als älteste Holzkirche in Lettland.

Die Burg Turaida

Ganz in der Nähe sieht man das Denkmal an die „Rose von Turaida".

Gedenktafel „Rose von Turaida"

Ein Stück weiter kommt man am sog. Gärtnerhaus vorbei, in dem heute ein interessantes Museum über das Volk der Liven eingerichtet ist.

Kurz darauf sieht man schon die mächtigen Türme der **Burg von Turaida.**

Die Burg liegt hoch über dem Gauja-Tal. Der Blick vom Bergfried ist grandios.

Früher befand sich an der Stelle eine Holzburg, die jedoch vom Kreuzritterorden zerstört wurde. Im Jahr 1214 begann daraufhin mit wohlwollender Unterstützung der Bischöfe von Rīga, die in der Burg eine wichtige Schutzfestung ihres Erzbistums sahen, der Wiederaufbau.

Durch ein Feuer, ausgelöst durch einen missglückten Kanonenschuss, wurde die Burg im 18. Jh. so stark beschädigt, dass sie als Verteidigungsbollwerk wertlos wurde. Lange dienten die Gemäuer dann als willkommener Steinbruch zum Bau von Stadthäusern oder Landsitzen.

Erst Mitte des 19. Jh. wurde mit einer Renovierung der Burganlage begonnen. Heute ist sie mit ihren vielen Ausstellungen zur Burggeschichte, von den Kellerverliesen bis zu den Gardequartieren und Geschützbastionen, eine der beliebtesten und meistbesuchten Touristenattraktionen der Region. Und wie gesagt, der Blick vom Hauptturm ist trotz des mühsamen Aufstieges prächtig.

Auf dem Rückweg zum Ausgang kann man einen kleinen Umweg über den Skulpturen- und Volksliederpark und den Liedergarten machen.

Auf der anderen, der nördlichen Seite des Besucherzentrums, liegen Gebäude des ehemaligen Landgutes Turaida, darunter Wagenschuppen, Stallungen, Schmiede, Schwitzstube oder Fischkeller.

Sigulda ist – wie das weiter nordöstlich gelegene Cēsis – einer der Ausgangspunkte für Besuche im **Gauja Nationalpark**.

Der **Gauja Nationalpark** umschließt die Landschaft des **Urstromtals des Flusses Gauja** (https://www.entergauja.com/de/enter-gauja/uber-die-region/der-gauja-nationalpark). Das Naturschutzgebiet erstreckt sich auf ei-

Skulpturenpark im Museumsreservat von Turaida

nem Gebiet zwischen den Straßen A2 und A3 und einem Dreieck zwischen den Städten Sigulda, Valmiera und Cēsis. Das Urtal, in das sich der Fluss in Jahrtausenden bis zu 85 m tief gegraben hat, ist ein Relikt aus der Eiszeit.

Schon seit dem 19. Jh. zieht die schöne Fluss- und sanfte Hügellandschaft Touristen an. Bald war die einladende Gegend als **„Livländische Schweiz"** bekannt, wurde aber erst 1973 zum Nationalpark erklärt. Heute sind rund 4% des Parks als striktes Naturreservat gekennzeichnet, das nicht betreten werden darf.

Der überwiegende Rest des Nationalparks aber ist durch zahlreiche **Wanderwege** erschlossen. Auf **Lehrpfaden** erfährt man Wissenswertes über Fauna und Flora. Und für die kleinen Besucher sorgen Märchenfiguren entlang der Wege für willkommene Abwechslung.

Der interessanteste und zugleich längste Wanderweg startet bei der kleinen Gemeinde **Līgatne**, die etwa auf halbem Weg zwischen Sigulda und Cēsis liegt. Der Wanderweg führt an mehreren **Freigehegen** vorbei, in denen Luchse, Wildschweine, Otter, Bären und Wisente leben. Von einem **Aussichtsturm** kann man die Landschaft genießen und Tiere beobachten.

Wem das nicht ausreicht, kann bei **Sigulda (Segewold)** den Fluss Gauja mit einer **Seilbahn [Parkplatz, Station Siguldaseite N57° 09' 50.5" E24° 50' 45.8"]** überqueren, die das Gewässer seit 1969 in einer Höhe von 40 m überspannt.

Abkürzende Routenalternative

ROUTE: Will man dem Umweg über Cēsis nicht folgen, nimmt man ab Turaida die P7 westwärts bis ***Ragna*** *und folgt ab dort der P6 weiter westwärts bis zur Küste bei* ***Saulkrasti.***

Saulkrasti, ein kleiner Küstenort, ist vor allem wegen seines **Sandstrandes** bei Wochenendtouristen und Sommerfrischlern aus Rīga sehr beliebt. Mehr als Strand und Meer gibt es hier aber nicht zu sehen. Ab Saulkrasti über die küstennahe A1//P7/E67 nordwärts bis **Pärnu** (siehe Hauptroute).

HAUPTROUTE

ROUTE: Von Sigulda zurück zur A2/E77. Ihr folgen wir über ***Augšlīgatne*** *25 km weit nach Nordosten bis zur Ausfahrt Cēsis. Von hier auf der P20 nordwärts nach* ***Cēsis (Wenden),*** *12 km.*

Cēsis hieß früher einmal **Wenden** und Wenden wiederum leitet sich ab von „Venden", dem Namen einer aus Holz erbauten Burg, die vom 11. bis zum 13. Jh. hier stand.

Die eigentliche Stadt und ihre Ordensburg wurden 1206 gegründet. Wenden erlebte eine rasante Entwicklung als Handelszentrum und wurde bald Mitglied im Hansebund. Die damalige Bedeutung der Stadt geht auch daraus hervor, dass sie Münzrecht besaß und Gold- und Silberstücke prägen durfte.

Die mittelalterliche befestigte **Ordensburg [N57°18'47.31" E25°16'16.23"]** *(geöffnet Di - Sa 10 - 17 Uhr, So 10 - 16 Uhr, letzter Einlass 45 Min. vor Schließung; www.cesupils.lv/en/)* wurde während des Nordischen Krieges in der zweiten Hälfte des 16. Jh. geräumt und verlor ihre Bedeutung.

Vor der Festung liegt ein schöner Burggarten (Eintritt). Wenn Sie hindurchgehen, erreichen Sie an der Wand eine Holztruhe, in der eine Lenin-Statue aufbewahrt wird. Sie wurde nach dem Ende der Okkupation vom Platz der Einheit entfernt.

Zur **Besichtigung des Turmes** auf der Westseite der Ordensburg erhalten Sie einen Schutzhelm und eine Laterne, da die Treppen und Gänge in dem Gemäuer teils sehr eng sind.

Alternativ zum Burggarten kann man einen Spaziergang durch den **Schlosspark** machen. Neben einem See mit Springbrunnen ist dort der sog. **Nussberg** (Riekstu kalns) zu sehen. Auf ihm befand sich die erwähnte hölzerne Burg aus dem 11. Jh.

Bei der mittelalterlichen Ordensburg kommt man zur **„Schmiede für Alten**

Schmuck“, in der nach alter Handwerkskunst schöne Schmuckstücke aus Bronze und Silber hergestellt werden.

Das **Neue Schloss Cēsu Jaunā pils,** gleich östlich der alten Ordensburg, erhebt sich an einer Stelle, an der einst die Torbefestigungen der Burg standen. Eine davon kann man noch hinter dem Schloss sehen. Im 18. Jh. erwarb ein Graf von Sievers die Burg und ließ das Schloss als Wohngebäude ausbauen.

Seit dem Zweiten Weltkrieg ist das **Museum für Geschichte und Kunst** im Schloss untergebracht und informiert hauptsächlich über die Geschichte der Stadt Cēsis *(geöffnet Di - So 10 - 17 Uhr).*

Ein kurzes Stück nordöstlich des Neuen Schlosses überqueren wir die Lenču iela und erreichen den **Maipark**. Markant ist dort die Skulptur „Kampf mit den Zentauren“, die in der Nähe des künstlichen Teichs steht.

Rechter Hand beginnt der Weg durch die **Altstadt**, die im Zweiten Weltkrieg starke Zerstörungen erlitten hat. Quer durch die Altstadt verläuft die **Rīgas iela**, die schon vor 800 Jahren die Hauptstraße in Wenden war. Sie wird auch

PRAKTISCHE HINWEISE – CĒSIS (WENDEN)

Touristeninformation Cēsu Tūrisma informācijas centrs, Baznīcas laukums 1, LV-4101Cēsis, Tel. +371 641 21 815, Mobil +371 283 18 318; http://turisms.cesis.lv/de/. *Geöffnet Mai - Sept tgl. 10 – 18 Uhr; Okt. - Apr. Di - Sa 10 - 17 Uhr, So 10 - 16 Uhr.*

RESTAURANT

Vinetas un Allas kārumlāde, Rigas iela 21, Tel. +371 283 755 79, einladendes Café, das auch kleinere Gerichte serviert, gleich hinter der Johanniskirche gelegen.

CAMPING

Camping Žagarkalns [N57° 18′ 25.6“ E25° 13′ 16.0“], Mūrlejas iela 12, Tel. +371 262 662 66; www.zagarkalns.lv, 1. Juni – Mitte Sept.; ca. 4 km westlich von Cēsis beschilderter Abzweig von der Straße nach Limbaži (P14) südwärts und an der Brücke wieder links; Campinggelegenheit auf Wiesengelände direkt an der Gauja gelegen; ca. 1,5 ha – 30 Stpl. plus Zeltwiese, sehr einfache Sanitärausstattung, Tennis.

Camping Ungurs [N57° 21′ 10.8“ E25° 05′ 14.7“], Raiskuma pagasts, Tel. +371 641 344 02; Mitte Mai – Anf. Sept.; rund 15 km westlich von Cēsis beschilderter Abzweig von der Straße nach Limbaži (P14); einfache Campingmöglichkeit, von der Straße zu einem Laubwaldgürtel am verschilften Seeufer geneigtes, langgestrecktes Wiesengelände; ca. 1 ha – 40 Stpl.; sehr einfache Sanitärausstattung; Sauna, Badegelegenheit, Miethütten.

Raiskums bei Cēsis

Camping Apaļkalns [N57° 19′ 02.1“ E25° 08′ 52.5“], Tel. +371 294 481 88; www.apalkalns.lv; 15. Apr. – 1. Okt.; Zufahrt von der P14 Richtung Limbaži, ca. 5 km westlich von Cēsis beschilderter Abzweig und noch 4,2 km Richtung Raiskums, deutlich beschildert; zu einer hohen Laubbaumreihe am von Wald umgebenen See Raiskuma ezers hin leicht geneigtes, gepflegtes Wiesengelände in ansprechender Lage. Wiesen für Zelte, befestigte Stellplätze für Wohnmobile/Caravans teils mit Holzplattform, Picknicktischen und Grill. Kinderspielplatz, Miethütten, Campingküche und Aufenthaltsraum, Boots- und Fahrradverleih, WLAN, Internetecke. V & E für Wohnmobile mit befahrbarer Plattform. Schilfufer mit Bade- bzw. Kanuanlegesteg. Engagierte Platzleitung, gepflegter Gesamteindruck. Zählt, bzgl. Lage, Platzgestaltung und Pflege, zu den besten Campingplätzen in Lettland.

heute noch von interessanten und historischen Gebäuden gesäumt. Zwei davon sind das **Rathaus** und das **Kaufmannshaus** (Haus Nr. 16). Letzteres stammt aus dem 18. Jh. und besitzt ein klassizistisches Portal. Dieser zweigeschossige Barockbau gilt als prächtigstes Gebäude der Stadt und ist anschauliches Beispiel für die Wohnkultur des gehobenen Bürgertums im 18. Jh.

Am oberen, nordöstlichen Ende der Rīgas iela treffen wir am **Platz der Einheit - Vienības laukums [N57° 18′ 47.2″ E25° 16′ 29.5″]** auf das **Raunas Vārti**, das rekonstruierte Fragment eines Stadttors. Das Kopfsteinpflaster des Platzes der Einheit war lange verschüttet, und wurde erst jüngst bei Ausgrabungsarbeiten wieder freigelegt.

In der Mitte des Platzes steht das **Siegesdenkmal** aus dem Jahr 1998. Es ist die Kopie des Originals das von 1924 bis 1951 hier stand, bis es in einer Nacht- und Nebelaktion von den Sowjets zerstört wurde. Die Inschrift auf dem Denkmalsockel lautet übersetzt etwa: „Vom Schwerte ging die Sonne auf". Die goldene Kugel auf dem Obelisken symbolisiert die Sonne eines freien Lettland.

Am anderen, dem südwestlichen Ende der Hauptstraße passieren wir den zentralen **Rosenplatz Rožu laukums**. Hier befindet sich ein kleines Geschäft, das im Volksmund „Chinesenhäuschen" genannt wird. In früheren Zeiten standen an der Stelle ein Brunnen sowie ein Pranger.

Am Rosenplatz ist außerdem die etwas verfallene **St. Johanniskirche** zu sehen. Der einzige Schmuck dieses Gotteshauses aus dem 13. Jh. ist die Sonnenuhr an der südwestlichen Ecke. Im Inneren sind die Grabstätten deutscher Ordensmeister zu sehen, so. z. B. von Wolter von Plettenberg.

*ROUTE: Von Cēsis auf der P14 nach Nordwesten bis **Limbaži,** dort über die P11 zur Küste und zur A1/E67 bei **Túja.***

Rund 9 km südlich von Túja, in **Dunte**, können Sie im **Münchhausen Museum - Minhauzena muzejs [Parkplatz, N57° 24′ 17.2″ E24° 25′ 28.6″]** den kuriosen Geschichten des berühmten Lügenbarons nachspüren *(geöffnet Mai - Okt. Mo - Do 10 - 17 Uhr, Fr - So bis 18 Uhr; www.minhauzens.lv)*. Hieronymus Carl Friedrich von Münchhausen (1720 – 1797) wurde in Bodenwerder geboren, wo er auch die meiste Zeit seines Lebens verbrachte. Während seiner Dienstzeit in einem russischen Kürassier-Regiment hielt sich der Baron mit

CAMPING ZWISCHEN SAULKRASTI, SALACGRĪVA UND PÄRNU

Skulte

Camping Laucu Akmens [N57° 22′ 00.5″ E24° 24′ 12.7″], Strazdu 4, Tel. +371 29 405 900; www.laucakmens.lv; 1. Jan. – 31. Dez.; rund 3 km nördlich von Sulte Abzweig westwärts, meerwärts, und noch rund 2 km unbefestigt; Wiesengelände mit einigen Laubbäumen in waldreicher Umgebung, oberhalb des Meeres gelegen, Treppen zum Sandstrand mit teils sehr großen Findlingen; ca. 3 ha – 90 Stpl.; ordentliche Sanitärausstattung; Miethütten; Restaurant, Sauna, Badegelegenheit.

Tūja

Camping Jūrasdzeni [N57° 29′ 23.8″ E24° 23′ 04.0″], Jura iela 10, Tel. +371 265 505 74; www.jurasdzeni.lv; 1. Mai – 30. Sept.; in Tūja, ca. 3 km westlich der A1, Einfahrt bei den beiden Schloten; einfache Campingmöglichkeit; naturbelassene Wiesen mit Laubbäumen, bis ans Meer reichend, ruhig und abgeschieden gelegen; ca. 3 ha – 70 Stpl.; bescheidene Sanitäranlagen.

Pärnumaa (Estland)
Camping Lemmeranna [N57° 58' 21.14" E24° 24' 39.5"], Tel. +372 053 014 400; www.lemmeranna.ee; 15. Mai – 15. Sept.; rund 11 km nördlich von Ikla bei KM 19 der Küstenstraße 331; Campingmöglichkeit auf langgestrecktem Wiesenstreifen im Kiefernwald zwischen Küstenstraße und Meer bei einer Hotel-Pension mit Restaurant, Cafeteria und Badestrand. Miethütten.

Kabli/Pärnumaa (Estland)
Camping Lepanina Hotel [N57° 59' 32.0" E24° 25' 05.7], Tel. +372 446 50 24; www.lepanina.ee; 1. Mai – 1. Sept.; Campingmöglichkeit auf Wiesen, im hochstämmigen Kiefernwald und auf befestigten Stellplätzen hinter dem Hotel Lepanina (34 Zi.) am Meer; ca. 3 ha – 50 Stpl.; einfache Sanitärausstattung; Restaurant im Hotel, Tennis, Sauna, Fahrradverleih. Im Sommer Musikveranstaltungen im Freien. Bademöglichkeit.
Die Zufahrt zum Hotel und Camping Lepanina führt vorbei an der Campingwiese „Mini-Kämping" mit 6 Miethütten.

der sprühenden Fantasie oft auf seinem Landgut in Dunte auf. Damals lernte er seine Frau Jacobine, Baronesse und Tochter des Richters von Dunte, kennen. Im besuchenswerten Museum ist u. a. ein Wachsfigurenkabinett mit lettischen Berühmtheiten zu sehen.

*ROUTE: Auf der küstennahen Straße A1/E67 nordwärts über **Meleki** und **Salacgrīva** zunächst bis **Ainaži**.*

Das Hafenstädtchen **Salacgrīva** hat seinen Namen wohl von dem Flüsschen Salaca, an dessen Mündung es liegt.

Der unscheinbare Küsten- und Grenzort **Ainaži** war einmal für seine Seefahrerschule regional bekannt, die heute als bescheidenes Seefahrtsmuseum **Museum Ainaži Jūrskolas memorialais muzejs** als Touristenattraktion in der Valdemāra iela 47 dient *(geöffnet Di - Sa 10 - 17 Uhr; http://www.rigamuz.lv/ajm/)*.

Estland

*ROUTEN: Die Grenze zu Estland bei **Ainaži/Ikla** überquert man heutzutage ohne Probleme und ohne Kontrollen. Weiter auf der Straße A1/E67. Abwechslungsreicher ist die Fahrt über die Straße 331, die näher am Meer entlang führt und an diversen Campingplätzen vorbei führt. Weiter Über **Kabli, Arumetsa** und **Uulu** nordwärts nach **Pärnu** (Estland), 66 km.*

Pärnu (Pernau), eine Stadt mit rund 51.000 Einw., liegt am Pärnu-Fluss, der hier in die Ostsee mündet. An der Flussmündung fand man Spuren, die auf Ansiedlungen vor rund 11.000 Jahren hinweisen.

Erstmalig erwähnt wurde Pärnu im Jahr 1241, als Hafen von *Perona* erwähnt. Später errichtete man die Domkirche um die sich erste feste Ansiedlungen etablierten, die aber in der zweiten Hälfte des 13. Jh. durch einfallende Litauer wieder zerstört wurden.

Konrad von Madern, ein Ritter des Deutschen Ordens, war für den Wiederaufbau verantwortlich. Man baute aber nicht eine, sondern gleich zwei neue Städte. Zum einen wuchs um die Domkirche erneut das alte Pärnu, während sich auf der linken Flussseite Uus-Pärnu (Neu-Pärnu) wesentlich schneller entwickelte. Neu-Pärnu erhielt bereits im Jahr 1318 Stadtrechte. Im Laufe der Jahre und nach weiteren Zerstörungen durch Kriege und Feuer wuchsen die beiden Ortsteile zusammen und Pärnu entfaltete sich zu einer Großstadt.

Um die Wende zum 17. Jh. wurde in Pärnu sogar für einige Zeit die Universität von Tartu untergebracht.

Den wahren Aufschwung erlebte Pärnu erst durch den Bau einer **Badeanstalt für Schlammkuren**. Die 1838 fertiggestellte Badeanstalt besaß fünf Baderäume, in denen die Kurgäste Warmwasserbäder nehmen konnten. In den Wintermonaten waren die Baderäume als Sauna nutzbar. Mit der Badeanstalt war für Pärnu der Grundstein als „Sommerhauptstadt Estlands" gelegt. Im Ersten Weltkrieg brannte die ganz aus Holz erbaute Badeanstalt komplett ab und konnte erst 1927 wieder aufgebaut werden.

Im heutigen Schlammkurbad werden Knochen- und Gelenkkrankheiten, Erkrankungen am Nervensystem und gynäkologische Erkrankungen behandelt. Dabei werden unter anderem Wasser-, Schlamm- oder Lasertherapien sowie Akupunkturen angewendet.

Die Einwohner von Pärnu waren die ersten Esten, die über eine regelmäßige Zeitung in estnischer Sprache verfügten. Johann Voldemar Jannsen gründete 1857 die Zeitung „Perno Postimees" und exakt 80 Jahre später gab es eine weitere Neuheit. 1937 legte das Schiff im Hafen von Pärnu ab, das die erste regelmäßige Fährverbindung über die Ostsee begründete.

Die St. Katharinenkirche in Pärnu

Während der Sowjetherrschaft war der Hafen von Pärnu für fast fünf Jahrzehnte geschlossen und kann erst seit 1990 wieder angesteuert werden.

Motorisierte Besucher finden **Parkplätze (1)** am ehesten im Norden der Stadt beim **Port Artur Einkaufszentrum [N58° 23' 11.5" E24° 30' 14.3"]** an der Ringi-Straße unweit nördlich des Busbahnhofs und östlich des Pärnu Museums, dann an der **Brücke über den Pärnu-Fluss [N58° 23' 14.3" E24° 29' 43.9"]** in der Kalda Straße und schließlich westlich vom **Kursaal [Parkplatz, N58° 22' 36.7" E24° 29' 32.6"]**. Straßenparkplätze, in der Sommerferienzeit kaum zu ergattern, sind Mo - Fr 8 - 18 Uhr gebührenpflichtig (Parkautomaten), erste 60 Min. (am Strand 30 Min.) mit Parkscheibe frei.

Unser **Stadtspaziergang durch die Altstadt** von Pärnu startet an dem kleinen Stadtpark Lastepark am **Touristeninformationsbüro (4) [N58° 23' 06.8" E24° 29' 57.0"]** im Rathaus in der Uus 4.

Beachtung verdient die klassizistische Fassade des **Rathauses Raekoja (3)**. Es wurde 1797 errichtet. Der russische Zar Alexander I. hielt sich 1806 während seines Pärnu-Aufenthaltes hier auf.

Unweit westlich des Rathauses erhebt sich die unübersehbare gelb-grüne **St. Katharinenkirche - Katariina kirik (2) [N58° 23' 06.5" E24° 29' 52.5"]**. Sie wurde 1768 auf Befehl von Zarin Katharina II. erbaut, die vier Jahre zuvor die Stadt besucht und an einem Gottesdienst in einer Kirche teilgenommen hatte, die vorher an dieser Stelle stand.

Der Innenraum der St. Katharinenkirche ist dunkel gehalten und wird dominiert von barocken und frühklassizistischen Einrichtungen. Der Grundriss des barocken Gotteshauses stellt ein griechisches Kreuz dar. Zahl-

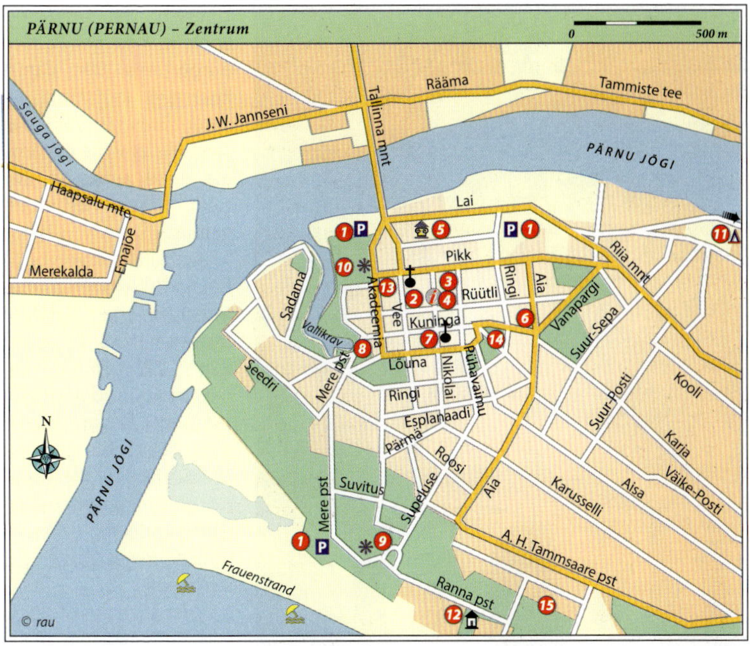

*PÄRNU (PERNAU) – **1** Parkmöglichkeit – **2** St. Katharinenkirche – **3** Rathaus – **4** Touristeninformation – **5** Pärnu-Museum – **6** apostolisch-orthodoxe Kirche – **7** Elisabeth-Kirche – **8** Tallinner Tor – **9** Kuursaal und Raimond Valgre Denkmal – **10** Mini-Zoo –**11** Richtung Campingplatz – **12** Rannahotel, Promenade – **13** Endla Theater – **14** Lydia Koidula Denkmal im Koidula Park – **15** Tervise Paradiis Spa Hotel Waterpark*

reiche apostolische Kirchenbauten in Estland orientierten sich an der St. Katharinenkirche von Pärnu.

Geht man am Rathaus vorbei die Nikolai Straße nach Norden und überquert die Hauptstraße Pikk, kommt man zum **Pärnu Museum (5) [N58° 23' 12.4" E24° 29' 59.2"]**, Aida 3. Auf zwei Etagen vermitteln die Ausstellungen einen Einblick in die Geschichte der Stadt und der Region seit der ersten Besiedlung *(geöffnet Di - So 10 - 18 Uhr; www.parnumuuseum.ee)*.

An der Südseite des Lasteparks am Rathaus verläuft die Hauptstraße der Stadt, die **Rüütli-Straße** nach Osten. Die Rüütli ist heute Fußgängerzone mit zahlreichen interessanten Wohn- und Geschäftshäusern. Das Gebäude der ehemaligen **Zentralbücherei** z. B. stammt aus dem Jahr 1875 und wurde im Neo-Renaissance-Stil errichtet. Das Geschäftshaus gegenüber, Rüütli Straße Nr 27, stammt aus dem Jahr 1903. Zwei Häuser weiter rechts steht seit 1681 das **Haus mit dem Treppenaufgang**. Hier verweilte der schwedische König Karl XII. 10 Tage lang, bevor er mit seinen Truppen weiter in Richtung Narva zog. Er war nicht die einzige historische Persönlichkeit, die hier nächtigte. Auch Katharina II., die über ein halbes Jahrhundert später hier war, nahm im Haus Quartier.

Geht man die Rüütli Straße weiter nach Osten, erreicht man das Haus Nummer 40. Es ist das ehemalige **Schulhaus** aus der Zeit um 1860. Das Gebäude hat schon so ziemlich jede Institution beherbergt. Nach dem Mädchengymnasium zog das Büro der Eisenbahngesellschaft ein. Während der Sowjetherrschaft dann war hier ein Club für junge Offiziere der Sowjets eingerichtet. Und heute haben sich in der alten Schule eine Spielhalle und der Mirage-Nachtclub etabliert.

Das Tallinner Tor in Pärnu

Nummer 41 gegenüber ist ein schönes Beispiel für einen Jugendstilbau, während Haus Nummer 45 zwar im gotischen Stil, aber erst Ende des 19. Jh. errichtet wurde. In ihm befindet sich unter anderem das Bristol Hotel, das nach der Okkupation restauriert wurde.

Etwas weiter nach Südosten sieht man die **apostolisch-orthodoxe Kirche (6) [N58° 23‘ 02.3“ E24° 30‘ 20.0“]** aus dem Jahr 1904 und das Denkmal, das an das ehemalige „Endla"-Theater erinnern soll, welches im Zweiten Weltkrieg an dieser Stelle zerstört wurde.

Über die Kuninga Staße westwärts vorbei am Koidula Park mit dem **Lydia Koidula Denkmal (14) [N58° 23‘ 00.2“ E24° 30‘ 13.3“]**. Lydia Koidula (1843 – 1886) war eine der herausragenden Dichterinnen Estlands des 19. Jh. Ihr Erstlingswerk, das romantische Gedicht „Am Dorfwegrand" verfasste sie noch in Deutsch, der Umgangssprache des gehobenen Bürgertums der damaligen Zeit in Estland. Ihr Vater, Johann Voldemar Jannsen, brachte in Pärnu die erste estnische Zeitung „Perno Postimees" heraus.

Ein zu Ehren von Lydia Koidula eingerichtetes **Museum,** das **Koidula Museum [N58° 23‘ 26.8“ E24° 29‘ 06.6“]** findet man in der Straße Jannseni 37 am nördlichen Pärnu-Ufer *(geöffnet Di - Sa 10 - 18 Uhr; www.parnumuuseum.ee/koidula-muuseum; derzeit wegen Renovierung geschlossen).*

Kurz nach dem Koidula Park kann man links in die Nikolai Straße einbiegen, wo sich die barocke **Elisabeth-Kirche (7) [N58° 23‘ 00.2“ E24° 30‘ 13.3“]** befindet *(geöffnet Di, Mi, Fr 9 - 10 Uhr, Do 18 - 19 Uhr, So 10 - 11 Uhr)*. Als die einzige lutherische Kirche der Stadt weggenommen und der russischen Garnison zur Verfügung gestellt wurde, spendete die Kaiserin 8.000 Rubel, um eine neue Kirche errichten zu lassen. Ende des 19. Jh. wurde die Kirche um- und ein Querschiff an der Südseite angebaut. Verziert ist nur die Westfassade.

Wenn Sie von der Elisabeth-Kirche die Kuninga Straße weiter nach Westen gehen, gelangen Sie zum **Tallinner Tor - Tallinna Värav (8) [N58° 23‘ 01.4“ E24° 29‘ 42.0“]**. Dieses im Südwesten der Altstadt gelegene Bauwerk – auch Königstor nach König Carl Gustav genannt – ist das einzig übrig gebliebene seiner Art im ganzen Baltikum und es ist ein Überbleibsel eines Walls, der in der zweiten Hälfte des 17. Jh. rund um Pärnu angelegt wurde.

Das Tallinner Tor ist eines von dreien, die einstmals in die Stadt führten.

Zudem gab es an der Wallanlage sieben Bastionen, die nach den Himmelsobjekten Mond, Sonne, Jupiter, Merkur, Mars, Venus und Saturn benannt waren.

Neben dem Tallinner Tor blieb nur noch ein kleines Stück des Festungswalls zwischen dem Tor und der Venus-Bastion übrig. Der Rest wurde in der Zarenzeit eingeebnet.

Der Weg durch das aus Granit- und Ziegelsteinen errichtete und mit Dolomit verzierte Tallinner Tor führt aber nicht direkt auf Tallinn zu, wie der Name vermuten lassen könnte. In Zeiten als das Tor entstand, in den Jahren 1675 bis 1686, gab es noch keine Brücke über den Fluss Pärnu, so dass die Straße nach Tallinn erst nach Westen führte und später nach Norden abzweigte. Die Brücke über den Fluss wurde erst im Jahr 1803 gebaut.

Heute kann der Besucher in Pärnu die Ausdehnung der Wallanlage noch gut erahnen, wenn er der Grünanlage folgt, die sich an Stelle der Befestigungen heute um den Altstadtkern erstreckt.

Der Boulevard Mere pst. führt an alten **Holzvillen** vorbei südwärts zum Strand. Haus Nummer 7 am Mere Boulevard, die **Ammende Villa [N58° 22′ 50.0″ E24° 29′ 32.6″]** (elegantes **Hotel-Restaurant** mit 17 Zi., www.ammende.ee, einladende Zimmer, vorzügliches Restaurant, schöner Hotelgarten – eine Empfehlung!), gilt als eines der besten Beispiele für den frühen Jugendstil in Estland. Es wurde 1905 fertig gestellt und diente in der Zeit von 1927 bis 1935 als Sommercasino für Wohlhabende und nach dem Zweiten Weltkrieg als Club.

Eine weitere interessante Villa liegt auf der gegenüberliegenden Straßenseite. 1945 war dort ein Teil des städtischen Sanatoriums eingerichtet.

Auf dem weiteren Weg zum Strand passiert man den **Kuursaal (9) [N58° 22′ 35.1″ E24° 29′ 37.0″]**. Er wurde 1880 erbaut und hat eine zylindrische Bühne. Bei dem doppelten Buchstaben „u“ handelt es sich übrigens nicht um einen Tippfehler, sondern um das estnische Wort für Kursaal, das wie im Deutschen ausgesprochen wird.

Hinter dem Kursaal sieht man in einer kleinen Parkanlage das **Denkmal für Raimond Valgre** (1913 – 1949) [N58° 22′ 34.80″ E24° 29′ 39.74″]. Valgre war ein überaus beliebter estnischer Komponist, Unterhaltungs- und Tangomusiker. Sehr bekannt im Land ist sein Walzer „Saaremaa valss“. Während Sie das Denkmal betrachten, werden Sie dezent mit Tangomelodien des Komponisten berieselt.

Unweit westlich vom Kurpark und vom Kuursaal liegt ein großer **Parkplatz (1) [N58° 22′ 37.49″ E24° 29′ 30.86″]**. Der sich hier hinter einem breiten Dünengürtel ausdehnende breite **Sandstrand** ist allerdings exklusiv der Damenwelt vorhalten und deutlich mit „Ladies Beach“, also **„Frauenstrand“** gekennzeichnet. Bereits 1920 wurde der Frauenstrand in Pärnu eingerichtet, um es Damen zu ermöglichen, ungestört und heute auch hüllenlos am Strand liegen zu können.

Und männliche Wesen sollten gar nicht erst auf die Idee kommen, hier baden zu wollen. Ihr Strand liegt weiter östlich.

Vom Kuursaal nach Osten verläuft die **Strandpromenade** (Ranna pst) und erreicht als nächstes die **Badeanstalt**, einen Bau im neoklassizistischen Stil.

Raimond Valgre Denkmal beim Kursaal in Pärnu

Flankiert wird die Badeanstalt vom **Strandcafé** und dem **Strandhotel Ranna (12)** (Ranna pst 5; 63 Zi.; www.rannahotell.ee), das nach einer grundlegenden Restaurierung im Jahr 1994 wieder eröffnet wurde. Von den Zimmern hat man einen wunderschönen Blick auf das Baltische Meer.

Eine nicht nur bei Kindern überaus beliebte Abwechslung bietet das Spaßbad im **Tervise Paradiis Waterpark (15) [Parkplatz, N58° 22′ 25.2″ E24° 30′ 40.4″]**, Side 14, mehrere Pools, Wasserrutschen, Pool mit Kletterwand *(geöffnet tgl. 11 - 22 Uhr; www.tervise-paradiis.ee/en/)*. Der Badelandschaft Tervise Paradiis ist ein Wellnesshotel angegliedert.

Unweit südlich vom Tervise Paradiis Waterpark liegen **Parkplätze [N58° 22′ 21.04″ E24° 30′ 29.81″]**. Von dort führt ein holzbeplankter Rundweg durch die Marschen am Meer.

Noch weiter östlich kommt man am Meer zum Aussichtsturm **Mai Linnuvaatlus Torn [N58° 21′ 57.70″ E24° 31′ 34.85″]**, der auch gerne zur Beobachtung von Strand- und Wasservögeln genutzt wird.

Bei klarer Sicht kann man von hier bis zur **Insel Kihnu** sehen, die in der Bucht von Pärnu liegt. Der Leuchtturm an der Südspitze der Insel ist meist gut erkennbar.

Interesse an Reptilien? Dann sollten Sie dem **Mini-Zoo (10) [N58° 23′ 12.5″ E24° 29′ 44.0″]** einen Besuch abstatten *(geöffnet 1. Juni - 31. Aug Mo - Fr 10 - 18 Uhr, Sa + So 11 - 17 Uhr; in der übrigen Zeit schließt man eine Stunde früher; https://*

PRAKTISCHE HINWEISE – PÄRNU

Touristeninformation (4) [N58° 23′ 06.8″ E24° 29′ 57.0″], Uus 4, 80011 Pärnu, Tel. +372 447 30 00; www.visitparnu.com; im Rathausgebäude. *Geöffnet 15. Mai - 15. Sept. tgl. 9 - 18 Uhr; 16. Sept. - 14. Mai Mo - Fr 9 - 17 Uhr, Sa + So 10 - 14 Uhr.*

RESTAURANTS

Steffani Pizzarestoran, Nikolai 24, www.steffani.ee, Pizza in allen erdenklichen Varianten, Salate, Pasta, aber auch andere Gerichte, man kann auch draußen sitzen.

Supelsaksad, Nikolai 32, www.supelsaksad.ee; das stadtbekannte und traditionsreiche Kaffeehaus wurde schon als „Bestes Café in Estland" ausgezeichnet. Man kann hier auch etwas essen (Salate, Pasta etc.) und dabei das gelegentlich recht illustre Publikum betrachten. Im Suplesaksad verkehrt Jung und Alt.

CAMPING

Camping Konse Motel [N58° 23′ 04.8″ E24° 31′ 33.7″], Suur-Jõe 44a, Tel. +372 534 35 092; www.konse.ee/de/. 1. Jan. – 31. Dez.; im östlichen Stadtbereich von der Straße 4 an der ampelgeregelten Kreuzung am Maxima Supermarkt abzweigen, beschildert; zwei getrennte Wiesen mit einigen Bäumen, auch einige befestigte Stellflächen, direkt am Fluss Pärnu, hinter einem Fabrikgelände; ca. 1,4 ha – 100 Stpl.; gute Sanitärausstattung. Restaurant, Café, Sauna, Waschmaschine, Trockner, Sauna, WLAN, Internetecke, Fahrrad- und E-Bikeverleih. Miethütten. Campingküche. V & E für Wohnmobile. Gästehaus mit 30 Fremdenzimmern.

Camping Solar Caravan Park [N58° 25′ 27.01″ E24° 21′ 45.23″], Lõosilma talu, Lemmetsa küla, Tel. +372 566 21 955; www.solarcaravan.ee/de/; 1. Jan. – 31. Dez.; von Pärnu auf der Straße 60 (Pärnu - Lihula) ca. 8 km westwärts bis zum Abzweig zum Platz; ebene Wiese, durch junge Bepflanzung unterteilt; ca. 2 ha – 60 Stpl.; Standardsanitärausstattung. Imbiss, Kiosk, WLAN, Grillstelle, Fahrradverleih. Strom wird vollständig mit Solarenergie erzeugt.

www.visitestonia.com/de/minizoo-1). Der Name des Tiergartens ist Programm, denn ein größeres Lebewesen als eine 5 m lange Netzpython wird man hier nicht finden. Hauptsächlich sind Schlangen, Spinnen und Reptilien zu sehen. Der Mini-Zoo stellt aber nicht nur Tiere aus. Hier wird auch gezüchtet und über die Lebensweisen der Tiere geforscht.

ROUTE: Weiterreise von Pärnu und auf der Straße 60 über ***Audru*** *nordwestwärts nach* ***Lihula****, 59 km. Hier trifft man auf die Straße 10. Ihr folgen wir links (südwestwärts)s bis zum Hafenstädtchen* ***Virtsu,*** *23 km. Touristen bedienen sich der rechten Fahrspur „Regular".*

Die **Fähren von Virtsu [N58° 34' 22.0" E23° 30' 41.1"]** nach **Kuivastu** auf der **Insel Muhu** pendelt bis zu 20 mal täglich. Die Überfahrt dauert ca. 30 Minuten.

Insel Muhu

Die **Insel Muhu** ist die drittgrößte Insel Estlands. Auf dem Eiland leben rund 2.000 Menschen. Sie haben viel von ihrer eigenständige Tradition bewahrt.

Auf den nationalen Sängerfestivals fallen die Sänger von Muhu immer besonders auf, da ihre Trachten äußerst farbenfroh sind. Die Männer tragen schwarz-orangefarbene Strickjacken und die Frauen gelbgestreifte Röcke.

Auf der Hauptstraße 10, die quer über Muhu verläuft, erreicht man nach rund 13 km zwischen den Orten **Viira** und **Liiva** die **Katharina-Kirche - Katariina kirik [Parkplatz, N58° 36' 14.4" E23° 13' 36.6"]**, einen Kirchenbau aus dem Jahre 1267, der durch seine teleskopartige Bauweise auffällt und im Inneren eine schöne **Holzkanzel** im Renaissance-Stil aufweist. Wie so vielen Kirchen auf Muhu und Saaremaa fehlt auch hier der Kirchturm. Neben der Kirche liegen uralte, halb in der Wiese versunkene Wegkreuze und die Campingmöglichkeit Aki (s. u.).

Man sollte Muhu aber nicht einfach nur durchqueren. Machen Sie – wenn Sie ein bisschen Zeit mitbringen – einen Abstecher zum südlichen Teil des Eilands und besuchen Sie dort den **Gutshof Pädaste**. Das Anwesen besteht aus einigen Gehöften, die als Lehngut zusammengeschlossen wurden und seit 1566 das Gut Pädaste bilden. Die Gutsbesitzer wechselten sich im Laufe der Zeit immer wieder ab, stammten aber in der Regel aus den Adelsfamilien Saaremaas.

Der Gutshof wird von fünf Granitgebäuden umgeben und liegt so nah am Meer, wie kein anderes Gut im gesamten Baltikum. Den Stallungen und der Käserei gegenüber stehen Schmiede, Werkstatt und Speicher. Das zweistöckige Haupthaus wurde im Jahr 1875 errichtet. Der Pferdestall und die Käseküche wurden zu einer Luxusherberge ausgebaut. Besichtigung war zuletzt nicht mehr möglich!

Im Norden der Insel liegt das kleine Dorf **Kallaste**. Die Küste dort ist sehr steil und bis zu 7 m hoch. Im Laufe der Zeit hat das Meer Höhlen aus den Steilhängen gewaschen. Das Dolomitgestein hier ist ca. 3.000 Jahre alt.

Die Katharina-Kirche in Viira, Insel Muhu

Bauernstube im Museumsdorf Koguva , Insel Muhu

Am westlichsten Zipfel der Insel Muhu (6 km Stichstraße) befindet sich das **Museumsdorf Koguva [Parkplatz, N58° 35' 43.4" E23° 05' 00.3"]** *(geöffnet 15. Mai – 15. Sept. tgl. 9 – 18 Uhr, übrige Zeit Di – Sa 10 – 17 Uhr; www.muhumuuseum.ee)*. Einige der Häuser, die bis zu 200 Jahre alt sind, werden heute noch bewohnt. Ansonsten sind in den Museumshäusern Bauernstuben, Schlafräume, Scheunen, Stallungen, Gesinderäume, Werkstätten etc. aus früheren Jahrhunderten zu besichtigen.

Kurz bevor man den Damm hinüber auf die Insel Saaremaa überquert, passiert man das linkerhand gelegene kleine Dorf **Linnuse**. Gleich an der Straße sieht man die 1980 komplett restaurierte **Windmühle Eemu tuulik [Parkplatz, N58° 34' 53.73" E23° 9' 54.44"]**, die einzige Bockmühle von 1881 auf rundem Sockel aus Naturstein weit und breit, die noch in Betrieb ist und besichtigt werden kann *(geöffnet 15. Mai - 15. Sept. tgl. 9 - 18 Uhr; 16. Sept. - 14. Mai Mi - So 10 - 17 Uhr; https://www.visitestonia.com/en/eemu-windmill)*.

Insel Saaremaa

Die Insel Saaremaa ist mit der Insel Muhu durch einen Damm verbunden.

Ein Pastor namens Carl Wilhelm Freundlich aus Liiva hatte die Idee zu diesem 1896 fertig gestellten Damm, der zu Beginn natürlich nicht so befestigt war wie heute. Im Winter kam es

CAMPING

Liiva/Viira, Insel Muhu

Camping Aki Körts [N58° 36' 14.2" E23° 13' 28.3"], Liiva, Viira, Tel. +372 514 82 11; www.muhu.info/aki-Kamping; Mai – Okt.; einfache Campingmöglichkeit (ca. 1 ha, Waschmaschine, Trockner) bei einem Gasthof/Pub, acht Mietbungalows, direkt neben der Katharinenkirche in Liiva.

Voose

Camping Voosemetsa [N58° 38' 44.54" E23° 39' 40.53"], Tel. +372 505 26 79; https://www.visitestonia.com/de/erholungsdorf-des-ferienhofs-voosemetsa; 1. Mai – 30. Sept.; rund 12 km nordöstlich des Fährhafens Virtsu und ca. 2,5 km nördlich der Straße 10 (Lihula – Virtsu); naturbelassene Waldwiese mit Einfachausstattung, bei einem Wohnhaus.

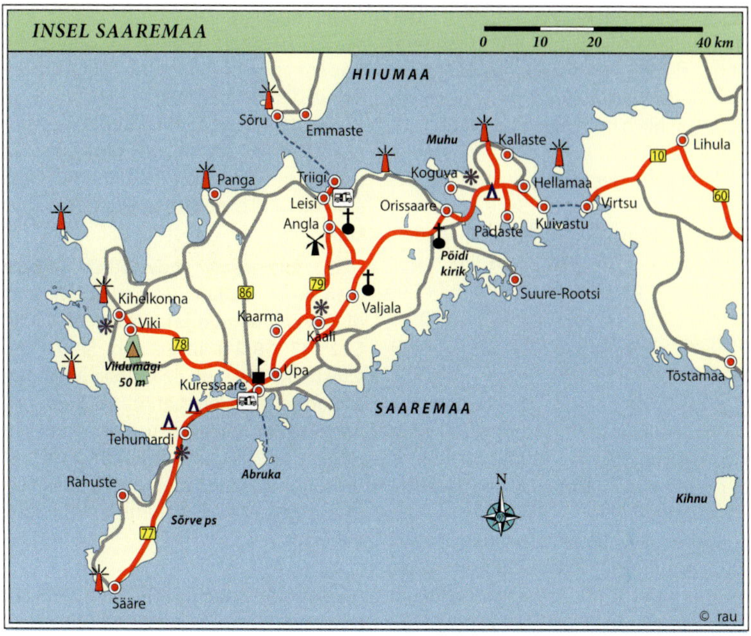

deshalb oft genug vor, dass das Eis der Ostsee den Damm zur Seite drückte. Erst im Laufe der Zeit wurde die Straße befestigt. Nun war ganzjährig ein gefahrloses Passieren möglich. Bis zum Jahr 1914 existierte sogar ein Wärterhäuschen am Ufer von Muhu, in dem ein Bediensteter den Verkehr über den Damm regelte.

Der Bau des Dammes war aber auch ein Eingriff in die Natur. Die durch den Damm geschlossene Meerenge zwischen den beiden Inseln wächst nun auf Grund der ausbleibenden Strömung mit Schilf langsam zu.

Benannt wurde der Damm, dessen Bau vier Jahre dauerte, offiziell nach dem russischen Gouverneur Zinovjev. Die Esten aber nannten ihn **Väina tamm** (Damm der Meerenge).

An der Stelle, wo sich vor hundert Jahren das erwähnte Wärterhäuschen befand, sind heute das **Kriegsdenkmal** der trauernden Mutter und ein **Gedenkstein** zum Dammbau zu sehen.

Saaremaa ist mit einer Fläche von 3.000 qkm nicht nur die größte Insel Estlands, sondern auch die größte Insel des gesamten Baltikums und sie ist – nach dem schwedischen Gotland – die zweitgrößte Insel in der Ostsee.

Bevor Estland seine Unabhängigkeit wieder erlangte, war die Insel eine rein landwirtschaftliche Region. Noch heute sind die dort hergestellten Fisch-, Milch- und Fleischprodukte nicht nur bei Urlaubern sehr beliebt. Zudem macht die gute Infrastruktur die Insel mittlerweile zu einem beliebten Reiseziel. Über 200.000 Touristen kommen jedes Jahr nach Saaremaa.

Traditionsgemäß gelten Saaremaa und seine Bewohner als sprichwörtlich ruhig und friedfertig. Es wird erzählt, dass die Einwohner lange gar nicht auf die Idee kamen, ihre Haustüren abzusperren.

Nur rund 3 km nordwestlich des Straßendammes liegt der Küstenort **Orissaare,** der eine kuriose Gemeindechronik hat.

In den 1920er Jahren plante man hier eine Industriesiedlung. Zusätzlich sollten 50 Haushalte angesiedelt werden. Doch eines hatten die Planer vergessen – die Flächen für die Industrieanlagen auszuweisen bzw. zu schaffen. Den Neusiedlern blieb nun nichts anderes übrig, als sich in das ländliche Leben der hier bereits ansässigen Bewohner, die hauptsächlich in der Viehzucht tätig waren, einzufügen.

Im Laufe der Zeit entwickelte sich Orissaare zu einem Bezirkszentrum. Darüber hinaus kann der Ort, in dem heute rund 1.100 Menschen leben und der schon von weitem durch die riesige Sendeantenne zu erkennen ist, einen Segelhafen vorweisen, eine Einrichtung, die Orissaare den Weg hin zum Urlaubsort ebnen soll.

Nur fünf Autominuten weiter nördlich erreicht man bei **Maasi** die Ruinen der ehemaligen **Ordensburg Masilinna** aus dem 14. Jh.

Neben dem Segelhafen von Orissaare sieht man ein altes Schiff. Es ist ein historisches Schiff. Man entdeckte es 1985 vor der Küste im lehmigen Meeresboden wieder und fand heraus, dass der Kahn ein Frachtsegler war, mit dem Steine und Kalk für den Bau der Ordensburg antransportiert wurden.

Zerstört wurde die Ordensburg übrigens auf Befehl des dänischen Königs, der sie sprengen ließ, damit sie nicht in die Hände der Schweden falle. Die Burg wird restauriert.

*ROUTE: Zurück zur Hauptstraße 10 und weiter über **Valjala** nach **Kuressaare.***

Unweit südöstlich der Einmündung der Straße 75 aus Orissaare in die Straße sieht man die **Pöide-Kirche [N58° 30' 34.0" E23° 02' 54.7"]**, die mehr an eine Festung als an eine Kirche erinnert. Hohe Kalksteinmauern mit schmalen Fensteröffnungen prägen das Bild des Gotteshauses.

Im Inneren ist der Chorbereich mittlerweile restauriert worden, nachdem 1940 der Kirchturm durch einen Blitzeinschlag in Brand geraten, die Kirche nach dem Krieg geplündert und das gesamte Bauwerk anschließend als Heuschober benutzt worden war. An der Kanzel auf der Nordseite befindet sich ein Grabstein, der an einen Ritter erinnert. Dieser ehemalige estnische Gutsherr wurde im dänischen Kopenhagen enthauptet, weil er sich zu Schweden bekannte.

Bei der Kirche liegt einer der ältesten Gutshöfe Saaremaas, das **Gut Oti,** das sich heute in Privatbesitz befindet. Dort starb 1917 der deutsche Dichter Walter Flex.

25 km weiter südwestlich kommt man durch **Valjala**. Bemerkenswert ist die **Kirche von Valjala [N58° 24' 29.3" E22° 47' 18.2"]** linkerhand. Sie ist die älteste Kirche auf Saaremaa und hat romanische Stilelemente. In ihrer unmittelbaren Nähe kann man noch die Reste einer bis zu 8 m hohen und 120 m langen Wallmauer erahnen, die einstmals zu einer hier stehenden Wallburg gehörte.

*ROUTEN: Nach weiteren 27 km erreicht man schließlich **Kuressaare.***

Kuressaare, an der Südküste von Saaremaa gelegen, ist mit rund 15.000 Einwohnern der Hauptort der Insel und sowohl ihr wirtschaftlicher, als auch ihr gesellschaftlicher Mittelpunkt.

Geprägt wird Kuressaare, das als kleiner Marktflecken am Ufer des Põduste-Fluss entstand, von der gut erhaltenen, stark befestigten **Bischofsburg [nördl. Zugang, N58° 14' 57.0" E22° 28' 53.7"]**. Das westestnische Bistum hatte die Festung errichten lassen, als die Stadt gegen Ende des 14. Jh. zum Bischofssitz erhoben worden war und Kuressaare durch den Ausbau seiner Handelsbeziehungen, insbesondere mit Rīga, wirtschaftlich erstarkte.

Eine schleichende, aber unabwendbare Anhebung des Meeresbodens hatte im Laufe der Jahrhunderte die fatale Folge, dass das Hafenbecken immer kleiner und seichter wurde. Andererseits verlangten die größer werdenden Handelsschiffe aber immer tiefere Häfen. Der Stern der Hafen- und wichtigen Seehandelsstadt begann zu sinken. Erschwerend kam hinzu, dass das Bistum aufgelöst und nun die Ländereien durch den dänischen König verwaltet wurden. Nur der Bruder des Königs hatte noch Hoffnung auf eine florierende Wirtschaft und verlieh dem Ort im Jahr 1563 die Stadtrechte.

Immer wieder auftretende Feuersbrünste zerstörten fast schon regelmäßig die alten Holzhäuser. Das Rathaus aus dem 17. Jh. und eben die Burg sind die einzigen Gebäude, die die Brände überstanden. Der letzte verheerende Feuersturm fand während des Nordischen Krieges im Herbst 1710 statt.

Weitere Einzelheiten zur Geschichte von Kuressaare sind im **Saareemaa Museum,** dem Museum der Burg, zu besichtigen, die als eine der besterhaltenen Festungen des Baltikums gilt *(geöffnet 1. - 16. Aug. Mi - So 11 - 18 Uhr; 17. Aug. - 30. Sept. tgl. 11 - 18 Uhr; 1. Okt. - 30. Apr. Mi - So 11 - 18 Uhr, letzter Einlass 1 Std. vor Schließung; www.saaremaamuuseum.ee/en/)*. In der obersten Etage des Hauptturms mit den diversen Museumsabteilungen befindet sich auch ein nettes Café.

Gebaut wurde die mächtige Burg in der zweiten Hälfte des 13. Jh. Im Laufe der Jahrhunderte wurde sie immer wieder erweitert. So stammen die Rundtürme aus dem 15. und die hohen Erdwälle um die Burg herum aus dem 16. bis 18. Jh. Zwischen der Burg und den Wällen schwappte einst das Wasser der Ostsee. Die Burg von Kuressaare war zur damaligen Zeit eine Festung, die man besser gar nicht versuchte anzugreifen.

Eine Besichtigung des Inneren lohnt sich vor allem wegen des gotischen **Kapitelsaals**, der auch als Festrefektorium genutzt wurde und der **Bischofswohnräume**. Beachtung verdienen aber auch die naturkundlichen Ausstellungen, die Sammlungen zur Stadtgeschichte und zur Schifffahrt sowie die Abteilung über die Zeit des Zweiten Weltkriegs und die Zeit der „Sowjetischen Okkupation und Repressalien auf Saaremaa zwischen 1940 und 1953".

Noch vor wenigen Jahren herrschte eine Tristesse im Stadtbild von Kuressaare, die Touristen eher abschreckte. In sehr kurzer Zeit hat sich aber viel getan.

In der Stadt entstanden zahlreiche neue Gebäude. Unter anderem wurden zwei neue Gesundheitszentren gebaut. Man will an die Zeiten der 1930er Jahre anknüpfen, als Heilschlamm die Stadt zu einem beliebten Kurort gemacht hatte. Die erste Heilschlammbadeanstalt wurde 1840 gegründet. Weitere folgten. Heute existieren wieder mehrere moderne Thermen- und Kurhotels. Wie das Spa Hotel Meri oder das Spa Hotel Rüütli.

Kuressaare, Zugang zur befestigten Bischofsburg

Denkmal des Riesen Töll und seiner Frau Pirit vor dem Spa Hotel Meri in Kuressaare

Vor dem Spa Hotel Meri, bei dem sich auch der Wohnmobil-Stellplatz befindet, sieht man ein **Denkmal des Großen Riesen Tõll und seiner Frau Pirit [N58° 14′ 50.1″ E22° 28′ 23.7″]**, die stolz ein mit Fischen voll beladenes Boot tragen. Die beiden freundlichen Riesen, „die warmherzig, fleißig und gerecht waren, wie Insulaner so sind", halfen Fischern, die in Gefahr waren, so die Sage.

Die Altstadt von Kuressaare, wie man sie heute sehen kann, stammt weitgehend aus dem 18. und 19. Jh. Im **Rathaus**, das direkt am Zentralplatz gelegen ist, befindet sich heute die **Touristeninformation [N58° 15′ 10.0″ E22° 29′ 07.3″]**. Über dem Rathausportal steht der lateinische Text: „Immer füllt es seine Pflicht zu Gunsten der Menschen, wobei es sich immer von seiner Bürgerschaft beraten lässt."

Parkplätze [N58° 15′ 07.03″ E22° 29′ 15.9″] findet man z. B. östlich vom Touristenbüro am Ende der Straße Raekoja.

Wenn Sie das Rathaus verlassen und nach rechts abbiegen, gelangen sie automatisch zur **Laurentiuskirche [N58° 15′ 13.8″ E22° 29′ 11.4″]**, die sich auf der linken Seite befindet. Sie wurde im spätklassizistischen Stil erbaut.

An den östlichen Stadtrand grenzt der Nachbarort **Kudjape [N58° 15′ 48.4″ E22° 31′ 27.6″]**. Dort findet man den Friedhof von Kuressaare, der 1780 angelegt wurde und den Namen des einstigen Gutshofes trägt, der einmal hier stand (Zufahrt auf unbefestigter Staubstraße). Die Grabsteine des Friedhofes erzählen dem Besucher die gesamte estnische Geschichte. Man findet zahlreiche deutsche Namen der hier früher lebenden so genannten Deutschbalten, bei denen es sich um angesehene Einwohner und Adelsfamilien handelte. Außerdem sieht man Gedenksteine, die an die Deportationen im Zweiten Weltkrieg erinnern oder auch an den Untergang des Fährschiffes Estonia. Im westlichen Teil des Friedhofes liegen die Gräber der im Zweiten Weltkrieg gefallenen Soldaten ungeachtet ihrer Nationalität nebeneinander.

Südlich von Kuressaare liegt die 9 qkm große **Insel Abruka** in der Ostsee. Ihr größter Teil steht unter Naturschutz, bietet dennoch Platz für ein Gästehaus, einen Zeltplatz und einen Friedhof, auf dem sich ein Denkmal für die Opfer des Estonia-Unglücks befindet. Nach Abruka pendelt eine **Fähre** von **Roomassaare [N58° 13′ 04.9″ E22° 30′ 19.7″]** (südlich von Kuressaare) aus. Sie fährt in der Zeit von Mitte Mai bis Ende

September Di + Fr um 9 und 14.30 Uhr, So um 16 Uhr. Änderungen möglich! Neueste Zeiten bitte im Touristenbüro erfragen.

Falls Sie auf die nachstehend beschriebenen **Abstecher** verzichten, bitte weiter mit **„Hauptroute"** weiter hinten!

Abstecher auf die Halbinsel Sõrve

*ROUTE: Von **Kuressaare** aus führt die breite Landstraße 77 über **Nasva** und **Tehumardi** südwestwärts erst zur schmalsten Stelle der Insel bei **Salme** und weiter auf die **Halbinsel Sõrve.***

PRAKTISCHE HINWEISE – KURESSAARE

Touristeninformation [N58° 15′ 10.0″ E22° 29′ 07.3″], Tallinna 2, im Rathaus, 93819 Kuressaare, Tel. +372 453 31 20; www.saaremaa.ee; www.visitestonia.com. *Geöffnet Mo - Fr 9 - 18 Uhr.*

RESTAURANTS

La Perla, Lossi 3, Tel. +372 453 69 10; www.laperla.ee/. Klassische italienische Küche, italienische Weine, angenehmes Ambiente.

Veski Windmill Tavern, Pärna 19, Tel. +372 453 37 76; www.saaremaaveski.ee. Ein in einer alten Windmühle eingerichtetes gemütliches Restaurant, inklusive Sitzmöglichkeit auf dem Balkon, Live-Musik.

WOHNMOBIL-STELLPLÄTZE

Wohnmobil-Stellplatz Kuressaare [N58° 14′ 53.4″ E22° 28′ 24.5″], Pargi 16. Ganzjährig zugängliche, gebührenpflichtige Stellplatzmöglichkeit auf dem **Parkplatz** neben dem **Saaremaa Spa Hotel Meri**, kurz vor dem Jachthafen City Harbour, Tel. +372 452 21 00, Anmeldung im Hotel. Schattenloser, ebener, asphaltierter, sehr nüchtern wirkender Parkplatz, auf dem man wie auf einem Präsentierteller steht. Platz für ca. 10 Einheiten. Stromanschlüsse. Chemikalausguss. WC- und Duschenbenutzung (Gebühr) im Hotel. Restaurant im Hotel. Die Fitness- und Badeeinrichtungen im Hotel und im benachbarten Rüütli Spa Hotel können (teils gegen Gebühr) mitbenutzt werden. Vor dem Hotel und dem Stellplatz befindet sich eine lange Grünfläche und ein kleines Hafenbecken mit dem Riesen Töll Denkmal. Dahinter sieht man hinter Bäumen die Türme der Bischofsburg.

Wohnmobil-Stellplatz Suure Tõllu Puhkeküla beim Feriendorf Suure Tõllu Puhkeküla, Tel. +372 454 54 04; www.suurtoll.ee; rund 3 km nordöstlich von Kuressaare bei Lilbi an der Straße 10 gelegen; 30 gebührenpflichtige Stellplätze bei einem Feriendorf mit Gästehäusern (69 Zi.), 20 Miethütten, Restaurant, Bar, Grillstelle, Fahrradverleih, WLAN, sowie Duschen, WC und Chemikalausguss.

CAMPING

Mändjala

Camping Mändjala [N58° 13′ 07.4″ E22° 19′ 53.1″], Mändjala küla, Kaarma vald, Tel. +372 502 97 06; www.mandjala.ee; 1. Juni – 31. Aug.; ca. 11 km südwestl. von Kuressaare an der Straße 77 auf der linken Seite gelegen; weitläufiges, welliges Pinienwaldgelände bis ans Meer reichend; Touristenplätze hauptsächlich in Strandnähe neben dem Beachvolleyballplatz in Waldkojen mit sandigem Untergrund, relativ weite Wege zu den Sanitäranlagen, sep. Duschhaus (Gebühr). Ca. 15 ha – 100 Stpl., 60 Miethütten. Restaurant in Saison. Das Plus dieses Platzes ist einzig sein vorgelagerter weiter Sandstrand.

Tehumardi

Camping Tehumardi Puhkekeskus [N58° 10' 48.2" E22° 15' 10.6"], Tel. 372 457 16 66; www.tehumardi.ee; Anf. März – Ende Okt.; 17 km südwestl. von Kuressaare, Einfahrt unmittelbar an der Straße 77 Richtung Sääre, beschildert. Ebenes Gelände mit lichtem, hochstämmigen Pinienbestand, von Wald umgeben. Im Eingangsbereich kleiner Teich. Einige Stellplätze befestigt. Einer der einladendsten Plätze im Bereich von Kuressaare. Ordentliche, zeitgemäße Sanitärausstattung; V & E für Wohnmobile. WLAN. Boots- und Fahrradverleih. Miethütten. Zum Meer über die Straße ca. 500 m.

Der kleine Ort **Tehumardi** war Schauplatz einer blutigen Schlacht wie sie die Insel nie zuvor erlebt hat, als sich hier in der Nacht auf den 9. Oktober 1944 1.500 Soldaten der deutschen Wehrmacht und der Roten Armee gegenüber standen. Rund ein Drittel der Soldaten kamen bei diesem Nahkampf ums Leben.

Ganz in der Nähe des Campingplatzes findet man zwischen Straße und Meer die **Tehumardi Lahinguväli Gedenkstätte [N58° 10' 37.5" E22° 15' 12.6"]** zu Ehren der in den Kämpfen im Oktober 1944 gefallenen russischen und deutschen Soldaten. Der Bildhauer Matti Varik schuf das Denkmal, das 1967 enthüllt wurde und das an diese blutige Nacht erinnert.

Andere „Denkmäler" auf der Halbinsel Sõrve sind verbliebene Ortsschilder, zu denen der passende Ort fehlt. Die Orte wurden ebenfalls im Zweiten Weltkrieg zerstört und nicht wieder aufgebaut.

Ein ganz anderes Andenken an die Vergangenheit ist der griechische Frachter „Volare", der im Jahr 1980 vor der Halbinsel strandete. Das Schiffswrack befindet sich dort wo der Lõu-Fluss in die Ostsee fließt.

Abstecher von der Hauptstraße an die Küste sind nicht immer einfach, da sie in aller Regel über unbefestigte, sandige Wege führen.

Mehrere meterhohe **Sanddünen** prägen das Bild der **Halbinsel Sõrve**, die rund 30 km in die Ostsee hinausragt. Sie ist trotz der Nähe zur Inselhauptstadt Kuressaare relativ ruhig und beinahe menschenleer.

An der Südspitze der Halbinsel liegt die **Sääre-Nehrung**, die einstmals besiedelt war. Das Dorf Sääre existiert heute nicht mehr. Nur ein **Leuchtturm** aus dem Jahr 1960 ist von der Siedlung übrig geblieben. Und selbst hier trifft man nur noch einmal im Monat auf einen Mitarbeiter, wenn dieser zur Technikkontrolle vorbeischaut. Ein Vorgänger des heutigen Leuchtturmes wurde schon im Jahr 1170 erbaut und mit Holz und später mit Öl betrieben. Leider ist von ihm seit November 1944 nichts mehr zu sehen. Er wurde damals gesprengt.

Am Beginn der Nehrung liegt rechts der Straße das **Sõrve Militaarmuuseum [N57° 55' 7.90" E22° 3' 26.86"]**, das täglich geöffnet ist. Zusehen sind hier neben Relikten aus der sowjetischen Militärzeit auch naturgeschichtliche Ausstellungen.

Abstecher in den Westteil der Insel Saaremaa

*ROUTE: Ausgehend von Kuressaare kann man auf der Straße 78 über **Kärla** und **Viki** nach **Kihelkonna** an der zerrissenen, buchtenreichen Westküste von Saaremaa fahren, 33 km*

In **Kihelkonna [N58° 21' 36.6" E22° 02' 10.8"]** stand einstmals eine Kirche ohne Turm. Die Leute von Kihelkonna wollten ihre Kirche absichtlich ohne Turm und so niedrig wie nur irgend möglich bauen, damit sie von See aus von Seeräuber und Piraten nicht gesehen werden konnte. Geholfen hat die Vorsichtsmaßnahme offenbar wenig, das Bauwerk aus dem 13. Jh. wurde trotzdem mehrfach geplündert.

Die Kirche von Kihelkonna, die 1899 schließlich doch noch einen Turm bekam, ist heute das einzig Sehenswerte im Dorf. Im Kircheninneren ist ein Altar aus dem 16. Jh. zu sehen.

Geht man an der Kirche vorbei, sieht man einen weiteren Glockenturm. Dieser relativ niedrige Turm stammt aus dem 17. Jh. und ist so platziert, dass auch er vom Meer aus nicht gesehen werden konnte.

Lebhaftere Zeiten erlebte Kihelkonna, als es als Seehafen einen rasanten Aufschwung und eine gewisse Berühmtheit erlebte. Das Postamt wurde sogar mit einem Telegrafen und einem Telefonapparat ausgestattet und Geschäfte siedelten sich an.

Im Westen von Kihelkonna beginnt der **Vilsandi-Nationalpark,** einer der ältesten geschützten Naturräume Europas. Seit dem Jahr 1914 kann man dort Vogelbeobachtungen nachgehen.

Vilsandi, eine 8 qkm große Insel, ist Teil des Nationalparks. Sie zieht jedes Jahr zahlreiche Ornithologen an, da das kleine Eiland von einer großen Anzahl Seevögeln als Brutgebiet aufgesucht wird. Die Insel, die im Norden von Kiefernwäldern bedeckt und im Süden eher kahl ist, kann von Papisaare aus mit dem Schiff erreicht werden.

In **Viki**, ca. 3 km südöstlich von Kihelkonna, befindet sich das **Bauernhofmuseum - Mihkli talumuuseum [Parkplatz, N58° 21′ 00.1″ E22° 04′ 52.7″]** *(geöffnet 15. - 31. Mai + 24. Aug. - 26. Sept. Mi - So 10 - 16 Uhr; 1. Juni - 13. Aug. tgl. 10 - 17 Uhr; www.saaremaamuuseum.ee/en/branches/mihkli-farm-museum/).* Gegründet im Februar 1959, handelt es sich um einen typischen Bauernhof West-Saaremaas. Zu sehen gibt es in den acht Gebäuden des Hofes Arbeitsgeräte und Gebrauchsgegenstände. Vieles stammt noch aus dem frühen 19. Jh. als der Hof entstand. Lediglich die neue Mühle, rund 100 m entfernt, stammt aus dem Jahr 2001. Sie ersetzt die 1994 abgebrannte Mühle.

Ein gutes Stück weiter südöstlich von Viki und östlich des Weilers Lümanda liegt der **Viidumägi [N58° 17′ 53.7″ E22° 05′ 58.1″],** die mit 59 m höchste Erhebung der Insel. Als Höhenrücken oder gar als Berg kann man den Viidumägi kaum bezeichnen. Aber immerhin war es die erste Landfläche von Saaremaa, so sagen es Wissenschaftler, die zu sehen war, als sich die Insel in grauer Vorzeit vor mehreren Jahrtausenden langsam aus dem Meer erhob. Noch immer erhebt sich die Insel Saaremaa langsam weiter aus der Ostsee. Es wird sogar vermutet, dass es nur noch wenige Jahrhunderte dauern wird, bis Saaremaa mit der benachbarten Insel Muhu zusammengewachsen sein wird.

Vom Viidumägi aus hat man einen schönen Blick über den Westteil von Saaremaa und besonders über das **Naturschutzgebiet Viidumäe**, in dem sich viele seltene Pflanzenarten befinden. Stolz sind die Insulaner auf

Bauernhofmuseum Mihkli bei Viki

eine endemische Pflanze, die nur hier gedeiht, den *Saaremaa-Klappertopf* (Rhinanthus osiliensis). Wer sich dafür interessiert, kann sich durch das Naturschutzgebiet führen lassen und die **Viidumäe-Ausstellung** besichtigen *(geöffnet tgl. zu jeder Zeit; www.visitestonia.com/de/naturlehrpfad-viidumae).*

HAUPTROUTE

ROUTE: Von Kuressaare auf der Straße 10 ein kurzes Stück nach Nordosten bis ***Upa.*** *Dort zweigen wir links ab auf die Straße 79 und fahren nordwärts nach* ***Kaarma.***

Die einzige Kirche auf der ganzen Insel Saaremaa, die zwei Kirchenschiffe aufweist, findet man in **Kaarma**. Ursprünglich stand hier eine Kirche mit nur einem Schiff. Der Boden unter dem Gotteshaus aber war zu weich, die Kirche senkte sich allmählich mit der Folge, dass das Deckengewölbe einstürzte. Beim Neubau Anfang des 15. Jh. plante man eine weitere Reihe von Stützpfeilern, die das Langhaus nun in zwei Schiffe teilte.

Interessant ist hierbei eine Gedenktafel, die an diesen Wiederaufbau erinnert. Sie ist am Portal des barocken Turmes zu sehen. Es ist jedoch nicht bekannt, wann genau die Tafel dort angebracht wurde. Sollte sie gleichzeitig mit dem Wiederaufbau angebracht worden sein, dann wäre der Text in estnischer Sprache ungewöhnlich alt.

In unmittelbarer Nähe der Kirche kann man einen kleinen **Erdwall** erkennen. Er ist ein Überbleibsel einer ehemaligen Wallburg, die sich einst in Kaarma befand.

In Kaarma wird der wichtigste Bodenschatz von Saaremaa abgebaut – **Dolomit**. Dolomit entsteht aus kalziumreichem Sedimentgestein unter Hinzufügung von Magnesiumsalzen. Aus Dolomit sind Gebäude in Kuressaare gebaut, auch die meisten Grabsteine auf dem Friedhof von Kudjape bei Kuressaare sind aus diesem Stein gemacht. Zu den namhaften Gebäuden Estlands, die zumindest zu Teilen aus Kaarma-Dolomit bestehen, zählt z. B. die Nationalbibliothek in Tallinn.

In Kaarma gibt es einige Steinmetzwerkstätten, die sich auf die Dolomit-Bearbeitung spezialisiert haben. Souvenirs aus Dolomit, kleine Vasen z. B. oder Mörser u.a. sind sehr beliebt.

Abstecher nach Panga

ROUTE: ***Panga*** *liegt rund 35 km weiter nordwestlich an der Küste, zu erreichen über die Straße 86.*

Bei ausreichend zur Verfügung stehender Zeit lohnt der Weg nach **Panga [Parkplatz Panga Cliff, N58° 34' 11.5" E22° 17' 25.4"]** vor allem wegen der **schroffen Steilküste**, die sich hier 21 m hoch senkrecht aus der Ostsee erhebt. Bei klarer Sicht ist von den Klippen aus der Leuchtturm von Kõpu auf der weiter nördlich gelegenen Insel Hiiumaa zu erkennen.

Am Fuße der Steilküste gibt es einen Parkplatz, von dem aus man Spaziergänge am steinigen Strand unternehmen kann.

Bis Ende des 19. Jh. war die schmale Küste östlich von Panga dicht mit Fischerkaten besiedelt. In den damals noch überaus fischreichen Gewässern vor der Insel wurde vor allem nach Sprotten, Strömling und Flundern gefischt, die gesalzen und in Fässern eingelegt oder geräuchert per Segelschiff nach Tallinn (Reval) geliefert wurden. Das Gewerbe war offenbar so erfolgreich, dass sich in der westlich benachbarten Bucht von Küdema Schiffsbauwerften etablierten.

Im Winter, wenn die Ostsee zugefroren war und das Eis sich an der Küste türmte, ging man auf Robbenjagd. Der wertvolle Robbentran war z. B. bei Sattlern und Schustern als Weichmacher für derbes Leder sehr begehrt.

Das Ende der Fischersiedlungen kam mit der Okkupation 1944. Boote und Siedlungen wurden zerstört und es wird berichtet, dass die Bewohner scharenweise in kleinen überfüllten Booten nach Schweden flüchteten.

Der Leuchtturm an der Küste stammt aus der Sowjetzeit um 1960.

HAUPTROUTE

ROUTE: Kaarma verlassen wir ostwärts auf der kleinen Landstraße, treffen nach wenigen Kilometern auf die Straße 79, der wir nordwärts Richtung ***Leisi*** *folgen. Schon nach 6 km führt ein Abzweig nach rechts (südöstlich) in Richtung* ***Kaali****.*

Ein kleiner kreisrunder **See** beim Ort **Kaali** ist eine der Hauptattraktionen auf der Insel Saaremaa. Jedes Jahr kommen rund 50.000 Menschen hierhin, um das Naturphänomen zu bestaunen.

Der mitten in einem Wald gelegene Tümpel, der weder Zu- noch Abfluss hat und dessen Wasser leicht grünlich schimmert, ist zudem von einem mehrere Meter hohen Erdwall umgeben, der nicht von Menschenhand geschaffen wurde.

Es ist noch keine hundert Jahre her als man noch davon ausging, der See wäre durch eine unterirdische Gasexplosion entstanden. Doch weit gefehlt. Die Ursache kam weder aus dem Erdinneren noch von diesem Planeten. Der Bergbauingenieur Ivan Reinwald fand im Jahr 1937 einige Meteoritensplitter und konnte eindeutig beweisen, dass es sich bei dem so genannten **Kaali-Krater [Parkplatz, N58° 22′ 17.1″ E22° 40′ 18.7″]** um die Einschlagstelle eines Meteoriten handelt.

In der unmittelbaren Umgebung des Hauptkraters gibt es acht weitere Krater, die durch Bruchstücke des Meteoriten entstanden sind. Es wird vermutet, dass der Einschlag im Zeitraum von vor 3.000 bis 7.000 Jahren statt gefunden haben könnte, doch genau ist das bisher nicht geklärt worden. Der Wasserstand im Kaali-Krater ändert sich je nach Niederschlagsmenge und Jahreszeit.

Weil die naturverbundenen Esten früherer Generationen ungewöhnliche Naturerscheinungen als Heiligtümer ansahen, gaben Sie dem Krater den Namen „Pühajärv“, was so viel wie „Heiliger See“ bedeutet.

Direkt neben dem Wald am Krater gibt es am Parkplatz ein kleines Hotel, das zum Meteoriten-Informationszentrum gehört. Im **Informationszentrum** bzw. im angeschlossenen **Museum für Meteoritik und Kalkstein** *(geöffnet Mai - Sept. tgl. 9 - 20 Uhr; Okt. - Apr. nur nach Voranmeldung; www.visitestonia.com/en/kaali-meteoritics-and-limestone-museum)* erfährt man einiges über Eigenschaften und Materialien eines Meteoriten.

ROUTE: Zurück zur Hauptstraße 79 und weiter nordwärts Richtung ***Leisi.***

Nach rund 18 km passiert man die Weiler Karja und **Angla.** Dort reihen sich fünf historische **Windmühlen [Parkplatz, N58° 31′ 31.0″ E22° 42′ 05.3″]** an der Straße. Sie sind die letzten Zeugen des einstigen Mühlenreichtums von Saaremaa. In den letzten Jahrhunderten arbeiteten auf der Insel insgesamt rund 800 Mühlen, die alle im Laufe der Zeit durch die technische Entwicklung ihre Bedeutung verloren haben. Auch diese fünf Mühlen sind nur noch der Rest einer Gruppe von neun Windmühlen, die einst hier standen. Heute sind sie das beliebteste Fotomotiv auf der Insel. Die Hauptmühle kann besichtigt werden *(Mai - Okt. 10 - 18 Uhr; www.leisivald.ee)*.

RESTAURANT – KAALI

Kaali Trahter Taverne, Tel. +372 459 11 82; www.kaalitrahter.ee/de; rustikales Restaurant mit Freiterrasse, gegenüber vom Hotel. Spezialitäten: Wildschweinbraten und Pithla Bauern-Starkbier.

WOHNMOBIL-STELLPLATZ – KAALI

Wohnmobil-Stellplatz Kaali [N58° 22′ 18.47″ E22° 40′ 22.36″] – Der befestigte Parkplatz neben dem Informationszentrum wird von Wohnmobilfahrern auch als Übernachtungsstellplatz genutzt, was bislang auch toleriert wurde. Toilettenbenutzung gegen Gebühr. Änderung möglich!

Zwei Kilometer östlich liegt die weiße, turmlose **Kirche von Karja [N58° 31'22.7" E22° 43' 52.0"]** aus dem 14. Jh. Sie ist mit einem reichen Innendekor ausgestattet. Zahlreiche aus Dolomit gearbeitete Figuren verzierten die Pfeiler des Bauwerks.

Nördlich von **Leisi** endet die Straße am Fährhafen **Triigi Sadam [N58° 35' 29.9" E22° 43' 01.9"]. Stellplatzmöglichkeit am Fährhafen** vor dem kleinen Jachthafen rechts.

Von Triigi verkehren **Autofähren nach Sõru [N58° 41' 29.0" E22° 31' 18.8"]** auf der unweit nördlich gelegenen **Insel Hiiumaa**. Eine Beschreibung der Insel finden Sie auf der Tour 10, Haapsalu – Insel Hiiumaa.

Man kann den weiteren Reiseweg gehörig abkürzen, wenn man sich der Fähre von Triigi nach Sõru auf Hiiumaa bedient. Allerdings verkehren die Fähren im Sommer montags bis sonntags nur dreimal am Tag, nämlich ab Triigi um 9.30 Uhr, 13.30 Uhr und 20 Uhr. In der übrigen Zeit sind die Abfahrten weniger häufig! Fahrplanänderungen sind möglich! Die Überfahrt dauert rund 1 Std. und 15 Minuten. Infos zu Fahrplanauskünften findet man bei https://veeteed.com/#/en/content/schedules/TRI-SOR.

Bezahlt wird an Bord der Fähre in der Cafeteria. Dort ist Ihr Autokennzeichen hinterlegt, das bei der Einfahrt in die Fähre, zusammen mit der Anzahl der Personen, erfasst worden ist.

*ROUTE: Von Leisi über die in der Nähe der Nordküste von Saaremaa entlang führende Straße über **Orissaare** zum Damm auf die **Insel Muhu**, 34 km.*

*Oder man fährt zurück bis zu den erwähnten Windmühlen, dort südostwärts, vorbei an der Kirche von **Karja,** und über **Koikla** zur Hauptstraße 10. Ihr folgen wir nordostwärts weiter zum Damm (41 km) und fahren quer über die Insel Muhu zur **Fährstation Kuivastu [N58° 34' 22.7" E23° 23' 21.3"]**. Fähre nach **Virtsu**.*

Autofähren zwischen **Kuivastu** (Insel Muju) und **Virtsu** (estnisches Festland) verkehren im Sommer täglich von morgens bis 22.50 Uhr etwa im Stundentakt. In der übrigen Zeit verkehren die Fähren zwar auch täglich, aber weniger häufig. Die Überfahrt dauert knapp 30 Minuten. Infos zu Preisen und detaillierten Fahrplänen findet man unter https://www.praamid.ee/wp/timetable-for-saaremaa-route/?lang=en.

Die Windmühlen von Angla auf der Insel Saaremaa

RESTAURANT – LEISI

Restaurant Sassimaja, Kuressaare maantee 11, Tel. +372 457 3070; gemütliche Gaststube an der Kreuzung nach Triigi. Im Restaurant ist auch eine Art Touristeninformation untergebracht.

WOHNMOBIL-STELLPLATZ – TRIIGI

Wohnmobil-Stellplatz Parking Triigi Sadam [N58° 35' 29.02" E22° 42' 58.03"], Triigi Sadam; ganzjährig zugänglicher Parkplatz am kleinen Bootshafen und Fährhafen (Fähren nach Sõru), östlich von Leisi bei Triigi. Toiletten, Waschbecken, Stromanschlüsse, Grillstelle, Müllcontainer, Strandduschen. Mit EU-Geldern erstellt. Beaufsichtigter Betrieb. Funktion der Installationen nur im Sommer.

In **Virtsu** kann man am nördlichen Ortsrand rechts der Straße 10 das kleine private **Oldtimer-Museum [N58° 35' 12.35" E23° 31' 47.07"]** des pensionierten Juristen Valerie Kirss besuchen, Linnamää tänav 11, *(geöffnet 1. Juni - 1. Sept. tgl. 10 - 18 Uhr; https://www.visitestonia.com/de/oldtimer-museum-von-kirss-in-virtsu oder http://kirsimuuseum.ee/).* Dort sind mehrere Pferdekutschen, alte Autos und Fahrräder ausgestellt, unter anderem auch ein Fahrzeug von Chruschtschow und eines von Stalin. Das Museum ist in der kleinen Scheune eines ehemaligen Herrenhauses untergebracht und hebt sich deshalb wohltuend von großen Ausstellungshallen ab.

*ROUTE: Weiterreise ab Virtsu auf der Straße 10 Richtung Tallinn. Nach 37 km verlassen wir bei **Laiküla** die Straße 10 und zweigen westwärts ab auf die Straße 31, die uns über **Rõude** und **Jõõdre** nach **Haapsalu** bringt, 36 km.*

Haapsalu ist nicht nur Hauptstadt des Landkreises Läänemaa, sondern auch ein beliebter Urlaubs- und Kurort. Viele Gebäude im Zentrum vermitteln noch ein wenig das Flair des 19. Jh. Schon der Komponist Peter Tschaikowsky und gar die russischen Zaren Nikolai I. und Nikolai II. besuchten mit ihren Familien Haapsalu. Der Grund – Haapsalu hatte damals das erste Schlammheilbad weit und breit.

Der Blickfang der Stadt ist nach wie vor die **Bischofsburg [Parkplatz, N58° 56' 53.4" E23° 32' 21.2"]** aus dem 13. Jh. inmitten der Altstadt. Die einst von Zisterziensern errichtete Bastion mit seiner **Domkirche Toom kirik** war ausschlaggebend dafür, dass Haapsalu Stadtrechte erhielt. Der 38 m hohe, markante Wachtturm erhielt bei Ausbauarbeiten im 15. Jh. seinen wehrhaften Charakter.

Die mächtige Bischofsburg von Haapsalu ist noch heute ein deutliches Indiz dafür, dass der Ort vom 13. Jh. an fast 300 Jahre lang ein mächtiges religiöses Zentrum und Mittelpunkt des mittelalterlichen Bistums Ösel-Wiek war.

Die Ringmauer, die die innere Burg oder „Kleine Burg" noch heute umgibt, ist fast 1 km lang, bis zu 12 m hoch und mit sieben Türmen bewehrt, deren Mauern teilweise fast zwei Meter dick sind. Vier Tore führten einstmals in die Festung. Wir gelangen durch das Haupttor am Schlossplatz Lossiplats in das Burggelände.

Der Aufstieg auf den **Aussichtsturm „Moon Battery"** lohnt sich nicht sonderlich. Die Aussicht wird durch hohe Laubbäume doch sehr beeinträchtigt. Architektonisch am wertvollsten sind die sogenannte **„Kleine Burg"**, die die eigentliche Bischofsburg darstellt und die erwähnte **Domkirche**, die das Gebäudeensemble an seiner Südseite mit nicht minder mächtigen Mauern abschließt. In der „Kleinen Burg", so wird vermutet, befand sich einst auch die Domschule.

Das dem Hl. Nikolaus geweihte Gotteshaus hingegen wurde, wenn es darauf ankam, auch als Flucht- und Schutzburg benutzt, was man an den hohen und engen Fenstern gut erkennen kann. Im Inneren des einschiffigen Sakralbaus, der vom 18. Jh. an über viele Generationen bis in die Zeit der sowjetischen Okkupation in Ruinen lag und erst 1990 wieder geweiht wurde, sind hauptsächlich gotische Architekturelemente zu finden. Der Kirchenraum dient wegen seiner guten Akustik gelegentlich auch als Konzertsaal. *Öffnungszeiten Burg, Domkirche und Burgmuseum: 1. Mai - 31. Aug. tgl. 10 - 18 Uhr, 1. Sept. - 30. Apr. Fr - So 11 - 16 Uhr.*

Eine Legende erzählt von einer „Weißen Frau", die als Geist in und um die Kirche umherspukt. Zur Strafe, einem Domherrn „zu nahe gekommen" zu sein, soll vor langer Zeit eine Frau in weißem Kleid in die Wand der Taufkapelle eingemauert worden sein. Man gab ihr für einige Tage Wasser und Brot und so soll sie langsam gestorben sein, während ihr Wehklagen tagelang zu hören war.

Übrigens – Leute mit einer Ader fürs Spiritistische sollen in Vollmondnächten im August noch heute den Geist der Weißen Dame gelegentlich an einem schmalen hohen Fenster an der Südseite der Domkirche sehen können. Aufgeklärtere Naturen wissen aber inzwischen, dass es sich bei dem Phänomen um eine Reflexion des Mondes handelt, der just im August durch ein Fenster in die Kirche scheint, was sich natürlich weniger romantisch anhört. Passend dazu wird regelmäßig das Festival der „Weißen Dame" veranstaltet.

Nördlich grenzt an die Burgmauern direkt der **Schlossplatz Lossiplats [Parkplatz, N58° 56′ 53.4″ E23° 32′ 20.3″]**, der alte Marktplatz von Haapsalu, an. An der Nordostseite des Platzes liegt hinter dem Denkmal für den Freiheitskrieg das ehemalige **Rathaus**, Kooli 2. Es beherbergt heute das sehenswerte **Läänemaa-Museum [N58° 56′ 55.7″ E23° 32′ 25.8″]** *(geöffnet 1. Mai - 31. Mai tgl. 11 - 17 Uhr; 1. Juni - 1. Sept. tgl. 10 - 18 Uhr; www.salm.ee/en/haapsalu-old-town-hall/)*. Zu sehen sind geschichtliche Exponate wie zum Beispiel das Amtszimmer des Bürgermeisters Hans Alver (1887 – 1942), eine Münze des Königs Richard Löwenherz oder das älteste Friedrich-Schiller-Denkmal der Welt. Dorothea Augusta von Helvig (1781 – 1826), eine glühende Verehrerin des Dichterfürsten, hat das Denkmal gestiftet.

Durch die Aufteilung der Ausstellungen in mehrere Themenkomplexe kann man die Geschichte der Gutshöfe in Estland genauso kennenlernen, wie das Leben der Fischer an der Küste oder der Kaufleute in der Region.

Im zweiten Gebäudeabschnitt wird die Historie der Stadt Haapsalu auf interessante Art erklärt. Hier gibt es einen Saal, der den Ort als eine Art begehbares Modell zeigt. Dann sieht man den „Raum der Bürgermeister" und dahinter eine Szene auf der Promenade Haapsalus.

Gleich hinter dem alten Rathaus sieht man die **Johanniskirche [N58° 56′ 55.26″ E23° 32′ 29.97″]**. Sie stammt aus dem 16. Jh. Die Ursprünge der Kirche, die einst dem heiligen Nikolaus geweiht war, gehen zurück auf die Fundamente einer alten Lagerhalle. Der Kirchturm wurde erst viel später errichtet und im Jahr 1858 fertiggestellt. Die Glocke im Turm stammt aus der Anfangszeit der Kirche. Sie ist eine der ältesten in Estland.

Eine andere Sehenswürdigkeit der Stadt ist – neben ihrer Lage an der Ostsee – der **Kuursaal [N58° 57′ 01.0″ E23° 32′ 14.6″]** aus dem Jahr 1898, zwei Straßen nördlich des Schlossplatzes an der Promenaadi gelegen. Anfangs stand das Gebäude fast komplett im Wasser, doch im Laufe der Jahrzehnte füllten sich die kleinen Badebuchten und die Befestigung des Ufers bekam ihr heutiges Aussehen. Während der russischen Okkupation wurde das Kurhaus als Lagerhalle genutzt. Heute gibt es darin wieder, so wie zur Zarenzeit, ein exklusives Café-Restaurant.

Am Kurhaus beginnt die so genannte ehemalige **„Schokoladenpromenade"**. Zu sehen ist an ihrem Nordende die **Tschaikowsky-Steinbank**, die dem

Sind ungeschützt den Unbilden der Witterung ausgesetzt, Lokomotiven und rollendes Material im Eisenbahnmuseum in Haapsalu

Komponisten, der 1867 hier zur Kur weilte, zu Ehren aufgestellt wurde. Tschaikowsky komponierte in Haapsalu die Instrumentalweise „Souvenir de Hapsal" sowie seine 6. Symphonie, der die estnische Volksweise „Liebe Mari" als Motiv zugrunde liegt. Diese Sitzgelegenheit ist wohl das kleinste Freilichtmuseum der Welt. Denn über Lautsprecher sind abends zum Sonnenuntergang Teile von Tschaikowskys Werken zu hören und Informationen aus seinem Leben zu erfahren. Zu Ehren Tschaikowskys trägt heute die ganze ehemalige „Schokoladenpromenade" seinen Namen.

Von der Promenade hat man einen herrlichen Blick hinüber auf die Halbinsel **Noarootsi** im Norden. Von der Uferpromenade ist die Halbinsel zwar nur 2 km entfernt, aber es dauert, wenn man mit dem Auto hinfahren will. Man muss nämlich 35 km fahren, bis man endlich dort angekommen ist. Vom 13. Jh. bis zum Zweiten Weltkrieg lebten auf der Halbinsel Schweden, die dann aber nach Schweden flüchten mussten.

Am Nordende der Promenade kann man im **Aibolands Museum**, auch **Rannarootsi Muuseum [Parkplatz, N58° 57' 20.3" E23° 31' 41.5"]**, Sadama 31/32, einem kleinen Freilichtmuseum an der Küste, den Spuren der frühen Küstenschweden nachgehen *(geöffnet Di - Sa 10 - 18 Uhr; www.aiboland.ee)*.

Ein gutes Stück südwestlich des Schlossplatzes liegt am Südwestrand der Stadt der sehenswerte **Bahnhof von Haapsalu**, Raudtee 2, der einen Besuch durchaus lohnt. Je nachdem aus welcher Richtung man sich dem Bahnhof nähert, sehen Sie entweder das pittoreske Bahnhofsgebäude oder die fünf dahinter (Kiltsi tee, Straße 9 Richtung Rohuküla) stehenden **Dampflokomotiven**, die ihre endgültige Endstation in Haapsalu erreicht haben. Der Bahnhof ist heute das **Raudteenmuusem**, das **Eisenbahnmuseum [N58° 56' 18.9" E23° 31' 56.6"]** *(geöffnet 1. Mai - 31. Aug. tgl. 10 - 18 Uhr; übrige Zeit Fr - So 11 - 16 Uhr; www.salm.ee)*. Die Lokomotiven stammen aus dem Zeitraum 1940 bis 1960. Der über 200 m lange und mit geschnitzten Holzsäulchen schön verzierte **Bahnsteig** ist komplett überdacht. Außergewöhnlich an dem **Bahnhofsgebäude** ist, dass hier gleich zwei Architekten aus St. Petersburg tätig waren. Das war damals völlig unüblich.

In russischer Zeit wurden nämlich alle Bahnhöfe nach feststehenden einheitlichen Plänen errichtet. Wozu also zwei Architekten? Man weiß es nicht. Auch im Museum ist nichts darüber zu erfahren.

Im Museum wird die Geschichte der estnischen Eisenbahn erklärt. Der Besucher sieht nicht nur Züge und Waggons, sondern auch lebensgroße Puppen, die in der typischen Arbeitskleidung eines früheren Eisenbahners stecken.

Die Einrichtung des „**Imperatorpavillons**" stammt aus dem 19. Jh. Sie ist aus Bahnhöfen an der Bahnlinie Haapsalu – Keila zusammengetragen. Der Name der Empfangshalle mit ihrem Mosaikboden ist darauf zurück zu führen, dass in vergangenen Zeiten an diesem Bahnhof auch gekrönte Häupter empfangen wurden.

Der Personenzugverkehr in Haapsalu wurde nach 90jähriger Tätigkeit im Jahr 1995 eingestellt.

Wer gerne Museen besichtigt, sollte sich auch das **Spitzenzentrum Haapsalu (Haapsalu Pitsikeskus) [N58° 56' 44.29" E23° 32' 15.07"]**, Karja 25 *(geöffnet 1. Mai - 31. Aug. Di - Fr 11 - 18 Uhr, Sa 11 - 15 Uhr; 1. Sept. - 30. Apr. Di - Fr 11 - 16 Uhr, Sa 11 - 15 Uhr; www.haapsalusall.ee)*, die **Städtische Kunstgalerie [Parkplatz, N58° 56' 44.8" E23° 32' 23.7"]**, Posti 3 *(geöffnet Mi - So 12 - 18 Uhr)*, das **Evald Okas Museum [N58° 56' 45.1" E23° 32' 13.8"]**, mit einer Gemäldesammlung des Malers Evald Okas, Karja 24 *(geöffnet 1. Juni - 31. Aug. Di - So 12 - 18 Uhr; www.evaldokasemuuseum.ee)* oder die **Museumswohnung des Musikers Cyrillus Kreek [N58° 57' 13.0" E23° 31' 28.5"]**, Väike-Viigi 10 *(geöffnet Juni - Sept. Mi - So 14 - 18.30 Uhr)* nordwestlich der Innenstadt ansehen.

PRAKTISCHE HINWEISE – HAAPSALU

Touristeninformation Haapsalu [N58° 56' 47.9" E23° 32' 10.6"], Karja tn 15, EE-90502 Haapsalu, Tel. +372 473 32 48; www.haapsalu.ee, www.visithaapsalu.com. *Geöffnet 15. Mai - 15. Sept. Mo - Fr 9 - 17 Uhr, Sa + So 10 - 16 Uhr; 16. Sept. - 14. Mai Mo - Fr 11 - 17 Uhr.*

RESTAURANTS

Hermannuse Maja, Karja 1a, Tel. +372 473 71 31; www.hermanhaapsalu.ee/; am Schlossplatz. Einladendes, gemütliches Lokal, bodenständig, deftige Küche zu erschwinglichen Preisen. 3 Fremdenzimmer.

Wiigi Kohvik, Suur-lossi 25, Tel. +372 473 31 12; www.wiigikohvik.ee; Café und Restaurant am See Väike viik am Nordrand der Innenstadt gelegen.

CAMPING

Camping Pikseke [N58° 55' 39.3" E23° 32' 10.9"], Männikue tee 32, Tel. +372 475 5779; www.campingpikseke.com; 1. Jan. – 31. Dez.; am südwestlichen Stadtrand gelegen. Von der Straße 31 (Laiküla – Haapsalu) am Südrand der Stadt bei der Neste-Tankstelle links (westwärts) ab auf die Männiku Straße, nach rund 700 m unscheinbare Einfahrt links. Oder vom Hafen Rohoküla kommend von der Straße 9 am südwestlichen Stadtrand am Transformatorenhäuschen, i-Schild und unscheinbarem Campinghinweis rechts (ostwärts) und noch ca. 700 m. Durch einen Bretterzaun unterteiltes, ebenes Wiesengelände beim Wohnhaus der Besitzer, von Büschen und Bäumen umgeben; ca. 1,5 ha – 40 Stpl.; einfache, nicht mehr zeitgemäße und zahlenmäßig unzureichende Sanitärausstattung. Waschmaschine, Sauna, WLAN. V & E für Wohnmobile. Am Platzeingang Bushaltestelle.

TOUR 10: HAAPSALU – INSEL VORMSI – INSEL HIIUMAA

Länge der Tour: Rund 135 km, ohne Abstecher. Plus Fähre.

Die Route: Straße 9 bis **Rohuküla sadam** – Fähre nach **Heltermaa** auf der Insel Hiiumaa oder nach Sviby auf der Insel Vormsi – von Heltermaa (Hiiumaa) Straße 80/83 über **Suuremõise** bis **Vaemla** – auf Nebenstraße über die Insel **Kassari** – Straße 81 von **Käina** bis **Kärdla** – Straße 80 (teils Schotterstraße) bis **Kõpu** –Straße 84 bis **Emmaste** – Straße 83 bis **Heltermaa –** Fähre nach **Rohuküla**.

Reisedauer: Mindestens ein Tag.

Höhepunkte: Die Küstenlandschaften der Insel **Hiiumaa** *** – die Inselhauptstadt **Kärdla** * – die **Freilichtmuseen** * – Besteigung des **Leuchtturmes Kõpu** **.

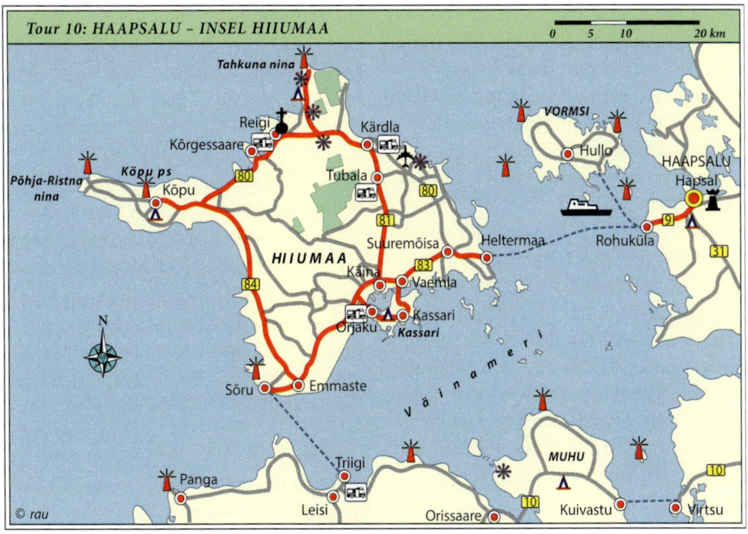

*ROUTE: Von **Haapsalu** vorbei am Eisenbahnmuseum und auf der Straße 9 bis nach **Rohuküla**, mit den Fähranlegestellen zu den Inseln **Vormsi** und **Hiiumaa**.*

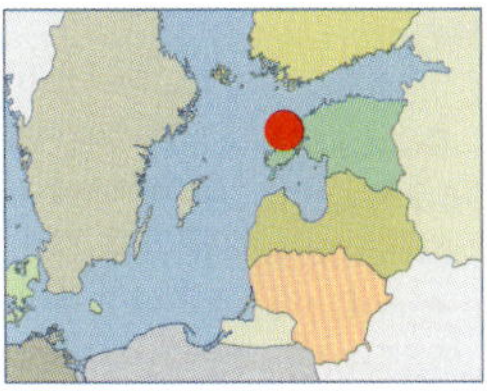

Auf dem Wege nach Rohuküla fällt eine stattliche Ruine auf, die verwaist mitten in der Landschaft steht. Es sind die Reste von **Schloss Ungru [N58° 55′ 2.23″ E23° 28′ 58.12″]**. Ein Graf namens Ewald von Ungern-Sternberg hat das Schloss 1893 für seine zukünftige Frau, die den Bau eines Schlosses zur Bedingung für eine Heirat machte, errichten lassen. Tragischerweise kam es aber nie zur Hochzeit, da die Dame vorzeitig verschied. Auch das Schloss wurde nie vollendet und verfiel wieder. Es kann nicht besichtigt werden.

Insel Vormsi

Wer Lust verspürt, eine ganze Insel mit dem Rad zu umrunden, aber nicht allzu viel Zeit hat, der ist auf Vormsi, Estlands viertgrößter Insel, genau richtig. Die stark zerklüftete Küste von Vormsi bringt es auf eine Länge von gut 100 km. Um einiges kürzer ist dagegen die Ringstraße, die alle Ortschaften des Eilandes miteinander verbindet.

Die Insel besitzt einige kleine Seen, die sich dadurch gebildet haben, dass sich im Laufe der Zeit die Buchten meist durch strömungsbedingte Sandaufspülungen geschlossen haben.

Wie auch auf der weiter im Norden gelegenen Insel Osmussaar, haben sich auch auf Vormsi die so genannten „Küstenschweden" angesiedelt. Viele der noch heute existierenden Ortsnamen wie *Norrby, Sviby* und *Saxby* können ihre skandinavischen Wurzeln nicht verleugnen. Und nicht zuletzt auf Grund der weiten Entfernung zu ihrem Heimatland Schweden entwickelten die Küstenschweden ihre eigene Kultur und Tradition.

In **Saxby** kann ein eiserner Leuchtturm aus dem Jahr 1864 besichtigt werden.

Zentraler Ausgangspunkt für eine Inseltour ist die Ortschaft **Hullo**.

In Hullo wurde im 12. Jahrhundert mit Fürsprache des dänischen Königs Valdemar II. eine Kirche errichtet. Sie war die Vorgängerkirche der **St. Olaikirche**, die vor 200 Jahre entstand und heute am Waldrand von Hullo liegt. Der erst im 15. Jahrhundert errichtete Kirchturm ist heute nur noch in Ruinen zu sehen.

Insel Hiiumaa

Hiiumaa ist die zweitgrößte Insel Estlands.

Die Fährüberfahrt von **Rohuküla [N58° 54′ 27.3″ E23° 25′ 36.2″]** nach **Heltermaa**, dem Hafenort auf Hiiumaa, dauert rund 90 Minuten. Die Autofähre verkehrt je nach Wochentag und Jahreszeit zwischen 6.30 Uhr und 22 Uhr alle 1,5 Stunden. Buchungen eines Autoplatzes sind an Wochenenden ratsam! www.praamid.ee/cp/#/trip/?direction=RH/.

Mein Tipp! Planen Sie Ihre Reise auf die Insel Hiiumaa so, dass Sie nicht an einem Freitag auf die Inseln oder an einem Sonntag von der Insel zurück fahren. Die Hauptstädter aus Tallinn nutzen in den Sommermonaten fast jedes Wochenende, um auf den Inseln zu entspannen. Wartezeiten an den Fähren von bis zu drei Stunden sind dann keine Seltenheit! Zudem wird ein 50%iger Aufschlag verlangt, wenn man am Freitag auf die Insel oder am Sonntag wieder zurück auf das Festland fahren möchte.

Fast die Hälfte der 10.000 Insulaner von Hiiumaa wohnt in der Inselhauptstadt Kärdla. In der ersten Hälfte des letzten Jahrhunderts hatten allerdings wesentlich mehr Menschen ihren Wohnsitz auf der Insel. Bis zum Ausbruch des Zweiten Weltkrieges lebten auf Hiiumaa 17.000 Menschen.

Den Menschenschlag auf der Insel kann man in etwa vergleichen mit den Ostfriesen. Zumindest was den Humor angeht. Wenn ein Este einen Witz erzählen möchte, dann benutzt er meistens einen Inselbewohner von Hiiumaa als Hauptdarsteller. Aber Leute von Hiiumaa können auch herzhaft über sich selber lachen.

Mein Tipp! Lassen Sie das Fahrzeug stehen und erkunden sie die Insel mit dem Fahrrad. Campingplätze und viele Hotels vermieten Fahrräder.

Das Inselinnere von Hiiumaa ist sehr eintönig. Interessant sind eigentlich nur die Küstenorte und die Leuchttürme.

*ROUTE: Auf Hiiumaa angekommen, ist das erste Ziel der kleine Ort **Suuremõise**, der 6 km westlich vom Hafen Heltermaa liegt.*

Die Historiker wissen zwar nicht hundertprozentig, wann die **Kirche von Suuremõise [N58° 52′ 23.7″ E22° 57′ 17.7″]** fertig gestellt wurde (wahrscheinlich um 1259), sie sind sich aber einig, dass es sich um das älteste Gotteshaus von Hiiumaa handelt. Die Kirche steht auf der rechten Seite der Straße 83 in Richtung Kälna und trägt den Namen des heiligen Laurentius. Der Kirchenbau – ursprünglich zu Verteidigungszwecken konzipiert – erhielt 1770 einen ersten Turm und wird seitdem (mit Unterbrechungen während der Sowjetzeit) als Bethaus benutzt.

Ein Blick in das Innere der Kirche lohnt. Man sieht dort die einzige **Steinkanzel** in ganz Estland, die vom Steinmetzen Joachim Winter aus Haapsalu geschaffen wurde.

Nicht weit von der Kirche entfernt befindet sich das **Herrenhaus von Suuremõisa [Parkplatz, N58° 52′ 14.1″ 22° 56′ 39.9″]**. Die Gründerin des dortigen Parks und Schlossensembles, Gräfin Ebba-Margaretha Stenbock, liegt seit 1776 auf dem kleinen Friedhof mit der Kapelle neben der Kirche begraben. Ihr Herrenhaus gilt als eines der schönsten in Estland und wird im allgemeinen estnischen Sprachgebrauch auch einfach nur als „das Schloss" bezeichnet. Das Gut kann nur nach Voranmeldung besichtigt werden.

Ebenfalls nicht weit von der Kirche entfernt sehen Sie eine Aufhäufung mehrerer Steine, die völlig unnatürlich in der Landschaft liegen. Wenn dieses **Steinfeld** von Menschenhand geschaffen wurde, dann nicht ohne technische Hilfsmittel. Es gibt keine genauen Angaben darüber, wer die Felsen aus welchem Grund dorthin brachte. Es wird jedoch angenommen, dass es sich um das Grab des nordischen Königs Ingvar handeln könnte. Andere haben die Steine etwas euphorisch auch schon als „Stonehenge von Hiiumaa" bezeichnet.

***ROUTE:** Weiter auf der Straße 83 südwestwärts bis **Vaemla**, rund 8 km.*

In der kleinen Ortschaft **Vaemla** fällt ein weißes, langgezogenes Steingebäude auf. Es ist Sitz des Familienunternehmens Hiiu Vill, seit 1992 geführt von Tiiu und Jüri Valdma, eine der letzten tätigen **Wollgarnfabriken [N58° 49′ 53.49″ 22° 49′ 37.33″]** auf Hiiumaa *(geöffnet Mo - Fr 9 - 18 Uhr, Sa 10 - 16 Uhr; hiiuvill.ee)*. Beim Betreten des Gebäudes vergisst man fast, dass man sich im 21. Jahrhundert befindet und es sich hier um eine Fabrik handeln soll. Mit der Beschreibung „Manufaktur" würde man es eher treffen, vieles wird hier tatsächlich noch in Handarbeit hergestellt. Natürlich gibt es auch Maschinen. Die älteste stammt aus dem 19. Jh., wurde in Polen hergestellt und ist noch heute in Betrieb.

Hinter Vaemla führt ein Abzweig nach links auf die **Insel Kassari**. Sie ist über zwei kurze Fahrdämme mit Hiiumaa verbunden.

Kassari ist nach Saaremaa, Hiiumaa, Vormsi und Muhu die fünftgrößte Insel des Landes und Heimat vier kleiner Dörfer.

Geprägt ist die Insel von einer wunderschönen Natur, die man auf zahlreichen Wanderwegen näher kennen lernen kann.

Kassari und die Halbinsel Sääretirp sind wegen ihrer feinen Sandstrände bei den Einheimischen als Sommerferienorte und Wochenendziele überaus beliebt und an Wochenenden oft hoffnungslos überfüllt!

Auf dem Weg zum Ort Kassari begegnen Sie einer **Skulptur**, die einen großen Felsbrocken auf den Schultern trägt. Das ist **Leiger**, ein estnischer Sagenheld, der der Überlieferung nach Felsen zwischen die Inseln warf, um diese als Brücke zu nutzen, wenn er seinen Bruder auf der Nachbarinsel besuchen wollte.

Die einzige **Kirche mit Reetdach** in Estland steht in **Kassari**.

Im **Hiiumaa-Heimatmuseum [N58° 47′ 26.4″ E22° 49′ 52.1″]** von Kassari, *(geöffnet 1. Mai - 30. Sept. tgl. 10 - 18 Uhr; 1. Okt. - 31. Dez. Di - Sa 10 - 17 Uhr; www.visitestonia.com/de/das-lange-haus-des-museums-von-hiiumaa)*, vermittelt die Ausstellung in dem Museumsgebäude Einblicke in die Geschichte Hiiumaas von der Steinzeit bis in die Gegenwart. Fotodokumente erinnern an die berühmtesten Inselbewohner, auf deren Namen man bei einer Reise über Hiiumaa häufig trifft, wie z. B. Ebba-Margaretha von Stenbock oder Otto Reinhold Ludwig von Ungern-Sternberg. Als besondere Ausstellungsstücke werden der letzte Wolf Hiiumaas und ein Spiegelkabinett angesehen, das aus Spiegeln von Leuchttürmen besteht.

Vor dem Museum wurde ein Rettungsboot des tragisch gesunkenen Fährschiffes „Estonia" aufgestellt.

CAMPING

Kassari

Camping Vetsi Tall [N58° 47′ 21.4″ E22° 49′ 09.8″], Tel. +372 46 22 550; www.vetsitall.ee; 1. Mai – 1. Okt.; westlich von Kassari an der Straße nach Orjaku; Wiesen in einer Obstplantage bei einem Gasthaus/Restaurant; ca. 1 ha – 10 Stpl.; einfache Sanitärausstattung. Sie können auch in einem der großen Holzfässer übernachten, die als Ferienhäuschen dienen. Grillplatz.

WOHNMOBIL-STELLPLATZ

Orjaku bei Kassari

Wohnmobil-Stellplatz Orjaku Sadam [N58° 47′ 22.1″ E22° 46′ 22.3″]; Stellplatzmöglichkeit ohne Einrichtungen am Hafen von Orjaku, im Südosten der Insel bei Kassari.

Weiter westlich führt die Dammstraße über **Orjaku** auf die Insel Hiiumaa zurück. Für die Inselbewohner macht es übrigens einen großen Unterschied, ob man von Kassari oder von Orjaku stammt. Darauf wird Wert gelegt!

Auf der Halbinsel Orjaku wurde gleich neben dem alten markanten Leuchtturm Orjaku ülemine tuletorn ein **Aussichtsturm [N58° 47′ 41.99″ E22° 46′ 18.07″]** errichtet, von dem aus man nicht nur eine herrliche Rundumsicht auf die Käina-Bucht genießt, sondern man kann auch die Vogelwelt in der relativ seichten Bucht beobachten.

Die Bucht, die Hiiumaa von Kassari trennt, ist sehr flach und der Meeresgrund dort ist völlig verschlammt ist. Dieser Schlamm hat allerdings die Qualität von Heilschlamm, was sich lange Zeit Sanatorien in der Umgebung zu Nutze machten.

Zurück auf der Insel Hiiumaa trifft man auf der Straße 83 – rund 3 km nach Nordosten fahrend – auf **Käina**, mit kaum 1.000 Einwohnern größte Stadt im Süden von Hiiumaa. Lange war Käina stolz auf seine **Gemeindekirche [N58° 49′ 42.3″ E22° 46′ 35.4″]**, gegenüber dem Hotel-Restaurant Liilia. Der gotische Bau aus dem 15. Jh. bot Platz für 600 Gläubige und war die größte Kirche auf der ganzen Insel bis sie im Zweiten Weltkrieg zerstört wurde. Die Ruinen bieten heute das romantische Ambiente für Freilichtkonzerte.

Am Ortsrand von Käina befindet sich das **Tobias-Museum [N58° 49′ 30.3″ E22° 45′ 41.6″]**, das Möbel und die private Musikinstrumentensammlung von Rudolf Tobias zeigt und seine Lebensgeschichte erzählt *(geöffnet 18. Mai - 31. Aug. Mi - Sa 11 - 17 Uhr; sonst nur nach Vereinbarung; www.muuseum.hiiumaa.ee/WP/deutsch/rudolf-tobias-geburthaus-museum/)*. Rudolf Tobias (1873 – 1918), ein estnischer Komponist klassischer Musik, verbrachte einen Großteil seines Lebens in Paris, St. Petersburg, Leipzig und in Berlin, wo er bis zu seinem Tode als Lehrer an der Musikhochschule arbeitete. Das Museum ist in seinem Geburtshaus nahe der Straße 83 untergebracht. Jedes Jahr Ende Mai werden hier die **Käinaer Musiktage** zur Erinnerung an Rudolf Tobias abgehalten. Auf dem Museumsgelände sieht man auch eine alte Bockwindmühle.

ROUTE: *Nordöstlich von Käina zweigt von der Straße 83 nach Norden die Straße 81 ab. Ihr folgen wir bis **Kärdla**, 20 km.*

Kärdla, im 14. Jh. vermutlich von Schweden gegründet, ist heute mit rund 3.000 Einwohner Hauptstadt der Insel Hiiumaa.

Alte Dokumente – das älteste stammt aus dem Jahr 1564 – belegen, dass der Ort in der Vergangenheit auch die skandinavischen Namen *Kertil*, *Kärtellby* und *Kertel* trug. Im Übrigen bedeutet der Name aus dem Schwedischen übersetzt, soviel wie „schwammige, nasse Stadt".

1938 erhielt Kärdla Stadtrechte. Damals herrschte hier Hochkonjunktur und beim größten Arbeitgeber, der Tuchfabrik, waren über 700 Mitarbeiter beschäftigt. Im Krieg wurde das Fabrikgebäude zerstört. Nur eine kupferne Gedenktafel erinnert noch daran.

Heute trägt Kärdla, ein Städtchen mit viel Grün und reichem Baumbestand, den Beinamen „Gartenstadt". Von Industrie ist schon lange nichts mehr zu sehen.

Unübersehbar ist der lang gezogene **Stadtplatz [Parkplatz, N58° 59' 50.9" E22° 44' 49.1"]** im idyllischen Kern des Ortes zwischen den Straßen Rookopli und Keskväljak. Dort am südlichen Rand befindet sich die **Touristeninformation [N58° 59' 48.2" E22° 44' 48.5"]** und auf der rechten Seite das kleine Feuerwehrhaus, während im Norden ein Supermarkt zu finden ist.

Zu den Sehenswürdigkeiten von Kärdla zählt in erster Linie das **Hiiumaa Muuseum [N59° 00' 15.3" E22° 44' 46.4"],** das Inselmuseum in der Vabrikuväljak Straße 8 weiter im Norden der Stadt *(geöffnet 1. Mai - 30. Sept. tgl. 10 - 17.30 Uhr; 1. Okt. - 30. Apr. Mo - Sa 10 - 17 Uhr; www.muuseum.hiiumaa.ee/WP/deutsch/langes-haus/)*. Die Ausstellungen befinden sich im sog. **Langhaus Pikk maja**, dem 60 m langen ehemaligen Wohnhaus eines Tuchfabrikanten aus dem frühen 19. Jh. Das Museum informiert über die Geschichte der Tuchfabrik Dagö-Kertel und über die Kultur-, Kunst- und Wirtschaftsgeschichte des Städtchens und der Insel.

Das Stadtgebiet von Kärdla liegt inmitten eines 4 km großen Kraters, der durch einen Meteoriteneinschlag vor über 450 Millionen Jahren entstanden ist. Um den Krater bzw. den Kraterrand besser erkennen zu können, hat die Stadtverwaltung eigens Aussichtsplattformen in der näheren Umgebung von Kärdla aufgestellt.

Rund 7 km östlich von Kärdla findet man eine typische Sehenswürdigkeit der Balten. An der Küste in der Nähe des Dorfes **Kukka** liegt der **Kukkakivi**, der „fünftgrößte Stein Estlands", Umfang: 42 m.

PRAKTISCHE HINWEISE – KÄRDLA / HIIUMAA

Hiiumaa Turismiinfokeskus, Touristeninformation [N58° 59' 48.2" E22° 44' 48.5"], Hiiu tänäv 1, Zentralplatz, 92413 Kärdla, Hiiumaa, Tel. +372 504 53 93; www.hiiumaa.ee. *Geöffnet 1. Apr. - 14. Mai Di - Fr 12 - 17 Uhr, Sa 10 - 14 Uhr; 15. Mai - 15. Sept. Mo - Fr 10 - 17 Uhr, Sa + So 10 - 15 Uhr.*

RESTAURANT

Kohvik Rannapaargu, Lubjaahju 3, Tel. +372 463 20 53; www.rannapaargu.ee/en/. Eines der besseren Restaurants in Kärdla, gute Küche, angenehmes Ambiente, Restaurantterrasse mit Meerblick.

WOHNMOBIL-STELLPLÄTZE

Wohnmobil-Stellplatz Kärdla Sadam [N59° 00' 27.5" E22° 45' 07.1"]; im Ort mit „Kärdla Sadam" beschildert. Befestigte, vegetationslose Fläche an der neu gestalteten Hafenmole des Freizeithafens, 10 Stellplätze, Strom, Wasser, gebührenpflichtig, Dusche, WC, Sauna gegen Extragebühr, Restaurant. Anmeldung im Hafenbüro im weißen Gebäude. Geöffnet 15. Apr. – 15. Nov.

Tubala

Wohnmobil-Stellplatz Katri [N58° 57' 11.8" E22° 46' 22.0"], Tubala küla, Tel. +372 56 48 28 69; www.katrimajutus.ee/en/. Das **Gästehaus Katri Kulalistemaja** liegt in Tubala, mitten im Grünen, 5 km südlich von Kärdla an der Straße 81 (Kärdla – Käina). Das Gästehaus stellt gegen Gebühr drei Parkplätze für Übernachtungen im Wohnmobil zur Verfügung. Anmeldung im Haus. Keine Entsorgungsmöglichkeit, Frischwasser auf Nachfrage. Grillstelle, Sauna, man serviert Frühstück. 3 Miethütten, Fremdenzimmer. Ganzjährig geöffnet.

In der Nähe liegt das **Bauernhofmuseum Soera Talumuuseum [N58° 58' 11.3" E22° 50' 57.2"]**, *(geöffnet 19. Juni - 25. Aug. Di - Sa 11 - 18 Uhr; sonst nur auf Voranmeldung)*, Abzweig in Palade von der Straße 80 und noch 1 km. Das Freilichtmuseum zeigt das frühe Leben der Inselbewohner und gibt einen guten Überblick darüber, wie sich Landleben im Laufe der Zeit verändert hat. Alle Merkmale eines früheren Bauernhauses haben hier überlebt. Am Hof beginnt ein **Naturlehrpfad** durch den angrenzenden Wald.

Westteil der Insel Hiiumaa

*ROUTE: Ab **Kärdla** startet unsere Rundfahrt um den Westteil der Insel. Dazu verlassen wir Kärdla in westlicher Richtung und folgen Straße 80 durch waldreiche Landschaft über **Kõrgessaare** und **Luidja** nach **Kõpu**, 40 km.*

Rund 7 km westlich von Kärdla an der Straße 80 ist der **Ristimägi [N59° 00' 36.3" E22° 38' 53.9"]** von historischem Interesse, ein sehr bescheidener „Berg der Kreuze", nicht zu vergleichen mit dem in Litauen. Das erste hier aufgestellte Kreuz stammt aus dem Jahr 1781. Es wurde im Andenken an die Vertreibung der Schweden von der Insel aufgestellt.

Vier Jahrhunderte lang war Hiiumaa die Heimat von 1.200 Schweden, bis Zarin Katharina die Große die Umsiedlung in andere Landesteile anordnete. Einige der Schweden wurden nach Haapsalu oder nach Vormsi geschickt. Die meisten aber wurden in die Ukraine deportiert.

Am letzten Abend, dem 20. August 1781, den die Esten und Schweden gemeinsam auf der Insel verbrachten, stellte man während eines feierlichen Abschiedsgottesdienstes das erste Kreuz auf. Daraus entstand die Tradition, dass jeder, der die Insel verlässt, ein Kreuz aufstellen muss. Auch Besucher dieses historischen Ortes können hier „ein aus natürlichem Material" gemachtes Kreuz aufstellen. Es soll Glück bringen, so wie zwei an dieser Stelle wegen des Vorrechts auf dem schmalen Weg in heftigen Streit geratene Brautpaare letztendlich doch noch ihr Glück fanden.

Wenige Kilometer weiter bietet sich Gelegenheit zu einem Abstecher (10 km) nordwärts zum **„Takhuna nina"**, dem nördlichsten Punkt auf Hiiumaa.

Auf dem Weg dahin passiert man das **Mihkli Farm Museum Mihkli Talumuuseum [N59° 01' 10.4" E22° 36' 27.7"]**, ein Freilichtmuseum, das in einem Waldgebiet etwas abseits der Hauptstraße liegt und sechs historische Bauernhäuser aus dem 19. Jh. präsentiert, die bis 1987 bewohnt und bewirtschaftet wurden *(geöffnet 1. Mai - 31. Mai Mi - Sa 11 - 18 Uhr; 1. Juni - 31. Aug. Di - So 11 - 18 Uhr; sonst nur nach Vereinbarung; www.muuseum.hiiumaa.ee/WP/deutsch/bauernhofmuseum-mihkli/)*.

CAMPING

Mangu/Tahkuna

Camping Randmäe Holiday Farm, Randmäe Puhketalu [N59° 01' 50.8" E22° 34' 48.3"], Mangu Küla, Tel. +372 56 83 35 11; www.visitestonia.com/de/ferienhof-randmae; 1. Jan. – 31. Dez.; rund 8 km westlich von Kärdla Abzweig von der Straße 80 nordwärts auf die Straße zum Leuchtturm von Tahkuna, nach rund 3 km westwärts auf schlechtem, unbefestigtem Waldweg 600 m zum Platz; der einzige Campingplatz auf der Insel Hiiumaa, der die Bezeichnung „Campingplatz" verdient, auch wenn das einladende Campinggelände in einem gewissen Widerspruch zum spartanisch einfachen Sanitärangebot steht; weitläufiges, welliges, ansprechend gelegenes Wiesengelände teils mit sandigem Untergrund, bis ans Meer reichend, an drei Seiten von Wald umgeben, von einem Wasserlauf durchzogen, ein Teich in der Platzmitte; ca. 11 ha – 50 Stpl.; einfache Sanitäreinrichtungen. Fahrradverleih, WLAN, Grillplatz, Chemikaltoilettenentsorgung. Miethütten. Bademöglichkeit ca. 200 m.

Später kommt man an der Zufahrt zu Camping Randmäe Holiday Farm und wenig später an einem ausrangierten Panzer T-34 an der Zufahrt zum 200 m westlich der Straße gelegenen **Hiiumaa Militaarmuuseum [N59° 04' 36.9" 22° 35' 41.7"]** vorbei *(geöffnet 15. Mai - 15. Sept. Di - So 10 - 18 Uhr; www.militaarmuuseum.ee)*. In der privaten Sammlung des Museums sind altes Kriegsgerät, Waffen, Fahrzeuge etc. zu sehen.

In **Tahkuna** stehen der erste Windgenerator Estlands und ein **Leuchtturm [Parkplatz, N59° 05' 26.0" 22° 35' 13.4"]**, der in Paris gebaut und hierher transportiert wurde. Der Leuchtturm ist 43 m hoch. *Besichtigung 1. Mai - 15. Sept. Dienstag bis Sonntag 10 Uhr bis 19 Uhr gegen Gebühr möglich, sonst nur nach Voranmeldung; www.visitestonia.com/de/leuchtturm-tahkuna/. Es gibt Sammeleintrittskarten, die für die Leuchttürme Tahkuna, Kõpu und Ristna gelten.*

Am Strand vor dem Leuchtturm gibt es ein einfaches **Denkmal** mit Glocke, das an die Kinder erinnert, die 1994 beim Untergang des Passagierschiffs „Estonia" umgekommen sind. Der Gedenkstein wurde von Bildhauer Karmin bearbeitet, der für viele Kunstwerke im Nordwesten Estlands verantwortlich zeichnet. Das Denkmal wurde durch Spenden der Bewohner finanziert und am 1. November 1995 eingeweiht.

In der Vergangenheit war Tahkuna ein militärischer Stützpunkt. Zar Peter I. hatte hier einen Seehafen errichten lassen. Gewachsen ist der Stützpunkt dann durch die Armee der Sowjets, die zahlreiche militärische Anlagen baute. Erst im Jahr 1993 verließ die Rote Armee die Insel wieder. Sie hinterließ Bunker, Geschützanlagen und eine fünfeinhalb Kilometer lange Eisenbahnstrecke, die für den Munitionstransport gedacht war und die einzigen Bahngleise auf der gesamten Insel sind.

Zurück zur Straße 80. Rund 10 km weiter südwestlich kommt man auf der Straße 80 zum Abzweig nach Kõrgessaare. Zuvor passiert man aber noch die **Kirche von Reigi [N58° 58' 59.0" E22° 30' 38.8"]**, die aus dem Jahre 1802 stammt. Baron Otto Ludwig Reinhold von Ungern-Sternberg ließ dieses Gotteshaus in Gedenken an seinen Sohn bauen, der Selbstmord begangen hatte.

Kõrgessaare liegt nur wenig westlich der Hauptstraße. Zu Beginn des 20. Jh. hatte man große Pläne in Kõrgessaare. Der Hafen wurde erweitert, eine Schnapsbrennerei aus dem 19. Jh. aktiviert, eine Fabrik zur Herstellung synthetischer Seide gebaut und der Handel angekurbelt. Tragischerweise machte der Erste Weltkrieg alles zunichte. Die Fabrik, die 1.000 Menschen beschäftigen sollte, wurde geschlossen und 1917 gesprengt. Erst nach dem Zweiten Weltkrieg begann man mit dem Wiederaufbau und gründete an der Stelle eine Konservenfabrik.

Ansonsten wurde Kõrgessaare vom **Gut Hohenholm**, einem ehem. Anwesen von Baron von Ungern-Sternberg und ältestem Gutshof auf Hiimuaa, geprägt.

Vor der Küste des Ortes machen zahlreiche Felsenriffe die Gewässer unsicher und das Leben der Seefahrer seit Generationen schwer. Um weitere Schiffsunfälle möglichst zu verhindern, wurde an der gefährlichsten Stelle ein Feuerschiff verankert. Zu Beginn des Zweiten Weltkrieges wurde das Feuerschiff von einem deutschen U-Boot versenkt. Die Mannschaft des Feuerschiffes kam dabei um. Der estnische Bildhauer Riho Kuld gestaltete ein Denkmal zu Ehren der Opfer, das 1990 eingeweiht wurde.

*ROUTE: Die Straße 80 führt weiter in Richtung Westen bis nach **Luidja** und trifft dort auf die 84. Diese nutzen wir 3 km südwärts, um dann nach rechts (westwärts) Richtung **Kõpu** abzubiegen.*

Am Ende der Straße biegt man rechts ab und erreicht gleich darauf das Wahrzeichen von Hiiumaa, den 57 m hohen **Leuchtturm von Kõpu [Parkplatz, N58° 54' 57.4" E22° 12' 04.1"]**.

Der Leuchtturm mit seinem markanten Äußeren ist der älteste Leuchtturm in der gesamten Ostseeregion und so-

Der Kõpu-Leuchtturm

gar der drittälteste der Welt. Grund für die Errichtung des Leuchtfeuers war die so genannte Hiiu-Untiefe, eine der gefährlichsten in der Ostsee.

Schon im Jahr 1499 beschloss man zwar, an dieser Stelle einen Turm zu errichten. Es fehlte aber lange am Willen, den Plan auch umzusetzen. Zur damaligen Zeit gab es nämlich die gesetzliche Regelung, dass jedes Strandgut, das angeschwemmt wurde, dem jeweiligen Finder gehörte.

Also kam es den Strandbewohnern und den ansässigen Gutsherren recht ungelegen, wenn nun die Seeleute vor der Untiefe gewarnt werden sollten.

Es gab sogar Fälle, in denen die Insulaner etwas nachhalfen und die Kapitäne mit falschen Signalen in die Irre leiteten.

Der berühmteste dieser Insulaner war Baron von Ungern-Sternberg, der seine so gesammelten Trophäen und Schätze in einem doppelten Boden des bereits erwähnten Gutes Suuremõisa lagerte.

1559 endlich konnten ein erster, relativ niederer Leuchtturm die Seefahrer warnen. Die heutige, höhere und größere Version des Turms, dessen Licht 26 Seemeilen (rund 50 km) weit zu sehen ist, stammt im Wesentlichen aus dem Ende des 19. Jh. 1980 musste der Bau umfassend restauriert werden. *Die Besteigung des Turmes ist von 1. Mai bis 15. September täglich von 10 bis 20 Uhr gegen Gebühr möglich; sonst nur nach Voranmeldung; www.visitestonia.com/de/leuchtturm-kopu-dt-oberdagerort/.* Gezahlt wird im **Restaurant** am **Parkplatz**.

Im Inneren des Leuchtturms befindet sich eine mehrsprachige **Ausstellung** über die Leuchttürme in der Ostseeregion. Der Aufstieg ist bis zur ersten Etage recht beschwerlich.

Seit 1874 gibt es gut 10 km weiter westlich bei dem Ort **Ristna** einen weiteren **Leuchtturm [Parkplatz, N58° 56' 25.7" E22° 03' 23.0"].** *Die Besteigung*

CAMPING

Kõpu / Hiiumaa

Camping Pihla [N58° 54' 23.35" E22° 12' 49.20"], Kõpu, Tel. +372 56 47 00 91; www.pihlatalu.ee; Jan. – Dez.; nahe des Kõpu-Leuchtturms Abzweig von der Hauptstraße südwärts. Wiesengelände beim Bauernhof Pihla Talu in ländlicher Umgebung; ca. 1 ha – 40 Stpl.; einfache Sanitärausstattung. Kiosk und Imbiss im Sommer, Sauna, WLAN. V & E für Wohnmobile. Miethütten.

des Turmes ist von 1. Mai bis 15. September Di - So 10 - 19 Uhr gegen Gebühr möglich; sonst nur nach Voranmeldung; www.visitestonia.com/de/leuchtturm-ristna/.

Ristna ist wegen der Brandung bei Surfern sehr beliebt. Im Ort selbst ist außer der westlichsten Wetterstation Estlands nichts zu entdecken.

ROUTE: *Weiterreise von Kõpu zurück bis* ***Luidja****, dort auf der Straße 84 südwärts und vorbei am Abzweig zum* ***Fährhafen Sõru [N58° 41' 29.0" E22° 31' 18.8"]*** *an der Südspitze der Insel nach* ***Emmaste****, 32 km.*

Die **Fähren von Sõru nach Triigi sadam** auf der Insel Saaremaa verkehren bislang nur zweimal täglich um 8.15 Uhr und um 17.30 Uhr; https://veeteed.com/#/en/content/schedules/SOR-TRI.

Drei Kilometer vor Emmaste kommt man an eine kleine Kreuzung. Dort befindet sich das **Vanajõe-Tal**. Tal scheint etwas übertrieben, da es sich lediglich um eine 10 m tiefe Kerbe in einer Sanddüne handelt. Aber ein kurzer Spaziergang über die eigens angelegten Brücken und Treppen lohnt allemal. Das Flusstal ist seit 1962 geologisches Schutzgebiet.

Für die meisten ist **Sõru** nur ein kleines Hafenstädtchen mit der Fährverbindung nach Triigi auf der Nachbarinsel Saaremaa. Ganz anders sehen das einige Historiker. Sie assoziieren Sõru nämlich mit dem Namen *Sarwo*, der im Jahr 1254 die erste namentliche Erwähnung auf der Insel gewesen sein soll.

In Sõru am Hafenkai befindet sich ein alter Dreimaster auf dem Trockenen, der einmal als **Museum** an die glanzvolle Zeit der Segelschiffe erinnern sollte. Bislang ist es leider nur bei der Absicht geblieben, hier ein Seefahrtmuseum zu etablieren. Das Schiff lief 1939 vom Stapel und wurde für den Holztransport eingesetzt. Als dann die Rote Armee vorrückte, planten einige, mit dem Schiff nach Schweden zu fliehen. Die Gestapo erfuhr davon und schickte den Dreimaster nach Haapsalu. Über Umwege geriet das Schiff nach Deutschland und von dort nach Schweden, wo es bis 1968 in Dienst stand.

Mittlerweile war der Dreimaster alt geworden und musste generalüberholt werden. Dafür brachte man den maroden Windjammer nach Dänemark, wo er prompt in Vergessenheit geriet. Erst 1998 erfuhren die Esten davon und holten „ihr" Segelschiff zurück nach Hiiumaa, wo es nun auf bessere Zeiten wartet.

In **Emmaste** kam man im Zweiten Weltkrieg auf die Idee, die Glocke der Kirche aus Angst vor Plünderungen zu verstecken. Die Einwohner gruben ein Loch, wuchteten die Kirchenglocke hinein und schütteten das Loch wieder zu.

Der Trick half und keiner fand die Glocke – auch die Einwohner selbst nicht. Denn dummerweise konnte sich nach dem Krieg keiner mehr erinnern, wo das gute Stück denn nun vergraben war.

Es vergingen viele Jahre, bis ein amerikanischer Soldat in den 1990er Jahren die Glocke mit Hilfe eines Metalldetektors ausfindig machen konnte.

ROUTE: *Falls man nicht die Fähre von Sõru nach Triigi sadam (Saaremaa) nimmt, folgt man ab Emmaste der Straße 83 nordostwärts über* ***Käina*** *bis zum Hafen* ***Heltermaa*** *(37 km) und fährt von dort mit der* ***Fähre nach Rohuküla*** *auf dem Festland.*

TOUR 11: HAAPSALU – TALLINN (REVAL)

Länge der Tour:	Rund 130 km, ohne Abstecher.
Die Route:	Straßen 9 und 17 über **Jalukse** und **Padise** bis **Keila** – Straße 8 bis **Tallinn**.
Reisedauer:	Mindestens ein Tag.
Abstecher:	Von Keila nach **Paldiski**, 29 km einfach.
Höhepunkte:	Wasserfall in **Keila-Joa*** – **Freilichtmuseum Rocca al Mare** ** – **Tallinns Altstadt** *** – **Tallinns Rathausplatz** *** – die **St. Nikolaikirche** *** – die **Altstadtstraße Pikk** ** – die **Domkirche St. Marien** * – die **Alexander-Newski-Kathedrale** *** – der **Blick von der Stadtburg** *** – die **Museen** der Stadt.

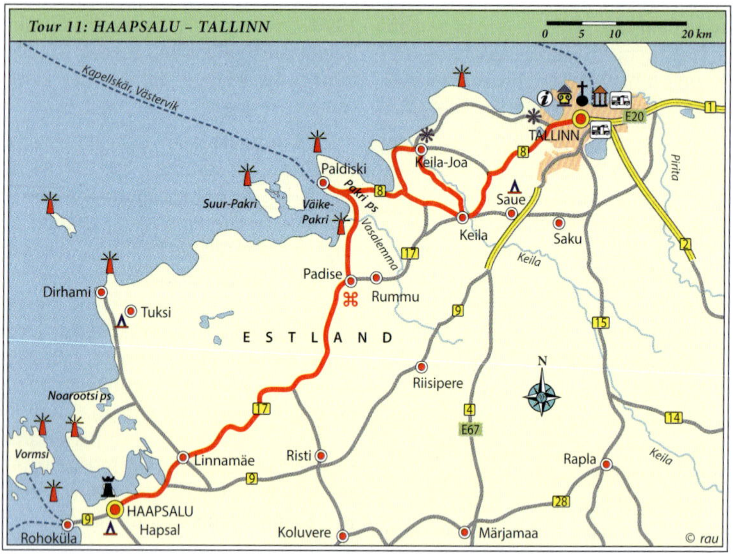

*ROUTE: Man verlässt Haapsalu auf der Straße 9 Richtung Tallinn. Nach 9 km verlassen wir die Fernstraße und folgen der Straße 17 nordwärts zunächst bis **Liinamäe**, 5 km.*

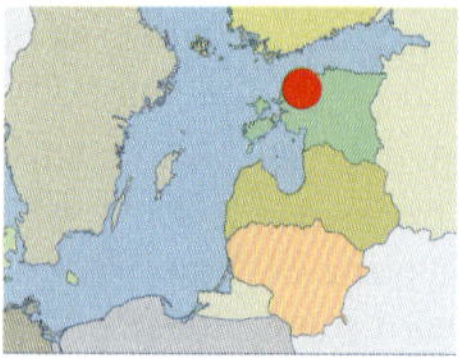

Wenn Sie auf den nachstehend beschriebenen Abstecher verzichten, bitte weiter mit **„Hauptroute"** weiter hinten!

Abstecher nach Dirhami

Ab Liinamäe bietet sich Gelegenheit von der Straße 17 nordwärts auf die Straße nach **Dirhami** (29 km) abzuzweigen. Dort gibt es beim Ort **Tuksi** den ganzjährig geöffneten **Campingplatz Roosta Puhkeküla**, siehe nächste Seite.

Einige Kilometer nordwestlich von **Dirhami** liegt draußen in der Ostsee die einsame, heute unbewohnte, 5 km lange und bis max. 1,6 km breite Insel **Osmussaar**. Die sehr flache Insel – höchste Erhebung gerade mal 8 m – war rund 500 Jahre lang von Schweden bewohnt. Sie nannten ihre

CAMPING

Elbiku/Ölbäck bei Tuksi/Bergsby

Camping Roosta Puhkeküla [N59° 09′ 29.2″ E23° 31′ 13.9″], Lääne--Nigula vald, Tel. +372 472 5190; www.roosta.ee/en/; 1. Jan. – 31. Dez.; Campingmöglichkeit im mit Kiefernwald bestandenem Dünengelände und bei einer großen Miethüttensiedlung und Freizeitanlage in ansprechender Lage; ca. 9 ha – 40 Stellplätze; teils befestigte Stellplätze; einfache Sanitärausstattung; Restaurant, Tennis, Fahrrad- und Bootsverleih, Windsurfschule, WLAN. V & E für Wohnmobile. Zum Meer und Sandstrand rund 200 m.

Insel übrigens „Odinsholm". Der schwedischen Mythologie zufolge soll auf der Insel der Wikingergott Odin begraben sein.

Die letzten 120 Schweden, die ihre eigene Kultur mit eigenen Bräuchen entwickelt hatten, mussten vor dem Zweiten Weltkrieg zwangsweise ihre Heimat verlassen.

Relikte aus der Vergangenheit sind der **Leuchtturm** und die Ruinen der **Jesuskapelle** aus dem Jahr 1766 samt Friedhof, sowie ein Denkmal an den deutschen Kreuzer „Magdeburg", der im August 1914 vor der Insel auf Grund gelaufen ist.

Wer sich die Insel anschauen möchte kann von Dirhami mit Booten dahin gelangen. Da die Nachfrage jedoch gering ist, fahren die Schiffe nur sporadisch. Abfahrtszeiten müssen vor Ort erfragt werden!

HAUPTROUTE

*ROUTE: Von **Liinamäe** weiter auf der Straße 17 nordostwärts nach **Padise**. Die Straße führt fast ständig durch waldreiche Landschaft und bietet keine nennenswerte Abwechslung.*

Padise, ein Städtchen mit kaum 2.000 Einwohnern, ist die westlichste Gemeinde der Verwaltungsregion Harjumaas, der nördlichsten Region Estlands, in der auch die Hauptstadt Tallinn liegt. Rechts der Durchgangsstraße liegen ein Gutspark und die **Klosterruine Padise [N59° 13′ 42.4″ E24° 08′ 28.6″]**, eine zwar historische, fürs Auge des Besuchers aber eher bescheidene Sehenswürdigkeit. Das aus dem 13. Jh. stammende **Kloster** ist eines der ältesten Baudenkmäler in Nordeuropa. Es steht auf Überresten einer Burg, die an derselben Stelle bereits im 8. Jahrhundert erbaut worden war. Es ist nicht mehr viel von dem einstigen Zisterzienser-Kloster übrig geblieben. Ein kurzer Stopp lohnt aber allemal. In der zweiten Augusthälfte großer Fischmarkt in den Klosterruinen.

*ROUTE: Weiterreise auf der bestens ausgebauten Direktverbindung nordwestwärts über **Madise** nach **Paldiski.** Man erspart sich so den weiten Umweg über Keila.*

Falls Sie auf den nachstehend beschriebenen **Abstecher nach Paldiski** verzichten, bitte weiter mit **„Hauptroute"** weiter hinten!

Abstecher nach Paldiski

Um es vorwegzunehmen: Das was Paldiski zu bieten hat ist nach Ansicht des Autors nicht so spektakulär, dass man bei knappem Zeitplan nicht darauf verzichten könnte!

Baltijskij Sadama heißt soviel wie *Baltischer Hafen*. Daraus wurde um 1930 der Stadtname **Paldiski** abgeleitet.

Man erzählt sich, dass Zar Peter I. hier einen Stein in die Ostsee schnippte und damit die Stelle bestimmte, an der ein neuer Hafen gebaut werden sollte. Und angeblich sollen auch die Baupläne vom Zaren höchstselbst gezeichnet worden sein.

Der Grund für den Bau von Paldiski lag ausnahmsweise nicht im militärischen Bereich. Vielmehr wollte Peter der Große die Halbinsel und die beiden vorgelagerten Pakri-Inseln mit einer Brücke

Die Steilküste von Paldiski beim Leuchtturm

verbinden. Doch bevor die Bauarbeiten abgeschlossen werden konnten, verstarb der Zar im Jahr 1725 und man stellte die Arbeiten am Hafen ein.

Der Ort Paldiski wuchs dennoch weiter, erhielt Stadtrechte und fast 90 Jahre später war hier Endstation für die St. Petersburg-Bahnlinie, was für die Wirtschaft von großer Bedeutung werden sollte.

Nach Ende des Zweiten Weltkrieges wurde Paldiski zu einer sowjetischen Militärbasis mit Trainingszentrum für Offiziere der Atom-U-Boot-Flotte und somit zu einer „geschlossenen Stadt". Ein privater Besuch der Paldiski-Halbinsel war von da an für lange Zeit nicht mehr möglich.

Nach Abzug der Russen, die ihre Trainings-Reaktoren glücklicherweise gleich mitnahmen, erklärte die estnische Regierung die Paldiski-Halbinsel zum Naturreservat. Das Städtchen selbst präsentiert sich als triste Siedlung mit notdürftig aufgehübschten Plattenbauten und verlassenen Militäranlagen.

Außerdem findet man in Paldiski die 1787 erbaute orthodoxe Kirche, die evangelische Nikolauskirche aus dem 19. Jh. sowie das Adamsoni-Museum.

Bis heute von Bedeutung sind die beiden Häfen von Paldiski. Der nördliche dient ausschließlich als Frachthafen (Ölhafen, „Auto-Freihafen"), vom südlichen verkehren Auto- und Passagierfähren nach Kapellskär in Schweden.

Ganz am Nordwestende der Paldiski-Halbinsel (ca. 3,5 km) steht an der schroffen Steilküste einer der höchsten **Leuchttürme [Parkplatz, N59° 23' 15.32" E24° 2' 11.13"]** des Landes. Er war einmal schön rot angestrichen, ragt 52 m in die Höhe, und kann im Sommer zwischen 10 Uhr und 20 Uhr besichtigt werden.

Im Westen von Paldiski vorgelagert liegen die **Pakri-Inseln**. Trotz ihrer fast gleichen Größe tragen sie die Namen Suur-Pakri (Groß-Pakri) und Väike-Pakri (Klein-Pakri). Der Damm, der die beiden Inseln miteinander verbindet, wurde vom sowjetischen Militär gebaut, da die beiden Inseln bis 1992 als Truppenübungsplatz benutzt wurden.

Die letzten Bewohner, zwei Familien, verließen die Inseln 1965. Vor dem Zweiten Weltkrieg lebten dort über 340 Menschen, die meisten waren Schweden.

Die Eilande können mittlerweile wieder besucht werden und bieten sich an für kleinere Spaziergänge oder Radtouren. Man sollte aber wissen, dass der estnische Kampfmittelräumdienst noch heute damit beschäftigt ist, die Spuren der Sowjetzeit zu beseitigen!

Auf dem Weg von Paldiski auf der Straße 8 ostwärts nach **Keila** kann man auf halbem Wege einen kurzen Abstecher nordwärts nach **Keila-Joa** machen, 12 km. Dort führen zahlreiche Wanderwege durch die Wälder zu dem wildromantischen **Wasserfall Keila juga [Parkplatz, N59° 23' 42.71" E24° 17' 46.86"]**. Er soll, vermutlich wegen seiner Hufeisenform, Verliebten, Verlobten und Verheirateten Glück bringen.

Unterhalb des Gefälles befindet sich eine kleine Brücke zu der die frisch verheirateten Paare pilgern, um dort nach alter Tradition ein Vorhängeschloss mit der Gravur der Namen und des Hochzeitstages anzubringen. Und um die Ewigkeit der Liebe zu besiegeln, wird der Schlüssel in den Fluss geworfen. Im Laufe der Zeit sind schon viele Dutzend Schlösser angebracht worden. Ein alter Brauch übrigens, der noch heute auch in anderen baltischen Ländern gepflegt wird.

HAUPTROUTE

*ROUTE: Weiterreise von **Keila** auf der Straße 8, vorbei an **Saue** und über **Harku** nach **Tallinn**, 24 km.*

Bei dem kleinen Ort **Harku** liegt in der Straße Metsa tee das geschichtsträchtige **Herrenhaus Harku mõis, [N59° 23' 06.6" E24° 34' 39.0"]**, in dem im Jahr 1710 der Kapitulationsvertrag nach dem Nordischen Krieg unterzeichnet wurde. Der Sohn des größten Landbesitzers Estlands, von Ungern-Sternberg, auf dessen Spuren wir schon auf Hiiumaa gestoßen sind, erhielt das Gut in der ersten Hälfte des 19. Jh.

Das **Estnische Freilichtmuseum Eesti Vabaõhumuuseumi „Rocca al Mare" (35) [Parkplatz, N59° 25' 51.4" E24° 38' 20.0"]**, Vabaõhumuuseumi tee 12, liegt ca. 7 km westlich von Tallinn und rund 3 km westlich der verkehrsreichen Einfallstraße 8 *(geöffnet 23. Apr. - 28. Sept. tgl. 10 - 20 Uhr; 29. Sept. - 22. Apr. tgl. 10 - 17 Uhr; Bauernhäuser tgl. 10 - 18 Uhr; im Winter 10 - 17 Uhr; www.evm.ee/deu/home;* freier Eintritt mit der Tallinn Card).

Mit öffentlichen Verkehrsmitteln erreicht man das Freilichtmuseum am einfachsten mit dem Bus Nr. 21 ab Hauptbahnhof Baltischer Bahnhof in Tallinn.

Am Haupteingang, Vabaõhumuuseumi tee 12, gibt es einen großen Parkplatz und ein gut sortiertes Besucherzentrum (Eintrittskarten, Toiletten, Literatur, Souvenirs). Hier können Sie sich einen „Audioguide-Führer", ein Fahrrad oder einen Kinderwagen mieten. Das Museumsgelände ist sehr, sehr groß und weitläufig, reicht bis an die Küste und die Ausstellungen, Präsentationen und Veranstaltungen sind so vielfältig, dass man hier leicht einen ganzen Tag mit der Familie verbringen kann.

Baron de Soucanton, Bürgermeister von Tallinn, erbaute hier 1863 seinen Herrensitz. Als großer Italienliebhaber nannte er seinen Park nach einem großen Findling an der Küste „Rocca al Mare", Fels am Meer. Den Namen übernahm man 1964 bei der Gründung des Estnischen Freilichtmuseums.

Heute sieht der Besucher über 70 Gebäude, die sehr anschaulich alle vier Regionen Estlands präsentieren (Nord-, Süd- und Westestland sowie die estnischen Inseln).

Die meisten der Gebäude stammen aus der Zeit zwischen dem 18. und 20. Jh. Man sieht 12 Bauernhöfe der unterschiedlichsten Art und Herkunft, Fischerkaten, nostalgische Dorfläden, eine urige Schankwirtschaft, eine historische kleine Kapelle, ein Feuerwehrhaus mit Spritzenschuppen, eine Wassermühle, diverse Windmühlen der unterschiedlichsten Art und sogar einen russischen Fischerhof.

In vielen der Häuser werden alte Handwerke vorgeführt oder es wird Folkloristisches dargeboten. Und im Sommer sind samstags und sonntags Volkstänze und historische Trachten zu sehen. Einen anderen Reiz dieses Freilichtmuseums macht seine Lage am Meer aus, teilweise mit Blick auf die Ostsee.

Tallinn ist mit annähernd 435.000 Einwohnern Estlands Hauptstadt und wichtigster Hafen des Landes.

Dass Tallinn eine alte Stadt sein muss, lässt sich schon daraus schließen, dass der arabische Geograph Al-Idrisi (1100 – 1166) in seiner aufsehenerregenden „Weltkarte" einen Ort namens *„Qlwry"* am Nordrand seiner Karte erwähnt, das heutige Tallinn.

In Deutschland ist Estlands Hauptstadt Tallinn auch unter dem bis 1918 offiziellen Namen **Reval** bekannt.

Der Name „Tallinn" ist auf „Taani-linna", eine Burg der Dänen, zurückzuführen. Dänische Truppen unter König Valdemar hatten am 15. Juni

1219 in den estnischen Freiheitskampf (1208 – 1227) eingegriffen und die entscheidende Schlacht gewonnen. Der Sieg versetzte die Dänen in die vorteilhafte Lage, den ganzen nördlichen Landesteil nun für sich beanspruchen zu können.

Während die Dänen die nächsten 127 Jahre herrschten, erhielt Tallinn die Lübecker Stadtrechte, mit der Folge, dass sich deutsche Kaufleute in der Stadt niederließen.

In der Zeit, als die Stadt Mitglied des nordischen Hansebundes wird, erteilt die dänische Königinmutter Margarethe den Befehl, eine Stadtmauer errichten zu lassen.

Im Frühjahr des Jahres 1343 beginnen die Esten mit einem Aufstand, um ihre Unabhängigkeit zurückzuerlangen. Nach drei Jahren gelang es, die Dänen zum Rückzug zu bewegen. Ihre Unabhängigkeit haben die Esten damit aber nicht bekommen. Die Dänen verkauften den Landesteil nämlich an den Deutschen Orden.

In der Folgezeit entwickelte sich Tallinn für die damaligen Verhältnisse zu einer wahren Metropole. Nach einem Großfeuer im Jahr 1433, das zahlreiche Gebäude zerstörte, wird drei Jahre später das St. Birgittenkloster erbaut.

Ein weiteres Jahrhundert darauf besitzt die Stadt sogar das höchste Gebäude der Welt. Auf diesen Titel, den die St. Olavkirche im Norden der Altstadt rund acht Jahrzehnte innehatte, sind die Hauptstädter noch heute stolz.

In der Folgezeit wechseln sich nun die Machthaber in der Stadt ab. Nach dem Livländischen Krieg (oder Erster Nordischer Krieg, 1558 – 1583) zwischen Russland und dem Deutschen Orden hat das schwedische Königshaus das Sagen in Estland. In dieser 160 Jahre dauernden Herrschaft wird unter König Gustav II. Adolf das Tallinner Gymnasium gegründet. Auch die erste Druckerei entsteht. 1689 erscheint in Tallinn die erste Zeitung, die deutschsprachige „Revalsche Post-Zeitung".

Nach den Schweden kamen die Russen. Nachdem 75% der Bevölkerung der Pest zum Opfer fielen, kapitulierte das unter schwedischer Herrschaft stehende Tallinn 1710 im Großen Nordischen Krieg. Nun begann die Herrschaft des Zarenreiches, die über 200 Jahre anhielt.

1739 erschien die erste estnischsprachige Bibel und 1833 kam sogar der erste Stadtführer über Tallinn heraus. Der war allerdings in französischer Sprache gehalten.

Gegen Ende des 19. Jahrhunderts entwickelte sich auch im Norden Estlands die Industrie sehr rasch und die Eisenbahnstrecke zwischen St. Petersburg und Tallinn wurde 1870 eingeweiht.

Am 24. Februar 1918 wird die unabhängige Republik Estland ausgerufen, worauf ein zwei Jahre andauernder Freiheitskampf zwischen Estland und Russland ausbricht.

Im Zweiten Weltkrieg wird auch Estland nicht verschont. Besonders das Frühjahr 1944 ist in der Hauptstadt durch starke Zerstörungen durch die Rote Armee geprägt. Sehen kann man dies noch nördlich des Vabaduseplatzes in der Harju-Straße, wo sich auf der linken Seite vor der St. Nikolaikirche Überreste eines Gebäudes sowie eine Gedenktafel befinden.

Nach Ende des Zweiten Weltkrieges verliert Tallinn seine Stellung als Hauptstadt, da Estland nun lediglich eine Teilrepublik der Sowjetunion ist. Diesem Umstand verdankt Tallin, dass es 1980 Austragungsort der Segelwettkämpfe während der XXII. Olympischen Spiele von Moskau war. Nach dem Ende der sowjetischen Okkupation feiert Tallinn und natürlich ganz Estland 1991 seine wieder erlangte Unabhängigkeit.

1997 wird die mittelalterliche Altstadt in die UNESCO-Liste des schützenswerten Weltkulturerbes aufgenommen. 2011 war Tallinn Kulturhauptstadt Europas.

Tipps zur Stadtbesichtigung

Parken in der Altstadt von Tallinn ist praktisch nicht möglich, weil größtenteils autofreie Zone. Auch in den neueren Stadtteilen ist es schwierig einen Straßenparkplatz zu ergattern. Parkscheine zieht man aus Automaten, Bedienungshinweise auch in englischer Sprache.

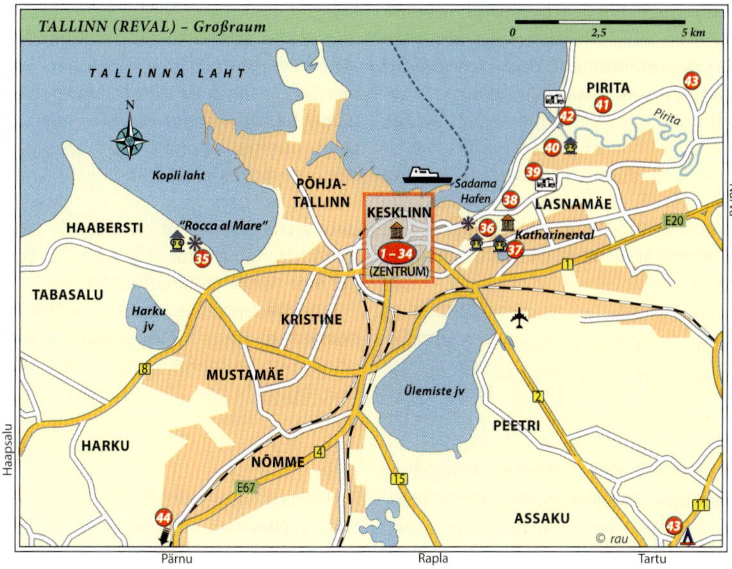

*TALLINN, GROSSRAUM – **35** Freilichtmuseum „Rocca al Mare" – **36** Katharinental, Schloss, Mikkel-Museum, Vilde-Museum, Präsidentenresidenz – **37** Estnisches Kunstmuseum KUMU – **38** Sängerfestwiese – **39** Tallinn City Camping, Wohnmobil-Stellplatz –**40** Estnisches Historisches Museum – **41** Birgittenkloster – **42** Pirita Camping und Wohnmobil-Stellplatz – **43** Fernsehturm – **44** Richtung Vanamõisa bei Saue (Camping Vanamõisa) – **45** Camping Kivi Tourism Farm*

Die ersten 15 Minuten sind gebührenfrei. Es muss aber eine Parkscheibe mit der eingestellten Startzeit des Parkens gut sichtbar hinter der Windschutzscheibe platziert sein. Im Stadtzentrum ist das Parken an Sonntagen gebührenfrei.

Parkmöglichkeiten findet man westlich der Altstadt beim **Bahnhof [Parkplatz, N59° 26' 17.4" E24° 44' 01.8"]** entlang den Straßen Toompuiestee und Rannamäe Tee, sowie westlich des Freiheitsplatzes Vabaduse väljak am Südrand des **Stadtparks Harjumägi [N59° 25' 58.2" E24° 44' 28.8"]**, Zufahrt von der Straße Kaarli pst. Ob die erwähnten Parkmöglichkeiten weiterhin für die Allgemeinheit zugänglich sein werden, war bis Drucklegung nicht in Erfahrung zu bringen!

Eine Besichtigung der sehr sehenswerten Altstadt von Tallinn wird man also zu Fuß unternehmen.

Praktisch ist ein handyartiger **Audioführer**, der Ihnen alles über die Sehenswürdigkeiten in Tallinn erzählt und den Sie im Touristenbüro gegen Gebühr (mit Tallinn Card 60% Rabatt) und unter Vorlage einer Kreditkarte und Ihres Ausweises ausleihen können; *www.visittallinn.ee/eng/visitor/see-do/tours/sid-526*.

Wenn Sie sich nicht daran stören, von fremder Menschenkraft transportiert zu werden, können Sie sich wie in Indien per **Fahrradrikscha** durch die Altstadt fahren lassen; *https://greengears.ee/en/*.

Es werden **geführte Stadtrundgänge** durch die Altstadt, sowie eine ganze Reihe von Rundgängen, die unter einem bestimmten Motto stehen, angeboten, wie Tallinns Legenden, Geistertour, Mittelalterliches Tallinn, Tallinn der Sowjetzeit etc. Infos beim Touristenbüro oder unter *https://visittallinn.ee/deu/besucher/aktivitäten/unternehmungen/touren-tagesausflüge*.

Das Zentrum der Neustadt bis in die Vororte Pirita oder Rocca al Mare

(Estnisches Freilichtmuseum) besichtigt man am einfachsten, in dem man sich der praktischen **Hop-On-Hop-Off Stadtrundfahrtbusse** bedient. Informationen über die Sehenswürdigkeiten hören Sie in den Sightseeing-Bussen mit Audio-Guides auch in deutscher Sprache. Die Busse verkehren ganzjährig mehrmals täglich vom Viru Platz an der Ostseite der Altstadt, Details unter *www.citytour.ee/de/*.

Wer plant, bei seinem Besuch in Tallinn möglichst viele Museen und Sehenswürdigkeiten zu besuchen, der sollte über den Kauf einer **Tallinn Card** nachdenken. Diese Pauschalkarte ist bei der Talliner Touristeninformation, vielen Hotels und in großen Reisebüros erhältlich und ermöglicht den kostenlosen Eintritt in rund 40 Museen und Sehenswürdigkeiten sowie die kostenlose Nutzung der Stadtbusse und eine Tallinn Card Map. Zusätzlich bieten einige Geschäfte und Restaurants den Karteninhabern Rabatte an. Die Tallinn Card gibt es für Gültigkeiten von 24 (€ 29,-), 48 (€ 43,-) und 72 (€ 52,-) Stunden. Die Tallinn Card PLUS schließt zusätzlich eine kostenlose Stadtrundfahrt der Hop-on-Hop-off Busse ein, Preise jeweils um € 11,- teuerer; *www.visittallinn.ee/ger/tallinncard* (Preisänderung wahrscheinlich).

Stadtspaziergang
Die Unterstadt – Vom Rathausplatz über die „Dicke Margarethe" bis zur Pikk

Startpunkt unseres Stadtspaziergangs durch Tallinn ist das Büro der **Touristeninformation (4) [N59° 26' 11.2" E24° 44' 40.1"]**, Ecke Niguliste und Kullassepa Straße.

Linkerhand sieht man auf einer begrünten Anhöhe unübersehbar die **Nikolaikirche (3) [N59° 26' 10.3" E24° 44' 33.5"]** mit ihrem mächtigen Turm aufragen. Sie wurde im 13. Jahrhundert von deutschen Kaufleuten errichtet. Heute ist hier das **Niguliste-Museum (3)** eingerichtet *(geöffnet 1. Mai - 30. Sept. tgl. 10 - 18 Uhr; 1. Okt. - 30. Apr. Mi - So 10 - 18 Uhr, letzter Einlass 30 Min. vor Schließung; www.nigulistemuuseum.ekm/ee/en/)*. Im Museum ist u. a. das **Gemälde „Der Totentanz"** des Lübecker Malers Bernt Notke zu sehen. Sehenswert ist die **Silberkammer** des Museums. Es zeigt silberne Exponate der Gilden und der Schwarzhäupter. Das älteste Stück stammt aus dem 16. Jh., das jüngste aus dem ersten Jahrzehnt des letzten Jahrhunderts. Keine andere Stadt in Europa hat eine vergleichbare Ausstellung.

Das mächtige Denkmal vor der Kirche erinnert an Eduard Vilde (1865 – 1933), estnischer Journalist, Schriftsteller und Dramaturg. In den 20er Jahren des vergangenen Jahrhunderts war Vilde als estnischer Konsul in Berlin in diplomatischen Diensten.

Wenige Meter hinter dem Touristenbüro breitet sich der immer von Leben erfüllte und nicht nur von historischen Gebäuden, sondern auch von breiten Restaurantterrassen umgebene **Rathausplatz Raekoja plats (5) [N59° 26' 13.6" E24° 44' 41.3"]** aus. Dieser zentral gelegene Platz ist wie schon vor 800 Jahren auch heute noch der unumstrittene Mittelpunkt Tallinns. 1441 soll auf dem Tallinner Rathausplatz der erste Weihnachtsbaum aufgestellt worden sein. Heute finden auf dem Rathausplatz regelmäßig Konzerte und Festlichkeiten statt und er ist Schauplatz der Feiern während der „Altstadttage".

Wenn Sie sich die Straßennamen der umliegenden Gassen anschauen, dann lesen Sie Kinga, Saiakang oder Kullassepa. Die Namen bedeuten soviel wie Schuhstraße, Weckengang oder Goldschmiedestraße und sind ein deutlicher Hinweis darauf, dass der Platz auch Mittelpunkt eines lebhaften Handwerker-, Markt- und Handelsviertels war. Vermögendere Kaufleute richteten ihre Läden direkt am Marktplatz oder unter den Gewölben des Rathauses ein.

An der Nordostecke des Platzes zweigt die Apteegi-Straße ab. Direkt am Anfang der Gasse liegt die **Ratsapotheke Raeapteek (6) [N59° 26' 15.8" E24° 44' 46.0"]** aus dem Jahre 1422. Sie ist eine der ältesten Apotheken der Welt und dient heute als kleines Museum *(Mo*

Tallinn, am Rathausplatz

- Sa 10 - 18 Uhr; www.raeapteek.ee/de/). Die Traditionsapotheke wurde 10 Generationen lang von der ungarischen Familie Burchart geführt. Im 15. Jh. hätte man die Apotheke vielleicht eher für ein Kaffeehaus gehalten. Hier konnte man nämlich nicht nur Pillen und Pülverchen bekommen, sondern auch Schnaps und Kuchen, Süßigkeiten und Wein zu sich nehmen.

Gegenüber der Apotheke sieht man ein sehr schmales grau-weißes Haus. Es ist das älteste Haus am Markt und wurde als einziges als Handwerkerhaus genehmigt. Ansonsten befanden sich rund um den Markt nur Geschäfts- und Handelshäuser.

Das wichtigste Bauwerk erhebt sich, sehr hoch, sehr weiß und unübersehbar am Südrand des Platzes, das gotische **Rathaus (7) [N59° 26′ 13.5″ E24° 44′ 43.6″]** *(geöffnet 25. Juni - 31. Aug. Mo - Sa 10 - 16 Uhr; https://raekoda.tallinn.ee/tallinner-rathaus).* Im Jahr 2004 wurde das 600jährige Jubiläum des Hauses gefeiert. Eigentlich ist das Rathaus noch älter. Das Jahr 1404 markiert lediglich das Ende langjähriger Umbauarbeiten.

In der ersten Etage befinden sich der **Ratssaal** und der **Bürgersaal** während im Untergeschoss die **Schatzkammer** und der **Weinkeller** untergebracht waren.

Im Ratssaal tagte natürlich der Stadtrat, in den nur Angehörige der Großen Gilde gewählt werden konnten. Die Ratsmitglieder wurden zwar auf Lebenszeit gewählt, doch da es sich ja gleichfalls um Mitglieder der Großen Gilde, also um Kaufleute handelte, waren sie nach einer gewissen Zeit berechtigt, sich von ihren Pflichten im Stadtrat befreien zu lassen, um sich weiter um ihr Geschäft kümmern zu können.

Heute werden die repräsentativen Säle des Rathauses bei offiziellen Empfängen und zu wechselnden Kunstausstellungen genutzt.

Wenn Sie vor dem Rathaus stehen, schauen Sie einmal nach oben zur Turmspitze. Dort dreht sich bereits seit 1530 eine **Wetterfahne**. Sie trägt den Namen „Alter Thomas“ und ist eines der Wahrzeichen der Stadt.

Mühsam, aber lohnend ist die Besteigung des 64 m hohen, schlanken, achteckigen **Rathausturmes (Tallinna Raekoja torn)** *(geöffnet 15. Mai - 15. Sept. tgl. 11 - 18 Uhr; www.raekoda.tallinn.ee/tallinner-rathaus. Eintritt frei mit Tallinn Card).* Wenn Sie gut zu Fuß sind, haben Sie 171 Stufen vor sich, die teilweise bis zu 40 cm hoch sind! Besonders die letzten vier, fünf Stufen sind sehr eng

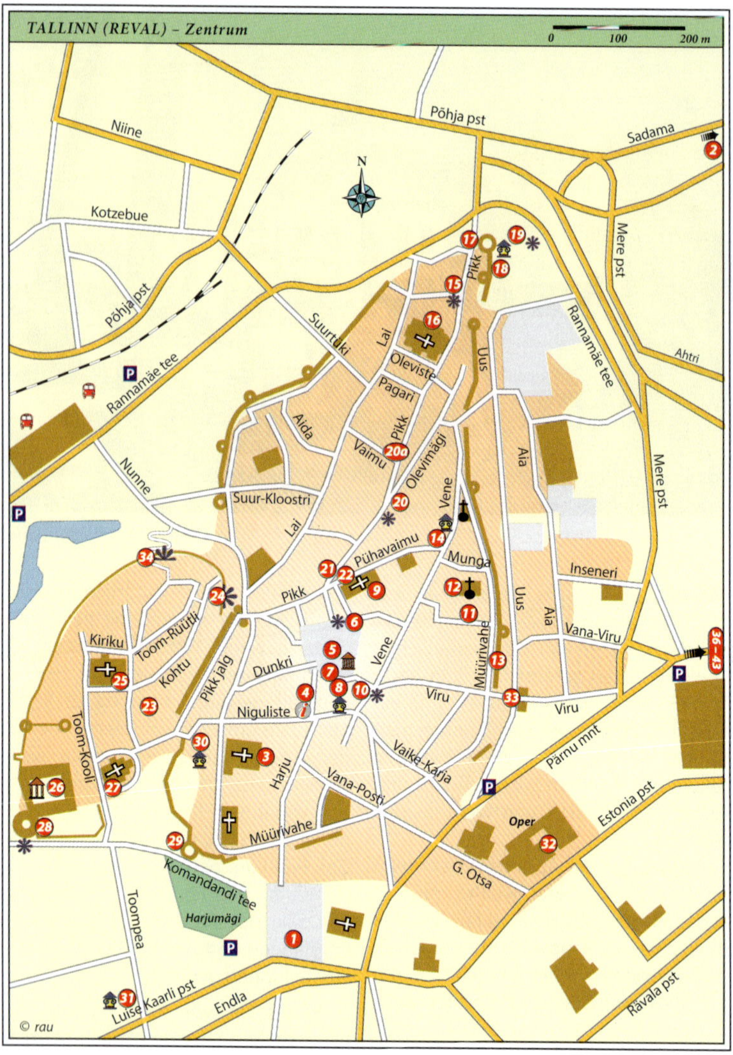

TALLINN (REVAL) – ***1*** *Vabaduse Väljak Platz* – ***2*** *zum Hafen, Sadam* – ***3*** *Nikolaikirche, Niguliste-Museum* – ***4*** *Touristeninformation* – ***5*** *Rathausplatz* – ***6*** *Ratsapotheke* – ***7*** *Rathaus* – ***8*** *Fotografie-Museum* – ***9*** *Heiliggeistkirche* – ***10*** *Olde Hansa* – ***11*** *Katariina Käik, Gasse* – ***12*** *Dominikanerkloster* – ***13*** *Markt an der Stadtmauer* – ***14*** *Tallinner Stadtmuseum* – ***15*** *Gebäudeensemble „Drei Schwestern"* – ***16*** *St. Olavkirche* – ***17*** *„Dicke Margarethe"-Turm, Seefahrtmuseum* – ***18*** *Seeminenmuseum* – ***19*** *Estonia-Denkmal* – ***20*** *Schwarzhäupterhaus* – ***20a*** – *Russisches Museum* – ***21*** *Haus der Großen Gilde, Estnisches Historisches Museum* – ***22*** *Café Maiasmokk* – ***23*** *Domberg* – ***24*** *Aussichtspunkt Kohtuotsa Vaateplatvorm* – ***25*** *Domkirche* – ***26*** *Parlamentsgebäude* – ***27*** *Alexander-Newskij-Kathedrale* – ***28*** *Turm „Langer Hermann"* – ***29*** *„Kiek in de Kök"-Turm* – ***30*** *Eric-Adamson-Museum* – ***31*** *Okkupationsmuseum* – ***32*** *Estnische Nationaloper* – ***33*** *Viru-Tor* – ***34*** *Aussichtspunkt Patkuli Vaateplatvorm und Treppe in die Unterstadt*

und können zu Problemen führen. Lohn der Mühe ist ein schöner Blick auf den Rathausplatz, die Alt- und die Neustadt bis hin zum Hafen.

Auch vor dem Rathaus befinden sich geschichtliche Spuren. Zum Beispiel sind die Standorte des einstigen Eichamtes und des Prangers gekennzeichnet. Auch ein ehemaliger Brunnen ist, durch einen großen, flachen Stein markiert, zu sehen, wenn nicht von Marktständen verstellt.

Und dort, wo zwei Steine den Buchstaben L bilden, wurde im Mittelalter ein Priester enthauptet. Es war die Strafe dafür, dass er ein Dienstmädchen mit einer Axt tötete. Die Hinrichtung des Priesters sollte allerdings die einzige innerhalb der Stadtmauern bleiben.

Gewöhnlich wurden Missetäter ins Gefängnis gesteckt. Es befand sich in der Raekoja Nr. 4 - 6 hinter dem Rathausgebäude. Heute ist hier das **Museum der Fotografie (8) [N59° 26′ 12.7″ 24° 44′ 43.2″]** eingerichtet *(geöffnet 1. Mai - 30. Sept. Mi, Fr, Sa 10 - 18 Uhr, So 11-16 Uhr; 1. Okt. - 30. Apr. Mi, Fr, Sa 10 - 17 Uhr, Do 12 - 20 Uhr, So 11 - 16 Uhr; www.linnamuuseum.ee/museum-of-photography/. Eintritt frei mit Tallinn Card).* Es zeigt eine interessante Ausstellung historischer Fotografien, alter Fotoapparate sowie den Nachbau einer Dunkelkammer, wie sie zu Beginn des 20. Jh. genutzt wurde. Wer sich für Fototechnik etwas näher interessiert, wird beim Anblick der Patentschrift und des Ur-Modells der legendären Kleinkamera Minox begeistert sein. Das Gebäude selbst stammt aus dem 15. Jh.

Wenn Sie nun den Rathausplatz überqueren und links an der Ratsapotheke vorbei durch die kleine Gasse gehen, kommen Sie am **Knoblauchrestaurant „Balthasar"** (Tel. +372 627 64 00; https://balthasar.ee/en/; vielleicht probieren Sie zum Nachtisch Knoblaucheis?) und an der einladenden **Confiserie „Kehrwieder" [N59° 26′ 16.3″ E24° 44′ 44.7″]** vorbei, Saiakang 2, www.kohvik.ee. Schon seit 1697 wird hier außerdem Kaffee geröstet. Alleine der Duft nach Kaffee und Schokolade werden Sie wahrscheinlich veranlassen, einen Blick ins „Kehrwieder" zu werfen und sich mit köstlichen, hausgemachten Pralinen oder leckerer Eiscreme zu versorgen. Gegenüber liegt ein uriges Kellerlokal gleichen Namens.

Wenige Schritte weiter erreichen Sie die **Heiliggeistkirche Pühavaimu kirik (9) [N59° 26′ 17.2″ E24° 44′ 43.7″]**, die in der estnischen Kulturgeschichte eine wichtige Rolle spielte. Der Geistliche Johann Koell druckte den ersten Katechismus in estnischer Sprache ab und war lange Zeit als Pfarrer in dieser Kirche tätig. Auch der Autor der „Livländischen Chronik", Balthasar Russow, nach dem das oben erwähnte Knoblauchrestaurant benannt ist, predigte in der Heiliggeistkirche.

An der Außenfassade über dem Eingang zeigt eine **barocke Uhr** aus dem Jahr 1684 die Zeit an. Im Kircheninneren können Sie die älteste **Kanzel** der Stadt sowie Balkone sehen, die mit zahlreichen biblischen Motiven verziert sind. Der **Altar** ist unbedingt sehenswert. Er stammt aus dem Jahr 1483 und ist einer der wichtigsten mittelalterlichen Kunstwerke des Landes.

Wir gehen zurück zum Rathausplatz und dort links am Rathaus vorbei.

Zwischen den zahlreichen Stadtbesuchern sieht man vereinzelt mittelalterlich gekleidete Händler, die lecker duftenden Kuchen und frisch gebrannte Mandeln feilbieten. Rechts an der Straßenecke liegt das rustikale Restaurant **„Olde Hansa" (10) [N59° 26′ 12.1″ E24° 44′ 46.0″]**, www.oldehansa.com, das zwar eines der schönsten, aber auch eines der touristischsten Restaurants Tallinns ist. Man speist hier in „mittelalterlicher" Atmosphäre und wird in rustikalem Rahmen in ungewohnter, etwas derber Art bedient. Wer hier speist, genießt sein Essen zwar in ange-

Einladend, Eingang zum Restaurant „Olde Hansa"

nehmem Ambiente, wird aber selten auf Einheimische treffen.

Das **„Peppersack" [N59° 26' 12.0" E24° 44' 47.7"]**, www.peppersack.ee/en/, ein weiteres, uriges, bei Touristen beliebtes Großrestaurant samt Café liegt gleich gegenüber.

Gehen Sie durch die kleine Gasse weiter abwärts und Sie treffen auf die wichtigste Einkaufsstraße der Altstadt, die **Viru-Straße**.

Am Ende der Straße sehen Sie die mächtige **Stadtmauer** und das **Viru-Tor [N59° 26' 11.6" E24° 45' 00.4"]**. Dahinter beginnt die Neustadt. Biegen Sie unmittelbar vor dem Viru-Tor links ab in die Müürivahe Straße. In den Einbuchtungen der Stadtmauer schlagen täglich zahlreiche Straßenhändler ihre Stände auf und bieten Strickwaren, Hüte und weitere modische Accessoires an.

Die mehrere Meter dicke Stadtmauer wurde auf Befehl der dänischen Königin Margarethe 1265 errichtet und in den folgenden Jahrhunderten immer wieder ergänzt.

Die vier Kilometer lange und bis zu 15 m hohe Mauer war mit insgesamt 60 Türmen bestückt. Der Bau eines jeden Turmes fand immer unter der Aufsicht eines anderen Baumeisters statt, der für die Fertigstellung verantwortlich war und dessen Namen der Turm dann trug.

Weitere Wehranlagen wurden im 17. Jahrhundert erbaut. So entstand beispielsweise vor dem Kanonenturm „Kiek in de Köök", zu dem wir später kommen werden, die „Bastion von Ingermanland".

Das Viru-Tor

Die Bastionen entstanden alle während der Schwedenherrschaft. Also gab man jeder Bastion den Namen einer Region in Schweden, z. B. Ingermanland. Und die „Schonen-Bastion" am nördlichen Altstadtrand ist nach der Provinz Skåne in Südschweden benannt. Später verloren die Bastionen ihre militärische Bedeutung und man wandelte sie in Grünanlagen um.

Die Müürivahe Straße verläuft unmittelbar an der Stadtmauer entlang nach Norden. Linker Hand sieht man eine kleine, unscheinbare Toreinfahrt. Sie führt aber nicht in einen Hinterhof, sondern in die kleine Gasse **Katariina Käik (11) [N59° 26′ 15.2″ E24° 44′ 58.5″]**. Selbst manch Einheimischer findet die Gasse nicht auf Anhieb, so versteckt liegt sie. Die Gasse wurde nach Zarin Katharina der Großen benannt, die bei einem Aufenthalt in der Stadt diesen Weg benutzt haben soll. Ansonsten findet man in der Gasse mit ihren markanten Gurtbögen nur das kleine **Restaurant „Controvento"** und ein kunsthandwerkliches Geschäft. Interessant sind die uralten Grabplatten an der rechten Seite an der Mauer des dahinter liegenden ehemaligen Dominikanerklosters.

Wir gehen wieder zurück auf die Müürivahe Straße und biegen links ab.

Auf der linken Seite sieht man das ehemalige **Dominikaner-Kloster (12) [N59° 26′ 17.0″ E24° 44′ 55.3″]**, das älteste Klostergebäude in der Unterstadt *(geöffnet 1. Mai - 30. Sept. tgl. 10 - 17.30 Uhr; www.claustrum.eu/index.php/)*. Auch hier gibt es einige Kunsthandwerksläden und Werkstätten, die sich um das Gebäude aus dem 13. Jahrhundert angesiedelt haben. Im Inneren des Klosters befanden sich drei Gebäudeflügel, von denen der östliche noch erhalten ist. Dort sind im sog. **Claustrum** Schlaf- und Speisesaal der Mönche sowie Bibliothek und Wohnstätte des Abts zu sehen.

Das eigentliche **Museum des Dominikanerklosters** betritt man über den Innenhof von der römisch-katholischen Peter-und-Paulkirche aus. Hier sind zahlreiche gotische Bildhauerarbeiten und die sog. Energiesäule im Keller ausgestellt.

Im weiteren Verlauf unseres Stadtspaziergangs gehen wir am Nordende der Müürivahe Straße links durch die kurze Mungastraße zur Vene Straße. Wenige Schritte weiter rechts liegt auf der anderen Straßenseite das **Tallinna Linnamuuseum**, das **Tallinner Stadtmuseum (14) [N59° 26′ 19.1″ E24° 44′ 53.9″],** Vene 17 *(geöffnet 1. Mai - 30. Sept. tgl. 10 - 18 Uhr; 1. Okt. - 30. Apr. Di 10 - 19 Uhr, Mi, Do, Fr, Sa 10 - 17 Uhr, So 11 - 16 Uhr; www.linnamuuseum.ee/en/linnamuuseum/)*. Die Ausstellung informiert auf kurzweilige Art, unterstützt durch Videos und anschauliche Modelle, über die Geschichte und Entwicklung der estnischen Hauptstadt. Das Obergeschoss ist ganz dem 20. Jahrhundert gewidmet inklusive beider Weltkriege, Okkupation und Wiedererlangung der Unabhängigkeit.

Gehen Sie die Vene-Straße weiter Richtung Norden. Sie treffen dann auf den Brookus-Platz. Dort biegen Sie rechts in die Sulevimägi ein und wenden sich aber schon kurz darauf links, um in die altehrwürdige **Pikk Straße** zu gelangen, die schon seit dem Mittelalter als Hauptstraße der Altstadt fungiert.

Wir folgen der Pikk, der wahrscheinlich ältesten Straße der Stadt, weiter nordwärts bis zu ihrem Ende am **Großen Küstentor [N59° 26′ 33.1″ E24° 44′ 57.4″]**. Auf dem Weg dahin sieht man links die St. Olaikirche oder **St. Olavkirche - Oleviste kirik (16)** (Eingang in der Lai Straße). Die Kirche ist dem norwegischen Heiligen St. Olav geweiht. Der 123 m hohe Turm (kann gegen Gebühr bestiegen werden) – ursprünglich war er einmal stattliche 159 m hoch! – dominiert noch heute die Stadtsilhouette.

Kurz vor dem Küstentor verdient auf der linken Straßenseite ein interessantes Gebäudeensemble mit Namen **Kolm öde** oder **„Drei Schwestern" (15) [N59° 26′ 31.1″ E24° 44′ 55.9″],** Pikk 71, Beachtung, heute Nobelhotel. Unklar ist, ob die Bezeichnung auf die Ähnlichkeit der drei Häuser zurück zu führen ist, oder ob die Gebäude einstmals wirklich im Besitz von drei Schwestern waren.

Das Gebäudensemble „Drei Schwestern"

Die Häuser in Tallinn wurden zum Schutz vor Bränden schon früh aus Stein erbaut und hatten eine einfache Architektur. Die Hausfassade hatte meistens einen schmalen Giebel, dahinter standen Haus und Nebengebäude. Die Nebengebäude erreichte man über den Hofgang, der durch ein Tor abgetrennt war. Gewohnt wurde in der Regel im Erdgeschoss, während die oberen Stockwerke als Lagerraum genutzt wurden. Dies änderte sich erst nach Ende des Hansebundes im 17. Jh. Manche Lagerräume wurden nun zu Wohnräumen umgebaut und zahlreiche Häuser bekamen auch von außen ein neues Aussehen.

Wenige Schritte weiter endet die Pikk am erwähnten Küstentor. Unmittelbar rechts ist der mächtige Turm, die sog. **„Dicke Margarethe" Paks Margareeta (17) [N59° 26′ 32.9" E24° 44′ 57.6"]**, nicht zu übersehen. In dem einstigen Kanonenturm mit bis zu 5 m dicken Mauern aus dem frühen 16. Jh., der im 19. Jh. dann als Gefängnis diente, ist heute das **Eesti Meremuuseum, das Marine- und Schifffahrtsmuseum (17)** eingerichtet, Pikk 70 *(geöffnet Di - So 10 - 18 Uhr; letzter Einlass 30 Min. vor Schließung; www.meremuuseum.ee; freier Eintritt mit der Tallinn Card; Kombitickets mit Lennusadam-Museum)*. Auf vier Etagen zeigt das Museum sehr interessante Ausstellungen rund um das Thema Meer, Seefahrt und Fischerei. Besondere Beachtung verdient die sehenswerte Sammlung von Schiffsmodellen. U. a. wurde die komplette Steuerkabine eines Fischtrawlers aufgebaut. Zum Abschluss des Museumsbesuches hat man die Möglichkeit der „Dicken Margarethe" aufs Dach zu steigen und von dort oben die Aussicht auf den Hafen zu genießen.

Eine Zusatzausstellung bietet das **Seeminenmuseums (18)** in der Uus 37.

Wenn Sie hinaus vor das Große Küstentor treten, sehen Sie etwas weiter rechts das moderne **Estonia-Denkmal (19) [N59° 26′ 33.58" E24° 45′ 4.67"]**, das an die Verunglückten des Estonia-Untergangs erinnert. Die Fähre legte vom ganz in der Nähe gelegenen Hafen zu ihrer letzten Fahrt ab. Das Drama des rätselhaften Schiffsunglücks erschüttert die Menschen in Estland bis heute.

Bei Interesse an historischen Schiffsveteranen lohnt ein kurzer Abstecher nach Nordwesten zum etwa 15 Gehminuten von der „Dicken Margarethe" entfernten ehemaligen **Hafen der Wasserflugzeuge Lennusadam Seaplane Harbour [Parkplatz, N59° 27′ 05.8" E24° 44′ 20.7"]**, Vesilennuki 1 *(geöffnet 1. Mai - 30. Sept. tgl. 10 - 19 Uhr; 1. Okt. - 31. Apr. Di - So 10 - 18 Uhr; https://meremuuseum.ee/lennusadam/de/; freier Eintritt mit Tallinn Card; ermäßigte Kombitickets mit Eesti Meremuuseum)*. Im Freigelände sind der Eisbrecher-Dampfer „Suur Töll" (1914 auf der Stettiner Vulcan-Werft gebaut), das U-Boot „Lembit" (1936 in England gebaut) und andere Museumsschiffe zu sehen. Darüber hinaus gibt es im ehemaligen Hangar für Wasserflugzeuge Ausstellungen, ein Kino, ein Café-Restaurant und den Nachbau eines britischen Wasserflugzeuges vom Typ „Short 184".

Auf dem Weg von der „Dicken Margarethe" über die Pikk zurück stadteinwärts, sieht man auf der rechten Seite, Pikk 29a, ein mittelalterliches Gebäude, in dem seit 2016 das **Russische Museum Tallinns (20a) [N59° 26' 19.85" E24° 44' 46.94"]** *(geöffnet 1. Mai - 30. Sept. Mi - Sa 11 - 18 Uhr, So 11 - 16 Uhr; 1.Okt. - 30. Apr. Mi 10 - 20 Uhr, Do - Sa 10 - 17 Uhr, So 11 - 16 Uhr; https://www.visitestonia.com/de/tallinner-russisches-museum)* eingerichtet ist. Es befasst sich mit der russischen Gemeinde in Tallinn und mit der russischen Kultur in Estland. Mit wechselnden Ausstellungen wird das Erbe der russischen Gemeinde in Tallin dargestellt.

Schräg gegenüber auf der linken Seite findet man das Haus Pikk 26, das ehemalige **Bruderschaftshaus der Schwarzhäupter (20) [N59° 26' 20.1" E24° 44' 48.0"]**, mit bemerkenswerter Renaissancefassade aus dem 16. Jahrhundert. In dem Haus war auch die Vereinigung der „Großen Gilde" untergebracht.

Wie im lettischen Rīga gab es auch in Tallinn die Vereinigung der „Schwarzhäupter", die 1399 ins Leben gerufen worden war und sich nach ihrem dunkelhäutigen Schutzpatron Mauritius (über dem Portal zu sehen) so nannten. Die „Schwarzhäupter" waren eine Bruderschaft von jungen, unverheirateten Kaufleuten, die gesellschaftliche Zusammenkünfte und Unterhaltung für die gesamte Stadt boten. Gelegentlich veranstalteten sie einen Wettbewerb, bei dem eine Papageienfigur abgeschossen werden musste. Der erfolgreichste Schütze wurde zum Gildekönig gekürt.

Auf dem schmalen Fries unter der Fensterreihe des ersten Stockwerks sieht man die Wappen verbündeter Handelskontore der Hanse in London, Peterhof in Novgorod, Oosterlinghis in Brügge und Tyske-bryggen in Bergen. Darüber sieht man zwei Reliefs, die Schwarzhäupter bei einem Turnier zeigen.

Haus Pikk Nr. 17 rechts ist das **Haus der Großen Gilde (21) [N59° 26' 17.9" 24° 44' 43.1"]**, leicht erkennbar an der Freitreppe, die zum Eingang hinaufführt. In der „Großen Gilde" waren die reichsten Kaufleute der Stadt zusammengeschlossen, die wiederum großen Einfluss auf die Geschicke der Stadt hatten. Und es war gute Tradition, dass der Bürgermeister immer aus den Reihen der Großen Gilde kam.

Heute ist in dem historischen Gebäude aus dem 15. Jh. das **Estnische Historische Museum - Eesti Ajaloomuuseum [N59° 26' 17.9" E24° 44' 43.0]** untergebracht *(geöffnet 1. Mai - 30. Sept. tgl. 10 - 18 Uhr; 1. Okt. - 30. Apr. Di - So 10 - 18 Uhr; www.ajaloomuuseum.ee)*. Aus-

Das historische „Schwarzhäupterhaus"

Blick auf Tallinns Altstadt vom Domberg aus

stellungen wie „Schnell reich werden“ (Münzsammlung), „Zäh und Beharrlich“ (11.000 Jahre Estnische Geschichte) oder „Die Macht der Elite“ (Geschichte der Großen Gilde) informieren über die Geschichte Estlands von der Frühzeit bis ins 18. Jahrhundert.

Gegenüber der Großen Gilde findet man das sehr einladende, sehr traditionsreiche **Kaffeehaus Maiasmokk (Zum Süßen Zahn) (22) [N59° 26‘ 17.8“ E24° 44‘ 43.9“]**, eines der schönsten seiner Art in ganz Tallinn *(geöffnet Erdgeschoss Mo - Fr 8 - 21 Uhr, Sa + So 9 - 21 Uhr, Obergeschoss tgl. 11 -21 Uhr; www.kohvikmaiasmokk.ee/en/)*. Ihm angeschlossen ist die **Konditorei Martsipanituba Kalev**, der Sie unbedingt einen Besuch abstatten sollten, nicht nur der ganz vorzüglichen Marzipanleckereien und Pralinen wegen, sondern auch wegen des kleinen **Marzipanmuseums** im nostalgischen Verkaufsraum.

In dieser alteingesessenen Konditorei werden schon seit dem 16. Jh. feinste Backwaren und Marzipankonfekt hergestellt. Später, als Georg Stude damit begann seine Pralinen im großen Stil zu produzieren, wurde daraus bald ein Unternehmen, das Niederlassungen bis Moskau hatte. Heute ist das Süßwarenunternehmen Kalev das größte seiner Art im ganzen Baltikum.

Und auf der kleinen Terrasse vor dem Marzipanmuseum können Sie bei einem Imbiss bequem das Treiben auf dem kleinen Platz davor beobachten.

Tallinns Domberg

Der weitere Verlauf unseres Stadtspaziergangs, für den man im Interesse des Besichtigungserlebnisses besser einen weiteren Tag vorsieht, führt vom Kaffeehaus Maiasmokk über die Pikk westwärts und über die südwärts weiterführende Pikk Jalg hinauf auf den **Domberg Toompea (23)**. Vom Ostrand dieses weiten, runden 50 m hohen Kalksteinplateaus genießt man – meist in drangvoller Gesellschaft zahlreicher Souvenirhändler und lautstarker Besuchergruppen aus aller Herren Länder – einen schönen Blick auf die Altstadt, bzw. die Unterstadt. Besonders beliebt ist der weite Blick über die Altstadt mit ihren markanten Kirchtürmen bis hin zum Hafen von der **Aussichtsterrasse Kohtuotsa Vaateplatvorm (24) [N59° 26‘ 15.8“ E24° 44‘ 32.0“]** (auch mit Scenic View beschildert).

Schon die Dänen unter König Valdemar hatten zu Beginn des 13. Jh.

die erhöhte Lage des Domhügels als vorzüglichen Standort für ihre Burg erkannt. Die Esten nannten die Befestigung „Tanni Linnus", woraus im Laufe der Zeit „Tallinn" wurde.

Von der ursprünglichen dänischen Burg aus dem 13. Jh. ist heute kaum noch etwas zu erkennen. Die zahlreichen Fremdherrscher, die über das Land regierten, hinterließen allesamt ihre Spuren an der Festung. Das heutige Aussehen stammt hauptsächlich aus dem 13. und 14. Jh., der Zeit des Deutschen Ordens.

Wesentliche Veränderungen an der mittelalterlichen Ordensburg ließ Zarin Katharina die Große vornehmen.

Im Zuge des Burgbaus wurde auch die der Jungfrau Maria geweihten **Domkirche (25) [N59° 26' 12.4" E24° 44' 22.5"]** errichtet. Sie wurde zur Hauptkirche des estnisch-lutherischen Bistums gekürt.

In dem mächtigen, weißen Kirchenbau befinden sich u. a. Sarkophage, Grabplatten und Wappen deutsch-baltischer Adelsfamilien sowie namhafter Honoratioren der frühen Stadtgeschichte, wie dem schwedischen Heerführer Pontus de la Gardie oder dem deutschbaltischen Admiral in russischen Diensten Adam Johann Baron von Krusenstern (1770 – 1846).

Ein gutes Stück südlich der St. Marien Domkirche liegt an der Westseite des Lossi plats, dem früheren Festungshof, das ehemalige Stadtschloss. Seit den Umbauarbeiten um 1920 dient es als **Parlamentsgebäude Parlamentin Talo (26)**. In der Zeit der Okkupation war hier der Ministerrat der sowjetischen Republik Estland tätig. Von der alten Burg sind mehrere Türme erhalten geblieben. Der höchste steht auf der rechten Seite des Parlamentsgebäudes und wird als Flaggenturm benutzt. Im Volksmund ist er auch bekannt als „Langer Herrmann".

Gegenüber des Parlamentsgebäudes erhebt sich die mit fünf Zwiebeltürmen geschmückte **Alexander-Newskij-Kathedrale (27) [N59° 26' 08.3" E24° 44' 19.7"]**. Sie ist das jüngste Gotteshaus der Altstadt und wurde erst 1900 erbaut. Im Hauptturm hängt – neben weiteren 10 Kirchenglocken – die schwerste Glocke in Nordeuropa. Sie wiegt 15 Tonnen. Der Innenraum der russisch-orthodoxen Kirche ist mit zahlreichen Ikonen und einer vergoldeten Ikonostase geschmückt.

Hinter der Alexander-Newskij-Kathedrale findet man in der Lühike Jalg-Straße Nr. 3 das **Adamson-Ericu Muuseum (30)** *(geöffnet Mai - Sept. Di - So 10 - 18 Uhr; Okt. - Apr. Mi - So 10 - 18 Uhr, letzter Einlass 30 Min. vor Schließung; www.adamson-eric.ee/en/)*. Zu sehen sind Arbeiten des estnischen Künstlers Eric Adamson (1902 – 1968). Adamson war auf vielen Kunstgebieten tätig. Zum Beispiel entwarf er Schmuck und verschiedene Möbeldesigns, malte aber auch.

Von der Alexander-Newskij-Kathedrale gehen wir südwärts am sog. **Dänischen Königsgarten** vorbei hinab in die Stadt. An der Grünanlage steht links unübersehbar ein massiver Wehrturm mit dem plattdeutschen Namen **„Kiek in de Kök" (29) [N59° 26' 04.5" E24° 44' 27.6"]**, Komandandi tee 2 *(geöffnet 1. Mai - 30. Sept. tgl. 10 - 18 Uhr; 1. Okt. - 30. Apr. Di, Mi, Fr, Sa, So 10 - 17 Uhr,*

Die Alexander-Newskij-Kathedrale

Do 10 - 20 Uhr; www.linnamuuseum.ee/en/kiek-de-kok/). Den Namen erhielt der mächtige, 38 m hohe Turm aus der zweiten Hälfte des 15. Jh. von den Soldaten, die hier Dienst leisten mussten. Man sagt, sie konnten während ihrer Arbeit in die Küchen der Altstadthäuser schauen, denn „Kiek in de Kök" heißt nichts anderes als „Schau in die Küche". Im Turm sind Ausstellungen zur Geschichte vom 12. Jh. bis zum 18. Jh. zu sehen.

Je nach Interessenlage kann man vor Beendigung dieses Stadtrundgangs noch dem weiter südlich in der Toompea 8 gelegenen **Okkupationsmuseum Vabamu (31) [N59° 25′ 57.7″ E24° 44′ 22.6″]** einen Besuch abstatten *(geöffnet 1. Mai - 30. Sept. tgl. 10 - 18 Uhr; 1. Okt. - 30. Apr. Di - So 11 - 18 Uhr, letzter Einlass 30 Min. vor Schließung; https://vabamu.ee/en/)*. Das Museum dokumentiert die Besatzungszeit des 20. Jahrhunderts. Bilder und Videos führen dem Besucher vor, wie die Menschen mit den Repressionen während der deutschen und sowjetischen Besatzung umgingen. Das Museum ist das erste seiner Art in Estland.

Vor den östlichen Altstadtmauern sieht man an der Ausfallstraße Narva mnt das erste Hochhaus in Tallinns Neustadt. Es wurde 1972 fertiggestellt. Das 23stöckige Gebäude beherbergt das sehr zentral und günstig zur Altstadt gelegene **Hotel Viru [N59° 26′ 12.2″ E24° 45′ 17.6″]** von dem es heißt, dass während der Sowjetzeit der KGB hier ein geheimes Büro unterhalten haben soll. Kleines KGB-Museum im Hotel. Ein wahrer Bauboom mit Hochbauten und Einkaufszentren brach aber erst nach Wiedererlangung der Unabhängigkeit aus.

In der Neustadt kann man im Keller der Estnischen Zentralbank, Estonia pst 11 - 14, das **Eesti Panga Muuseum [N59° 25′ 59.9″ E24° 44′ 59. 7″]** besichtigen *(geöffnet Di - Fr 12 - 17 Uhr, Sa 11 - 16 Uhr, Eintritt frei; https://muuseum.eestipank.ee/en/)*. Zu sehen gibt es Banknoten und Münzen, die jemals auf estnischem Boden benutzt wurden, sei es in der Zarenzeit oder während der Sowjetherrschaft.

Das Katharinental

Der moderne Teil Tallinns und das sehenswerte **Katharinental** liegen östlich der Altstadt. Ein Fahrzeug ist vorteilhaft. **Parken** kann man am einfachsten beim **Kunstmuseum KUMU [Parkplatz, N59° 26′ 10.6″ E24° 47′ 55.0″]**. Von dort kann man zu Fuß hinab in den Park und zum Kadriorg Schloss und zu den dortigen Museen gehen.

Mit öffentlichen Verkehrsmitteln erreicht man das Katharinental mit Straßenbahnen der Linien 1 oder 3, sowie mit Bussen der Linien 5, 34A und 60, Haltestelle Poska.

Vor allem Kunstliebhaber werden das in einem modernen Gebäude untergebrachte **Estnische Kunstmuseums KUMU (37) [Parkplatz, N59° 26′ 10.6″ E24° 47′ 55.0″]**, Weizenbergi 34/Valge 1, besuchen wollen *(geöffnet Di, Mi, Fr, Sa, So 10 - 18 Uhr, Do 10 - 20 Uhr, letzter Einlass 30 Min. vor Schließung, freier Eintritt mit Tallinn Card; https://kumu.ekm.ee/en/)*. Architekt des Museumsgebäudes war der Finne Pekka Vapaavuori. Auf fünf Stockwerken wird der Besucher mit Kunstwerken und wechselnden Ausstellungen der unterschiedlichsten Bereiche bekannt gemacht. Es gibt ein Café, ein Restaurant und einen Museumshop.

Vom Parkplatz vor dem Kunstmuseum kann man hinab in den weitläufigen **Kadrioru Park** gehen und erreicht in wenigen Gehminuten dort das Schloss Kadriorgin Palatsi.

Neben der Kunst gehört die Erholung zu **Katharinental (36)**. Mehrere Parkanlagen mit einer Größe von insgesamt 60 ha erstrecken sich um den zentralen Schwanenteich. Jeder einzelne Park ist in einem besonderen Stil angelegt worden. Gesäumt werden die Parks von Villen und Holzhäusern, die zum Teil bis zu 200 Jahre alt sind (was man manchen leider deutlich ansieht). Gebaut wurden sie, als es in der reichen Oberschicht als schick galt, Urlaub in Katharinental zu machen.

Eigentlich heißt das Viertel hier im Estnischen **„Kadriorg"**. Zu Ehren der Gemahlin von Zar Peter dem Großen wurde die Gegend dann in Katharinental umbenannt.

Das Schloss Kadriorgin Palatsi

Wenn man also vom Kunstmuseum über den Treppenweg hinab in den Kadrioru Park geht, sieht man rechts ein kleines weiß getünchtes Haus, das als **Sommerhaus Peters des Großen (36) [N59° 26′ 15.2″ 24° 47′ 46.0″]** bekannt. Es ist das älteste Haus in Katharinental. Zar Peter I. hatte das Anwesen im Jahre 1713 erworben. Das zaristische Sommerhaus kann besichtigt werden *(geöffnet 1. Mai - 30. Sept. Mo, Di, Do, Sa 10 - 18 Uhr, Mi 10 - 19 Uhr, So 10 - 17 Uhr; 1. Okt. - 30. Apr. Mi - Sa 10 - 17 Uhr, So 10 - 16 Uhr; Eintritt frei mit Tallinn Card; https://linnamuuseum.ee/en/peetrimaja/eng/info-for-visitors/)*. Zu sehen sind die mit Gegenständen aus der Zarenzeit dekorierten kaiserlichen Wohnräume, der Speisesaal und das Schlafgemach.

Gehen Sie auf der Parkstraße August Weizenbergi westwärts hinein in den Park. Rechts sieht man das Palais mit der **Kanzlei und Residenz** des estnischen Präsidenten **[N59° 26′ 14.7″ E24° 47′ 36.5″]**.

Wenige Schritte weiter liegt linkerhand das **Johannes Mikkel Museum (36) [N59° 26′ 15.1″ E24° 47′ 29.3″]** *(geöffnet Di, Do - So 10 - 18 Uhr, Mi 10 - 20 Uhr; https://mikkelimuuseum.ekm.ee/en/)*. Die Kunstausstellung befindet sich in einem Nebengebäude des Schlosses, in der früher die Küche untergebracht war. Gezeigt wird die Privatsammlung des Kunstliebhabers Johannes Mikkel, die sich über chinesisches Porzellan und flämische Gemälde bis hin zu italienischen Gravurarbeiten erstreckt.

Hinter dem Johannes Mikkeli Museum liegt das **Kindermuseum Miiamilla**, ein kleines Kinderparadies.

Das prächtige Anwesen schräg gegenüber vom Johannes Mikkeli Museum ist das **Schloss Kadriorgin Palatsi (36) [N59° 26′ 18.4″ E24° 47′ 28.5″]**. Zar Peter war es, der den Standort des Schlosses bestimmte. Er vergab den Auftrag an den Architekten Niccolò Michetti, der das Gebäude im barocken Stil entwarf.

Wer das Gebäude betritt, trifft zuerst auf den **Hauptsaal**, der zwei Etagen hoch ist. Das Schloss *(geöffnet Di, Do - So 10 - 18 Uhr, Mi 10 - 20 Uhr; https://kadriorumuuseum.ekm.ee/en/)* ist Teil des **Estnischen Kunstmuseums (37)** und zeigt ausländische Kunst, Gemälde und Skulpturen, hauptsächlich aus Deutschland und Russland, aber auch aus Italien und Holland.

Der Schriftsteller Eduard Vilde (1865 – 1993) lebte im ehemaligen Wohnhaus des Schlossvogts weiter westlich im weitläufigen Park an der Straße Rohelina aas 3. Heute ist hier das **Eduard-Vilde-Museum [N59° 26′ 11.5″ E24° 47′ 06.7″]** eingerichtet, das sich dem Leben und Wirken des Autors widmet *(geöffnet Di, Do - Sa 11 - 17 Uhr, Mi 11 - 18 Uhr; https://kirjanduskeskus.ee/?lang=en)*.

Wenn Sie durch den Park ein gehöriges Stück nordwärts in Richtung Ostsee gehen, kommen Sie zum **Japanischen Garten**, vor allem im Frühjahr zur Zeit der Kirsch- oder Rhododendronblüte eine Augenweide.

Jenseits der stark befahrenen Ausfallstraße Narva mnt steht das **Russalka-Denkmal**. Es wurde in Erinnerung an das Panzerschiff gleichen Namens aufgestellt und stellt eine Engelsgestalt auf einem Granitsockel dar. Das Denkmal wurde 1902 vom Bildhauer Amandus Adamson geschaffen.

Sehenswertes außerhalb von Tallinn

Die im Weiteren beschriebenen Sehenswürdigkeiten liegen alle weiter nordöstlich der Innenstadt von Tallinn und sie würden das Pensum eines Stadtspaziergangs übersteigen. Man wird also das Auto oder Busse der Linien 34A und 5 benutzen.

An der Küste nordöstlich der Innenstadt liegt an der Mündung des gleichnamigen Flusses in die Ostsee der Stadtteil **Pirita**. Auf dem Weg dahin passiert man die **Sängerfestwiese Lauluväljak (38) [N59° 26′ 45.6″ E24° 48′ 02.6″]** mit der großen gewölbten weißen Muschel der Open-Air-Bühne. Alle fünf Jahre treffen sich hier am ersten Wochenende im Juli mehrere tausend Menschen, um den besten Musikern und Chorsängern zuzuhören und dabei Volkstänze aufzuführen.

Eröffnet wird das Sängerfest immer mit einem Festzug, bei dem die Teilnehmer typisch, estnische Trachten tragen. Dabei herrscht Volksfeststimmung und zahlreiche Ausstellungen, Jahrmärkte und kleinere Veranstaltungen finden statt. Bei dem Höhepunkt des Sängerfestes zeigen 30.000 Sänger gleichzeitig im größten Chor der Welt ihr Können.

Die Geschichte des Sängerfestwochenendes reicht zurück bis in das Jahr 1869, als in Tartu zum ersten Mal dieses Fest gefeiert wurde, damals natürlich noch in kleinerer Gesellschaft.

Hier von der Sängerfestwiese aus nahm 1988 die „Singende Revolution" ihren Ausgang, die als ein Mosaiksteinchen für den Untergang des Kommunismus in Europa gilt.

Einer der letzten Höhepunkte war 2003 die Aufnahme des Sängerfestes in die UNESCO-Liste des geistigen und mündlichen Erbes. 2019 fand vom 4. bis 7. Juli das 150ste Sängerfest in Tallinn statt. Die nächsten Sängergroßereignisse sind für 2024 und 2029 vorgesehen (https:/2019.laulupidu.ee/en/).

Weiter nordwärts Richtung Pirita fahrend passiert man die Zufahrt zum Stellplatz **Tallinn City Camping (39) [N59° 26′ 55.2″ E24° 48′ 27.7″]**.

Kurz darauf kommt man am **Schloss Maarjamäe [N59° 27′ 09.5″ E24° 48′ 32.4″]**, Pirita tee 56, vorbei. Heute ist hier eine Abteilung des **Estnischen Historischen Museums** untergebracht *(geöffnet 1. Mai - 30. Sept. tgl. 10 - 18 Uhr; 1. Okt. - 30. Apr. Di - So 10 - 18 Uhr; www.ajaloomuuseum.ee)*. Schloss Maarjamäe war lange Zeit wegen Renovierung geschlossen und wurde zum hundertsten Jahrestag der Republik Estonia am 1. Februar 2018 wieder eröffnet. Das Museum widmet sich – wie das Schwestermuseum im Haus der Großen Gilde in der Altstadt von Tallinn – der Geschichte Estlands.

Im Park von Schloss Maarjamäe wurde erst vor wenigen Jahren in einem modernen Gebäude das neue **Film Museum von Estland** eröffnet *(geöffnet 2. Mai - 30. Sept. tgl. 10 - 18 Uhr; 1. Okt. - 30. Apr. Di - So 10 - 18 Uhr; www.ajaloomuuseum.ee/ger/)*. Es soll den Besucher in die Geheimnisse des Filmemachens einweihen.

Pirita – hier gibt es am Jachthafen eine **Stellplatzmöglichkeit für Wohnmobile (42) [N59° 28′ 02.8″ E24° 49′ 27.8″]** – ist nicht nur ein beliebter Wohnvorort, sondern auch Erholungsgebiet mit großem **Pirita Spa Hotel** (267 Zi., Tel. +372 639 86 00, www.piritamarinahotel.ee; Restaurant, Casino,

Schwimmbad, Parkplatz). Im Sommer lockt besonders der lange **Sandstrand** viele Tallinner hierher.

Bei Sportfans ist Pirita möglicherweise noch ein Begriff aus dem Jahr 1980, als hier die Segelregatta der Moskauer Olympischen Spiele stattfand, die von vielen Staaten der Welt boykottiert wurden. In Pirita steht auch das olympische Dorf von damals, heute sind dort Büroräume und das erwähnte Hotel untergebracht.

Im Jahr 2001 wurde in Pirita das neue **Piritakloster** für den Birgittenorden errichtet. Nebenan liegen die Ruinen des alten **Birgittenklosters (41) [Parkplatz, N59° 27′ 59.4″ E24° 50′ 03.6″]**. Es kann besichtigt werden *(geöffnet 1. Apr. - 31. Okt. tgl. 10 - 18 Uhr; 1. Nov. - 31. März 12 - 16 Uhr; www.piritaklooster.ee/?lang=en)*. Das Birgittenkloster war 1436 gegründet worden und war als Gemeinschaftskloster für Nonnen und Mönche konzipiert. Es dauerte aber nicht lange bis das Gebäude im Livländischen Krieg wieder zerstört wurde. Seit dem 16. Jahrhundert fristet es als Ruine sein Dasein. Die Reste des Westgiebels und der Außenmauern sind allerdings noch immer bemerkenswert.

Mit seiner stattlichen Höhe von 314 m ist der ein gutes Stück weiter nordöstlich von Pirita in einem Waldgebiet auf einer Anhöhe gelegene **Pallinna Teletorn (43) [Parkplatz, N59° 28′ 20.4″ E24° 53′ 14.2″]**, der **Fernsehturm** der Hauptstadt, weithin sichtbar, Kloostrimetsa tee 58A *(geöffnet tgl. 10 - 18 Uhr; www.teletorn.ee/de/)*. Nach Beendigung umfangreicher Restaurierungen hat man wieder die Möglichkeit, mit einem Fahrstuhl in 49 Sekunden bis zu einer **Aussichtsplattform** in 170 m Höhe zu gelangen. Auf Glasscheiben stehend kann man dann wagemutig in die Tiefe blicken. Zu sehen sind im Turm alle 15 Minuten ein 3D-Film mit englischsprachigen Untertiteln sowie eine historische Ausstellung über die Geschichte des Turms seit dem Bau 1980 bis zur Wiedereröffnung 2012. Außerdem kann man im höchsten Café-Restaurant Nordeuropas im 22. Stockwerk des Turms einen Imbiss einnehmen und am Abend im eleganten à-la-carte-Restaurant speisen, an Wochenenden mit Livemusik.

Zu Zeiten der Sowjetherrschaft war die Aussicht von hier oben bei Besuchern äußerst beliebt, weil man bei guter Sicht einen Blick auf die „freie Welt“, nach Finnland, werfen konnte.

Noch heute hört man gelegentlich folgende Anekdote: 1991, als sowjetische Truppen, ähnlich wie in Vilnius, den Turm stürmen wollten, kamen clevere Mitarbeiter auf die Idee, den Kontakt des Fahrstuhls mit einer Streichholzschachtel zu blockieren. So sahen sich die Soldaten gezwungen, die rund 1.000 Treppen zu benutzen.

Unterhalb des Turmes, der in den 1980er Jahren anlässlich der Olympischen Spiele von Moskau errichtet wurde, befindet sich der **Botanische Garten von Tallinn**; *www.botaanikaaed.ee/en/.*

Und westlich gegenüber liegt der **Waldfriedhof [N59° 28′ 09.5″ E24° 52′ 18.3″]**, der die letzte Ruhestätte zahlreicher estnischer Berühmtheiten ist. Hier liegen Schauspieler, Staatsmänner und Künstler begraben, u. a. der Schriftsteller Eduard Vilde.

PRAKTISCHE HINWEISE - TALLINN

i

Touristeninformation (4) [N59° 26′ 11.2″ E24° 44′ 40.1″], Niguliste 2/ Kullassepa 4, 10146 Tallinn, Tel. +372 64 57 777; www.visittallinn.ee/ger/. *Geöffnet 1. Apr- 31. Mai + 1. - 30. Sept. Mo - Sa 9 - 18 Uhr, So 9 - 16 Uhr; 1. Juni - 31. Aug. Mo - Sa 9 - 19 Uhr, So 9 - 18 Uhr; 1. - 30. Sept. Mo - Sa 9 - 18 Uhr, So 9 -16 Uhr; 1. Okt. - 31. März Mo - Sa 9 - 17 Uhr, So 10 - 15 Uhr.*

Fähren – Passagierinfo Tel. +372 631 85 50; www.portoftallinn.com/passenger-ship-schedules.
Ganzjährig verkehren mehrmals täglich Autofähren von Viking Line, Tallink Silja Line und Eckerö Line zwischen **Tallinn und Helsinki**, Fahrzeit 2 bis 3 Stunden.

Zwischen Frühjahr und Herbst verkehren zusätzlich Expressschiffe der Linda Line zwischen Tallinn und Helsinki, Fahrzeit 90 Min.; www.lindaline.fi/en/. Von **Tallinn nach Stockholm** verkehren täglich Nachtfähren der Reederei Tallink, Fahrzeit 15 Stunden; www.tallinksilja.de.

Reisen nach St. Petersburg
Bis zu dreimal pro Woche verlässt im Sommer ein **Kreuzfahrtschiff** der St. Peter Line Tallinn mit Ziel **Sankt Petersburg**. Mit gültigem Reisepass und Buchung des gesamten Reisearrangements über St. Peter Line (Tel. +372 666 08 00; www.stpeterline.com) besteht die Möglichkeit eines visumfreien Aufenthalts in Sankt Petersburg für 72 Stunden. Details unter www.stpeterline.com/-/visa-free-rule in Englisch.

Feste und Folklore
Ende März feiert man die **Estnischen Musiktage**.
Der 23. Juni ist der **Tag des Sieges** in Erinnerung an den Unabhängigkeitskrieg von Võnnu 1919. Am 24. Juni wird **Mittsommer** gefeiert, besser bekannt als **Jaanipäev** oder St. Hans-Tag (Johannistag). Wichtigster Feiertag in Estland mit abendlichen Johannisfeuern. Viele Einrichtungen, Läden und Lokale sind spätestens am Nachmittag dieses Tages und die meisten Museen sind ganztags geschlossen. Zahlreiche Marktstände werden **Anfang Juni** vor dem Rathaus aufgebaut, wenn die **Altstadttage (Kesklinna linnaosa)** stattfinden. Nur wenige Tage später in der ersten **Juliwoche** findet an gleicher Stelle der **Mittelaltermarkt** statt und von Mitte Nov. bis Anfang Januar kann man den romantischen **Weihnachtsmarkt** mit dem traditionellen Christbaum auf dem Rathausplatz besuchen; www.visittallinn.ee/ger/tourist/entdecken-sie-tallinn/artikel-fuhrer/kulturelle-hohepunkte/.

RESTAURANTS

Café Maiasmokk „Zum Süßen Zahn", Pikk 16, Tel. + 372 646 40 79; www.kohvikmaiasmokk.ee/en/; 1. Etage geöffnet Mo - Fr 8 - 21 Uhr, Sa + So 9 - 21 Uhr, 2. Etage tgl. 11 - 21 Uhr; das älteste Kaffeehaus in Tallinn ist seit 1864 in Betrieb, mit Caféhauscharme.

Restaurant Olde Hansa, Vana turg 1, Tel. +372 627 90 20; www.oldehansa.ee. Sehr touristisches, aber uriges Restaurant in einem 700 Jahre alten Gebäude. Die Bediensteten tragen mittelalterliche Gewänder und das Essen wird gelegentlich zu Klängen aus dieser Zeit gereicht.

Peppersack, Viru 2, Tel. +372 646 68 00; www.peppersack.ee. Ebenfalls im mittelalterlichen Gewand präsentiert sich dieses rustikal eingerichtete Restaurant mitten in der Altstadt. Es gibt hier auch ein Café und ein uriges Grillrestaurant im Gewölbekeller. Abends um 20.30 Uhr „Schwertkampf" aus der Ritterzeit.

Vanaema Juures, Rataskaevu 10 - 12, Tel. +372 626 90 80; in der Altstadt etwa zwischen Rathausplatz und Burgberg gelegen, erkenntlich am Spiegelei in der Stielpfanne; ein kleines, sehr gemütliches Kellerlokal, serviert deftige estnische Küche, mittlerer Preislage. Lediglich 36 Plätze, deshalb Tischreservierung oder frühes Erscheinen empfehlenswert.

Kuldse Notsu Kõrts, Dunkri 8, +372 628 65 67; in nächster Nähe zum Rathausplatz, im Stil eines estnischen Landgasthauses. Im „Goldenen Schwein" serviert man deftige estnische Hausmannskost, die Würste-Kraut-Platte ist auch bei größtem Appetit kaum zu schaffen. Man kann auch auf der Straßenterrasse sitzen.

CAMPING

Vanamõisa bei Saue
Camping Vanamõisa Caravanpark [N59° 19′ 46.6″ E24° 32′ 24.6″]; Tel. +372 58 66 66 96; www.caravanpark.ee/de/; 1. Mai – 30. Sept.; Platz des estnischen Campingverbandes; von der Straße 11 (Keila – Saue), oder von

der Straße 4 aus Tallinn, gut beschilderter Abzweig Richtung Saue, über die Bahnlinie und noch ca. 2 km; ebenes, schattenloses Wiesengelände mit einigen befestigten Stellplätzen, durch Jungpflanzungen etwas unterteilt, neben einem öffentlichen Picknick- und Grillplatz und einem Basketballplatz; ca. 5 ha - 200 Stpl.; neue, zeitgemäße Sanitäreinrichtungen mit zahlenmäßig ausreichenden Installationen, Waschmaschine, Trockner, Sauna, Cafeteria im Sommer. Bahnstation Saue 1,8 km entfernt, noch in Gehnähe (ca. 10 Min.), Bahn nach Tallinn Zentrum Fahrzeit ca. 20 Min. V & E-Station mit befahrbarer Plattform.

Jüri bei Aaviku
Camping Kivi Tourism Farm [N59° 21' 8.75" E24° 54' 56.11"], Kivi talu, Rae vald, Harjumaa, Tel. +372 60 34 386; www.kivitalupuhkus.ee/en/; Jan. – Dez.; ca. 14 km auf der Straße 2 (Tallinn – Tartu) bis zum großen Kreisverkehr, dort weiter bis nach Jüri, hier zum Platz am östlichen Ortsrand; ebenes Wiesengelände um einen Badeteich; ca. 3 ha – 20 Stpl.; einfache Sanitärausstattung. Sauna, WLAN auf Teilen des Platzes, Internetecke. Miethütten, Fremdenzimmer. Busverbindung nach Tallinn.

WOHNMOBIL-STELLPLÄTZE

Stellplatz Tallinn City Camping [N59° 26' 55.2" E24° 48' 27.7"], Pirita tee 28, Tel. +372 61 37 322; www.tallinn-city-camping.ee/de/; 22. Mai – 15. Sept.; Tallinns am nächsten zur Stadt gelegene Stellplatzmöglichkeit. Nordöstlich der Stadt Abzweig von der küstennahen Pirita Straße am viereckigen Glaspalast rechts. Einfahrt trotz Privatschild in einen Gewerbehof. Asphaltierte Fläche zwischen Lagerhallen und Hochhaus. Eher ein recht nüchtern wirkender Wohnmobil-Stellplatz als ein Campingplatz; ca. 0,5 ha – 50 Stpl.; sehr einfache Sanitärausstattung. Waschmaschine, Sauna, Fahrradverleih, WLAN im Rezeptionsbereich, Stromanschlüsse, V & E für Wohnmobile. Bushaltestelle rund 300 m nördlich vom Platz. Wenige hundert Meter nördlich vom Platz liegt das Estnische Historische Museum im Schloss Maariamäe (Beschreibung siehe weiter oben).

Stellplatz Pirita Harbour Camping [N59° 28' 02.3" E24° 49' 27.3"], Regati pst 1, Purje Straße; Jachthafen Pirita; Tel. +372 63 98 980; www.piritatop.ee/en/; Mai – Okt.; gut 6 km nordöstlich von Tallinn im Stadtteil **Pirita** gelegen. Nach der Neste-Tankstelle und der Casino-Olympic-Werbesäule ab zum Jachthafen, hinter dem Pirita Top Spa Hotel an der kleinen Werft vorbei. Kein richtiger Campingplatz, sondern ein bewachter 24 Std.-Parkplatz (Stellplatz), dennoch eine akzeptable Möglichkeit, mit dem Wohnmobil oder Caravan bei Tallinn zu nächtigen. Asphaltierte Fläche innerhalb des Jachthafengeländes mit kleiner Wiesenterrasse mit Picknicktischen; ca. 1 ha – 60 Stpl.; Toiletten und Duschen (Extragebühr, Chipkarte) in einem Gebäude nahe des Platzes. Stromanschlüsse. Wasserentnahmestelle, Grauwasser- und Chemikaltoilettenausguss. Blick über die Bucht auf Tallinn. Mit Bussen der Linie 34A bis Viru keskus am Ostrand der Altstadt.

TOUR 12: TALLINN (REVAL) - NARVA

Länge der Tour: Rund 255 km, ohne Abstecher.

Die Route: Straße 1/E20 bis **Loobu** – Landstraßen über **Palmse**, **Võsu** und **Sagadi** bis **Haljala** – Straße 1/E20 bis **Kohtla-Järve** – Küstenstraße über **Saka**, **Valaste** und **Toila** bis **Sillamäe** – Straße 1/E20 bis **Narva**.

Reisedauer: Mindestens ein Tag.

Höhepunkte: Der **Lahemaa-Nationalpark** * – **Gut Palmse** * – **Gut Sagadi** * und sein Forstmuseum – die **Steilküste** ** der Ostsee bei **Saka** – die **Hermannfeste** ** in Narva.

ROUTE: *Von Tallinn auf der Autobahn 1/E20 ostwärts.*

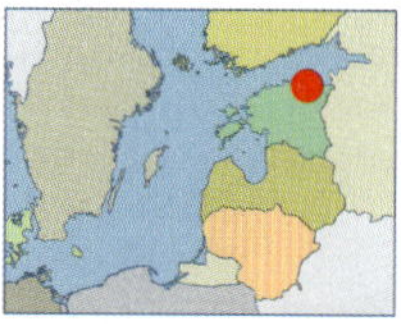

Wer sich sehr für Kirchenbaukunst interessiert, findet in **Saha**, einem kleinen Dorf südlich der Autobahn und rund 14 km östlich von Tallinn, eine kleine, sehr schlichte Kapelle, die aber seit dem Mittelalter ihr Aussehen völlig unverfälscht erhalten hat.

Rund 20 km östlich von Tallinn passiert die Autobahn 1/E20 den kleinen Ort **Jõeläthme**. Nicht weit davon entfernt bildet das **Flüsschen Jägala** den 7 m hohen **Wasserfall Jägala juga [Parkplatz, N59° 26′ 56.8″ E25° 10′ 45.8″]**, einen der größten in ganz Estland.

Weitere 12 km östlich passiert man die Ortschaft **Kiiu**. Der Ort rühmt sich, über die kleinste **Wehrbefestigung Kiiu Torn** des Landes zu verfügen. Sie besteht aus einem einfachen Rundturm mit vier Etagen und einem hölzernen Wehrgang außerhalb der Mauern. Im Inneren befindet sich heute ein **Restaurant**.

Der weitere Verlauf der Strecke führt am **Viru-Hochmoor (Viru Raba)** vorbei und erreicht den Abzweig zum nördlich der Schnellstraße gelegenen Ort **Kolga**. Hier liegt das **Landgut Kolga [Parkplatz, N59° 29′ 29.58″ E25° 36′ 41.06″]**, eines der ältesten Landgüter Estlands, das auch heute noch in Privatbesitz ist. Es war einst das größte

Der Wasserfall Jägala juga bei Jõeläthme

Gut des Landes und verfügte über eine Branntweindestillerie und eine Ziegelbrennerei. Heute ist hier ein Museum eingerichtet *(geöffnet 15. Mai - 15. Sept. Di - So 10 - 18 Uhr; 16. Sept. - 14. Mai Mo - Fr 9 - 16 Uhr; https://kolgamuuseum.kuusalu.ee)*.

Man kann einen Abstecher auf der Straße 85 nordwärts bis in den wenig spektakulären Küstenort **Loksa** auf die **Halbinsel Pärispea** unternehmen. Hier liegen am Strand zahlreiche Findlinge, manche mit einem Umfang von bis zu 25 m.

Weiter nördlich erstreckt sich Estlands nördlichste Festlandspitze in die Ostsee.

An der Nordostseite der Halbinsel liegt **Viinistu**. Dort ist im Haus einer ehemaligen Kolchose ein **Kunstmuseum** zu finden *(geöffnet 1. Juni - 15. Sept. tgl. 11 - 18 Uhr; 16. Sept. - 31. Mai Mi - So 11 - 18 Uhr; www.visitestonia.com/de/das-kunstmuseum-viinistu/)*. Das Museum stellt Exponate der modernen estnischen Kunst aus.

ROUTE: 22 km östlich des Abzweigs der Straße 85 bietet sich erneut Gelegenheit zu einem Abstecher von der Straße 1/E20 nordwärts an die Küste, diesmal auf der Straße 176 über ***Palmse*** *und* ***Võsu*** *nach* ***Käsmu****.*

Palmses touristische Attraktion ist heute das in einem ausgedehnten Park gelegene **Herrenhauses Palmse mõis [Parkplatz, N59° 30' 43.1" E25° 57' 17.0"]**. Das Landgut befand sich 250 Jahre im Besitz der baltendeutschen Familie von der Pahlen.

Das Hauptgebäude des stattlichen Anwesens wurde im 17. Jahrhundert errichtet, zerfiel jedoch in der Zeit nach dem Ersten Weltkrieg, als die Familie das Land verlassen musste.

In den 1970er Jahren begann man schließlich unter Sowjetführung mit der Restaurierung und so präsentiert sich das Gut mit seinen Wirtschaftsgebäuden heute wieder in einem gepflegten Zustand.

Besucher können – neben dem **Restaurant „Peter Ludwig"**, der Alten Küche, dem Souvenirladen im Cavaliershaus oder dem Weinkeller – das prächtige **Gutshaus** mit antiken Möbeln, Musikinstrumenten, Kunstgegenständen etc., dann die Orangerie, weiter die Ausstellung „Der Geist Estlands" im sog. Ochsenstall und andere Einrichtungen besichtigen *(geöffnet tgl. 10 - 18 Uhr; www.palmse.ee/en/)*.

Das Landgut Palmse

Der ausgedehnte **Park** des Anwesens und die in der Manier eines englischen Waldparks angelegten Wälder jenseits des Palmse-Teiches laden zu ausgedehnten Spaziergängen ein, z. B. auf dem „Mõisahärra rada/Gutsherrenweg" oder auf dem „Moisaproua rada/Damenweg".

In der ehemaligen Schnapsbrennerei des Gutes ist heute das einfache, rustikale, aber sehr ordentliche **Park-Hotel Palmse** eingerichtet, 27 Zimmer, Tel. +372 32 23 626; www.palmse.ee/?=de.

Im Ort Palmse befindet sich das **Besucherzentrum des Nationalparks Lahemaa** *(geöffnet 15. Mai - 30. Sept. tgl. 9 - 17 Uhr; 1. Okt. - 15. Mai Mo - Fr 9 - 17 Uhr; https://kaitsealad.ee/en/protected-areas/lahemaa-national-park).*

Der **Lahemaa rahvuspark** ist das nördlichste Naturschutzgebiet Estlands. Viel Wald und zahlreiche kleine Fischerdörfer machen diese Region zu einem schönen Erholungsgebiet. Vor allem für die Hauptstädter ist das 1971 gegründete Naturschutzgebiet ein beliebtes Ausflugsziel. Einige von ihnen haben sogar ein Sommerhaus in Lahemaa stehen.

Über den wohl schönsten **Strand** in der näheren Umgebung kann sich die Gemeinde **Võsu** freuen.

Weiter nordwestlich, im „Kapitänsdorf" **Käsmu,** befand sich von 1884 bis 1931 eine Seefahrtschule, in der zahlreiche estnische Schiffsführer ausgebildet wurden. Käsmu, ein estnisch-finnisch-schwedisches Dorf, das auch als *Kesemo* oder *Casperwiek* bekannt war, wurde 1453 erstmals urkundlich erwähnt. Vor allem im 19. Jh. war Käsmu ein bei Künstlern und Intelektuellen sehr beliebter Sommerferienort. In der kleinen

CAMPING

Võsu

Camping & Caravan Lepispea [N59° 34′ 32.27″ E25° 56′ 11.12″], Tel.: +372 5450 1522; www.lepispea.eu; 1. Mai – 30. Sept. Am Westrand von Võsu. Einfache Campingmöglichkeit auf Wiesen bzw. Waldlichtungen am Rande des Lahemaa-Nationalparks; ca. 6 ha – 200 Stpl., einfache Sanitärausstattung, deren Installationen bei hoher Platzbelegung knapp werden können; Waschmaschine, WLAN, Picknickplatz, Sauna, Fahrradverleih, V & E für Wohnmobile. Eventbühne. Naher Ostseestrand mit teils verschilftem Ufer.

Im „Kapitänsdorf" Käsmu

Ortschaft, die auf einer Landzunge liegt und durchaus einen Abstecher wert ist, lohnt das private **Heimat- und Meeresmuseum [Parkplatz, N59° 36' 15.5" E25° 55' 18.3"]** einen Besuch. Neben Fotodokumenten über die große Zeit der Segelschiffe und deren Kapitäne sind Ausstellungsstücke zu sehen, die einstmals als Strandgut gefunden wurden. Zudem erfährt man Näheres über die Lebensart der Küstenbewohner *(geöffnet tgl. 11 - 17 Uhr; www.kasmu.ee/en/).*

Rund 12 km östlich von Vösu liegt das Fischerdorf **Altja**. 25 Menschen leben heute noch hier. Wirklich moderne Zeiten sind aber immer noch nicht eingezogen. Nach einer uralten Legende sollen die Einwohner von Altja unter großen Steinen am Strand geboren werden.

Die Landschaftsform rund um Altja ist in der Eiszeit entstanden. Landschaftlich sehr reizvoll ist die Küstenszenerie an der Landzunge nördlich des Weilers bei den alten **Fischer-Blockhütten [N59° 35' 11.38" E26° 6' 59.29"]** oder im **Waldgebiet (Wanderwege) [N59° 35' 8.89" E26° 7' 4.03"]** an der Bachmündung unweit nordöstlich des Weilers Altja. Beide Stellen erreicht man am besten zu Fuß.

Mitten im Ort findet man gegenüber vom Gasthof „Altja Kōrts" einen großen **Parkplatz**.

*ROUTE: Von Vösu auf der Landstraße südostwärts über **Sagadi** nach **Haljala** an der Hauptstraße 1/E20.*

Östlich von **Sagadi** liegt das imposante **Gut Sagadi Mõis [N59° 32' 16.7" E26° 05' 04.2"]**. Zahlreiche Wohn- und Wirtschaftsgebäude aus der Mitte des 18. Jh., Stallungen und Remisen des ansehnlichen barocken Anwesens gruppieren sich um einen weiten zentralen Hof, der wiederum zur Straße hin von einem sehr repräsentativen Tor- und Glockenturm abgeschlossen wird. Die Räumlichkeiten des an der Rückseite des Innenhofs quer stehenden Herrenhauses sind mit **Wandgemälden** und **Möbeln** aus der Zeit des 19. Jh. ausgestattet. Dahinter erstreckt sich ein weiter Waldpark mit einem kleinen, malerischen See.

In den Gebäudeflügeln links ist das **Hotel Sagadi** (28 Zi., Restaurant, Tel. +372 676 78 88; www.sagadi.ee/en/accommodation/hotel) eingerichtet und in dem Gebäude mit den Arkaden rechts ist das **Waldmuseum** untergebracht *(geöffnet Mai - September tgl. 10 - 18 Uhr;*

Das Landgut Sagadi

Okt. - Apr. tgl. 10 - 16 Uhr; www.sagadi.ee/en/). Es informiert über Wald, Natur und Forstwirtschaft und präsentiert darüber hinaus hübsche Holzskulpturen und Möbel.

Haljala hat die sehenswerte **St. Mauritius Kirche [N59° 25‘ 53.41“ E26° 16‘ 4.96“]**. Man vermutet, dass für den Bau des Turmes die Marienkirche in Lübeck als Vorbild genommen wurde. Gebaut wurde die Kirche seinerzeit allerdings als Vorposten für die Burg von Rakvere, was man an den Schießscharten durchaus noch sehen kann.

Rund 53 km östlich von Haljala führt ein weiterer Abzweig zur Küste nach **Purtse** (Alt-Isenhof). Dort steht isoliert in der Landschaft die ehem. **Vasallenburg Purtse (Purtse Kindlus) [Parkplatz, N59° 25‘ 09.9“ E27° 00‘ 44.9“]**, die an einen befestigten Wohnturm erinnert.

Das Haus stammt aus dem 16. Jh. und ist sehr gut erhalten. Man findet hier ein Café, im 1. Stock einen Konzertsaal und im zweiten Stock zeitweise Kunstausstellungen.

Der Weg hierher ist aber kein „Reise-Muss“. Ein Besuch ist nur auf Voranmeldung möglich; *www.purtse.ee/en/avaleht/.*

ROUTE: Empfehlenswert ist 7 km weiter östlich (60 km östlich von Haljala) der Umweg über die küstennahe Landstraße über ***Aa, Saka, Ontika*** *und* ***Valste*** *nach* ***Toila.***

Bleibt man dagegen auf der Hauptstraße 1/E20, kommt man nach ***Kohtla-Järve.***

Kohtla-Järve ist eine Gemeinde mit rund 34.000 Einwohnern, die erst 1946 den Rang einer Stadt erwerben konnte.

Als industrieller Schwerpunkt im nördlichen Estland produziert die Stadt lange Zeit das wichtigste Exportgut des Landes, Ölschiefer.

Ähnlich wie im Ruhrgebiet sieht man auch in der Umgebung von Kohtla-Järve zahlreiche, teils bis 100 m hohe Abraumhalden der hiesigen Minen und Bergwerke. Amüsant ist hierbei der Gedanke, dass die Halden die einzigen wirklichen „Berge“ in Estland sind, die man auch als solche erkennt.

Heute erinnert das ziemlich martialisch wirkende Denkmal „Ruhm der Arbeit“ in der Keskallee 19 an die schwere Arbeit unter Tage.

Der **„Weiße Saal“ [N59° 24‘ 01.4“ E27° 17‘ 10.1“]** in der Straße Tuuslari tn 18A, aus der Zeit der Ölschieferproduktion, fungiert heute vornehmlich als Kunstgalerie.

Zum Thema Ölschiefer gibt es im westlichen Nachbarort Kohtla-Nõmme das **Estland Bergwerk Museum (Eesti Kaevandusmuuseum) [Parkplatz, N59° 21' 0.34" E27° 10' 30.89"]**, Jaama 100 *(Besucherzentrum geöffnet 1. Juni - 31. Aug. tgl. 11 - 18 Uhr; 1. Sept. - 31. Mai Di - Sa 11 - 17 Uhr, letzter Eintritt 2 Stunden vor Schließung; www.kaevandusmuuseum.ee/eng/)*, das 2019 in der jetzigen Form eröffnet wurde und die Arbeit der Bergleute anschaulich zeigt. Ausgerüstet mit Helm, Lampe und Schutzkleidung wird der Besucher auf Führungen durch die ehemaligen Stollen geleitet und erfährt Interessantes über die Gewinnung von Ölschiefer.

Auf dem durchaus empfehlenswerten **Umweg über die küstennahe Landstraße** kommt man zunächst zum Ort mit dem kürzesten Namen in Estland, nach **Aa**. Dort befindet sich eines der ältesten Gutshäuser im Barockstil.

Die Steinschichten an der hiesigen **Steilküste** verraten die geologische Geschichte Estlands und erlauben einen Blick auf die letzten rund 500 Mio. Jahre.

Die Esten sind sehr stolz auf diese **Kalksteinküste**, zumal es sich bei Kalk um ihr „Nationalgestein" handelt. Nicht umsonst haben sie den Bereich zwischen Saka und Toila als Kandidat für die Aufnahme in die Liste UNESCO-Weltnaturerben vorgeschlagen.

Der 20 km lange und stellenweise bis zu 56 m hohe **Steilküstenabschnitt von Saka** bis hin nach Toila ist eine Attraktion. Am Küstenrand führt ein **Wanderweg** entlang.

Zwischen Ontika und Valaste hat man immer wieder schöne **Ausblicke auf die Ostsee**.

CAMPING

Lääne-Virumaa/Aseri/Korkküla

Camping Mereoja [N59° 26' 3.59" E26° 57' 15.04"], Uuskõrtsi Kõrkküla Viru, Nigula vald, Tel. +372 59 08 41 96; www.mereoja.eu; 1. Mai – 30 Sept.; rund 6 km östlich von Aseri bei KM 134 von der Straße A1/E20 meerwärts abzweigen, noch 200 m, dann 500 m Erdstraße; weitläufiges, gestuftes Wiesengelände oberhalb der Steilküste, durch niedere Büsche markierte Stellplätze, von einigen Plätzen Blick aufs Meer; ca. 5 ha – 60 Stpl. davon 10 befestigt; gute Standard-Sanitärausstattung. Kiosk, Waschmaschine, Trockner, Grillstelle, WLAN auf Teilen des Platzes, Internetecke, Fahrradverleih, Sauna, V & E für Wohnmobile. Mietbungalows. Sand- und Kiesstand.

Saka

Camping Saka Mõis Spa Hotel [N59° 26' 15.5" E27° 10' 42.1"], Saka mõis, Tel. +372 33 64 900; www.saka.ee/en/; 15. Apr. – 15. Okt.; Zufahrt von der A1/E20 52 km östlich von Rakvere Abzweig nordwärts (meerwärts) Richtung Saka Mõis abzweigen, beschildert; Anmeldung im Hotel; einladender Platz auf ebener, schattenloser, von Bäumen umgebener Wiese hinter dem Hotel und oberhalb der hier bewaldeten Steilküste; ca. 1,5 ha – 50 Stpl.; zeitgemäße, ordentliche Sanitäranlagen ohne Geschirr- oder Wäschewaschmöglichkeit, Waschmaschine, Trockner, Chemikaltoilettenausguss. Restaurant im Hotel. Schwimmbad und Sauna können im Hotel gegen Gebühr benutzt werden.

Am Platzrand zum Meer hin liegt ein hohes, viereckiges Gebäude, das aus sowjetischer Zeit stammt und damals als Horch- und Spähposten genutzt wurde. Heute dient es als Aussichtsturm.

Links vom Aussichtsturm führt ein Gittertreppenweg durch einen lauschigen Farnwald hinab zum naturbelassenen Sandstrand. Oben führt am Rand der Steilküste der Küstenwanderweg am Platz vorbei.

Und bei **Valaste** liegt unmittelbar an der Straße ein **Aussichtspunkt [N59° 26′ 37.3″ E27° 20′ 08.1″]** (Parkplatz, Valaste Village mit Cafeteria und Hostel „Valaste juga“, Campingmöglichkeit für Wohnmobile und Caravans beim Hostel; https://valaste.eu/meist/). Von einer Plattform aus kann man mit etwas Mühe den **höchsten Wasserfall Estlands** an der Steilküste einsehen. In regenarmen Zeiten muss man aber schon genau hinschauen, um den Wasserfall als solchen zu erkennen. Eine steile Stahlwendeltreppenkonstruktion, von der aus man den Wasserfall sehen kann, führt hinab an den Strand.

Östlich von **Valaste** liegt die kleine Ortschaft **Toila** (2.500 Einw.), in der sich der schöne **Toila-Oru Park** befindet. In diesem Park stand bis zum Zweiten Weltkrieg die Sommerresidenz des ersten estnischen Präsidenten. Im Krieg wurde sie zerstört. Bei Toila gibt es, nur wenige Meter vom Campingplatz entfernt, einen von elf deutschen Soldatenfriedhöfen in Estland. Dieser wurde im Jahr 2002 durch den Volksbund Deutsche Kriegsgräberfürsorge eingeweiht und ist die letzte Ruhestätte für ca. 2.000 Soldaten aus Deutschland und Estland, die bei den Kämpfen um die Front von Narva im Jahr 1944 fielen.

ROUTE: *Von Toila südwärts zur 1/E20 und ostwärts über* ***Sillamäe*** *und* ***Laagna*** *nach* ***Narva****, 51 km.*

Der kleine Badeort **Sillamäe** war viele Jahre von der Außenwelt abgeschlossen, weil hier eine Urananreicherungsanlage betrieben wurde. Als die streng geheime Anlage geschlossen wurde, öffnete sich die Seestadt auch wieder für den Tourismus. Denn schon im 18. Jh. war Sillamäe ein Urlaubsort, damals für Intellektuelle aus Estland und Russland. Heute ist Sillamäe eine Stadt mit typischer Architektur des Stalinismus, was man in der Innenstadt mit seinen breiten Boulevards und Alleen erkennen kann.

Zu besichtigen ist das **Sillamäe Museum [N59° 23′ 56.57″ E27° 45′ 38.53″],** Kajaka 17a *(geöffnet 1. Mai - 13. März Di - Fr 10 - 18 Uhr, Sa 10 - 16 Uhr; https://idaviru.ee/en/sillamae-museum/)*, ein kleines kulturhistorisches Regionalmuseum.

Einige Kilometer weiter östlich liegt bei **Sinimäe** südlich der Hauptstraße

RESTAURANT – TOILA

Restaurant Fregatt, Pikk 18, Tel. +372 569 96 446. Empfehlenswertes Restaurant im Zentrum von Toila, gute Küche zu erschwinglichen Preisen.

CAMPING

Toila

Camping Toila Spa Hotel „Männisalu Camping“ [N59° 25′ 32.7″ E27° 30′ 53.4″], Ranna 12, Tel. +372 33 42 900; www.toilaspa.ee/en/; 1. Mai – 30. Sept.; eingezäunte, ebene Wiese, teils schattenlos, teils unter hochstämmigen Kiefern, gegenüber vom Toila Spa Hotel und in Nähe der Steilküste gelegen; ca. 1,5 ha – 40 Stpl.; ordentliche Sanitärausstattung. Imbiss, Restaurant, Campingküche, Ausguss für Grauwasser, WLAN, Fahrradverleih, Tennis. 19 nordische Miethütten. Schwimmbad und Sauna im Hotel.
Über eine Treppe an der Steilküste gelangt man hinab zum Kiesstrand. Es gibt aber keinen direkten Zugang vom Campingplatz zum Meer.

Laagna

Camping Hotel Laagna [N59° 23′ 46.3″ E27° 58′ 11.3″], Tel. +372 39 25 900; www.laagna.ee/en/; Jan. – Dez.; Ca. 16 km westlich von Narva Abzweig von der Straße 1/E20 bei KM 198 meerwärts und noch knapp 1 km; geneigtes Wiesengelände an einem kleinen See beim Hotel; ca. 2 ha – 50 Stpl.; einfache Sanitäranlagen, Sauna. Restaurant im Hotel, Grillstelle.

Trutzig und abweisend, die Hermannfeste in Narva, rechts im Hintergrund die russische Festung Ivangorod auf der anderen Narva-Seite

auf einer Anhöhe die **Gedenkstätte „Sinimäe Memorial" [Parkmöglichkeit, N59° 22' 27.77" E27° 51' 18.88"]**, ein Erinnerungsdenkmal an die Schlacht von 1944 zwischen Russen, Esten und Deutschen.

Narva, die alte, wichtige Grenzstadt zu Russland, ist die drittgrößte Stadt Estlands. Die Grenze verläuft mitten durch den **Narva-Fluss**, der auf beiden Seiten von uralten, trutzigen Festungen bewacht wird und der von nur einer einzigen Brücke überspannt wird. Nur über diese Brücke ist die Einreise nach Russland hier möglich. Seit dem Mittelalter verläuft hier aber auch eine Grenze ganz anderer Art. Hinter der Narva begann das Stammgebiet der russisch-orthodoxen Kirche.

Narva wurde 1240 als eine der ersten Städte Estlands gegründet und erhielt hundert Jahre später Stadtrechte. Die meisten der rund 70.000 Einwohner haben russische Wurzeln. Nur jeder 25. Einwohner ist Este.

Größte und einzige Sehenswürdigkeit ist **die Burg, die Hermannfeste**, die einen Besuch durchaus lohnt!

Fahren Sie aus Westen (Straße 1/E20) kommend im Stadtgebiet über die Haupteinfallstraße Tallinna mnt immer Richtung Zentrum bis zum großen Kreisverkehr mitten in der Stadt. Östlich des Kreisverkehrs sieht man am **Peetri plats [N59° 22' 33.8" E28° 11' 49.4"]** den estnischen Grenzposten (für Fußgänger, Pkw, Wohnmobile, Transporter, keine Lkw), vor dem immer Autos warten. Wenn Sie später evtl. nach Russland einreisen wollen, müssen Sie diesen Posten passieren (Näheres siehe nächste Etappe Tour 13 „Sankt Petersburg").

Rechts hinter diesem Grenzübergang erstreckt sich eine Parkanlage und dahinter wiederum liegt die ausgedehnte Burganlage der Hermannfeste. Fahren Sie vor dem Grenzposten rechts und parken am besten (wenn möglich) in einer Straße an der Westseite (Malmi Straße) oder an der Südseite (Raja Straße) des Parks.

Man geht durch erwähnten Park zur **Burg** bzw. zur **Hermannfeste Hermanni linnus [N59° 22' 30.7" E28° 11' 49.7"]**. Der weite Burgvorhof wird von mächtigen Mauern, die teils aus dem 14. Jh. stammen, und von Wehrgängen eingefasst. Ein befestigtes Tor auf der linken Seite führt hinein in die Burganlage.

Ganz am anderen Ende des Burghofes erhebt sich unübersehbar die recht beeindruckende Burg mit dem alles überragenden, martialischen, gut 50 m hohen **Turm „Langer Hermann“** (15. und 16. Jh.). Seinen Namen verdankt der Turm angeblich dem Großmeister des Deutschen Ordens, Hermann von Brüggeney. Mehr religiös motivierte Stimmen meinen dagegen, der Name wurde zu Ehren des Hl. Hermann, dem Schutzpatron der Ritter des Deutschen Ordens, vergeben. Der Gebäudeflügel rechts vom Turm wird **Konventhaus** genannt und stammt aus dem 14. Jh.

Ursprünglich angelegt wurde die Hermannfeste im 13. Jh. von Dänen, die damals ganz Nordestland beherrschten. Die Anlage hatte zu Zeiten der Dänen aber bei weitem noch nicht die heutigen Ausmaße.

Das änderte sich ab 1347, als die Dänen die Burg an den Livländischen Orden, einen Zweig des Deutschen Ordens, verkauften. Narva wurde Hauptsitz des Ordensgroßmeisters, der die Anlage den Ordensregeln gemäß ausbauen und um Einrichtungen wie einen Konvent, einen Kapitelsaal, Refektorium, Dormitorium, Wirtschaftsgebäude etc. erweitern ließ.

Im „Langen Hermann“ sind auf mehreren Etagen das **Narva Stadtmuseum** sowie eine **Kunstgalerie** untergebracht *(geöffnet 1. Mai - 12. März tgl. 10 - 18 Uhr; www.visitestonia.com/de/museum-in-narva)*.

Die gesamte Festung liegt auf einem Geländeplateau über dem Narva-Fluss. Von den Bastionen auf der rechten Seite hat man einen **schönen Blick über den Fluss** hinüber zur nicht minder mächtigen **Festung in Ivangorod** auf russischer Seite.

Wenn Sie zum Ausgangstor in der Festungsmauer zurückgehen, erkennen Sie rechts ein niederes Gebäude an der Mauer. Davor sieht man – etwas versteckt hat man den Eindruck – ein Lenin-Denkmal, das in früheren Zeiten mitten in der Stadt stand.

Schön ist der Anblick der beiden Burgen, wenn man weiter südlich am **Rootsi lövi,** dem **Schwedischen Löwen [N59° 22′ 22.6″ E28° 12′ 02.2″]** steht.

Dieses Denkmal steht außerhalb an der Südseite der Festung. Es wurde anlässlich der 300-Jahrfeier des Nordischen Krieges errichtet und erinnert an den Sieg der Schweden, die in Narva erfolgreich einen Angriff der Russen abwehrten, obwohl diese mit 50.000 Soldaten weit in der Überzahl waren.

Den Schwedischen Löwen erreichen Sie über die Allee, die vom Peetri plats (estnischer Grenzposten) aus nach Süden führt.

Einreise nach Russland siehe nächste Tour 13, Narva – St. Petersburg.

PRAKTISCHE HINWEISE – NARVA

Touristeninformation [N59° 22′ 34.87″ E28° 11′ 45.54″], Peetri plats 3, 20308 Narva, Tel. +372 35 99 137; www.narva.ee/en/. *Geöffnet 1. Mai - 14. Mai tgl. 10 - 16 Uhr; 15. Mai - 15. Sept. tgl. 10 - 17.30 Uhr; 16. Sept. - 12. März tgl. 10 - 16 Uhr.*

RESTAURANTS

Narva Pärl, Hariduse tn 5, Tel. +372 356 01 65; https://restoranparl.ee/en/; gepflegtes Grillrestaurant.
Geneva Music Cafe, Võldu Prospekt 2, Tel. +372 359 94 21; www.geneva.ee, die Top-Adresse in Narva, wenn es um das abendliche Ausgehvergnügen geht. Fast täglich Live-Musik.
German Pub oder auch **Hermann Pub**, Puškini 10, Tel. +372 359 15 48; www.germanpub.ee. Gemütliches Restaurant, erschwingliche Preise.
Castell (Rondeel), Peterburi mnt 2, Tel. +372 359 92 50; in der Hermannfeste, recht ungezwungenes Ambiente, Fleischgerichte, Salate, mittlere Preislage.

TOUR 13: NARVA (EST) – SANKT PETERSBURG (RUS)

Länge der Tour: Rund 210 km.

Die Route: Straße M11/E20 über **Ivangorod/Ивангород** und **Kingisepp/Кингисепп** nach **Sankt Petersburg/Санкт Петербург** – Ringautobahn nach **Olgino/Ольгино.**

Reisedauer: Mindestens vier Tage.

Höhepunkte: **Sankt Petersburg** *** – der **Winterpalast** *** und die **Eremitage** *** – die russisch-orthodoxe **Christi-Auferstehung-Kirche**** – der **Newskij Prospekt** ** – die **Isaaks-Kathedrale** ** – die **Peter-Paul-Kathedrale** ** – mit dem Schnellboot zum **Palast und Park Peterhof** *** **– der Katharinenpalast** *** und das **Bernsteinzimmer** *** in Zarskoje Selo (Puschkin)**.**

Anreisemöglichkeiten nach Sankt Petersburg

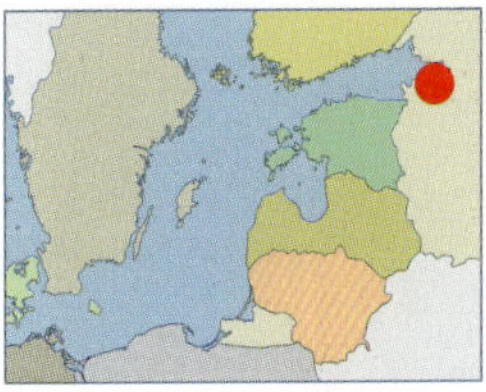

Voraussetzung zur Einreise in die Russische Föderation ist ein gültiges Visum, das man sich rechtzeitig vor Reisebeginn zu Hause beschaffen muss. Seit Oktober 2019 ist es möglich, sich für einen Aufenthalt in der Russischen Föderation bis zu 8 Tagen über das Internet ein elektronisches Visum kostenfrei zu beschaffen. Das erforderliche Formular ist unter https://electronic-visa.kdmid.ru/spb_home_en.html zu erhalten. Dies gilt für insgesamt 53 Staaten einschließlich den EU-Staaten. Ebenso muß ein Passbild im Format 35 x 45 mm im JPG-Format eingescannt werden. In der Webside https://www.evisasrussia.com/

requirements/germany/wird das Procedere beschrieben.

Zu beachten ist, dass eine Einreise per Bahn mit dem elektronischen Visum zur Zeit nicht möglich ist. Es gilt nur für die Einreise per Auto, Flugzeug und Schiff.

Falls Sie vor oder nach Ihrer Reise nach Sankt Petersburg auch noch Kaliningrad besuchen wollen, müssen Sie im Besitz eines Visums für zwei bzw. mehrere Einreisen sein. Und Ihre „Grüne Versicherungskarte" muss für die Russische Föderation gültig gemacht sein! Informationen zur Visabeschaffung siehe weiter hinten unter „Einreisebestimmungen". Beim Aufenthalt in Russland müssen Sie sich innerhalb von drei Tagen registrieren. Üblicherweise übernimmt das der Beherbergungsbetrieb in dem Sie sich in St. Petersburg aufhalten.

Mit Bus und Bahn

Ab Tallinn verkehren bis zu 10 mal täglich komfortable Reisebusse von **Lux Express über Narva nach Sankt Petersburg**, Baltischer Bahnhof.

Die Fahrt dauert zwischen sechs und sieben Stunden. Tickets kann man u. a. im Bus kaufen. Der Preis pro Strecke belief sich zuletzt auf rund 23,- Euro. Infos in Tallinn bei Lux Express Bus unter Tel. +372 680 09 09 oder unter https://luxexpress.eu/en/routes/tallinn-st-petersburg.

Darüber hinaus gibt es von Tallinn via Narva nach Sankt Petersburg mehrmals am Tage Zugverbindungen.

Zeitunterschied

Zwischen Estland und Russland besteht ein Zeitunterschied von einer Stunde. Beispiel: Tallinn 13 Uhr – Sankt Petersburg 14 Uhr.

Zwischen Deutschland und Sankt Petersburg besteht ein Zeitunterschied von zwei Stunden. Beispiel: Deutschland 12.00 Uhr – Sankt Petersburg 14.00 Uhr.

Einreise mit dem Auto in die Russische Föderation via Narva

Mein Tipp: Vorteilhaft ist (falls nicht schon früher auf dieser Reise in Kaliningrad geschehen), wenn Sie sich z. B. am Tag zuvor bei einer Bank oder Wechselstube in Narva schon ein paar Rubel besorgt haben. Das kann hilfreich sein z. B. beim ersten Tanken in Ivangorod auf russischer Seite. Man kann dort aber auch mit Kreditkarte bezahlen.

Der motorisierte Grenzverkehr zwischen Narva und Ivangorod in Russland ist fast immer sehr stark.

Damit die auf die langwierige Abfertigunsprozedur wartenden Fahrzeuge nicht die Straßen in Narva verstopfen, ist ein gebührenpflichtiger **Wärteparkplatz [N59° 22' 39.6" E28° 09' 17.6"]** in der Straße Rahu 4a *(https://www.eestipiir.ee/yphis/bordersAndWaitingAreas.action)* eingerichtet worden, den man als erstes ansteuert.

Seit geraumer Zeit gibt es nun auch die Möglichkeit, seinen Grenzübertritt in Narva mit Kfz schon im voraus online gegen eine geringe Gebühr anzumelden. Dies ist bis 90 Tage vor der geplanten Einreise nach Russland möglich.

Details dazu erfährt man in englischer Sprache unter *www.estonianborder.eu/yphis/index.action* (u. a. auch

In Narva auf dem Weg zur estnisch-russischen Grenze

Infos zu den zu erwartenden Wartezeiten).

Ohne elektronische Vorbuchung ist nach wie vor mit langen Wartezeiten zu rechnen.

Brechen Sie schon sehr früh morgens auf zur Grenzabfertigung in Narva. Die Grenzabfertigungsprozeduren sind zeitaufwendig! Mit langen Wartezeiten ist zu rechnen! Es kann gut vier Stunden dauern, bis alle Formalitäten erledigt sind. Es kann mit etwas Glück auch schneller, es kann aber genau so gut (was wahrscheinlicher ist!) sehr viel langsamer gehen. Und auch die Dauer der anschließenden Fahrt nach Sankt Petersburg selbst darf nicht nach unseren Maßstäben berechnet werden!

Aus Westen über die Straße 1/E20 kommend, fahren Sie in Narva zunächst Richtung Zentrum weiter. Achten Sie auf die Schilder **„Piiripunkt - Borderstation"**. Falls der Warteparkplatz zwischenzeitlich nicht verlegt worden ist, biegen Sie am westlichen Stadtrand nach der Statoil-Tankstelle rechts ab in die Rahu Straße. Die Schilder „Piiripunkt - Borderstation" und „Transit" verweisen Sie auf den (bereits erwähnten) großen ummauerten, gebührenpflichtigen **Warteparkplatz [N59° 22' 39.6" E28° 09' 17.6"]** (Rahu 4a, Toiletten, Imbiss, nachts beleuchtet) am Westrand der Stadt. Sie und Ihr Fahrzeug werden registriert und Sie reihen sich in die Schlangen ein – und warten. In längeren Abständen werden Fahrzeuge (meist 10, 12 Stück) zur Weiterfahrt zum eigentlichen Grenzposten in der Stadt aufgefordert, wobei die Reihenfolge nach Ankunft der Fahrzeuge durchaus eingehalten wird.

Fahren Sie dann aus dem Parkplatz auf die Straße und links, aber keinesfalls über die hohe Bahnbrücke, die Sie gleich sehen, sondern vor der Brücke unbedingt rechts ab und links, unter der Brücke hindurch Richtung Innenstadt. Folgen Sie den Schildern „Borderstation Pkw". Sie landen dann an der Straße am Park vor der Hermannsfeste. Dort reihen sich die wartenden Pkw, Transporter etc. auf und rücken langsam vor zum estnischen **Grenzposten** rechts am Platz **Peetri plats [N59° 22' 33.8" E28° 11' 49.4"]**. Die Passkontrolle auf estnischer Seite ist kurz.

Der Verlauf der eingezäunten Grenzübergangsstraße danach lässt keine Abzweige zu und führt hinab zur Narva-Brücke. Auf der Ostseite der Brücke liegt die **russische Grenzstation**. Autoschlange. Warten. Falls Sie noch kein Zoll- und Einreiseformular haben – Formulare am Schalterhäuschen besorgen und ausfüllen, siehe dazu auch „Einreise nach Russland" unter „Praktische und nützliche Informationen von A bis Z" weiter hinten im Buch.

Es folgen Pass- und Visumkontrolle, Kontrolle des Zollformulars, Kontrolle der Kfz-Versicherung, Kontrolle der Reise-Versicherung, Kontrolle des Kfz-Scheins, vielleicht auch Kontrolle des Internationalen Führerscheins, Kontrolle der mitreisenden Personen, die aussteigen und sich dem Beamten zeigen müssen, Kontrolle des Fahrzeugs außen und innen, wobei in Wohnmobilen gerne alle Türchen, Klappen, Schränke etc. geöffnet werden. Wenn alles klappt, hebt sich der Schlagbaum und Sie haben freie Fahrt ins Russische Reich – bis zur nächsten Kontrolle, die schon nach wenigen Hundert Metern kommt, aber gewöhnlich reine Formsache ohne Aufenthalt ist.

Nach dem Grenzposten steigt die Straße leicht an. Oben in Ivangorod liegt rechts eine Tankstelle. Hier sollte man volltanken. Die Spritpreise sind hier für unsere Verhältnisse paradiesisch niedrig. Man kann mit Kreditkarte bezahlen. Neben der Tankstelle gibt es ein kleines Geschäftszentrum und eine Bank, die gewöhnlich immer voller Menschen ist. Es gibt aber einen Bankautomaten links, wenn man von der Tankstelle zur Bank geht. Bei Transaktionen via Bankautomaten fallen aber erhebliche Gebühren an!

Lassen Sie es auf der Weiterfahrt Richtung Sankt Petersburg aber langsam angehen. Denn mit ziemlicher Sicherheit erwartet Sie gleich nach der Tankstelle schon wieder eine Kontrolle, eine Verkehrskontrolle. Denken Sie bitte daran: Licht einschalten und anschnallen! Und halten Sie am Stoppschild des Kontrollpostens unbedingt an, komplett. Auch nur langsames Vorbeirollen oder nicht eingeschaltetes Licht oder nicht angeschnallt zu sein wird gerne zum Anlass genommen, tatsächlich zu kontrollieren und die Ordnungswidrigkeit mit einer Gebühr zu belegen, die – wie man hört – recht deftig ausfallen kann.

Falls zwischenzeitlich Straßenbauarbeiten nicht Abhilfe geschaffen haben, erwartet Sie auf den nächsten rund 80 km schlechter Straßenzustand. Gelegentlich ist der Rand des Belages ausgefranst und weist tiefe Sandbuchten auf etc. Das alles hält die einheimischen Auto-, Bus- und Lkw-Fahrer aber nicht davon ab, mit hoher Geschwindigkeit über die Piste zu brausen. Also: „Augen auf im Straßenverkehr!" Erst ab Kaskovo/Касково wird die Straßendecke besser.

An der südlichen Peripherie von Sankt Petersburg, noch sehr weit von der eigentlichen Stadt entfernt, trifft man auf ein neues Autobahnkreuz. Hier kreuzen sich die M11/E20 die hier Prosp. Lenina/Просп Ленина heißt und die neue Ringautobahn, die Sankt Petersburg in einem sehr weiten Bogen im Osten umgeht.

Wenige hundert Meter weiter liegt – wenn man geradeaus weiterfährt und nicht auf die Ringautobahn abzweigt – linkerhand ein riesiges **Einkaufszentrum [N59° 48′ 26.6" E30° 09′ 51.6"]** mit großen Supermärkten und großem Parkplatz. Hier bietet sich beste Gelegenheit Vorräte aufzustocken. Das Warenangebot lässt nichts zu wünschen übrig.

An erwähntem Autobahnkreuz verlassen wir die M11/E20 und zweigen rechts (ostwärts) ab auf die **Ringautobahn КОЛЬЦЕВАЯ ДОРОГА (КАД)** Richtung **Pulkovskoe Chaussee/Пулковское шоссе**. Um zum **Camping-** und **Wohnmobilstellplatz in Olgino/Ольгино** zu gelangen, bleiben Sie immer auf der Ringautobahn, 66 km weit, bis zur **Ausfahrt Primorskoje Chaussee/Приморское шоссе**. Dort Abfahrt und weiter Richtung **Sankt Petersburg/Санкт Петербург** südwärts. Nach 9 km liegt rechts die Einfahrt zu **Motel Camping Olgino/Ольгино [N59° 59′ 48.0" E30° 06′ 24.7"]** in der Primorskoje Chaussee 4.

Sankt Petersburg

Sankt Petersburg, die alte, glanzvolle, ehemalige Hauptstadt des russischen Zarenreiches, ist heute nicht nur ein Wirtschaftszentrum, sondern vielmehr auch eine der bedeutendsten Kulturmetropolen des Landes.

Wer sich für Musik und Literatur interessiert, wird in Sankt Petersburg auf die Spuren der größten russischen Komponisten und Schriftsteller stoßen.

Alexander Puschkin zum Beispiel, Russlands verehrter, großer romantischer Schriftsteller, lebte sein kurzes, nur 37 Jahre währendes Leben in Sankt Petersburg.

Und der Dichter und Romancier Fjodor Dostojewski beschrieb die Weißen Nächte in seiner Heimatstadt als „Einen großen Moment der Freude".

Aber auch mit Personen der Politikgeschichte, die mit ihrem Wirken die Welt veränderten, wird man in Sankt Petersburg konfrontiert. Allen voran Wladimir Iljitsch Uljanov, den meisten besser bekannt als Lenin. Er war während der Oktoberrevolution 1917 in Sankt Petersburg deren erfolgreicher Anführer. Nicht von ungefähr hieß Sankt Petersburg während der Sowjetzeit Leningrad.

Jeder Besucher wird nicht nur vom Glanz der prächtigen historischen Zarenpaläste, Fürstenpalais, Kirchen und öffentlichen Gebäuden Sankt Petersburgs, sondern auch von der Lage der Stadt an der breiten Neva mit ihren Seitenarmen, Kanälen und Brücken begeistert sein. Trotz aller Geschäftigkeit und turbulenten Verkehrschaoses kann man der Stadt sogar eine romantische Seite abgewinnen.

Vor allem in der Zeit der viel zitierten „Weißen Nächte von Sankt Petersburg", wenn die Stadt in den sommerlichen Nächten zwischen Anfang Juni bis Mitte Juli in ein zauberhaftes, weiches Dämmerlicht getaucht ist, strahlt die Stadt ein besonders anziehendes Flair aus.

Und für Viele wäre ein Besuch in Sankt Petersburg nicht komplett, wenn Sie nicht auch eine der viel gerühmten Ballettvorstellungen oder einen Opern- oder Konzertbesuch im renommierten Mariinski-Theater (früher Kirow-Theater) genossen hätten.

Tipps zur Stadtbesichtigung

Als Tourist, der sich in Sankt Petersburg vielleicht zwei, drei Tage aufhält, wird man nur in den allerwenigsten Fällen Einblick in das Alltagsleben des/der „normalen Mannes/Frau auf der Straße" bekommen. Man wird aber das Eine oder Andere vielleicht besser verstehen, wenn man erfährt, dass die wirtschaftliche Entwicklung in Sankt Petersburg geradezu atemberaubend schnell voranschreitet, begleitet von einer steil nach oben weisenden Preisspirale, dass aber nicht alle Sankt Petersburger, vor allem nicht die ältere Bevölkerungsschicht, davon profitiert und die Preise in den vielen mittlerweile bombastischen Einkaufszentren auch bezahlen können.

Auf der einen Seite werden Sie auf den Straßen so viele teure Autos renommierter Nobelmarken sehen wie kaum irgendwo sonst. Auf der anderen Seite leben noch viele Personen und ganze Familien in engen, schlecht isolierten Einzimmerwohnungen oder teilen sich mit anderen eine Gemeinschaftswohnung, eine sog. Komunalka. Auch Küche, Bad und Toiletten müssen sich die Mitbewohner dort teilen.

Gute Durchschnittseinkommen liegen bei 500 Euro und etwas darüber. Es gibt aber immer noch viele Menschen im Rentenalter, die nicht wissen, wie der nächste Tag finanziell aussehen wird. Und fast jeder, der noch dazu imstande ist, wird versuchen, auf irgend eine Art und Weise etwas dazu zu verdienen. Daran sollte man vielleicht denken, wenn ein älteres „Mütterchen" am Straßenrand Ihnen ein paar Postkarten, ein paar Äpfel oder was auch immer verkaufen will. Hier dann gar noch um den Preis zu feilschen wäre schäbig.

Nicht einlassen sollten Sie sich dagegen auf Geldtauschgeschäfte auf der Straße. Außer dass dies illegal wäre, besteht die Gefahr, dass man Ihnen alte, ungültige Scheine oder gar Falschgeld andreht!

Die **Parkplatzverhältnisse** sind nicht nur in der Innenstadt sehr schwierig. Der täglich wachsende Verkehr nimmt werktags und vor allem zu den Hauptverkehrszeiten oft chaotische Zustände an. Zwei Stunden und mehr von Olgino (Camping, Stellplatz, Hotel) in die Stadt (knapp 20 km) sind keine Seltenheit.

Diese Problematik kann man umgehen, indem man sich öffentlichen Verkehrsmitteln anvertraut. Zwar stehen auch Busse im Stau, aber man hat das Parkplatzproblem los.

Dazu kommt, dass man ohne Sprachkenntnisse so seine Schwierigkeiten hat, Beschilderungen zu lesen oder sich z. B. in der richtigen Schlange nach Eintrittskarten anzustellen.

Es scheint also der Rat vernünftig, sich zumindest für eine erste Stadtbesichtigung oder für einen Ausflug nach Puschkin, zum Katharinenpalast zum Beispiel, geführten Touren und Stadtrundfahrten anzuschließen. Auch eine Rundfahrt per Boot durch die Kanäle der Stadt empfiehlt sich.

Aber nach einem ersten Überblick wird man auch gerne einen Stadtspaziergang auf eigene Faust unternehmen wollen.

Viele der größten Sehenswürdigkeiten der Stadt liegen im Umfeld des Winterpalasts auf der Südseite des Neva-Ufers, der sog. „Großen Seite", und lassen sich durchaus auch auf einem Rundgang zu Fuß erreichen.

Thema Sicherheit

Wenn Sie zu den Menschen gehören, die gerne nachts durch eine Stadt spazieren, stellt das in der Innenstadt im Bereich der großen Sehenswürdigkeiten kein größeres Problem als in einer anderen Großstadt dar. Gerade in der Zeit der „Weißen Nächte" scheint ganz Sankt Petersburg samt Familie die halbe Nacht lang unterwegs zu sein.

Sollte es Sie aber in abgelegenere Stadtteile verschlagen, sollten Sie nachts alleine nicht allzu arglos durch die Straßen spazieren. Bleiben Sie besser in belebten, hellen Gegenden. Winken Sie im Zweifelsfall lieber ein Taxi heran und lassen Sie sich zu ihrem Ziel fahren. Nehmen Sie aber nur ein offizielles Taxi! Die sind gelb und haben eine leuchtende grüne Lampe vorne, wenn sie frei sind.

St. Petersburg ist für Touristen nicht „gefährlicher" als andere große Metropolen in Europa. Und die legendäre Russische Mafia hat mit Sicherheit andere Interessen, als sich an Touristen zu halten. Dennoch sollte man – wie in so manchen anderen großen Touristenstädten auch – an gewisse Vorkehrungen denken, um keine unliebsamen Überraschungen zu erleben. Vor allem von Taschendiebstählen wird häufig berichtet. Und hier scheinen der Nevskij Prospekt, volle Stadtbusse oder die Metro beliebte Tummelplätze für Langfinger zu sein!

Nehmen Sie so wenig wie möglich an Wertsachen mit. Tragen Sie Schmuck, auch wenn er nur wertvoll aussieht, wenn überhaupt, nicht offen! Bewahren Sie Reisedokumente, Ausweispapiere, Geld (wenn Sie es nirgends anders, z. B. im Hotelsafe, deponieren können) in körpernahen Taschen auf.

Nehmen Sie auf Stadtbesichtigungen (wenn möglich) nur Kopien ihres Passes und des Visums mit.

Hantieren Sie in belebten Gegenden, in Menschenmengen vor den großen Sehenswürdigkeiten, auf dem Bahnhof, in der Metrostation etc. nicht offen mit großen Geldbeträgen. Besorgen Sie sich Kleingeld, damit Sie, wenn Sie sich z. B. eine Metromarke kaufen oder eine Toilette aufsuchen müssen, nicht „große" Geldscheine mühsam aus der Brieftasche kramen müssen.

Legen Sie Ihre Handtasche, ihr Rucksäckchen, die Kamera etc. nicht achtlos neben sich auf den Stuhl im Straßencafé.

Und wenn Sie sich z. B. auf die Hütchenspieler, die in manchen Metrostationen anzutreffen sind, einlassen, sind Sie selber Schuld. Denn dass Sie hier über den Tisch gezogen werden, ist so sicher wie das Amen in der Kirche. Bleiben Sie am besten gar nicht erst stehen, wenn man hier versucht, Sie freundlich zum Spiel zu animieren. Denn während Sie abgelenkt sind, erleichtert Sie ein trickreicher Kumpan evtl. um Ihre Brieftasche etc.

Bleiben Sie bei Ausweiskontrollen, Zollkontrollen, Straßenkontrollen, auch wenn sie noch so unsinnig erscheinen und die Beamten noch so mürrisch auftreten, immer schön freundlich. Bleiben Sie aber auch wachsam! Zeigen Sie Kopien, wenn Ausweise verlangt werden. Und wenn man auf Originaldokumenten besteht, geben Sie diese möglichst nicht aus der Hand! Blättern Sie selbst die gewünschten Seiten auf. Falls man Sie durchsucht, achten Sie auf Ihre Brieftasche! Sollte es große Probleme geben, setzten Sie sich im äußersten Fall mit dem Deutschen Generalkonsulat in Verbindung setzen: Tel: +7 812 320 24 00.

Notrufnummern: Polizei Tel. 02, Krankentransport Tel. 03.

Eintrittspreise

Leider muss erwähnt werden, dass es eine Art Zweiklassengesellschaft bei Touristen gibt – einheimische und ausländische Touristen. Der Unterschied macht sich in den Eintrittspreisen zu großen Sehenswürdigkeiten oder bei Preisen für Theater- oder Ballettkarten drastisch bemerkbar. Bedauerlicherweise wird der aus alten Sowjettagen und Intourist-Zeiten überkommene Brauch immer noch gepflegt, von ausländischen Besuchern bei Eintrittskarten, Fahrscheinen für Ausflugsboote, ja selbst bei den Zimmerpreisen mancher Hotels das Vielfache (bei Theaterkarten nicht selten das sechsfache!) von dem zu verlangen, was Einheimische zu bezahlen haben! Und glauben Sie nicht, mit einer „Russenkarte", die Ihnen vielleicht ein freundlicher Mensch zum „Einheimischenpreis" besorgt hat, durchzukommen. Man wird Sie erkennen! Und zur Kasse bitten!

Es hilft nichts, sich darüber aufzuregen. Es ist so! Genauso wie es müßig ist, sich daran aufzuhalten, dass die Kassiererin an der Eintrittskartenkasse auch dann zur Kaffeepause geht, wenn die Warteschlange vor ihr so lang ist, dass sie dreimal um den Gebäudeblock reichen würde.

Apropos Taxis

Wenn Sie ohne russische Begleitung unterwegs sind und evtl. auch noch nur bruchstückhaft oder gar nicht Russisch sprechen, können Sie davon ausgehen, dass Sie kräftig übervorteilt werden, wenn's ums Bezahlen der Taxifahrt geht. Natürlich sind Taxis mit Taxametern ausgestattet und die Fahrer sind auch gehalten, diese einzuschalten, aber immer wird das „vergessen", oder der Apparat ist „defekt" etc.

Taxis vor großen Touristenhotels verlangen immer Preise, die ein Einheimischer nie und nimmer akzeptieren würde! Vielleicht hilft es, wenn Sie sich im Hotel vor Antritt der Fahrt den Circapreis für die Strecke nennen lassen, um wenigstens einen Anhaltspunkt für den Preis zu haben. Und wenn wieder einmal das Taxameter „ausgefallen" sein sollte, vereinbaren Sie mit dem Fahrer unbedingt *vor Antritt der Fahrt* den Preis!

Vertrauen Sie sich dennoch aber nur den offiziellen gelben Taxis an. Einige Sankt Petersburger möchten etwas dazuverdienen und bieten sich an, Sie quasi als „Privattaxi" an Ihr Ziel zu bringen. Auch wenn die verlangten Preise anfangs noch so verlockend erscheinen, lassen Sie sich besser nicht darauf ein! Und wenn doch, dann nur, wenn der Fahrer alleine im Wagen sitzt.

Sankt Petersburgs Metro

Sankt Petersburgs Metro, seit 1955 in Betrieb, ist schnell, preiswert und zuverlässig. Und sie ist das probateste Verkehrsmittel, um von einem Ende der Stadt ans andere zu kommen. Sehr vorteilhaft ist es natürlich, wenn Sie die russische Schrift lesen und somit die Stationsnamen entziffern können! Auf einigen neueren Metroschildern sind die Stationsnamen zusätzlich auch in lateinischen Buchstaben geschrieben.

Die Züge verkehren zwischen 5.30 Uhr und 24 Uhr im 2-Minuten-Takt. Eine Metrofahrt kostet, egal wohin und egal wie oft Sie umsteigen, 45 Rubel/ca. 0,60 Euro (der Umrechnungskurs Rubel/Euro unterliegt Schwankungen!). Notwendig ist eine **„Metro Münze"** (Jeton, Fahrmarke), die man am Eingang zu jeder Metrostation an der Kasse „Kassa" oder an Automaten kaufen kann. Am besten kauft man gleich die Münze für die Rückfahrt mit und erspart sich so erneutes Anstehen. Wer länger in der Stadt ist und viel mit der Metro fahren wird, kauft sich eine Mehrfahrtenkarte (z. B für 10 Fahrten zu 355 Rubel, ca. 5,- Euro, gültig 7 Tage). Kinder unter 7 Jahren fahren kostenlos. Am Eingang zu den Metrostationen gibt es Zugangsbarrieren (Drehkreuze), die man nach Einwurf der Münze passieren kann.

Sehr bequem für Touristen ist die sog. Smart-Card. Sie kann für mindestens 10 und max. 50 Fahrten und für eine Gültigkeit von 7 bis 30 Tagen gekauft werden. Die Karte mit Chip muss nur über den Sensor am Zugang/Drehkreuz gezogen werden, bevor die Fahrt angetreten werden kann.

Rauchen ist überall im Metrobreich, also auch auf den Metrostationen und in den U-Bahnzügen, verboten. Infos zur Metro in St. Petersburg: https://www.petersburger.info/tourismus/verkehr-vor-ort/die-metro.

Bislang gibt es **fünf Metrolinien** – **Nr. 1** (rot) Kirowsko – Wyborgskaja Linie / Кировско – Выборгсая Линия, **Nr. 2** (blau) Moskowsko – Petrogradskaja Linie / Московско – Петроградская Линия, **Nr. 3** (grün) Newsko – Wassileostrowskaja Linie / Невско – Василостровска Линия, **Nr. 4** (gelb) Prawobereschnaja Linie / Правобережная Линия und **Nr. 5** (violett) Frunzensko – Primorskaya Linie.

Gut zu wissen:

Вход = Eingang

Выход в город = Ausgang zur Stadt

Переход = Umsteigen zu einer anderen Metrolinie.

Auf Grund der Boden- und Grundwasserverhältnisse war es notwendig, die U-Bahnröhren sehr tief untertage zu bauen. Einige der **Metrostationen** liegen 100 m tief unter der Erde. Zu ihnen führen Rolltreppen hinab, die nie zu enden scheinen. Achtung! Die Rolltreppen laufen oft ungewöhnlich schnell!

Der wasserreiche, sumpfige Untergrund, auf dem Sankt Petersburg steht, hat aber auch sein Gutes. Denn eben wegen dieser Bodenbeschaffenheit wird es wahrscheinlich noch lange dauern, bis himmelhohe Wolkenkratzer die immer noch recht harmonische Stadtsilhouette zerstören.

Einige der U-Bahnstationen sind wahre unterirdische Paläste mit Marmorsäulen, Stuckdecken, Kristalllüstern, Kunstobjekten etc. Die **Stationen „Awtowo / Автово**" sowie **„Kirowskij Zawod / Кировский Завод"** z. B., beide Linie 1, sind zwei davon. Und auch zur Station **„Ploschad Wosstanja / Пложад Восстания** am Kreuzungspunkt der Linien 1 und 3, pilgern ganze Touristengruppen.

Mit Bussen des öffentlichen Nahverkehrs durch Sankt Petersburg zu fahren, ist für Besucher ohne Russischkenntnisse schwierig. Fahrkarten jedenfalls kauft man beim Fahrer oder beim Schaffner.

Telefonieren

Das Telefonieren über das Festnetz innerhalb von Sankt Petersburg ist kostenlos!

Für **Telefonate ins Ausland** wählt man „08" vor, wartet auf das Freizeichen, wählt dann die Ländervorwahl, für Deutschland ist das die „1049" und anschließend die Ortsvorwahl in Deutschland ohne die erste „0" und danach die Teilnehmernummer.

Die **Vorwahl für Russland** ist **007 (+7)**.

Die **Vorwahl für Sankt Petersburg** ist **812** bzw. **+7 812.**

Öffentliche Fernsprecher in Sankt Petersburg sind ausschließlich Kar-

Sankt Petersburg, Blick über die Neva zur Festung und Kathedrale Peter-und-Paul, rechts Raketa-Tragflügel-Ausflugsboote

tentelefone. Telefonkarten sind auf Postämtern und an vielen Kiosken erhältlich.

In großen Hotels, in Geschäftszentren oder auf dem Flughafen gibt es auch blaue BCL-Telefone, die auch mit Kreditkarten funktionieren (hohe Gebühren!).

Telefonieren mit Mobiltelefonen, dem Handy also, ist zwar möglich, aber so teuer, dass man sich diesen „Luxus" nicht immer leisten wird. Minutenpreise bis 4 Euro sind möglich, auch wenn der Teilnehmer auf dem Handy angerufen wird. Daten-Roaming deaktivieren!

Wesentlich billiger ist das Telefonieren mit dem Handy mit einer vor Ort in einem entsprechendem Handygeschäft erworbenen **Simkarte**. Sie müssen im Geschäft aber Ihren Reisepass vorlegen.

Öffnungszeiten

Die meisten **Museen** sind **zwischen 10 und 18 Uhr** an allen Tagen der Woche bis auf einen Ruhetag (oft ist das der Montag, mitunter auch der Dienstag) geöffnet.

Geschäfte öffnen gewöhnlich **zwischen 10 und 19 Uhr** mit einer Mittagspause zwischen 14 und 15 Uhr.

Große **Supermärkte und Kaufhäuser** sind durchgehend **bis 21 Uhr** geöffnet. In der Zeit der „Weißen Nächte" im Sommer kann man in manchen Geschäften bis 1 Uhr morgens einkaufen. Und kleinere Geschäfte haben in dieser Zeit rund um die Uhr geöffnet.

Beste Reisezeit

Viele Besucher legen ihre Reise in den Juni, bevorzugt in die zweite Hälfte des Monats, um dann die berühmte Zeit der **„Weißen Nächte von Sankt Petersburg"** zu erleben und dabei in den hellen Sommernächten z. B. das nächtliche Schauspiel der hochgezogenen Stadtbrücken und die durchfahrenden Schiffe zu bestaunen.

Helle Sommernächte gibt es – um der Wahrheit die Ehre zu geben – natürlich nicht nur in Sankt Petersburg, sondern im gesamten nordischen Raum. Aber die von Sankt Petersburg mit seiner türmereichen Stadtsilhouette und den einladenden Promenaden an der Neva sind besonders anziehend.

Die Zeit der „weißen Nächte" dauert von den letzten Mai-Tagen bis Mitte Juli. Höhepunkt ist die Mittsommernacht am 21. Juni. An diesem Tag gibt es (vorausgesetzt das Wetter macht mit) ganze 18 Stunden Sonnenschein und die kurze Nacht ist in ein warmes Dämmerlicht getaucht, das die ganze Stadt mit einem rosa Schimmer überzieht.

Aber nicht nur der Juni gilt als bevorzugte Reisezeit. Viele, vor allem diejenigen, die Sankt Petersburg schon von früheren Reisen her kennen, wählen aber genau so gerne den Spätsommer und die Zeit des **„Goldenen Herbstes“** zwischen Mitte September und Mitte Oktober als bevorzugte Reisezeit. Die Tage werden allerdings schon merklich kürzer und wesentlich kühler, aber in den Museen werden auch die Warteschlangen wohltuend kürzer.

Frühling, die Zeit des Auftauens der Neva, und Herbst können regenreich sein und der Winter ist eiskalt und schneereich.

Die Nevabrücken

Wenn Sie vorhaben, das Öffnen der Brücken während der Weißen Nächte zu erleben, überlegen Sie vorher, auf welcher Seite der Neva Sie sich befinden. Denn es dauert ein paar Stunden, bis die Brücken wieder herabgelassen werden und Sie wieder auf die andere Seite gehen können!

Öffnungszeiten der wichtigsten Neva-Brücken

An jeder Brücke gibt es eine kleine Tafel auf der genau vermerkt ist, wann die Brücke nachts geöffnet wird.

Dvorcovyi most / Двоцовый Мост, Schlossbrücke – 1.25 bis 2.45 Uhr und 3.10 bis 4.55 Uhr. Große Seite und Wassiljewski (Insel), beim Winterpalast, eine der schönsten Brücken der Stadt.

Lejtenanta Šmidta most / Мост Лейтенанта Шмидта, Leutnant-Schmidt-Brücke – 1.25 bis 5 Uhr. Große Seite und Wassiljewski.

Birschewoj most / Биржевой Мост, Börsenbrücke – 2.00 bis 4.55 Uhr. Wassiljewski und Petrograder Seite.

Tučkow most / Тучков Мост, Tuchkov-Brücke – 2.00 bis 2.55 Uhr und 3.35 bis 4.55 Uhr. Wassiljewski – Petrograder Seite.

Troickij most / Троицкий Мост, Dreifaltigkeitsbrücke – 1.40 bis 4.50 Uhr. Petrograder Seite – Große Seite.

Litejnyi most / Литейный Мост, Liteinij-Brücke – 1.40 bis 4.45 Uhr. Wyborger Seite – Große Seite.

Stadtgeschichte in Kürze

1689 wird **Peter I.**, der später als „Peter der Große“ in die Geschichte eingeht, russischer Zar. Eines seiner großen politischen Ziele ist es, Russland einen sicheren Zugang zur Ostsee zu verschaffen. Peter I. vertreibt die Schweden, die sich bis dahin an der Mündung der Neva festgesetzt hatten und bestimmt dieses Gebiet als Entstehungsort seines „Fensters zum Westen“, seiner großen, neu zu gründenden Hafenstadt.

1703 wird auf der kleinen Haseninsel in der Neva mit dem Bau der **Peter-und-Paul-Festung** begonnen. Die Grundsteinlegung wird auch als Gründung der Stadt an der Neva-Mündung angesehen.

Tausende von Arbeitern wurden in die Stadt befohlen, um Sümpfe trocken zu legen, Kanäle zu graben, Baugrund zu festigen. Ihnen folgten Heerscharen von Handwerkern, Baumeistern und Künstlern, denen es oblag, aus Sankt Petersburg eine Stadt von Rang zu gestalten.

Von 1709 bis 1918 ist Sankt Petersburg, das sich mehr und mehr zu einer mondänen Stadt mit multikulturellem Gepräge entwickelte, die Hauptstadt Russlands.

Nach dem Tode Zar Peters des Großen im Jahre 1725 kamen zwei Frauen auf den Thron, die an der Gestaltung der Stadt maßgeblichen Anteil hatten, **Zarin Elisabeth I.** (Regentschaft 1741 – 1762) und vor allem **Zarin Katharina II. die Große**, die zwischen 1762 und 1792 die Geschicke des Landes fest in ihrer Hand hielt. Zwischen 1754 und 1762 entsteht das Winterpalais, zwei Jahre später wird die Kleine Eremitage angefügt.

1806 wird die **Admiralität** gebaut. Die Arbeiten an dem Areal dauern fast 17 Jahre lang. In dieser Zeit entsteht auch die **St. Isaaks-Kathedrale**, deren Baugrund erst aufwändig mit einer Pfahlgründung aus rund 25.000 geteerten Holzpfählen vorbereitet werden muss.

SANKT PETERSBURG - Zentrum – **1** *Winterpalast, Eremitage* – **2** *Schlossplatz, Alexandersäule, Generalstabsgebäude* – **3** *Puschkin Museum* – **4** *Auferstehungskirche oder Erlöserkirche* – **5** *Marmorpalast* – **6** *Sommerpalast* – **7** *Russisches Museum* – **8** *Kasaner Kathedrale* – **9** *Palais Stroganow* – **10** *Alexander-Newski-Kloster* – **11** *Smolny Kloster* – **12** *Admiralität* – **13** *Isaak Kathedrale, Isaakplatz* – **14** *Jussupow Palais* – **15** *Marientheater* – **16** *Dekabristenplatz und „Eherner Reiter“* – **17** *Akademie der Wissenschaften* – **18** *Menschikow Palais* – **19** *Kunstakademie* – **20** *Börsenplatz, Rastrosäulen, ehem. Börse, heute Marinemuseum* – **21** *Puschkinhaus* – **22** *Haseninsel, Festung und Kathedrale Peter-und-Paul* – **23** *Trubezkoi-Bastion* – **24** *Ingenieurshaus* – **25** *Politisch-Historisches Museum* – **26** *Panzerkreuzer „Aurora“* – **27** *Haus Peters des Großen* – **28** *Abfahrtstellen der Raketa-Tragflügelboote nach Peterhof, Peterhof Express* – **29** *Fabergé Museum* – **30** *Touristenbüro*

Das 19. Jh. begann mit zunehmenden Aufständen des Bürgertums **(Dekabristenaufstände)**, aber auch gewisser Schichten des Adels. Gefordert wurde vor allem die Abschaffung der Leibeigenschaft. 1825 lässt Zar Nikolaus I. die Aufstände blutig beenden.

Erst 1861 wird unter Zar Alexander II. die Leibeigenschaft abgeschafft. Seitdem ist der russische Kaiser Alexander II. im Volk als „Befreier-Zar“ bekannt. Zwanzig Jahre später, im März 1881, wird auf den Zaren Alexander II. ein Sprengstoffattentat verübt, das er nicht überlebt.

1905 ist ein tragisches Jahr für Russland und für Sankt Petersburg. Am 9. Januar 1905, dem berüchtigten **„Blutsonntag“**, demonstrieren 200.000 Bürger und marschieren auf den Winterpalast zu. Zaristische Truppen eröffnen auf sie das Feuer und richten ein verheerendes Blutbad an.

1914 – Russland und Deutschland stehen sich im Ersten Weltkrieg gegenüber – wurde Sankt Petersburg umbenannt in ***Petrograd***. In der Oktoberrevolution 1917 gewinnen die Bolschewiken unter Lenin die politische Macht, das Zarentum wird gestürzt

Lenin

Lenin, mit richtigem Namen **Wladimir Iljitsch Uljanov**, gilt als Gründer der Sowjetunion. Lenin war am 22. April 1870 in Simbirsk geboren worden. Sein Vater war ein adeliger Schulinspektor. Lenin studierte in Kasan und Samara Rechtswissenschaften und führte anschließend in Sankt Petersburg eine Anwaltskanzlei.

Seine politischen Ambitionen wurden durch ein tragisches Ereignis geweckt, als sein Bruder Alexander, der an einer Verschwörung gegen den Zaren beteiligt war, 1887 hingerichtet wurde. Die revolutionären Umtriebe Lenins brachten ihm 1897 drei Jahre Verbannung nach Sibirien ein.

1899 trat Lenin in die Russische Sozialistische Arbeiterpartei ein und ging nach der Verbannung ins Ausland. 1901 veröffentlichte er in München die Zeitschrift „Iskra" (Funke), die den Aufbau einer „Organisation von Berufsrevolutionären", einer revolutionären Partei also, favorisierte. 1903 wurde Lenin Führer der Bolschewiki, der „Mehrheitler". Und zehn Jahre später war er Herausgeber der Parteizeitung „Pravda" (Wahrheit). Zwischen 1914 und 1917 hielt sich Lenin in der Schweiz im Exil auf. Im März 1917 reiste er mit Zutun und Kenntnis der deutschen Regierung per Bahn nach Sankt Petersburg, Finnischer Bahnhof. Um die Zugreise haben sich im Laufe der Zeit Legenden gerankt. So heißt es, Lenin sei auf der deutschen Strecke in einem versiegelten Waggon gereist, was von russischen Historikern allerdings als erfundene Geschichte abgetan wird. Lenins historischer Zug ist heute am Finnischen Bahnhof ausgestellt.

In Sankt Petersburg setzte sich Lenin mit aufrüttelnden Reden an die Spitze der Revolutionsbewegung. Vor allem sein Ruf nach Brot, Land und Frieden veranlasste die Bürger, sich in Scharen den Bolschewiki anzuschließen und der Revolutionspartei beizutreten. Am 8. November schließlich erlebte die Oktoberrevolution mit der Erstürmung des Winterpalastes ihren Höhepunkt. Alle wichtigen Regierungsämter in Russland wurden mit Bolschewiki, die von Lenin zusammen mit Leo Trotzkij (geboren 1879 – ermordet 1940) angeführt wurden, besetzt. Nach dem Erfolg der Oktoberrevolution gründete Lenin die Kommunistische Internationale und 1922 die UdSSR, deren erster Regierungschef er wird. Nach zwei Schlaganfällen zog sich Lenin 1923 schließlich aus der aktiven Politik zurück. 1924 starb Wladimir Iljitsch Lenin. Er ist in Moskau im Mausoleum des Kreml beigesetzt.

und am 7. November das Winterpalais gestürmt. Das Signal dazu gab der legendäre **Kreuzer „Aurora"** mit einem Platzpatronenschuss. Für Petrograd war das Ende seiner langen Zeit als Hauptstadt gekommen. Lenin verlegte die Hauptstadt Russlands nach Moskau. Und nach seinem Tode 1925 wird Sankt Petersburg/Petrograd zu seinen Ehren in ***Leningrad*** umbenannt.

Während des Zweiten Weltkrieges wird Leningrad von 1941 an fast drei Jahre lange von Truppen der Wehrmacht blockiert und belagert, mit verheerenden Folgen für die Stadtbevölkerung. Eine Million Menschen oder mehr kamen ums Leben.

Erst nach Gorbatschows Perestroika und Glasnost und nach dem Ende der Sowjetunion konnte Sankt Petersburg 1991 wieder seinen klingenden, historischen Namen annehmen.

Im März 2000 wählten die Russen Wladimir Putin, einen Sohn Sankt

Petersburgs und langjähriger Geheimdienstchef, zu ihrem neuen Präsidenten. Ihm folgte im März 2008 Dmitri Medwedew, 1965 ebenfalls in Sankt Petersburg geboren, in diesem Amt nach. Seit 2012 bekleidet Wladimir Putin wieder das Präsidentenamt.

Sankt Petersburgs wichtigste Sehenswürdigkeiten

Sankt Petersburg ist mit fast 5 Mio. Einwohnern nach Moskau die zweitgrößte Stadt der Russischen Föderation. „Piter", wie die Sankt Petersburger selbst ihre Stadt gelegentlich nennen, wird gerne auch mit dem Beinamen **„Venedig des Nordens"** belegt. Ein nicht allzu weit hergeholter Vergleich. Denn die Stadt erstreckt sich über diverse größere und kleinere Inseln (es sollen insgesamt mehr als 40 sein), zwischen denen die Wasserläufe der Neva und Kanäle liegen, die – zusammen mit den zahlreichen Brücken – einen Teil des Charmes des Sankt Petersburger Stadtbildes ausmachen.

Tipp zur Schlösserbesichtigung: Rucksäcke und große Taschen, Kamerakoffer etc. können Sie nicht auf die Schlossführungen bzw. in die Schlossinnenräume mitnehmen! Sie müssen Sie an der Garderobe deponieren.

Fotografieren oder Videofilmen ist nur mit gebührenpflichtigem Zusatzticket möglich. Und auf einer Besichtigungstour durch den Katharinenpalast samt Bernsteinzimmer müssen Sie sich eine Art Überschuh über Ihre Schuhe stülpen. Sie werden kostenlos zur Verfügung gestellt, machen aber vielfach einen sehr strapazierten Eindruck.

Am Ufer der Neva liegen östlich der Schlossbrücke und gegenüber des Winterpalastes an der Dvorcovaja Nab. die Anlegestellen der schnellen **Raketa Tragflügelboote nach Peterhof (28)**.

Die „Große Seite" Rund um den Winterpalast

Sankt Petersburgs prächtige Baudenkmäler aus der sog. „Goldenen Zeit", der Zeit des imperialen Zarenreiches, wurden 1990 in die Liste des UNESCO-Weltkulturerbes aufgenommen.

Die „Große Seite", der Stadtteil von Sankt Petersburg, der südlich der Neva liegt, wird hier geprägt von der langen, blassgrünlichen Prunkfassade des **Winterpalastes Simnij Dworez / Зимний Дворец (1) [N59° 56′ 27.9″ E30° 18′ 46.2″],** die große Sehenswürdigkeit in Sankt Petersburg schlechthin, Dworzowaja Nabereschnaja 34 / Дворцовая Наб. 34 *(geöffnet Winterpalast/Eremitage: Di, Do, Fr, Sa, So 10.30 - 18 Uhr, Mi 10.30 - 21 Uhr; www.hermitagemuseum.org. Am ersten Donnerstag im Monat ist freier Eintritt).*

Metro: Newskij Prospekt / Невский Просп. oder Gostinij Dwor / Гостиный Двор.

Eingang für Einzelbesucher: Am Schlossplatz. **Eingang für Gruppen**: Am Nevaufer.

Gerade bei einer ersten Besichtigung der anfangs für den Besucher verwirrenden Vielfalt von Räumlichkeiten, Salons, Kunstsammlungen und Ausstellungen im Winterpalast empfiehlt es sich sehr, **sich einer Gruppe anzuschließen**. Außer, dass man das langwierige und ermüdenden Schlangestehen so umgeht, wird man auf einer Führung verlässlich alle Höhepunkte im Palast und in der Eremitage gezeigt bekommen. Gruppenführungen werden von größeren Hotels, von Reisebüros, von Tourveranstaltern und von der Eremitage selbst organisiert. Auf jeden Fall sollte man sich einen der gut fotografierten Ausstellungskataloge kaufen, die nicht nur informieren, sondern auch ein hübsches Souvenir sind.

Die ersten Trakte ließ Peter der Große zu Beginn des 18. Jh. errichten und zwar da, wo der kleine Winterkanal in die Neva mündet. Unter den folgenden Herrscherinnen, Zarin Anna Iwanowna (1693 – 1740) und Zarin Elisabeth (1709 – 1761), erlangte der Palast, die Hauptresidenz der russischen Zaren, unter Federführung des Baumeisters und Begründers des russischen Barock, Francesco Bartolomeo Rastrelli (1700 – 1771), seine heutigen Ausmaße. Aber erst unter Katharina II. „der Großen" (1729 – 1796), die Rastrelli entlassen hatte und mehr den Stil des Klassizismus favorisierte, wurde der Winterpalast zu dem prachtvollen Palastbau, den heute Besucher aus aller Welt bewundern.

Beeindruckend alleine schon ist die prunkvolle, lichtgrüne Barockfassade mit ihren weißen Säulen, vergoldeten Kapitellen und den Statuen.

Unter der Ägide Katharinas II. wurden die zahlreichen Salons und Säle (es soll 1.170 Räume geben!) prunkvoll ausgestattet. Aber natürlich hat Rastrelli seine architektonischen Spuren hinterlassen. Von ihm stammt das wunderbare, lichtdurchflutete Treppenhaus mit dem Aufgang der **Haupttreppe**.

Nach einem Palastbrand im Jahre 1837 wurden viele der mit größtem Prunk dekorierten Säle im Stil des Klassizismus restauriert.

Aber aller Luxus der Räumlichkeiten wird in den Schatten gestellt von der überwältigenden **Kunstsammlung**, eine der größten der Welt, die in der sog. **Eremitage / Эрмитаж**, einem Teil des Winterpalastes, zu sehen ist.

„Eremitage" kommt vom französischen Wort für „Einsiedelei". Katharina II. nannte einen Gebäudeflügel im weitläufigen Winterpalast so, in den sie sich gerne zurückzog, wenn Sie in der Umgebung ihrer geliebten Kunstobjekte etwas Abstand vom allgegenwärtigen Hofzeremoniell gewinnen wollte.

Angefangen hat die ganze Sache, aus der im Laufe der Zeit eine der wertvollsten Kunstsammlungen der Welt wurde, eigentlich mit dem verschuldeten Fürsten Gotskowski, der seine Schulden bei der Kaiserin dadurch beglich, dass er der Zarin seine wertvollen Kunstobjekte übereignete.

Der Winterpalast an der Neva

Heute verteilen sich die unterschiedlichen Abteilungen der sehr beeindruckenden Kunstsammlung auf die „Alte Eremitage", die „Kleine Eremitage" und die „Neue Eremitage". Alexander Puschkin reimte: „...Da hängen dicht geschart / Die Werke großer Meister, ...". Und es heißt, die kostbaren Exponate der Eremitage seien so zahlreich, dass selbst bei nur oberflächlicher Betrachtung ein ganzes Leben nicht reichen würde, sie alle anzusehen. Insgesamt soll das Museum über mehr als drei Millionen Exponate verfügen, von denen immer nur eine Auswahl gezeigt wird, bewacht von über 300 Aufsehern.

Übrigens, so erzählen es jedenfalls Fremdenführer, in den weitläufigen Palasträumen, vor allem in den warmen Kellerräumen mit den Heizungsrohren, sollen annähernd 70 Katzen hausen, die auch wohl gelitten sind und von den Bediensteten betreut und gefüttert werden. Es heißt, dass schon zu Zeiten Katharinas große Katzen aus Kasachstan in den Palast gebracht worden seien, um Mäuse und Ratten im Zaum zu halten. Gegen Mäuse und Ratten hat man heute andere Abwehrmittel, die Katzen aber ließ man gewähren.

In der sog. **„Kleinen Eremitage"** sind in erster Linie Kunstgegenstände, Gemälde mit religiösen Motiven vor allem, Altarbilder etc., aus der Zeit der Gotik und der Renaissance zu sehen.

Stellvertretend für die vielen Tausend Exponate und Kunstobjekte, die der Winterpalast und die Eremitage beherbergen, sei hier die prächtige **Pfauenuhr im Pavillonsaal** der Kleinen Eremitage etwas näher beschrieben. Dieses Wunderwerk filigraner Goldschmiedekunst ist ein Meisterstück des Engländers James Cox aus dem 18. Jh. Die Uhr selbst muss man etwas suchen. Das Ziffernblatt ist in den Hut eines Pilzes integriert. Ein wahres Spektakel hebt an, wenn die Uhr schlägt. Die Eule im Käfig unter dem Pfau bewegt ihren Kopf und die Augenlider, Glocken klingen bis endlich der Pfau ein Rad schlägt und der Hahn davor die Stunde kräht.

Pfauenuhren von Cox waren im Russland des 18. Jh. durchaus verbreitet. Dieses Prachtexemplar hier war ein Geschenk Grigorij Potemkins an Katharina II.

Die sog. **„Neue Eremitage"** – ein Erweiterungsbau des Winterpalastes aus dem Jahre 1852 nach Plänen des Münchner Museumsbaumeisters Leo von Klenze errichtet und von Zar Nikolaus I. eingeweiht – widmet sich dagegen der antiken Kunst. Römische und griechische Vasen und Amphoren, etruskische Stelen, Wandmalereien aus Pompeji, Götterstatuen und Porträtbüsten römischer Kaiser, kunstvoll gearbeitete Sarkophage u. a. sind hier zu sehen. In einer anderen Abteilung sind Stelen, Wandreliefs, Statuen und Sarkophage aus der Kulturepoche der ägyptischen Pharaonen zu bestaunen.

Die sog. **„Alte Eremitage"** schließlich ist ein wahres Eldorado für Kunstliebhaber und alle, die es werden wollen. Es wird wohl kaum einen Künstlernamen aus der Florentiner Zeit der Gotik und der Renaissance geben (Fra Beato Angelico da Fiesole, Giovanni della Robbia, Leonardo da Vinci, Tizian, Veronese, Tintoretto, Michelangelo, um wahllos einige der klangvollen Namen zu nennen), der hier nicht vertreten wäre.

Ganz fantastisch ist die Sammlung der Niederländer und flämischen Meister (Rembrandt, van Dyck, Peter Paul Rubens etc. etc.). Und dann natürlich die Epoche der Impressionisten vornehmlich aus Frankreich (Claude Monet, Auguste Renoir, Paul Cézanne, Vincent van Gogh, Paul Gauguin etc., etc.) bis hin zur Moderne (Henri Matisse, Pablo Picasso).

Auch deutsche Maler sind vertreten, Lucas Cranach z. B. (1472 – 1553) oder Caspar David Friedrich (1774 – 1840).

Hinter der riesigen Palastanlage, ein aus mehreren Flügeln und Innenhöfen bestehendes Gebäudeensemble, erstreckt sich der weite, halbrunde **Schlossplatz (2)**. Hier nahm 1917 die Oktoberrevolution ihren Ausgang. Der Platz wird eingefasst vom **Generalstabsgebäude**, das sich dem Halbrund des Platzes anpasst und durch das der monumentale **Triumphbogen** auf den Platz führt. Das Portal wurde 1812 zum Gedenken an den Sieg über Napoleon errichtet. Obenauf prangt ein Triumphwagen, der von sechs Rössern gezogen wird.

Mitten auf dem Platz erhebt sich die **Alexandersäule (2) [N59° 56′ 20.6″ E30° 18′ 57.1″]**. Sie ist stattliche 47m hoch und wurde zu Ehren Alexanders I. in Gedenken an den Sieg des Zaren und der Russischen Armee über Napoleon im Jahre 1812 aufgestellt. Eine Inschrift lautet: „Für Alexander vom dankbaren Volk". Die Besonderheit ist, dass die 700 Tonnen schwere Säule alleine durch ihr Eigengewicht und ohne zusätzliche Verankerung steht. Ganz oben sieht man die Gestalt eines Erzengels, der ein Kreuz hält. Es heißt, die Engelsfigur trage die Züge Zar Alexanders. Legende dürfte auch sein, dass beim Aufstellen der Säule der Mörtel mit Wodka angerührt worden sei.

Unweit nordöstlich des Schlossplatzes liegt am Mojka Kanal das **Puschkin Museum / Музей Пушкина (3) [N59° 56‘ 28.5“ E30° 19‘ 16.1“],** Nab. Reki Moiki 12 / Наб. реки Мойки, *(geöffnet Mi - Mo 10.30 - 18 Uhr, letzter Einlass 1 Std. vor Schließung; www.museumpushkin.ru/eng/).* Hier an den Ufern des Kanals sieht man die stattlichen Fassaden diverser fürstlicher Stadtpalais aus dem 19. Jh. Im Haus Nr. 12, der Residenz der Wolkonskijs, hatte Alexander Puschkin viele Jahre lang seine Stadtwohnung. Hier war es auch, wo der Dichter den Folgen einer Duellverletzung erlag.

Heute sind die Wohnräume als Museum eingerichtet. Neben Dokumenten und Manuskripten sind auch persönliche Gegenstände Puschkins zu sehen.

Alexander Puschkin, der Wegbereiter der großen russischen Literatur, war am 26. Mai 1799 in Moskau geboren worden. Für viele ist er Russlands Nationaldichter und wird gerne auch als „Vater der russischen Literatur“ gesehen. Von ihm stammen u. a. „Boris Godunow“ (1828), „Eugen Onegin“ (1830) oder die Erzählung „Der Postmeister“. Nach einem recht bewegten Leben starb Puschkin am 10. Februar 1837 nach einem Duell in Sankt Petersburg an den Folgen einer Schussverletzung.

Hinter dem Schlossplatz rechts führt der **Newskij Prospekt / Невскии Проспект** von der Admiralität durch die gesamte Innenstadt nach Osten. Der Newskij Prospekt, fast fünf Kilometer lang und bis 60 m breit, ist Sankt Petersburgs Kultur- und Nobelmeile und die schickste Einkaufsstraße der Stadt.

Wir folgen dem Boulevard ein Stück nach Osten bis zum Gribojedow Kanal, an dessen Westufer wir nordwärts gehen. Schon bald sieht man die malerischen, bunten und so unterschiedlich gestalteten Zwiebeltürme und die reich dekorierte Fassade der **Auferstehungskirche (4) [N59° 56‘ 24.8“ E30° 19‘ 42.4“]** oder **Erlöserkirche**. Beim Anblick des schon fast märchenhaft anmutenden Kirchenbaus ist man etwas im Zweifel, ob hier der Farbenpracht und des Formenreichtums nicht etwas zuviel des Guten getan wurde.

Aber die Sankt Petersburger wollten mit dem Bau der Auferstehungskirche „auf dem Blute Alexanders II.“ ihrem geliebten Zaren Alexander II., der an dieser Stelle am 1. März 1881 einem Mordanschlag zum Opfer gefallen war, offenbar ein besonders schönes Denkmal setzen. Die Kirche erinnert an die Basilius-Kathedrale auf dem Roten Platz in Moskau. Auftraggeber war der Sohn Alexander II., Alexander III., der damit zum westlichen Kirchenbaustil, der bis dahin in Sankt Petersburg gepflegt wurde, einen Kontrapunkt setzen wollte. Seit Zar Peter dem Großen war es in der Stadt ausdrücklich verboten, russische Kirchen zu errichten. Im Inneren beeindruckt ein reicher **Mosaikschmuck**, der auch während der Sowjetzeit, als die Kirche als Kartoffellager genutzt wurde, nicht sonderlich gelitten hat.

Weiter nördlich der Kirche liegen das **Marsfeld** mit dem **Sommergarten,** der **Marmorpalast** und noch einen Straßenzug weiter der **Sommerpalast**.

Der **Marmorpalast (5) [N59° 56‘ 41.2“ E30° 19‘ 37.2“]**, Millionnaja ul. 5/11 / Миллионная ул. 5/11 *(geöffnet tgl. 10 - 18 Uhr, Do 13 - 21 Uhr, letzter Einlass 30 Min. vor Shcließung; www.rusmuseum.ru/eng/)* wurde Mitte des 18. Jh. vom Baumeister Antonio Rinaldi errichtet. An der Fassade des klassizistischen Palais sollen mehr als 30 Arten von Marmor verbaut worden sein. Mit dem stattlichen Palast wollte Katharina II. ihrem Liebhaber und Vertrauten Grigori Orlow eine Freude machen.

Heute gehört das Anwesen zum Russischen Museum und stellt moderne Kunstobjekte, die Sammlung Peter Ludwig u. a. aus. Hinter dem Palais sieht man ein Denkmal für Zar Alexander III.

Sommerpalast (6) [N59° 56‘ 50.4“ E30° 20‘ 09.6“], Nab. Kutusowa / Наб.

Кутузова *(geöffnet Juni - Okt. Mi - Mo 10 - 18 Uhr, geschlossen am letzten Montag im Monat)* – Der Sommerpalast liegt auf einer von Kanälen und dem Nevaufer umgebenen Parkinsel. Er gilt als ältestes ganz aus Stein aufgeführtes Gebäude der Stadt.

Im Jahre 1714 vom italienischen Baumeister Domenico Trezzini errichtet, diente der Palast als Sommerresidenz Zar Peters des Großen. Zuvor hatte sich seine Majestät gerne in einer bescheidenen Blockhütte auf dem gegenüberliegenden Nevaufer aufgehalten. Dass der Zar offenbar eine Faible für einen eher bescheidenen, bodenständigen Lebensstil hatte, sieht man dem Gebäude an. Anders als die späteren Prunkpaläste der russischen Zaren ist der Sommerpalast mehr stattliche Villa als Palast. Besonders interessant ist die im Palais gezeigte Drechslerwerkstatt, in der der Zar seinem liebsten Hobby, dem Zimmern und Möbelschreinern, frönte.

Ganz anders präsentiert sich die erste Etage des Schlosses. Hier residierte die Gemahlin des Zaren, die offensichtlich ein wesentlich opulenteres Leben bevorzugte.

Von der Auferstehungskirche gehen wir an der Ostseite des Gribojedow Kanals zurück Richtung Newskij Prospekt und passieren schon nach wenigen Schritten den linkerhand gelegenen Komplex des **Russischen Museums / Русский Музей (7) [N59° 56′ 16.4″ 30° 19′ 54.8″],** Inschenernaja u. 4 *(geöffnet Mi, Fr, Sa, So 10 - 18 Uhr, Do 13 - 21 Uhr, letzter Einlass 30 Min. vor Schließung; https://en.rusmuseum.ru)*. **Metro**: Newskij Prospekt / Невский Просп. oder Gostinij Dwor / Гостиный Двор.

Der klassizistische Michailow-Palast mit Säulenvorbau aus dem frühen 19. Jh. wäre Königsdynastien angemessen. Der Großfürst Michail Pawlowitsch, Sohn von Zar Paul I. und Enkel Peters III. und Katharinas II., hatte sich das Schmuckstück vom Architekten Carlo Rossi errichten lassen. Besonders beeindruckend ist der Weiße Salon im Empirestil.

Zar Alexander III. legte ursprünglich die Sammlung für das Museum an, das dann 1898 in Anwesenheit seines Sohnes Zar Nikolaus II. als „Russisches Museum" eröffnet wurde. Das Museum widmet sich in erster Linie der Geschichte Russlands, umfasst aber auch eine der größten Sammlungen russischer Kunst, darunter eine bemerkenswerte Ikonensammlung und Werke von Karl Brüllow, der als großer russischer Maler des 19. Jh. gilt.

Von hier hat man die Möglichkeit über den Michailowski Platz und die Straße Ital'yanskaya Ul. ostwärts zum Shuvalov Palast zu gehen und dem hier eingerichteten, sehenswerten **Fabergè Museum (29) [N59° 56′ 4.76″ E30° 20′ 35.85″]**, am Fluss Fontanka, einen Besuch abzustatten *(geöffnet tgl. 10 - 20.45 Uhr, letzter Einlass 30 Min. vor Schließung, Führungen möglich; www.fabergemuseum.ru/en/)*. Es zeigt die weltgrößte Sammlung von kostbaren Kunstwerken aus dem Juwelierhaus Fabergé, darunter die berühmten und einzigartigen Fabergé Ostereier, die zu Zeiten der letzten beiden Zaren Alexander II. und Nikolai II. gefertigt wurden.

An der Südseite des Newskij Prospekts erhebt sich unübersehbar die von einer Kuppel gekrönte und von Säulehallen flankierte, mächtige **Kasaner Kathedrale (8) [N59° 56′ 01.9″ E30° 19′ 27.6″]** aus den Anfängen des 19. Jh. Ihren Namen erhielt die Kirche von der wundertätigen Ikone „Gottesmutter von Kasan". Die Ikone war 1579 in Kasan gefunden worden und war bis 1904, als sie gestohlen wurde, Teil der Ikonostase (Ikonenewand) der Kirche.

Dass sich der Baumeister Andrej Worochin am Petersdom in Rom orientierte, ist vor allem durch die beiden halbrunden Säulenkolonnaden nicht zu verkennen.

Zehn Jahre lang baute man an der Kirche, bis sie 1811 endlich eingeweiht werden konnte. Über der Vierung thront die 71 m hohe, weithin sichtbare Kuppel. Heute dient die ehemalige Kathedrale als **Museum für Religionsgeschichte**.

Vor der Kirche sieht man zwei **Denkmäler**, die für verdiente Feldherren, die sich im Krieg gegen Napoleon 1812 ihre Meriten verdient hatten, errichtet wurden – Feldmarschall Michail Kutusow (links) und Feldmarschall Michail Barclay de Trolly (rechts).

Palais Stroganow (9) [N59° 56' 08.6" E30° 19' 12.4"], Newski Prospekt 17 / Невский Проспект *(geöffnet Mi - Mo 10 - 18 Uhr, Di 10 - 21 Uhr)*. **Metro**: Newskij Prospekt / Невский Просп. oder Gostinij Dwor / Гостиный Двор.

Das Palais Stroganow liegt unweit westlich der Kasaner Kathedrale am Ufer des Mojka Kanals. Die Federführung beim Entwurf der Baupläne im Jahre 1754 hatte Bartolomeo Rastrelli, der berühmte Architekt des Winterpalastes. Die reiche, alteingesessene Kaufmannsfamilie der Stroganows, die vor allem im 16. Jh. im Salzhandel ein Vermögen gemacht hatte, ließ sich das Stadtpalais erbauen. Auch die Stroganows waren begeisterte Kunstsammler. Ihre wertvolle Kollektion kam nach der Oktoberrevolution in den Winterpalast. Heute finden im Palais wieder Kunstausstellungen statt.

Ganz am östlichen Ende des Newskij Prospektes liegt das **Alexander-Newski-Kloster (10) [N59° 55' 15.7" E30° 23' 17.5"]** *(geöffnet im Sommer Fr - Mi 9.30 - 18 Uhr, im Winter Fr - Mi 9 - 15.30 Uhr)*. Am einfachsten nimmt man die **Metro Linie 3** (grün) ab Haltestelle Newskij Prospekt / Невский Проспект bis Haltestelle Pl. Aleksandra Newskogo / Площадь Александра Невского vor dem Kloster. Das Alexander-Newski-Kloster ist heute wieder das drittgrößte Kloster ganz Russlands. Das Anwesen umfasst nicht weniger als vier Friedhöfe und sage und schreibe elf Kirchen und Kapellen. Auf zweien der Friedhöfe, dem Tichwiner Friedhof und dem Lazarus Friedhof, sind namhafte Persönlichkeiten aus Sankt Petersburg beigesetzt *(geöffnet tgl. a. Do 11 - 19 Uhr)*.

Die Klostergründung wurde 1710 von Zar Peter dem Großen veranlasst. Es sollte zu Ehren des Fürsten von Nowgorod, Alexander Newski, errichtet werden. Newski hatte 1240 einen wichtigen Sieg über die Schweden errungen. Die Schlacht fand an der Neva statt, dem Fluss, der danach den Namen des Fürsten erhielt. Ausgangs des 18. Jh. wurde das Kloster von Zar Paul I. mit weitreichenden Privilegien versehen.

Ein gutes Stück weiter nördlich am äußersten Nordostzipfel der „Großen Seite" (man wird am besten ein Taxi nehmen, um dorthin zu gelangen) liegt gleich hinter dem **Smolny-Institut** das an Türmen reiche **Smolny Kloster (11)**

Smolny Kloster

[N59° 56' 53.44" E30° 23' 53.61"], Plaschad Rastrelli 3/1 / Площадь Растрелли 3/1 *(geöffnet Fr - Di 10 - 18 Uhr).*

Seit Mitte des 18. Jh. war das Barockgebäude mit russischen Stilelementen und seinen blauen Fassaden ein Refugium alleinstehender Adelstöchter aus den vornehmsten Familien des Landes. Bis 1917. Dann zog hier und im benachbarten Smolny-Institut der Arbeiter- und Soldatenrat ein und machte das Anwesen zu seiner Zentrale während der Oktoberrevolution. Lenin und seine Genossen verabschiedeten hier ihre Revolutionsmaxime „Alle Macht den Räten" und bildeten hier im Smolny die erste Sowjetregierung. Bis 1918, als Lenin die Hauptstadt nach Moskau verlegte, war hier der Regierungssitz des Landes. Danach war hier die Kommunistische Partei ansässig. Heute residiert im Smolny der Bürgermeister der Stadt. Vor dem Smolny Institut erinnert ein Denkmal an Lenin.

Nikolaus I. Reiterstandbild und Isaaks-Kathedrale

Der weitere Verlauf unseres Rundgangs führt zurück bis ans westliche Ende des Newskij Prospekts. Der Boulevard endet an der **Admiralität / Адмиралтейство (12) [N59° 56' 20.5" E30° 18' 39.7"]** an der Südseite des Winterpalastes.

Der große, sehr repräsentative Gebäudeblock der Admiralität ist Russlands Stein gewordene Dokumentation einer großen Seemacht. Auf der vergoldeten, weithin sichtbaren Turmspitze dient eine Kogge oder Karavelle als Wetterfahne. Sie ist das Wahrzeichen de Stadt.

Zar Peter I., der Große, war es, der 1711 den Auftrag zum Bau einer befestigten Werft gab. Das Zarenreich wollte sich gegen schwedische Angriffe wappnen. Die ersten Schiffe der neuen russischen Flotte liefen hier vom Stapel.

Das heutige Gebäudeensemble mit einer über 400 m langen Fassade, wurde 1820 nach Plänen von Andrej Sacharow fertiggestellt. Markant ist das Portalhaus, das von Säulenhallen flankiert wird. Heute ist hier eine Marineakademie untergebracht. Das Gebäude kann innen nicht besichtigt werden!

Zwei Straßen weiter westlich liegt der **Isaaksplatz / Исаакиевская пл. (13)** mit einem monumentalen **Reiterstandbild**, das Zar Nikolaus I. hoch zu Ross zeigt. Auf dem Denkmalsockel sind allegorische Figuren zu sehen, die Glauben, Macht, Gerechtigkeit und Weisheit symbolisieren. Wie es heißt sollen die Gesichtszüge der Figuren der Gemahlin und den Töchtern Zar Nikolaus' ähneln.

An der Nordseite des Platzes dominiert unübersehbar die mächtige

Isaak-Kathedrale / Исаакиевский Собор (13) [N59° 56' 03.5" 30° 18' 26.5"] *(geöffnet Do - Di 11 - 18 Uhr)*. **Metro**: Newskij Prospekt / Невский Просп. oder Gostinij Dwor / Гостиный Двор.

An der größten Kirche der Stadt, die rund 10.000 Gläubigen Platz bietet, wurde von 1818 an ziemlich genau 40 Jahre lang gebaut. Auf den ersten Blick erinnert der gewaltige klassizistische Bau mit seiner von Säulen getragenen, vergoldeten, 26 m hohen Kuppel ein wenig an den Petersdom in Rom.

Den Auftrag zum Bau hatte Zar Alexander I. gegeben und mit der Ausführung den aus Frankreich stammenden Baumeister Montferrand beauftragt. Montferrand hatte nicht weniger als 25 Entwürfe abgeliefert. Ein früherer Kirchenbau hier war schon unter Zar Peter dem Großen entstanden. Er war wie die heutige Kathedrale dem hl. Isaak geweiht, dessen Namenstag zufälligerweise auf den Geburtstag Zar Peters fiel.

Das Kircheninnere ist prächtig ausgemalt und absolut sehenswert. Außerdem kann man zu einer Plattform hinaufsteigen, von der ein schöner **Stadtblick** möglich ist.

An der östlichen Seite des Platzes sieht man das **Hotel Astoria**, eine der besten, aber auch teuersten Hoteladressen der Stadt.

Übrigens: Wenn Sie wissen wollen, wo der Mann gewohnt hat, der den legendären Rasputin auf dem Gewissen hat, dann müssen Sie vom Isaaksplatz noch ein paar Straßen nach Süden an die Südseite des Mojka-Kanals gehen. Dort finden Sie in der Nab. reki Mojki den **Jussupovskij dvorec**, das **Jussupow Palais (14) [N59° 55' 46.7" E30° 17' 55.2"]**.

Die Familie der Fürsten Jussupow pflegte seit Generationen enge Beziehungen zum Zarenhof. Als der Einfluss des **„Wunderheilers" Rasputin** auf die Familie von Zar Nikolaus II. und vor allem auf dessen Frau und den Zarewitsch beängstigende Ausmaße annahm, fand man im Fürsten Felix Jussupow einen Vollstrecker des Mordkomplotts.

Grigorij Rasputin, der „Heilige Mönch", kam 1907 aus Sibirien an den Zarenhof von Sankt Petersburg. Der einzige Sohn der Zarenfamilie, Alexej, litt an der Bluterkrankheit. Alle ärztliche Kunst schien am Ende, als man das Kind Rasputin anvertraute, dem wundersame Heilungen nachgesagt wurden. Rasputin konnte Alexej zwar nicht heilen, errang aber mit seinen hellseherischen Vorhersagen das Vertrauen nicht nur der Zarengattin Alexandra Fjödorowna, sondern auch des Zaren Nikolaus II. Es heißt, Rasputin habe den Ersten Weltkrieg und den Tod der Zarenfamilie vorausgesagt. Tatsächlich war er aber mit all seinen Aktivitäten bei Hofe wohl eher auf seinen eigenen Vorteil bedacht.

Als der Zar auf Rasputin nicht mehr ansprechbar war, entschlossen sich Hofangestellte und Fürst Felix Jussupow am 17. Dezember 1916 Rasputin zu ermorden.

Aber selbst der Tod Rasputins wurde zur Legende. Ein erster Giftanschlag mit Zyankali im Essen blieb folgenlos. Nun feuerte man Pistolenschüsse auf Rasputin ab. Aber auch sie führten nicht gleich zum gewünschten Resultat. Also hackte man ein Loch in die Eisdecke der zugefrorenen kleinen Newka und warf den tödlich verwundeten Rasputin hinein. Seine Leiche wurde wenig später an der Krestoski-Insel gefunden. Die Zarenfamilie Nikolaus' II. wurde 1918 in Jekaterinburg erschossen.

Zwei Straßenzüge weiter südlich des Jussupow Palais liegt Sankt Petersburgs berühmtestes Theater, das **Marientheater - Mariinski-Theater (15) [N59° 55' 32.7" E30° 17' 47.8"]**. Alles was Rang und Namen in der Theaterwelt hat, trat und tritt hier auf. In prächtigem, opulentem Theaterambiente können Sie hier weltberühmte Balletttruppen sehen.

Nördlich vor der Isaak-Kathedrale liegt der **Dekabristenplatz (16) [N59° 56' 11.0" E30° 18' 08.2"]**, benannt nach den „Dezembristen", den Aufständischen aus Bürgertum und niederem Adel, die am 14. Dezember 1825 (nach julianischem Kalender) bzw. am 26. Dezember 1825 (nach gregorianischem Kalender) aus Protest gegen die Leibei-

Der „Eherne Reiter" am Dekabristenplatz

genschaft und gegen das autokratische Zarenregime den Treueid auf den neugekürten Zaren Nikolaus I. verweigert hatten. Die Rädelsführer wurden gehängt, 600 weitere Aufständische nach Sibirien deportiert.

In der Parkanlage des Dekabristenplatzes ist das stattliche Denkmal des **„Ehernen Reiters"** nicht zu übersehen. Das Denkmal ist zwar Peter dem Großen gewidmet und zeigt den Zaren stolz auf einem sich aufbäumenden Ross sitzend, erinnert aber auch an Katharina die Große. Sie stiftete das Denkmal, vergaß aber nicht, sich ebenfalls auf dem Denkmalsockel verewigen zu lassen. Dort steht „Petro primo, Catharina secunda /Peter der Erste, Katharina die Zweite, 1782". Eherner Reiter wird das Denkmal im Volksmund nach einem Versepos von Alexander Puschkin genannt. Frisch vermählte Hochzeitspaare lassen sich vor dem Ehernen Reiter besonders gerne fotografieren.

Die „Petrograder Seite" und die Haseninsel

Vom Winterpalast geht es über die schöne **Schlossbrücke Dvorcovyi most [N59° 56' 25.6" E30° 18' 32.9"]** hinüber auf die **Insel Wassiljewski / Васильевский Остров**.

Wenn Sie von der Brücke nach Westen schauen, sehen sie auf der Wassiljewski-Seite eine Reihe markanter Gebäudefassaden.

Gleich am Anfang, das Haus mit den Säulen, ist die **Kunstkammer**. Links davon erkennt man die **Akademie der Wissenschaften (17)**, die leicht an ihrem Turm, dessen Spitze von einer Sphärenkugel geziert wird. Ein Stück weiter sieht man die Fassade des **Menschikow-Palais** und das Gebäude schon fast an der nächsten Brücke, der Leutnant Schmid Brücke, ist die **Kunstakademie**.

Das Menschikow-Palais / Меншиковский Дворец (18) [N59° 56' 20.1" E30° 17' 45.4"], Universitetskaja nab. 15 *(geöffnet Di - So 10.30 - 18 Uhr)* wurde 1720 im Stil des Barock fertiggestellt. Der Palast galt in der damaligen Zeit als überaus luxuriös, dass sich selbst Zar Peter der Große gelegentlich dort aufhielt, Staatsgäste empfing und rauschende Feste feierte. Der eigentliche Hausherr, Alexander Danilowitsch Menschikow, stammte aus einfachsten Verhältnissen, wurde später während des Großen Nordischen Krieges ein enger Vertrauter und Freund des Zaren Peter I., der ihn gleich nach Kriegsende in den Adelsstand erhob und ihn als Fürst Alexander Menschikow zum ersten Gouverneur von Sankt Petersburg machte. Als Peter I. 1725 starb, arrangierte es Menschikow sehr geschickt, dass Zar Peters Gemahlin Katharina, als Katharina I. ihrem Mann Peter auf dem Zarenthron folgen konnte. Katharina starb aber schon nach zwei Jahren. Menschikow fiel in Ungnade und musste den Rest seiner Tage in Sibirien fristen.

Die Kunstakademie / Академия Художетв (19) [N59° 56′ 14.4″ E30° 17′ 25.9″], Universitetskaja nab. 17 *(geöffnet Mi - So 11 - 18 Uhr)* ist 1757 von Zarin Elisabeth gegründet worden. Aus der Akademie gingen viele namhafte russische Künstler und Baumeister hervor.

Die Schlossbrücke mündet in den **Birževaja Pl. / Биржевая пл.**, den **Börsenplatz (20) [N59° 56′ 38.1″ E30° 18′ 20.9″]** mit der halbrunden Ostspitze der Insel, der **Strelka**. Flankiert wird der weite Platz von zwei 30 m hohen rotbraunen Säulen, den markanten **Rastrosäulen**. Als 1810 mit ihrem Bau begonnen wurde, waren sie als Leuchttürme vorgesehen. Vorbild soll die Art römischer Siegessäulen von Seeschlachten gewesen sein, die mit den Bugen von erbeuteten Schiffen versehen waren. Diesen Bezug hat auch der Name der Säulen. Wie man liest bedeutet „Rostrum" im Lateinischen soviel wie „Schiffsschnabel". Figuren symbolisieren die vier großen russischen Flüsse Wolga, Dnjepr, Wolchow und Neva.

Von der Strelka hat man einen ganz wunderbaren Blick über die Neva – rechts die prächtige Fassade des Winterpalastes, mitten in der Neva Wasserspiele und links die Mauern und Türme der Peter-und-Paul Festung mit Kirche.

Das ringsum von Säulen umgebene klassizistische ehem. **Börsengebäude (Биржа, - 20 -)** an der Westseite des Platzes beherbergt heute das **Marinemuseum**, Birschewaja ploschad 4 *(geöffnet Mi - So 11 - 18 Uhr, letzter Einlass 45 Min. vor Einlass)*. Hier können Sie die umfangreichste Sammlung zur langen russischen Seefahrtsgeschichte und die Entwicklung der Marine sehen. Stolz des Museums ist der sog. „Großvater der russischen Marine", das Boot nämlich, auf dem Zar Peter der Große das Segeln lernte.

Der Börsenplatz auf der Petrograder Seite

Festung und Kathedrale Peter-und-Paul

Wenn Sie vom Börsenplatz nach Norden gehen, erreichen Sie wenig später die **Brücke Brizevoj most [N59° 56' 43.0" E30° 18' 11.9"]**. Sie führt hinüber auf die Petrograder Seite. Noch auf hiesiger Seite liegt links von der Brücke das **Puschkinhaus / Пушкинский Дом (21) [N59° 56' 41.5" E30° 18' 04.5"]** aus dem 19. Jh., Nab. Makrova 4 / Наб. Макарова 4 *(geöffnet Mo - Fr 10 - 16 Uhr)*. Heute beherbergt es ein **Literaturmuseum**.

Auf der Petrograder Seite gehen wir rechts am Wasser entlang, bis eine Brücke hinüber auf die sog. **Haseninsel (22)** (Sajatschi Ostrow) führt. Der Hauptzugang liegt allerdings an der Ostseite und führt durch das sog. **Peterstor** in die Festungsanlage, mit der **Festung und Kathedrale Peter-und-Paul / Петропавловская Крепость (22) [N59° 57' 00.0" E30° 18' 56.7"]**, der Wiege von Sankt Petersburg *(geöffnet Kathedrale Mo, Mi - Sa 10 - 18 Uhr, Di 10 - 17 Uhr, So 11 - 18 Uhr; Museum Do - Di 11 - 18 Uhr)*. **Metro:** Gorkowskaja / Горьковская.

Zar Peter I., der Große (1672 – 1725, Zar 1682 – 1725) – sein Denkmal steht unweit des Peterstors und zeigt den Kaiser auf einem Stuhl sitzend – legte den Grundstein zur Stadt, als er hier 1703 ein Festung errichten ließ.

Zar Peter, ein sehr praktisch veranlagter Herrscher, hatte in Holland und England das Handwerk eines Schiffszimmermanns gelernt und gründete nach seiner Rückkehr nach Russland ein modernes Heer und die erste russisch-baltische Flotte. Und noch während seiner Regentschaft errang Russland mit dem Frieden von Nystad im Jahre 1721 seine Anerkennung als Großmacht.

Während der Oktoberrevolution und in späteren Zeiten diente die Festung als Gefängnis, in dem viele politische Gegner ihr Leben lassen mussten. In den dunklen Einzelzellen in der **Trubezkoi-Bastion (23)** im Westteil der Festungsanlage war z. B. Dostojewski eingekerkert, bevor er nach Sibirien deportierte wurde. Außerdem saßen hier u. a. Lenins Bruder Alexander oder der Revolutionär Leo Trotzki ein. Heute ist hier ein Museum über das Gefängnisleben eingerichtet.

Neben der Trubezkoi-Bastion liegt der **Münzhof.** Seit dem 18. Jh. werden hier Münzen geprägt. Heute sind es eher Medaillen, Orden, Sondermünzen u. ä.

Keinesfalls verzichten sollte man auf die Besichtigung der **Peter-Pauls-**

Kirche. Sie ist die älteste Kathedrale der Stadt und gilt als Meisterwerk des Architekten Domenico Trezzini. Der vergoldete, schlanke Turm der Kirche ist 122 m hoch und eine weithin sichtbare Marke in der Stadtsilhouette. Im reich dekorierten, prunkvollen Kircheninneren findet man die **Grabkapelle** der Zarendynastie der Romanows. Seit Zar Peter I. sind hier alle Romanow-Zaren (bis auf Peter II.) beigesetzt. Und seit 1998 haben hier auch der letzte Zar Nikolaus II. und seine Familie, die 1918 in Jekaterinburg erschossen worden waren, ihre letzte Ruhestätte gefunden.

Gleich hinter der Kirche liegt die **Großfürstengruft**. Und das kleine Gebäude links der Turmfassade ist das sog. **Bootshaus**. Zar Peter I. bewahrte hier das Boot auf, auf dem er seine ersten Segelversuche unternahm. Heute ist das Boot im Marinemuseum ausgestellt.

Das zweigeschossige Gebäude südlich der Kirche ist das **Kommandantenhaus**. Es wurde 1746 fertiggestellt. Hier war ein Gericht untergebracht, das über politische Gefangene urteilte.

Ganz im Osten der Anlage findet man südlich vom Peterstor das sog. **Ingenieurshaus (24)**. Hier war die Militärverwaltung untergebracht. Heute werden Ausstellungen über das Leben in Sankt Petersburg vor der Oktoberrevolution gezeigt.

Und von der **Naryschkin-Bastion** an der Südseite wird seit dem 18. Jh. mittags um 12 Uhr ein Kanonenschuss abgefeuert.

Schließlich kann das an der Ostseite vor den Festungsmauern gelegene **Museum für Raumfahrt** besichtigt werden. Bis 1973 wurde hier an der Entwicklung der Raketen- und Triebwerkstechnik gearbeitet.

Wenn man von der Peter-Paul-Festung über die Brücke wieder auf die Petrograder Seite geht und der weiterführenden Ul. Kujbyševa / ул. Куйбышева bis zur nächsten Querstraße folgt, trifft man auf das linkerhand gelegene **Politisch-Historische Museum Russlands (25)** *(geöffnet Fr - Di 10 - 18 Uhr, Mi 10 - 20 Uhr; www.polithistory.ru/en/)*. **Metro:** Gorkowskaja / Горьковская.

Das Museum ist in einer Jugendstilvilla untergebracht, die Zar Nikolaus II. 1905 der Primaballerina Kschesinskaja zum Geschenk machte. Nach der Okto-

Der historische Kreuzer „Aurora"

berrevolution wurde die Villa enteignet und ein Revolutionsmuseum eingerichtet. Heute wird hier anhand von Bildern, Videos, Wachsfiguren etc. die Geschichte der KPdSU und ihrer großen Genossen dokumentiert. Eine Abteilung befasst sich mit dem Putsch von 1991.

Wenn Sie der Ul. Kujbyševa / ул. Куйбышева weiter nach Nordosten folgen, kommen Sie zum Wasserlauf Große Newka. Hier hat für den Rest seiner Tage der Kreuzer **„Aurora" (26) [N59° 57' 19.6" E30° 20' 14.6"]** festgemacht *(geöffnet Di - Do + Sa - So 10.30 - 16 Uhr).* **Metro:** Gorkowskaja / Горьковская.

Der Panzerkreuzer „Aurora", ein Nationaldenkmal, liegt an der Ostseite der Insel Petrogradskaja Storona. Das Schiff war u. a. 1905 im russisch-japanischen Krieg in der Schlacht von Tsushima, einer fernöstlichen Insel in der Koreastraße, im Einsatz.

Berühmt aber wurde das Schlachtschiff 1917, als am 7. November von der Bugkanone des Kreuzers ein Platzpatronenschuss abgefeuert wurde. Er war das Signal für den Sturm auf den Winterpalast, aber auch das Signal dafür, dass sich das Militär, zumindest die Marine, auf die Seite der Bolschewiken geschlagen hatten.

Der historische Schuss wurde um 21.40 Uhr abgefeuert. Die Uhr in der Funkerkabine zeigt diese Stunde noch heute. Der Sturm auf den Winterpalast war der Auftakt zur Oktoberrevolution.

Vom Kreuzer „Aurora" kann man über die Petrowskaja / Петровская zurück Richtung Peter-und-Paul-Festung gehen.

Etwa auf halbem Wege kommt man am **Haus Peters des Großen (27) [N59° 57' 10.3" E30° 19' 52.2"]** vorbei *(geöffnet Mo, Mi, Fr, Sa, So 10 - 18 Uhr, Do 13 - 21 Uhr; www.rusmuseum.ru/cabin-of-peter-1/exhibitions).* **Peters Häuschen**, wie es auch genannt wird, ist eine simple, kleine Blockhütte mit gerade mal zwei Räumen und einer Schlafkammer. Sie war das erste Gebäude das 1703 im damals noch nicht existierenden Sankt Petersburg errichtet wurde.

In diesem bescheidenen Heim wohnte Zar Peter der Große sechs Jahre lang, während auf der Haseninsel die Peter-und-Paul-Festung entstand. Später wurde Peters Häuschen mit einem festen Haus überbaut, um es vor dem Ruin zu bewahren. Ausgestellt sind persönliche Gegenstände des Zaren sowie Exponate über die Siege im Nordischen Krieg.

Kuppeln der Palastkirche, Peterhof

Die große Kaskade am Zarenschloss Peterhof

Ausflug zum Peterhof

Beim Winterpalast liegt die Anlegestelle der schnellen **Raketa Tragflügelboote** des „Peterhof Express" **(28) [N59° 56' 23.93" E30° 18'34.23"]**, die regelmäßig zum westlich außerhalb der Stadt gelegenen Zarenpalast Peterhof verkehren; *www.peterhof-express.ru/?lang=en.*

S-Bahnzüge (Elektritschka) verkehren **ab Baltischer Bahnhof [N59° 54' 22.2" E30° 17' 55.9"]** nach **Petrodvorec** (Peterhof) und weiter bis **Lomonossov** (Schloss Oranienbaum).

Der Palast Peterhof Petrodvorec / Петродворец [N59° 53' 07.9" E29° 54' 07.2"], 30 km südwestlich von Sankt Petersburg wunderschön in einem prächtigen Park am Südufer des Finnischen Meerbusens gelegen, war die Sommerresidenz des Zaren Peter I., des Großen, des Zaren, der während der Gründung von Sankt Petersburg sechs Jahre lang in einer Blockhütte mit zwei Zimmern wohnte.

Die imposante Palastanlage *(geöffnet Großer Palast 27. Apr. - 13. Okt. Di - So 10.30 - 21 Uhr, Individualtouristen ist die Besichtigung von 12 - 14.30 Uhr + 16.15 - 19.45 Uhr möglich, letzter Einlass 1 Std. 15 Min vor Schließung; Montags und am letzten Dienstag im Monat geschlossen; Oberer Park im Sommer tgl. 8 - 21 Uhr; im Winter tgl. 9 - 19 Uhr; Unterer Park im Sommer tgl. 9 - 21 Uhr; im Winter tgl. 9 - 19 Uhr, letzter Einlass 1 Std. 15 Min vor Schließung; Große Kaskade im Sommer tgl. 11 - 20.15 Uhr; im Winter nicht in Betrieb; https://en.peterhofmuseum.ru)* wird gerne und nicht zu Unrecht auch „russisches Versailles" genannt. Ein Besuch zählt zu den schönsten Ausflügen, die man von Sankt Petersburg aus unternehmen kann.

Die Säle und Gemächer des Zarenpalastes sind auf das Prunkvollste ausgestattet und lohnen das Anstehen in den Warteschlangen.

Mit dem Bau des Peterhof Palastes war 1714 begonnen worden und zwar an der Stelle, an der Zar Peter eine kleine Strandvilla besaß, in der er auf seinen Reisen zwischen Kronstadt und Sank Petersburg gerne Station machte. Nach neunjähriger Bauzeit konnte die ebenso prächtige wie beeindruckende Zarenresidenz bezogen werden. In späteren Jahren wurden Park und Schloss immer wieder erweitert und verschönert.

Aber fast noch beeindruckender als der Palast selbst mit seinen Prunkräumen ist der weitläufige, herrliche **Park** mit seinen vielen Wasserspielen, Kaskaden und Springbrunnen – einer der schönsten Schlossparks weltweit.

Vor allem die Kaskade mit ihren Fontänen und goldenen Figuren und Skulpturen, die sich hinauf zum Palast stufen, beeindrucken den Besucher schon von weitem, wenn er von der Anlegestelle am Seekanal entlang und durch einen Teil des Parks auf den Palast zugeht.

Wunderschön ist der Blick von der Palastterrasse über die Große Kaskade, dem Brunnen mit der zentralen Fontäne mit der vergoldeten Figur „Samson reißt dem Löwen den Rachen auf" und über den Seekanal – zu Zar Peters Zeiten die Paradezufahrt per Boot zum Schloss – bis zum Meer weit im Hintergrund.

Wasser spielt in den Palastgärten von Peterhof ein tragende Rolle. Lustig sind nicht nur für junge Besucher die sog. **„Scherzbrunnen"** im Park. Man geht an den Fontänen vorbei, und unvermittelt spritzen Wasserstrahlen an völlig unerwarteter Stelle aus dem Boden. Und wer sich nicht vorsieht, nimmt ungewollt eine Dusche. Man rätselt, welche ausgeklügelte Mechanik schon zu Zarenzeiten die Wasserstrahlen wie von einem modernen Zufallsgenerator gesteuert hochschießen lassen. Aber nicht futuristische Technik, sondern schlichte handgesteuerte Wasserhähne sind des Rätsels Lösung. Denn irgendwo im Gebüsch sitzt in einem kleinen Häuschen eine Babuschka, macht die Wasserhähne auf und zu und treibt ihren Schabernack mit der naseweisen Jugend.

Nur wenige Kilometer westlich von Petrodvorec (Peterhof) liegt **Lomonossow / Ломоносов**, das frühere **Oranienbaum**. Der heutige Name der Stadt erinnert an Michail Wassiljewitsch Lomonossow (1711 – 1765), einen der größten russischen Gelehrten des 18. Jh.

Lomonossow hatte u. a. in Marburg studiert, wo er auch seine Frau fand. Sein Betätigungsfeld war vielfältig. Neben naturwissenschaftlichen Forschungen beschäftigte er sich auch als Historiker, Geograf, Kartograf und Astronom, reformierte fast nebenbei die russische Sprache und gründete in Lomonossow das erste Farbglaswerk.

Zarin Katharina II. siedelte hier viele Deutsche an, die zunächst bei der Errichtung des Oranienbaum-Palastes und des Farbglaswerks mithalfen und sich später in anderen Teilen Russlands niederließen.

Das Interesse an Deutschland ist noch heute unter vielen Einwohnern von Lomonossow sehr rege. Seit 2003 ist das hessische Oberursel im Taunus Partnerstadt zu Lomonossow.

Nach der Zarenzeit war Lomonossow militärisches Sperrgebiet und kann erst seit der Zeit nach 1991 auch von Ausländern wieder besucht werden.

Igor Strawinsky (Komponist, 1882 – 1917) ist einer der namhaftesten Söhne der Stadt Lomonossow.

Die große Sehenswürdigkeit in Lomonossow ist die **Zarenresidenz Oranienbaum [N59° 54' 58.4" E29° 45' 19.9"]** *(geöffnet Mo, Mi - So 10.30 - 18 Uhr, letzter Einlass 1 Stunde vor Schließung)*. Sie entstand 1710 und war damals als Sommersitz für Herzog Alexander Menschikow vorgesehen, der als enger Vertrauter und Berater Zar Peters des Großen eine steile Karriere gemacht hatte.

Nach dem Tode des Zaren fiel der Herzog aber bald in Ungnade und wurde verbannt. Seine stattliche Sommerresidenz wurde von Zarin Elisabeth I. konfisziert und ihrem Neffen, dem späteren Zaren Peter III. und Gemahl Katharinas II., vermacht. Peter III. hielt sich sehr gerne hier auf. Und nach seiner Ermordung, fühlte sich auch seine Witwe Katharina die Große hier sehr wohl.

Zar Peter III. saß kaum ein Jahr auf dem russischen Thron, als seine Frau Katharina II., die später „die Große" genannt wurde, ein intrigantes Komplott anzettelte, an dessen Ende der Zar entmachtet und Katharina auf dem Zarenthron saß. Im Juli 1762 wurde Peter III. von Anhängern Katharinas ermordet. Katharina II. blieb 34 Jahre lang Zarin.

Die Zarenresidenz Oranienbaum ist ein mit kostbaren Materialien ausgestattetes Rokokopalais, mit viel Porzellan, Seide und Lackmalerei, was den Räumlichkeiten ganz gewollt einen fernöstlichen Anstrich gibt. Bemerkenswert ist auch die Sammlung von russischem und Meißner Porzellan.

Hinter dem Palast war früher ein heute nicht mehr vorhandener Hügel aufgeschüttet, von dem eine 500 m lange Schlittenbahn zum Palast führte, die den gekrönten Häuptern und ihrem Hofstaat ein fürstliches Wintervergnügen bot.

Katharinenpalast und Bernsteinzimmer

In **Zarskoje Selo / Эарское Село** (Zarendorf), ehemals **Puschkin** (Puškin / Пушкин), einem Kleinstädtchen rund 25 km südlich vor den Toren von Sankt Petersburg gelegen, befindet sich eine der größten Sehenswürdigkeiten des Landes, der **Katharinenpalast mit dem Bernsteinzimmer [N59° 43' 03.7" E30° 23' 44.6"].** Zarskoje Selo lässt sich von Sankt Petersburg aus gut mit der **S-Bahn** (Elektritschka) ab **Bahnhof Vitebskij voksal / Витебский вокзал [N59° 55' 12.8" E30° 19' 43.2"]** erreichen. Die Bahn fährt weiter bis **Pavlovsk** (Schloss und Park siehe weiter unten).

Der Katharinenpalast *(geöffnet Mi - Mo 10 - 16.45 Uhr; https://tzar.ru/en/)*, von Zarin Elisabeth I. nach Plänen des Architekten Rastrelli Mitte des 18. Jh. begonnen, der hier sein Meisterwerk ablieferte, und von Zarin Katharina II., „der Großen", vollendet, ist die prächtige Sommerresidenz der Zarinnen, die sich an Prunk und Größe durchaus mit dem Palast Peterhof messen kann. Auch Zar Alexander I. und der letzte gekrönte russische Zar Nikolaus II. hielten sich gerne in Zarskoje Selo auf.

Schon alleine die prächtige, 300 m lange Fassade des Palastes mit seinen Säulen und reich verzierten Fenstern beeindrucken. Der höfische Glanz und die Prachtentfaltung am Zarenhof zu Zeiten Katharinas spiegeln sich vor allem in der Marmorgalerie, dem „Großen Saal", einem der prächtigsten Ballsäle europäischer Schlösser, sowie im „Spiegelsaal", dem „Gemäldesaal" oder im „Grünen Speisezimmer" wieder.

Größte Anziehungskraft auf alle Besucher strahlt aber des weltberühmte, legendäre **Bernsteinzimmer** aus.

Das ursprüngliche Bernsteinzimmer war 1716 ein Geschenk des Preußenkönigs Friedrich Wilhelm I. an Zar Peter I. Die Wände des wundervollen Salons sind vollständig mit aus geschliffenem Bernstein gefügten Panelen bedeckt, die wiederum mit in Pietradura-Manier aus unterschiedlich farbigem Steinen zusammengefügten Bildmotiven geschmückt sind. Alle Dekorationen, Verzierungen, Medaillons sind aus Bernstein geschnitzt. Ein überwältigender, fast verwirrender Gesamteindruck.

Die Geschichte des Bernsteinzimmers ist bewegt. 1755 wird es von Spezialeinheiten von Hand nach Zarskejo Selo transportiert und im Palast installiert. Russische und deutsche Meister arbeiten weiter an den Bernsteindekorationen (mehr als 450 Kilogramm des Materials wurden verarbeitet) bis es ausgangs des 18. Jh. fertig ist.

In den folgenden Jahrzehnten muss das empfindliche Material immer wieder restauriert, repariert und gepflegt werden.

1941 verhinderte der Zweite Weltkrieg eine erneut vorgesehene Generalüberholung des sich in „kritischem Zustand" befindlichen Bernsteinzimmers. Man beginnt mit den Vorbereitungen zur Evakuierung des Bernsteinzimmers. Dazu kommt es aber nicht mehr.

Im Herbst 1941 wird das Bernsteinzimmer von Einheiten der deutschen Wehrmacht innerhalb von 36 Stunden abmontiert und nach Königsberg verbracht, wo es im November 1941 eintrifft und im darauf folgenden Jahr im Königsberger Schloss zu sehen ist.

Als russische Truppen 1944 auf Königsberg vorrücken, wird das Bersteinzimmer in Kellergewölben des Königsberger Schlosses eingelagert. Während der Bombardements Ende August 1944 wird Königsberg fast vollständig zerstört, darunter auch das Schloss. Das Bernsteinzimmer wird aber nur gering beschädigt. Erneut werden

Der Katharinenpalast

die Bernsteinpaneele in Kisten verpackt und in Sicherheit gebracht. Aber wohin?

Das originale Bernsteinzimmer ist seitdem verschollen. Über seinen Verbleib kursieren fantasievolle Gerüchte. Offiziell gilt die Version, dass das Bernsteinzimmer beim Sturm auf Königsberg zwischen dem 9. und 11. April 1945 verbrannte.

1967 wurde eine russische Kommission gegründet, die dem Verbleib des Bernsteinzimmers auf die Spur kommen sollte. Ergebnis nach fast zwanzigjährigem Bemühen: Null.

1986 endlich wurde nach langen Vorarbeiten mit der originalgetreuen Rekonstruktion des Bernsteinzimmers begonnen. Man hatte berechnet, dass etwa sechs Tonnen Rohbernstein dafür nötig sein würden, von denen aber letztendlich nur etwa 20 Prozent verwendet würden.

Die langwierigen Arbeiten gestalteten sich als sehr kostenintensiv. Und letztendlich ist es dem finanziellen Engagement der Firma Ruhrgas AG zu verdanken, dass das Projekt tatsächlich vollendet werden konnte.

Dann, im Jahre 2003, rechtzeitig zur Dreihundertjahrfeier von Sankt Petersburg, konnte die aufwändige Rekonstruktion des legendären Bernsteinzimmers wieder der Öffentlichkeit zugänglich gemacht werden. Einer der ersten Besucher war der damalige Bundeskanzler Gerhard Schröder.

Der Katharinenpalast ist von einem weitläufigen **Parkgelände** und Landschaftsgärten umgeben, die sich über 600 ha ausdehnen und in denen über 100 weitere Gebäude, Pavillons und Sommervillen liegen sollen.

Einer der Pavillons ist der **Alexanderpalast**. Zarin Katharina II. hatte ihn ausgangs des 18. Jh. für ihren Enkel Alexander errichten lassen. Ab 1917 lebte Zar Nikolaus II. mit seiner Familie hier im Arrest, bevor sie nach Jekaterinburg gebracht und dort 1918 von den Bolschewiki ermordet wurde.

Rund 5 km südlich von Zarskoje Selo liegt ein weiterer ausgedehnter Schloss- und Landschaftspark, einer der größten Europas – der **Park von Schloss Pawlowsk [N59° 41′ 05.4″ E30° 27′ 19.2″]**. Katharina II. schenkte das Anwesen ihrem Sohn Paul I. Das Schloss und seine Innendekorationen entstanden unter dem Einfluss von Maria Fjordorowna, der Gemahlin von Paul I., eine geborene Sophie Dorothée von Württemberg und spätere Großfürstin und Zarenwitwe. Im Gegensatz zu den Palästen Peterhof und Katharinenpalast wirkt das Schloss Pawlowsk geradezu erholsam „bescheiden", ja fast gemütlich, entbehrt aber keineswegs repräsentative Eleganz.

Ein Eingang zum Schlosspark liegt gegenüber vom Bahnhof in Pawlowsk. Bis zum Schloss hat man dann aber noch ein gehöriges Stück zu gehen.

PRAKTISCHE HINWEISE – SANKT PETERSBURG

Touristeninformation der Stadt [N59° 56' 4.85" E30° 20' 7.64"], Sadovaya ul. 14/52, Tel. +7 812 242 39 06; www.visit-petersburg.ru/en/. *Geöffnet Mo - Sa 10 - 19 Uhr.* Nächste Metrostation: Newskij Prospekt/Gostinyi Dwor - Невский Просп. / Гостиный Двор.
Infobüros u. a. auch am Sennaya Platz 37 oder in der Peter und Paul Festung.

Stadtrundfahrten, Besichtigungstouren
Ost-West-Service [N59° 55' 50.42" E30° 21' 41.71"], Vosstaniya ul. 7, Büro 306, Tel. +7 812 971 58 88, Mo - Fr 10 - 18.30 Uhr; www.ostwest.com/de/exkursionen. Nächste Metrostation: Majakowskaja/Ploshchadj Vosstonija – Маяковская/Площадь. Universalagentur, beschafft Visa, Hotelunterkünfte, Theaterkarten und vermittelt Stadtrundfahrten und andere Ausflüge.
Deutsches Generalkonsulat St. Petersburg, uliza Furschtatskaja 39, 191 123 St. Petersburg, Tel. +7 812 320 24 00; www.sankt-petersburg.diplo.de. *Zu erreichen: Mo - Fr 9 - 12. Visaabteilung: Schengen-Visa Mo - Do 8.45 - 12.15 Uhr; nationale Visa Mo - Do 10.15 - 12.15 Uhr, 13.15 - 14.15 Uhr; Fr 8.45 - 12.15 Uhr.* Nächste Metrostation: Tschernyschewskaja / Чернышевская, Linie M1 - Rote Linie.

CAMPING

Camping Hotel Olgino/Ольгино [N59° 59' 48.0" E30° 06' 24.7"], Primorskoje Chaussee 4, 197229 St. Petersburg-Olgino, Tel. +7 812 633 02 05; https://www.hotel-olgino.ru/hotel-olgino.nsf/main/en. Geöffnet Jan. – Dez.; von der Ringautobahn nördlich von St. Petersburg Ausfahrt Primorskoje Chaussee / Приморское шоссе und südwärts Richtung St. Petersburg, nach 9 km Einfahrt rechts. Der geforderte horrende Übernachtungspreis (zuletzt rund 32,- Euro pro Einheit/Nacht) steht in keinem Verhältnis zum Angebot, z. B. bei den „Sanitäreinrichtungen". Wiesengelände in einem weitläufigen, parkähnlichen Waldgebiet, von dem aber nur ein Teil für Camping genutzt wird, hinter dem Hotel und in der Nähe der Ostsee gelegen; ca. 2 ha – 50 Stpl.; nur rudimentäre, einfachste Sanitäranlagen in einem Container. Ausguss für Chemikaltoiletten, Frischwasserhahn. Stromanschlüsse. Etwas düster wirkende Miethütten. Im Hotel Restaurant, Bar, Bowling.
Mit öffentlichen Verkehrsmitteln gelangt man vom Campingplatz am einfachsten wie folgt in die Innenstadt von St. Petersburg: Von der Bushaltestelle an der Primorskoje Chaussee nahe der Platzzufahrt mit Bus Nr. 110 bis zur **Metrostation Staraja Derewnja / Старая Деревня.** Auch alle gelben Minibusse, die sog. „Marschrutkas", die ständig auf der Promorskoje Chaussee verkehren, haben ihre Endstation an der Metrostation. Weiter mit der „violetten" Metrolinie Nr. 5 bis Metroknotenpunkt **Sadowaja/Sennaja Pl / Садовая/Сенная пл.** Dort kann man umsteigen in die „blaue" Metrolinie Nr. 2 und eine Station weiter fahren bis **Newskij Prospekt / Невский**

Проспект, mitten im Zentrum. Siehe auch „Sankt Petersburg Metro" weiter oben.
Auf der Fahrt zurück zum Campingplatz nimmt man ab Metrostation Staraja Derewnja einen der Minibusse bis Hotel Olgino.

Camping Aurora Autocamping [N59° 56′ 10.15″ E30° 12′ 54.50″], Morskaya Naberezhnaya 9a, Tel. +7 911 922 03 02; www.campingaurora.com/ger.html/; Jan. – Dez.; auf der Wassiljewkij-Insel am Westrand von St. Petersburg über die Straße Bol'shoy Prospekt zu erreichen; Schotterplatz, teils von hohen Wohnhäusern umgeben; ca. 0,5 ha – 30 Stpl.; ordentliche Sanitärausstattung. Waschmaschine, Campingküche, Fahrradverleih. V & E für Wohnmobile.

WOHNMOBIL-STELLPLATZ

Gemeldeter Platz, noch nicht selbst getestet!

Strelna/Стрельна bei Sankt Petersburg

Wohnmobil-Stellplatz Baltic Parking [N59° 51′ 35.9″ E30° 02′ 43.9″], Portovaya u./Портовая ул, Tel. +7 812 438 58 16; Mai – Sept.; ca. 25 km südwestl. von Sankt Petersburg an der Südseite der Bucht Nevskaja Guba/Finnischer Golf gelegen, Zufahrt von Straße A121 Sankt Peterburgskoye shosse / Санкт Петербургское Шоссе; am Rande des Geländes des Nationalen Kongresspalastes (Konstantin Palast) neben der Nobelherberge Baltic Star Hotel; ca. 4 ha – 40 Stellplätze auf Asphalt, 10 Stpl. davon mit Strom; Sanitäranlagen, V & E Möglichkeit; Restaurant, Kiosk, Hallenbad, WLAN, Fahrradverleih.

Prachtvoller Treppenaufgang im Winterpalast

TOUR 14: SANKT PETERSBURG (RUS) – HELSINKI (FIN)

Länge der Tour: Rund 410 km.

Die Route: Straße E18/M10/13 über **Vyborg** bis **Lappeenranta** – Straßen 6 und 26 bis **Hamina** – Straße E18 über **Porvoo** bis **Helsinki**.

Reisedauer: Mindestens ein Tag. Plus mindestens ein weiterer Tag für Helsinki.

Höhepunkte: Die hübsche Hafenstadt **Lappeenranta** * – der Rathausplatz von **Hamina*** – die Hafenstadt **Kotka** und die **Fischerhütte des Zaren** * – **Porvoos Altstadt** * – **Helsinki ***: Senatsplatz** und **Domkirche** ** – der **Markt am Hafen** – die **Uspenski Kathedrale** * – **Helsinkis Museen** – ein Bummel auf der **Esplanade.**

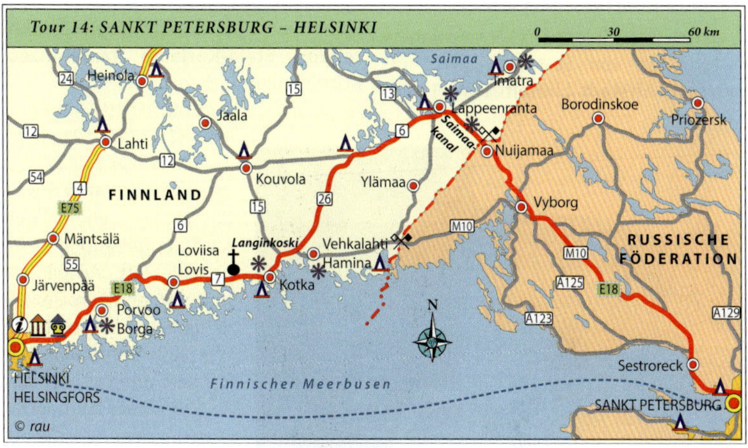

ROUTE: *Von Sankt Petersburg auf der gut ausgebauten M10/E18 nordwestwärts, vorbei an **Vyborg** und bis zur **russisch-finnischen Grenze [N60° 55‘ 45.5“ E28° 34‘ 03.9“]**, 180 km. Wartezeiten an der Grenze einkalkulieren! Weiterfahrt auf der Straße 13 nach **Lappeenranta**, 25 km.*

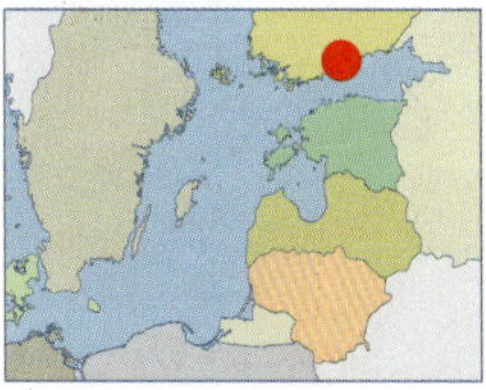

Lappeenranta (schwedisch Villmanstrand), eine Stadt mit annähernd 73.000 Einwohnern am Südrand des Saimaasees, ist das wirtschaftliche und bildungstechnische Zentrum im Süden Kareliens. Dank seiner grenznahen Lage und durch die Straßen- und Schiffsverbindungen, ist die Stadt außerdem ein bedeutender Knotenpunkt im Verkehr mit Russland. Die verkehrsstrategische Bedeutung nahm noch zu, als 1968 der 43 km lange Saimaakanal wiedereröffnet werden konnte und damit der Wasserweg vom Saimaasee durch russisches Territorium in die Ostsee bei Vyborg wieder frei war.

1649 ließ die schwedische Königin Christina hier auf einer schmalen Landzunge im Saimaasee an der Stelle eines schon seit dem Mittelalter aktiven

Marktfleckens die Stadt gründen. Lange war der Teerhandel ein wichtiger Wirtschaftsfaktor in Lappeenranta.

Zu Beginn des 18. Jh. erbauten die Schweden hier eine Festungsanlage und machten Lappeenranta zur Garnisonsstadt. Bald gab es Aufstände des Adels, die schließlich in einem verheerenden Stadtbrand endeten.

Ausgangs des 18. Jh. gehörte Lappeenranta zu Russland und konnte während der Zarenzeit, als Finnland Großfürstentum war, bereits seine Bedeutung als Verkehrsknotenpunkt im Handelsverkehr mit Russland ausbauen. Spätestens seit Beginn des 19. Jh. machte sich Lappeenranta aber auch einen Namen als Kur- und Badeort.

Einen Besuch lohnt in Lappeenrantas historischer, von Festungswällen umgebenen **Altstadt Linnoitus [N61° 04' 00.3" E28° 10' 58.9"]** (Festung) aus dem 18. Jh. nördlich der Innenstadt und oberhalb des Hafenbeckens (Beschilderung ‚Satama' [Hafen] folgen). Beiderseits der gepflasterten Straße Kristiinankatu, die mitten durch die Festungsstadt führt, liegen die historischen Bauten.

Zunächst kommt man zum **Kavallerie Museum Ratsuväkimuseo** *(geöffnet 8. Juni - 23. Aug. Mo - Fr 10 - 18 Uhr, Sa + So 11 - 17 Uhr; 24. Aug. - 7. Juni Mi - Sa 11 - 17 Uhr; www.lappeenranta.fi/en/)*, das ganz in der Nähe des Vyborg Tores in der Kristiinankatu 13 im ältesten Haus der Stadt untergebracht ist, das nach seiner Errichtung im Jahre 1772 lange als Quartier der Garde diente.

Ein kurzes Wegstück weiter liegt linkerhand das **Kunstmuseum Südkareliens Etelä-Karjalan taidemuseo**, Kristiinankatu 15 *(geöffnet 5. Juni - 20. Aug. Mo - Fr 10 - 18 Uhr, Sa + So 11 - 17 Uhr; 21. Aug. - 4. Juni Di - So 11 - 17 Uhr; www.lappeenranta.fi/en/)*, das in zwei ehemaligen Kasernengebäuden eingerichtet ist. Ausgestellt sind vornehmlich Gemälde, aber auch Skulpturen von Künstlern aus Ostfinnland und Vyborg.

Gegenüber vom Kunstmuseum sieht man die der Jungfrau Maria gewidmete **Orthodoxe Kirche**, die älteste orthodoxe Kirche in Finnland. Sie wurde 1785 geweiht.

Fast am nördlichen Ende der Straße kommt man zum **Südkarelien Museum Etelä-Karjalan Museo**, Kristiinankatu 15 *(geöffnet 8. Juni - 23. Aug. Mo - Fr 10 - 18 Uhr, Sa + So 11 - 17 Uhr; 24. Aug. - 7. Juni Di - So 11 - 17 Uhr; www.lappeenranta.fi/en)*. Die Ausstellungen, untergebracht in den ehemaligen Magazinen der russischen Kasernenanlage, basieren

Bootsausflug auf dem Saimaa-Kanal

im wesentlichen auf den Sammlungen der Stadtmuseen von Lappeenranta, Vyborg und Käkismalmi.

Unterhalb der Festungsstadt Linnoitus, an der **Satamatie/Hafenpromenade [N61° 03' 54.9" E28° 11' 11.1"]**, findet man einen **Parkplatz/Rastplatz** in schöner Lage an der Hafenbucht, 100 m von der Anlegestelle der Ausflugsboote, Cafeterias und Restaurantschiffen entfernt. Von hier hinauf zur Altstadt sind es keine 5 Gehminuten.

Am Nordende der Hafenpromenade werden im Sommer kunstvolle Wunderwerke in Form von **Sandburgen [N61° 04' 06.5" E28° 11' 04.0"]** gebaut.

Sehenswert in der Stadt selbst sind das **Alte Rathaus**, ein hübscher Holzbau mit Uhrentürmchen aus dem Jahre 1829, weiter der **Aussichtsturm** mit Cafeteria, dann im Stadtpark die **Lappee Kirche [N61° 03' 30.6" E28° 11' 19.0"]** von Juhana Solonen aus dem Jahre 1794 mit einem Altarbild von Aleksandra Frosterus-Såltin und schließlich die **Lauritsala Kirche [N61° 04' 13.31" E28° 15' 25.6"]**, 7 km östlich der Innenstadt. Der moderne, schwungvoll himmelwärts strebende Kirchenbau wurde 1969 nach Plänen der Architekten Toivo Korhonen und Jaakko Laapotti errichtet.

Am östlichen Stadtrand von Lappeenranta befindet sich das **Saimaa Kanal Museum - Saimaan Kanava Museo [N61° 04' 22.5" E28° 18' 17.6"]**, Sulkuvartijankatu 16, *(geöffnet 13. Juni - 14. Aug. tgl. 11 - 18 Uhr; Parkplatz; www.etelakarjalanmuseot.fi/saimaa-canal-museum)*. Das Museum liegt an der **Alten Schleuse von Mälkiä** und wurde anlässlich des 150. Jahrestag der Eröffnung des Kanals eingerichtet. Die Ausstellungen erinnern an die Baugeschichte und die wirtschaftliche Bedeutung des Kanals in der Saimaaseenregion und zeigt Dokumente, Fotos, Bauwerkzeuge aus der Zeit des Kanalbaus Mitte des 19. Jh.

Mein Tipp! Ab Lappeenranta werden im Sommer eine ganze Reihe von Bootsausflügen in das Saimaaseengebiet angeboten. Zum Angebot gehören auch eintägige **Schiffsausflüge durch den Saimaa-Kanal nach Vyborg** (Viipuri) in Russland. Ein Visum nur für die Schiffstour ist nicht notwendig. Allerdings müssen Sie Ihren Reisepass dabei haben! Sollten Sie sich für einen Aufenthalt in Vyborg entschließen, ist aber ein Visum notwendig. Informationen und (mögl. rechtzeitige) Buchungen im Touristenbüro von Lappeenranta oder über *www.saimaatravel.fi/en/*.

ROUTE: *Man kann ab Lappeenranta auf der Straße 6 über Kouvola rasch Richtung Helsinki reisen. Empfehlenswerter ist jedoch der Weg über die Straße 7/E18, die ab **Hamina** entlang der Küste nach Westen führt. Unterwegs lohnen Abstecher nach **Hamina, Kotka und Porvoo** unweit südlich der E18.*

Hamina, eine ehemalige Garnisonsstadt an der Südküste Finnlands, überrascht mit einer bemerkenswerten

PRAKTISCHE HINWEISE – LAPPEENRANTA

Lappeenranta Touristeninformation [N61° 03' 31.3" E28° 11' 19.7"], Brahenkatu 1, 53100 Lappeenranta, Tel. +358 (0)5 66 77 88; www.visitlappeenranta.fi./en/. *Geöffnet Mo - Fr 10 - 17 Uhr, Sa 10 - 16 Uhr.*

CAMPING

Camping Lappeenranta (früher Camping Huhtiniemi) **[N61° 3' 15.71" E28° 9' 8.21"]**, Kuusimäenkatu 16, Tel. +358 (0)50 55 56 800; www.campinglappeenranta.fi/en/; Jan. – Dez.; an der Straße 6 Richtung Kouvola rund 2 km westl. der Stadt; überschaubares, eingezäuntes, im hinteren Teil leicht geneigtes Wiesengelände im hochstämmigen Mischwald, neben der Jugendherberge. Teils befestigte Stellplätze. Zum Saimaasee gut 300 m; ca. 10 ha – 200 Stpl.; einfache Sanitärausstattung; Imbiss, Waschmaschine, Trockner, Boots- und Fahrradverleih, 3 Saunen. 35 Miethütten. V & E für Wohnmobile.

Der Rathausplatz in Hamina

Stadtarchitektur. Der schöne **Rathausplatz Raatihuoneentori [N60° 34′ 10.1″ E27° 11′ 54.8″]** ist wirklich sehenswert. Das Rathaus in der Mitte wird umrahmt von repräsentativen Holzpalais im russischen Stil, sowie einer orthodoxen Kirche und der Kirche von Hamina, von Carl Ludwig Engel erbaut.

Im Haus Raatihuoneentori Nr. 16, an der Ostseite des Rathausplatzes, ist das **Touristenbüro [N60° 34′ 10.6″ E27° 11′ 54.9″]** zu finden.

Gleich daneben, in der Kadettikoulunkatu 2, liegt das älteste Haus der Stadt Hamina aus dem Jahre 1760, in dem heute das **Stadtmuseum** eingerichtet ist *(geöffnet Juni - Aug. Di - So 10 - 16 Uhr; Sept. - Mai Mi - Sa 12 - 16 Uhr, So 12 - 17 Uhr)*. Das Gebäude diente 1783 als Verhandlungsort der Zarin Katharina der Großen mit dem schwedischen König Gustav III.

Schräg gegenüber sieht man den spitzen Portalturm durch den man zur russisch-orthodoxen **Peter und Paul Kirche** kommt *(geöffnet Di - So 12 - 16 Uhr, Änderung möglich!)*.

Und falls Sie sich nach dem Stadtspaziergang etwas erholen wollen, können Sie z. B. im **Kahvila Huovila [N60° 34′ 10.4″ E27° 11′ 47.1″]**, einem hübschen, urgemütlichen Konditorei-Café in der Fredrikinkatu 1, am Ende des Tanelinkula-Palais an der Westseite des Rathausplatzes, eine Pause einlegen.

Alle zwei Jahre findet im Sommer in der Hamina Bastion das berühmte **Hamina Tattoo** statt *(www.hamina.fi/tattoo/en/)*. Es hätte im Jahr 2020 Anfang August stattfinden sollen und mußte aufgrund der Corona-Pandemie auf 2.-7. August 2021 verschoben werden. Halb Finnland trifft sich dann hier zur Pflege von Volksmusik, Militärmusik, Volkstänzen und anderer Traditionen.

Kotka erreicht man auf der Straße 7/E18 nach ca. 12 km.

Zu den Sehenswürdigkeiten der Stadt zählt heute vor allem das **Maritimzentrum Vellamo [Parkplatz, N 60° 28′ 19.3″ E 26° 56′ 41.9″]**, Tornatorintie 99, Kantasatama, Zentrum *(geöffnet Di + Do - So 10 - 17 Uhr, Mi 10 - 20 Uhr; www.merikeskusvellamo.fi/en/)*. Der riesige, moderne, futuristische Museumsbau beherbergt zwei Museen, das Finnische Maritim Museum und das Museum von Kymenlaasko.

Die wichtigsten Themen der Ausstellung sind Seehandel, Reisen zur See, Schiffsbau, Navigation u. a., unterstützt von Ausstellungen mit nautischen Geräten, Fotografien u. a.

PRAKTISCHE HINWEISE – KOTKA

Kotka Touristinformation [N60° 27' 49.00" E26° 56' 6.41"] Kirkkokatu 6, Kotka, Tel. +358 40 135 65 88; www.visitkotkahamina.fi/en/. *Geöffnet 24. Juni - 17. Aug. Mo - Fr 10 - 17 Uhr, Sa 10 - 15 Uhr.*

CAMPING

Camping Santalahti Holiday Park [N60° 26' 15.7" E26° 51' 53.5"], Santalahdentie 150, Tel. +358 (0)5 26 05 055; www.santalahti.fi; Jan. – Dez.; über die Ausfahrt 73 der E18 erreichbar, ca. 5 km südwestl. des Stadtzentrums von Kotka gelegen; weitläufiges, an drei Seiten von Wald umgebenes, etwas hügeliges, teils von großen Findlingen durchsetztes Wiesengelände mit hochstämmigen Nadelbäumen und Birken. Mit geteerten Stellplätzen jeweils mit Wasserhahn und Stromanschluss; ca. 4 ha – 170 Stpl.; gute Standardsanitärausstattung; Kiosk, Waschmaschine, Sauna, WLAN im Receptionsbereich. Miethütten. V & E für Wohnmobile. Badestrand 200 m.

Im Freigelände und an den Molen des Museums sieht man mächtige Ladekräne und diverse historische Schiffe wie den **Eisbrecher „Tarmo"** (Tatkraft), den ältesten Eisbrecher der Welt, der 1907 in England gebaut wurde *(Besichtigungszeiten: 12. - 31. Mai Di - Fr 10 - 17 Uhr; 1. - 21. Juni Di, Do - So 10 - 17 Uhr, Mi 10 - 20 Uhr; 22. Juni - 16. Aug. Mo, Di, Do - So 10 - 18 Uhr, Mi 10 - 20 Uhr; www.merikeskusvellamo.fi/en/icebreaker-tarmo/)*

Das **Meeresmuseum „Maretarium" [N60° 27' 39.5" E26° 56' 57.1"],** Sapokankatu 2, *(geöffnet 1. Juni - 23. Aug. tgl. 10 - 19 Uhr; 24. Aug. - 31. Mai Mo, Di, Do - So 10 - 17 Uhr, Mi 12 - 19 Uhr; www.maretarium.fi/fi/?lang=en)* zeigt die Unterwasserwelt der finnischen Südküste.

Lohnend ist ein Besuch der sog. **Kaiserlichen Fischerhütte Langinkoski [Parkplatz, N60° 29' 24.9" E26° 53' 16.0"]** *(geöffnet 1. - 31. Mai + 1. - 30. Sept. Di - So 10 - 16 Uhr; 1. Juni - 31. Aug. tgl. 11 - 18 Uhr; www.visitkotkahamina.fi/en/see-and-do/sehen-und-tun/kaiserliche-fischerhutte-langinkoski).* Das stattliche Waldpalais liegt ca. 5 km nordwestlich des Stadtzentrums, der Beschilderung „Keisarillinnen Kalastusmaja" folgen.

Zar Alexander II. hatte sich die prächtige Jagdhütte 1889 an den Stromschnellen des Kymijoki erbauen lassen, um sich hier beim Lachsfang vom anstrengenden Hofzeremoniell zu erholen. Im heutigen Museum sind die Salons im Originalzustand der Zarenfamilie zu sehen.

Auf dem Weg nach Porvoo lohnt ein Abstecher zur **Kirche von Pythää [Parkplatz, N60° 29' 36.0" E26° 32' 33.1"]** (Pythää kk). Die schindelgedeckte Kirche mit schöner Ausschmückung und einer bemerkenswerten Kanzel besitzt ein prächtiges gotisches Rippengewölbe ausgemalt mit Rankenornamenten.

Porvoo (schwedisch Borgå) am Fluss Porvoonjoki (oder Borgå Å) ist eine sehr alte Stadt, präzise Finnlands zweitälteste Stadt.

Der schwedische König Magnus Eriksson hat Borgå 1346 Stadtrechte verliehen. Schon damals hatte sich Porvoo/Borgå im Schutze einer Burg aus einem Handelsplatz zu einem stattlichen Hafen entwickelt. Von jener Burg ist allerdings nicht viel mehr als der Stadtname geblieben. Borgå bedeutet nämlich nichts anderes als die „Burg am Fluss".

Porvoos Innenstadt teilt sich im Grunde in zwei Bereiche, in die etwas hügelige **Altstadt** im Norden mit der markanten, erhöht gelegenen Domkirche und in die **Neustadt** im südlichen Teil, die um 1830 von Carl Ludwig Engel im Empirestil konzipiert worden ist. Dazwischen liegen die Hauptstraße Mannerheiminkatu und der Marktplatz mit dem attraktiven **Stadthaus [N60° 23' 40.6" E25° 39' 35.9"]** von 1893 an der Südseite des Platzes.

Zu den am besten erhaltenen Stadthäusern im Empirestil, die man besichtigen kann, zählt das **Runeberg-Haus [N60° 23' 25.4" E25° 39' 48.3"]** in

In Porvoos Altstadt

der Aleksanterinkatu 3, eine Querstraße der Runeberginkatu. Das Haus war der Wohnsitz des Studienrates *Johan Ludwig Runeberg* (1804 – 1877) und seiner Frau Frederika. Runeberg wurde in Finnland als Schriftsteller, ja als „Nationaldichter" bekannt. Er schrieb die Verse zur finnischen Nationalhymne „Vårt land". Nebenan **Walter Runeberg Skulpturensammlung** *(geöffnet 2. Mai - 31. Aug. tgl. 10 - 16 Uhr; 1. Sept. - 30. Apr. Mi - So 10 - 16 Uhr; www.visitporvoo.fi/jl-runebergs-home/).*

Abwechslung verspricht ein kurzer Spaziergang durch die Altstadt **Gamla Borgå** oder *Vanha Porvoo* mit ihren romantischen Winkeln, Pflasterstraßen und roten Boots- und Speicherhäusern am Fluss. Am einfachsten beginnt man am kleinen Platz **Krämaretorget [N60° 23' 40.2" E25° 39' 52.9"]**, westlich der Mannerheiminkatu und geht durch die breite Straße bis zum **Alten Rathaus [N60° 23' 43.1" E25° 39' 29.1"]**, das man an seinem Uhrtürmchen erkennt. Das Rathaus beherbergt heute das **Historische Museum**, das Heimatmuseum der Stadt *(geöffnet Mai - Aug. Mo - Sa 10 - 16 Uhr, So 11 - 16 Uhr; www.porvoomuseo.fi)*. Das Rathaus von Porvoo aus dem Jahre 1764 ist übrigens das erste aus Stein errichtete Rathaus in Finnland.

Schräg gegenüber vom Rathaus, an der Nordostseite des Rathausplatzes,

PRAKTISCHE HINWEISE – PORVOO

Porvoo City Touristinformation [N60° 23' 43.0" E25° 39' 29.0"], Läntinen Aleksanterinkatu 1, 06100 Porvoo, Tel. +358 (0)4 04 89 98 01; www.visitporvoo.fi. *Geöffnet Mo - Fr 9 - 16 Uhr, Sa 11 - 16 Uhr; Juli Mo - Fr 9 - 16 Uhr, Sa 11 - 15 Uhr.*

CAMPING

SunCamping Porvoo Kokonniemi [N60° 22' 47.49" E25° 39' 58.35"], Uddaksentie 17, Tel. +358 (0)4 52 55 00 74; www.suncamping.fi; 1. Juni – 31. Aug.; ca. 2 km südl. der Stadt, am Südwestufer des Flusses Porvoojoki; gepflegtes Wiesengelände mit Busch- und Baumbestand; ca. 8,5 ha – 80 Stpl.; Standard-Sanitärausstattung. Kiosk, Waschmaschine, Sauna, Fahrradverleih, Minigolf. Miethütten. V & E für Wohnmobile.

liegt in der Edelfeltinpolku 3 das **Edelfelt-Vallgren Museum** *(geöffnet 2. Juni - 31. Aug. Di - So 10 - 16 Uhr; 1. Sept. - 30. Sept. Di - So 10 - 14 Uhr; www.albertedelfeltinateljee.fi/ateljee)*. Das Museum erinnert an den Maler Albert Edelfelt (1854 – 1905) und an den Bildhauer Ville Vallgren (1855 – 1940).

Neben dem Edelfelt-Vallgren Museum liegt links das **Alte Kaplanshaus**, das besichtigt werden kann.

Auf unserem Rundgang gehen wir nun ein kurzes Stück zurück und nach dem Edelfelt-Vallgren Museum links die recht romantische **Gasse Ralinginkatu** hinauf. Oben, in der Vuorikatu, gehen wir links zur **Domkirche [N60° 23' 48.6" E25° 39' 29.0"]** mit ihrem massiven Turm. Der Dom wurde zu Beginn des 15. Jh. auf den Mauern eines älteren Gotteshauses errichtet. Die meisten Kirchenschätze gingen während des „Großen Unfriedens" verloren, als bei Aufständen das Kirchendach einstürzte.

Ein historisches Ereignis für ganz Finnland fand 1809 im Dom zu Porvoo statt. Zar Alexander I. hatte – nachdem Finnland an Russland gefallen war – einen Reichstag nach Porvoo einberufen und hier im Dom feierlich versprochen, die Gesetze und die Religionsfreiheit Finnlands zu respektieren.

Vom Dom gehen wir hinunter zur alten Brücke über den Fluss Porvoojoki. Über sie verlief einst die älteste Landstraße Finnlands von Turku nach Vyborg. Vom jenseitigen Ufer (großer **Parkplatz, N60° 23' 44.1" E25° 39' 18.7"**) hat man einen schönen Blick auf die Stadt und den Fluss.

Auf der der Stadt zugewandten Uferseite gehen wir wieder stadteinwärts zurück zum Alten Rathaus und weiter zum Ausgangspunkt.

Im Sommer verkehren vom Flusshafen in Porvoo **Passagierschiffe** (www.royalline.fi) nach Helsinki und es werden **kurze Kreuzfahrten** (www.saaristolinja.com/in-english/) in die Schären vor der Küste angeboten.

ROUTE: ***Helsinki*** *liegt nur knapp 50 km weiter südwestlich. Man erreicht die finnische Hauptstadt rasch auf der Autobahn E18.*

Helsinki liegt sehr schön auf einer von Inseln umgebenen, buchtenreichen Landzunge an der finnischen Südküste.

Die finnische Hauptstadt mit etwa 648.000 Einwohnern, gerne auch mit dem Beinamen „Tochter der Ostsee" belehnt (wer die „Eltern" waren, konnte nicht eruiert werden, vielleicht Stockholm und St. Petersburg?), ist eine relativ junge Stadt und nach ihrem Erscheinungsbild im Kern eine Stadt des Empirestils.

Die Anfänge der Stadtgeschichte gehen zurück ins 16. Jh., als der Schwedenkönig *Gustav Wasa* an der Mündung des Flüsschens Vantaa weiter nördlich der heutigen Innenstadt 1550 den Handelsplatz ***Helsingfors*** gründete. Helsingfors sollte sich in den Ostseehandel einmischen, der lange von den hanseatischen Handelshäusern kontrolliert wurde. Vor allem aus dem Warenverkehr mit dem baltischen Handelszentrum Reval (Tallinn) in Estland wollte man Profit ziehen.

Und natürlich war Helsingfors auch eine verteidigungspolitische Rolle gegenüber dem mächtiger werdenden Russland zugedacht.

Allerdings kam der Handel nicht so recht in Schwung. Stadtbrände behinderten immer wieder den Aufbau. Und zu Beginn des 17. Jh. fiel die ganze Stadt dem „roten Hahn" zum Opfer. Nichts außer die Fundamente einer Kirche sind vom damaligen Helsingfors übriggeblieben.

Königin Christina von Schweden befahl um 1640, die Stadt neu zu errichten, diesmal aber näher am Meer, auf der Halbinsel, auf der sich Helsinki heute ausdehnt.

1748 begann man mit dem gigantischen Bau der Seefestung Sveaborg (Suomenlinna), die sich über mehrere Inseln vor der Hafeneinfahrt erstreckt. Einen rasanten Aufschwung erlebte Helsinki, damals immer noch eine kleine Hafenstadt mit Holzhäusern und kaum mehr als 3.000 bis 4.000 Einwohnern,

aber immer noch nicht. Wieder vernichtete ein Brand 1808 große Teile der Stadt.

Zwischenzeitlich hatten sich allerdings die politischen Verhältnisse im Lande dramatisch verändert. Finnland war 1809 zum zwar autonomen, aber doch zu einem stark von Russland beeinflussten Großherzogtum geworden. Und *Zar Alexander I.* bestimmte, dass die Hauptstadt des neuen Großherzogtums von Turku, der bisherigen Hauptstadt des Landes, 1812 nach Helsinki verlegte werden sollte. Wahrscheinlich lag die alte Hauptstadt dem Zaren zu nahe an der Einflusssphäre des Rivalen Schweden.

Nun kam Bewegung in die Stadtentwicklung. Großzügig wurde von *Johan Albrecht Ehrenström* die neue Stadt konzipiert. Als Stadtbaumeister engagierte man 1816 keinen geringeren als den damals schon namhaften Architekten *Johann Carl Ludwig Engel* (1778 – 1840) aus Berlin, einen Schüler Schinkels. Aus Engels Feder, der ein Meister des Neoklassizismus war, stammen die meisten der repräsentativen Bauten, die noch heute das Bild der Innenstadt von Helsinki prägen.

Und diese Bauten vermitteln auch einen Eindruck von der Pracht und dem Wohlstand, den die nun rasant aufstrebende Ostseehandelsstadt ausgangs des 19. Jh. entwickelte.

Die breite und großzügig angelegte und in der Mitte mit einem schön begrünten Park versehene Esplanade könnte ohne weiteres mit Boulevards in Paris konkurrieren.

1828 wurde die Universität von Turku nach Helsinki verlegt und sieben Jahre später erschien hier die erste Ausgabe des Nationalepos „Kalevala".

Um die Jahrhundertwende hatte Helsinki bereits rund 80.000 Einwohner. 1952 war die Stadt Austragungsort der 15. Olympischen Sommerspiele.

Für kurze Zeit stand die finnische Hauptstadt im Zentrum des Weltinteresses, als hier 1975 die Staatsoberhäupter von 35 Ländern zusammenkommen und die Schlussakte der Konferenz über Sicherheit und Zusammenarbeit in Europa (KSZE) unterzeichnen.

1983 fand in Helsinki wieder ein sportliches Großereignis statt – die erste Leichtathletik-Weltmeisterschaft.

Schließlich bewies Helsinki 1990 mit dem Gipfeltreffen von US-Präsident George Bush mit dem Präsidenten der UdSSR Michail Gorbatschow abermals seinen Ruf als internationaler Konferenzort.

Finnische Architektur ist spätestens seit Alvar Aalto ein internationaler Begriff geworden. Beispiele dafür sind in Helsinki das Stadttheater, die Kongress- und Konzerthalle Finlandia, die Temppeliaukio Kirche und die neue Oper, die Ende 1993 fertiggestellt wurde.

Tipps zur Stadtbesichtigung

Stadtbesichtigungen unternimmt man am einfachsten zu Fuß und bedient sich bei etwas weiter entfernten Sehenswürdigkeiten öffentlicher Verkehrsmittel. Die Sehenswürdigkeiten in der Innenstadt liegen nicht allzu weit auseinander.

Wenn Sie viele Besichtigungen vorhaben und ausgiebig die öffentlichen Verkehrsmittel benutzen wollen, dann besorgen Sie sich die **Helsinki Card** im Touristenbüro oder über https://de.helsinkicard.com. Die Karte ist erhältlich für 1, 2 oder 3 Tage, kostet zwar ab EUR 51,- pro Erwachsener, aber sie bietet viele Vorteile. Die Helsinki Card verschafft Ihnen z. B. freien Eintritt zu mehr als 25 Attraktionen und Museen sowie zu einer Hop-on-Hop-off Bustour (9. Apr. - 25. Okt.), außerdem freie Fahrt mit öffentlichen Verkehrsmitteln sowie einen Stadtreiseführer. Auskünfte unter Tel. +358 9 22 88 16 00.

Mein Tipp! Eine relativ bequeme und preiswerte Art sich zum Preis eines Einzelfahrscheins (vorausgesetzt man unterbricht die Fahrt nicht) einen ersten Eindruck von der Stadt zu verschaffen, ist eine Fahrt mit der Straßenbahn der **Ring-Linie 2** (ehemalige T3), die an den bekanntesten Sehenswürdigkeiten stoppt und Sie wieder an ihren Ausgangspunkt zurückbringt. Die Bahn ist ein ganz normales Verkehrsmittel für jedermann und kann deshalb in den betriebsamen Zeiten des Berufsverkehrs sehr gut besetzt sein. Bequemer hat man es in der Zeit zwischen 10 und 15 Uhr und dann wieder nach 18 Uhr. Fahrtdauer rund eine Stunde.

Es wird eine ganze Reihe von begleiteten **Stadtrundfahrten** per Bus, mit Fremdenführung (auch deutschsprachig), angeboten. Abfahrtspunkte sind der Bahnhofsplatz und die Fährterminals. Dauer der Rundfahrten von 1 ½ bis 2 ½ Stunden.

Stadtrundfahrten per Bus, aber auf eigene Faust, gelingen am einfachsten, wenn man sich der **Hop-On-Hop-Off Busse** bedient (www.citytour.fi/). Die Busse verkehren von 1. Mai bis 30. September täglich ab Senatsplatz zwischen 9.40 und 16 Uhr, mindestens alle 20 Minuten. Die Busse passieren auf Ihrer Rundtour alle wichtigen Sehenswürdigkeiten der Stadt.

Vom Marktplatz Kauppatori am Stadthafen und vom Hakaniemi-Platz an Nordrand der Innenstadt, verkehren im Sommer **Rundfahrt- und Ausflugsboote** zu diversen Zielen, z. B. zur Festungsinsel Suomenlinna oder nach Seurasaari zum Freilichtmuseum. Kurzrundfahrten starten ab 10 Uhr stündlich; www.citytour.fi/Hop-on-Hop-off-bus--boat-24-h/.

Stadtbesichtigung

Ausgangspunkt für unseren Stadtrundgang ist der **Marktplatz Kauppatori (2) [N60° 10′ 03.1″ E24° 57′ 15.1″]** mitten im pulsierenden Leben am Hafen der Stadt. Markt wird Mo - Fr zwischen 6.30 und 18 Uhr, Sa bis 16 Uhr und im Sommer auch sonntags 10 - 17 Uhr abgehalten. Hier findet man – neben Garküchen und Imbissständen – Blumen, herrliches Gemüse, frische Früchte, Obst und je nach Jahreszeit allerlei Beerenarten und Pilze. Am Pier wird direkt vom Boot Fisch verkauft. Im Oktober findet hier der traditionsreiche *Strömlingsmarkt* statt, der auf das 18. Jh. zurückgeht.

Mitten auf dem Marktplatz sieht man einen Steinobelisken mit dem vergoldeten russischen Doppeladler. Dieser sog. **„Stein der Zarin"** erinnert an Zar Nikolaus I., der 1833 zusammen mit Alexandra Feodorowna, der Zarin, Finnland einen Besuch abstattete. Während der russischen Revolution wurde der das alte System symbolisierende Adler vom Obelisken gestürzt und erst 1972 wieder an seinen angestammten Platz zurückgebracht.

Am Paradeboulevard Pohjoisesplanadi in Helsinki

Das langgestreckte hellblaue Gebäude an der Nordseite des Marktplatzes ist das **Rathaus (3)**. Der dreigeschossige Bau wurde 1833 nach Plänen von C. L. Engel errichtet, diente zunächst als Hotel und wurde erst im Jahre 1913 zum Stadthaus umfunktioniert.

Rechts davon schließen sich das Gebäude der Schwedischen Botschaft, der Oberste Gerichtshof und das **Präsidentenpalais (4),** Pohjoisesplanadi 1, an. Das Gebäude fungierte anfangs als privates Stadthaus, das man 1843 nach Plänen von Engel zu einer Residenz des Zaren umbaute.

Seit 1919 dann war das Stadtpalais Amtssitz und Dienstwohnung des finnischen Präsidenten, bis jüngst die neue Präsidentenresidenz *Mäntyniemi* im nordwestlichen Stadtteil Meilahti fertiggestellt wurde. Auf Führungen kann das Palais besichtigt werden; www.helsinki-expert.fi.

An der östlichen Seite der Hafenbucht sieht man die goldverzierten Türme der **Uspenski Kathedrale (5) [N60° 10' 06.1" E24° 57' 30.9"]**, Kanavakatu, aufragen *(geöffnet Juni - Aug. Di - Fr 9.30 - 18 Uhr, Sa 10 - 15 Uhr, So 12 - 15 Uhr; Sept. - MaiDi - Fr 9.30 - 16 Uhr, Sa 10 - 15 Uhr, So 12 - 15 Uhr; www.myhelsinki.fi/de/sehen-underleben/sehenswürdigkeiten/uspenski-cathedral/)*. Die orthodoxe Kirche, die größte ihrer Art in den nordischen Ländern übrigens, liegt auf einem kleinen Hügel auf der **Insel Katajanokka** und wurde 1868 nach Plänen des Architekten Gronostajew errichtet. Die Kirche ist der „entschlafenen Jungfrau Maria" geweiht. Die sehenswerte Ikonenwand im Inneren vor dem Altarraum ist eine Arbeit des russischen Künstlers Tschilschow. Vom Kirchenvorplatz hat man einen schönen Blick auf die Stadt.

Helsinkis hübsche Havis Amanda

Gehen Sie vom Markt ein Stückchen an der diesseitigen (westlichen) Kaimauer nach Süden in Richtung des markanten rotweißen Backsteinbaus die **Alte Markthalle Vanha Kauppahalli (29) [N60° 09' 51.2" E24° 57' 15.4"]**, Eteläranta, *(geöffnet Mo - Sa 8 - 18 Uhr; www.vanhakauppahalli.fi/en/)*. Sie stammt aus dem Jahr 1889 und ist seither nicht nur bei den Einheimischen, sondern auch bei Touristen der Stadt ein beliebter Anziehungspunkt und Einkaufsziel (Restaurants). Neben feinen Back-, Fleisch- und Wurstwaren werden auch Souvenirs angeboten.

Von der Kaimauer und der Anlegestelle der Fähren der Silja Line hat man einen **guten Blick über den Hafen**, den Markt, das Rathaus und die dahinter aufragende Kuppel des Doms.

Ganz am Südende der Halbinsel dehnt sich das gepflegte Wald- und Parkgelände **Kaivopuisto (6)** aus, das im 19. Jh. Helsinkis Kurpark war. Mitte des 19. Jh. fungierte Helsinki als recht mondäner Kurort, der vor allem vom russischen Adel besucht wurde. Neben den Botschaftsresidenzen verschiedener Länder findet man am Ostrand des Parks das **Mannerheim-Museum (7) [N60° 09' 31.8" 24° 57' 37.2"],** Kalliolinnantie 14 *(geöffnet Fr - So 11 - 16 Uhr, Führungen obligatorisch; www.mannerheim-museo.fi)*. Der finnische Marschall *Carl Gustaf Mannerheim* war 1867 in Louhisaari bei

HELSINKI – **1** *Information* – **2** *Marktplatz* – **3** *Rathaus* – **4** *Präsidentenpalais* – **5** *Uspenski Kathedrale* – **6** *Kaivopuisto Park* – **7** *Mannerheim Museum* – **8** *Senatsplatz* – **9** *Universität* – **10** *Regierungspalais* – **11** *Dom* – **12** *Bahnhof* – **13** *Nationaltheater* – **14** *Botanischer Garten* – **15** *Kunstmuseum* – **16** *Hauptpostamt*– **17** *Parlament* – **18** *Nationalmuseum* –**19** *Temppeliaukio Kirche* – **20** *Stadtmuseum* – **21** *Finlandia-Halle* – **22** *Flughafenbusse* – **23** *Olympiastadion* – **24** *Sibelius Denkmal* – **25** *Busbahnhof* – **26** *Nationaloper* – **27** *Vergnügungspark Linnanmäki* – **28** *Stadttheater* – **29** *Alte Markthalle* – **30** *Sinebrychoffin taidemuseo* – **31** *Tennispalatsi Kamppi* – **32** *Naturhistorisches Museum* – **33** *Designmuseum* – **34** *Amos Rex Kunstmuseum*

Turku geboren worden, diente 30 Jahre lang in der Kaiserlich Russischen Armee, leitete zwischen 1906 und 1908 eine Expedition durch Zentralasien, führte 1917/18 den finnischen Freiheitskampf, spielte eine zentrale Rolle in den ersten Jahren der finnischen Unabhängigkeit und wurde schließlich von 1944 bis 1946 finnischer Staatspräsident. Mannerheim lebte hier von 1924 bis zu seinem Tode im Jahre 1951.

An der Westseite des Marktplatzes steht am Beginn des breiten Boulevards Pohjoisesplanadi die Statue der wohlgeformten **Havis Amanda**. Die hübsche Bronzedame – eine Arbeit des Bildhauers Ville Vallgren aus dem Jahre 1908 – ist zum Wahrzeichen Helsinkis geworden. Jedes Jahr, in der Nacht des 1. Mai (*vapunaatto*), wird sie von jungen Leuten und Studenten umlagert, die dann durch das Brunnenbecken zu ihr hinaufsteigen, sie umarmen und ihr ihre weißen Studentenmützen aufsetzen.

Von der Havis Amanda queren wir den breiten Boulevard Pohjoisesplanadi und gehen durch die Unioninkatu nordwärts bis zum **Senatsplatz Senaatintori (8)**, Unioninkatu 29. Er ist der Mittelpunkt des klassizistischen Stadtbildes.

Bis zu Beginn des 19. Jh. war der Platz umgeben von Holzbauwerken wohlhabender Handelshäuser. Während der Auseinandersetzungen im schwedisch-russischen Krieg, in dem Schweden Finnland an Russland verlor, fiel 1809 das ganze Viertel einem Großfeuer zum Opfer.

Bei der großzügigen Neuplanung des Platzes, zeichnete Carl Ludwig Engel, der sich schon in Reval und in St. Petersburg einen Namen als Stadtarchitekt gemacht hatte, die Pläne. Nun entstanden repräsentative Bauwerke im neoklassizistischen bzw. Empirestil.

Auf dem Senatsplatz sieht man ein Denkmal mit der Statue des Zaren Alexander II. (1855 – 1881), die Walter Runeberg 1894 geschaffen hat. Die allegorischen Figuren, die das Denkmal umgeben, symbolisieren das Gesetz, die Wissenschaften, die Kunst, den Frieden und die Arbeit. Das Denkmal ist auch deswegen bemerkenswert, da es das einzige Zarendenkmal außerhalb Russlands ist, zumindest im nordwesteuropäischen Raum.

Links sieht man die Gebäude der **Universität (9)** von Helsinki, die 1827 von Turku nach Helsinki verlegt worden war und damals Kaiserliche Alexander Universität hieß.

Die rechte Seite des Senatsplatzes wird vom Komplex des **Regierungspalais (10)** eingenommen, das als bedeutendstes architektonisches Werk von Engel angesehen wird. Früher Sitz des Kaiserlichen Senats, beherbergt es heute die Kanzlei- und Sitzungsräume der Landesregierung und die Diensträume des Ministerpräsidenten.

Dominiert aber wird der Senatsplatz von der Säulenfassade und der darüber aufragenden Kuppel des **Doms von Helsinki (11) [N60° 10′ 13.3″ E24° 57′ 05.8″]** *(geöffnet Juni - Aug.tgl. 9 - 24 Uhr; Sept. - Mai tgl. 9 - 18 Uhr, bei Gottediensten für Touristen geschlossen; www.helsingintuomiokirkko.fi/en/).*

Eine mächtig breite Freitreppe führt zu dem Kirchenbau hinauf, der nach Zeichnungen von Engel zwischen 1830 und 1852 errichtet wurde. Nach dem Tode Engels im Mai 1840 führte Lohrmann die Bauarbeiten fort und änderte die Pläne Engels etwas ab. So fügte er der Hauptkuppel vier kleinere Ecktürmchen an und ließ die Seitenpavillons errichten.

Zar Nikolaus I. (1825 – 1855) verfügte, dass die Giebel mit Figuren und Plastiken versehen werden sollten. Den Auftrag dazu erhielten die aus Deutschland stammenden Bildhauer Wederow und Schievelbein. Auch das Altargemälde mit dem Motiv der Kreuzabnahme, das der deutsch-russische Maler T. K. von Neff schuf, ist eine Stiftung des Zaren.

Der Dom ist dem Schutzheiligen der Seefahrer und des Handels, dem hl. Nikolai (Nikolaus) geweiht. Die Namenswahl des Kirchenheiligen war wohl auch eine Reminiszenz an den Zaren Nikolaus I.

In dem hohen, fast runden und recht schlichten Kirchenraum stehen drei Skulpturen großer Reformatoren. An der Altarseite rechts sieht man *Mikael Agricola* und links die runde Kanzel. Agricola lebte zwischen 1509 und 1557, war ein Schüler Luthers und Melanchthons, gilt als der große Reformator Finnlands und ging nach seiner Übersetzung des Neuen Testaments ins Finnische als Begründer der finnischen Schriftsprache in die Geschichtsbücher ein.

An der Orgelseite rechts sieht man *Melanchthon* (1497 – 1560), Humanist, Reformator und Mitarbeiter Luthers und links *Martin Luther* (1483 – 1546).

Südlich des Senatsplatzes liegt das **Stadtmuseum Helsinki (20)**, Sofiankatu 4 *(geöffnet Mo - Fr 11 - 19 Uhr, Sa + So 11 - 17 Uhr; www.helsinginkaupunginmu-*

seo.fi/en/). Unter dem Ausstellungmotto „Am Horizont Helsinki" gibt es Einblick in 450 Jahre Stadtentwicklung.

Vom Senatsplatz gehen wir über die Aleksanterinkatu, eine der Hauptgeschäftsstraßen der Stadt, westwärts bis zur Mikonkatu oder bis zur Keskuskatu. Dort folgen wir einer der Straßen rechts (nordwärts) bis zum **Bahnhof (12) [N60° 10' 14.1" E24° 56' 30.5"]**. Der Bahnhof wurde 1919 eingeweiht und präsentiert sich als ein bemerkenswertes Granitbauwerk. Der namhafte finnische Architekt Eliel Saarinen wollte mit dieser Arbeit einen ersten Schritt hin zum sog. „Stil neuer Sachlichkeit" tun. Die Lampen haltenden Monumentalfiguren beiderseits des Eingangs schuf Emil Wikström.

Im Westflügel des Bahnhofsgebäudes ist das **Touristenbüro (1)** untergebracht. Und unter dem Bahnhofsplatz erstreckt sich ein Einkaufszentrum das täglich bis 22 Uhr geöffnet ist.

Am Nordende des Platzes, rechts vom Bahnhof, sieht man das **Nationaltheater (13)**. Die Pläne zu diesem recht rustikal wirkenden Granitbau stammen aus der Feder des Architekten Onni Tarjanne aus dem Jahre 1902.

Hinter dem Nationaltheater erstreckt sich ein Park zu dem auch der **Botanische Garten der Universität (14) [N60° 10' 33.5" E24° 56' 46.7"]** gehört.

An der Südseite des Bahnhofsplatzes findet man das **Kunstmuseum Ateneum (15) [N60° 10' 12.9" E24° 56' 38.1"]**, Kaivokatu 2 *(geöffnet Di + Fr 10 - 18 Uhr, Mi + Do 10 - 20 Uhr, Sa + So 10 - 17 Uhr; www.ateneum.fi/?lang=en)*. In der größten Kunstsammlung Finnlands werden Gemälde, Skulpturen, Zeichnungen, Aquarelle und Grafiken ausgestellt.

Die Staatliche Kunstgalerie oder Finnische Nationalgalerie zeigt Arbeiten vornehmlich finnischer Künstler vom 19. Jh. bis heute, aber auch Arbeiten nicht finnischer Bildhauer und Maler (u. a. van Gogh, Gauguin, Modigliani) des 19. und 20. Jahrhunderts.

Am Senatsplatz, Mittelpunkt der Empirestadt, vorne das Denkmal für Zar Alexander II., im Hintergrund Helsinkis Dom

Das Museum entstand aus einer bescheidenen Sammlung der Finnischen Gesellschaft für Kunst, der Zar Alexander zu Zeiten, als Finnland Großherzogtum war, eine kleine aber feine Kollektion stiftete und mit dem Wunsch verband, damit eine ständige Kunstausstellung für das finnische Volk einzurichten. Heute besitzt das Museum einen Kunstschatz von etwa 15.000 Gemälden und Skulpturen.

Einige der wertvollsten Werke stammen aus der sog. „Goldenen Aera", die ausgangs des 19. Jh. die finnische Kunst prägte. Im Zuge der nationalen Selbständigkeit entfaltete sich damals eine lebhafte Kunstszene. Große Namen aus jener Zeit sind *Albert Edelfelt* mit seinen historischen Motiven, *Akseli Gallen-Kallela*, der Themen aus dem Epos Kalevala verarbeitete, *Pekka Halonen*, der für seine Winterszenen bekannt wurde oder *Eero Järnefelt*, der gerne den einfachen „Mann auf der Straße" porträtierte. Sehr sehenswert ist auch die Abteilung mit Werken des 20. Jh.

Unter der Schirmherrschaft der Nationalgalerie steht noch ein weiteres Museum, das **Museum für Ausländische Kunst, Sinebrychoff (30) [N60° 09′ 45.5″ E24° 55′ 56.9″]**, am Bulevardi Nr. 40, *(geöffnet Di - Fr 11 - 18 Uhr, Mi 11 - 20 Uhr, Sa + So 10 - 17 Uhr, am ersten Mittwoch Eintritt frei; www.synebrychoff-intaidemuseo.fi)* im Südwestteil der Stadt in der Nähe der Brauerei Sinebrychoff. Im Museum werden vor allem ausländische Künstler präsentiert. Darunter findet man alte flämische, holländische und italienische Meister, eine schwedische Porträtsammlung, französische Malerei, Miniaturen, eine Sammlung von Möbeln, Silber und Porzellan und eine Abteilung für russische Ikonenmalerei.

Relativ neu ist das **Museum für zeitgenössische Kunst Kiasma**, Mannerheiminaukio 2, *(geöffnet Di - Fr 10 - 20.30 Uhr, Sa 10 - 18 Uhr, So 10 - 17 Uhr; www.kiasma.fi/en/)*, das Werke finnischer und internationaler Künstler präsentiert.

Unser Rundgang führt vom Bahnhofsplatz nach Westen zum **Hauptpostamt (16) [N60° 10′ 15.9″ E24° 56′ 15.5″]**, Asemaaukio 5, rechts. Das hier untergebrachte **Postmuseum** *(geöffnet Di - So 10 - 18 Uhr; www.postimuseum.fi/en/)* zeigt die 360jährige Geschichte der Post in Finnland.

Die neue Museumsattraktion Helsinkis ist das **Amos Rex Kunstmuseum (34) [N60° 10′ 13.56″ E24° 56′ 13.45″]**, Mannerheimintie 22 - 24. Es liegt unter dem Vorplatz des historischen Lasipalatsi (Glaspalast) gegenüber vom Parlamentsgebäude. Es ist eine Erweiterung des Amos-Anderson-Kunstmuseums, das die Helsinkier Architekturfirma JKMM unter die Erde verlegt hat. Nur die fliesenbelegten Kuppeln auf dem Vorplatz lassen einen Museumsneubau erahnen. Das privat finanzierte, 50 Mio. Euro teuere Museum wurde im August 2018 eröffnet und zeigt wechselnde Ausstellungen zeitgenössicher und experimenteller Kunst *(geöffnet Mo + Fr 11 - 18 Uhr, Mi + Do 11 - 20 Uhr, Sa + So 11 - 17 Uhr, letzter Einlass 30 Min. vor Schießung; https://amosrex.fi/en/)*.

Von hier sollte man einen kleinen Umweg zum neuen Verkehrs- und **Einkaufszentrum Kamppi** an der Urho Kekkosen Katu 1 machen, das mit einer neuen Metro-Station, vielen Geschäften, Kneipen und Restaurants zum Shopping und Einkehren einlädt *(geöffnet Mo - Fr 9 - 21 Uhr, Sa 9 - 19 Uhr, So 12 - 18 Uhr; https://kamppihelsinki.fi/en/)*.

Man stößt auf die Mannerheimintie, eine der Hauptverkehrsadern der Stadt. Hier wenden wir uns nach rechts und folgen der Straße nordwärts. Schon kurz darauf sieht man auf der gegenüberliegenden, westlichen Straßenseite den mächtigen grauen Granitbau des **Parlamentsgebäudes (17) [N60° 10′ 21.7″ E24° 56′ 01.7″]**, Mannheimintie 30 *(Führungen nach Vereinbarung; www.eduskunta.fi)*. Der Architekt Sirén, der 1920 mit der Planung beauftragt worden war, wollte hier ein Bauwerk im Stil eines „monumentalen Klassizismus" errichten.

Einen Straßenzug weiter nördlich trifft man in der Mannerheimintie Nr. 34 auf das **Finnische Nationalmuseum Suomen kansallismuseo (18) [N60° 10′ 29.6″ E24° 55′ 55.5″]** *(geöffnet Mai - Aug. tgl. 11 - 18 Uhr, Do 11 - 20 Uhr; Sept. - Apr. Di - So 11 - 18 Uhr, Do 11 - 20 Uhr; www.kansallismuseo.fi/en/kansallismuseo/frontpage/)*. Die Eingangshalle ist mit Deckenmalereien und Motiven aus dem Nationalepos „Kalevala" von Akseli Gallen-Kallela dekoriert. Von prähistorischen Funden der ersten Siedler, über Sammlungen mittelalterlicher Kirchenkunst bis hin zur ethnologischen Entwicklung des Landes werden Geschichte und Kultur Finnlands und seiner Bevölkerung veranschaulicht.

Gegenüber dem Nationalmuseum erhebt sich an der Töölö-Bucht die **Finlandia-Halle (21)**, Mannerheimintie 13 e *(Service Point geöffnet Mo - Fr 9 - 19 Uhr, Führungen auch in Englisch; www.finlandiatalo.fi/en/are-you-a-visitor/).* Das moderne Kongress- und Konzertzentrum wurde 1971 nach einem Entwurf von Alvar Aalto errichtet. 1975 fand hier das berühmte KSZE-Gipfeltreffen statt.

Einige Straßenzüge weiter westlich des Nationalmuseums liegt in der Lutherinkatu 3 die 1969 nach Plänen der Architekten Timo und Tuomo Suomalainen fertig gestellte **Temppeliaukio Kirche (19) [N60° 10‘ 20.7“ E24° 55‘ 29.9“]** *(geöffnet Mo - Sa 10 - 17 Uhr, So 11 - 17 Uhr, wöchentliche Änderungen möglich. Keine Besichtigung während der Gottesdienste; www.temppeliaukionkirkko.fi).* Der moderne Kirchenraum, der auch Felsendom genannt wird, wurde aus dem gewachsenen Felsen herausgearbeitet und mit einer großen Kupferkuppel überdeckt. Durch die gute Akustik ist er ein beliebter Konzertraum.

Ein gutes Stück weiter nördlich – etwa auf halbem Wege sieht man rechts den modernen Bau der neuen **Nationaloper (26)** – liegt das **Olympiastadion (23) [Parkplatz, N60° 11‘ 03.2“ E24° 55‘ 37.1“]**, Paavo Nurmientie. 1952 war die Sportstätte mit Platz für 50.000 Zuschauer Austragungsort der 15. Olympischen Sommerspiele.

Mit dem Lift kann man hinauf zur Aussichtsplattform auf dem 72 m hohen Stadionturm fahren. Schöner Blick auf die Stadt *(nach Beendigung der Restaurierungsarbeiten werden Stadion, Turm und das angeschlossene Finnische Sportmuseum voraussichtlich 2021 wieder zugänglich sein; www.stadion.fi/olympiastadion-von-helsinki).*

Das **Finnische Sportmuseum Suomen Urheilumuseo** *(geöffnet Mo, Di, Fr 9 - 16 Uhr, Mi + Do 9 - 19 Uhr; www.urheilumuseo.fi/en/)* im Stadion erinnert an Höhepunkte im finnischen Sportgeschehen. So sieht man z. B. Sprintschuhe und Stoppuhr von Paavo Nurmi, dem „fliegenden Finnen“. Vor dem Stadion erinnert ein Denkmal von Wäinö Aaltonen an den großen finnischen Rennläufer Paavo Nurmi.

Vom Olympiastadion kann man zur Haltestelle Sallinkatu an der Hauptstraße Mannerheimintie gehen und mit der Straßenbahn, am besten mit der Linie 10, zurückfahren bis zur Haltestelle am Erottaja Theater am Westende der Esplanadi und von dort zurück zum Ausgangspunkt am Marktplatz spazieren. In der Parkanlage an der Esplanadi erinnert ein Denkmal an den Verfasser der finnischen Nationalhymne, Johan Ludwig Runeberg.

Am Ostende der Esplanadi, ganz in der Nähe der Figur Havis Amanda, dort wo wir unseren Stadtspaziergang begonnen haben, liegt am Rande der kleinen Parkanlage das Lokal *Kappeli Café-Brasserie*, das in einem hübschen Gebäude aus der Mitte 19. Jh. eingerichtet ist. Im Sommer Konzerte auf der Musikbühne davor.

Im nördlichen Stadtbereich erinnert das **Sibelius Denkmal (24) [N60° 11‘ 00.0“ E24° 54‘ 57.7“],** Mechelininkatu 38, an den großen finnischen Komponisten *Jean Sibelius* (1865 – 1957). Zu den Werken Sibelius’ zählt z. B. die symphonische Dichtung „Finlandia“. Das Monument auf einem Felsblock wurde von der finnischen Bildhauerin Eila Hiltunen geschaffen. Es besteht aus hunderten von Stahlröhren, einer Orgel nicht unähnlich, und einer Metallbüste des Komponisten. Man erreicht das Denkmal auch mit dem Linienbus 18 ab Hauptbahnhof.

Das große **Seurasaari Freilichtmuseum [N60° 11‘ 17.6“ E24° 53‘ 04.1“]** *(geöffnet 15. - 31. Mai + 1. - 15. Sept. Mo - Fr 9 - 15 Uhr, Sa + So 11 - 17 Uhr; 1. Juni - 1. Aug. tgl. 11 - 17 Uhr; www.kansallismuseo.fi/en/seurasaarenulkomuseo/tutustu-museoon)* liegt sehr schön auf einer bewaldeten Insel nordwestlich der Innenstadt. Man erreicht das Gelände mit

Speicherhaus im Seurasaari Freilichtmuseum

der Buslinie 24 ab Station Erottaja beim Schwedischen Theater.

In dem 1909 gegründeten Freilichtmuseum sind alte historische Gebäude aus dem ganzen Lande zusammengetragen worden. Eines der ältesten ist die Kirche von Karuna aus dem ausgehenden 17. Jh. Interessant ist auch der Gutshof von Kahiluoto oder das Gehöft Antti (mit Restaurant).

Jedes Jahr wird auf Seurasaari ein großes Mittsommerfest gefeiert. Zu den Darbietungen gehören eine Mittsommer-Hochzeit, Volkstanz, Trachten, Spiel und Tanz und ein gewaltiges Mittsommerfeuer.

Auf der Festlandseite in der Nähe der Landbrücke zur Insel sind **Wohnhaus und Amtssitz Tamminiemi** des ehemaligen, von 1956 bis 1986 amtierenden finnischen Staatspräsidenten **Urho Kekkonen** in ein Museum verwandelt worden *(geöffnet Apr. - Sept. Mi - So 11 - 17 Uhr; Okt. - März Sa + So 11 - 17 Uhr; Kombiticket mit Seurasaari Freilichtmuseum; www.kansallismuseo.fi/en/tamminiemi)/ frontpage/.* Ausgestellt sind Geschenke von ausländischen Staatsgästen und andere Erinnerungsstücke an die politische Laufbahn Kekkonens.

Vor allem bei schönem Sommerwetter ist ein Ausflug zur **Seefestung Suomenlinna** eine hübsche Abwechslung. Man erreicht die Festungsinseln in 15 Minuten mit Booten, die im Sommer regelmäßig den ganzen Tag bis spät abends ab der Anlegestelle am Marktplatz verkehren. Wenn Sie im Winter in Helsinki sein sollten, können Sie mit dem Bus über die zugefrorene See zur Seefestung fahren, vorausgesetzt natürlich, der Winter ist streng und das Eis dick genug.

Die Festung Suomenlinna (oder Sveaborg) wurde während der Schwedenherrschaft über Finnland Mitte des 18. Jh. unter der Leitung des Festungsbaumeisters Augustin Ehrensvärd angelegt. Sie sollte ein unüberwindliches Bollwerk gegenüber den Angriffen Russlands werden. Aber schon während des schwedisch-russischen Krieges wurden die Bastionen, die sich über zwei Inseln erstrecken, 1808 von russischen Truppen eingenommen und dienten dann bis zur Unabhängigkeitserklärung Finnlands im Jahre 1917 als russische Garnison. Heute UNESCO Weltkulturerbe.

Neben den Militäranlagen, Befestigungen, Kasematten und Parkanlagen ist vor allem das **Suomenlinna-Museum** besuchenswert *(geöffnet 2. Mai - 30. Sept. 10 - 18 Uhr; 1. Okt.- 30. Apr. 10.30 - 16.30 Uhr; www.suomenlinna.fi/en/visi-*

tor/museums/suomenlinna-museum/). Es erzählt die Geschichte der Festung vom 18. Jh. bis in die Neuzeit, was besonders durch die alle halbe Stunde gezeigte Multivisions-Show „Suomenlinna Experience" veranschaulicht wird.

Weitere Museen auf Suomenlinna sind: Das **Puppen- und Spielzeugmuseum**, das **Ehrensvärd-Museum** (Offizierswohnung aus dem 18. Jh.), das **Kriegsmuseum**, das **Zollmuseum**, das Küstenartilleriemuseum und das **U-Boot Vesikko**.

Linnanmäki (27) [N60° 11′ 22.0″ E24° 56′ 25.7″], Tivolikuja 1, Finnlands größter Vergnügungspark *(geöffnet Juni tgl. 11 - 21 Uhr; Juli + Aug. 11 - 22 Uhr; Anf. Sept. 13 - 22 Uhr; Mitte - Ende Sept. Mi - So 16 - 22 Uhr; Anf. - Mitte Okt. 16 - 22 Uhr; www.linnanmaki.fi/en/)* liegt nördlich der Innenstadt und bietet Abwechslung für Groß und Klein. Es gibt Achterbahnen und andere Fahrgeschäfte, einen Aussichtsturm mit Drehplattform, ein Theater.

Zum Park Linnanmäki gehört das **Meeresmuseum Sealife**, Tivolitie 10, *(geöffnet tgl. 10 - 17 Uhr; www.visitsealife.com/helsinki/en/)*.

Weitere Museen in Helsinki:

Design Museum (33) [N60° 09′ 46.9″ E24° 56′ 47.0″], Korkeavuorenkatu 23 *(geöffnet Juni - Aug. tgl. 11 - 18 Uhr; Sept. - Mai Di 11 - 20 Uhr, Mi - So 11 - 18 Urh; www.designmuseum.fi/en/)*. Das Museum stellt die Entwicklung des finnischen Kunstgewerbes und die der industriellen Formgebung von der zweiten Hälfte des 19. Jh. bis heute dar.

Museum für Finnische Architektur Suomen rakennustaiteen museo [N60° 09′ 47.6″ E24° 56′ 52.4″], Kasarmikatu 24 *(geöffnet Di - So 11 - 18 Uhr, Mi 11 - 20 Uhr; www.mfa.fi/en/)*, Ausstellungen, Bildarchiv, Architekturbibliothek.

Arabia-Fabrik und Museum [N60° 12′ 29.8″ E24° 58′ 31.0″], Hämeentie 135 a *(geöffnet Di - Fr 12 - 18 Uhr, Sa + So 10 - 16 Uhr; www.designcentrehelsinki.com/en/)*, erzählt die Geschichte der letzten 130 Jahre dieser Porzellanmanufaktur.

PRAKTISCHE HINWEISE – HELSINKI

Helsinki Tourist Information - Helsingin matkailuneuvonta [N60° 10′ 18.12″ E24° 56′ 24.87″], Elielinaukio 3, Bahnhof Westflügel, 00100 Helsinki, Tel. +358 (0)9 31 01 33 00; www.myhelsinki.fi/en/. *Geöffnet tgl. 9 - 16 Uhr.*

CAMPING

Camping Rastila [N60° 12′ 23.2″ E25° 07′ 16.3″], Karavaanikatu 4, Tel. +358 (0)9 31 07 85 17; www.hel.fi/helsinki/en/culture/leisure/rastila#; 1. Jan. – 31. Dez.; Ausfahrt Nr. 3 von der E18 (Ring 1) ca. 13 km östlich von Helsinki und auf der Straße 101 noch 6 km Richtung Nordsjö, beschildert; städtischer Platz, im Sommer stark frequentiert; langgestrecktes, durch Fahrwege und Hecken unterteiltes, teils von Wald, teils von Wohnhäusern begrenztes Gelände, in der Nähe einer Bucht mit Badestrand; praktische Parzellierung; ca. 10 ha – 180 Stpl.; Standard-Sanitärausstattung. Restaurant, Sauna, Waschmaschine, Trockner, WLAN auf Teilen des Platzes, Fahrradverleih. Zahlreiche Miethütten. Sandstrand. Laden nahebei. V & E für Wohnmobile. Metro-Station in Gehnähe. Per U-Bahn 17 Min. zum Stadtzentrum Helsinki.

Oittaa bei Espoo

SunCamping Espoo Oittaa [N60° 14′ 20.9″ E24° 39′ 20.3″], Kunnarlantie 31, Tel. +358 45 25 50 077; www.visitespoo.fi/en/service/espoo-camping-oitta/; www.suncamping.fi; 1. Juni – 31. Aug.; in **Espoo**, ca. 18 km westlich von Helsinki, beschilderte Zufahrt von der Straße 1/E18, Ausfahrt Espoo und noch 4 km nordwärts; Wiesengelände in waldreicher Umgebung, bis nahe an einen See mit Strand reichend, hörbare Straße und Flugplatz; ca. 10 ha – 250 Stpl.; Standard-Sanitärausstattung. Sauna, Waschmaschine, Trockner. 25 Miethütten. V & E für Wohnmobile.

Abstecher nach Turku

ROUTE: ***Turku/Åbo****, die große finnische Hafenstadt und bedeutender Fährhafen im Verkehr mit Schweden, liegt knapp 170 km westlich von Helsinki.*

Wer auf Badefreuden aus ist, sollte auf dem Weg nach Turku über das hübsche Städtchen **Tammisaari/Ekenäs** nach Süden zur Landzunge bei **Hanko/Hangö** (Camping), der südlichsten Landspitze Finnlands, abzweigen.

Turku/Åbo (ca. 191.000 Einw.), Finnlands älteste und heute des Landes drittgrößte Stadt, wurde schon Anfang des 13. Jh. gegründet. Kein Schwedenkönig ist für die Stadtgründung verantwortlich, sondern Papst Gregor. Er hatte veranlasst, am Fluss Aurajoki, an dessen Mündung Turku liegt, einen Bischofssitz zu errichten. Im Zusammenhang damit entstand ein Dominikanerkloster. Die weltlichen Herren legten 1280 den Grundstein zur Burg von Turku. In ihrem Schutze konnten sich Handel und Seefahrt entwickeln.

1680 wurde in Turku die erste Universität Finnlands gegründet. Turku war damals die bedeutendste Metropole und folglich auch die Hauptstadt des Landes. Im 19. Jh. dann, als Finnland als Großfürstentum unter russische Vorherrschaft geriet, wurde die Hauptstadt nach Helsinki verlegt.

Im September des Jahres 1827 brannte Turku zwei Tage lang. Viele der öffentlichen Gebäude wurden zerstört. Als Folge der Katastrophe wurde die Universität in die neue Hauptstadt Helsinki verlegt.

Damals geriet Turku vielleicht auch politisch an den Rand des Geschehens, wirtschaftlich konnte es aber dank seines wichtigen Hafens seine Stellung zurückerobern und weiterhin behaupten. Auch in Turku entstanden nach dem großen Brand viele der Stadtbauten nach Plänen des Architekten C. L. Engel.

Nach der Erringung der Unabhängigkeit erhielten Kultur und Wissenschaft im ganzen Lande neue Impulse. Und in Turku wurde wieder eine Universität gegründet, 1917 die schwedischsprachige Universität Åbo Akademie und 1919 die finnischsprachige Universität Turun Yliopisto.

Einer der wohl populärsten Söhne der Stadt ist zweifellos der legendäre Langstreckenläufer *Paavo Nurmi*. Er lebte von 1897 bis 1973 und errang in seiner langen und erfolgreichen Leichtathletiklaufbahn, während der er an drei Olympischen Spielen teilnahm, nicht weniger als neun Gold- und drei Silbermedaillen. Nurmi stellte viele Weltrekorde auf. In der Stadt auf einer Straßeninsel nahe der Auro-Brücke erinnert ein Denkmal von Wäimö Aaltonen an den Läufer Nurmi.

Neben einigen schönen neoklassizistischen Gebäuden am Alten Markt zählen zu den **historischen Sehenswürdigkeiten** der Stadt in erster Linie der **Dom** am Nordostende und die **Burg** am Südwestende der Innenstadt.

Der **Dom [N60° 27′ 05.1″ E22° 16′ 40.8″]** in der Tuomiokirkkotori 20, aus dem 13. Jh., stand ehemals im Zentrum der Stadt *(geöffnet tgl. 9 - 18 Uhr; www.turuntuomiokirkko.fi)*. Heute liegt er, nachdem sich der Mittelpunkt Turkus an das nordwestliche Ufer des Aurajoki verlagert hatte, am Nordostrand der Innenstadt in einem Park am Ostufer des Flusses.

Sehenswert im Dom, der nach dem Stadtbrand von 1827 vollständig Wladimir Swertschkoff wieder aufgebaut worden ist, sind die **Wandgemälde** im Chorgewölbe. Ein Motiv dort zeigt den Reformator Agricola, wie er seine finnische Übersetzung des Neuen Testaments dem Schwedenkönig Gustav Wasa überreicht.

Namhafte Persönlichkeiten und gekrönte Häupter fanden im Dom ihre letzte Ruhestätte, so Königin Karin Månsdotter (sehenswerter Marmorsarkophag). Bemerkenswert sind die Glasmalereien der Fenster von Wladimir Swertschkoff.

Nicht weit vom Dom entfernt findet man in der Piispankatu 17 das **Sibelius-Museum** *(geöffnet Di - So 11 - 16 Uhr, Mi 10 - 20 Uhr)* mit Sammlungen von Musikinstrumenten und in der Piispankatu 14 das **Bürgerhausmuseum „Ett Hem"** *(wegen Renovierung bis auf weiteres geschlossen)* mit sehenswerter Möblierung und seltenen Kunstgegenständen.

Das **Doppel-Museum Aboa Vetus & Ars Nova [N60° 26' 59.2" E22° 16' 23.7"],** Itäinen Rantakatu 4 - 6 *(geöffnet tgl. 11 - 19 Uhr; www.aboavetusarsnova.fi/en/)* beherbergt einerseits das archäologisch-historische Museum und andererseits das Museum für moderne Kunst.

In der Luostarinmäki befindet sich das **Handwerksmuseum Luostarinmäki [N60° 26' 48.4" E22° 16' 33.8"]** *(geöffnet 2. - 31. Mai + Sept. Di - So 9 - 17 Uhr; 1. Juni - 31. Aug. tgl. 10 - 18 Uhr; www.turku.fi/en/luostarinmaki-handicrafts-museum/)*. Als 1827 fast ganz Turku in Flammen stand, wurde dieser Hügel Luostarinmäki vom Feuer verschont. Diesem Umstand ist es zu verdanken, dass die wenigen Holz- und Handwerkshäuser dieses alten Viertels erhalten blieben. In rund 30 Werkstätten des Freilichtmuseums wird das Leben und die Arbeit der Stadtbevölkerung im 18. und 19. Jh. gezeigt.

Auf einem Hügel am Südostufer des Aurajoki findet man in einem Park – neben dem Stadttheater, dem Schwimmstadion *Samppalinna* und dem Sommertheater – das **Wäinö Aaltonen-Museum [N60° 26' 42.2" E22° 15' 35.5"],** Itäinen Rantakatu 38, *(geöffnet Di, Fr - So 10 - 17 Uhr, Mi + Do 11 - 20 Uhr; www.wam.fi/en/waino-aaltonen-museum-art/welcome-museum/)*, das Plastiken des berühmten finnischen Bildhauers zeigt.

Ein Stück weiter südwestlich des Doms liegt am jenseitigen Aurajoki-Ufer das **Apothekermuseum und Qwensel-Haus [N60° 26' 54.6" E22° 16' 04.4"],** Läntinen Rantakatu 13 *(geöffnet 1. Juni - 31. Aug. tgl. 10 - 18 Uhr; Sept. - Mai Di - So 10 - 18 Uhr; www.turku.fi/en/pharmacy-museum-and-qwensel-house/)*. Das Museum ist untergebracht im ältesten erhaltenen großbürgerlichen Haus Turkus, 1700 erbaut. Die Räume sind noch im Rokoko- und im gustavianischen Stil ausgestattet und zeigen den luxuriösen Lebensstil während der schwedischen Zeit. Im Ladenbereich ist ein Apothekenmuseum aus dem 18. Jh. mit Apothekerwohnung und historischem Laboratorium eingerichtet.

Auf der nördlichen Flussseite ist in einem wuchtigen Granitgebäude zwischen Marktplatz und Bahnhof das **Kunstmuseum Puolalanpuisto [N60°**

Die Burg von Turku

27' 13.9" E22° 15' 43.0"], Aurakatu 26, untergebracht *(geöffnet Di - Fr 11 - 19 Uhr, Sa + So 11 - 17 Uhr; www.turuntaidemuseo.fi/en/)*. Ausgestellt ist die Sammlung des Kunstvereins von Turku, die sich mit finnischer Kunst seit dem 19. Jh. befasst.

Ein gutes Stück flussabwärts liegen an der Linnankatu am Ufer des Aurajoki einige historische Segelschiffe, die zum **Meereszentrum und Seefahrtmuseum „Forum Marinum" [Parkplatz, N60° 26' 10.7" E22° 14' 00.5"]** gehören *(geöffnet 23. Mai - 31. Aug. tgl. 11 - 19 Uhr; 1. Sept. - Mai Di - So 11 - 18 Uhr; www.forum-marinum.fi/en/)*. Der erste Windjammer, die **„Suomen Joutsen"** (Finnischer Schwan), ein Dreimaster, wurde 1902 in Frankreich gebaut, segelte dann auf der Salpeterroute zwischen Europa und Südamerika und in den zwanziger Jahren unter deutscher Flagge und ging 1930 an die finnische Marine. Für sie tat sie bis 1988 – zuletzt als Seefahrtsschule – Dienst.

Der andere Segler ist das Museumsschiff **„Sigyn"**, die 1887 in Göteborg vom Stapel lief und 1939 als Museumsschiff der Åbo Akademie gestiftet. Der Dreimaster mit seiner Barken-Takelage soll der letzte noch existierende aus Holz gefertigte Frachtensegler sein. Außerdem können die ehemalige Fähre **„MS Bore"** sowie zwei Kriegsschiffe, das Minenschiff **„Keihässalmi"** und das Kanonenboot **„Karjala"**, besichtigt werden.

Die Ausstellungen nebenan im neu errichteten Museumsgebäude berichten über Schiffe und Seefahrer, Seerouten, das Lotsenwesen, den Zoll- und Küstenschutz und die Finnische Marine.

Nicht zu übersehen ist die am Hafen gelegene **Burg von Turku [N60° 26' 07.6" E22° 13' 47.8"]**, Linnankatu 80, ein trutziger Bau mit zwei mächtigen, viereckigen Türmen *(geöffnet 1. Juni - 31. Aug. tgl. 10 - 18 Uhr; 1. Sept. - 31. Mai Di - So 10 - 18 Uhr; www.turku.fi/en/turku-castle/)*. 1280 für den königlichen Statthalter (praefectus Finlandiae) und seine Truppen errichtet, behielt die Burg bis ins 19. Jh. ihre wichtige strategische Bedeutung.

Im 16. Jh. hatte die Festung umfangreiche Erweiterungen erfahren, u. a. wurde damals der prächtige **Festsaal** ausgebaut.

Im zweiten Weltkrieg erlitt die Burg starke Beschädigungen. In den 50er Jahren baute man sie nach alten Plänen originalgetreu wieder auf.

In der Burg ist das **Historische Stadtmuseum** eingerichtet. Dort sind kulturhistorische Objekte, Textilien, Kostüme, Silber-, Zinn-, Glas- und Porzellansammlungen aus dem 17. Jh. und später ausgestellt.

Ein beliebtes Ausflugsziel ist das Städtchen **Naantali [N60° 27' 33.0" E22° 12' 55.1]**, die „Sonnenstadt Finnlands" (Touristeninformation, Camping [N60° 27' 44.1" E22° 01' 43.1"]), ca. 15 km nordwestlich von Turku, mit einer hübschen **Altstadt** und einer Klosterkirche aus dem Mittelalter.

Ganzjährig bestehen regelmäßige **Fährverbindungen von Turku nach Stockholm**, siehe „Fährverbindungen".

PRAKTISCHE HINWEISE – TURKU

Touristeninformation Turku [N60° 26' 58.7" E22° 16' 04.6"], Aurakatu 2, 20100 Turku, Tel. +358 (0)2 26 27 444; www.visitturku.fi. *Geöffnet Apr. - Sept. Mo - Fr 8.30 - 18 Uhr, Sa + So 9 - 16 Uhr; Okt. - März Sa + So 10 - 15 Uhr.*

CAMPING

Camping Ruissalo [N60° 25' 32.8" E22° 05' 52.8"], Ruissalo Saarontie 25, Tel. +358 (0)2 26 25 100; www.visitturku.fi/en/ruissalo-camping_-0; 1. Juni – 31. Aug.; E18 in Richtung Turku Hafen (Satama) und noch 7 km weiter südwestwärts vorbei am Ruissalo Spa Hotel; von Wald umgebenes Campinggelände, überwiegend uneben, leicht hügelig; ca. 15 ha – 400 Stpl.; einfache Standardausstattung; Imbiss, Waschmaschine, Sauna, Grillsstelle, Badegelegenheit. V & E für Wohnmobile. Bushaltestelle auf dem Platz (Linie 8 nach Turku).

TOUR 15: STOCKHOLM

Reisedauer: Mindestens zwei Tage, ohne Ausflüge.

Höhepunkte: Stockholms Altstadt **Gamla Stan** ** – der **Königliche Palast** ** und die **Königlichen Gemächer** *** – das **Vasa-Museum** *** – das **Stadshuset** ** – die **Riddarholmskirche** * – das Freilichtmuseum **Skansen** ** – das **Nationalmuseum** ** – ein Schiffsausflug zu den Schlössern **Drottningholm** *** oder **Gripsholm** **.

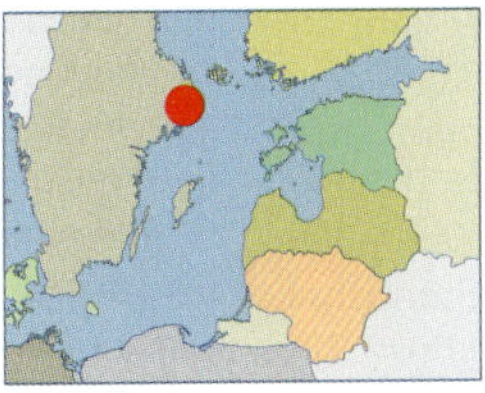

Schwedens Hauptstadt mit heute rund 950.000 Einwohnern (annähernd 1,7 Millionen Einwohner im Großraum mit Vororten), wurde offiziell im Jahre 1252 von *Birger Jarl* gegründet.

Stockholm, was übrigens soviel wie Baumstamm-Insel bedeutet (*stock* = Stamm, *holm* = Insel), hatte bei seiner Erhebung zur Stadt wohl kaum mehr als ein paar Hundert Einwohner.

Als wahrscheinlich gilt die Version, dass der Name *Stock Holm* von den Holzstämmen abgeleitet wurde, die die Brücken von Gamla Stan über Helgeandsholmen zum Festland trugen.

Birger Jarl ließ auf dem höchsten Punkt der Stadsholmen (Stadtinsel) die Festung *„Tre Kronor"* errichten und die Ufer durch Wälle und Wehranlagen schützen. Bald wurde mit dem Bau der Storkyrkan begonnen, in der 1336 Magnus Eriksson zum König gekrönt wurde. Königsresidenz aber wurde Stockholm erst später.

Im 14. Jh. ließen sich viele deutsche Kaufleute und Schiffseigner in Stockholm nieder. Ihr Einfluss und damit der Einfluss der Hanse auf die Geschicke Stockholms in jenen Jahren war beträchtlich. Die Spuren aus jener Zeit sind in Kunstwerken in den Kirchen oder in Straßennamen heute noch nachvollziehbar. Mitte des 15. Jh. wurde durch eine restriktive Ausländerpolitik der Anteil der deutschen Stadtbevölkerung deutlich gesenkt.

Das Stadtgebiet dehnte sich aus, zunächst auf die *Insel Riddarholmen*, dem bevorzugten Wohngebiet des Adels.

Riddarholmen hieß nach den Franziskanern oder „Grauen Brüdern", die hier ihre Klosterkirche (heute Riddarholmskyrkan) hatten, lange *„Gråmunkeholmen"*.

Ein schwarzer Tag für Stockholm war der 8. November des Jahres 1520. Nach einer verlorenen Schlacht des Schweden *Sten Sture* gegen die Dänen kapitulierten die Schweden. Entgegen aller Vereinbarungen ließ aber der dänische König Christian II. fast alle seine Widersacher – es sollen über einhundert gewesen sein, darunter Adelige und Herren des geistlichen Standes – auf dem Stortorget enthaupten.

Genützt hat dieses Massaker, das als „Blutbad von Stockholm" in die Geschichtsbücher einging, der dänischen Sache allerdings kein Jota. Gustav Vasa gelang es vielmehr, die Empörung in Schweden zu nutzen, das Reich zu einen und die Autonomie des schwedischen Königreichs wieder herzustellen. 1523 wird Stockholm Sitz der Reichsadministration.

Während des Dreißigjährigen Krieges zwischen 1618 und 1648 erlangte Schweden eine Großmachtstellung in Europa. Entsprechend nahm die Bedeutung Stockholms zu. Die Einwohnerzahl stieg auf über 60.000.

1634 endlich wurde Stockholm offiziell zur Hauptstadt des Königreichs erhoben, was es de facto schon lange war.

1697 fiel die von Birger Jarl gegründete Drei-Kronen-Festung einem

Großfeuer zum Opfer. Der aus Stralsund stammende Architekt und königliche Stadtbaumeister *Nicodemus Tessin* und dessen Sohn wurden mit dem Neubau des Königspalastes beauftragt, der nach fast fünfzigjähriger Bauzeit 1754 vollendet wurde.

Der Verlust der Vormachtstellung Schwedens in Europa im 18. Jh. hatte natürlich auch seine Auswirkungen auf die Entfaltung der Stadt. Die wirtschaftliche Weiterentwicklung Stockholms stagnierte.

Mit dem Industriezeitalter kam Mitte des 19. Jh. – die heutige Hauptstraße Drottninggatan hatte damals noch nicht einmal Gehsteige und die heute schmucke Altstadt glich mehr einem Elendsviertel – die erste Eisenbahnlinie aus Södertälje nach Stockholm. Und 1877 ratterte die erste Straßenbahn durch die Stadt.

1912 war Stockholm Austragungsort der Sommerspiele der 5. Olympiade.

Wasser, Inseln und Brücken sind es, die das Großbild der Stadt prägen.

Über nicht weniger als 14 Inseln erstreckt sich Stockholm zwischenzeitlich. „Die Schöne am Wasser" oder „Venedig des Nordens" wurde Stockholm schon genannt.

Tipps zur Stadtbesichtigung

Ein Rundgang durch die **Altstadt**, eine Besichtigung des **Königlichen Schlosses** (zumindest der Königlichen Gemächer und der Schatzkammer) und vor allem auch ein Besuch im **Vasa Museum (16)** sollten auf alle Fälle auf dem Besichtigungsprogramm stehen.

Einen weiteren Tag können Sie leicht mit Besuchen der **Riddarholmskirche (11)**, des **Stadshuset (14)**, des **Nordischen Museums (17)** und des **Nationalmuseums (27)** oder des **Moderna Museet** ausfüllen, die mit zu den bedeutenden Sehenswürdigkeiten der Stadt zählen.

Steht noch mehr Zeit zur Verfügung, lohnt ein Besuch im **Skansen Freilichtmuseum (15),** in dem man alleine einen ganzen Tag verbringen könnte, oder man geht in eines der anderen zahlreichen Museen der Stadt.

Und an einem schönen Sommertag ist ein **Ausflug** mit den Nostalgiedampfern wie der „S/S Mariefred" nach **Drottningholm** oder **Gripsholm** ein sehr reizvolles Erlebnis.

Öffentliche Verkehrsmittel

Das System der öffentlichen Nahverkehrsmittel, sprich **Busse** und **U-Bahn** (Tunnelbana), ist ausgezeichnet organisiert, relativ preiswert und schnell. Ergänzt wird das Nahverkehrssystem durch Schiffsverbindungen. Die Empfehlung kann also nur lauten, Stadtbesichtigungen mit Bus und U-Bahn zu unternehmen.

Seit einigen Jahren fährt die schön restaurierte **Straßenbahn Linie 7** etwa alle 20 Minuten vom Verkehrsknotenpunkt T-Centralen (beim Sergels Torg) in der Innenstadt bis zu den Museen und zum Freilichtmuseum Skansen auf der Djurgården-Halbinsel und weiter bis Waldemarsudde.

Mein Tipp! Nehmen Sie auf dem Weg nach Djurgården die Fähre ab Slussen und die Straßenbahn zurück in die Innenstadt, oder machen Sie es umgekehrt.

Einen ersten Eindruck von Stockholm vom Wasser aus kann man sich auf einer Fahrt mit den **Hop-on-Hop-off Rundfahrtbooten** verschaffen, was vor allem an einem schönen Sommertag ein Erlebnis ist. Die offenen Boote verkehren von Anfang Juni bis Ende August von 10 Uhr bis 16 Uhr jede Stunde **ab Anleger am Schloss**, über **Nybroviken, Vasa Museum, Gröna Lund** (Skansen), **Dock der Kreuzfahrtschiffe** und **Gamla stan** zurück zum Schloss. Die gesamte Tour dauert rund eine Stunde. Das schöne aber ist, man kann an jedem Haltepunkt aus- und wieder zusteigen, so oft man will. Die Fahrkarte ist 24 Stunden lang gültig. Tickets kauft man an den Anlegestellen (https://www.stromma.com/de-se/stockholm/sightseeing-stockholm/sightseeing-by-boat/).

Übrigens sind viele der **U-Bahn-Stationen**, z. B. T-Central (Zentralbahnhof), Rådhuset, Solna Center oder Fridhemsplan dank ihrer ausgefallenen Architektur und der künstlerischen

Gestaltung schon eine Sehenswürdigkeit für sich.

Da Sie Ihr Handy vermutlich sowieso dabei haben, kann folgende Einrichtung für Sie vielleicht von Interesse sein – **Talk of the town**. „Talk of the town" ist ein elektronischer Stadtführer (Audioguide), den Sie auf Ihr Handy laden können, auch in deutscher Sprache. „Talk of the Town" gibt Informationen zu 56 Sehenswürdigkeiten in Stockholm. Infos dazu im Touristenbüro oder unter www.talkofthetown.se/en-start.html.

die Parkverbotsbeschilderung beachten. Strafmandate für falsches Parken sind teuer.

Gebührenpflichtige Parkmöglichkeiten im Freien findet man auf der Altstadtinsel an deren Ostseite unterhalb des **Schlosses (2)** an der **Skeppsbron [19' 32.4" E18° 04' 33.5"]**, dann an der Südwestseite am **Kornhamnstorg,** sowie hinter der **Riddarholmskirche (11)**.

Außerdem gibt es Parkplätze am **Stadshuset (14) [N59° 19' 36.04" E18° 2' 43.59"]** und westlich davon an der

Stockholm Strömbron, Ausflugsboote

Der **Stockholm Pass**, eine Art pauschale Fahr- und Eintrittskarte, bietet dem Besucher freien Eintritt zu 80 Sehenswürdigkeiten und Museen, gestattet die freie Benutzung der öffentlichen Verkehrsmittel (Busse, Stadtbahn und U-Bahn), und andere Vergünstigungen. Die nicht gerade billige Stockholm Card ist für eine Gültigkeitsdauer von 24, 48, 72 und 120 Stunden (SEK 719,-/ca. € 65,-, SEK 1.019,-/ca. € 92,-, SEK 1.250,-/ca. € 113,- , SEK 1.619,-/ca. € 147,-) zu haben. Zu kaufen online (https://www.stockholmpass.de/stockholm-pass-prices.php), in Hotels und in 7-Eleven-Läden und im Stockholm Tourist Centre.

Mein Tipp! Wer mit dem Auto in Stockholm unterwegs ist, sollte tunlichst

Uferstraße Norr Mällarstrand. Im östlichen Stadtbereich schließlich gibt es gebührenpflichtige Straßenparkplätze entlang des Strandvägen, entlang des Boulevards Narvavägen, auf **Junibacken** kurz vor den Museen Nordisches Museum (17) und Vasawerft (16) oder südlich des Freilichtmuseums Skansen (15), um nur einige relativ zentrumsnahe Parkmöglichkeiten zu erwähnen. Änderungen im Zuge von Baumaßnahmen sind möglich!

Stockholm kassiert eine **City-Maut**, von der die im Ausland zugelassene Fahrzeuge lange Zeit ausgenommen waren. Die City-Maut gilt nun auch für alle nicht in Schweden zugelassenen Fahrzeuge. Wenn Sie an Werktagen durch

Stockholm (hier auch auf der Durchgangsstraße E6) fahren, wird (außer im Juli) Ihr Fahrzeug an sog. „Betalstationen" gescannt und Ihr Nummernschild automatisch registriert. Zu Hause erhält man dann eine Rechnung. Diese sollte man innerhalb der Frist begleichen, denn die Verzugszinsen sind erheblich; Infos unter www.epass24.com. U. a. heißt es auf der Webseite: „Sollte die Mautgebühr und/oder Infrastrukturabgabe bis zum Fälligkeitsdatum nicht bezahlt worden sein, werden die schwedischen Behörden Mahngebühren berechnen und die Nutzung des betreffenden Fahrzeugs in Schweden untersagen".

1. Rundgang Stockholms Altstadt Gamla Stan

Gamla Stan, das historische Herz der Stadt, mit seinen engen Gassen und repräsentativen Häuserfassaden, ist eine der größten Sehenswürdigkeiten der Stadt. Hier liegen das **Königliche Schloss (2),** Stockholms Domkirche **Storkyrkan (4),** der historische **Stortorget** (Großer Platz), die **Tyska Kyrkan** (Deutsche Kirche, - 8 -) und das **Nobelmuseum (5)**.

Ausgangspunkt unserer Stadtbesichtigung ist der **Slottsbacken**, Auffahrt und Vorplatz auf dem Schlossberg an der Südseite des **Königlichen Schlosses.** Gebührenpflichtige Parkplätze findet man an der Uferstraße Skeppsbron.

Unmittelbar westlich des Schlosses erhebt sich die Großkirche St. Nikolai oder **Storkyrkan (4)** mit einem mächtigen Obelisken vor der Kirche, den König Gustav III. nach dem Krieg in Ostfinnland 1791 seinen Untertanen errichten ließ.

Nach Osten sieht man über das Gustav III.-Denkmal und die königliche Anlegestelle Logårdstrappen über den Norrströmen hinüber nach Blasiholmen mit Grand Hotel und Nationalmuseum (27).

Das Königliche Schloss

Das **Kungliga Slottet**, das **Königliche Schloss (2) [N59° 19′ 34.8″ E18° 04′ 20.9″]**, Slottsbacken, ein gewaltiger Renaissancebau, dessen Flügel sich um einen viereckigen, großen Innenhof gruppieren, entstand ausgangs des 17. Jh. auf den Mauern der alten Drei-Kronen-Festung *(geöffnet Mai - Sept. tgl. 10 - 17 Uhr; Okt. - Apr. tgl. 10 - 16 Uhr, Führungen der Royal Apartments in Englisch Juni - Aug. um 10.30, 13.30, 15.30 Uhr, der Treasury um 14.30 Uhr; Sept. - Mai der Royal Apartments um 10.30 und 13.30 Uhr, der Treasury um 14.30 Uhr, Dauer 45 Minuten; www.kungligaslotten.se/language/auf-deutsch/konigliches-schloss/konigliches-schloss-geschichte.html).* Bitte beachten Sie, dass die Königlichen Gemächer anlässlich öffentlicher Empfänge für Besichtigungen geschlossen sein können!

Nach der Stadtgründung Mitte des 13. Jh. hatte Birger Jarl den Grundstein zur Burg Tre Kronor gelegt. Am 7. Mai 1697 – König Karl I. war eben gestorben und lag aufgebahrt im Rittersaal – brannte die Burg bis auf die Grundmauern nieder.

Unmittelbar nach der Brandkatastrophe wurde der Auftrag zum Bau eines neuen Schlosses erteilt. Mit der Ausführung beauftragte man den Stadtbaumeister Nicodemus Tessin den Älteren, der schon mit den Umbaumaßnahmen der Tre-Kronor-Burg befasst gewesen war. 1754 endlich konnte der im Stil des italienisch-französischen Barock ausgestattete Palast seiner Bestimmung übergeben werden.

Über 600 Zimmer, Salons und Säle sollen sich in den weitläufigen Flügeln befinden. Einige der Palasträume werden heute noch von der königlichen Familie und von staatlichen Institutionen zu Repräsentationszwecken genutzt.

Man betritt die Palastanlage durch die säulengeschmückte Südfassade und gelangt über ein prächtiges Treppenhaus zu den Obergeschossen mit Festsälen, den Bernadotteräumen und dem Reichssaal.

Die **Festsäle** sind die ältesten Räumlichkeiten des Schlosses, die schon ausgangs des 17. Jh. nach Plänen von Nicodemus Tessin d. J. entstanden sind.

Saal des Staatsrates – Besonders zu erwähnen sind die beiden prächtigen Gobelins, die um 1770 in Frankreich entstanden sind. Diese Bildteppiche an der Süd- und Ostwand zeigen Szenen aus der antiken Sage um Jason und Medea. Sechs Büsten stellen schwedische Könige aus dem Hause Bernadotte dar, beginnend mit dem Begründer der Dynastie, Karl XIV. Johan.

Aufmerksamkeit verdient auch die Tischuhr („Löwenuhr") aus vergoldeter Bronze. Sie entstand im frühen 17. Jh. in einer Augsburger Werkstatt.

Der **Audienzsaal,** ursprünglich für König Karl XI. als Schlafgemach gedacht, wurde unter Gustav III. zum Audienzsaal umfunktioniert. Aus dem späten 17. Jh., der Zeit Karls XI., stammt die Stuckdecke. In der Mitte ein Deckengemälde mit dem Motiv „Mars und Venus".

Beachtenswert sind weiter der Thronhimmel aus dem 16. Jh., hergestellt in Italien, dann der Kronleuchter aus dem frühen 18. Jh. aus Frankreich, die Porträts neben den Fenstern von Frans Hals aus der Zeit um 1640 oder die Büste Gustavs II. Adolf, die von Georg Petel stammt, einem deutschen Bildhauer des frühen 17. Jh.

Im **Prunkschlafzimmer Gustavs III**. stammt die Stuckdecke – wie schon die Decke im Audienzsaal – von den französischen Meistern des späten 17. Jh. Chauvreau und Fouquet. Die meisten Einrichtungsgegenstände stammen aus der zweiten Hälfte des 18. Jh. und sind im Louis XVI.-Stil gehalten. In der ehemaligen Bettnische hängen französische Gobelins. Dort sieht man auch Ebenholzschränke mit wunderschönen Einlegearbeiten.

Einer der prunkvollsten Salons ist die **Galerie Karls XI.** Die Dekorationen stammen fast alle noch aus der Zeit um 1690. In den Vitrinen sieht man Stücke seltenen Kunsthandwerks aus Glas oder Elfenbein und eine schöne Sammlung kostbaren Porzellans, u. a. aus China und Meißen. Der Saal ist heute noch Schauplatz königlicher Gesellschaften. An der langen Tafel können bis zu 150 Gäste Platz nehmen.

Durch das **weiße Kabinett**, das **Prunkschlafzimmer Sofia Magdalenas** mit einem Deckengemälde, das Swea und vier Erdteile darstellt, und den **Don Quijote-Salon** mit französischen Gobelins, die Motive aus dem Cervantes-Roman „Don Quijote" zeigen, gelangt man in den großen **Ballsaal Vita Havet** (Weißes Meer), der 1845 durch den Architekten Nyström seine heutige Form und Ausstattung erhielt. Lediglich die Decke mit den Gemälden „Sweas Triumph" von Francia und „Belohnung des Siegers" von Taraval und Francia stammt aus früherer Zeit, als der Saal noch als Speisesaal diente. In den Vitrinen sind Silbergegenstände und Sèvres-Porzellan aus dem 18. Jh. zu sehen.

Weiter können die **Bernadotteräume** besichtigt werden. Die Zimmerflucht, die nach Plänen des Architekten Karl Hårleman im Stil des frühen 18. Jh. ausgestattet ist, war für König Frederik I. und seine Gemahlin Ulrika Eleonora geplant worden.

Über den **Trabantensaal,** ehemals als Aufenthaltsraum der Leibwachen vorgesehen, später unter Gustav III. und Karl XV. als Speisesaal genutzt, in dem man das Gemälde der Krönung König Karls XIV. in der Storkyrka sowie Büsten anderer schwedischer Monarchen sehen kann, gelangt man in die **Säulenhalle**, dem vielleicht schönsten Saal im Schloss. Das Deckengemälde zeigt Swea und die Vier Jahreszeiten. Schöne Marmorkamine, Spiegelwände, Statuen von Apollo und Venus von J. T. Sergel.

Der **Victoriasaal** erhielt seinen Namen von einer Statue der Siegesgöttin, die hier früher aufgestellt war. Unter den kostbaren Möbelstücken verdient ein Schrank an der Südwand besondere Beachtung, den König Karl XV. 1863 von Napoleon III. zum Geschenk erhalten hatte.

Man gelangt in das **Schreibkabinett Oskars II**. und schließlich in die **Bernadottegalerie**. Unter den Familienporträts werden den Besucher vielleicht die an der Innenwand von Karl XIV. Johan, ehemals französischer Marschall in napoleonischen Diensten, und dessen aus Marseille stammenden Gemahlin Desirée Clary besonders interessieren.

Wachablösung am Königlichen Schloss in Stockholm

Der Sohn des Königspaares, Oskar I. und dessen Gemahlin Königin Josefina, sind rechts des Portals zu sehen. Links davon sind die vier Söhne Oskars I. dargestellt.

In einer Vitrine bei den Fenstern werden Gegenstände Marschall Bernadottes (Marschallstab, Feldbesteck, Degen u. a.) ausgestellt.

Wenn zugänglich, sollte man unbedingt auch den **„Rikssalen"** (Reichssaal) besichtigen, den **Thronsaal** der schwedischen Könige. Von diesem Thron aus eröffnet der König noch heute den Reichstag oder vereidigt Mitglieder einer neuen Regierung.

Gegenüber dem Thronsaal liegt die barocke **Schlosskapelle**. Auch sie musste nach dem großen Schlossbrand neu aufgebaut werden. Besonders beeindruckend in der von französischen Künstlern ausgestatteten Kirche sind neben den Deckengemälden von Guillaume Taraval der reich verzierte Hochaltar und die Kanzel.

In der **Königlichen Schatzkammer**, die in den Kellergewölben des Palastes untergebracht ist, können die **schwedischen Kronjuwelen** besichtigt werden.

Zu den ältesten historischen Stücken zählen Gustav Vasas Reichsschwerter (Raum 2, Vitrine IX, falls zwischenzeitlich nicht umarrangiert) und die Reichskleinodien König Eriks XIV., die anlässlich seiner Krönung zu Uppsala am 29. Juni 1561 angefertigt wurden.

Die **Königliche Rüstkammer Livrustkammaren**, Slottsbacken 3, *(geöffnet 15. Juni - 31. Aug. - außer am Mittsommertag - tgl. 11 - 17 Uhr; übrige Zeit Di - So 11 - 17 Uhr, Do bis 20 Uhr; www.livrustkammaren.se/)* zeigt eine wunderschöne Sammlung von teils sehr prunkvollen Kutschen und Paradekaleschen, von Krönungsgewändern, Waffen und Jagdutensilien. Zu den besonderen Stücken zählen das Kostüm, das König Gustav III. auf dem Maskenball trug, auf dem er im März 1792 ermordet wurde, oder das ausgestopfte Lieblingspferd Gustavs II. Adolf „Streiff".

Schließlich ist noch das **Museum Tre Kronor** *(geöffnet Mai - Sept. tgl. 10 - 17 Uhr; Okt. - Apr. tgl. 10 - 16 Uhr; www.kungligaslotten.se/english/)* an der Nordseite des Schlosses, zugänglich an der großen Löwentreppe Lejonbacken, zu besichtigen. Die Ausstellungen hier befassen sich in erster Linie mit der Entstehungs- und Architekturgeschichte des Palastbaus.

Ebenfalls von der Löwentreppe aus ist das **Antiquitätenmuseum Gustavs**

III. zugänglich. Hier sind Sammlungen von Kunstwerken, vor allem Skulpturen (u. a. Apollo und die neun Musen, Minerva etc.) zu sehen, die der Kunstliebhaber König Gustav III. erwarb.

Die **Wachablösung** der königlichen Palastgarde findet im halbrunden Kolonnadenhof an der Westseite des Schlosses statt *(Juni - Aug. Mo -Sa 12.15 Uhr, So 13.15 Uhr; Sept. - Mai Mi + Sa 12.15 Uhr, So 13.15 Uhr; https://www.forsvarsmakten.se/en/activities/events/the-royal-guards/changing-of-the-guard/)*.

Spaziergang durch Stockholms Altstadt

Bevor man vom Schloss die wenigen Schritte weiter bergan zur Storkyrkan geht, sollte man sich an der Südseite von Slottsbacken, gegenüber vom Königlichen Schloss, das **Stadtpalais** von Nicodemus Tessin ansehen. Hier war die überaus reiche Sammlung des **Königlichen Münzkabinetts (3)**, untergebracht. Es ist seit längerem wegen Umbauten geschlossen und soll im Gebäude des Historischen Museums im Narvavägen 13-17 Ende 2020 wiedereröffnet werden; *www.myntkabinettet.se/english/*.

Gleich rechts daneben liegt die **Finnische Kirche (3)**. Das Gebäude, das heute der finnischen Gemeinde als Gotteshaus dient, war bis ins 18. Jh. königliches Ballhaus.

Storkyrkan (4) [N59° 19' 32.9" E18° 04' 15.4"], Stockholms große Domkirche, ist eines der ältesten Bauwerke der Stadt *(geöffnet Juni - Aug. tgl. 9 - 18 Uhr; Sept. tgl. 9 - 17 Uhr; Okt. - Mai 9 - 16 Uhr)*. Schon kurz nach der Stadtgründung durch Birger Jarl wurde mit dem Bau – wahrscheinlich um 1260 – begonnen, der 1279 erstmals als „Dorfkirche" urkundlich erwähnt wird. Geweiht ist die Große Kirche dem Heiligen Nikolaus von Myra, dem Schutzpatron der Seeleute.

Stockholms Hauptkirche ist der traditionelle Ort für königliche Taufen, Krönungen, Hochzeiten oder Begräbnisfeierlichkeiten. Es ist Tradition, dass im Dezember der Träger des Friedensnobelpreises während des Gottesdienstes eine Ansprache hält.

Zu den großen Sehenswürdigkeiten der Kirche zählt im Nordschiff die monumentale Holzplastik **„St. Georg und der Drache"**, die 1494 von dem aus Lübeck stammenden Bildhauer Bernt Notke geschaffen wurde. Den Auftrag für die Arbeit gab Sten Sture der Ältere, der 1471 die Dänen besiegt hatte. St. Georg mit dem Drachen sollte das Sinn-

In Stockholms Altstadt mit Storkyrkan

bild des Kampfes der Schweden gegen die Dänen sein.

Der wunderbare **Altar** aus Silber und Ebenholz zählt zu den größten Kirchenschätzen, zu denen auch der 3,7 m hohe Bronzeleuchter (1470) im Querschiff zählt.

Die **Königsstühle**, 1684 von König Karl. XI. in Auftrag gegeben und nach Plänen von Tessin d. J. von Burghardt Precht gefertigt, sind die Plätze, von denen aus die schwedischen Monarchen offiziellen Zeremonien in der Kirche beiwohnen.

Burghardt Precht fertigte auch die Kanzel, unter der sich die Grabplatte für Olaus Petri befindet, einem Schüler Martin Luthers und großen Reformators in Schweden.

Von der Storkyrkan gehen wir nach Süden und vorbei an der angrenzenden ehemaligen **Börse Börshuset (5)** zum großen alten Markt- und mittelalterlichen Richtplatz der Stadt, zum **Stortorget [N59° 19‘ 30.4“ E18° 04‘ 14.7“]**.

Die alte Börse, ein prächtiger Rokokobau, entstand um 1770 an der Stelle des alten Rathauses. Im Festsaal der Schwedischen Akademie im Obergeschoss wird alljährlich der Name des neuen Literaturnobelpreisträgers bekanntgegeben.

Heute ist im Börsengebäude das **Nobelpreismuseum** eingerichtet *(geöffnet Juni - Aug. tgl. 9 - 20 Uhr; Sept. - Mai Di - Do 11 - 17 Uhr, Fr 11 - 20 Uhr, Sa + So 10 - 18 Uhr, Führungen in Englisch möglich; https://nobelprizemuseum.se/en/).* Das Museum informiert auf moderne und interessante Weise über die Geschichte des Nobelpreises, seine Preisträger und ihre Entdeckungen bzw. Leistungen. Informative Kurzfilme.

Auf dem **Stortorget** ist man mitten in der **Gamla Staden**, dem bezaubernden Viertel Alt-Stockholms. Die engen Straßen und Gässchen in den Schluchten alter Häuser, mit ihren Ladenfassaden aus Omas Zeit (oder noch früher?), die Brunnen auf den kleinen gepflasterten Plätzen und der malerische **Marktplatz** machen schnell vergessen, dass man sich in einer modernen Großstadt befindet.

Hier gibt es Antiquitäten, Mode, Trödel, einige kleine, aber sehr elegante Hotels wie das „Lord Nelson“ oder das „Lady Hamilton“ und es gibt Restaurants, Kneipen und Cafés.

Eines davon ist das Café **„Sundbergs Konditori“** am Järntorget. Es stammt aus dem Jahre 1785 und dürfte wohl das älteste Café in ganz Stockholm sein. Ein gemütlicher Ort für eine Rast auf dem Stadtspaziergang.

Durch die Gassen der Gamla Stan, zog einst auch *Carl Michael Bellman*, Schwedens bekannter Dichter und Liedermacher des 18. Jh., und gab – nicht selten in weinseliger Fröhlichkeit – in den Kneipen seine Trink- und Vagantenlieder zum Besten.

Vom Stortorget kann man durch die Köpmangatan nach Osten bis zur Österlånggatan gehen, der östlichen Hauptstraße der Altstadt. Am Ende der Köpmangatan sieht man die Bronzeskulptur „St. Georg mit dem Drachen“, eine Kopie des Originals in der Storkyrkan.

Wir folgen der Österlånggatan nach Süden bis zum **Järntorget [N59° 19‘ 22.1“ E18° 04‘ 23.8“]**, dem alten Eisenmarkt.

Viele der Häuserfassaden an der Österlånggatan sind beachtenswert, manche stammen aus dem 17. Jh. Im Haus Nr. 51 ist eines der ältesten Restaurants Stockholms untergebracht, das renommierte **„Den Gyldene Freden“ [N59° 19‘ 23.1“ E18° 04‘ 25.4“]**. Im Goldenen Frieden verkehrte schon Carl Michael Bellman.

2. Rundgang
Von Slussen über Riddarholmskirche bis Stadshuset

Nur ein kurzes Stück weiter südlich des Järntorget endet die Altstadt Gamla Stan. Es schließt sich der Karl Johans Torg – besser bekannt als **Slussen** – an. Dieser wichtige Verkehrsknotenpunkt mit Brücken, Schleusen und mehreren Verkehrsebenen galt lange als verkehrstechnische und städtebauliche Musterlösung.

*STOCKHOLM ZENTRUM – **1** Touristeninformation – **2** Königliches Schloss – **3** Königliches Münzkabinett und Finska Kyrkan – **4** Storkyrkan – **5** Nobelpreismuseum, ehem. Börse – **6** Katarinahissen – **7** Stadtmuseum – **8** Tyska Kyrkan – **9** Postmuseum – **10** Riddarhuset – (**11 – 13** s. u. Gamla Stan - Altstadt) – **14** Stadshuset – **15** Skansen – **16** Vasa Museum – **17** Nordisches Museum – **18** Historisches Museum – **19** Kungliga Dramatiska Teatern – **20** Hallwyl Museum – **21** Konzerthaus – **22** Klarakirche – **23** Mittelmeermuseum – **24** Opernhaus – **25** Reichstag – **26** Mittelaltermuseum Stockholm – **27** Nationalmuseum – **28** Ostasiatisches Museum – **29** Museum für Moderne Kunst – **30** Architekturmuseum – **31** Armeemuseum – **32** Hauptbahnhof – **33** Hauptpost – **34** Bootsausflüge, Bootsanleger – **35** Swedish Music Hall of Fame, ABBA-Das Museum – **36** Gröna Lund, Djurgården – **37** zum „Autocamper" Wohnmobil-Stellplatz – **38** Junibacken*

Auf dem Platz steht ein Reiterstandbild König Karls XIV. Johan, dem ersten Bernadotte auf dem schwedischen Thron. Errichtet wurde es zur Erinnerung an die schwedisch-norwegische Union von 1814 bis 1905.

Nach Süden sieht man hinüber zur **Insel Södermalm** mit ihrem felsigen und teils recht steil aufragenden Ufer.

Der Aussichtsturm **Katarinahissen (6) [N59° 19' 11.7" E18° 04' 24.3"]** etwas links, dessen Plattform nur noch über Treppen zu erreichen ist, der Aufzug ist derzeit aus Altersgründen außer Betrieb gestellt, bietet Gelegenheit zu einem **Panoramablick** über die Stadt. Dort findet man auch das **Aussichtsrestaurant „Gondolen"**.

Nicht sehr weit von Slussen entfernt liegt auf Södermalm am Södermalmstorg das **Stadsmuseet (7) [N59° 19' 10.4" E18° 04' 16.6"]**, Ryssgården, *(Di + Mi 11 - 17 Uhr, Do 11 - 20 Uhr, Fr - So 11 - 17 Uhr; www.stadsmuseet.stockholm.se/in-english/)*. Das Museum gibt anhand von Dokumenten, Plänen, Bildern und Anschauungsmaterial einen Überblick über die Entwicklung der Stadt Stockholm von ihren Anfängen bis heute. Zu den großen Sehenswürdigkeiten zählen die Abteilung über das alte Stadtschloss Tre Kronor sowie Schwedens größter Silberschatz *Loheskatten*.

Wer auf den **Spuren der Popgruppe ABBA** durch Stockholm wandeln möchte, kann an den zweistündigen Führungen „ABBA City Walk" teilnehmen, die vom Stadsmuseet veranstaltet werden und zu Plätzen in der Stadt führen, die im Zusammenhang mit der Popgruppe ABBA stehen *(Touren: Di + Do 11 - 20 Uhr, Mi + Fr - So 11 - 17 Uhr)*. Und sicher werden ABBA-Fans auch das seit Mai 2013 geöffnete **ABBA - The Museum (35)** am Djurgårdsvägen 68 besichtigen. Details siehe weiter hinten unter **Djurgården.**

Wir kehren zurück bis an die Südseite der **Gamla Stan**. Dort liegt etwas westlich des Slussplan (Karl Johan Torg) der **Kornhamnstorg [N59° 19' 21.6" E18° 04' 17.4"],** der früher bis ins Eisenbahnzeitalter der lebhafteste Warenumschlagplatz der Stadt war. Es war der Handelsplatz Stockholms schlechthin, an dem alle Waren verzollt und umgeladen wurden, von den hochseetüchtigen Ostseeschiffen auf Binnenschiffe und umgekehrt. Das Denkmal mit dem sog. „Bogenspanner" auf dem Platz stammt vom Bildhauer Christian Eriksson aus dem Jahre 1917 und soll „die Kraft des schwedischen Volkes" darstellen.

Durch die schmale Funckens Gränd an der Ostseite des Platzes Kornhamnstorg kann man wieder stadteinwärts gehen und kommt kurz darauf zur Västerlånggatan, der westlichen Hauptstraße der Altstadt, heute die belebteste Geschäftsstraße in der Gamla Stan überhaupt.

Ein kurzes Stück stadteinwärts gelangt man zur St.-Gertrudskirche, eher bekannt als **„Tyska Kyrkan" (8) [N59° 19' 26.5" E18° 04' 18.9"]**, die Deutsche Kirche *(geöffnet Fr - So 11 - 15 Uhr, während Gottesdiensten geschlossen)*. Sonntags um 11 Uhr deutschsprachiger Gottesdienst.

Im weiteren Verlauf des Stadtrundgangs folgen wir der Västerlängsgatan und gehen durch eine der Gassen nach links bis zur Stora Nygatan und weiter bis zur Lilla Nygatan. An deren Nordwestende liegt **Munkbron** mit einigen sehenswerten Stadthäusern.

Wer sich für Philatelie interessiert, für den ist ein Besuch im **Postmuseum (9) [N59° 19' 26.8" E18° 04' 5.0"]** in der Lilla Nygatan Nr. 6 ein Muss *(geöffnet Di - So 11 - 16 Uhr, Mi 11 - 19 Uhr; www.postmuseum.posten.se/)*. In dem über 100 Jahre alten Museum ist alles über die Geschichte der schwedischen Briefmarke seit 1865 zu finden. Außerdem Postschiffe, Postbusse etc.

Der weitere Weg unseres Stadtrundgangs führt nun am Riddarholmkanal entlang zum Riddarhustorget.

Gegenüber des verkehrsreichen Platzes erhebt sich das **Riddarhuset, Ritterhaus (10) [N59° 19' 32.5" E18° 03' 58.1"]**, das Haus des schwedischen Hochadels. Im großen **Rittersaal** werden 600 Wappenschilder der ehemals 2.893 Adelsgeschlechter aufbewahrt. Einer der letzten Schweden, die in den Adelsstand erhoben wurden, war 1902 der Asienforscher *Sven Hedin*.

Eine breite Brücke führt hinüber zur **Insel Riddarholmen**, dem ehemals bevorzugten Residenzgebiet des schwedischen Adels. Man geht direkt auf die mächtige **Riddarholmskyrkan (11) [N59° 19' 29.5" E18° 03' 53.0"** mit ihrem markanten, durchbrochenen Turm zu *(geöffnet Mai - Sept. tgl. 10 - 17 Uhr; Okt. Sa + So 10 - 16 Uhr)*.

Die Kirche entstand schon im 13. Jh. Damals war sie als Abteikirche eines Franziskanerklosters geplant. Traditionsgemäß ist sie die Grabkirche der Königlichen Familie und des Adels und Gedächtniskirche des Seraphinenordens.

Der erste Monarch, der in der Kirche beigesetzt wurde, war König Magnus Ladulås, der Kirchengründer (1270) und Gründer des Franziskanerklosters.

Ursprünglich war die Kirche nur zweischiffig. Erst Mitte des 15. Jh. wurde sie erweitert und ein drittes Schiff angefügt. Der einst gepflasterte Kirchenboden ist zwischenzeitlich übersät mit Grabplatten.

Durch das sog. *Waffenhaus* an der Nordseite, in dem in früheren Zeiten die Ritter ihre Waffen zu deponieren hatten, bevor sie zur Messe gingen, betritt man die Kirche. Im Inneren wenden wir uns links und gehen im linken Seitenschiff vorbei an den Grabkapellen der *Lewenhaupts* zum **Hochaltar**.

Links vom Altar führen Stufen in die *Karolinische Grabkapelle*. Die durch ihren Baustil vom übrigen Kirchenbau abweichende Kapelle entstand in langwierigen Bauabschnitten zwischen 1641 und 1743. Beigesetzt sind hier der 1718 gestorbene Karl XII. (schwarzer Marmorsarkophag), Frederik I. (gest. 1751), Ulrika Eleonora (gest. 1741) und in den Gewölben ruhen Karl X. Gustav und Karl. XI.

Die schön gearbeiteten **Grabmale** mit den gotischen Liegefiguren vor dem barocken Hochaltar – links *Magnus Ladulås*, rechts daneben *Karl Knutsson Bonde* – wurden Ende des 16. Jh. von Johann III. gestiftet.

Rechts vom Altar gelangt man zur *Gustavianischen Grabkapelle*, die Mitte es 17. Jh. errichtet wurde. In dem großen Sarkophag aus italienischem Marmor ruht Gustav II. Adolf. In einem nicht zugänglichen Teil der Kapelle sind die Könige Adolf Frederik, Gustav III., Gustav IV. Adolf und Karl XIII. beigesetzt.

Das nächste große Mausoleum ist die *Bernadottesche Grabkapelle*. Sie entstand erst Mitte des 19. Jh. Hier ist Karl XIV. Johan, der 1844 verstorbene Gründer der bernadotteschen Königsdynastie, in einem herrlichen Porphyrsarkophag beigesetzt. Seine Gemahlin, Königin Desirée (Desideria), die 1860 starb, ruht davor in einem Sarkophag aus grünem Kolmårds-Marmor. In den Sarkophagen an den Wänden sind weitere Mitglieder aus dem Hause Bernadotte beigesetzt.

König Gustav V., der 1950 verstarb, wurde als letzter Monarch in der Riddarholmskirche zu Grabe getragen.

Man sollte die Kirche aber nicht verlassen, ohne die *Wappenschilder der Ritter des Seraphinenordens*, die an den Wänden des Kirchenschiffes angebracht sind, zu studieren. Man wird darunter viele bekannte Namen entdecken.

An der Nordseite der Riddarholmskirche liegt der **Birger Jarls Torg [N59° 19' 30.2" E18° 03' 51.3"]** mit einem Standbild des Stadtgründers Birger Jarl. Der Platz ist umgeben von Adelspalais aus dem 17. Jh. wie denen der Bondes, Spares und Stenbocks.

Links erhebt sich das imposante **Wrangelsche Palais (12) [N59° 19' 29.39" E18° 3' 46.27"]** mit den mächtigen Rundtürmen zur Seeseite hin. Karl Gustav Wrangel, Schlossherr auf Sko-

Blick von Riddarholmen zum Stadshuset, links Denkmal des Sängers Evert Taube

kloster, ließ sich Mitte des 17. Jh. dieses prächtige Stadtpalais von den Hofarchitekten Tessin und Jean de la Vallée erbauen.

Südlich der Riddarholmskirche liegt an den Kais das alte Reichstagsgebäude, das von 1866 bis 1905 in Dienst war.

Ganz in der Nähe liegt am Södra Riddarholmshamnen das weiße Hotel- und Restaurantschiff **„Mälardrottningen" (13) [N59° 19' 26.5" E18° 03' 46.5"]** vertäut. Die „Mälarkönigin" war ehemals die Yacht Barbara Huttons, der Erbin des New Yorker Multimillionärs und Kaufhauskönigs Woolworth.

Einen sehr schönen Blick hat man von der **Evert Taube Terrasse [N59° 19' 26.5" E18° 03' 46.5"]** (Evert Taube, Sänger, 1890 – 1976) unterhalb des Wrangelschen Palais aus über die Mälar-Riddarfjärden hinüber zur **Insel Kungsholmen** mit dem markanten **Rathaus (14)** und dessen zum Wahrzeichen der Stadt gewordenen Turm.

Von Riddarholmen kann man über die breite Centralbron hinüber zum **Stads-huset, Stockholms Rathaus (14) [N59° 19' 40.2" E18° 03' 18.6"]** gehen.

Stockholms **Stadshuset**, Handverkargatan 1, *(geöffnet tgl. 8.30 - 16 Uhr; Führungen obligatorisch täglich um 10, 11, 12, 14, 15 Uhr in Englisch, Juni - Aug. um 10, 11, 12, 14 Uhr auf Deutsch; www.stockholm.se/stadshuset)* wurde zwischen 1911 und 1923 nach Plänen des Architekten Ragnar Östberg errichtet. Eingeweiht wurde das Stadthaus mit seiner nordisch-nüchtern-kühlen Ausstrahlung zur Feier des 400. Jahrestages des Einzugs König Gustav Vasas in Stockholm.

Der vierflügelige Bau, für den angeblich mehr als acht Millionen Ziegelsteine verarbeitet wurden und am Ufer eigens eine aufwendige Pfahlgründung gebaut werden musste, umschließt zwei rechteckige Innenhöfe.

An der südöstlichen Ecke erhebt sich der 106 m hohe, viereckige **Rathausturm** *(geöffnet Mai - Sept. tgl. 9.10 - 15.50 Uhr, Aufstieg alle 40 Minuten; Juni - Aug. auch um 16.30 und 17.10 Uhr)*. Auf dem offenen Turmabschluss, der ganz im Gegensatz zum wuchtig und trutzig wirkenden Turm steht, sieht man die drei schwedischen Kronen aus dem Reichswappen, von denen jede über zwei Meter breit ist. Die Figuren an den Ecksäulen der abschließenden Turmlaterne stellen Maria Magdalena, die Hl. Klara, den Hl. Erik, den Schutzpatron der Stadt, und den Hl. Nikolaus dar.

Wenn man von Osten her über die Stadshusbron auf das Stadthaus zugeht, sieht man an der Nordseite des Turms über dem Dachgiebel die Monumentalplastik „St. Georg und der Drache" von Christian Eriksson.

Man kann den Turm gegen Gebühr über Treppen besteigen oder per Lift zur **Aussichtsplattform** gelangen. Von oben hat man einen ganz prächtigen Rundblick und natürlich auch eine schöne Sicht hinüber zur Altstadt.

Am Fuße der Ostseite des Turms sieht man unter einem von Säulen getragenen Baldachin einen Kenotaphen, ein **Grabdenkmal zu Ehren von Birger Jarl**, dem Stadtgründer. Beigesetzt ist Birger Jarl in der Klosterkirche von Varnhem.

Von Norden her betritt man den **Borgargården** (Bürgerhof), den größeren der beiden Innenhöfe des Stadshuset und gelangt von dort in die **Blå Hallen**. Diese gut 50 m lange und rund 22 m hohe Halle weist eine schöne Backsteinornamentik und unten einen Säulenumgang auf, der diesem monumentalen Saal einen Hauch von mediterranen Nobelbauten verleiht. Das Blau, das für die Ausgestaltung der Halle ursprünglich vorgesehen war und dem sie ihren Namen verdankt, wurde allerdings nie verwendet.

In der Halle befindet sich eine Ludwigsburger Orgel mit mehr als 10.000 Pfeifen.

Die teilweise sehr kostbar ausgestatteten Räume und Säle im Stadshuset können nur auf Führungen besichtigt werden.

Der **Rådssalen** ist der Sitzungssaal des Stadtrates, der aus 101 Verordneten besteht, die alle drei Jahre neu gewählt werden. Der 19 m hohe Saal hat eine interessante, offene Balkendecke. Die Abgeordneten betreten den Ratssaal durch das 31 m hohe *Hundravalvet* (Hundertgewölbe, wegen der hundert Facetten des Gewölbes) im Turmuntergeschoss.

Auf den Führungen werden außerdem der **Tre-Kronor-Saal** (Wandbehänge aus Brokat, Gemälde „Stockholm von Mosebacke aus gesehen" von Elias Martin) und der **Blå Rummet** (Wandgemälde von Axel Törnemann) gezeigt.

Schließlich betritt man den sehr beeindruckenden **Gyllene Salen**, einen prächtigen Bankettsaal, in dem alljährlich das feierliche Festbankett anlässlich der **Nobelpreisverleihung** in Anwesenheit des Königspaares stattfindet.

Der Goldene Saal wurde von Einar Forseth mit herrlichen Goldmosaiken ausgeschmückt. Das Motiv an der Stirnwand zeigt „Stockholm, Königin des Mälarsees" auf einem Thron, während ihr das Abendland und das Morgenland huldigen. Auf dem Schoß der Königin sieht man das Stadthaus.

Bevor man den Gebäudekomplex verlässt sollte man nicht versäumen, durch den offenen Säulengang im Südflügel auf die Terrasse am Riddarfjärden zu gehen. Von dort hat man einen sehr schönen **Blick hinüber nach Riddarholmen und zur Altstadt**.

Das **Restaurant „Stadshuskällaren"**, Zugang an der Nordseite des Stadthauses, zählt zu den renommierten Gaststätten der Stadt. Sonntag Ruhetag; https://www.stadshuskallarensthlm.se/.

Von den **Schiffsanlegestellen** östlich des Stadthauses legen die Dampfer nach Drottningholm, Gripsholm (Mariefred) und Birka ab.

3. Stadtrundgang Djurgården, Freilichtmuseum Skansen, Vasa Museum, Nordisches Museum

Unser dritter Stadtrundgang führt nach **Djurgården** zum **Vasa Museum (16)** und zurück über den Stadtplatz Kungsträdgården zum Königlichen Schloss. Auf dem Wege werden diverse weitere **Museen** erwähnt. Möchte man alle diese Museen besichtigen, wird man für diesen Rundgang natürlich mehr als nur einen Tag vorsehen müssen!

Auf dem Weg zurück in die Innenstadt kann man sich auch der restaurierten Nostalgie-Straßenbahn Linie 7 zum Norrmalmtorg bedienen.

Am bequemsten und einfachsten ist der Weg nach Djurgården, wenn man sich ab der **Anlegestelle Räntmästartrappen [Parkplatz, N59° 19' 19.7" E18° 04' 29.2"]** an der Südostseite der Gamla Stan der **Personenfähren Djurgårdsfärjen** nach Djurgården, Anleger Allmänna gränd brygg beim Freizeitpark Gröna Lund, bedient.

Djurgården, das ehemalige königliche Tiergehege, ist heute Stockholms größtes und meistbesuchtes Naherholungs- und Freizeitgebiet, in dem man wirklich Tage verbringen könnte.

Dort findet man den seit über 120 Jahre bestehenden **Vergnügungspark Gröna Lund (36)**, dann das riesige **Freilichtmuseum Skansen (15)** mit **Tiergehege, Aussichtsturm**, **Restaurants** (darunter das renommierte **„Wärdshuset Godthem"**, Rosendalsvägen 9, und das hundertjährige Spezialitätenrestaurant **„Wärdshuset Ulla Windbladh"**, Rosendalsvägen 8), das **Spritmuseum** (alles über Hochprozentiges in Schweden; *geöffnet tgl. Mo - Mi 10 - 17 Uhr, Do - So 10 - 18 Uhr, So 12 - 16 Uhr, Restaurant; https://spritmuseum.se*), die **Schlösschen Rosendal** und **Prins Eugens Waldemarsudde**, die **Kunstgalerien Liljevalch** und **Thiel** und schließlich einen **Zirkus**, der heute allerdings als modernes Theater mit Restaurant dient.

Der Eingang zum **Vergnügungspark Gröna Lund (36) [N59° 19' 24.3" E18° 05' 49.3"]** *(geöffnet Ende Apr. - Ende Sept. Mo - Mi 12 - 22 Uhr, Do - So 11 - 23 Uhr; www.gronalund.com)* liegt in der Nähe der Bootsanlegestelle auf Djurgården.

Eine neuere und viel besuchte Attraktion in Stockholm ist die **„Swedish Music Hall of Fame"**, wenige Schritte neben Gröna Lund gelegen, in der das im Mai 2013 eröffnete **ABBA The Museum (35)**, Djurgårdsvägen 68, eingerichtet ist *(geöffnet Juni - Aug. tgl. 9 - 20 Uhr; März - Mai tgl. 10 - 18 Uhr; Sept. - 13. Dez. Mo + Di + Fr - So 10 - 18 Uhr, Mi + Do 10 - 20 Uhr; 14. -31. Dez. tgl. 10 - 18 Uhr; https://abbathemuseum.com)*. Hier erfahren, sehen und hören Sie wirklich alles über die schwedische Popgruppe ABBA, die vor allem in den 70ern weltweit Furore machte (Sieger beim Eurovision Song Contest 1974 mit dem Hit „Waterloo"). Buchen Sie Ihr Ticket online. Sie erhalten dann einen Besuchszeitpunkt zugewiesen, den Sie einhalten sollten. Gebuchte Tickets sind bei Nichtbenutzung nicht erstattbar, nur umbuchbar. Gegen eine Extragebühr können Sie sich einen Audioguide mieten, auf dem Agnetha, Anni-Frid, Björn und Benny ihre persönliche Geschichte erzählen. Sehen Sie für einen Besuch im ABBA The Museum mindestes eine ganze Stunde vor.

Geht man von der Anlegestelle geradeaus bis zum Djurgårdesvägen und dort rechts, kommt man zum Freilichtmuseum Skansen (15).

Skansen (15), das erste Freilichtmuseum der Welt [N59° 19' 27.4" E18° 05' 57.0"], Djurgårdenslätten 49 - 51 *(geöffnet Juli + Aug. tgl. 10 - 17 Uhr; Sept. - Juni tgl. 10 - 16 Uhr; www.skansen.se/de/)*, Busse 44 und 47, Fähre nach Djurgården, Tram Nr. 7 ab Norrmalmstorg.

Vor mehr als 100 Jahren hatte *Artur Hazelius* die Idee, auf der Insel Djurgården einige historische alte Gehöfte aus Schweden aufzustellen. Damit gründete er 1891 das erste Freilichtmuseum der Welt. Seitdem kamen Stadthäuser, Kirchen (z. B. die aus Seglora von 1720), Gutshöfe (der Hof Skogaholmen stammt von 1680), Bauernhäuser, Wirtschaftsgebäude, Almhütten, Speicherhäuser u. ä. aus den verschiedensten Teilen des Landes hinzu, so dass das Freilichtmuseum Skansen mit heute fast 150 Gebäuden einen sehr schönen Überblick über Leben und Kultur in Schweden vermittelt.

Stadtbekannt ist auch der **Aussichtsturm Bredablick** (weite Aussicht), von dem man einen herrlichen Rundblick über Skansen und die Stadt hat.

Zudem gibt es Tiergehege, das Skansen Aquarium mit der „Welt der Affen" (extra Eintritt), Restaurants und Freilichtbühnen, auf denen u. a. Volkstänze dargeboten werden oder zur Mittsommernacht gefeiert wird.

Rund ein Kilometer östlich vom Südeingang das Skansenparks liegt in einem herrlichen Park am Ufer des Saltsjön das **Schlösschen Prins Eugens Waldemarsudde [N59° 19' 12.4" E18° 06' 49.4"]**, Prins Eugens väg 6, *(geöffnet Di - So 11 - 17 Uhr, Di + Do 11 - 20 Uhr; www.waldemarsudde.se/in-english/)*. Die stattliche Villa aus der Wende vom 19. zum 20. Jh. war ehemals die Residenz des Prinzen Eugen (1865 – 1947), dem Bruder von König Gustav V. Der Prinz machte sich vor allem einen Namen als Kunstmaler. Heute beherbergt Waldemarsudde eine bemerkenswerte Kunstaustellung.

Die Museums-Tram Linie 7 hat in der Nähe von Waldemarsudde ihre Wendeschleife.

Ein weiteres Kunstmuseum, die **Thielska Galleriet [N59° 19' 20.3" E18° 08' 55.6"]**, liegt am Ostende von Djurgården, Sjötullsbacken 8, Blockhusudden *(geöffnet Di - So 12 - 17 Uhr; Juli + Aug. Do 12 - 20 Uhr; www.thielskagalleriet.se/en/)*. Der Gründer der Galerie, der Bankier und Kunstmäzen Ernst Thiel, ließ sich die Jugendstilvilla eigens zur Aufnahme seiner umfangreichen Kunstsammlung bauen.

An der Nordseite von Djurgården liegt das **Schlösschen Rosendal [N59° 19' 43.8" E18° 07' 03.2"]**, Rosendalsvägen *(geöffnet Juni - Aug. Di - So Führungen um 12, 13, 14 und 15 Uhr auch in englischer Sprache; https://www.kungligaslotten.se/english/royal-palaces-and-sites/rosendal-palace.html)*. Hierher zogen sich König Karl XIV. Johan und Königin Desirée gerne zurück, um wenigstens zeitweise dem steifen Hofzeremoniell zu entgehen. Das Schlösschen ist im Empirestil eingerichtet. Prächtig ausgestattete Salons. Schöner, gepflegter Schlossgarten.

Von Skansen aus, oder von der Bootsanlegestelle auf Djurgården aus, geht man am einfachsten zu Fuß (oder man nimmt die Straßenbahn Nr. 7 zwei Stationen weit) über den Djurgårdsvägen nordwärts zum Vasa Museum.

Mein Tipp! Das Vasa Museum (16) [Parkplatz, N59° 19' 43.2" E18° 05' 34.4"], Galärvarvet, *(geöffnet Juni - Aug.*

tgl. 8.30 - 18 Uhr; Sept. - Mai tgl. 10 - 17 Uhr, Mi 10 - 20 Uhr; www.vasamuseet.se/de/); Bus 44, 47 oder 69, Fähren nach Djurgården, Tram Linie 7 ab Norrmalmstorg. Eine Anlegestelle der Fähren liegt in unmittelbarer Nähe des Museums.

Das Vasa Museum beherbergt eine der größten Sehenswürdigkeiten Schwedens, das überaus eindrucksvolle **Regalschiff „Vasa"** aus dem 17. Jh. Es ist aber nicht nur das Schiff an sich, sondern es sind auch die spektakuläre Geschichte des Schiffes und die langwierige Prozedur seiner Bergung und Konservierung, die von Interesse sind.

Die Vasa ist das einzige völlig erhaltene Holzschiff aus jener Zeit auf der Welt.

Nicht versäumen sollte man den jede Stunde im Kinosaal des Museums präsentierten Film über die Bergungsgeschichte der Vasa, Dauer 17 Minuten (1. Juni - 31. Aug. Englisch: 9, 9.40, 11, 13, 13.40, 15, 15.40, 16.20, 17.20 Uhr. Deutsch: 9.20, 10.40, 13, 13.40, 15.20, 17 Uhr).

Vor dem Vasa Museum ankern einige **Museumsschiffe**, darunter der Eisbrecher *„Sankt Erik"*, der von 1915 bis 1977 im Einsatz war und das Feuerschiff *„Finngrundet"*, das zwischen 1903 und 1969 seinen Dienst versah. Ganz in der Nähe hat das russische U-Boot *„U137"* festgemacht, das ebenfalls besichtigt werden kann.

In unmittelbarer Nähe zum Vasa Museum liegt das **Nordiska Museet (17) [Parkplatz, N59° 19' 43.2" E18° 05' 34.4"]**, Djurgårdsvägen 6 - 16 *(geöffnet Juni - Aug. 9 - 17 Uhr; Sept. - Mai tgl. 10 - 17 Uhr, Mi 10 - 20 Uhr; www.nordiskamuseet.se/de; Museumsshop, Restaurant),* Bus 67, 69 und 76, Fähren Allmänna Gränd ab Slussen, Tram Linie 7 ab Sergels Torg.

Das Nordische Museum, das sich zum Ziel gesetzt hat, Leben und Arbeit des schwedischen Volkes vom Ende des Mittelalters bis in die heutige Zeit zu zeigen, wurde zu Beginn des Industriezeitalters Ende des 19. Jh. von Artur Hazelius, dem „Vater" des Skansen Freilichtmuseums, gegründet.

Im Erdgeschoss werden Ausstellungen zu den Themen Zunftwesen, Volkstrachten und Samische Kultur, im ersten Stock u. a. Arbeit im Dorf und auf dem Hof, und darüber Nordische Volkskunst, Textilien, Spielzeug, Mode seit dem 18. Jh. und Trachten und schließlich Möbel, Hausrat und schwedisches Wohnen gezeigt.

Unweit westlich vom dominierenden Gebäude des Nordiska Museet liegt am Rande des freien Platzes am Wasser **Junibacken [Parkplatz, N59° 19' 49.19" E18° 5' 31.35"]** *(geöffnet im Sommer tgl. 10 - 18 Uhr; im Winter tgl. 10 - 17 Uhr; www.junibacken.se/deutsch).* Junibacken ist ein Erlebnis vor allem für Familien mit Kindern, in dem die Welt aus den Märchen von Astrid Lindgren lebendig wird.

Zwischen Junibacken und Nordiska Museet liegt ein großer **Parkplatz** (Gebühr).

Über die Brücke Djurgårdsbron gelangt man hinüber in den **Stadtteil Östermalm** und zur breiten Uferstraße Södervägen (Parkmöglichkeiten), der wir stadteinwärts (westwärts) folgen.

Ein Stück weiter nördlich liegt das **Statens Historiska Museet (18) [N59° 20' 04.9" E18° 05' 27.5"]**, Narvavägen 13 - 17 *(geöffnet Juni - Aug. tgl. 10 - 17 Uhr; Sept. - Mai Di - So 11 - 17 Uhr, Mi auch 17 - 20 Uhr, freier Eintritt; www.historiska.se),* Bus 44, 47, 56, 69 + 76. Das Staatliche Historische Museum zeigt im Erdgeschoss Fundstücke und Exponate aus der Stein-, Bronze- und Eisenzeit, aus der Zeit der Wikinger und aus Birka, Schwedens erster Stadtgründung. Ebenfalls zum Museum gehört die sog. **„Goldsammlung"** mit über 3.000 Gold- und Silberstücken.

Wendet man sich an der Djurgårdsbrücke dagegen ostwärts (rechts), kommt man zum sog. **Museumspark [Parkplatz, N59° 19' 59.4" E18° 06' 57.2"]** mit nicht weniger als fünf weiteren Museen - Sjöhistoriska Museet, Riksidrottsmuseet (Kinder-, Familien-, Freizeitmuseum; www.riksidrottsmuseet.se/), Polismuseet, Tekniska Museet und Etnografiska Museet:

Sjöhistoriska Museet, Djurgårdsbrunns-vägen 24 *(geöffnet Di - So 10 - 17 Uhr; Eintritt frei; www.sjohistoriska.se/),*

Bus 69. Schwedens größte Sammlung zur Seefahrtsgeschichte des Landes, mit zahlreichen Schiffsmodellen, Navigationsinstrumenten, Dokumentationen, Gemälden etc.

Tekniska Museet, Museivägen 7, Norra Djurgården *(geöffnet tgl. 10 - 17 Uhr, Mi 10 - 19 Uhr; https://www.tekniskamuseet.se/de/)*, Bus 69. Das Museum für Forschung und Technik zeigt fast alle Aspekte der Technologie und der Industriegeschichte. Man sieht Dampfmaschinen, Motoren, Apparaturen und Maschinen, Flugzeuge u. a.

Folkens Etnografiska Museet, Djurgårdsbrunnsvägen 34 *(geöffnet Di - So 11 - 17 Uhr, Mi 11 - 20 Uhr; www.etnografiska.se)*, Bus 69. Dieses Museum befasst sich mit außereuropäischen Kulturen aus Nordamerika, Afrika, Melanesien und Asien (japanisches Teehaus) u. a.

Unweit östlich der Museen erhebt sich der 155 m hohe Fernmeldeturm **Kaknästornet [Parkplatz, N59° 20' 4.11" E18° 7' 34.66"]** mit Aussichtsterrasse *(geöffnet im Sommer Mo - Sa 9 - 22 Uhr, So 9 - 19 Uhr)* und Restaurant.

Vom Kaknästornet fährt die Buslinie 69 zurück in die Innenstadt über Nybroplan bis Sergels Torg.

4. Stadtspaziergang
Die Innenstadt

Unseren Stadtrundgang durch Stockholms Innenstadt beginnen wir am Platz **Nybroplan [N59° 19' 58.5" E18° 04' 34.5"]** mit der Anlegestelle der Fähren nach Djurgården. Am Nybroplan liegt das **Kungliga Dramatiska Teatern (19)**, das Königliche Schauspielhaus. An der Bühne des Schauspielhauses inszenierte gelegentlich Schwedens bekannter Regisseur Ingmar Bergman (1918 – 2007).

Weiter durch die Geschäftsstraße Hamngatan bis zum **Sergels Torg [N59° 19' 57.3" E18° 03' 56.6"]**, dem zentralen, modernen Platz im lebhaften Geschäftsviertel Norrmalm.

Auf dem Weg zum Sergels Torg passiert man den **Berzelii-Park**, der nach dem schwedischen Chemiker Berzelius benannt ist.

An der Westseite des Parks liegt das schon historische, sehr renommierte Stockholmer **Restaurant „Berns Bistro & Bar" [N59° 19' 57.8" E18° 04' 25.1"]**, Tel. +46 (0)8 56 63 25 10, mit dem Ambiente der Jahrhundertwende, französische Küche.

Unweit nördlich gegenüber vom Berzelii-Park, in der Hamngatan Nr. 4, liegt das wenig bekannte, aber überaus interessante **Hallwylska Museet (20) [N59° 19' 59.3" E18° 04' 28.3"]**, *(geöffnet Juli - Aug. Di - So 10 - 18 Uhr; Sept. - Juni Di, Do, Fr 12 - 16 Uhr, Mi 12 - 19 Uhr, Sa + So 11 - 17 Uhr, Führungen; www.hallwylskamuseet.se)*. Dieses private Palais ist eines der wenigen Adelshäuser aus dem Ende des 19. Jh., das so gut wie unverändert erhalten geblieben ist. Sehr sehenswert ist die prächtige Innenausstattung mit kostbaren Möbeln.

Auf dem weiteren Weg über die Hamngatan zum Sergels Torg kommt man vorbei an der immer belebten Parkanlage **Kungsträdgården** und an den Warenhäusern **NK [N59° 19' 58.1" E18° 04' 10.3"]** (Restaurants) und **Gallerian [N59° 19' 56.8" E18° 04' 01.8"]** (Restaurants).

Benannt ist der große Stadtplatz **Sergels Torg** am Westende der Hamngatan nach dem schwedischen Bildhauer *Tobias Sergel* (1740 – 1814). Der moderne Glaspalast an der Südseite des Platzes ist das **Kulturhaus**.

Ein gutes Stück weiter nördlich, zwischen dem breiten Sveavägen und dem bunten **Hötorget** (mit riesiger unterirdischer Markthalle und Einkaufspassagen, zahlreiche Lokale), liegt Stockholms **Konzerthaus (21) [N59° 20' 05.6" E18° 03' 45.8"]**, ein Bau im neoklassizistischen Stil aus dem Jahre 1926. Im Konzerthaus werden alljährlich im Dezember in einer feierlichen Zeremonie in Anwesenheit des Königs die Nobelpreise verliehen.

Westlich vom Sergels Torg führt die **Drottninggatan**, eine der wichtigsten Geschäftsstraßen der Stadt, nach Nordwesten. Hier liegen Geschäfte jeder Art, Restaurants und Einkaufszentren wie das **PUB [N59° 20' 03.5" E18° 03'**

40.0"], eines der größten Warenhäuser in der Stadt.

Im vierten Stock im Haus an der Drottninggatan Nr. 85, Ecke Olaf Palmes Gata, findet man das **Strindbergsmuseet** *(geöffnet Di - So 12 - 16 Uhr; www.strindbergsmuseet.se/english/)*, U-Bahn Rådmansgatan. Das Museum, die rekonstruierte Wohnung Strindbergs, erinnert an den großen schwedischen Dichter und dramatischen Schriftsteller *August Strindberg (1849 - 1912)*, der hier zwischen 1908 und 1912 lebte.

Zwei Straßenzüge westlich des Sergels Torg, schon auf halbem Wege zum Hauptbahnhof, erhebt sich an der breiten Klarabergsgatan die **St. Klarakirche (22) [N59° 19' 53.5" E18° 03' 38.5"]**, eines der ältesten Gotteshäuser der Stadt, dessen Ursprünge bis ins 13. Jh. zurückreichen. Auf dem Friedhof haben u. a. Schwedens beliebter Volkssänger Carl Michael Bellman und die Dichterin Anna Maria Lenngren ihre letzte Ruhestätte gefunden.

Vom Sergels Torg gehen wir südwärts und durch die Malmstorgsgatan Richtung Schloss. Fast am Ende der Straße liegt links (westlich) das **Medelhavsmuseet (23) [N59° 19' 45.9" E18° 04' 02.6"]**, Eingang Fredsgatan 2 *(geöffnet Di - Fr 11 - 20 Uhr, Sa + So 11 - 17 Uhr, freier Eintritt; www.medelhavsmuseet.se)*, Bus 62, 65, U-Bahn Kungsträdgården. Das Museum befasst sich mit Kunst und Kultur alter Zivilisationen aus dem Mittelmeerraum und aus Nahost.

Wenig später gelangt man zum Gustav Adolfs Torg. Links erhebt sich das **Opernhaus (24) [N59° 19' 46.2" E18° 04' 10.4"]**, ein Ende des 19. Jh. im Renaissancestil errichteter Bau.

Jenny Lind (6. 10. 1820 – 2. 11. 1887), die große schwedische Opernsängerin, die hier in Norrmalm geboren wurde und in der ganzen Welt als „schwedische Nachtigall" bekannt war, startete an der Stockholmer Oper ihre große Karriere.

Das **Restaurant „Operakällaren"**, (Tel. +46 (0)8 676 58 00; www.operakallaren.se), das bereits 1895 öffnete, ist nicht nur für seine exquisite Speisekarte, sondern auch für seine Preise über die Stadt hinaus bekannt.

Brücken führen über den Norrström auf die **Helgeandsholmen** (Heiliggeistinsel). Beinahe die gesamte westliche Hälfte des Inselchens wird eingenommen vom Gebäudekomplex des **Riksdagshuset (25) [N59° 19' 40.1" E18° 04' 08.1"]**, dem schwedischen Reichstagsgebäude.

An der Ostseite der Helgeandsholmen findet man auf der sog. Strömparterren **Stockholms Medeltidsmuseet**, das **Mittelaltermuseum Stockholm (26) [N59° 19' 41.6" E18° 04' 12.9"]**, *(geöffnet Di, Do - So tgl. 12 - 17 Uhr, Mi 12 - 20 Uhr; freier Eintritt; www.medeltidsmuseet.stockholm.se/)*, Bus 2, 43, 76, U-Bahn Kungsträdgården. Ausgestellt sind u. a. Fragmente der mittelalterlichen Stadtbefestigung.

Museen auf Blasieholmen und Skeppsholmen

Geht man vom Gustav Adolfs Torg [N59° 19' 45.00" E18° 4' 8.17"] nach Osten, vorbei am Karl XII. Torg und vorbei an der Anlegestelle der Ausflugsschiffe **Strömkajen [N59° 19' 45.6" E18° 04' 30.6"]**, auf das markante Gebäude des **Grand Hotels** (Terrassenrestaurant mit Altstadtblick) am Strömkajen zu, gelangt man auf die **Halbinsel Blasieholmen**.

Am Ende der Halbinsel, von wo aus man einen sehr schönen Blick auf die Altstadt und das Schloss hat, liegt das sehenswerte **Nationalmuseum (27) [N59° 19' 41.5" E18° 04' 40.4"]**, Södra Blasieholmshamnen 2 *(geöffnet Mo - Mi, Sa + So 11 - 17 Uhr, Do 11 - 21 Uhr, Fr 11 - 19 Uhr; www.nationalmuseum.se/)*, Busse 65, Metro Linie Blau 10 und 11 bis Kungsträdgåarden.

Hier ist in einem mächtigen Gebäude aus der Mitte des 19. Jh. Schwedens bedeutendste **Gemälde- und Kunstausstellung** untergebracht. Die Sammlung basiert vor allem auf der **Königlichen Kollektion König Gustavs III.** Integriert ist auch die **Sammlung des Grafen Tessin**, der dem berühmten Architektengeschlecht entstammte, in königlichen Diensten in Paris tätig war und bei dieser Gelegenheit die Galerie

Stockholm, Blick von der Skeppsholmsbron zum Schloss, links im Hintergrund die Storkyrkan

durch kostbare französische Meister ergänzte und bereichern konnte.

Eine Brücke führt hinüber nach **Skeppsholmen [N59° 19' 31.2" E18° 05' 19.6"]**, dem früheren Werftgelände Stockholms. Vor dem Westufer hat – wohl für den Rest seiner Tage – der ausgediente, aber immer noch stolze Windjammer **„af Chapman" [N59° 19' 30.8" E18° 04' 50.7"]** festgemacht, der nun als Jugendherberge dient.

Skeppsholmen entwickelt sich langsam zur Museumsinsel der Stadt. Die Insel erreicht man mit Bussen der Linien 65 ab Karl XII Torg. Folgende Museen sind bislang dort eingerichtet worden:

Östasiatiska Museet, das **Ostasiatische Museum (28) [N59° 19' 38.3" E18° 04' 54.4"]**, Skeppsholmen, *(geöffnet Di 11 - 20 Uhr, Mi - So 11 - 17 Uhr, Eintritt frei; www.ostasiatiska.se/)*, Bus 65. Eine interessante Sammlung mit Kunstgegenständen und archäologischen Exponaten aus fernöstlichen Kulturen, aus China, Japan, Korea und Indien (u. a. Tempelmalereien, Buddhafiguren).

Moderna Museet, das **Museum für Moderne Kunst (29) [N59° 19' 34.8" E18° 05' 02.4"]**, Skeppsholmen, *(geöffnet Di + Fr 10 - 20 Uhr, Mi + Do 10 - 18 Uhr, Sa + So 11 - 17 Uhr; www.modernamuseet.se)*. Gemälde, Skulpturen und Fotografien schwedischer und internationaler Künstler des 20. Jh. sind hier zu sehen.

Museum für Schwedische Architektur und Designzentrum (30) [N59° 19' 32.9" E18° 05' 04.8"], Skeppsholmen, *(geöffnet Di + Fr 10 - 20 Uhr Mi + Do 10 - 18 Uhr, Sa + So 11 - 18 Uhr; https://arkdes.se/)*. Ein Spezialmuseum mit Plänen, Modellen, Fotografien und umfangreicher Fachbibliothek für alle, die sich für schwedische Architektur im internationalen Wettstreit interessieren.

Weitere Sehenswürdigkeiten

Das **Armee Museum (31) [N59° 20' 05.0" E18° 04' 48.8"]**, Riddargatan 13 *(geöffnet Juni - Aug. tgl. 10 - 17 Uhr, Mottsommerwochenende geschlossen; Sept. - Mai Di 11 - 20 Uhr, Mi - So 11 - 17 Uhr; www.armemuseum.se/languages/deutsch/; Eintritt frei)*, Tram 7, Busse 52, 62, 69, 76 bis Nybroplan. Das Museum zeigt Exponate zur Geschichte der schwedischen Streitkräfte von der Wikingerzeit über die Epoche Gustav Vasas bis heute. Uniformen, Fahnen, Kriegstrophäen und Waffen sind die wichtigsten Ausstellungsstücke.

Ausflüge ab Stockholm

Millesgården [Parkplatz, N59° 21' 32.7" E18° 07' 21.5"], Herserudsvägen 32, Lidingö, *(geöffnet Di - So 11 - 17 Uhr; www.millesgarden.se)* war zwischen 1951 und 1955 das Domizil des bedeutenden schwedischen Bildhauers *Carl Milles* und seiner Frau Olga.

Das Anwesen liegt nordöstlich der Innenstadt von Stockholm auf der **Insel Lidingö**. Zu erreichen über die E20 und 277 Richtung Lidingö.

Im Haus und vor allem in den schön angelegten Gärten und auf den weiten Terrassen der Villa sind die bedeutendsten Werke und Skulpturen von Carl Milles zu sehen.

Bootsausflug nach Drottningholm

Einer der vielleicht schönsten Ausflüge ab Stockholm ist eine Bootstour durch die Arme des Mälarsees zum **Schloss Drottningholm**.

Die weißen Ausflugsdampfer verkehren von der Anlegestelle Klara Mälarstrand an der Stadshusbron von Anfang Juni bis Mitte September täglich zwischen 10 und 16 Uhr jeweils zur vollen Stunde, und um 19 Uhr, danach bis Mitte Oktober freitags bis sonntags um 10, 12 und 14 Uhr. Die Fahrtdauer beträgt 50 Minuten; *www.stromma.com/de-se/stockholm/excursions/day-trips/drottningholm-palace/*.

Schloss Drottningholm [Parkplatz, N59° 19‘ 21.7“ E17° 53‘ 12.7“] *(geöffnet Apr. Di - So 10 - 16 Uhr; Mai - Sept. tgl. 10 - 17 Uhr; Okt. tgl. 10 - 16 Uhr; Nov. - Jan. Sa + So 10 - 16 Uhr; Führungen in Englisch Juni - Aug. tgl. um 10.30, 11.30, 15.30 Uhr; Sept. - Mai Sa + So um 11.30 Uhr; https://www.kungligaslotten.se/language/auf-deutsch/schloss-drottningholm/schloss-drottningholm-geschichte.html)* liegt sehr schön am Nordostufer der Insel Lovö im Mälarsee. Es ist umgeben von herrlichen Barockgärten und einer gepflegten Parklandschaft.

Das Barockpalais von Drottningholm aus dem Ende des 17. Jh. war Sommerresidenz von Königin Hedvig Eleonora und später von König Gustav III. und Lovisa Ulrika. Heute dient ein Teil des Schlosses als permanente Residenz der Königlichen Familie.

„Drott“ übrigens ist der alte Titel für die schwedischen Könige. Bald kam aber die Bezeichnung „Konung“ oder kurz „Kung“ in Gebrauch. Das alte Wort lebt aber weiter in „Drottning“, schwedisch für Königin. Drottningholm ist also die *Königininsel*.

Einige Räume im mittleren Haupttrakt und im Nordflügel des Schlosses können besichtigt werden.

Schloss Drottningholm

Eines der imposantesten Gemächer ist das **Prunkschlafzimmer Hedvig Eleonoras**. Das nach Plänen Tessins d. Ä. reich und üppig dekorierte Gemach wurde 1683 eingerichtet. Es war einer der Repräsentationsräume des Schlosses und das Empfangszimmer der Königin. Die Deckengemälde stammen von Ehrenstrahl und stellen allegorische Szenen in Verbindung mit Karl XI. dar. Bei seiner Fertigstellung waren die Farben des Raumes Schwarz und Gold, Zeichen der Trauer um Karl XI. Gustav. Erst 1701 ließ die Königinwitwe das Schwarz durch das heutige Blau ersetzten. Das Alkovenbett wurde erst um 1710 für Louisa Ulrika aufgestellt.

Der Festsaal des Schlosses war der große **Reichssaal**, in dem 1744 die Hochzeitsfeierlichkeiten anlässlich der Vermählung von Adolf Frederik mit Louisa Ulrika stattfanden. Ein monumentales, düsteres Barockgemälde bedeckt das Deckengewölbe. Dargestellt sind Szenen aus der antiken Götterwelt des Olymp. Unter König Oskar I. und seiner Gemahlin Josefine wurde der Reichssaal innen bis auf das Deckengemälde völlig verändert.

Interessant ist die Besichtigung von **Drottningholms Slottsteater**. Es gilt heute als die älteste noch bespielte Hof-Bühne Europas *(geöffnet Mai - Sept. tgl. 12 - 16.30 Uhr, obligatorische Führungen in Englisch und Deutsch zu jeder vollen Stunde; Apr. + Okt. Führungen in Englisch tgl. um 11.15, 12.15, 14.15 Uhr; Nov. - 13. Dez. Sa + So Führungen in Englisch um 11.15, 12.15, 14.15 Uhr; www.dtm.se)*.

Obwohl das Theater im Zuschauerraum nur mit einfachen Materialien die beim Kulissenbau verwendet werden, wie Holz, Stuck, Farbe und Papiermaché dekoriert ist, wurde die Bühnenmechanik nach dem damals neuesten technischen Stand vom italienischen Bühnenarchitekten Donato Stopani gebaut. Schnürboden mit Seiltrommeln und Kulissenmechanik mit handbetriebenen Ankerspills zum Bewegen der Bilder und für schnelle Szenenwechsel funktionieren heute noch und werden auch benutzt.

Durch den gepflegten **Barockgarten** mit dem zentralen Herkulesbrunnen kann man zum **Chinesischen Pavilion** gehen *(geöffnet Mai - Sept. tgl. 12 - 15.30 Uhr; www.kungligaslotten.se/english/royal-palaces-and-sites/the-chinese-pavilion.html*. Erkundigen Sie sich beim Kauf der Eintrittskarten nach den neuesten Öffnungszeiten des Pavillons, bevor Sie sich auf den Weg dorthin machen!

PRAKTISCHE HINWEISE – STOCKHOLM

Stockholm Visitors Centre [N59° 19' 56.42" E18° 3' 54.08"], Kulturhuset, Sergels Torg 3, 103 27 Stockholm, Tel. +46 (0)8 508 28 500; www.visitstockholm.com/de/. *Geöffnet Mo - Fr 9 - 18 Uhr, Sa + So 9 - 15 Uhr.*

RESTAURANTS

Rodolfino, Store Nygatan 1, Tel. +46 (0)8 41 18 497; www.rodolfino.se; alteingesessenes Lokal mitten in der Altstadt, italienische Küche, mittlere Preiskategorie.
Ulriksdals Wärdshus, Ulriksdal Slotspark, 17079 Solna, Tel. +46 (0)8 85 08 15; www.ulriksdalsvardshus.se; im nördlichen Stadtbereich in der Nähe des Schlosses Ulriksdal, altschwedisches Gasthaus, Spezialität Smörgåsbord, teuer.
Zum Franziskaner, Skeppsbron 44, Tel. +46 (0)8 41 18 330; www.zumen.se; an der Ostseite der Altstadt, gutes, traditionsreiches Lokal (seit 1622), erschwingliche Preise.
Hard Rock Café, Sveavägen 75, Tel. +46 (0)8 54 54 94 00; www.hardrockcafe.com/location/stockholm/; Rockcafé mit Snacks nach amerikanischer Art.

CAMPING BEI STOCKHOLM

Skärholmen / Stockholm
Camping Bredäng Stockholm [N59° 17' 44.2" E17° 55' 23.2"], Stora Sällskapets väg, Tel. +46 (0)8 97 70 71; www.bredangcamping.se; 15. Apr. – 4. Okt.; im Stadtteil **Bredäng**, ca. 10 km südwestl. Stockholm Zentrum, A4/E20 Aus-

fahrt Bredäng; stark frequentierter Platz; Wiesengelände mit Baumbestand Nähe Mälarsee, teils parzelliert mit befestigten Stellplätzen; ca. 10 ha – 350 Stpl.; Standardsanitärausstattung. Laden, Restaurant, Sauna, Trockner, WLAN auf Teilen des Platzes, Internetecke. Jugendherberge. Miethütten. V & E für Wohnmobile. Ca. 400 m zum Mälarhöjden Strandbad, ca. 5 Min. zur U-Bahn-Station Bredäng, Linien 13, 23, 25 oder Bus 135; ab Mälarhojdenbad Dampfer zum Stadhuset in Stockholm und/oder nach Drottningholm.

Bromma / Stockholm

Camping Ängby [N59° 20′ 14.5″ E17° 54′ 04.0″], Blackebergsvägen 25, Tel. +46 (0)8 37 04 20; www.angbycamping.se; 1. Jan. – 31. Dez.; im Stadtteil **Bromma**, ca. 10 km westl. Stockholm Zentrum, über die Straße 275 Richtung Vällingby und 261 Richtung Södra Ängby zu erreichen; schmaler, langgestreckter, ebener Platz, parzelliert, zwischen geräuschvoller Straße und Mischwald, beim Ängby-Strandbad; ca. 3 ha – 120 Stpl.; Standardsanitärausstattung, eingeschränkter Service 1. Okt. – 1. Mai; Laden, Restaurant, Waschmaschine, Trockner, Sauna, WLAN, 40 Miethütten. V & E für Wohnmobile. Quick Stop. Knapp 5 Min. zur U-Bahn-Station Ängbyplan, Linie 18, 19; Fahrzeit ins Zentrum rund 20 Minuten.

WOHNMOBIL-STELLPLATZ

Wohnmobil-Stellplatz Långholmens Husbilcamping Stockholm [N59° 19′ 12.7″ E18° 01′ 55.0″], Skutskepparvägen 1, Tel. +46 (0)8-66 91 18 90; www.husbilstockholm.se/de/. **Zufahrt:** Von Norden (E4) kommend Richtung Hornsberg, weiter Wegweisung E4 S folgen, am Ende der Västerbron rechts ab und über die nächste Kanalbrücke Pålsundsbron nach Långholmen hinüber. Von Süden (E4) kommend Richtung Södermalm, nach der Brücke Liljeholmsbron Richtung Zentrum und direkt vor der Västerbron rechts ab. Zufahrt über eine kleine Kanalbrücke, Beschilderung „Autocamper". Für Wohnmobile steht auf der **Insel Långholmen,** unweit südwestlich des Stadtzentrums, ein eigens eingerichtetes Stellplatzareal zur Verfügung. *Keine Zelte oder Caravans!* Der Platz liegt unterhalb der Straßenbrücke Västerbron an einem der Wasserarme des Mälarsee am Bootshafen beim Heleneborgs Bootsklub. **Ausstattung:** Es gibt 77 nummerierte Stellplätze, Toiletten und Duschen in Servicewagen, Strom, Entsorgung für Abwasser- und Chemikaltoilettentanks. Fahrradverleih. Die Rezeption ist von 8 bis 21 Uhr geöffnet. Einchecken nach 12 Uhr. In der Nähe findet man Restaurants, Cafés, Bushaltestelle und U-Bahn-Station. **Gebühr:** 320,- SEK für 24 Stunden ohne Strom, 350,- SEK inkl. Strom. **Geöffnet**: Von 7. Mai bis 20. Sept.

Wohnmobil-Stellplatz Tantolundens Husbilcamping Stockholm [N59° 18′ 45.9″ E18° 3′ 11.6″], Ringvägen 24, Tel. +46 7 60 50 66 08; www.husbilstockholm.se/de/. **Zufahrt:** Von der E20/E4 Ausfahrt 154 Södermalm, Liljeholmen und weiter Richtung Södermalm, über die Liljeholmenbrücke zur Hornsgatan, nach ca. 900 m rechts ab auf die Ringvägen, nach 600 m liegt der Stellplatz auf der rechten Seite. **Ausstattung:** Für Wohnmobile stehen 14 Stellplätze zur Verfügung. *Keine Zelte oder Caravans!* Wasser, Dusche, WC, Entsorgung für Grauwasser und Chemikaltoiletten. **Gebühr:** 320,- SEK ohne Strom. 350,- SEK inklusive Strom. 2 Miethütten. **Geöffnet:** Ganzjährig. Ca. 600 m zur U-Bahn-Haltestelle Zinkensdamm.

Abstecher zum Schloss Gripsholm

Eintagesausflüge werden ab Stockholm auch nach **Mariefred** und zum **Schloss Gripsholm** angeboten. Man kann mit den Ausflugsschiffen – entweder mit dem betagten, gemütlichen Dampfer „Mariefred" oder mit der modernen und schnelleren „Gripsholm" – ab Stadshuskai bis Mariefred fahren, Städtchen und Schloss besichtigen und dann entweder mit dem Schiff oder aber mit der Veteranenbahn bis zum Bahnhof und dann mit dem Zug zurück nach Stockholm fahren.

Gegenüber von Mariefred liegt idyllisch in einem Winkel des weitverzweigten Mälarsees **Schloss Gripsholm [Parkplatz, N59° 15' 28.9" E17° 12' 57.5"]** *(geöffnet Apr. - 8. Mai Sa + So 12 - 15 Uhr; 14. Mai - Sept. tgl. 10 - 16 Uhr; Okt. - Nov. Sa + So12 - 15 Uhr; Führungen in Englisch Mai - Sept. um 15 Uhr; www.kungligaslotten.se/language/auf-deutsch/schloss-gripsholm.html).*

Vielen wird der Name *Schloss Gripsholm* weniger wegen dessen geschichtlicher Tradition und Bedeutung – auf Schloss Gripsholm wurde nicht nur ein Kapitel schwedischer Geschichte geschrieben – sondern vielleicht eher durch den gleichnamigen Roman geläufig sein. *Kurt Tucholsky* (1890 – 1935), der Schriftsteller und Satiriker alias „Tiger, Panter & Co.", der ja lange in Mariefred lebte und dort auch begraben ist, veröffentlichte seinen Roman „Schloss Gripsholm" im Jahre 1931. Der Roman ist auch verfilmt worden.

Mitte des 18. Jahrhunderts wurde Schloss Gripsholm von der königlichen Familie während der Regentschaft Königs Gustav III. als **Porträtgalerie** ausersehen. Von Drottningholm bei Stockholm und aus anderen königlichen Schlössern und Residenzen wurden Gemälde und Bildnisse an den Mälarsee gebracht. König Karl XIV. Johan führte das Werk fort, ließ neben königlichen Konterfeis auch Porträts namhafter und verdienter Schweden bürgerlicher Herkunft hinzufügen. Es sollte ein „Schwedisches Pantheon" entstehen.

Bis heute umfasst die königliche Porträtsammlung über 4.000 Gemälde, ein einmaliger Spiegel der Geschichte Schwedens vom Mittelalter bis heute.

Mariefred [Parkplatz, N59° 15' 28.3" E17° 13' 17.5"] ist ein hübsches, gepflegtes Kleinstädtchen, schön am Mälarsee gelegen. Attraktiv sind das **Heimatmuseum** im **Callanderska Gården** und das **Gripsholms Värdshus**, eines der ältesten Gasthäuser in Schweden und einladendes Hotel mit Restaurant.

Camping Mariefred [N59° 15' 54.2" E17° 15' 17.3"], Ende Apr. – Mitte Sept.

Schloss Gripsholm

TOUR 16: STOCKHOLM – KALMAR

Länge der Tour: Rund 410 km, ohne Abstecher.

Die Route: Über die E4 und über **Södertälje** bis **Järna** – Landstraße bis **Tullgarn** – E4 über **Nyköping** bis **Norrköping** – E22 über **Söderköping, Västervik, Oskarshamn** und **Mönsterås** bis **Kalmar**.

Alternativroute: Ab Västervik Umweg über **Vimmerby** und **Växjö**.

Reisedauer: Mindestens ein Tag, besser zwei Tage.

Höhepunkte: Das **Schloss Tullgarn** ** – das hübsche **Trosa** * – die **Schärenlandschaften** ** östlich von Söderköping und an der **„Blauen Küste"** *** – **„Astrid Lindgrens Welt"** * für Kinder, in Vimmerby – ein Schiffsausflug zur **„Blauen Jungfrau"** – die **Museen** ** und das **Schloss von Kalmar** **.

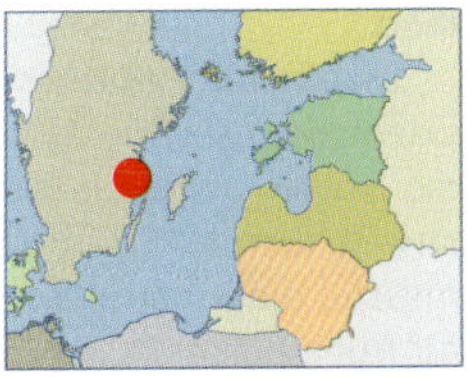

ROUTE: *Der weitere Verlauf unseres Reiseweges führt von* ***Stockholm*** *auf der E4 südwärts über* ***Södertälje*** *und* ***Nyköping*** *zunächst bis* ***Norrköping.***

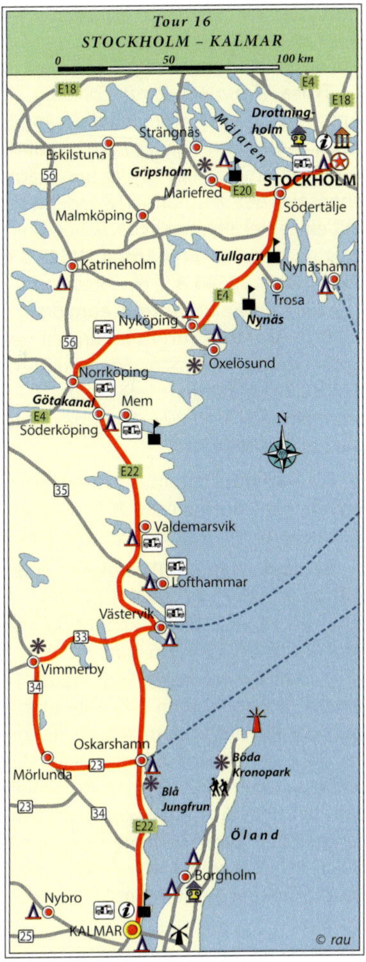

Abstecher zum Schloss Tullgarn

Lohnend ist ein Abstecher etwa 63 km südlich von Stockholm von der E4 ostwärts zum **Schloss Tullgarn [Parkplatz, N58° 57' 08.4" E17° 34' 49.1"]** *(geöffnet Juni - Aug. Di - So obligatorische Führungen in Schwedisch 11, 12, 13, 14, 15 Uhr, Führung in Englisch um 15 Uhr; Mai + Sept. Sa + So Führungen in Schwedisch 11, 12, 13, 14 Uhr, Führungen in Englisch 15 Uhr; www.kungligaslotten.se/english/royal-palaces-and-sites/tullgarn-palace.html).*

Die königliche Sommerresidenz liegt in einem **schönen Park** und in herrlicher Lage auf einer Landzunge der buchtenreichen, labyrinthischen Küste der Region **Södermanland**. Neben der schönen Lage ist es vor allem die kostbare Ausstattung der Salons und Gemächer, die sehenswert sind.

1772 kam Schloss Tullgarn in Staatsbesitz und diente als königliche Sommerresidenz und Lustschloss.

1829 übernahm Kronprinz Oskar das Schloss. Seither ist es Sommerresidenz der königlichen Familie geblieben. Seit Mitte der 50er Jahre sind die **Prunkräume** von Schloss Tullgarn der Öffentlichkeit auf Führungen zugänglich.

Anschließend an die Schlossbesichtigung bietet es sich an, einen Spaziergang durch den ausgedehnten Park mit schönen alten Bäumen zurück zum Parkplatz bei den Stallungen zu machen. In einem der Wirtschaftsgebäude neben den Stallungen ist ein gepflegtes **Restaurant** eingerichtet.

ROUTE: *Wenn es Ihre Zeit zulässt, sollten Sie über die küstennahen Straßen 218 und 219 südwärts weiterreisen, anstatt sich der allerdings schnelleren E4 nach* ***Nyköping*** *zu bedienen.*

Trosa (*Trosa Havsbads Camping*, 1. Apr. – 30. Sept.; *Wohnmobil-Stellplatz Trosa Gasthamn*, ganzjährig), südlich von Tullgarn, ist ein idyllisches Städtchen aus der Jahrhundertwende, aber mit einer viel älteren Kirche. Sehenswert ist z. B. der **Garvaregården [N58° 53' 52.2" E17° 32' 43.8"]**, ein alter Gerberhof, der heute als **Stadtmuseum** dient.

Beim **Gutshof Tureholm** unweit des Ortes wurde 1774 Schwedens größter Goldschatz gefunden, der aus dem 5. Jh. stammen soll und 12,5 kg reines Gold auf die Waage brachte.

Ab **Karlsfors** ist ein Abstecher nach **Nynäs** zum dortigen Schloss möglich, das im Sommer besichtigt werden kann.

Schloss Nynäs [Parkplatz, N58° 48' 24.7" E17° 21' 55.9"] *(geöffnet 1. Mai - 14. Juni + 22. Aug. - 27. Sept. Sa + So 11 - 17 Uhr; 20. Juni - 16. Aug. tgl. 11 - 17 Uhr; www.nynasslott.se)* liegt heute in einem ausgedehnten Naherholungspark der Provinz Södermanland, der bis an die Ostseebucht Tvären reicht. Das Schloss stammt aus dem 17. Jh., erhielt sein heutiges Aussehen aber nach umfangreichen Umbauarbeiten um 1860. Bekannt ist Schloss Nynäs für seine Stuckarbeiten, die aus dem 17. Jh. erhalten sind.

Nyköping ist die Hauptstadt der **Provinz Södermanlands Län** (oder Sörmland). Auch in Nyköping weisen Felszeichnungen, die man übrigens erst 1984 im Släbropark am Stadtrand entdeckte, darauf hin, dass es hier schon vor gut 3.000 Jahren erste Siedlungen gegeben haben muss.

Die Existenz einer Stadtsiedlung lässt sich seit dem 12. Jh. nachweisen. Die ältesten noch existierenden Bauwerke, die früheren Stadtbränden nicht zum Opfer gefallen sind, sind das Schloss Nyköpingshus, das im 12. Jh. errichtet wurde und die Stadtkirche.

Schloss Nyköpingshus [Parkplatz, N58° 44' 52.9" E17° 00'47.7"] dient heute als **Landesmuseum von Sörmland**.

Die **Gamla Residenset**, die alte Residenz des Landvogtes aus dem 18. Jh., die später zeitweise als „Korrektionsanstalt für unartige Kinder" herhalten musste, dient heute als Museumsraum für frühindustrielle Sammlungen, Volkstrachten und Kunstgegenständen vom Barock bis zum Jugendstil.

ROUTE: *62 km südwestlich von Nyköping erreicht man* ***Norrköping.***

Norrköping, Schwedens viertgrößte Stadt, ist eine moderne Stadt mit annähernd 94.000 Einwohnern, breiten Straßen, Hochhäusern, neuzeitlicher Architektur, einem der größten Ostseehäfen Schwedens und viel Industrie.

Trotz ihres modernen Gepräges ist Norrköping eine recht alte Stadt. Am Westrand der Stadt am Motala ström hat man im **Himmelstalundsparken** Jahrtausende alte Felsritzungen aus der Bronzezeit gefunden, was auf eine frühe Besiedelung des Gebietes hinweist.

Lange war Norrköping nicht mehr als ein Warenumschlagsplatz am Westende der tief ins Land greifenden Ostseebucht Bråviken. Einen wirklichen Aufschwung aber erlebte die Stadt erst im 17. Jh., als der Holländer Louis de Geer hier eine erste Textilfabrikation ins Leben rief. Textilindustrie war dann auch bald der größte Wirtschaftszweig der Stadt. Maschinenbau und Papierindustrie u. a. kamen später hinzu.

Im Mittelalter hatte Norrköping eine große deutsche Kolonie. Darauf weisen noch der Tyska Torget (Deutscher Markt) und die 1673 geweihte **Hedvigs Kyrkan [N58° 35' 33.6" E16° 11' 14.6"]** (nach Hedvig Eleonora, der Gattin König Karls X. Gustav) hin, die auch als Tyska Kyrkan bekannt ist.

Ganz ohne Sehenswürdigkeiten ist Norrköping aber keineswegs. So ist man z. B. in der Stadt stolz auf die hübsche, große **Kakteenpflanzung** im **Karl-Johan-Park [N58° 35' 41.3" E16° 11' 04.2"]** zwischen Bahnhof und Motala ström. Im Park sollen ca. 25.000 Kakteen angepflanzt sein.

Kunstliebhaber sollten das **Kunstmuseum [Parkplatz, N58° 34' 57.4" E16° 11' 25.8"]** am Kristinaplatsen besuchen *(geöffnet Juni - Aug. Di - So 12 - 16, Mi 12 - 20 Uhr; Sept. - Mai Di - So 11 - 17 Uhr, Mi 11 - 20 Uhr; www.norrkopingskonstmuseum.se/in-english/)*. Es ist bekannt für seine Sammlung moderner schwedischer Kunst und seinen Skulpturengarten.

Die historische und wirtschaftliche Entwicklung Norrköpings vermittelt das **Städtische Museum [Parkplatz, N58°35'24.24" E16°10'48.36"]** *(geöffnet Juni - Aug. Di - Fr 11 - 17, Sa + So 11 - 16 Uhr; Sept. - Mai Di, Mi, Fr 11 - 17 Uhr, Do 11 - 20 Uhr, Sa + So 11 - 16 Uhr; www.norrkopingsstadsmuseum.se)* in der Västgötegatan 19 - 21 am Motala ström, mit Abteilungen über Handwerk, Kunstgeschichte und die für die Stadt so wichtige Textilindustrie.

Wer sich einen Überblick über die Stadt verschaffen will, kann den 68 m hohen **Rathausturm** gegen Eintritt besteigen. Dort befindet sich in 50 m Höhe eine Aussichtsplattform und ein Glockenspiel mit 48 Glocken, das gewöhnlich täglich um 12 Uhr ertönt.

Das Gebäude des **Museums für Arbeit [N58° 35' 41.3" E16° 11' 04.2"]**, Strykjärnet *(geöffnet Mo - Fr 9 - 17 Uhr, Sa + So 11 - 17 Uhr, Eintritt frei; www.arbetetsmuseum.se)*, liegt auf der kleinen Insel Laxholmen inmitten der alten Industrielandschaft. Das Museumsgebäude, ein früher Stahlbetonbau aus dem Jahre 1916, wurde auch schon „Schwedens schönste Fabrik" genannt und deshalb wohl zum Baudenkmal erklärt.

Ein beliebtes Ausflugsziel ab Norrköping ist der große **Tier- und Freizeitpark Kolmårdens Djurpark [N58° 39' 59.8" E16° 27' 50.3"]**, nordöstlich der Stadt am Nordufer des Bråviken gelegen.

ROUTE: *Ab Norrköping über die E22 nach **Söderköping** (17 km).*

PRAKTISCHE HINWEISE – NORRKÖPING

Upplev Norrköping Turistbyrå [N58° 35' 32.12" E16° 11' 10.53"], Rådhuset, Drottninggatan 7-9, 602 40 Norrköping, Tel. +46 (0)11 15 00 00; www.upplev.norrkoping.se/en/. *Geöffnet Juli - Aug. Mo - Fr 10 - 18 Uhr, Sa 10 - 17 Uhr, So 11 - 15 Uhr.*

CAMPING

Camping Kolmården First Camp [N58° 39' 34.8" E16° 24' 3.1"], Kvarsebovägen 2, Norre Bråviken, Tel. +46 (0)11 39 82 50; www.firstcamp.se/destination/kolmarden-norrkoping/; 3. Apr – 30. Sept.; 22 km nordöstlich von Norrköping; ansprechend gelegenes, etwas hügeliges Wiesen- und Waldgelände am Nordufer des Bråviken; ca. 9 ha – 300 Stpl.; Standardsanitärausstattung; Waschmaschine, Trockner, Laden, Imbiss, Restaurant, Sauna; 40 Mlethütten. V & E für Wohnmobile. Freizeiteinrichtungen, Badebucht am See.

WOHNMOBIL-STELLPLATZ

Rast- und Wohnmobil-Stellplatz Norsholm/Götakanal Kapten Billes Café og Vandrarhem [N58° 30' 29.00" E15° 58' 41.89"], Slussvägen 1, Tel. +46 (0)1 15 45 50. **Zufahrt:** Von Norrköping ca. 10 km südwestlich nach

Norsholm. Hier Schotterplatz am Nordufer des Götakanals mit 14 Stellplätzen östlich vom Gästehafen und der Schleuse des Götakanals in **Norsholm. Ausstattung:** Frischwasser, Toilette, Dusche, Stromanschluss, Chemikalausguss. Weiterbestand unklar! **Geöffnet:** 1. Mai – 30. Sept. **Gebühr:** Zu bezahlen im Café Kapten Billes.

Wohnmobil-Stellplatz Bråviken Golfklubb [N58° 36′ 8.48″ E16° 19′ 17.78″], Manheims Säteri, Tel. +46 (0)1 34 00 71; www.bragk.se/gaster/campingplatser/. **Zufahrt:** Von Norrköping ca. 3 km ostwärts bis Abzweig von der Straße 209 (Norrköping-Östra Husby) auf den Djurövägen zum Golfplatz Bråvikens. **Ausstattung:** Auf dem Parkplatz des Golfplatzes vorgesehene 6 Wohnmobilplätze, Frischwasser, Strom, WC, Dusche, Grillstelle. **Geöffnet:** Ganzjährig. **Gebühr:** Pauschale inkl. Frischwasser zu bezahlen im Golfclub..

Söderköping, eine alte Handelsstadt, liegt in der **Provinz Östergötland**. Die strategisch günstige Lage an der Mündung des Storån, der hier in eine weit ins Landesinnere reichende Meeresbucht übergeht, ließ hier schon im 11. Jh. einen Warenumschlagplatz und wenig später einen Kaufmannssitz entstehen.

Reichtum und Macht der Stadt wuchsen bis weit ins ausgehende 16. Jh., als sich Söderköping zu den einflussreichsten Städten im Königreich zählen durfte.

Während des Mittelalters wurden die für die Stadt so wichtigen Wasserstraßen so ausgebaut, dass die Schiffe aus Danzig oder Lübeck direkt am Rathausplatz anlegen konnten.

Im 16. Jh. allerdings begann der Fluss, der Lebensnerv der Stadt, zu versanden. Söderköpings Stern sank. Norrköping dagegen begann ihm den Rang abzulaufen. Im Dezember 1567 wurde die Stadt dann auch noch von dänischen Truppen dem Erdboden gleichgemacht.

Am 26. September 1832 weihte König Karl XIV. Johan den damals aufsehenerregende **Götakanal**, „Schwedens Blaues Band", ein. Der Kanal mündet bei Söderköping in die Ostseebucht Slätbaken. Der Kanalbetrieb brachte zwar eine wirtschaftliche Verbesserung für die Stadt, seine alte Bedeutung erlangte Söderköping aber nicht wieder.

Zu den **Sehenswürdigkeiten in Söderköping** zählen zwei Kirchen.

Die **Sankt Laurentius Kirche [N58° 28′ 47.7″ E16° 19′ 11.8″]** stammt aus dem 12. Jh. Sie ist in der Manier hanseatischer Backsteingotik errichtet. In der Kirche wurde 1281 die Gemahlin von König Magnus Ladulås, Hedvig und 1302 deren beider Sohn Birger und dessen Frau gekrönt. Im Inneren schöner **Hochaltar** aus dem 16. Jh. mit einem Altarbild von Per Hörberg.

Im ältesten Teil der Stadt liegt die **Drothem-Kirche [N58° 28′ 50.8″ E16° 18′ 56.6″]**. Sie stammt aus dem 12. oder 13. Jh. und steht dort, wo sich das 1235 gegründete Franziskanerkloster befand.

Ein erwähnenswerter Profanbau ist – neben dem Rathaus aus dem Jahre 1770 – das **Braskens Haus**. Bischof Hans Brask von Linköping richtete um 1525 in seinem Palais die angeblich erste Druckerei in Schweden ein. Und es sollen hier nicht nur religiöse Werke sondern auch Streitschriften gegen Gustav Vasa gedruckt worden sein.

Bei ausreichend zur Verfügung stehender Zeit lohnt ein Abstecher zur **Festung Stegeborg [N58° 26′ 29.5″ E16° 35′ 53.7″]**, die an der Einfahrt zur Bucht Slätbaken liegt. Von der historischen Burg Stegeborg, die König Birger ausgangs des 12. Jh. erbaute, sind noch der 26 m hohe Turm und die Ringmauer erhalten.

Am Westende der Bucht beginnt an der **Schleuse von Mem [N58° 28′ 47.4″ E16° 24′ 48.6″]** (Wohnmobil-Stellplatz) der Götakanal. 1832 fanden dort auch die Einweihungsfeierlichkeiten für den Kanal statt.

Sehr reizvoll und bei schönem Wetter ein kleines Badeparadies ist die **Schärenlandschaft** bei **St. Anna** östl. von Söderköping.

Wer **schöne Küstenlandschaften** sucht, kann über **Valdemarsvik [N58°**

PRAKTISCHE HINWEISE - SÖDERKÖPING

Söderköpings Turistbyrå [Parkplatz, N58° 28' 41.6" E16° 19' 26.6"], Margaretagatan 19, 614 32 Söderköping, +46 (0)121 18 160; www.visit.soderkoping.se. *Geöffnet Mai - 10. Juni Mo - Do 10 - 17 Uhr, Sa 10 - 15 Uhr; 11. Juni - Aug. Mo - Do 10 - 19 Uhr, Fr 10 - 18 Uhr, Sa + So 10 - 15 Uhr; Sept. - Dez. + März - Apr. Mo - Fr 10 - 16.30 Uhr.*

CAMPING

Camping Korskullens Stugor & Café [N58° 28' 37.5" E16° 20' 5.0], Skönbergagatan 52, Tel. +46 (0)121 21 621; www.soderkopingscamping.se/korskullen.html; 8. Mai – 27. Sept.; am südöstlichen Stadtrand von Söderköping; kleine, einfache Campingmöglichkeit auf Wiesengelände; ca. 2 ha – 35 Stpl.; Standardsanitärausstattung. Fahrradverleih. 10 Miethütten.

Camping Skeppsdockans & Vandrarhem [N58° 29' 29.9" E16° 18' 22.2"], Dockan 1, Tel. +46 (0)121 21 630; Ende Apr. – Ende Sept.; Zufahrt von der E22 Ausfahrt Söderköping Nord, beschildert; kleine, einfache Campingmöglichkeit auf ebener Wiese in hübscher Lage am Götakanal; ca. 2 ha – 80 Stpl.; Standardsanitärausstattung. Waschmaschine, Trockner, Kiosk, Fahrradverleih, Bootssteg, WLAN auf Teilen des Platzes. V & E für Wohnmobile. Miethütten.

WOHNMOBIL-STELLPLATZ - SÖDERKÖPING, MEM

Wohnmobil-Stellplatz Götakanal [N58° 28' 51.29" E16° 19' 57.17"], Skepparvägen, Tel. +46 (0)1 20 20 50; www.gotakanal.se/de/228730/stallplats-Gota-kanal-Soderkoping/. **Zufahrt:** Vom Ortszentrum Söderköping knapp 600 m ostwärts zum Platz zwischen Skepparvägen und dem Götakanal. **Ausstattung:** Geschotterter, schattenloser Parkplatz für 22 Wohnmobile. Frischwasser, WC, Dusche, V & E-Einrichtung. Bezahlung mit Kreditkarte am Automat. **Geöffnet:** 9. Apr. – 30. Sept. **Gebühr:** Pauschale inkl. 2 Personen, WC, Dusche, Waschmaschine. Zum Ort 10 Min. Fußweg.

Wohnmobil-Stellplatz Kanalmagasinet-Mem/Götakanal [N58° 28' 45.9" E16° 25' 03.3"], Tel. +46 (0)121 27 040. **Zufahrt:** Von Söderköping zu erreichen über den Ort Tåby auf kleinen Landstraßen. Platz liegt direkt am östlichen Beginn des Götakanals unterhalb der Schleuse, auf Wiesen, mit Platz für 4 Wohnmobile; Anmeldung im Kanalmagasinet beim Café. **Ausstattung:** Frischwasser, Dusche, Toiletten. **Geöffnet:** 1. Mai – 1. Okt. **Gebühr**: Pauschale für 2 Personen.

12' 15.8" E16° 36' 10.0"] (*Camping Grännas [N58° 11' 36.2" E16° 37' 14.9"]*, 24. Apr. – 13. Sept.; www.grannascamping.se) und **Fyrudden** oder etwas weiter südlich nach **Loftahammar [N57° 54' 21.0" E16° 41' 44.8"]** (*Camping Hallmare Havsbad [N57° 52' 27.1 E16° 44' 55.1]*; www.hallmareshavsbad.se; 1. Mai - 30. Sept.; 70 Stpl.; V&E. *Camping Tättö & Havsbad [N57° 53' 24.44" E16° 42' 13.00"]*; www.tattohavsbad.se/en/; 24. Apr. - 20. Sept., 140 Stpl.; V&E) in die unvergleichliche **Schärenlandschaft** an der herrlichen **Blå Kusten** abzweigen.

ROUTE: *Weiterreise auf der E22 südwärts nach **Västervik**.*

Auf dem Weg nach Västervik in der großen Landschaftsregion **Småland**, passiert man **Gamleby** (*Camping Kustcamp Gamleby - Hammarsbadet [N57° 53' 5.1" E16° 24' 49.5"]*, Tel. +46 (0)493 102 21; 27. März - 31. Okt., V&E, Fahrradverleih, 18 Miethütten). Der Ortsname Gamleby bedeutet „Altstadt" und weist darauf hin, dass hier bis 1433 die alte Stadt Västervik lag.

Västervik, rund 21.300 Einw., eine im Sommer von Touristen eroberte, gepflegte Stadt mit einigen hübschen kleinen Gassen und niederen Fischerkaten, z. B. in der **Båtsmansgränd**, ist heute eine wichtige Hafenstadt.

Einen größeren, gebührenpflichtigen **Parkplatz [N57° 45' 28.3" E16° 38' 38.3"]** findet man am Slottsholmsvägen am Kai, am Ostrand von Västervik unterhalb der Altstadt. Toiletten.

In früheren Tagen war Västervik ein Zentrum des Schiffbaus, aus der große Teile der schwedischen Flotte kamen. Zu den ältesten Bauwerken der zwischen dem 15. und 17. Jh. mehrfach von Brandkatastrophen heimgesuchten und 1677 von den Dänen zerstörten Stadt, zählt die **St. Gertruds Kirche [N57° 45' 34.2" E16° 38' 02.6"]**. Sie stammt, zu Teilen jedenfalls, aus dem Jahre 1433, dem Gründungsjahr von Västervik. Die Turmhaube allerdings wurde erst 350 Jahre später im Jahre 1782 aufgesetzt.

Besichtigen kann man das auf dem der Stadt gegenüberliegenden, nur durch den schmalen, überbrückten Sund getrennten Kulbacken eingerichtete **Västerviks Museum [Parkplatz, N57° 45' 58.8" E16° 38' 36.1"]** *(geöffnet Juni - Aug. Mo - Fr 10 - 16 Uhr, Sa + So 11 - 14 Uhr; www.vasterviksmuseum.se)*. Das Museum befasst sich in erster Linie mit der Epoche, als Västervik zu den größten Seefahrerstädten Schwedens zählte. Um das Museumsgebäude gibt es ein Freilichtmuseum mit Häusern aus der Region

Das große **Schärenfest**, findet jedes Jahr am 19. Juli statt. Höhepunkt ist das traditionelle Hasselö-Rudern. Am südlichen Stadtrand findet man an der **schönen Schärenküste das öffentliche Strandbad** der Stadt mit Camping Lysingbadet, angeblich Schwedens größter Campingplatz, aber auch einer der teuersten im Lande.

Abstecher nach Vimmerby

Wer mit Kindern unterwegs ist, wird um einen Abstecher nach Vimmerby kaum herumkommen.

Vimmerby, ein Städtchen mit annähernd 8.000 Einwohnern und knapp 60 km westlich von Västervik gelegen, ist der Geburtsort von *Astrid Lindgren*. Am 14. November 1907 erblickte sie im Pfarrhof Näs, den ihre Eltern gepachtet hatten, das Licht der Welt. Nach einem langen, erfüllten Leben starb die große schwedische Kinderbuchautorin am 28. Januar 2002. Sie hat den Ort Vimmerby weltberühmt gemacht. Denn hier bzw. in der Umgebung spielen viele ihrer Kindergeschichten und die Abenteuer von „Pippi Langstrumpf". Das Elternhaus kann auf Führungen besichtigt werden. Anmeldung im nebenan gelegenen **Besucherzentrum** mit Museum *(geöffnet 12. Juni - 23. Aug. tgl. 10 - 18 Uhr; 14. Mai - 11. Juni + 24. Aug. - 27. Sept. tgl. 11 - 16 Uhr; 9. Apr. - 13. Mai Do - So 11 - 16 Uhr; www.astridlindgrensnas.se).*

PRAKTISCHE HINWEISE – VÄSTERVIK

Västerviks Turistbyrå [N57° 45' 31.2" E16° 38' 31.6"], Stora Torget 4, 593 33 Västervik, Tel. +46 (0)490 87 520; www.vastervik.com/en. *Geöffnet Juni - Aug. Mo - Fr 9 - 18 Uhr, Sa + So 10 - 15 Uhr; Mai Mo - Fr 10 - 17 Uhr, Sa 10 - 15 Uhr; sonst Mo - Fr 10 - 13 + 14 - 16 Uhr.*

CAMPING

Camping Västervik Resort [N57° 44' 17.4" E16° 40' 04.9"], Lysingsvägen, Tel. +46 (0)490 25 80 00; www.vastervikresort.se; ganzjährig geöffnet, voller Service aber nur von Mitte Juni bis Mitte Aug.; am südlichen Stadtrand, Zufahrt beschildert; Schwedens größte Ferien- und Freizeitanlage in einem weitläufigen, hügeligen, durch Wege und Felsen vielfach unterteilten Waldgelände, durch den Platz führt die Zufahrt zum **öffentlichen Strandbad** an der Felsküste; ca. 80 ha – 700 Stpl. + 175 Dau.; Standardsanitärausstattung. Laden, Imbiss, Restaurant, Waschmaschine, Trockner, Slipanlage, Bootssteg, Sauna, Grillstelle, Boots-, Fahrrad- und E-Bikeverleih, WLAN, beheiztes Schwimmbad. Vergnügungspark für Kinder, Musik- und Tanzveranstaltungen. In der Hauptreisezeit weniger ein Platz für Ruhesuchende. Miethütten. V & E für Wohnmobile. Quick Stop.

Ganz in der Nähe des Geburtshauses der erfolgreichen Kinderbuchautorin wurde der **Freizeit- und Märchenpark „Astrid Lindgrens värld" [Parkplatz, N57° 40' 25.3" E15° 50' 27.4"]** eingerichtet *(geöffnet 12. Juni - 23. Aug. tgl. 10 - 18 Uhr; 15. Mai - 11. Juni + 24. Aug. - 20. Sept. tgl. 10 - 17 Uhr; www.astrid-lindgrensvarld.se/de/* – **Campingplatz [N57° 40' 35.7" E15° 50' 35.6"]**, Tel. +46 (0)492 79 800; *11. Mai - 26. Aug + 28. Aug. - 20. Sept. Fr - So; 41 Stpl., Cafeteria, Miethütten; www.astridlindgrensvarld.se/de. Reservierung ratsam!)*.

HAUPTROUTE

ROUTE: *Weiter über die schnelle E22 und über* ***Oskarshamn*** *(65 km) nach* ***Kalmar,*** *138 km.*

Von **Oskarshamn** verkehren **Autofähren nach Visby** auf Gotland. Oskarshamn war bis 1856 übrigens als *Döderhultsvik* bekannt. Aus Oskarshamn stammen der Schriftsteller und Archäologe *Axel Munthe* und der Bildhauer *Axel Robert Petersson* (1868 – 1925). Die Skulpturen Peterssons, der in Oskarshamn den Beinamen „Döderhultarn" hatte, zeigen meist Motive aus dem ländlichen, bäuerlichen Milieu und sie fallen durch ihre kantigen, fast groben Linien auf.

Eine schöne Sammlung seiner Arbeiten sieht man im **Döderhultar- und Schifffahrtsmuseum [Parkplatz, N57° 15' 46.6" E16° 26' 48.8"]** im Kulturhaus, Hantverksgatan 18 - 20 *(geöffnet Juni - Aug. Mo - Fr 10 - 17 Uhr, Sa 10 - 15 Uhr, So 12 - 16 Uhr; Sept. - Mai Mo - Fr 12 - 17 Uhr, Sa 10 - 14 Uhr)*.

Die „Blaue Küste" vor Oskarshamn mit ihren **herrlichen Schärengebieten**, ein Eldorado für Wassersportler, gilt als einer der schönsten Küstenstriche des Landes.

Im Sommer verkehren ab Oskarshamn Ausflugsboote zu dem etwa 20 km entfernten Inselchen **Blå Jungfrun** (Nationalpark).

Wer gerne wandert, kann die Ostküste und das Hinterland von Småland auf dem **Ostkustleden** erleben. Der gut markierte, 160 km lange und nicht schwierige Wanderweg ist in acht Etappen eingeteilt. Es gibt Übernachtungshütten. Der Weg beginnt in Lilla Hycklinge, nordwestlich von Oskarshamn.

Kalmar an der engsten Stelle des gleichnamigen Sunds vor der nahen Insel Öland gelegen, ist eine der ältesten und geschichtsträchtigsten Städte des Landes.

Lange verlief die schwedische Grenze nur etwa 50 km südlich von Kalmar. Das Gebiet jenseits, das südliche Småland, Blekinge und Skåne, gehörten zu Dänemark. Schon sehr früh erlangte der damals grenznahe Hafen von Kalmar wirtschaftliche und militärische Bedeutung.

Rang und Bedeutung der Burg von Kalmar lassen sich auch daran erkennen, dass die dänische, und seit 1389 auch schwedische Königin Margarethe (1353 – 1412) ihre berühmte Ratsversammlung nicht nach Dänemark, sondern nach Kalmar in Schweden einberief. Ergebnis der Versammlung war die **Kalmarer Union**, die den Zusammenschluss von Dänemark, Schweden und Norwegen unter der Vorherrschaft Dänemarks vorsah, aber de facto nicht sehr lange währte.

Königin Margarethe ließ 1397 ihren Neffen Erich von Pommern in der Stadtkirche zum Unionskönig Erik XIII. krönen.

CAMPING – OSKARSHAMN

Camping First Camp Gunnarsö [N57° 15' 06.1" E16° 29' 31.5"], Östersjövägen 101, Tel. + 46 (0)491 77 220; www.firstcamp.se/gunnarso; Jan. - Dez.; ca. 3 km südöstl. der Stadt, E22 Ausfahrt Oskarshamn S; lichtes Föhrenwäldchen und Stellplätze in Felsmulden, schöne Lage an der Hafenzufahrt; beim öffentlichen Strandbad am Kalmarsund an typischer Schärenküste mit blanken, runden Felsen; ca. 3 ha – 120 Stpl. + Dau; gute Standardsanitärausstattung. Kiosk, Restaurant, Waschmaschine, Trockner, WLAN, Boots-und Fahrradverleih. V & E für Wohnmobile. Quick Stop. Miethütten.

Im Mittelalter hatte sich Kalmar schon zu einem blühenden Handelshafen entwickelt, dessen Warenumschlag sich mit dem in Visby und Söderköping durchaus messen konnte. Und bald wurde Kalmar als „Schlüssel zum Königreich" angesehen. Wer in Kalmar herrschte, beherrschte große Teile Südschwedens und der Ostsee.

Unnötig zu erwähnen, dass Kalmar häufig umkämpft war. So fiel das Schloss während des Krieges von Kalmar 1611 – 1613 in die Hände der Dänen.

Schließlich legte eine Brandkatastrophe 1647 das alte Kalmar, das sich westlich vom Schloss erstreckte, in Schutt und Asche. Damals entschloss man sich, die Stadt auf der etwas nördlich vom Schloss gelegenen **Insel Kvarnholmen** nach einem regelmäßigen, großzügigen Straßenraster neu aufzubauen. Das Desaster wohl noch in Erinnerung wurde befohlen, ausschließlich Häuser aus Stein zu errichten.

Sehenswert ist der alte Stadtkern auf Kvarnholm heute noch. Vor allem in der Kägensgatan sieht man schöne Häuserzeilen.

Den Großen Marktplatz **Stortorget** umgeben der von Nicodemus Tessin d. Ä. entworfene und zwischen 1660 und 1682 errichtete **Barockdom**, das ebenfalls von Tessin entworfene **Rathaus** und das klassizistische **Stadthaus**.

Gebührenpflichtige **Parkplätze [N56° 39' 38.5" E16° 21' 33.1"]** findet man östlich gegenüber vom Schloss in der Järnvägsgatan an der Südseite des Bahnhofs. Unweit östlich davon liegt in der Straße Ölandskajen der **Wohnmobil-Stellplatz Kvarnholmen [N56° 39' 36.3" E16° 21' 38.7"]**, siehe dort.

Bedeutendste Sehenswürdigkeit ist das **Schloss von Kalmar [N56° 39' 31.7" E16° 21' 12.5"]**, Kungsgatan 1, *(geöffnet Juni - Aug. tgl. 10 - 18 Uhr; Mai + Sept. tgl. 10 - 16 Uhr, Di 10 - 20 Uhr; 4. - 30. Apr. + 1. Okt.- 8. Nov. tgl. 10 - 16 Uhr; 9. Nov. - 30. Nov. Sa + So 10 - 16 Uhr; Dez. - 30. Apr. tgl. 10 - 16 Uhr; Führungen; www.kalmarslott.se/deutsch/)*. Die Anfänge des Schlosses reichen zurück ins 12. Jh., als König Knut Eriksson (1160 – 1196) eine erste Befestigung zum Schutze des Hafens aufführen ließ. Zu Beginn des 15. Jh. hatte das Schloss schon ein so repräsentatives Aussehen erhalten, dass sich der zum schwedischen König gekrönte Erich von Pommern dazu entschlossen hatte, nach seiner Krönung hier von 1407 bis 1409 zu residieren.

Während der Regentschaft der Söhne Gustav Vasas, Erik XIV. (1560 – 1569) und Johan III. (1569 – 1592) wurde aus der trutzigen Burg ein Renaissanceschloss.

Nach der Brandkatastrophe von 1647 waren die folgenden Jahrhundert für das stattliche Renaissanceschloss der Vasazeit eine Zeit des Niedergangs und Verfalls. Die Gewölbe und Säle wurden als Gefängnis genutzt, die Salons und Gemächer mussten als Warenmagazine und Getreidespeicher herhalten. Sogar eine Schnapsbrennerei hatte sich zeitweise in den Mauern etabliert.

Das meiste der kostbaren Einrichtungen wurde in jener Zeit zerstört oder kam abhanden. Im Jahre 1810 beschrieb der Bischof von Kalmar das Schloss als verfallen mit „wüsten Türmen". Man stand kurz davor, das ganze Gemäuer niederzureißen. Glücklicherweise erkannte man noch rechtzeitig den historischen Wert von Schloss Kalmar und einigte sich 1850 darauf, das Schloss zu erhalten und zu restaurieren.

Heute gelangt der Besucher wieder über eine **Zugbrücke** über den westlichen Wallgraben und durch das **Torgewölbe** in den inneren **Schlosshof**. Dort sieht man über dem Haupteingang ein Relief mit dem Reichswappen. In der Hofmitte erhebt sich ein kleiner Brunnentempel im Renaissancestil. Auffallend ist an den Wänden des Innenhofs die Bemalung, die eine Quaderfassade imitiert.

Die eigentlichen Schlossflügel betritt man durch ein schlichtes Portal aus dem 16. Jh. und geht über die **Königinnentreppe** weiter zu den **Königsgemächern**. Die Treppe ist übrigens aus Grabsteinen gebaut, die Gustav Vasa im Lande beschlagnahmen ließ.

An der Südostseite von Kvarnholmen, dem eigentlichen Stadtzentrum

Das Schloss von Kalmar

von Kalmar mit Dom, Rathaus, Touristeninformation etc. findet man das **Kalmar Läns Museum [Parkplatz, N56° 39′ 50.6″ E16° 22′ 16.5″],** Skeppsbrogatan, Ångkvarnen (*geöffnet 24. Juni - 18. Aug. tgl. 10 - 17 Uhr; sonst Mo - Fr 10 - 16 Uhr, Sa + So 11 - 16 Uhr; Führungen in Schwedisch um 10.30, 11, 12, 13, 14, 15 Uhr; www.kalmarlansmuseum.se/de/*).

Dieses Heimatmuseum lohnt vor allem wegen der Ausstellung über das alte **Regalschiff „Kronan"** einen Besuch. Das Kriegsschiff „Kronan" (Krone) befand sich 1676 unter dem Befehl von Admiral Lorentz Creutz, einem völlig unerfahrenen Seemann, wie sich zeigen sollte, auf dem Wege von Kalmar nach Bornholm. Am 30. Mai erhielt man Order, durch die Reihen der dänisch-holländischen Flottenverbände zu brechen und Gotland von den Dänen zu säubern.

Die feindlichen Verbände verfolgten die „Kronan". Während der Mittagszeit des 1. Juni entschloss sich Admiral Creutz zum Angriff und ließ die schwere, mit 128 Kanonen bestückte und mit 842 Seeleuten bemannte „Kronan" so hart wenden, ohne die Segel trotz heftigen Windes zu reffen, dass sich das Schiff auf die Seite legte und durch die geöffneten Geschützpforten Wasser aufnahm. Zu allem Unglück entzündeten sich auch noch die Pulvervorräte unter Deck. Eine gewaltige Explosion zerriss das Regalschiff. Es sank in wenigen Minuten. 800 Seeleute kamen um.

Etwa 300 Jahre nach der Tragödie wurde das Wrack der „Kronan" 1980 von dem schwedischen Meeresarchäologen Anders Franzén, der früher schon die Vasa gefunden und gehoben hatte, vor der Ostküste von Öland bei Hulterstad in einer Tiefe von 26 m geortet und erforscht.

Die geborgenen Gegenstände sind im Museum zu sehen. Darunter befinden sich Goldmünzen, der vielleicht größte, jemals in Schweden entdeckte Goldschatz, die Schiffsglocke, Holzskulpturen oder persönliche Gegenstände der Seeleute wie Stiefel, Strümpfe, Tabakspfeifen u. v. m.

Nicht weit vom Kalmar Läns Museum entfernt liegt in der Södra Långgatan 81 das **Kalmar Seefahrtmuseum [N56° 39′ 54.4″ E16° 22′ 17.4″]** (*geöffnet Juni - Aug. tgl. 11 -16 Uhr; übrige Zeit So 12 - 16 Uhr; www.kalmarsjofartsmuseum.se*). Das Museum, das vor allem von Privatpersonen, Reeder- und Kapitänsfamilien gestiftete maritime Exponate zeigt, befasst sich mit der einheimischen Seefahrt, mit dem Hafen und der Werft von Kalmar u. v. m.

PRAKTISCHE HINWEISE – KALMAR

Kalmar Turistbyrå [N56° 39' 35.4" E16° 21' 39.9"], Ölandskajen 9, 391 20 Kalmar, Tel. +46 (0)480 41 77 00; www.kalmar.com. *Geöffnet Juni + Aug. Mo - Fr 9 - 18 Uhr, Sa + So 10 - 15 Uhr; Mai + Sept. Mo - Fr 9 - 17 Uhr, Sa 10 - 15 Uhr; Jan. - Apr. + Okt. - Dez. Mo - Fr 10 - 17 Uhr, Sa 10 - 15 Uhr.*

CAMPING

Camping First Stensö [N56° 38' 59.1" E16° 19' 37.6"], Stensövägen 100, Tel. +46 (0)480 88 803; www.stensocamping.se; Jan. – Dez.; ca. 2 km südl. von Kalmar, E22 Abfahrt Kalmar Säter (Zentrum) und Richtung Sjukhus (Krankenhaus); weitläufiges, unebenes Waldgelände mit freien Wiesen, am Kalmarsund; ca. 10 ha – 250 Stpl. + 30 Dau.; Standardsanitärausstattung; Waschmaschine, Trockner, Laden, Boots- und Fahrradverleih, WLAN; V & E für Wohnmobile. Miethütten.

WOHNMOBIL-STALLPLATZ

Wohnmobil-Stellplatz Kvarnholmen Ölandskajen Kalmar [N56° 39' 36.3" E16° 21' 38.7"], Ölandskajen 9. **Zufahrt:** Im Zentrum von Kalmar gegenüber dem Touristenbüro, hier Anmeldung. Beim Sportbootshafen gelegen. **Ausstattung:** Asphaltierter, ebener, schattenloser Parkplatz mit 18 markierten Stellplätzen für Wohnmobile. Frischwasser, Dusche, Waschmaschine, Trockner, Strom, WLAN. **Gebühr:** Für Übernachtung plus Gebühr für Strom. **Geöffnet:** Ganzjährig. Kein „Campingleben" erlaubt. Laden rund 100 m entfernt.

Und im schön angelegten Stadtpark, ganz in der Nähe des Schlosses findet man im Slottsvägen Nr. 1 Kalmars **Kunstmuseum [N56° 39' 38.5" E16° 21' 20.2"]**. Zu sehen ist schwedische Kunst aus dem 19. und 20 Jh.

Unweit westlich des Kunstmuseums liegt der **Krusenstiernska Gården [N56° 39' 36.8" E16° 20' 52.2"]**, Stora Dammgatan 11, (*geöffnet 6. Mai - 29. Sept. tgl. 11 - 17 Uhr; www.krusenstiernskagarden.se*). Der Krusenstjernsche Hof präsentiert sich als ein im Stil des gehobenen Bürgertums des 18. Jh. eingerichteter Herrensitz. Nobel möblierte Salons. Wunderschöner, kleiner Park mit alten Bäumen. Café.

Abstecher auf die Insel Öland

Ab Kalmar bietet sich ein **Abstecher** auf die unweit östlich vorgelagerte, 16 km schmale und 140 km lange **Insel Öland** an.

Die Insel ist über die 6 km lange und bis 40 m hohe **Ölandsbro [N56° 41' 02.5" E16° 22' 06.4"]** rasch zu erreichen.

Öland, eine wegen ihrer **Strände** und zahlreichen **Campingplätze** überaus beliebte Sommerferieninsel, wartet mit einer ungewöhnlichen Fauna und Flora auf.

Die **Alvarsteppe** zum Beispiel, diese eigenartige, ebene Heide- und Steppenlandschaft, die sich über 40 km im Süden der Insel erstreckt, ist nicht nur Verbreitungsgebiet geschützter Pflanzen und Orchideen, sondern auch der Lebensraum einer bunten Vogelwelt.

Das Wahrzeichen der Insel wurde aber weder eine seltene Orchidee, noch ein rarer Vogel, sondern es wurden das die **Windmühlen**, die die bäuerliche Kultur Ölands symbolisieren. Einst standen über 2.000 dieser Bockmühlen auf den windigen Ebenen der Insel, heute sind nur noch wenige erhalten.

Öland ist aber auch alte Kulturlandschaft. Einen Besuch unbedingt wert ist das rekonstruierte, von einer Ringmauer umgebene **Eketorp [Parkplatz, N56° 17' 33.4" E16° 29' 01.5"],** ein frühgeschichtliches Dorf, das einer Siedlung aus dem 4. nachchristlichen Jahrhundert nachempfunden ist.

Weitere bedeutende Sehenswürdigkeiten auf Öland sind die mächtige **Burgruine Borgholm [Parkplatz, N56° 52' 11.8" E16° 38' 49.7"]** sowie **Schloss Solliden [Parkplatz, N56° 52' 00.1" E16° 38' 21.5"]**, das Sommerschloss der schwedischen Königsfamilie.

TOUR 17: KALMAR – MALMÖ

Länge der Tour: Rund 300 km.

Die Route: Über die Straße E22 und über **Karlskrona**, **Ronneby**, **Karlshamn**, **Sölvesborg, Kristianstad** und **Lund** bis **Malmö**.

Reisedauer: Mindestens ein Tag, besser zwei Tage.

Höhepunkte: Ein **Stadtspaziergang,** der **Stortorget** und das **Marinemuseum** in **Karlskrona** – **Karlshamns Kulturviertel** – der **Dom ** in Lund** – Museen im **Malmöhus**.

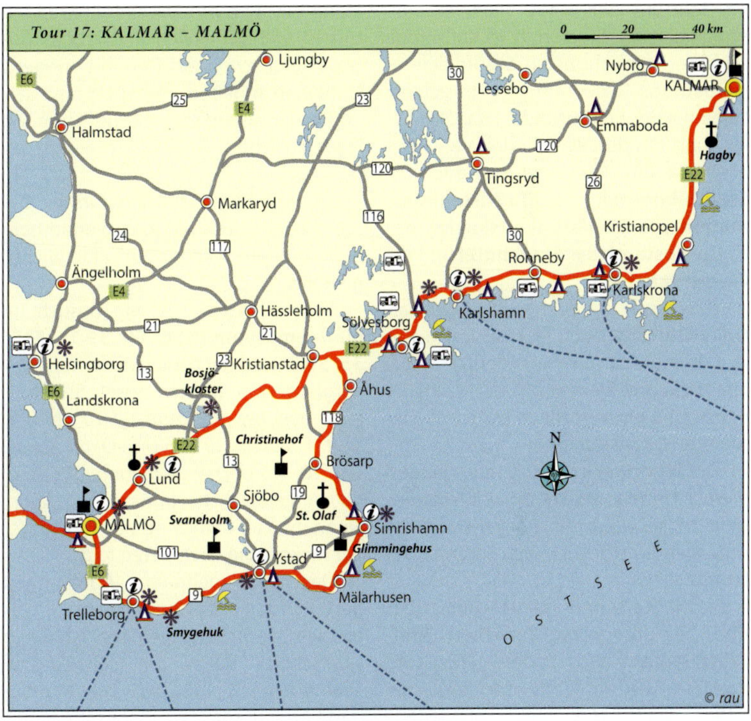

ROUTE: *Von Kalmar über die E22 und vorbei an* ***Hagby*** *mit seiner für Schweden seltenen* ***Rundkirche*** *nach* ***Karlskrona*** *(82 km) im Landesbezirk* ***Blekinge***.

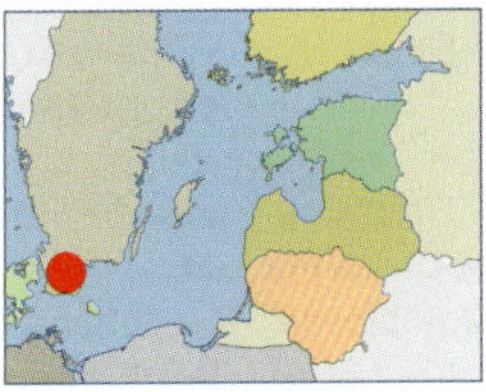

Karlskrona, die angeblich auf 33 Inseln gebaute Hafenstadt, konnte 1980 ihren 300sten Geburtstag feiern. Als die Dänen in der Schlacht bei Lund 1676 besiegt waren und Skåne und Blekinge endlich dem Königreich Schweden einverleibt werden konnte, gründete König Karl XI. (1655 – 1697) im Jahre 1680 die Garnisonsstadt Karlskrona und ließ sie zu einem bedeutenden Marinestützpunkt seines Reiches ausbauen.

Breite Straßen und große Plätze wurden angelegt, um Militärparaden und

Aufmärschen den gebührenden Raum zu gewähren.

1790 fielen Teile der Innenstadt einem Brand zum Opfer, als in der Amiralitetsgatan eine Wäscherin beim Befüllen der Bügeleisen mit glühender Kohle unvorsichtig hantierte. Über Nacht hatte die Stadt damals plötzlich 3.000 Obdachlose.

Eine **Stadtbesichtigung** beginnt man am besten auf dem **Stortorget [N56° 09' 40.2" E15° 35' 15.1"]**, dem recht vornehm wirkenden großen Platz im Zentrum der Stadt. Manche meinen sogar, der Stortorget in Karlskrona sei einer der schönsten Stadtplätze in Nordeuropa. In der Mitte erhebt sich ein Denkmal des Stadtgründers Karl. XI.

Rund um den Platz findet man stattliche Bauten wie das **Rathaus**, die **Stadtbibliothek**, die **Touristeninformation**, die **Dreifaltigkeitskirche**, das **Hauptpostamt**, das **Stadshotel** und die **Fredrikskirche**.

Der runde Barockbau der **Dreifaltigkeitskirche,** nach Plänen von Tessin d. J. erbaut, ist auch als „deutsche Kirche" bekannt. Sie war bis ins 19. Jh. die Pfarrkirche einer großen deutschen Gemeinde in Karlskrona.

Die **Fredrikskirche** mit ihren beiden Vierecktürmen und dem wohlklingenden Glockenspiel, das morgens, mittags und abends ertönt, ist nach Fredrik I. benannt.

Vom Stortorget kann man über den begrünten, parkähnlichen **Amiralitetstorget** nach Süden gehen und kommt dann am Ende des Parks zur **Alten Werft**. Hier steht Schwedens längstes Holzgebäude, in dem sich die bis 1960 aktive 300 m lange Seilerbahn befindet.

Einen Straßenzug weiter östlich findet man am Südende der Drottninggatan die **Admiralitätskirche Ulrica Pia [N56° 09' 25.3" E15° 35' 27.6"]** *(geöffnet 17. Juni - 18. Aug. Mo - Fr 10 - 18 Uhr, Sa + So 12 - 16 Uhr; 19. Aug. - 1. Sept. + 20. Mai - 16. Juni tgl. 12 - 16 Uhr)*. Die Kirche wurde 1685, fünf Jahre nach der Stadtgründung, eingeweiht und nach der Gemahlin König Karls XI., Ulrica Eleonora, benannt. Sehenswert im Inneren sind das Altarbild, eine Antwerpener Kopie von Rubens' „Der Lanzenstoß", dann das Altarkreuz aus Zedernholz, das Mitte des 18. Jh. dem Patriarchen von Konstantinopel gehörte, weiter das Votivschiff „Karlskrona" und die Grabdenkmäler verdienter Offiziere und Schiffsbauer.

Freunden der Geschichten von Selma Lagerlöf wird aber weniger die Kirche, als vielmehr die lebensgroße Holzfigur des **Gubben Rosenbom** vor der Kirche etwas sagen. Der bärtige Mann mit dem großen, breitkrempigen Hut ist wahrscheinlich Karlskronas populärster „Einwohner". Den Hut übrigens kann man anheben. Früher tat man das, um in der als Opferstock fungierenden Figur ein Scherflein für die Armen zu deponieren.

Der Alte Rosenbom spielt in der Geschichte „Nils Holgerssons wunderbare Reise mit den Wildgänsen" eine wichtige Rolle.

Sehr interessant ist ein Besuch im **Marinemuseum [N56° 09' 39.1" E15° 35' 59.3"]** auf der östlich der Innenstadt vorgelagerten kleinen Insel Stumholmen *(geöffnet Juni - Aug. tgl. 10 - 18 Uhr; Sept. + Mai tgl. 10 - 16 Uhr; Okt. - Apr. Di - So 10 - 16 Uhr; www.marinmuseum.se/de/)*. Am einfachsten kommt man dahin, wenn man ab dem zentralen Stortorget der Kyrkogatan nach Osten folgt.

Das aus mehreren Abteilungen bestehende Marinemuseum bietet dem Besucher einen sehr schönen Querschnitt durch die schwedische Seefahrtsgeschichte und die Marinetradition in Karlskrona. Sehr interessant ist die Sammlung von **Galionsfiguren**, vornehmlich aus dem 18. und 19. Jh. Beeindruckend ist auch der Blick in einen Unterwassertunnel unter dem Museum und die Sicht auf ein Wrack aus dem 18. Jh.

Sehenswert ist weiter der Stadtteil **Björkholmen** westlich der Innenstadt, der älteste Teil von Karlskrona. Hier sind noch einige der alten, kleinen Holzkaten erhalten geblieben, in denen sich die ersten Handwerker und Arbeiter der Marinewerft niedergelassen hatten.

PRAKTISCHE HINWEISE – KARLSKRONA

Karlskrona Turistbyrå [N56° 9′ 40.5″ E15° 35′ 21.2″], Stortorget 2, 371 34 Karlskrona, Tel. +46 (0)455 30 34 90; www.visitkarlskrona.se. *Geöffnet Mo - Fr 9 - 16 Uhr.*

CAMPING

Camping Dragsö & Stugby [N56° 10′ 23.4″ E15° 34′ 03.1″], Dragsövägen 14, Tel. +46 (0)45 51 53 54; www.dragso.se; 8. Apr. – 11. Okt.; durchs Zentrum und über Saltö zur Insel Dragsö (Brücke); Fels- und Wiesengelände; ca. 6 ha – 280 Stpl. + Dau.; gute Standardsanitärausstattung. Laden, Imbiss, Restaurant, Boots- und Fahrradverleih, Sauna, Waschmaschine, Trockner, WLAN. Miethütten. V & E für Wohnmobile.

Camping First Camp Skönstavik [N56° 12′ 5.4″ E15° 36′ 19.6″], Ronnebyvägen 17, Tel. +46 (0)45 52 37 00; www.skonstavikcamping.se; Jan. - Dez.; E22 Ausfahrt Karlskrona Väst, an der Ausfallstraße Richtung Malmö; hügelige Wiesen mit Baumbestand an einer Bucht mit öffentlichem Strandbad; ca. 5 ha – 140 Stpl. + Dau.; Standardsanitärausstattung. Kiosk, Restaurant, Waschmaschine, Trockner, Boots- und Fahrradverleih, WLAN. Miethütten. V & E für Wohnmobile.

WOHNMOBIL-STELLPLATZ

Wohnmobil-Stellplatz Karlskrona Stadsmarina [N56° 9′ 55.46″ E15° 35′ 39.32″], Östra Hamngatan. **Zufahrt/Lage:** Am Ostrand der Innenstadt, nahe Jacht- und Gästehafen und nahe Fähranleger zur Insel Aspö. In Gehnähe zur Innenstadt. Ausgewiesener asphaltierter Parkplatz mit Platz für 24 Wohnmobile. Weitere Parkplätze angrenzend. **Ausstattung:** Frischwasser, WC, Duschen, Strom, Frischwasser, Waschmaschine, WLAN. Grauwasser- und Chemikaltoilettenentsorgung ca. 2 km entfernt in der Klorgatan auf der gegenüberliegenden Hafenseite. Fahrradverleih. **Geöffnet:** Ganzjährig, Aufenthalt max. 48 Stunden. **Gebühr:** Pauschale inkl. Strom zu bezahlen im Hafenkontor 300 m entfernt mit Sanitäranlagen.

Sehr lohnend ist ein Besuch im **Blekinge Läns Museum [N56° 09′ 43.9″ E15° 34′ 52.2″]**, Borgmästaregatan 21, westlich des Stortorget, in der Nähe des Fischereihafens (*geöffnet 1. Juni - 31. Aug. tgl. 10 - 18 Uhr; Sept. - Mai Di - Fr 11 - 17 Uhr, Sa + So 11 - 16 Uhr, Eintritt frei; www.blekingemuseum.se)*. Eingerichtet ist das Museum im „Grevagården" (Grafenhaus), dem 1705 errichteten ehemaligen Wohnhaus des Admirals Graf Hans Wachtmeister. Schöner Barockgarten.

*ROUTE: Weiterreise auf der E22 westwärts bis **Ronneby**, 28 km.*

Die alte Brunnenstadt **Ronneby** (ca. 30.000 Einw.) ist heute ein Zentrum der Elektronik- und Computerindustrie.

Das alte *„Rotneby"* erhielt als eine der ersten Siedlungen in Blekinge im Jahre 1387 Stadtrechte verliehen – unterschrieben vom 17-jährigen dänischen König Olof. Nach einer wechselvollen Geschichte kam Ronneby Ende des 17. Jh. dann endgültig an Schweden. Trotz eines verheerenden Brandes im Jahre 1864 sind einige alte Holzhäuser in der ehemaligen **Altstadt Bergslagen** unterhalb der Kirche erhalten geblieben. Ein Bummel durch die oft noch mit Feldsteinen gepflasterten Gassen, hinauf zur schön gelegenen **Heilig-Kreuz-Kirche [N56° 12′ 41.2″ E15° 16′ 41.4″]** lohnt allemal. Auffallend ist der gewaltige, eher an eine Festung als an ein Gotteshaus erinnernde Kirchturm.

Schöne Spazierwege im **Brunnsparken [Parkplatz, N56° 11′ 59.7″ E15° 16′ 58.0″]**.

Wer sich für die Frühgeschichte des Landes interessiert, findet östlich von Ronneby und nördlich der E22 eine ganze Reihe eisenzeitlicher **Grabfelder** wie

PRAKTISCHE HINWEISE– RONNEBY

Ronneby Turistbyrå [N56° 12′ 39.68″ E15° 16′ 37.82″], Västra Torggatan 1, 372 37 Ronneby, Tel. +46 (0)45 76 17 570; www.visitronneby.se. *Geöffnet Mo - Fr 10 - 16.30 Uhr.*

CAMPING

Listerby bei Ronneby

Camping Ronneby Havscamping [N56° 09′ 20.4″ E15° 23′ 07.5″], Bökenäs, Torkövägen 52, Tel. +46 (0)45 73 01 50; www.ronnebyhavscamping.se; 9. Apr. – 5. Sept.; von der E22 zwischen Ronneby und Karlskrona in Listerby am Kreisverkehr Abzweig Richtung Kuggeboda und noch ca. 4 km zum Platz; Wiesengelände an einer Bucht gegenüber der Insel Torkö; ca. 6 ha – 150 Stpl. + 60 Dau.; Standardsanitärausstattung. Kiosk, Schwimmbad, Waschmaschine, Trockner, Geschirrspülmaschine, WLAN auf Teilen des Platzes, Boots- und Fahrradverleih, Bootssteg, Grillstelle. Miethütten. V & E für Wohnmobile.

RASTPLATZ

Rastplatz am Brunnspark Ronneby [N56° 11′ 59.7″ E15° 16′ 58.0″], Övre Brunnsvägen 58, in Ronneby in schöner Parkumgebung, Toiletten, Mülltonnen. Im Sommer Kiosk. „Wienercafeet" gegenüber. Schöne Spazierwege im gepflegten Kurpark nebenan. Bislang keinerlei Einschränkungen bzgl. Übernachtungsverbot. Kostenfrei.

in **Hjortahammar [Parkplatz, N56° 10′ 12.3″ E15° 27′ 40.9″]** oder Hjortsberga.

Bei **Björketorp** steht ein über 1.200 Jahre alter, 4 m hoher **Runenstein** mit einer Inschrift, die so gedeutet wurde: „Mächtiger Runen Geheimnisse verberge ich. Heimtückischer Fluch und Tod dem, welcher dieses Denkmal bricht. Ich sage Verderb voraus". Sollte diese Deutung wirklich authentisch sein, weicht diese Inschrift, ein Bannspruch, stark von dem ab, was sonst auf Runensteinen geschrieben steht.

ROUTE: *30 km weiter westlich von Ronneby erreicht man auf der E22* ***Karlshamn****.*

Die Handels- und Hafenstadt **Karlshamn** erhielt 1644 Stadtrechte. Karlshamn war bis lange nach der Jahrhundertwende einer der am meisten frequentierten schwedischen Auswanderungshäfen nach Amerika. Im Hamnparken erinnert ein von dem Bildhauer Axel Olsson geschaffenes Denkmal an die Zeit der Auswanderer. Wie nahezu alle Küstenstädte hier, war auch Karlshamn in der Zeit der Dänenherrschaft oft umkämpft, es wurde geplündert und niedergebrannt. An die Zeit der Dänenherrschaft erinnert noch das Kastell auf der Insel Frisholmen in der Hafeneinfahrt. Es wurde 1675 erbaut, war mit 242 Kanonen bestückt und bis 1865 in Gebrauch. Im Sommer gibt es eine Fährverbindung vom Hafen zur Insel.

1763 vernichtete ein Großbrand fast die ganze Stadt. Karlshamn konnte also keine historischen Baudenkmäler bewahren.

Als touristische Sehenswürdigkeit gilt **Karlshamns Kulturviertel** an der Drottninggatan/Vikelgatan mit dem **Karlshamns Museum [N56° 10′ 25.9″ E14° 51′ 33.7″]**. Hier sind historische Gebäude, Kaufmannshöfe, wie der **Skottsbergska Gården** in der Drottningsgatan 81, ein alter Tabakladen, ein Druckereimuseum, eine Kunsthalle und das Punschmuseum zu sehen. *Carlshamns Punsch* war Mitte des 19. Jh. eine beliebte Spezialität.

ROUTE: *E22 nach* ***Sölvesborg****, 29 km.*

PRAKTISCHE HINWEISE - KARLSHAMN

Karlshamns Turistbyrå [N56° 9' 53.55" E14° 51' 56.60"], Pirgatan 2, 374 81 Karlshamn, Tel. +46 (0)454 81 203; www.VisitKarlshamn.se/?lang=en. *Geöffnet Mo - Fr 10 - 17 Uhr, Sa + So 10 - 14 Uhr.*

CAMPING

Camping Kollevik [N56° 09' 34.4" E14° 53' 27.4"], Kolleviksvägen, Tel. +46 (0)454 19 280; www.kollevikscamping.se; 1. Apr. – 4. Nov.; ca. 5 km südöstl. von Karlshamn, Richtung Kollevik beschildert; Wald- und Wiesengelände am Meer; ca. 2 ha – 110 Stpl. + Dau.; Standardsanitärausstattung. Kiosk, Imbiss, Waschmaschine, Trockner. Miethütten. V & E für Wohnmobile.

Asarum

Camping Långasjönäs [N56° 13' 50.3" E14° 51' 14.7"], Långasjönäsvägen, Tel. +46 (0)454 32 06 91; www.langasjonascamping.se; 1. Apr. – 4. Dez.; ca. 3 km nordöstl. von Asarum; Wiesengelände am See; ca. 6 ha – 70 Stpl.; Standardsanitärausstattung. Laden, Restaurant, Waschmaschien, Trockner, Boots- und Fahrradverleih, Sauna, Internetecke. Miethütten. V & E für Wohnmobile.

Abstecher zum „Lachshaus“

Ein lohnender Abstecher westlich von Karlshamn, von der E22 nordwärts, führt nach **Mörrum [N56° 11' 32.8" E14° 44' 47.0"]** zum **„Laxens Hus“** am Mörrumsån, einem der berühmtesten Lachsflüsse Schwedens. Museum, Lachsräucherei, Restaurant *(geöffnet 23. März - 30. Sept. Mo - Sa 9 - 17 Uhr, So 10 - 15 Uhr; 1. Okt. - 22. März Mo - Fr 9 - 16 Uhr; www.morrum.com).*

Sölvesborg, heute eine Industriestadt, liegt an der Westseite einer weit ins Land reichenden Bucht. In der Nähe der Stadt findet man viele einladende **Sandstrände**.

Für den Interessierten ist sicher die **St. Nicolai Kirche [N56° 03' 13.1" E14° 35' 03.1"]** sehenswert, ein Backsteinbau, der aus der Hansezeit stammt und das älteste Gebäude der Stadt ist, das alle Wirren der Zeit fast unversehrt überstanden hat.

Besichtigen kann man außerdem das **Sölvesborg Museum [N56° 03' 04.8" E14° 35' 17.1"]** *(geöffnet 15. Juni - 18. Aug. Di - Fr 11 - 17 Uhr, Sa + So 11 - 15 Uhr)*, das in einem 150 Jahre alten Branntweinmagazin in der Skeppsbrogatan eingerichtet ist, sowie die Kunsthalle gegenüber.

PRAKTISCHE HINWEISE - SÖLVESBORG

Sölvesborg Turistbyrå [N56° 03' 08.5" E14° 34' 58.1"], Stadshuset, Repslagaregatan 1, 294 80 Sölvesborg, Tel. +46 (0)456 81 61 81; www.solvesborg.se. *Geöffnet Mo - Do 8 - 17 Uhr, Fr 8 - 16 Uhr.*

CAMPING

Camping Tredenborg [N56° 01' 41.6" E14° 33' 50.3"], Tredenborgsvägen, Tel. +46 (0)456 12 116; www.tredenborg.com; 1. Apr. – 30. Sept.; vom Sölvesborgzentrum ca. 4 km südwärts nach Tredenborg, beschildert, vorbei an großen Industrieanlagen; mehrere Platzteile, teils auf schattenloser Wiese bis an eine Bucht reichend, teils im Laubwald, zentraler öffentlicher Parkplatz für Badegäste; ca. 2 ha – 200 Stpl. + 100 Dau.; Standardsanitärausstattung. Laden, Imbiss, Waschmaschine, Trockner. 9 Miethütten. V & E Station am Platzeingang.

Norje Boke bei Sölvesborg

Camping Norje Boke [N56° 07' 02.7" E14° 41' 18.6"], Norjebokevägen 76, Tel. +46 (0)456 31 026; www.norjebokecamping.com/en/; 8. Apr. – 13. Sept.; Zufahrt von der E22 (Karlshamn – Sölvesborg) ca. 9 km nordöstlich von Sölvesborg zum Ort Norje Boke abzweigen, beschildert. Zweigeteiltes Wiesengelände mit Büschen und Bäumen; ca. 18 ha – 290 Stpl. + Dau.; Standardsanitärausstattung. Restaurant, Laden, Waschmaschine, Trockner, Fahrradverleih. 2 Miethütten. V & E für Wohnmobile.

Norje bei Sölvesborg

Camping Alholmens [N56°9'12.20" E14°40'24.14"], Karlshamnsvägen 354; Tel. +46 (0)76 336 77 78; www.alholmens.se; 1. Apr. - 15. Okt.; auf der E22 (Sölvesborg - Karlshamn) ca. 5 km nordwärts bis zum beschilderten Abzweig und noch 100 m weiter zum Platz zwischen Küstenstraße und Meer; Wiesengelände in hochstämmigem Mischwald; 3 ha – 40 Stpl. + Dau.; einfache Standardsanitärausstattung. Laden, Restaurant, Waschmaschine, Trockner, Bootsverleih, WLAN. Miethütten. V & E für Wohnmobile. Badestrand.

Hällevik bei Sölvesborg

Camping Hälleviks [N56° 0' 41.31" E14° 43' 6.66"], Campingvägen 41, Tel. +46 (0)456 52 714; www.halleviksca mping.se; Jan. - Dez.; von Sölvesborg auf der Straße 123 ca. 4 km südostwärts Richtung Hällevik, beschildert. Geneigte Wiesenstreifen von Bäumen umgeben, bis an die Hellevikenbucht reichend; ca. 10 ha – 320 Stpl. + Dau.; Standardsanitärausstattung. Laden, Imbiss, Restaurant, Schwimmbad, Waschmaschine, Trockner, Spülmaschine, Sauna, Boots- und Fahrradverleih, WLAN. Miethütten. V & E für Wohnmobile. Strandbad.

WOHNMOBIL-STELLPLATZ

Hörvik bei Sölvesborg

Wohnmobil-Stellplatz Hörviks Marina [N56° 02' 28.7" E14° 45' 55.7"], Kustvägen. **Zufahrt:** Von Sölvesborg zur E22 (Sölvesborg – Karlshamn) nach wenigen hundert Metern nach Mjällby südostwärts abzweigen und weiter zum Hafen von Hörvik, ca. 12 km von Sölvesborg entfernt gelegen. **Ausstattung:** Sandiges, ebenes Gelände ohne Bewuchs am Sportboothafen, mit Platz für ca. 10 Wohnmobile, falls nicht mit Pkw zugeparkt. Frischwasser, Dusche, Strom. V & E-Einrichtung 200 m entfernt. Restaurant und Fischräucherei nahebei. **Geöffnet:** Apr. - Sept. **Gebühr:** Pauschale inkl. Ver- und Entsorgung, zu bezahlen im Restaurant.

Nogersund bei Hällevik, Sölvesborg

Wohnmobil-Stellplatz Nogersund Hamn [N56° 0' 12.01" E14° 44' 14.55"], Östra Hamnvägen. **Zufahrt:** Von Sölvesborg auf der Straße 123 ca. 4 km südostwärts bis nach Hällevik, hier noch ca. 2 km weiter zum Hafen von Nogersund. Hier Platz für 30 Wohnmobile, teils geschottert, teils mit Gras bewachsen. **Ausstattung:** Frischwasser, V & E-Einrichtung, Strom, Dusche, WC, WLAN. **Geöffnet:** Mitte Apr. - Ende Okt. **Gebühr:** Pauschale inkl. V & E und Strom, am Parkscheinautomat.

Axeltorp bei Näsum

Wohnmobil-Stellplatz Axeltorp [N56° 8' 38.58" E14° 31' 16.07"], Olofströmsvägen 117. **Zufahrt:** von der E22 (Karlshamn – Kristianstad) nordwärts auf die Straße 116 Richtung Näsum abzweigen und noch ca. 8 km zum Platz am Ivesjön-See. **Ausstattung:** Wiesenrund zwischen Straße 116 und See mit Platz für ca. 15 Wohnmobile. Frischwasser, Strom, WC, Grillstelle. **Geöffnet:** 1. Apr. - 31. Okt. **Gebühr:** Pauschale inkl. Strom und Wasser.

*ROUTE: Von Sölvesborg über die Straße E22 zunächst bis **Kristianstad,** 36 km.*

Kristianstad wurde 1614 vom dänischen König Christian IV. als Bollwerk gegen Schweden gegründet. Heute ist es eine moderne Industrie- und Garnisonsstadt mit über 72.000 Einwohnern.

Zu den Sehenswürdigkeiten zählen – neben dem **Stora Torg [Parkplatz, N56° 01' 53.8" E14° 09' 15.1"]**, der ehemals

als **Paradeplatz** diente – vor allem die **Dreifaltigkeitskirche [N56° 01′ 55.0″ E14° 09′ 12.9″]**, ein schöner Backsteinbau im Renaissancestil aus dem frühen 17. Jh. schräg gegenüber des Stora Torg, dann das **Regional Museum von Skåne [N56° 01′ 55.0″ E14° 09′ 22.8″]** im alten Zeughaus am Nya Boulevarden und schließlich das **Filmmuseum [N56° 01′ 48.2″ E14° 09′ 24.4″]** in der Östra Storgatan 53, mit Erinnerungen an die erste Zeit des Films, die in Schweden in Kristianstad begann.

*ROUTENALTERNATIVE: Bei ausreichend zur Verfügung stehender Zeit ist dem schnelleren Weg über die E22 die Weiterreise über die küstennahe Staße 9 über **Simrishamn, Festung Glimmingehus, Borrby Strand, Kåseberga** (Schiffsetzung Ales stenar) nach **Ystad** vorzuziehen.*

HAUPTROUTE

*ROUTE: Weiterreise von Kristianstad auf der E22 südwestwärts über **Hörby** (42 km) bis **Gudmuntorp**. Hier bietet sich Gelegenheit zu einem Abstecher auf der Straße 23 nordwärts zum **Schloss Bosjökloster** (ca. 10 km) am See Östra Ringsjön.*

Schloss Bosjökloster [Parkplatz, N55° 52′ 41.3″ E13° 31′ 11.6″] ist auch bekannt als das „Weiße Schloss am Ringsjön". Im Jahre 1080 wurde hier vom Benediktinerorden ein Nonnenkloster gegründet. Damals lag das Kloster *Bosie* noch auf einer Insel, woher auch der Name Bosie Ö (Insel Bos) rührt. Einige hundert Jahre später allerdings sank der Wasserspiegel des Sees und das Klostergut lag nun auf einer mit dem Festland verbundenen Halbinsel.

Das prosperierende Klosterleben fand 1536 ein Ende, als in Dänemark die Reformation einkehrte und Bosjökloster von der Protestantischen Kirche konfisziert wurde. Sehenswert ist die romanische **Klosterkirche** aus dem 12. Jh. mit wunderschönem Flügelaltar und einem Triumphkreuz aus dem 15. Jh. *(geöffnet Park & Gärten Mai - Sept. 8 - 18 Uhr; Okt. - Apr. 9 - 17 Uhr. Führungen von der 21. bis zur 32. Woche jeden Donnerstag; www.bosjokloster.se/news/2019-oppnavisningar-german).*

*ROUTE: Zurück zur E22 und weiter nach **Lund**, ca. 33 km.*

Lund ist eines der historischen Zentren, ein Mittelpunkt des Kirchen- und Universitätslebens in Schweden.

In Südschweden

Sven Gabelbart, der dänische Wikingerkönig, Herrscher über Dänemark und England, soll Lund ausgangs des ersten nachchristlichen Jahrtausends an der Stelle eines alten Thingplatzes gegründet haben. Somit wäre Lund Schonens älteste Stadt.

1145 wurde der romanische Dom eingeweiht und Lund zum ersten Erzbistum in Skandinavien erhoben. Der Einfluss der Erzbischöfe von Lund reichte weit über Schweden hinaus, bis nach Dänemark, nach Norwegen, Schweden-Finnland, Island und bis nach Grönland.

Zu den kulturhistorisch größten Sehenswürdigkeiten der Stadt Lund zählt zweifellos ihr **Dom [N55° 42′ 15.1″ E13° 11′ 34.3″]**. 1104 wurde auf Veranlassung von Erzbischof Asker und König Niels der Grundstein zu dem romanischen Bau gelegt *(geöffnet tgl. 8 - 18 Uhr, Führungen von Mitte Juni - Mitte Aug., Dauer 30 Min.; www.lundsdomkyrka.se/deutsch/dom-vonlund/hauptschiff/)*.

Es entstand eine dreischiffige Kreuzkirche, deren ältester Teil die **Krypta** unter dem Ostteil des Kirchenbaus ist.

Sehr schön ist die Außenansicht der halbrunden **Altarapsis**, die den imposanten Sandsteinbau im Osten abschließt.

Kaum hundert Jahre nach der Einweihung 1145 wurde der Dom durch einen Brand schwer beschädigt. Den Wiederaufbau übertrug man dem westfälischen Baumeister Adam von Düren. Ende des 19. Jh. und noch einmal um 1960 wurde der Dom umfassend restauriert.

Die Beachtung des Besuchers verdient schon das **Westportal** durch das man den Dom betritt. Es ist mit 24 Bronzereliefs geschmückt, die in den vier oberen Reihen Szenen aus dem Alten Testament, in der fünften Reihe Motive aus dem Neuen Testament und in der untersten Reihe Symbole der Erde (Elefant, links), des Wassers (Wal), der Luft (Adler) und des Feuers (Drache, rechts) zeigt.

Innen sieht man links vom Eingang die berühmte **astronomische Uhr** „Horologium Mirabile Lundense". Sie wurde 1380 gebaut, war aber nach den Wirren der Reformation lange demoliert und demontiert. Zu Beginn des 20. Jahrhunderts entdeckte man Reste des Wunderwerks und dem dänischen Turmuhrmacher Julius Bertram-Larsen gelang es, das prächtige Kunstwerk zu rekonstruieren. Um zwölf (sonntags um 13 Uhr) und um 15 Uhr intonieren zwei Herolde mit Trompeten zwischen den beiden astronomischen Kreisen eine Melodie.

Im Mittelschiff links fällt die **Kanzel** auf. Sie ist eine Arbeit im Renaissancestil eines Bildhauers aus Frankfurt an der Oder, der das Kunstwerk aus Sandstein, Alabaster, schwarzem und weißem Marmor ausgangs des 16. Jh. schuf.

Im nördlichen (linken) Querschiff sieht man in der Mitte ein **Taufbecken** aus dem 13. Jh. aus Kalkstein aus Gotland, den Sarkophag des Erzbischofs Andreas Sunesson und daneben eine schöne Madonnenplastik aus dem 15. Jh.

Der als **Flügelaltar** ausgebildete Altaraufsatz stammt aus dem 14. Jh. In der Mitte sieht man Christus und Maria die umgeben sind von 40 Heiligen. Die Halbkuppel über dem Altar schließlich ist geschmückt mit einem monumentalen Mosaik, das Christus als strahlenden, segnenden Erlöser am Jüngsten Gericht darstellt.

Der älteste Teil des Doms ist das **Gewölbe der Krypta**, das auf kurzen Säulen ruht. Ungewöhnlich ist die Säule mit dem Relief des Riesen Finn, der die Säule umarmt. Die Legende erzählt, dass der Riese Finn an dieser Stelle eine Kirche zu Ehren des hl. Laurentius errichtet habe.

Gehen Sie hinter dem Dom vom Park Lundagård ein Stück nach Osten durch die Adelgatan, eine der hübschesten Straßen in Lund.

Sie kommen dann zum **Freilichtmuseum Kulturen [N55° 42′ 17.3″ E13° 11′ 48.3″]**, eines der schönsten, gewiss aber eines der ungewöhnlichsten Freilichtmuseen des Landes, denn es ist ein Viertel mitten in der Stadt um den Tegnérsplatsen, bestehend aus über 30 historischen Gebäuden, Höfen, Pfarr- und Stadthäusern *(geöffnet Mai - Aug. tgl. 10 - 17 Uhr, Mi 10 - 20 Uhr; Sept. - Apr. Di - Fr 12 - 16 Uhr, Mi 12 - 20 Uhr, Sa + So 10 - 16 Uhr; www.kulturen.com)*.

*ROUTE: Von Lund über die E22 nach **Malmö**, 20 km.*

Malmö, Schwedens drittgrößte Stadt mit etwa 302.000 Einwohnern, ist die unumstritten Metropole Schonens. Die betriebsame Hafen- und Industriestadt ist – seit die Pläne, eine Brücke von Malmö über den Öresund nach Dänemark zu schlagen, im Jahr 2000 verwirklicht wurden – noch enger an das europäische Wirtschaftsleben angebunden.

Malmö lag schon immer etwas näher am Geschehen des europäischen Festlandes. Der Handel, mindestens seit der Hansezeit ein blühendes Gewerbe in der Stadt, brachte viele Impulse fremder Länder nach Malmö. Unter dem Dänenkönig Christian III. wurde Mitte des 16. Jh. Schloss Malmöhus errichtet.

Nach dem Frieden von Roskilde kam Malmö an Schweden. Allerdings versuchten die Dänen noch zweimal – 1677 und 1709 – die Hafenstadt zurückzuerobern. Vergeblich allerdings, wie man weiß.

Sehenswertes findet man im alten Stadtzentrum, das – ähnlich wie in Göteborg – von Kanälen eingefasst ist.

Einer der zentralen Plätze in der Innenstadt ist der große Marktplatz **Stortorget [Parkplatz, N55° 36′ 20.9″ E13° 00′ 00.2″]** mit dem Reiterdenkmal König Karls X., der Schonen von den Dänen zurückgewann, dem **Renaissance-Rathaus** von 1546 und dem Restaurant „Rådhuskällaren".

Den Platz umgeben noch einige weitere Bauwerke, deren Ursprünge im 16. Jh. und 17. Jh. liegen. So wurde z. B. die **Apoteket Lejonet**, Stortorget 8, Malmös älteste Apotheke, schon 1571 gegründet.

Im **Jörgen Kock's Gård**, einem repräsentativen roten Backsteinbau mit eindrucksvollem Treppengiebel aus dem 16. Jh., ist das Restaurant „Årstiderna" zu finden.

Die **Sankt Petri-Kirche [N55° 36′ 25.0″ E13° 00′ 09.3″]**, östlich vom Rathaus, stammt aus dem 14. Jh. und ist sehr wahrscheinlich das älteste aus jener Zeit erhaltene Bauwerk der Stadt. Sehr schön restaurierte **mittelalterliche Deckenmalereien** im Gewölbe der **Krämarkapelle**.

An die Südwestecke des Stortorget schließt der Kleine Marktplatz **Lilla Torget** an. Ihn umgeben einige hübsche alte Stadthäuser aus dem 16. Jh. wie der **Hedmanska Gården**, ein Fachwerkbau und alter Kaufmannshof aus dem 16. Jh.

Bummeln Sie durch die **Saluhallen**, die einladende Markthalle, mit ihrem reichhaltigen, appetitlichen Angebot, auch an Cafés und Restaurants.

Die **Södergatan**, Malmös wichtigste Einkaufs- und Geschäftsstraße, verbindet den Stortorget mit dem **Gustav Adolfs Torg [N55° 36′ 11.7″ E13° 00′ 04.5″]**, dem größten Platz der Stadt. Der Platz ist übrigens nicht nach Gustav II. Adolf, Schwedens Herrscher im Dreißigjährigen Krieg, sondern nach dem späteren Gustav IV. Adolf benannt, der in Schonen sehr beliebt war.

Nicht verzichten sollte man auf einen Besuch im **Malmöhus [Parkplatz, N55° 36′ 20.2″ E12° 59′ 11.3″]**, Malmöhusvägen *(geöffnet tgl. 10 - 17 Uhr; www.malmo.se/museer)*. Innerhalb der Festungsanlage und in ihrer unmittelbaren Umgebung findet man eine ganze Reihe sehr interessanter Museen.

Malmöhus, die große Wasserburg westlich des alten Stadtkerns, wurde auf den Mauern einer Festung aus der Mitte des 15. Jh. zwischen 1536 und 1542 errichtet. Nachdem Skåne schwedisch geworden war, erweiterte man die Befestigungsanlagen, Bastionen und Verteidigungseinrichtungen. Mitte des 19. Jh. dann wurden die Mauern abgetragen, Malmöhus wurde Staatsgefängnis.

Seit 1932 beherbergt die Festung, die inmitten eines weiten Parkgeländes liegt, das **Malmö Museum** mit Abteilungen über Stadtgeschichte, Kulturgeschichte, Kunst und Kunsthandwerk sowie Naturgeschichte.

Im **Kommandenthuset**, dem ehemaligen Haus des Burgkommandanten, das am Malmöhusvägen außerhalb der eigentlichen Festungsanlage liegt, ist eine Ausstellung über die Militärgeschichte zu besichtigen.

Malmös „Turning Torso"-Hochhaus

Ebenfalls am Malmöhusvägen findet man unweit westlich des Malmöhuset das **Technik- und Seefahrtmuseum** *(geöffnet Juni - Aug. tgl. 10 - 16 Uhr; Sept. - Mai 12 - 16 Uhr).*

Eine moderne Attraktion unserer Tage stellt das Hochhaus (190 m) **Turning Torso [N55° 36' 47.6" E12° 58' 35.6"]** dar, ein Werk des spanischen Architekten Santiago Calatravas. Es liegt nordwestlich der Innenstadt an der Västra Varvsgatan.

*ROUTE: Über die **Öresundbrücke** (die Fahrt über die Brücke ist nicht gerade billig, dafür – besonders bei etwas stärkerem Wind und mit einem Wohnmobil – ein Erlebnis für sich!) hinüber nach **Tårnby** (südlich von Kopenhagen) in **Dänemark**. Die Strecke ist insgesamt 15,4 km lang und führt auf 8 km über die weltweit längste Schrägseilbrücke für Straßen- und Bahnverkehr. Weiterreise nach **Kopenhagen**.*

PRAKTISCHE HINWEISE – MALMÖ

Malmö Turism [N55° 36' 16.74" E13° 0' 4.42"] Pressbyrån, Södergatan 11, 211 20 Malmö, Tel. +46 (0)40 611 38 96; www.malmo.se. *Geöffnet Mo - Fr 9 - 17 Uhr, Sa + So 10 - 14 Uhr.*

CAMPING

Camping First Camp Sibbarp-Malmö [N55° 34' 20.0" E12° 54' 24.7"], Strandgatan 101, Tel. +46 (0)40 15 51 65; www.firstcamp.se/destination/sibbarp-malmo/; Jan. - Dez.; ca. 5 km südwestl. des Stadtzentrums von Malmö, im Stadtteil Limhamn; weitläufiges, meist ebenes Wiesengelände mit Laubbaumgruppen, beim öffentl. Strandbad; ca. 7 ha – 300 Stpl. + Dau.; gute Standardsanitärausstattung. Laden, Imbiss, Restaurant, Waschmaschine, Trockner, Spülmaschine, Fahrradverleih, Grillstelle, Sauna, WLAN. Miethütten. V & E für Wohnmobile.

WOHNMOBIL-STELLPLATZ

Limhamn bei Malmö

Wohnmobil-Stellplatz Ställplats Andelshamnen Lagunen [N55° 35' 45.38" E12° 55' 57.51"], Vaktgatan 9. **Zufahrt:** Vom Zentrum Richtung Västra Hamnen und Limhamn und auf der Limhamnsvägen bis Abzweig zum Sportboothafen. **Ausstattung:** 10 Stellplätze auf geschottertem Wohnmobilparkplatz am Sportboothafen. Versorgungssäule mit Frischwasser, Strom, V & E-Einrichtung, Dusche, WC, WLAN, Fahrradverleih. **Geöffnet:** Ganzjährig. **Gebühr:** Pauschale für V & E-Einrichung, Strom, Wasser, Dusche, WLAN am Parkscheinautomat. Campingverhalten nicht erlaubt. Knapp 2 km von der Öresundbrücke entfernt. Haltestelle für Nahverkehr.

TOUR 18: KOPENHAGEN

Reisedauer: Mindestens ein Tag, besser zwei oder mehr Tage.

Höhepunkte: Das **Nationalmuseum** *** und die **Nationalgalerie** ** – das **Schloss Christiansborg** ** – das **Schloss Amalienborg** * – das **Schloss Rosenborg** ** – die **Ny Carlsberg Glyptotek** ** – **Meermaid** und **Tivoli**.

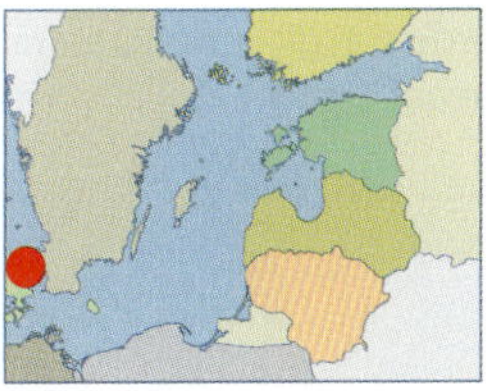

Kopenhagen, seit 1471 die Hauptstadt Dänemarks, wurde 1043 erstmals in einer Urkunde erwähnt. Kopenhagen aber hieß diese erste Siedlung am Øresund aber noch nicht.

Als 1167 *Bischof Absalon* hier eine Schutzfestung errichtete – deren Grundmauern heute unter Schloss Christiansborg liegen – entwickelte sich rasch eine Stadt. Und Bischof Absalon ist für alle Zeiten als Gründer von Kopenhagen in die Annalen eingegangen. Bald wurde die königliche Residenz nach Kopenhagen verlegt und Erik von Pommern erhob Kopenhagen zur Hauptstadt. 1479 gründete man die Universität – Dänemarks älteste.

Zwischen dem 16. und 17. Jh. setzte während der Regierungszeit König Christians IV. eine rege Bautätigkeit ein. Viele der repräsentativen Bauten der Stadt entstanden damals, darunter die Börse und das Schloss Rosenborg.

Zwischenzeitlich wurde Kopenhagen auch seinem Namen København gerecht– nämlich ein reger Kaufmannshafen zu sein.

Heute ist Kopenhagen eine moderne Großstadt mit annähernd 1,6 Mio. Einwohnern (Großraum mit allen Vororten), Verkehrsknotenpunkt und Wirtschaftsmetropole in Nordeuropa, aber auch beliebtes und lebhaftes Touristenziel. Und Kopenhagen gilt als die Stadt mit der größten Lebensqualität weltweit.

Parken in Kopenhagen ist von Montag bis Samstag zwischen 8 Uhr und 18 Uhr kostenpflichtig und teuer, von 18 bis 21 Uhr günstiger und von 23 bis 8 Uhr sehr günstig. Samstags ist das Parken ab 17 Uhr in manchen Stadtbereichen kostenlos, ebenso ganztags an Sonn- und Feiertagen. Grundsätzlich ist es so, je weiter weg man vom Stadtzentrum parkt, desto günstiger ist der Parktarif. Die Höhe der Gebühren und die Zeitspanne der Gebührenpflicht (und evtl. Abweichungen von der Standardzeit 8 – 18 Uhr) ist je nach Parkzone auf den Parkscheinautomaten angegeben. Das ganze Stadtgebiet von Kopenhagen ist in farblich unterschiedliche Parkzonen (Tarifzonen) eingeteilt. In der „Grünen Zone" der Innenstadt z. B. waren die Parktarife zuletzt so: 8 - 18 Uhr 22,- DKK (rund 3,- Euro) pro Stunde, 18 - 23 Uhr 15 DKK pro Stunde und 23 - 8 Uhr, sowie Sa 0 - 8 Uhr 5,- DKK pro Stunde. Die Tarife können sich natürlich ändern! Infos zum Thema Parken in Kopenhagen findet man z. B. auf der Webseite https://international.kk.dk/artikel/public-parking-copenhagen.

Mein Tipp! Wie in vielen anderen Großstädten macht man auch in Kopenhagen eine Stadtbesichtigung tunlichst zu Fuß bzw. bedient sich öffentlicher Verkehrsmittel.

Kopenhagen bietet mit **BYCYKLEN** eine Besonderheit, die sportlichen Besuchern ihren Weg durch die dänische Metropole erleichtert. Wer sich vorher mit Handy oder Tablet-PC anmeldet, kann die modernen Elektro-Fahrräder in der Stadt benutzen. Die Räder sind nicht mit Ketten-, sondern mit Kardanantrieb und mit einem fest am Lenker angebrachten Tablet-PC ausgestattet. Nach Erstellen eines User Accounts bei www.bycyklen.dk (in dänischer und englischer Sprache) oder am Tablet-PC des

Fahrrads, dienst dieser Tablet-PC zum An- und Abmelden, er bietet Routeninformationen und Infos zur Stadt etc. Detaillierte Auskünfte über das BYCYKLEN-Systems erfährt man unter https://bycyklen.dk/en/.

Per Fahrrad kann die Stadt Kopenhagen in Begleitung erfahrener Guides des Unternehmens **City Bike Adventures Copenhagen** und gegen Gebühr auf Radtouren erkundet werden. Tägliche Touren um 10 Uhr mit einer Dauer von 3 Stunden (15 km) und um 14 Uhr mit einer Dauer von 1,5 Stunden (8 km), Abfahrt Vendersgade 9/Israels Plads. Preise inklusive Fahrrad beliefen sich zuletzt um die DKK 299,- (ca. € 39,-) für die 3-stündige Tour und DKK 199,- (ca. € 26,-) für die 1,5 stündige Tour. Die Touren werden in Englisch veranstaltet. Infos: City Bike Adventures, Tel. +45 71 99 91 50, www.citybikeadventures.com.

Kopenhagens hübscher Amager Platz

Falls Sie mit Ihrem eigenen Fahrrad durch Kopenhagen fahren sollten, können Sie das Rad auch problemlos auf einer Taxifahrt mitnehmen, falls Sie größere Strecken in der Stadt überwinden wollen. Fast jedes Taxi in Kopenhagen verfügt über einen Fahrradträger. Auch in den Bahnen können Fahrräder ohne weiteres transportiert werden.

Die beiden folgenden **Rundgänge** sollen einen ersten Eindruck von der Kopenhagener City vermitteln. Zumindest den ersten Rundgang sollte man unternehmen und sich dafür einen ganzen Tag Zeit lassen. Bei eingehender Besichtigung aller beschriebener Sehenswürdigkeiten auf dem ersten Rundgang wird man aber mindestens noch einen weiteren Tag einplanen müssen!

Wer Kopenhagen sehr intensiv besichtigen, viele Museen und Sehenswürdigkeiten besuchen will, sollte den Erwerb des **Copenhagen City Pass** (www.copenhagencitypass.com/de/) in Erwägung ziehen. Man kann ihn online bestellen, er wird dann per Email und SMS zugesandt. Mit dem Pass auf Ihrem Handy scannen Sie einfach den QR-Code am Eingang des Museums oder der Attraktion. Zusätzliche Eintrittskarten oder schlangestehen nach Tickets sind dann nicht mehr nötig.

Ausgesprochen „billig" ist der Pass allerdings nicht. Er kostet pro Person für eine Gültigkeit von 24 Stunden DKK 399,-/ca. 54,- Euro, für 48 Stunden DKK

599,-/ ca. 80,- Euro, für 72 Stunden DKK 739,-/ca. 99,- Euro und für 120 Stunden DKK 989,-/ca. 133,- Euro (Preisänderungen möglich!). Aber immerhin können Sie mit dem City Pass mehr als 60 Museen und Sehenswürdigkeiten kostenlos besuchen, Stromma's Hop On - Hop Off Rundfahrten und alle Busse und Bahnen im Großstadtraum Kopenhagen umsonst benutzen. Rabatte werden gewährt in Restaurants und Aktivitäten sowie bei der Automiete und auf den Fähren nach Schweden.

Erhältlich ist die Karte im Touristenbüro in der Vesterbrogade 4A, auf Bahnhöfen und Flughafen, in Hotels und Hostels sowie auf den Campingplätzen.

Stadtbesichtigung

Am besten beginnt man einen **Stadtrundgang** im Besucherzentrum **Copenhagen Visitor Center (1) [N55° 40' 28.94" E12° 33' 53.93"]** in der Vesterbrogade 4 A, ganz in der Nähe des Hauptbahnhofs. Im Touristenbüro findet man auch die zentrale Zimmervermittlung der Stadt Kopenhagen *(Öffnungszeiten siehe unter Praktische Hinweise; www.visitcopenhagen.com)*.

Vom Informationsbüro gehen wir über die breite Vesterbrogade zum **Rathaus (2)** am Rådhuspladsen.

Das Rathaus ist durch seinen viereckigen, hohen **Uhrturm** nicht zu verkennen. Der etwas düster wirkende Backsteinkomplex stammt aus der Jahrhundertwende und wird hauptsächlich durch Elemente des italienischen Renaissancestils aufgelockert. Im Inneren befindet sich ein wahres Meisterwerk des Uhrmacherhandwerks, die berühmte **astronomische Uhr** von Jens Olsen *(Gebührenpflichtige Führungen durch das Rathaus in englischer Sprache Mo - Fr um 13 Uhr, Sa um 10 Uhr, Führungen in Dänisch Mo - Fr 10 und 15 Uhr, Sa 11 um Uhr. Besteigung des Rathausturms gegen Gebühr oder frei mit Copenhagen Card Mo - Fr 11 uhr und 14 Uhr, Sa um 12 Uhr; www.visitcopenhagen.com/copenhagen/city-hall-tower-gdk688394)*.

Der weltbekannte Vergnügungspark **Tivoli (3) [N55° 40' 29.0" E12° 33' 55.3"]**, Vesterbrogade 3 *(geöffnet 2. Apr. - 4. Okt. Mo - Do + So 11 - 23 Uhr, Fr + So 11 - 24 Uhr; 8. Okt. - 1. Nov. + 13. Nov. - 3. Jan. Mo - Do + So 11 - 23 Uhr; Fr + So 11 - 24 Uhr; www.tivoli.dk/en/)*, mit schönen Parkanlagen, Seen, altem Baumbestand und gepflegten Blumenbeeten ist 1843 eröffnet worden. Der Park mit Unterhaltung für Groß und Klein bietet neben 26 Vergnügungsattraktionen (Fahrgeschäften, Geisterbahnen, Riesenrädern etc. etc.) auch 29 Restaurants. Auf den Show- und Freilichtbühnen treten Artisten, Stars und Künstler von internationalem Rang auf. Und jedes Jahr sollen hier annähernd 150 Konzerte stattfinden, darunter Promenadenkonzerte und Paraden der Tivoligarde.

Im **Tivoli Museum** wird auf drei Stockwerken anhand von Plakaten, Gegenständen, Bildern, Modellen, Filmen und Klangdokumenten die 150-jährige Geschichte des Vergnügungsparks lebendig.

An der Nordostseite des Rathausplatzes findet man das Kuriositätenmuseum **Ripley's Believe It Or Not!**

Von hier wäre ein kurzer Abstecher westwärts zum Gammel Kongevej 10 am Skt. Jørgen-See und hier zum **Tycho Brahe Planetarium (31) [Parkplatz, N55° 40' 29.89" E12° 33'31.81"]** *(geöffnet Di - So 9.30 - 20 Uhr, Mo 12 - 20 Uhr; https://planetarium.dk/)* möglich. Allein schon das moderne Gebäude, das vom berühmten Architekten MAA Knud Munk entworfen wurde, ist sehenswert. Das nach dem berühmten dänischen Astronomen Tycho Brahe benannte Museum befasst sich mit der Astrologie, Weltraumforschung und der Naturwissenschaft. Spektakuläre digitale 3D-Filme und IMAX-Filme zeigen die Wunder der Natur unter Wasser, im Dschungel oder im Universum. Eine 1.000qm große Kuppelleinwand ermöglicht das Erlebnis, mitten drin dabei zu sein.

Auf unserem Stadtrundgang überqueren wir den Rathausplatz. Rechts in der Vester Voldgade, vor dem Hotel Palace, sieht man die **Lurenbläser-Säule (4)**. Hier ist der Startpunkt für Stadtrundfahrten.

Weiter in die **Frederiksberggade**. Diese von Geschäften aller Art gesäumte Fußgängerzone zieht sich fast 2,5 km – die Namen wechselnd – und vorbei an der **Helligåndskirken** am Amagertorv, am **Georg Jensen Museum** (Amagertorv 4, Kunstgewerbe, Silberschmiedekunst) und am weitbekannten **Tabak- und Pfeifendepot W. Ø. Larsen** (Amagertorv 9, im Erdgeschoss eines über 130 Jahre alten Tabakgeschäfts, tabakgeschichtliche Raritäten sowie Pfeifen aus aller Welt) bis zum Platz **Kongens Nytorv**.

Wir gehen aber nicht den ganzen Weg bis zum Kongens Nytorv, sondern wenden uns schon am Nytorv (nicht zu verwechseln mit erwähntem Kongens Nytorv!) nach Süden in die rechts abzweigende Rådhusstræde.

Die Verlängerung der Rådhusstræde ist Frederiksholms Kanal. Rechts, Ecke Ny Vestergade, stößt man auf das unbedingt besuchenswerte **Nationalmuseum (6) [N55° 40' 27.89" E12° 34' 29.31"]** im Prinsens Palæ, Ny Vestergade 10 *(geöffnet Apr. - Okt. tgl. 10 - 17 Uhr, Do 10 - 20 Uhr; Nov. - März Di - So 10 - 17 Uhr, Do 10 - 20 Uhr; https://en.natmus.dk)*. Die verschiedenen Sammlungen sind ein Kulturspiegel Dänemarks von der Steinzeit bis in die Neuzeit. Bei begrenzter Zeit sollte man die „Dänische Abteilung" den nachgenannten vorziehen. U. a. sieht man dort den berühmten **„Sonnenwagen"** aus der Bronzezeit, dann eine der ältesten Bronzeluren und natürlich zahlreiche Zeugnisse aus der Wikingerzeit. Außerdem wird die **Königliche Münzen- und Medaillensammlung** gezeigt, ein Leckerbissen für Numismatiker; dann eine **Antikensammlung** mit ägyptischen, west-asiatischen, griechischen und römischen Exponaten und schließlich eine **Ethnographische Sammlung** (Zugang über die Ny Vestergade 10) über außereuropäische Kulturen und Völker. Einen Schwerpunkt bildet hier die Kultur der Eskimos. Außerdem gehören zum Museum ein **Spielzeug- und Kindermuseum**.

Zudem kann man das **Nationalmuseets Klunkehjem [N55° 40' 28.0" E12° 34' 36.5"]** besichtigen, eine Stadtwohnung, die im opulenten „Plüschstil" des ausgehenden 19. Jh. eingerichtet ist und einen ausgezeichneten Einblick in das Milieu jener Epoche gewährt.

Gegenüber dem Nationalmuseum, an der Ostseite des Kanals, erhebt sich **Schloss Christiansborg (7) [N55° 40' 30.4" E12° 34' 38.4"]** auf der sog. Schlossinsel Slotsholmen. Man erreicht das Schloss über die schöne Marmorbrücke. Seit der ersten Burganlage des Bischofs Absalon von 1167 wurden hier nicht weniger als vier weitere Schlossanlagen errichtet.

Absalons Burg wurde 1369 abgerissen. Erik von Pommern wollte eine schönere. Die immerhin stand bis 1732. Dann aber wünschte Christian IV., Dänemarks bau-freudiger Monarch, keine Burg mehr, sondern ein prächtiges Renaissanceschloss. Ein Feuer 1794 vernichtete dieses aber wieder bis auf den Südflügel, die sog. Reitbahn.

Der Wiederaufbau, der einen neoklassizistischen Kuppelbau als Kirche mit einschloss, war 1838 beendet, blieb aber nur knapp 50 Jahre unbehelligt – bis zu einem neuerlichen Brand 1884.

Mit dem Bau des heutigen Schlosses begann man 1907 und hatte nach neunjähriger Bauzeit einen repräsentativen Komplex geschaffen, der heute das Folketing, Dänemarks Parlament, dann das Außenministerium, den Obersten Gerichtshof und die königlichen Empfangsräume beherbergt.

Das Reiterstandbild im Schlosshof stellt Frederik VII. dar, den „Vater der dänischen Verfassung".

Besichtigungszeiten:

Die **Königlichen Repräsentationsräume** mit Thronsaal und Rittersaal *– Apr. - Okt. tgl. 9 - 17 Uhr; Nov. - März Di - So 10 - 17 Uhr; www.christiansborg.dk/en/.*

Die **Königliche Küche** mit Europa's größter Sammlung von Kupfer-Kochgeschirr *– Apr. - Okt. tgl. 10 - 17 Uhr; Nov. - März Di - So 10 - 17 Uhr.*

Die **Ruinen der Burg Absalons** unter dem heutigen Schloss *– Apr. - Okt. tgl. 10 - 17 Uhr; Nov. - März Di - So 10 - 17 Uhr.*

Die **Königliche Kapelle** *– Juli tgl. 10 - 17 Uhr; Aug. - Juni So 10 - 17 Uhr.*

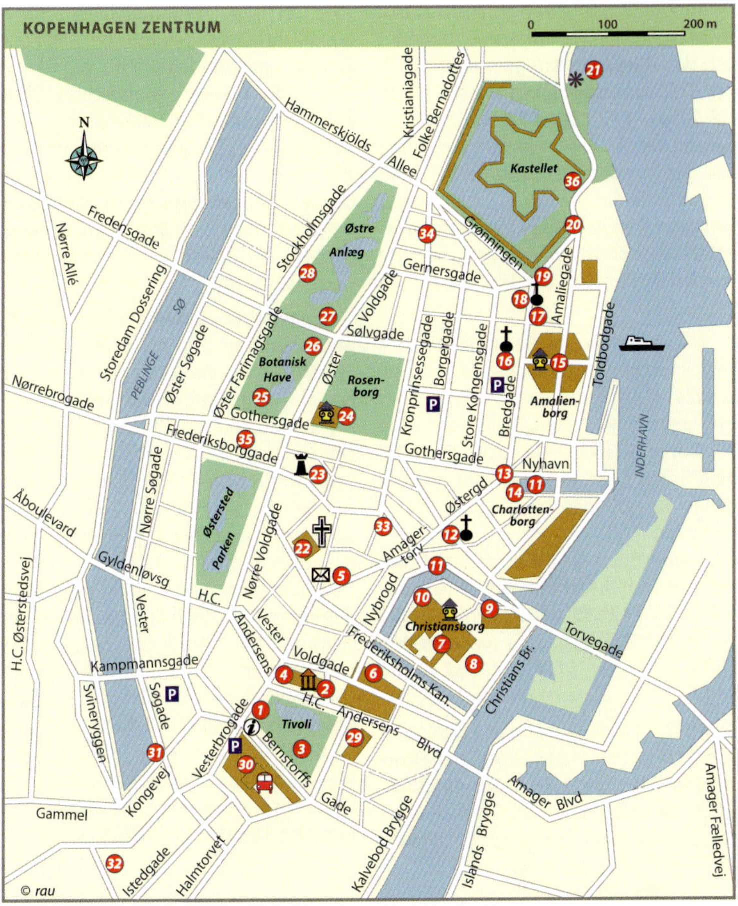

*KOPENHAGEN ZENTRUM – **1** Information – **2** Rathaus – **3** Tivolipark – **4** Lurenbläsersäule – **5** Postamt – **6** Nationalmuseum – **7** Schloss Christiansborg – **8** Zeughaus – **9** Alte Börse – **10** Thorvaldsen Museum – **11** Kanal- und Hafenrundfahrten – **12** Nikolajkirche – **13** Kongens Nytorv – **14** Königliches Theater – **15** Schloss Amalienborg – **16** Frederikskirche – **17** Medizinhistorisches Museum – **18** St. Ansgarkirche – **19** Kunstindustriemuseum – **20** Freiheitsmuseum – **21** Kleine Meerjungfrau – **22** Dom Vor Frue Kirke – **23** Rundturm – **24** Schloss Rosenborg – **25** Botanischer Garten – **26** Geologisches Museum – **27** Staatliches Kunstmuseum – **28** Kunstsammlung Hirschsprung – **29** Ny Carlsberg Glyptotek – **30** Hauptbahnhof – **31** Tycho Brahe Planetarium – **32** Københavns Museum – **33** Post- u. Tele-Museum Danmark – **34** Nyboder – **35** Arbeitermuseum – **36** Gefionbrunnen*

Die **Königlichen Stallungen** (Christiansborg Ridebane 12) mit Sammlungen von Kutschen und Prunkzaumzeug – *Juli tgl. 10 - 17 Uhr; Apr. - Juni + Aug. - Okt. tgl. 13.30 - 16 Uhr; Nov. - März Di - So 13.30 - 16 Uhr.*

Das **Theatermuseum [N55° 40' 30.30" E12° 34' 45.86"]** (Christiansborg Ridebane 18) im ehemaligen königlichen Hoftheater von 1766, ist das Museum für dänische Theatergeschichte – *geöffnet Di, Mi, Do 9 - 14 Uhr, Fr - So 12 - 16 Uhr; www.teatermuseet.dk).*

Bitte beachten: Alle angegebenen Öffnungszeiten können sich ändern!

Auf der Südseite von Schloss Christiansborg, in der Töjhusgade 3, befindet sich das **Dänische Kriegsmuseum**, früher **Töjhusmuseet** genannt **(8) [N55° 40′ 27.0″ E12° 34′ 49.3″]**, das Zeughausmuseum, das in einem Gebäude aus dem späten 16. Jh. untergebracht ist *(geöffnet Di - So 10 - 17 Uhr, Eintritt frei; https://en.natmus.dk/museums-and-palaces/danish-war-museum/)*. Gezeigt werden Waffen, Fahnen, Uniformen und Kriegsgerät.

Wir gehen um die Ostseite des Schlosses herum. Östlich des Schlossplatzes sieht man das niedere, aber langgestreckte Renaissancegebäude der **Börse (9) [N55° 40′ 31.9″ E12° 35′ 02.0″]** von 1624. Den markant gewundenen Turm bilden vier Drachenleiber. Nicht zugänglich.

Gegenüber, auf der anderen Kanalseite, liegt die **Holmens Kirche [N55° 40′ 36.4″ E12° 35′ 01.8″]** von 1619, die Kirche des Königshauses *(geöffnet Mo, Mi, Do, Fr, Sa 10 - 16 Uhr, Di 10 - 15.30 Uhr, So 12 - 16 Uhr; www.holmenskirke.dk)*.

An der Nordwestseite des Schlosses findet man das 1848 eröffnete **Thorvaldsen Museum (10) [N55° 40′ 35.5″ E12° 34′ 42.5″]**, Bertel Thorvaldsens Plads 2, *(geöffnet Di - So 10 - 17 Uhr, Do 10 - 21 Uhr; www.thorvaldsensmuseum.dk/en/)*, das Skulpturen, Skizzen, Zeichnungen und Modelle von Bertel Thorvaldsen zeigt. Thorvaldsen lebte zwischen 1770 und 1844, zählt zu den bekanntesten Künstlern Dänemarks und gilt als einer der größten Bildhauer des Landes. Zu den Exponaten zählt auch eine Sammlung von griechischen, ägyptischen, etruskischen und römischen Gegenständen.

Gegenüber, unterhalb der Brücke über dem Kanal an der Uferstraße Ved Stranden, ist der Abfahrtspunkt der **Kanal- und Hafenrundfahrten (11)**. Zwischen 1. Mai und 28. Oktober ab 9.30 Uhr halbstündliche Abfahrten; www.stromma.com/de-dk/copenhagen/sightseeing/sightseeing-by boat/grand-tour/. Von hier aus verkehren auch Boote zur „Meerjungfrau", Langelinie.

Setzt man den Rundgang zu Fuß fort, geht man über die erwähnte Brücke am Gammel Strand nordwärts bis zum **Højbro Plads** und rechts, entweder über die Lille Kongensgade und vorbei an der **Nikolaj Kirche [N55° 40′ 42.9″ E12° 34′ 52.0″]** (– 12 –, Ausstellungen), oder über die Fußgängerzone Østergade zum Platz **Kongens Nytorv (13)**. Dort liegt das **Königliche Theater (14) [N55° 40′ 47.1″**

Am Nyhavn

Schloss Amalienborg, im Hintergrund die Kuppel der Frederikskirche

E12° 35" 09.7"] mit 2 Bühnen. Ballett, Oper und Schauspiel werden hier geboten. Das Motto des Hauses: „Ej blot til lyst – Nicht nur zum Vergnügen".

Zu besichtigen gibt es in der Østergade 16 westlich vom Platz das **Guinness World of Records Museum**, mit der Dokumentation der seltsamsten Rekorde aus dem bekannten Guinnessbuch der Rekorde.

Die Nordseite des **Nyhavn [N55° 40' 50.3" E12° 35' 17.8"]** ist das **alte Seemannsviertel** von Kopenhagen, mit schönen alten Häusern und einigen sog. „Seemannskneipen", in denen aber mehr Touristen als wirkliche Seeleute verkehren. Das älteste Haus ist Nr. 9. Es stammt aus dem Jahre 1681. Der Nyhavn war die ehemalige Vergnügungsmeile der Stadt, ähnlich der Reeperbahn in Hamburg. Seit längerer Zeit aber haben sich Restaurants mit hohem Niveau, Cafés und gemütliche Kneipen hier etabliert.

Am Nyhavn entlang (rechts, ostwärts) bis zur Tolbodgade und links bis zum **Schloss Amalienborg (15) [N55° 41' 00.7" E12° 35' 34.2"]**.

Schloss Amalienborg, bestehend aus vier Rokoko-Palais aus dem 18. Jh., die sich um einen runden Platz gruppieren, entstand nach Plänen des dänischen Hofarchitekten Nicolai Eigtved.

Damals, Mitte des 18. Jh., war das Terrain noch im Besitz der Grafen Levetzau und Moltke, dem Baron Brockdorff und dem Geheimrat Løvenskold. Die Herren hatten das Grundstück vom König geschenkt bekommen.

Nach dem Brand von 1794 im Schloss Christiansborg erwarb König Christian VI. Amalienborg und machte das Anwesen zur neuen Königsresidenz. Noch heute ist das Schloss die Winterresidenz der königlichen Familie. In der Mitte des achteckigen Platzes sieht man ein Reiterstandbild von König Frederik V. von 1770.

Besucher können im Rahmen des **Amalienborg Museums** *(geöffnet Mai, Sept., Okt. tgl. 10 - 16 Uhr; Juni - Aug. tgl. 10 - 17 Uhr; März, Apr. Nov., Dez. Di - So 10 - 15 Uhr; Jan. Di - So 10 - 15 Uhr; www.kongernessamling.dk/de/amalienborg/)* diverse Gemächer, das Arbeitszimmer von König Christian IX., den Salon der Königin Louise, einen Raum mit Kostümen und den sog. „Guldburet", den „Goldenen Käfig" mit kostbaren Exponaten besichtigen. Kurzfristige Schließungen sind möglich.

Busladungen von Touristen rollen jedes Mal an, wenn täglich **um 12 Uhr die Wachablösung** zelebriert wird. Wenn „niemand zu Hause" ist, Königin Margrethe II. – die 2022 ihr 50-jähriges

Die „Kleine Meerjungfrau", Kopenhagens Wahrzeichen

Jubiläum als regierende Monarchin feiern kann – also nicht im Schloss weilt, geschieht das ohne großes Zeremoniell. Und nur wenn sich Königin Margrethe II. in Kopenhagen aufhält, findet die Wachablösung mit ganzer Prachtentfaltung statt. Die bärenfellbemützte Leibgarde der Königin zieht normalerweise in blauen Uniformjacken, bei Galaanlässen in roten Jacken, auf.

Über die Frederiksgade gehen wir nach Westen und treffen bald auf die Bredgade. Auf der gegenüberliegenden Straßenseite erhebt sich die barocke **Marmorkirche** oder **Frederikskirche (16) [N55° 41' 04.7" E12° 35' 22.4"]** von 1894 mit einer gewaltigen, 45 m hohen, runden Kuppel.

Wir folgen der Bredgade rechts, nordostwärts, passieren das **Medizinhistorische Museum** (**–17–** *geöffnet Di - Fr 10 - 16 Uhr, Sa + So 12 - 16 Uhr*), die katholische **St. Ansgarkirche (18)** daneben und schließlich das **Designmuseum/ Kunstindustriemuseet (19),** Bredgade 68 *(geöffnet Di - So 10 - 18 Uhr, Mi 10 - 21 Uhr; www.designmuseum.dk/en/)*.

Das Museum für Kunst und Gewerbe zeigt dänisches und ausländisches Kunstgewerbe und Design vom Mittelalter bis zur Gegenwart. Glas-, Silber- und Keramikobjekte, Möbel, Textilien u. ä.

An der Esplanade gehen wir rechts, gleich darauf am **Freiheitsmuseum (20)** links, durch den Churchillpark, vorbei am **Gefion Brunnen** und über die Seepromenade am Langelinie Kaj bis zur **„Kleinen Meerjungfrau" „Den lille Havfrue" (21) [N55° 41' 34.3" E12° 35' 57.1"]**, dem Wahrzeichen Kopenhagens.

Die fast lebensgroße Frauengestalt mit Nixenleib aus Bronze wurde 1913 aufgestellt. Das gerade mal 135 cm hohe zierliche Persönchen war verschiedentlich Ziel rüder und mutwilliger Attacken. 1964 verschwand über Nacht ihr Kopf und 1984 trennten irgendwelche Wirrköpfe einen Arm ab. Natürlich ist längst alles wieder spurlos rekonstruiert.

Der Gefion-Brunnen, den wir kurz vorher passierten, ist übrigens nach der Göttin aus der nordischen Sagenwelt benannt, der angeblich die Existenz der Insel Seeland zu verdanken ist.

Der Sage nach soll der schwedische König der Göttin Gefion soviel Land versprochen haben, wie sie an einem Tag mit vier Ochsen umpflügen konnte. Kurzerhand verzauberte Gefion ihre vier Söhne in vier kräftige Zugochsen (Motiv der Monumentalskulptur auf dem Brunnen) und pflügte so ausgiebig und so tief, bis Seeland von Schweden abgetrennt und mit dem Ochsengespann „weggezogen" war.

Der gesamte Weg vom Rathaus bis zur „Meerjungfrau" ist etwa 4 km lang.

Den Rückweg vom Langeliniepavillon (Meerjungfrau) zum Rathausplatz legt man mit dem zwischen Anfang Juni und Ende August verkehrenden Direktbus Nr. 50 zurück. In der übrigen Zeit nimmt man am einfachsten die S-Bahn ab *Østerport Station*, westlich des Kastellet-Parks bis zur Vesterport Station nahe Rathausplatz, oder ab Østerport Station den Bus Nr. 29 bis Rathaus.

2. Stadtrundgang

Den zweiten Rundgang beginnen wir am **Rathaus (2) [N55° 40' 31.7" E12° 34' 7.7"]**, queren den Rathausplatz, gehen die Vester Voldgade links hinauf und wenden uns rechts in die Studie Stræde, die uns genau bis zum **Dom Vor Frue Kirke (22) [N55° 40' 45.4" E12° 34' 19.1"]** bringt. Der neoklassizistische Bau stammt aus dem frühen 19. Jh. Im Inneren Arbeiten von Thorvaldsen, u. a. die marmorne Christusfigur am Altar und die zwölf Apostel.

Nun links am Dom vorbei und durch die Fußgängerzone Frue Plads und St. Kannikestræde zur Købmagergade.

An der Nordseite der Købmagergade 52 A sieht man links den 36 m hohen **Rundturm Rundetårn (23)** von 1642 **[N55° 40' 52.9" E12° 34' 31.7"]** von 1642 *(geöffnet Mai - Sept. Mo, Do, Fr, Sa, So 10 - 18 Uhr, Di + Mi 10 -21 Uhr; www.rundetaarn.dk/en/)*. König Christian IV. ließ den Rundbau an die anschließende **Dreifaltigkeitskirche** anbauen. Im Inneren führt eine spiralenförmige Rampe hinauf zur Aussichtsplattform. Es heißt, dass Zar Peter der Große während einer Staatsvisite die Rampe mit dem Pferd hochgaloppiert sein soll, im Gefolge seine Gemahlin in der Kutsche. Astronomische Ausstellung.

Würde man die Købmagergade ein Stück nach Osten gehen, käme man zum **Post- & Tele-Museum Danmark (33) [N55° 40' 50.2" E12° 34' 39.7"]**, Købmagergade 37 *(geöffnet Mo - Fr 10 - 18 Uhr, Do 10 - 21 Uhr, Sa + So 10 - 16 Uhr; www.enigma.dk/english/)*.

Weiter durch die Landemærket und jenseits der Gothersgade durch den herrlichen **Schlosspark Kongens-have** oder auch **Rosenborg Have**. An seinem Westrand, an der Hauptstraße Øster Voldgade, liegt der Eingang zum **Schloss Rosenborg (24) [N55° 41' 10.7" E12° 34' 35.4"]** *(geöffnet Juni - Aug. tgl. 9 - 17 Uhr; 14. Apr. - 31. Mai + Sept. - Okt. tgl. 10 - 16 Uhr; 24. Feb. - 3. Apr. + 1. Nov. - 22. Dez. Di - So 10 - 15 Uhr; 8. - 23. Feb. tgl. 10 - 15 Uhr; www.kongernessamling.dk/de/rosenborg/)*. Erbaut wurde Rosenborg – ein schöner Renaissancebau in roten Ziegeln aufgeführt – in den Jahren 1607 bis 1633 von König Christian IV. Neben einer Reihe prächtig möblierter Gemächer sind im Untergeschoss die **Kronjuwelen** und andere Schätze des dänischen Königshauses zu sehen. Getrennte Abteilung (Eingang Gothersgade) mit Waffen- und Uniformsammlung der Leibgarde.

Auf der Westseite der Øster Voldgade erstreckt sich der **Botanische Garten (25)** mit Palmenhaus. Eingang Gothersgade/Ecke Øster Voldgade oder Sølvgade *(geöffnet Gärten: Apr. - Sept. tgl. 8.30 - 18 Uhr; Okt. - März tgl. 8.30 - 16 Uhr. Palmenhaus: Apr. - Sept. tgl. 10 - 17 Uhr; Okt. - März Di - So 10 - 15.30 Uhr, letzter Eintritt 15 Min. vor Schließung; bis auf Palmenhaus ist der Eintritt frei; www.botanik.snm.ku.dk)*.

Ecke Sølvgade und Øster Voldgade 5-7 findet man das **Geologische Museum (26)** mit Mineralien, Versteinerungen, Meteoriten und geologischen Sammlungen aus Dänemark und Grönland *(geöffnet Di - So 10 bis 17 Uhr; www.geologi.snm.ku.dk)*.

Die Parkanlage dehnt sich nordöstlich des Botanischen Gartens aus und heißt nun **Østre Anlæg**. Dort gibt es noch zwei weitere Museen:

Das **Staatliche Kunstmuseum (27) N55° 41' 18.6" E12° 34' 42.3"]**, Ny Sølvegade 48 - 50 *(geöffnet Di - So 11 - 18 Uhr, Mi 10 - 20 Uhr; www.smk.dk)*, die

Nationalgalerie Dänemarks mit der Königlichen Gemälde- und Skulpturensammlung, mit Ausstellungen dänischer Kunst vom 17. Jh. bis heute, Sammlungen europäischer Maler des 14. bis 18. Jahrhunderts und moderner französischer Kunst.

Die **Sammlung Hirschsprung (28) [N55° 41' 23.8" E12° 34' 36.9"]**, in der Stockholmsgade 20 *(geöffnet Mi - Sa 11 - 16 Uhr, Führung in Englisch Sa um 12 Uhr; www.hirschsprung.dk/en/)*, an der Westseite des Parks, zeigt dänische Kunst des 19. Jh. Die Sammlung stammt aus dem Nachlass des Tabakfabrikanten Heinrich Hirschsprung, einem leidenschaftlichen Liebhaber zeitgenössischer Kunst.

Zurück zum Rathausplatz mit dem Bus 72 E ab Sølvgade.

Unweit des Rathausplatzes liegt östlich des Tivoliparks die besuchenswerte **Ny Carlsberg Glyptotek (29) [N55° 40' 23.1" E12° 34' 22.5"]**, Tietgensgade 25 *(geöffnet Di - So 10 - 17 Uhr, Do 10 - 21 Uhr; www.glyptoteket.com)*. Kunst des Altertums von den Etruskern bis zu den Ägyptern, von den Griechen bis zu den Römern, sowie französische Impressionisten und dänische Maler. Gegründet vom Brauer Carl Jacobsen.

Etwas außerhalb der Stadt am Øresund, knapp einen Kilometer vom Flughafen entfernt, liegt das sehenswerte **Dänische Nationalaquarium Den Blå Planet [N55° 38' 18.76" E12° 39' 15.09"]**, Dänemarks neues Aquarium *(geöffnet Mo 10 - 21 Uhr, Di - So 10 - 17 Uhr; www.denblaaplanet.dk)*. Es ist das größte Aquarium in Nordeuropa und zeigt im sog. Ozeanbecken Hammerhaie, Muränen, Rochen u. a., farbenfrohe Fische und andere Meerestiere im sog. Korallenriff sowie Vögel, Schmetterlinge, Piranhas und Schlangen u. a. im sog. Amazonasbereich. Metro ab Station Kongens Nytorv zur Station Kastrup in 12 Minuten.

PRAKTISCHE HINWEISE – KOPENHAGEN

Copenhagen Visitor Center [N55° 40' 28.94" E12° 33' 53.93"], Vesterbrogade 4 A, am Haupteingang zum Tivoli, Nähe Hauptbahnhof, 1620 Kopenhagen V, Tel. +45 70 22 24 42; *www.visitcopenhagen.com. Geöffnet Mai, Juni, Sept. Mo - Sa 9 - 18 Uhr, So 9 - 16*; Juli + Aug. Mo - Fr 9 - 20 Uhr, Sa + *So 9 - 18 Uhr; März + Apr. tgl. 9 - 16 Uhr; Jan, Feb, Okt. Nov., Dez Mo - Sa 9 - 16 Uhr, So 9 - 14 Uhr.*

Feste, Veranstaltungen

Flohmärkte: Gammel Strand Loppemarked Mai - Sept. jeden Freitag und 9 - 17 Uhr; Nørrebrogade 90 Loppemarked März bis Okt. samstags von 7 - 15 Uhr; Thorvaldsen Loppemarked Apr. - Okt. freitags und samstags von 8 - 17 Uhr.

Copenhagen Marathon, im Mai.

Königin Margrethes Geburtstag, am 16. April, man gratuliert auf dem Schlossplatz vor Amalienborg.

Traditionelles **Copenhagen Jazz Festival**, jedes Jahr Anfang/Mitte Juli.

CAMPING

København-Rødovre

Camping DCU Absalon [N55° 40' 15.4" E12° 26' 2.2"], Korsdalsvej 132, Tel. +45 36 41 06 00; www.camping-absalon.dk; 1. Jan. – 31. Dez.; im westl. Stadtbereich nahe der E47/E55 (Greve – Langby), Ausfahrt Nr. 24 Roskildevej, ausgedehntes Wiesengelände am Roskildevej, durch Hecken und hohe Baumreihen mehrfach unterteilt; ca. 12 ha – 600 Stpl.; Standardsanitärausstattung. Laden, Waschmaschine, Trockner, Fahrradverleih, WLAN; Miethütten. V & E für Wohnmobile. Quick Stop.

Dragør

Camping Copenhagen [N55° 34' 58.4" E12° 37' 44.9'], Bachersmindevej 13, 2791 Dragør, Tel. +45 32 94 20 07; www.copenhagencamping.dk; 1. Jan. – 31. Dez.; rund 8 km südöstlich von Kopenhagen; langgestrecktes, ebenes Wiesengelände in ländlicher Umgebung; ca. 2 ha – 120 Stpl.; Standardsanitärausstattung. Laden, Waschmaschine, Trockner, Fahrradverleih, Volleyballfeld, Minigolf. WLAN auf Teilen des Platzes; Miethütten. V & E für Wohnmobile. Quick Stop. Separater Platzteil für Wohnmobile; ca. 500 m zum Meer und zu öffentlichem Nahverkehr nach Kopenhagen.

Charlottenlund

Camping Charlottenlund Fort [N55° 44' 40.3" E12° 35' 07.8"], Strandvejen 144B, Tel. +45 44 22 00 65; www.campingcopenhagen.dk; Anf. Apr.- Mitte Okt.; ca. 7 km nördl. des Kopenhagener Zentrums, über die Straße 152 zu erreichen; Wiesengelände im denkmalgeschützten Fort, von Festungswall und Wassergraben umgeben, zum Strand 50 m; Bus Nr. 14 zum Stadtzentrum alle 20 Min.; ca. 1 ha – ca. 80 Stpl.; Standardsanitärausstattung. Restaurant, Waschmaschine, Trockner, Fahrradverleih. WLAN. V & E für Wohnmobile.

Ishøj Havn

Camping FDM Tangloppen [N55° 36' 26.0" E12° 22' 52.0"], Tangloppen 2, Tel. +45 22 90 33 21; www.tangloppen.dk; 3. Apr. – 11. Okt.; südwestlich des Stadtzentrums in **Ishøj**, bei einem Wassersportzentrum, **Nähe Kunstmuseum Arken**; Zufahrt über die Autobahn E20/47/55, Ausfahrt 26; auf einer länglichen Halbinsel, ebenes Gelände, am Rande mit Hecken; ca. 2,5 ha – 160 Stpl.; Standardsanitärausstattung. Kiosk, Waschmaschine, Trockner, WLAN auf Teilen des Platzes, Bootssteg- und slipanlage; Miethütten. V & E für Wohnmobile.

WOHNMOBIL- STELLPLATZ

Wohnmobil-Stellplatz Kopenhagen City Camp [N55° 38' 50.64" E12° 30' 24.01"], Blushøjvej 17, Tel. +45 61 71 82 55; www.citycamp.dk/deutsch.html. **Zufahrt:** Vom Stadtzentrum Kopenhagen südwestwärts auf der Straße 21 bis Ausfahrt zur Straße 151, dem Gammel Køge Landvej, ca. 500 m dann links ab zum Blushøjvej und zum Platz. Hinter dem Einkaufszentrum „Fisketorvet" gelegen. **Ausstattung:** Ebener, schattenloser, asphaltierter Platz für 90 Wohnmobile mit Strom, Frischwasser, Dusche, WC, Waschbecken, V & E für Wohnmobile. Fahrradverleih.**Gebühr:** Pauschale inkl. Wasser, Dusche, WC, Waschbecken, Stadtkarte. **Geöffnet:** 24. Mai – 31. Aug.; Reservierung möglich unter: reservation@citycamp.dk. S-Bahn-Station nahebei, 5 Min. zum Stadtzentrum.

Wohnmobil-Stellplatz Kopenhagen CPH Autocamp [N55° 38' 17.82" E12° 34' 27.74"], Center Boulevard 4, Tel. +45 72 40 60 60; www.cphautocamp.dk/de/. **Zufahrt:** Vom Stadtzentrum südwestwärts Richtung E20 (Køge – Malmö) bis BellaCenter und dem Royal Golf Club. Hier zum großen Parkplatz des Golf Clubs mit 50 markierten Plätzen für Wohnmobile. **Ausstattung**: Ebene, schattenlose Betonfläche mit Stromanschlüssen, Dusche, WC, WLAN. Restaurant tgl. 12 - 16 Uhr. **Gebühr:** Pauschale für 2 Personen inkl. WC, Dusche, WLAN. Strom Extragebühr. **Geöffnet:** Ganzjährig. S-Bahnhaltestelle in der Nähe, 15 Minuten zum Stadtzentrum.

Wohnmobil-Stellplatz Copenhagen Svanemøllehavnen [N55° 43' 4.82" E12° 35' 22.54"], Svaneknoppen 8, Tel. +45 39 20 22 21; www.smhavn.dk. **Zufahrt:**Vom Stadtzentrum nordwärts Richtung Østerbro und weiter zum Sportbootshafen Svanemøllehavnen. **Ausstattung:** Ebene, geschotterte Fläche für 8 Wohnmobile mit Frischwasser, WC, Dusche, WLAN und Strom. **Geöffnet:** Mitte Mai - Anfang Sept. **Gebühr:** Pauschale inkl. Wasser und Strom, Extragebühr für Dusche. Haltestelle des Nahverkehrs zur City in Gehnähe.

TOUR 19. KOPENHAGEN - ROSKILDE - RØDBY HAVN

Länge der Tour: Rund 270 km + 1 Fähre.

Die Route: E55/E47 bis **Køge** - alternativ Straße 21 bis **Roskilde** und Straße 6 bis **Køge** - E55/E47 bis Ausfahrt **Vordingborg** - **Abstecher nach Møns Klint**, Straße 287 - Straße 287 bis **Nyby/Bogø** - Fähre nach **Stubbekøbing** - Straße 271 bis **Nykøbing** - Straßen 297, E47 nach **Rødby Havn**.

Abstecher: Zu den Kreideklippen **Møns Klint**.

Reisedauer: Mindestens ein Tag.

Höhepunkte: Das **Kunstmuseum Arken** * - **Roskilde Dom** *** und **Wikingerschiffshallen** * - die Kreidefelsen **Moens Klint** **.

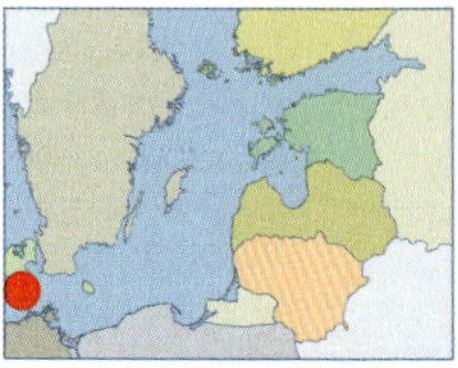

Allen an Kunst Interessierten empfiehlt sich auf der Weiterreise von Kopenhagen südwärts rund 20 km südlich von Kopenhagen ein Abstecher von der Autobahn ostwärts nach **Ishøj** zum **Arken Museum [N55° 36' 22.1" E12° 23' 08.3"]** am Strandparken, Skovvej 100 *(geöffnet Di - So 10 - 17 Uhr, Mi 10 - 21 Uhr; www.arken.dk)*. Arken ist ein Museum für moderne Kunst, das in einem futuristisch anmutenden und an einen Schiffsbug erinnernden Gebäude aus Metall und weißem Beton untergebracht ist. Ausgestellt sind Werke dänischer, nordischer und anderer ausländischer Künstler. Skulpturensammlung, Konzertsaal, Filme, Konzerte, Café, Parkplatz.

Umweg über Roskilde

Bei ausreichend zur Verfügung stehender Zeit ist ein **kleiner Umweg über Roskilde** lohnend!

Roskilde, die historische Domstadt, liegt am Südende des Roskilde Fjords.

Der Sage nach soll Roskilde um das Jahr 600 von einem Wikingerkönig namens *Roar* gegründet worden sein. Bewiesen wurde das bis heute allerdings nicht. Sicher hingegen ist, dass Harald Blauzahn als erster getaufter König Dänemarks an der Stelle des heutigen

Doms im Jahre 960 eine Holzkirche errichten ließ. Damals war Roskilde Königsresidenz und entwickelte sich dank seiner Lage am Schnittpunkt von Land- und Wasserwegen rasch zu einem wichtigen Handelsplatz. 1020 wird Roskilde zum Bischofssitz erhoben und baut damit seine Stellung als geistliches Zentrum in Dänemark aus.

Bischof Absalon, der Kopenhagen-Gründer, legte 1170 den Grundstein zum Dom von Roskilde, der seit dem Mittelalter die Grabkirche der dänischen Könige ist und heute die Sehenswürdigkeit der Stadt schlechthin darstellt.

1998 feierte Roskilde sein 1.000-jähriges Bestehen.

Roskilde ist Universitätsstadt und als solche vor allem auf den Gebieten Landwirtschafts- und Energieforschung sehr rührig. Die Erforschung der rationellsten Nutzung der Windkraft zum Beispiel ist eines der Gebiete auf denen sich Dänemark einen ganz hervorragenden Ruf erworben hat.

Einen zentralen **Parkplatz** (außer an Markttagen Mi + Sa) findet man am Marktplatz **Stændertorvet [N55° 38' 29.5" E12° 04' 51.5"]** gleich neben dem **Rathaus**, dem **Touristenbüro** und unweit vom **Dom** gelegen.

Weitere gute Parkmöglichkeiten gibt es am Hafen beim **Wikingerschiffmuseum [Parkplatz, [N55° 38' 59.1" E12° 04' 44.1"]**. Zu Fuß sind die beiden Parkplätze nur etwa 800 m voneinander entfernt, also in Gehnähe.

Die bedeutendsten Sehenswürdigkeiten Roskildes

Neben dem Rathaus liegt der **Marktplatz Stændertorvet**, das Zentrum der Stadt.

Hinter dem Marktplatz erhebt sich der **Dom [N55° 38' 33.6" E12° 04' 45.5"]** *(geöffnet Juni - Aug. Mo - Sa 10 - 18 Uhr, So 13 - 16 Uhr; Mai + Sept. Mo - Sa 10 - 17 Uhr, So 13- 16 Uhr; Okt. - Apr. Mo - Sa 10 - 16 Uhr, So 13 - 16 Uhr; www.roskildedomkirke.dk/deutsch/)* mit den beiden spitzen Turmhauben. Der rote Ziegelsteinbau ist eines der bedeutendsten Kirchenbauwerke des Landes.

In der Bauweise des über 800 Jahre alten Doms, dessen Fertigstellung 200 Jahre in Anspruch nahm, sind sowohl romanische als auch gotische Stilelemente sichtbar. Obwohl das 84 m lange und etwa 24 m hohe Schiff um 1300 zwar fertiggestellt war, wurde in den späteren Jahren doch immer wieder um- und angebaut. So wurde im frühen 14. Jh. die erste königliche Grabkapelle für König Christian I. hinzugefügt, der noch andere folgten. Insgesamt ruhen unter dem Chor und in den prächtigen Sarkopha-

Historisch, der Dom zu Roskilde

gen aus Marmor und Alabaster in den Seitenkapellen 38 Könige und Königinnen. Die beiden Turmspitzen wurden übrigens erst 1635 hinzugefügt.

An der Ostseite des Doms, und durch den Absalon-Bogen aus dem 13. Jh. mit diesem verbunden, liegt am Marktplatz Stændertorvet 3 das sog. **Palais**. Es entstand 1733 an der Stelle des alten Bischofspalais und diente als Residenz für Personen von Hofe auf Reisen oder bei Beisetzungen. Heute enthält das Palais das **Museet for Samtidskunst [N55° 38′ 33.3″ E12° 04′ 54.3″]**, das Museum für Zeitgenössische Kunst *(geöffnet Di, Do, Fr 12 - 17 Uhr, Mi 12 - 20 Uhr, Sa + So 11 - 16 Uhr; www.samtidskunst.dk/en/)*.

Eine Straße weiter nordöstlich, in der St. Ols Gade 15, befindet sich das **Roskilde Museum [N55° 38′ 32.9″ E12° 04′ 59.8″]** *(geöffnet Do - Di 10 - 16 Uhr, Mi 10 - 21 Uhr; www.roskildemuseum.dk)*. Das kulturhistorische Museum zeigt u. a. Altertumssammlungen, sowie Abteilungen über Brauchtum, Trachten und Bauernkultur. Neu ist eine überaus anschaulich präsentierte Dauerausstellung, welche die Geschichte der ersten dänischen Hauptstadt Roskilde schildert.

Etwa 1 km vom Marktplatz entfernt liegen in der Nähe des Hafens am Roskilde Fjord die **Wikingerschiffshallen [Parkplatz, N55° 38′ 59.1″ E12° 04′ 44.1″],** Strandengen *(geöffnet 1. Mai - 18. Okt. tgl. 10 - 17 Uhr; 19. Okt. - 30. Apr. tgl. 10 - 16 Uhr; www.vikingeskibsmuseet.dk/de/)*. In dem modernen Museumsgebäude sind die kunstvoll restaurierten Reste von fünf Wikingerschiffen zu sehen.

1962 wurden bei Unterwassergrabungsarbeiten im Roskildefjord ca. 20 km nördlich von Roskilde fünf Wikingerschiffe freigelegt. Die Holzboote waren ums Jahr 1000 versenkt worden, wahrscheinlich um die Fahrrinne zu blockieren und Roskilde vor Angriffen norwegischer Wikinger zu schützen.

Nach der Ausgrabung gestaltete sich die Konservierung des wasserdurchtränkten Holzes als sehr langwierig und schwierig. Wäre das Holz ausgetrocknet, wäre es für alle Zeit zerfallen. Aber mit Hilfe der in der Zwischenzeit im Zusammenhang mit Weinskandalen unrühmlich bekannt gewordenen Chemikalie Glykol konnten die Holzporen in einem jahrelangen Prozess gefüllt und damit der Zerfall der Holzfragmente verhindert werden.

Als 1997 das Museumsgelände erweitert wurde, stieß man bei Grabungsarbeiten zur Entwässerung des Terrains völlig überraschend auf sage und schreibe neun weitere, sehr alte Wikingerschiffe. Eines davon ist das größte bislang gefundene Wikingerschiff der Welt, wie es heißt. Das Schiff ist von den Wissenschaftlern nach ersten Analysen auf die Zeit um 1020 datiert worden. Es soll als Kriegsschiff gedient haben und von einer 100-köpfigen Besatzung, darunter mindestens 76 Ruderer, die auch Krieger waren, geführt worden sein. Alle neun Schiffe, oder besser das, was von ih-

PRAKTISCHE HINWEISE — ROSKILDE

Roskilde Turistbureau [N55° 38′ 28.2″ E12° 04′ 49.1″], Stændertorvet 1, 4000 Roskilde, Tel. +45 46 31 65 65; www.visitroskilde.dk. *Geöffnet Apr. - Sept. Mo - Fr 10 - 17 Uhr, Sa 10 - 13 Uhr, Okt. - März Mo - Fr 10 - 16 Uhr, Sa 10 - 13 Uhr.*

CAMPING

Camping Roskilde [N55° 40′ 25.2″ E12° 04′ 56.8″], Baunehøjvej 7 - 9, Tel. +45 46 75 79 96; www.roskildecamping.dk; 1. Apr. – 1. Okt.; 4 km nördl. Roskilde abseits der Straße 6; recht weitläufiges Gelände, hügelige Wiesen mit Waldanteil am Roskilde Fjord, relativ ruhig und ansprechend gelegen, vom Strand Blick zur Stadt, nur wenig wirklich ebene, feste Stellplätze für Wohnmobile; ca. 25 ha – 250 Stpl. + 100 Dau.; einfache Standardsanitärausstattung. Laden, Restaurant, Imbiss, Grillstelle, Waschmaschine, Trockner, Fahrradverleih, teilweise WLAN, Internetecke. Miethütten. V & E für Wohnmobile.

nen erhalten ist, wurden zwischenzeitlich geborgen und sind nun nach der Konservierungsphase im Museum zu bestaunen.

Im Kino des Museums werden laufend Filme über Ausgrabung, Konservierung und Aufstellung der Roskilde-Schiffe gezeigt, auch in deutscher Sprache.

Geht man vom Museum durch die Parkanlage zum Hafen und von dort stadteinwärts, sieht man kaum 200 m entfernt etwas erhöht die **St. Jørgens Kirche [N55° 38′ 58.1″ E12° 04′ 30.5″]** am Rande eines kleinen Parks liegen. Der Weg dorthin lohnt, nicht nur der Kirche wegen, sondern auch wegen des Blicks auf Hafen und Fjord.

Der Stadtteil St. Jørgensberg, in dem die Kirche liegt, war früher ein eigenständiges Fischerdorf. Noch heute trifft man hier auf alte, niedere Häuser und idyllische Winkel.

ROUTE: Von Roskilde auf der Straße 6 südostwärts zur Autobahn E47/E55 (15 km) und entweder auf der Autobahn oder auf der Küstenstraße 151 bis ***Køge*** *(7 km).*

Køge hat eine interessante gotische Kirche aus dem 13. Jh., die **Sct. Nicolai Kirche [N55° 27′ 30.2″ E12° 10′ 56.8″]** in der Kirkestræde 26 *(geöffnet Mo 12 - 16 Uhr, Di - Fr 10 - 16 Uhr, So 12 - 16 Uhr; www.koegekirke.dk)*. Sie ist dem Heiligen Nikolaus von Myra geweiht. Auffallend ist der mächtige Turm mit Treppengiebel, der früher auch als Wehr- und Leuchtturm diente.

Im Inneren Fresken aus dem 14. Jh., eine geschnitzte Kanzel im Stil der Spätrenaissance, spätgotisches und Renaissancegestühl, sowie ein Altaraufsatz von 1652 mit Schnitzwerk von Lorentz Jörgensen.

Für Interessierte lohnt sicher auch ein Besuch im **Kunstmuseum von Køge [N55° 27′ 31.8″ E12° 11′ 00.5″]**, Nørregade 29 *(geöffnet Di - So 11 - 17 Uhr; www.koes.dk/en/)*. Es liegt gleich neben der Nicolai Kirche und präsentiert eine bemerkenswerte Skizzensammlung anhand derer man die Entstehung eines Kunstwerks von der Idee bis zur Verwirklichung nachvollziehen kann. Außerdem sieht man Skulpturen, Modelle u. ä.

Schöne **alte Fachwerkhäuser** findet man in der Vestergade, z. B. Haus Nr. 6 oder Haus Nr. 7. Haus Nr. 16 dort ist der **Richters Gaard**, ein prächtiger Fachwerkbau aus dem Jahre 1644, der heute ein gemütliches Restaurant im Stil eines urigen Landgasthauses beherbergt.

Das **Stadtmuseum/ Køge Museum [N55° 27′ 24.9″ E12° 10′ 58.8″]** von Køge ist in der Nørregade 4 im alten „Spinnhof" untergebracht *(geöffnet Juli - Aug. tgl. 10 - 17 Uhr; Apr. - Juni + Sept. - Okt. tgl. 10 - 16 Uhr; Dez. tgl. 10 - 18 Uhr; Jan - März tgl. 11 - 16 Uhr; www.koegemuseum.dk/en/)*. Stolz ist man im Museum vor allem auf den sog. „Silberschatz". Er ist 9 kg schwer und besteht aus 322 Münzen aus ganz Europa. Die älteste Münze ist ein „Pfälzer Taler", der 1548 geprägt wurde.

Die Gewässer vor Køge waren im 17. Jh. Schauplatz großer und für den Erhalt der dänischen Autonomie bedeutsamer Seeschlachten. In der Ostsee wurden damals gewaltige Seeschlachten geführt. Meist trafen schwedische und dänische Flottenverbände aufeinander, die sich um die Kontrolle des Nadelöhrs und

PRAKTISCHE HINWEISE — KØGE

Køge Turistbureau [N55° 27′ 23.8″ E12° 10′ 48.7″], Vestergade 1, 4600 Køge, Tel. +45 69 15 61 70; www.visitkoege.com. *Geöffnet Juli + Aug. Mo - Fr 9.30 - 16 Uhr, Sa 10 - 13 Uhr, Sept. - Juni Mo - Fr 10 - 16 Uhr, Sa 10 - 13 Uhr.*

CAMPING

Camping Køge & Vallø [N55° 26′ 45.1″ E12° 11′ 31.9″], Strandvejen 102, Tel. +45 53 65 28 51; www.valloecamping.dk; 28. März – 27. Sept.; südl. der Stadt an der Küstenstraße 261; ausgedehntes Waldgelände; ca. 12 ha – 220 Stpl. + 200 Dau.; Standardsanitärausstattung. Waschmaschine, Trockner, Brötchenservice, Minigolf, WLAN. Miethütten. V & E für Wohnmobile.

strategisch immens wichtigen Øresund, das „Tor zur Ostsee", schlugen.

In diesen Gefechten erwarben die Seehelden Admiral Niels Juel, der mehrere schwedische Schlachtschiffe versenkte und der aus Norwegen stammende Ivar Huitfeldt legendären Ruhm.

ROUTE: *Auf der E47/E55 südwärts und über* ***Ulse*** *(Ausfahrt 36) bis zur Ausfahrt 41 bei* ***Vordingborg.***

Etwa 2 km westlich von **Ulse** und der E47/E55 (Ausfahrt 36) liegt das **Renaissanceschloss Gisselfeld** (16. Jh.) **[N55° 17' 30.2" E11° 58' 12.3"]**. Nur der Park ist zugänglich *(geöffnet 27. Apr. - 27. Aug. Di - So 10 - 18 Uhr; 1. Sept. - 24. Sept. Fr - So 10- 18 Uhr; 30. Sept. - 15. Okt. Sa + So 11 - 16 Uhr, letzter Einlass eine Stunde vor Schließung; www.gisselfeld-kloster.dk)*. Er ist 44 ha groß und einer der schönsten Schlossparks in ganz Dänemark, mit Seen, Brunnen, Grotten, Wasserfall, herrlichem altem Baumbestand und Gewächshaus.

Vordingborg, am Südende der Insel Seeland, hat in seinem Zentrum noch einige Reste (Fundamente, Wehrmauer und Turm) der alten **Burg** von Valdemar dem Großen aus dem 12. Jh. erhalten. Historischer Burggarten mit Arzneikräutern, Gewürz- und Zierpflanzen.

Abstecher zu den Klippen Møns Klint

ROUTE: *Von der Ausfahrt Nr. 41 Vordingborg der E47/E55/42 ostwärts auf die Straße 59 und weiter über* ***Kalvehave, Stege*** *und* ***Magleby*** *bis zu den* ***Klippen Møns Klint.***

Unterwegs kann man in **Stege** das **Møns Museum Empiregården [N54° 59' 13.0" E12° 17' 20.1"]** in der Storegade 75 besichtigen.

Und in **Keldby** ist die **Kirche [Parkplatz, N54° 59' 28.7" E12° 20' 40.5"]** sehenswert *(geöffnet Apr. - Sept. tgl. 8 - 16.45 Uhr; Okt. - März tgl. 8 - 15.45 Uhr; www.keldbyelmelundekirke.dk)*. Neben den schönen Fresken – die ältesten im Chor stammen von 1275 – und den phantasiereichen Bibeldarstellungen im Kirchenschiff aus 1325, sind zahlreiche Gemälde des „Elmelunde-Meisters" von 1480 zu sehen.

Elmelundes markante mittelalterliche **Dorfkirche [Parkplatz, N54° 59' 41.9" E12° 23' 59.9"]** *(geöffnet wie Keldby Kirche)* gilt als die älteste Kirche auf der Insel Møn. Bemerkenswerte Fresken aus dem Jahr 1480 bedecken auch hier den Chor und das Kirchenschiff. Belustigende Motive wie z. B. Adam hinter einen Karrenpflug in einer Ernteszene wurden vom schon erwähnten „Elmelunde-Meister" geschaffen.

Östlich von Magleby endet die Straße am großen, in einem ausgedehnten Waldgebiet gelegenen **Parkplatz „Store Klint" [N54° 57' 58.6" E12° 32' 50.8"]** (gebührenpflichtig) mit Cafeteria, Hotel, Toiletten und neuem Informationszentrum Møns Klint; www.moensklint.dk.

Die weißen **Kreideklippen von Møn** zählen zu den großen Natursehenswürdigkeiten in Dänemark. An der Cafeteria beginnen **markierte Spazierwege** zu den berühmten Klippen **Møns Klint**. Auf einer Länge von 8 km fällt hier das Steilufer aus Kreidefelsen ca. 130 m senkrecht ins Meer.

Einer der nächstgelegenen Aussichtspunkte über dem Steilufer ist der 128 m hohe **Dronningstolen**, der über Treppen und Waldwege in ca. 10 Minuten zu erreichen ist. Guter Ausblick auch beim Punkt **„Forchhammers Pynt"**.

Nicht allzu weit nördlich der Klippen, über Magleby und Sømarke zu

CAMPING VORDINGBORG

Camping Øre Strand [N55° 00' 24.2" E11° 52' 29.9"], Ørevej 145, Tel. +45 55 77 88 22; www.orestrandcamping.dk; 1. Apr. – 1. Okt.; Zufahrt von der Straße 22 beschildert, westl. der Stadt am Sund mit schmalem Strand; fast ebene Wiesen, durch Hecken in mehrere lange Felder unterteilt; ca. 3 ha – 150 Stpl. + Dau.; Standardsanitärausstattung. Laden, Imbiss, Restaurant (Saison); Miethütten. V & E für Wohnmobile.

Die Kreidefelsen Møns Klint

erreichen, findet man das **Schlösschen Liselund [Parkplatz, N54° 59' 58.5" E12° 31' 20.2"]**. Es wurde 1795 als Lustschloss erbaut und liegt in einem **romantischen Waldpark** mit drei lauschigen Pavillons. Nur der Park ist gegen Eintritt zugänglich; www.en.natmus.dk/museums-and-palaces/liselund/.

*ROUTE: Von den Møns Klint zurück bis **Stege**, 4 km südwestlich von Stege südwärts auf die Straße 287 über **Askeby** und die Brücke bis **Nyby** auf der kleinen **Insel Bogø**.In Nyby nehmen wir die **Fähre** über den schmalen Grønsund nach **Stubbekøbing** auf der **Insel Falster**. Weiter auf der Straße 271 nach **Nykøbing.***

Nykøbing/Falster liegt am Guldborg Sund an der Westküste der Insel Falster.

Besichtigen kann man im Nachbarort Sundby L. das **Middelaldercentret [Parkplatz, N54° 46' 27.7" E11° 50' 29.5"]**, Ved Hamborgskoven 2-4 *(geöffnet 1. Juli - 12. Aug. tgl. 10 - 17 Uhr; Juni,13.*

PRAKTISCHE HINWEISE — STEGE UND INSEL MØN

Møns Turistbureau [N54° 58' 57.4" E12° 16' 58.8], Storegade 2, 4780 Stege, Tel. +45 55 86 04 00; www.visitmoen.com. *Geöffnet Juni - Aug. Mo - Sa 10 - 17 Uhr; Apr., Mai, Sept., Okt. Mo, Di, Do, Fr, Sa 11 - 14 Uhr; Nov. - März Mo 11 - 14 Uhr.*

CAMPING

Stege

Camping Mønbroen [N54° 59' 03.2" E12° 10' 19.8"], Klostervej 86, Tel. +45 55 81 18 08; www.moenbroen.dk; 1. Apr. – 15. Okt.; am Südende der Sundbrücke an der Stege Bucht; ca. 2 ha – 100 Stpl.; einfache Standardsanitärausstattung.Waschmaschine, Trockner, WLAN. V & E für Wohnmobile.

Camping Møn Strandcampig [N55° 02' 16.6" E12° 16' 54.7], Ulvshalevej 236, Tel. +45 55 81 53 25; www.ulvscamp.dk; 3. Apr. – 6. Sept.; nördl. Stege; Gemeindeplatz; 2,5 ha – 90 Stpl. + Dau.; Standardsanitärausstattung. Laden, Waschmaschine, Trockner, Internetecke. Fahrradverleih. V & E für Wohnmobile.

Keldby

Camping Keldby Møn [N54° 59' 29.3" E12° 21' 24.5"], Pollerupvej 3, Tel. +45 41 16 93 03; www.keldbycampingmoen.dk; 1. Jan. – 31. Dez.; östl. Stege bei

Keldby; von hohen Hecken eingefriedetes Wiesengelände; ca. 3 ha – 100 Stpl. + Dau.; Standardsanitärausstattung. Laden, Imbiss, Minigolf, Fahrradverleih, WLAN. 10 Miethütten. V & E für Wohnmobile. QuickStop.

Borre

Camping Møns Klint [N54° 58′ 47.3″ E12° 31′ 25.0″], Klintevej 544, Tel. +45 55 81 20 25; www.campmoensklint.dk; Ostern – 31. Okt.; ca. 2 km östli. von Magleby an der Straße 287, an der Ostseite der Insel; naturbelassenes, hügeliges Gelände, teils Lichtungen im Wald, teils auch terrassierte Wiesen; ca. 12 ha – 300 Stpl. + Dau.; gute Standardsanitärausstattung. Laden, Imbiss, Restaurant, Schwimmbad, Boots- und Fahrradverleih, Tennis. WLAN. Miethütten. V & E für Wohnmobile.

Askeby

Møn Camping Hårbølle Strand [N54° 52′ 59.06″ E12° 9′ 9.25″], Hårbøllevej 87, Tel. +45 26 74 95 63; www.moencamping.dk; 1. Apr. - 18. Okt.; Zufahrt westlich von Askeby von der Straße 287 südwärts nach Store Damme abzweigen und weiter Richtung Hårbølle Strand, hier zum Platz am südöstlichen Ortsrand. Welliges Naturgelände mit Büschen und Bäumen bewachsen, Kieselstrand; 4,5 ha – 80 Stpl.; Standardsanitärausstattung. Waschmaschine, Trockner, Internetecke. Fahrradverleih. V & E für Wohnmobile.

WOHNMOBIL-STELLPLATZ – BORRE

Wohnmobil-Stellplatz Klintholm Havn [N54° 57′ 15.00″ E12° 27′ 59.26″], Thyravej 16. **Zufahrt:** Vom Ortszentrum Borre zum Klintholm Hafen, hier Parkplatz. **Ausstattung:** Geschotterter, schattenloser Platz mit 10 Wohnmobilplätze, je nachdem wieviele Bootstrailer geparkt sind. Frischwasser, WC, Dusche, WLAN. **Geöffnet:** Ganzjährig. **Gebühr:** Pauschale inkl. 2 Personen.

Aug. - 31. Aug. Mo - So 10 - 16 Uhr; Mai + Sept. Di - So 10 - 16 Uhr; 1. - 19. Okt. tgl. 10 - 16 Uhr; www.middelaldercentret.dk), Ved Hamborgskoven 2. In diesem Freilichtmuseum werden Lebensweise und Technik des Mittelalters anschaulich gezeigt und von mittelalterlich gewandeten Interpreten demonstriert.

Abstecher nach Marielyst

Diese Gegend von Falster ist für seine **kilometerlangen Strände** bekannt.

Nordöstlich von Marielyst liegt bei **Væggerløse** das **Automobilmuseum Marielyst Sportscars [N54° 42′ 13.4″ E11° 56′ 39.6″],** Stovby Trærvej 11, mit alten Sportwagen und anderen Oldtimern *(geöffnet tgl. 10 - 17 Uhr).*

*ROUTE: Von **Nykøbing** über die Straße 297 südwestwärts – evtl. mit einem **Abstecher nach Nysted** (ca. 5 km) – bis zur Autobahn E47 bei **Holeby** (32 km) und südwärts bis **Rødby Havn** (10 km) auf der **Insel Lolland**.*

PRAKTISCHE HINWEISE – NYKØBING

Nykøbing Falster Turist Information [N54° 46′ 4.1″ E11° 52′ 0.6″], Færgestræde 1A, 4800 Nykøbing F, Tel. +45 54 85 13 03; www.visitlolland-falster.dk. *Geöffnet 22. Jun. - 16. Aug. Mo - Fr 9.30 - 17.30 Uhr, Sa 9.30 - 14.30 Uhr; 17. Aug. - 30. Nov. + 2. Jan. - 21. Jun. Di - Fr 10 - 16 Uhr, Sa 10 - 14 Uhr.*

CAMPING

Camping Falster City [N54° 45′ 43.9″ E11° 53′ 41.2″], Østre Allé 112, Tel. +45 61 65 65 93; www.fc-camp.dk; Ostern - 1. Nov.; Gemeindeplatz am südöstl. Stadtrand; ca. 4 ha – 100 Stpl. + zahlr. Dau.; Standardsanitärausstattung. Waschmaschine, Trockner, Internetecke. Miethütten. V & E für Wohnmobile.

CAMPING

Marielyst bei Væggerløse

Camping Marielyst Familiecamping [N54° 40' 24.3" E11° 56' 43.7"], Godthåbs Alle, Tel. +45 71 75 59 05; www.marielystfamiliecamping.dk; 3. Apr. – 18. Okt.; 4 km östl. von Væggerløse, beschilderte Zufahrt; Wiesen in waldreicher Umgebung nahe des Strandes; ca. 2,5 ha – 150 Stpl. + Dau.; Standardsanitärausstattung. Laden, Imbiss, große Badelandschaft. V & E für Wohnmobile.

Camping FDM Østersøparken [N54° 39' 21.18" E11° 57' 23.88"], Bøtøvej 243, Tel. +45 54 13 67 86; www.ostersoparken.dk; 17. Apr. – Ende Sept.; ca. 6 km südöstl. von Væggerløse in **Bøtø** südwärts; durch Hecken aufgeteilte Wiesenfelder mit Bäumen, bis zum Sandstrand reichend; ca. 4 ha – 200 Stpl. + Dau.; gute Standardsanitärausstattung. Kiosk, Waschmaschine, Trockner, Fahrradverleih, WLAN. Miethütten. V & E für Wohnmobile.

Sildestrup

Camping Marielyst Ny [N54° 42' 45.1" E11° 58' 49.4"], Sildestrup Øvej 14 A, Tel. +45 24 44 16 50; www.marielystnycamping.dk; 9. März – 20. Okt.; bei Sildestrup gelegen; ebenes Wiesengelände mit Büschen und Bäumen gegliedert, zum Strand 500 m; ca. 4 ha – 100 Stpl. + Dau.; Standardsanitärausstattung. Laden, Imbiss, Grillstelle, Fahrradverleih, WLAN. Miethütten. V & E für Wohnmobile. QuickStop.

Ulslev

Camping Ulslev Strand [N54° 44' 26.0" E12° 01' 41.0"], Ulslev Strandvej 3, Tel. +45 54 14 83 50; www.ulslevstrandcamping.dk; 21. März – 20. Sept.; bei Ulslev; ebene Wiesen mit Bäumen und Hecken zwischen Zufahrtsstraße und Strand gelegen; 8 ha – 180 Stpl. + Dau.; gute Standardsanitärausstattung. Laden, Restaurant, Sauna, Waschmaschine, Trockner, Minigolf, Fahrradverleih, WLAN. Miethütten. V & E für Wohnmobile.

Fähren zwischen Rødby Havn und Puttgarden verkehren rund um die Uhr im Stundenintervall, im Sommer alle 30 Minuten. Fahrtdauer 45 Minuten.

PRAKTISCHE HINWEISE — NYSTED, RØDBY

Info Café Nysted (Turistbureau) [N54° 39' 58.19" E11° 43' 35.70"], Strandvejen 18, 4880 Nysted, Tel. +45 53 87 19 85; www.nysted.dk. *Geöffnet Mo - Do 12 - 20 Uhr, Fr - So 16 - 20 Uhr.*

CAMPING

Nysted

Camping Nysted Strand [N54° 39' 15.3" E11° 43' 52.8"], Skansevej 38, Tel. +45 30 66 15 13; www.nystedcamping.dk; 20. März – 18. Okt.; südlich der Stadt an der Bucht; Platz der Gemeinde mit Strand, durch Waldstücke windgeschützt; ca. 2 ha – 100 Stpl. + Dau.; Standardsanitärausstattung. Laden, Restaurant, Grillstelle, Waschmaschine, Trockner, Fahrradverleih, WLAN. Miethütten. V & E für Wohnmobile.

Kramnitse bei Rødby

Camping Western Camp [N54° 42' 34.77" E11° 15' 25.74"], Kramnitse, Noret 2, Tel. +45 54 94 61 00; www.westerncamp.dk; 10. Mai – 11. Aug.; von der Straße 153 bei Rødby westwärts Richtung Kramnitse abzweigen. Ebenes Wiesengelände mit Hecken; 6 ha – 80 Stpl.; Zentrum des Platzes ist eine Westernstadt mit Saloon, Präriehütten, Westernshows für Groß und Klein, etc.; Standardsanitärausstattung. Laden, Kiosk, Imbiss, Restaurant, Waschmaschine, Trockner, WLAN. Miethütten. V & E für Wohnmobile.

PRAKTISCHE UND NÜTZLICHE INFORMATIONEN VON A BIS Z

Hier geht es um:
Anschriften – Camping- und Wohnmobilstellplätze – Einreisebestimmungen – Gesundheit und Sicherheit – Klima und Reisezeit – Mit dem Auto unterwegs – Öffnungszeiten – Post und Telefon – Währung und Devisen – Wichtige Rufnummern – Zeitunterschied.

Alle Angaben sind nach Ländern in alphabetischer Reihenfolge sortiert! Gelegentlich sind die Länder Litauen, Lettland und Estland unter dem Begriff „Baltische Länder" zusammengefasst.

ANSCHRIFTEN

Webadressen

Fremdenverkehrsämter

VisitDenmark, Dänemarks offizielle Tourismuszentrale, Glockengießerwall 2, 20095 Hamburg, Tel. +49 (0)1805-32 64 63; www.visitdenmark.de.

Die Vertretung der **Baltikum Tourismus Zentrale** in Berlin wurde geschlossen.

Touristische Informationen erhält man über die Webseiten der Baltischen Länder oder bei deren diplomatischen Vertretungen in Berlin.

Estland
https://www.visitestonia.com/de/

Lettland
https://www.latvia.travel/de

Litauen
https://www.lithuania.travel/de/

Finnland
www.visitfinland.com/de.

Polnisches Fremdenverkehrsamt, Hohenzollerndamm 151, 14199 Berlin, Tel. 030-21 00 92-0; www.polen.travel/de/

Russland
https://www.visitrussia.org.uk

Schweden
https://www.visitsweden.de

Konsularische Vertretungen

Dänemark (s. Nordische Botschaften)

Deutsche Botschaft in Dänemark, Göteborg Plads 1, 2150 Nordhavn/Kopenhagen, Tel. +45 35 45 99 00; www.kopenhagen.diplo.de.

Botschaft der Republik Estland,
Hildebrandstraße 5, 10785 Berlin,
Tel. 030-25 46 06 02; https://berlin.mfa.ee.

Deutsche Botschaft in Estland
Toom-Kuninga 11, 15048 Tallinn,
Tel. +372 627 53 00; https://tallinn.diplo.de/ee-de/botschaft/2014191.

Finnland (s. Nordische Botschaften in Berlin).

Deutsche Botschaft in Finnland,
Krogiuksentie 4b, FIN-00340 Helsinki, Tel. +358 9 45 85 80; www.helsinki.diplo.de/Vertretung/helsinki/de/Startseite.html.

Botschaft der Republik Lettland,
Reinerzstraße 40/41, 14193 Berlin, Tel. 030-82 60 020; www.mfa.gov.lv/de.

Deutsche Botschaft in Lettland,
Raina bulvaris 13, 1050 Riga, Tel. +371 67 08 51 00; https://riga.diplo.de/lv-de/botschaft/-/1672516.

Botschaft der Republik Litauen,
Charitéstraße 9, 10117 Berlin, Tel. 030-89 06 810; https://de.mfa.lt/de/de/.

Deutsche Botschaft in Litauen,
Z. Sierakausko gatve 24/8, 03105 Vilnius, Tel. +370 52 10 64 00; www.wilna.diplo.de/lt-de/botschaft/-/2015820.

Skandinavien

Nordische Botschaften Berlin, Rauchstr. 1, 10787 Berlin, www.nordischebotschaften.org

DK Tel. 030-5050-2000
N Tel. 030-5050-58 600
S Tel. 030-5050-60
FIN Tel. 030-5050-30

Polen

Botschaft der Republik Polen,
Lassenstr. 19-21, 14193 Berlin, Tel. 030-22 31 30; www.gov.pl/web/deutschland/botschaft.

Deutsche Botschaft in Polen
ul. Jazdów 12, 00-467 Warszawa, Tel. +48 (0) 22-58 41 700; www.polen.diplo.de/01-Vertretung/01-1-die-botschaft/.

Russland

Botschaft der Russischen Föderation, Konsularabteilung.

Postanschrift: Unter den Linden 63 - 65, 10117 Berlin. Besuchsanschrift: Behrenstr. 66, 10117 Berlin. Sprechzeiten Mo - Fr 9 bis 13.00 Uhr! Annahme der Visaunterlagen 9.30 - 12.30 Uhr; Ausgabe der fertigen Unterlagen 12.30 - 13 Uhr. Tel. 030-22 65 11 84; https://www.russische-botschaft.ru/de.

Deutsches Generalkonsulat Kaliningrad, Generalnoje Konsulstwo Germanii, uliza Telmana 14, 236 008 Kaliningrad, Tel. +7 4012 92 02 30; Visastelle: Tel. +7 4012 92 02 30; https://www.germania.diplo.de/ru-de/Vertretungen/gk-kali. Geöffnet Mo - Do 9 - 17 Uhr, Fr 9 - 12 Uhr. Visastelle: Mo - Do 14 - 16 Uhr. Bereitschaftsdienst für Notfälle Tel. 007 (oder +7) 495 937 95 00 (deutsch).

Deutsches Generalkonsulat Sankt Petersburg, uliza Furschtatskaja 39, 191123 St. Petersburg, Tel. +7 812 320 24 00. Zu erreichen: Mo – Fr 9 - 12 Uhr. Visaabteilung: Schengen-Visa Mo - Fr 10 - 11 Uhr. Bereitschaftsdienst für Notfälle +7 495 937 95 00. https://germania.diplo.de/ru-de/vertretungen/gk-stpe/. Nächste Metrostation: Tschernyschewskaja / Чернышевская, Linie M1 - Rote Linie.

Schweden (s. Nordische Botschaften)

Deutsche Botschaft in Schweden, Skarpögatan 9, S-11527 Stockholm, Tel. +46-86 70 15 00; https://stockholm.diplo.de.

Schifffahrtslinien

Color Line

Tel. 0431 7300-100; www.colorline.de.

DFDS Seaways

Tel. 040 389 03 71; www.dfds.com/de-de/.

Finnlines Passagierdienst

Tel. 0451 15 07 443; www.finnlines.com/de/.

Scandlines Deutschland

Tel. 0381 77 88 77 66; www.scandlines.de.

Stena Line

Tel. 0180 60 20 100; www.stenaline.de.

Tallink Silja

Tel. 040 547 541 222; www.tallinksilja.de.

TT-Line

Tel. 0180 66 66 600; www.ttline.com.

Viking Line Finnlandverkehr

Tel. 0451 38 46 30; www.vikingline.de.

CAMPING UND WOHNMOBIL-STELLPLÄTZE

Baltische Länder

Campingsituation – Alle drei baltische Staaten verfügen über zahlreiche Campingplätze. Die meisten Plätze stammen aus der Zeit nach 1990 und haben mitunter schon westeuropäischen Standard.

Die Entwicklung des Campingsektors zeigt steigende Tendenz. Allerdings ist im Sanitärbereich oft noch mit zu wenig Installationen zu rechnen. Auch die Pflege der Einrichtungen und die Art der Installationen entspricht nicht überall unseren Vorstellungen von Sanitäreinrichtungen auf einem Campingplatz.

Je weiter man nach Norden kommt, umso öfter findet man auch eine Sauna auf dem Campingplatz vor. In Estland gehört sie zur Standardausstattung.

Die Campingcarnets CCI oder Camping Key Europe CKE sind noch nicht sehr bekannt und werden selten verlangt.

Bei den Stromanschlüssen auf dem Platz sind oft noch die normalen Schutzkontaktstecker zu finden. Neuere oder umgestaltete Plätze verfügen über die dreipoligen **Stromstecker nach CEE-Norm**.

So gut wie auf jedem Platz ist der Internetzugang via **WLAN**, teils gratis, teils gegen Gebühr, entweder auf dem ganzen Platz oder auch nur an gewissen Stellen, möglich. Das Angebot ist - vor allem in den Baltischen Staaten - so verbreitet, dass dort auf eine spezielle Erwähnung in den Beschreibungen der Campingplätze verzichtet werden kann.

Die meisten Plätze sind **zwischen 1. Mai und 30. September geöffnet**. Viele Plätze in Estland und Litauen haben ganzjährig geöffnet.

Die Preise der Plätze schwanken und sind sehr von der Lage und der Ausstattung abhängig. Generell kann man davon ausgehen, dass sie im Schnitt noch günstiger sind als in Deutschland.

In den meisten Fällen verfügen Campingplätze über **Miethütten**, die im Hinblick auf Ausstattung und Erhaltungszustand sehr unterschiedlich ausfallen können. Nicht selten beschränkt sich die Ausstattung auf Betten, Tisch und Stühle.

Es fällt auf, dass die Balten zunehmend selbst gerne Campingurlaub machen. In den Bereichen Campingfreizeit wird sich im Laufe der nächsten Jahre also noch einiges entwickeln.

Wer seine **Chemikaltoilette** entleeren möchte, kann dies auf vernünftige Weise in den meisten Fällen nur auf den großen, professionell geführten Campingplätzen tun.

Speziell für die Entsorgung von Wohnmobilabwässern und die Aufnahme von Frischwasser eingerichtete Stationen, die bequem mit dem Wohnmobil angefahren werden können, sind noch selten.

Camping Informationen der baltischen Länder findet man unter www.camping.lt/de/ (Litauen), www.camping.lv/index.php/en/ (Lettland), www.camping-estonia.ee/de/ (Estland).

Thema Stellplätze – Immer begehrter, auch bei baltischen Wohnmobilisten, sind Stellplätze, ob offizielle oder inoffizielle.

Das „freie Stehen" im Baltikum wird grundsätzlich toleriert und es existieren sog. Biwakplätze, an denen dies sehr gut praktiziert werden kann. Jedoch wird dies in Zukunft die Folge haben, dass bei einer übermäßigen Anzahl von frei stehenden Wohnmobilen die Kommunen dazu übergehen werden, dies zu reglementieren oder zu untersagen, so wie man es bereits aus südlichen Ländern kennt.

Übrigens bieten viele Hotels und Pensionen in ländlichen Gebieten Wohnmobilisten die Möglichkeit, mit ihrem Gefährt auf dem Hotelgelände zu nächtigen, was der Beherbergungsbetrieb dann deutlich auf seiner Reklametafel anzeigt. Sanitäranlagen und Stromanschlüsse darf man aber nicht immer erwarten.

Dänemark

Kaum ein anderes Land in Europa bietet seinen Gästen ein so dichtes Netz an gut ausgebauten Campingplätzen wie Dänemark. Gut **500 Anlagen**, klassifiziert mit ein bis fünf Sternen, verteilen sich auf das Inselreich.

Dänemark bietet Plätze für jeden Geschmack, vom Komfortplatz mit Sauna, erstklassigen Sanitäranlagen, Schwimmbad oder Tennisplatz bis zum naturnahen und ruhigen Platz.

Viele dänische Campingplätze setzen Maßstäbe, sei es im Sanitärbereich, im Bereich des Freizeitangebots oder bei Einrichtungen für die kleinen Gäste. Kaum ein Platz, der nicht mit einem Aufenthalts- oder Fernsehraum oder mit einer gemütlichen Campingküche aufwartet. Für Kinder steht fast immer ein Spielplatz zur Verfügung.

Einen Lebensmittelladen, auf großen Plätzen nicht selten einen richtiggehenden Supermarkt, bietet fast jede Campinganlage.

Natürlich hält jeder Campingplatz gegen Gebühr Stromanschlüsse für Wohnmobile und Caravans bereit. Und fast alle Plätze bieten Miethütten.

Immer mehr Plätze verfügen über speziell für Rollstuhlfahrer konzipierte Sanitärräume.

Etwa ein Zehntel der dänischen Campinganlagen ist ganzjährig geöffnet, der überwiegende Rest **steht zwischen dem 1. Mai und dem 1. September zur Verfügung**.

Alle offiziellen dänischen Campingplätze verlangen zur Anmeldung die Vorlage der Campingkarte **CKE Camping Key Europe.** Hat man keine CKE, kann man auf den meisten dänischen Campingplätzen eine Campingkarte erwerben.

Nur eines darf man in Dänemark nicht: Wild campen. Im Internet findet man Informationen über die Campingsituation in Dänemark unter www.visitdenmark.de/ oder unter www.daenischecampingplaetze.de.

Dänemark weist zwischenzeitlich eine recht stattliche Anzahl offizieller **Stellplätze für Wohnmobile** aus.

Gewöhnlich sind dies spezielle sog. **"QuickStop"-Stellplätze** bzw. **„DK-Stellplätze"** bei Campingplätzen oder es handelt sich um schlichte Stellmöglichkeiten in Freizeithäfen oder bei Bauernhöfen.

„QuickStop" bzw. „DK-Stellplätze" bedeutet soviel, dass ein Campingplatz spezielle Stellplätze für Wohnmobile vor dem eigentlichen Campingplatz oder auf gesondertem Areal zur Verfügung stellt. Ankunft frühestens ab 20 Uhr, Abreise spätestens um 10 Uhr. Dafür sind die Übernachtungspreise reduziert. Die Einrichtungen des Platzes dürfen (evtl. gegen Gebühr) benutzt werden.

Allerdings sei darauf hingewiesen, dass sich das Angebot von QuickStop-Stellplätzen immer wieder ändern kann! Auf Campingplätzen, die in einem Jahr QuickStops angeboten haben, kann im nächsten Jahr dieser Service wieder gestrichen worden sein – oder umgekehrt! Eine vollständige Liste aller QuickStop-Stellplätze in Dänemark gibt es unter www.dk-camp.dk oder https://de.dk-camp.dk/artikel/dk-stellplatze-de.html.

Finnland

Camping gehört zu den Freizeitaktivitäten vieler Finnen. Entsprechend groß ist das Angebot an Campingplätzen, deren Ausstattung fast überall einen guten Standard erreicht. Allerdings findet man auf vielen Plätzen Stromanschlüsse für Caravans noch mit Schuko-Steckdosen und nicht mit Euronormsteckern!

Angenehm ist, dass Duschen ohne Münz- bzw. Duschmarken-Automaten benutzt werden können.

Und kaum ein Campingplatz, der seinen Gästen nicht zumindest eine Sauna zur Verfügung stellt, deren Benutzung oft mit im Übernachtungspreis eingeschlossen ist.

In Finnland stehen dem Besucher etwa 350 Campingplätze zur Verfügung, wobei die Dichte des Campingplatznetzes im Süden relativ eng ist, nach Norden hin allerdings zunehmend abnimmt.

Ähnlich wie in den skandinavischen Nachbarländern gibt es eine Einstufung der Qualität der Campinganlagen in amtliche Kategorien, die mit ein bis fünf Sternen angezeigt werden.

Die meisten Campingplätze sind zwischen Juni und August geöffnet. Etwa 70 Plätze sind ganzjährig zugänglich.

Am **Wochenende um Mittsommer** ist auf den Campingplätzen mit sehr turbulentem und lautem Betrieb zu rechnen!

Von den finnischen Campingplätzen wird bei der Anmeldung die Vorlage der Campingkarte Camping Key Europe verlangt.

Freies Campen und Übernachten auf Straßen und Parkplätzen ist nicht gestattet. Zum Übernachten auf Privatgrundstücken, dazu gehören auch Parkplätze von Restaurants, Tankstellen, Supermärkten, Gemeindebädern etc., ist die Erlaubnis des Grundstückseigentümers notwendig. Außerhalb offizieller Campingplätze ist das Entzünden offener Feuer nicht erlaubt!

Im Internet erfährt man Angaben zur Campingsituation in Finnland unter www.camping.fi/tmp_etusivu.asp?sua=5&lang=4&s=1357.

Wohnmobil-Stellplätze – Speziell für Wohnmobilfahrer eingerichtete Übernachtungsplätze sind in ganz Finnland noch so gut wie unbekannt, auch in der Hauptstadt Helsinki. Auch gibt es keine Einrichtungen seitens der Campingplatzbetreiber, die den Quick-Stops in Dänemark oder Schweden zum Beispiel vergleichbar wären.

Polen

In der Polnischen Republik gibt es knapp 150 **Campingplätze**. Die meisten davon sind in den Tourismus-Hochburgen, so zum Beispiel im Gebiet der Masurischen Seenplatte und natürlich an der Ostsee zu finden.

Die landschaftliche Lage der Campingplätze ist zum Teil sehr schön. An der Ostseeküste befindet sich der Platz manchmal direkt am Meer, ansonsten meist nur wenige Gehminuten davon entfernt.

In der Masurischen Seenplatte sind die Plätze fast alle direkt an einem der zahlreichen Seen gelegen, bieten damit Bademöglichkeiten und teilweise auch einen Bootsverleih.

Camping-Informationen zu Polen findet man unter www.pfcc.eu/niem/main.php?nazwa=campingi1.

In früheren, sozialistischen Zeiten wurden die Campingplätze des gesamten Landes schlicht durchnummeriert. Dies ist auch heute noch oft zu sehen. So ist es nicht verwunderlich, wenn in einer Stadt der Campingplatz mit „Kemping 73" ausgeschildert ist, aber auf den nächsten Schildern nur noch die Ziffer steht. Doch die meisten der Plätze sind mittlerweile auch namentlich benannt oder sie führen beide Bezeichnungen kombiniert.

Kaum ein Campingplatz der nicht bemüht wäre, sein Angebot im Bereich **Sanitäreinrichtungen** aufzuwerten.

Alte Sanitäranlagen mit Duschen ohne Vorhang oder Armaturen am Waschbecken, die das Flair der frühen 1950er versprühen, werden immer seltener. Warmwasser in Duschen und Waschbecken ist in der Regel überall vorzufinden, genauso wie Stromanschlüsse auf dem Gelände. CEE Europanorm-Steckdosen sind noch nicht üblich. Verbreitet sind Steckdosen mit „Mittelstift".

Jeder Campingplatz verfügt zwischenzeitlich über eine Ausgussmöglichkeit (wenn auch in den unterschiedlichsten Ausführungen) für Chemikaltoiletten. Kaum vorhanden sind dagegen richtiggehende Ver- und Entsorgungsstationen für Wohnmobile, an denen Wohnmobilabwässer bequem entsorgt und Frischwasser aufgenommen werden können.

Positiv zu vermerken ist, dass fast jeder Campingplatz kostenlosen WLAN-Zugang anbietet.

Die meisten Campingplätze haben in der Regel **von Mai bis September geöffnet**. Aber je nach Wetterlage, beweglichen Feiertagen oder auch nach Lust und Laune des Betreibers werden die Plätze mitunter erst Mitte Mai geöffnet.

Ein Problem kann für diejenigen auftreten, die jahreszeitlich betrachtet besonders früh oder spät nach Polen reisen. Selbst in der ersten Maiwoche kann es häufig passieren, dass Urlauber vor verschlossenen Toren stehen. Und dies nicht nur in den abgelegenen Regionen.

Die Vorlage der Campingkarte „Camping Key Europe" erleichtert manchmal die Anmeldung.

Wir sind auf kaum einen Campingplatz gestoßen, der Kreditkarten akzeptiert hätte. Hier gilt bislang „nur Bares ist Wahres". Positive Änderungen bezüglich der Akzeptanz von Kreditkarten auf Campingplätzen sind zu erwarten.

Auch in Polen bieten viele Campingplätze kleine **Mietbungalows, Miethütten**, seltener auch Mobile Homes an. Mietbungalows sind meistens zweckmäßig mit Betten und einem Tisch ausgestattet. Manchmal kosten sie nicht viel mehr als ein Stellplatz. Dies ist besonders für Zelttouristen eine günstige Alternative, insbesondere bei schlechtem Wetter.

Eine weitere Art des Campings ist das sogenannte **Agroturystyka**, bei dem es sich um nichts anderes handelt als um „Urlaub auf dem Bauernhof". Hier ist es möglich, ein Zimmerchen zu mieten oder sein Zelt auf dem Grundstück des Bauern aufzuschlagen oder sein Wohnmobil dort abzustellen.

Freies Campen außerhalb von Campingplätzen ist in Polen offiziell zwar nicht erlaubt, dennoch sind die sog. **Biwakplätze** besonders bei einheimischen Wochenendtouristen sehr beliebt, um das Zelt oder den Caravan aufzustellen oder im Wohnmobil zu nächtigen. Biwakplätze findet man vor allem an den Ufern der Masurischen Seen.

In Polen sind offizielle **Wohnmobil-Stellplätze** noch relativ selten zu finden. Jedoch bieten gelegentlich Hotels nach Absprache die Möglichkeit, mit dem Fahrzeug auf dem Hotelparkplatz eine Nacht zu stehen. Auch an großen 24-Stunden-Tankstellen mit TIR-Hinweis ist das Nächtigen möglich. Allerdings sind diese Plätze häufig an großen Hauptstraßen gelegen und entsprechend laut.

Russland

Camping ist in Russland eine noch wenig verbreitete Art der Freizeitgestaltung.

Viele Jahre lang war es überaus schwierig, eine Einreiseerlaubnis für ausländische Camper oder individuelle Auto-Tourer zu bekommen. Der sog. „Eiserne Vorhang" war für Normaltouristen nur schwer zu durchdringen. Auch die Straßen und das erhältliche Kartenmaterial waren jahrelang nicht gerade dazu angetan, Russland als Campingreiseziel zu wählen.

Folglich hat sich lange kaum eine Infrastruktur fürs Zelten, Caravaning oder gar fürs Wohnmobil-Touring entwickelt. Russland ist also „Campingentwicklungsland".

Erst seit wenigen Jahren nimmt der Wohnmobil- und Caravan-Tourismus ausländischer Besucher zu. Wobei vor allem die Städte Moskau, Sankt Petersburg und Kaliningrad als beliebte Reiseziele gelten.

Mit Campingeinrichtungen, so wie wir sie aus Westeuropa kennen, oder gar mit eingerichteten Wohnmobilstellplätzen dürfen Sie also großflächig noch nicht rechnen!

In der Regel bestehen Übernachtungsmöglichkeiten für Wohnmobilisten und Caravaner auf mehr oder weniger dafür vorbereiteten Plätzen bei Hotels, Motels, Raststätten oder auf bewachten Parkplätzen. Einigermaßen komfortabel wird man also nur mit einem komplett auch mit Sanitäreinrichtungen ausgestatteten Wohnmobil oder Caravan reisen.

An wichtigen Verbindungsstraßen zwischen den großen russischen Metropolen, z. B. entlang der E105/M10 zwischen Moskau und Sankt Petersburg, sind die Betreiber von Raststätten, Motels oder Gasthäusern nicht mehr groß verwundert, wenn Sie mit einem Wohnmobil Anstalten machen, auf dem Parkplatz des Anwesens zu übernachten. Wenn Ihr Fahrzeug also autark ausgerüstet ist, Sie also nicht ständig auf der Suche nach Stromanschlüssen, Wasserhähnen, Gasnachfüllmöglichkeiten etc. sind, werden Sie kaum Probleme haben. Und einige Unternehmer gehen bereits dazu über, bei Motels oder Raststätten spezielle Übernachtungsplätze für Wohnmobilisten zu schaffen, dann gegen Gebühr versteht sich.

Schweden

In ganz Schweden stehen annähernd **450 Campingplätze** zur Verfügung, die offiziell registriert sind. Die offizielle Klassifizierung wird durch ein bis drei Sterne angegeben.

Die meisten Campinganlagen sind **von 1. Mai bis 1. September geöffnet**. Eine ganze Reihe von Plätzen, vor allem in touristischen Ballungsgebieten oder an beliebten Küstenstrichen, sind aber auch ganzjährig geöffnet. Mit geöffneten Läden, Restaurants, Schwimmbädern, Tennisplätzen, Tanzböden u. ä. auf Campingplätzen kann aber nur in der Hochsaison gerechnet werden.

Camping-Information unter www.camping.se/de/Campingse-Camping-Schweden/.

Übrigens: Zur Mittsommernacht und am darauf folgenden Wochenende geht es rund in Schweden, auch auf den Campingplätzen! Die Übernachtungspreise werden an diesen Tagen oft erheblich angehoben. Ein vorheriger Anruf beim Campingplatz zur Zeit der Mittsommernacht empfielt sich sehr!

Öffentliche Strandbäder und Campingplätze bilden in vielen schwedischen Gemeinden eine Einheit, sind also nicht getrennt oder abgegrenzt. Der Zugang zum Strand führt für die Tagesgäste dann nicht selten mitten durch das Campinggelände.

Spezielle **Stellplätze für Wohnmobilfahrer** sind in Schweden zwischenzeitlich verbreitet. Im zunehmenden Maße findet man in südlichen Landesteilen, z. B. entlang des Götakanals, Wohnmobil-Stellplätze.

Manche Campingplätze bieten Campern, die nur kurz übernachten wollen, sog. **"QuickStops"** an. Darunter sind Stellplätze auf einem eigens dafür ausgewiesenen Areal (meist außerhalb vor dem eigentlichen Campingplatz) zu verstehen, die von Wohnmobilfahrern, die nur eine Nacht bleiben wollen, nicht vor 21 Uhr ankommen, nicht nach 9 Uhr abreisen und kein Vorzelt aufstellen, zu einem ermäßigten Preis benutzt werden können. Stromanschlüsse, falls vorhanden, werden zum Normaltarif berechnet.

Fast alle Campingplatzverwaltungen verlangen bei der Anmeldung die Vorlage der Campingkarte **Camping Key Europe** (www.camping.se). Gelegentlich wird bei Vorlage der CKE-Karte eine Ermäßigung auf den Übernachtungspreis gewährt.

Eine Vorbildfunktion erfüllen etwa ein Drittel aller schwedischer Campingplätze in Bezug auf ihre **Behindertenfreundlichkeit.**

Das einmalige Übernachten im Wohnmobil oder Caravan auf öffentlichen Rast- oder Parkplätzen in Schweden ist gestattet. Viele Rastplätze entlang der Fernstraßen des Landes sind komfortabel mit Toiletten, Frischwasserhahn, teils gar mit Chemikalausguss und mit Picknicktischen ausgestattet, was viele Wohnmobilfahrer animiert, hier zu übernachten. Bitte beachten Sie Hinweistafeln, die Übernachtparken evtl. untersagen.

Wildes campen wird toleriert, solange die Rechte privater Anrainer nicht verletzt und die Natur nicht geschädigt wird. Wildes campen sollte also, schon aus Umweltgründen, nur praktiziert werden, wenn absolut keine Alternative zur Verfügung steht.

Beachten Sie unbedingt, dass offene Feuer im Gelände strikt verboten sind! Machen Sie niemals auf Felsen, in den Schären z. B., Feuer. Die Gefahr, dass die Steine springen und Splitter wie Geschosse Verletzungen verursachen, ist sehr groß und unberechenbar!

Hinweise über Angaben zu Campingplätzen

Bei den in diesem Reiseführer aufgelisteten Campingplätzen folgen dem **Platznamen** die vor Ort erfassten **GPS-Navigationskoordinaten** in eckigen Klammern (soweit ermittelbar), danach **Anschrift** und **Telefonnummer** (evtl. mit Vorwahl), dann **Öffnungszeit** und die Lokalisierung oder **Zufahrt**.

Bei der **Beschaffenheit des Geländes** wird die Form angegeben, die überwiegt, z. B. Wiesengelände.

Die **Größe** des Platzgeländes wird in Hektar (ha), die **Aufnahmekapazität** in Stellplätzen (Stpl.), ggf. mit Belegung durch Dauercamper (Dau.), angegeben. Die Angabe **Miethütten** deutet auf das Vorhandensein von mietbaren Campinghütten bzw. Mietbungalows hin.

Es wird versucht, die **Platzeinrichtungen**, so wie sie beim Besuch vorgefunden wurden, in etwa zu charakterisieren, wobei Zustand und Pflege der Gebäude und Installationen auch von Bedeutung waren. Die Übergänge zwischen den drei als grobe Anhaltspunkte geschaffenen Kategorien sind fließend.

Mindestausstattung: Einfacher Platz mit bescheidenen, veralteten oder vernachlässigten Einrichtungen, die außer WC's, Kaltwasserwaschbecken und evtl. Duschen keine oder völlig unzeitgemäße Einrichtungen für Hygiene und Körperpflege aufweisen.

Standardausstattung, mit den Varianten einfache oder gute Standardausstattung: Der Durchschnittscampingplatz mit WC's, Kaltwasserwaschbecken und Duschkabinen in den Waschräumen, evtl. mit Warmwasser, Kochgelegenheit, Geschirrspül- und Wäschewaschbecken teils mit Warmwasser. Ordentlicher Gesamteindruck, einige Stromanschlüsse für Caravans.

Komfortausstattung, mit der Variante gehobene Komfortausstattung: Außer ausreichend WC's, Waschbecken mit Warmwasser und Warmduschen in zeitgemäßen, gepflegten Sanitäranlagen, werden auch Geschirr- und Wäschewaschbecken mit Warmwasser, Waschmaschine und Trockner, Küche und Aufenthaltsraum, Ausgüsse für Chemikal-Campingtoiletten, eine Ver- und Entsorgungsstation für Wohnmobile (Frischwasser, Abwasser) und Stromanschlüsse für Caravans/Wohnmobile in ausreichender Zahl erwartet. Das Terrain soll durch Wege erschlossen sein und im Gelände verteilte Müllbehälter und Wasserzapfstellen aufweisen, sowie Restaurant oder Cafeteria, Einkaufsmöglichkeit und Freizeit- und/oder Sporteinrichtungen anbieten.

Campinghütten

Wer nicht mit Zelt, Wohnwagen oder Wohnmobil durch das Baltikum und durch Skandinavien reist, oder auf einer Radtour abends ein festes Dach über dem Kopf vorzieht, dennoch aber nicht in Hotels oder Gasthäusern übernachten will, findet auf fast jedem Campingplatz in Dänemark, Norwegen, Schweden und Finnland und auf vielen baltischen Plätzen sog. **Campinghütten**. Sie sind in ganz Skandinavien sehr verbreitet und bieten dort eine recht komfortable, wenn auch rustikale, aber relativ preiswerte Übernachtungsmöglichkeit. Im baltischen Raum sind Campinghütten vielfach wesentlich einfacher ausgestattet, dafür aber auch erheblich preiswerter zu mieten.

Die aus Holz, oft in Blockhausmanier, errichteten Häuschen bieten Platz für zwei bis sechs Personen. Sie sind in aller Regel recht zweckmäßig eingerichtet. Oft ist eine kleine überdachte Veranda vorgebaut. Bettwäsche ist mitzubringen, kann aber gelegentlich auch geliehen werden. Saubermachen muss man selbst und auch für das eigene leibliche Wohl muss man selbst sorgen.

Vor allem im Hauptreisemonat Juli sollten Hütten unbedingt vorbestellt, oder sehr früh am Tage angefahren werden, da in dieser Zeit die Nachfrage überaus groß ist!

Jedermannsrecht in Skandinavien

Ein sehr tolerantes, großzügiges, traditionsreiches Recht in Norwegen, Schweden und Finnland ist das **Jedermannsrecht**, dessen Maxime lautet: *Nicht stören, nichts zerstören und den Hausfrieden respektieren.*

In Norwegen kennt man es als "**Allemannsretten**", in Schweden als **"Allemannsrätten"**. In Dänemark gilt dieses Jedermannsrecht nicht! Und in Schweden fällt Caravaning ausdrücklich nicht unter das Allemannsrätten!

Überall in den drei genannten skandinavischen Ländern wird das Jedermannsrecht hoch geschätzt und von den Bürgern mit größter Verantwortung wahrgenommen. Auch der ausländische Besucher kommt in den Genuss dieses Rechts.

Die Entwicklungen in den vergangenen Jahren führten allerdings dazu, dass Autofahrer und Wohnmobilisten dieses Jedermannsrecht nicht mehr für sich in Anspruch nehmen dürfen, solange sie mit ihrem Gefährt und nicht zu Fuß unterwegs sind.

Natürlich gibt es ein paar Spielregeln, an die man sich zu halten hat, wie z. B. an das strikte Verbot von offenen Feuern zwischen 15. April und 15. September. Respektieren Sie Fischgewässer, Jagdgebiete und geschützte Pflanzen und vor allem, schonen Sie die Natur.

Allgemein ist übrigens motorisierter Verkehr (Geländewagen, Motorrad, Wohnmobile etc.), aber auch das Fahren mit Mountainbikes im freien Gelände abseits der Fahrwege grundsätzlich nicht erlaubt.

EINREISEBESTIMMUNGEN

Persönliche Dokumente

Für **Estland**, **Lettland** und **Litauen** gilt: Die Mitnahme des **Personalausweises** reicht vollkommen aus. Ebenso werden deutsche Kinderausweise anerkannt. Diese sollten jedoch mit einem Lichtbild versehen sein. Ein Eintrag in den Reisepass der Eltern reicht unter Umständen nicht aus.

Polen

Zur Einreise nach Polen – seit 1. Mai 2004 Mitglied der Europäischen Union – genügt der **Personalausweis**.

Russland

Zur Einreise nach Russland ist ein Visum notwendig. Die Einreiseformalitäten sind auf den ersten Blick etwas verwirrend. Zumindest sind sie sehr umfangreich.

Das Gebiet **Kaliningrad** gehört zur Russischen Föderation und ist daher ebenfalls **visumpflichtig**.

Seit einiger Zeit können Sie – nach gewissen Vorkehrungen – ein Visum nach Kaliningrad an den Grenzübergängen Bagrationovsk und Mamonowo erhalten.

Seit 1. Juli 2019 können Staatsangehörige der EU-Staaten, ohne Großbritannien, ein kostenfreies elektronisches Visum für das Kaliningrader Gebiet zur einmaligen Einreise für maximal 8 Kalendertagen (nicht acht 24-Stunden-Tage) beantragen.

Genaue Informationen geben die Webseiten www.germania.diplo.de/ru-de/service/11-InformationenfuerTourisen/-/2216046 und www.russische-botschaft.ru/de/consulate/visafragen/elektronische-visa-fuer-besucher-des-kalinigrader-gebiets/.

Sollte Ihr Reiseplan aber einen Besuch in Kaliningrad und in Sankt Petersburg (oder in einer anderen russischen Stadt) vorsehen, müssen Sie sich nach wie vor ein Touristenvisum für mehrmalige Einreise besorgen.

Informationen zur Einreise nach Russland erhalten Sie aus erster Hand bei **https://russische-botschaft.ru/de/consulate/visafragen/,** telefonischer Informationsdienst Tel. +49 (0)30 22 65 11 84.

Dort heißt es u. a. „Für die Beantragung von russischen Visa empfehlen wir Ihnen, die Dienstleistungen des **Russischen Visazentrums** in Anspruch zu nehmen. Das Visazentrum finden Sie unter der Adresse: Charlottenstr. 62, 10117 Berlin, Tel. +49 (0)30 30 80 92 96 und im Internet unter: **www.vhs-germany.com**".

Und weiter: „Das Russische Visazentrum wurde mit dem Ziel errichtet, die Servicequalität für deutsche Staatsangehörige, Staatsbürger anderer Länder und für Staatenlose bei ihrer Visumbeantragung für die Einreise in die Russische Föderation zu erhöhen und maximalen Komfort zu bieten, sowie das Beantragungsverfahren zu vereinfachen und zu beschleunigen. In der Bundesrepublik Deutschland sind neben dem Visazentrum in Berlin noch Filialen in Leipzig und München geöffnet."

Zur Visumbeantragung benötigen Sie einen **Reisepass**, der noch mindestens sechs Monate über Ihren Russlandaufenthalt hinaus gültig sein muss!

Weiter sind notwendig: ein **Visumantrag**, ein **Passfoto** (3,5 x 4,5 cm), eine **Reisekrankenversicherung** sowie eine **Rückkehrbescheinigung** („Nachweis über die Ausreisewilligkeit", z. B. Kontoauszug, Rentenbescheid). Damit können Sie ein 30 Tage gülitges **Touristenvisum** (möglichst für mehrfache Einreise, z. B. für einen Besuch von Kaliningrad und Sankt Petersburg unverzichtbar) beantragen.

Erkundigen Sie sich bzgl. der Auslandskrankenversicherung ggf. bei Ihrer Krankenversicherung oder bei Ihrem Schutzbriefunternehmen, ob Ihr Krankenversicherungsschutz auch für Russland gilt und wenn ja, bitten Sie um eine schriftliche Bestätigung.

Das Visum sollten Sie **drei bis vier Wochen vor Reiseantritt** (aber nicht früher als 30 Tage) **in Deutschland** beantragen. **Die Erteilung eines Visums ist gebührenpflichtig!** Zuletzt wurden pro Person ab 92,- Euro verlangt. Dazu kommen Gebühren der Agentur, die Sie ggf. mit der Beschaffung des Visums beauftragen, was die Visumbeschaffung in aller Regel vereinfacht.

Notwendige Dokumente fürs Auto siehe „Einreise mit dem Auto" weiter hinten.

Visumantragsformulare erhält man von der russischen Botschaft oder von den Visa-Agenturen.

Eine Hotelreservierung wird als Einladung von russischer Seite akzeptiert. Individuell reisende Wohnmobilfahrer, quasi ohne „festen Wohnsitz", werden es da etwas schwerer haben. Ihnen wäre zu empfehlen, sich einer geführten Wohnmobiltour anzuschließen (Veranstalter wie z. B. MIR Tours kümmern sich auch um die Visabeschaffung). Oder man beantragt das Visum über ein kommerzielles Visa-Beschaffungsbüro. Solche Agenturen beschaffen nicht nur das Visum, Sie senden Ihnen auch die notwendigen Formulare zu und sorgen auch für die Einladungsschreiben.

Langjährige Erfahrung mit der Beschaffung russischer Einreisevisa haben – neben den weiter oben erwähnten Russischen Visazentren – z. B.

Spomer GmbH, Bahnhofstr. 16, 53604 Bad Honnef, Tel. +49 (0)2224 94680; info@visum.net; www.visum.net.

Vostok Reisen, Invalidenstraße 150, 10115 Berlin, Tel. +49 (0)30 30 87 10 20; kontakt@vostok.de; www.vostok.de.

S & D Reisebüro in Crailsheim, Johann-Sattler Str. 2, 74564 Crailsheim, Tel. +49 (0)7951 47 15 84; info@reise-crailsheim.de; www.reise-crailsheim.de/visum/.

Auf den Webseiten der Firmen sind gewöhnlich Antragsformular zu finden, welche man sich ausdruckt, ausfüllt und an das Unternehmen sendet.

Gleichzeitig überweist man den erforderlichen Betrag pro Person auf das dort angegebene Konto des Visa-Beschaffungsbüros, schickt den Pass/die Pässe per Einschreiben, samt Überweisungsbeleg und Nachweis über die gültige Krankenversicherung an die Agentur und erhält gewöhnlich nach drei, vier Wochen (Ausnahmen bestätigen die Regel!) seinen Pass mit eingeklebtem Visum per Post zurück. Dieses Verfahren ist unkompliziert und wird mittlerweile von vielen Russlandfahrern praktiziert.

Beachten Sie bitte: Geben Sie auf dem Antragsformular an, wenn Sie ggf. nach Kaliningrad **und** nach Sankt Petersburg reisen, also zweimal in die Russische Föderation ein- und wieder ausreisen. Die Visumgebühren können sich bei Beantragung mehrfacher Ein- und Ausreise erhöhen.

In Russland muss man sich innerhalb von drei Tagen registrieren. Die Registrierung von Visum und Einreisekarte vor Ort in Russland muss seit geraumer Zeit nicht mehr persönlich bei einer Behörde (Miliz) vorgenommen werden. Das Hotel oder der Beherbergungsbetrieb hat diese Registrierung für seine Gäste (z. B. Hotel Baltika in Kaliningrad oder Motel-Camping Olgino in Sankt Petersburg) innerhalb von drei Tagen zu erledigen.

Ausnahme: Wenn Sie sich in Sankt Petersburg weniger als vier Tage aufhalten, müssen Sie sich nicht registrieren lassen. Erkundigen Sie sich aber vor Ihrer Abreise nochmals genau, ob diese Regelung nach wie vor gültig ist!

Ein Spezialist für touristische Pauschalarrangements in Sankt Petersburg inklusive Visumbeschaffung, Einladungsschreiben, Registrierung vor Ort etc. ist das deutsch geführte *OSTWEST.COM-Reisebüro,* Vosstaniya Str. 7 (Office 306), St. Petersburg, Tel. +7 901 97 15 888; info@ostwest.com, http://www.ostwest.com/de/. Individualreisende ohne vorgebuchte Unterkunft können sich über Ost-West-Kontaktservice eine Einladung faxen lassen.

Skandinavische Länder

Dank der „Nordischen Passunion" zwischen Dänemark, Norwegen, Schweden und Finnland gelten die Staatsgebiete der vier nordischen Staaten als einheitliches Passgebiet. Zudem haben die fünf nordischen Länder (inkl. Island) Ende 1996 das „Schengener Abkommen über Passfreiheit und politische Zusammenarbeit" unterzeichnet.

Zur Einreise in die skandinavischen Länder als Tourist benötigen Bürger aus EU-Ländern, aus der Schweiz und aus Liechtenstein lediglich einen gültigen Personalausweis oder Reisepass. Für Kinder unter 16 Jahren ist ein Kinderausweis oder der Eintrag im Pass der Eltern notwendig. Der vorläufige Aufenthalt ist auf insgesamt drei Monate beschränkt.

Einreise mit dem Auto

Erkundigen Sie sich bei Ihrem Autoversicherer nach **ausreichendem Versicherungsschutz** (z. B. Vollkaskoversicherung). Die Versicherungen baltischer, polnischer oder russischer Autofahrer haben gewöhnlich ein viel niedrigeren Deckungsschutz als deutsche Kfz-Versicherungen.

Baltische Länder

Private Kraftfahrzeuge können von Besuchern vorübergehend zollfrei eingeführt werden. Die Mitnahme der Internationalen „Grünen Versicherungskarte" wird empfohlen. Benötigt werden zudem der Führerschein sowie die Zulassungsbescheinigung Teil I (Fahrzeugschein).

Polen

Autofahrer benötigen bei der Einreise den nationalen Führerschein sowie die Zulassungsbescheinigung Teil I (Fahrzeugschein). Die Mitnahme der Internationalen „Grünen Versicherungskarte" wird empfohlen.

Fahren Sie mit einem Fahrzeug nach Polen, das nicht Ihr Eigentum ist (z. B. Mietfahrzeug), müssen Sie eine Vollmacht des Fahrzeugeigentümers mitführen, die Ihnen erlaubt, das Fahrzeug zu fahren.

Russland

Der nationale Führerschein genügt nicht. Ein **Internationaler Führerschein** ist notwendig!

Weiter muss bei der Einreise nach Russland eine für das russische Gebiet gültige **KfZ-Haftplicht-Versicherung** vorhanden sein. Seit geraumer Zeit wird die „Internationale Grüne Versicherungskarte", wenn Sie durch den Eintrag „Russland" bzw. „RUS" für die Russische Föderation gültig gemacht ist, als Nachweis einer Kfz-Haftpflichtversicherung anerkannt. Es muss also bei der Einreise keine zusätzliche russische Kfz-Haftpflichtversicherung mehr abgeschlossen werden.

„Im Fall eines nicht selbst verschuldeten Unfalls ist nicht immer mit einer vollständigen Schadenersatzleistung des Unfallgegners zu rechnen, da die Deckungssummen der russischen Haftpflichtversicherung relativ niedrig sind. Bei Pkw-Reisen in die Russische Föderation wird daher bis auf weiteres der Abschluss einer Vollkaskoversicherung empfohlen" (lt. Info des Auswärtigen Amtes).

Einreiseprozedur mit dem Auto/ Wohnmobil nach Russland

Lesen Sie dazu bitte auch bei Kaliningrad (Tour 5) und bei Sankt Petersburg (Tour 13). Voraussetzung für die Einreise ist – wie schon gesagt – ein gültiges Visum. Und Sie benötigen – wie auch schon erwähnt – eine für Russland gültig geschriebene „International Grüne Versicherungskarte".

Die nächste wichtige Hürde, die an der russischen Grenzstation zu meistern ist, ist das Ausfüllen der **Einreisekarte/Immigrationskarte** (eine für jeden Reisenden im Auto) und das Ausfüllen des **Zollformulars**. Alles kein großes Problem, wenn Sie mit etwas Glück Formulare erwischen, deren Fragen nicht nur in kyrillischer Schrift, sondern auch auf Deutsch oder Englisch zu lesen sind.

Auch hier haben Sie einen Vorteil, wenn Sie mit einer begleiteten Reise unterwegs sind. Gut organisierte Unternehmen besorgen Ihnen verständliche Formulare schon im Vorfeld, die Sie dann in Ruhe vor der Einreise ausfüllen können.

Die Immigrationskarte besteht aus zwei identischen Teilen, dem Einreiseteil und dem Ausreiseteil. Tragen Sie hier Ihre persönlichen Daten, Passnummer, Staatsangehörigkeit, Reisezweck (Tourism z. B.), Visumnummer und Aufenthaltsdauer ein.

Geben Sie bei der Aufenthaltsdauer lieber ein paar Tage mehr als zu wenig an. Wenn Sie früher als angegeben ausreisen, wird sich niemand darüber aufhalten. Ganz anders kann das aussehen, wenn Sie später als angegeben ausreisen!

Bei unseren Einreisen wurden *keine* Angaben zum Aufenthaltsort bzw. zur Übernachtungsadresse verlangt. Falls Sie als Wohnmobil-Tourer danach gefragt werden, können Sie das Hotel Baltika (Moskowskij Prospekt 202, Kaliningrad) und/oder das Motel Olgino (Oligno, Primorskoje Chaussee, Sankt Petersburg) als Übernachtungsadresse angeben.

Die Passkontrolle geschieht meist an dem Schalterfenster mit der längsten Warteschlange. Hier sind Reisepass mit Visum, Immigrationskarte, Kfz-Schein (von russischen Beamten als „auto-passport" oder als „techpassport" bezeichnet) und Kfz-Versicherung vorzulegen. Es kann an dieser Stelle vorkommen, dass alle im Fahrzeug mitreisenden Personen aussteigen und sich dem Beamten vorstellen müssen, damit der sie den entsprechenden Papieren zuordnen kann. Es kann auch sein, dass Fahrzeuginsassen gebeten werden, getrennt voneinander zu warten.

Wenn man die gestempelten Pässe zurückbekommt, hat man es aber noch nicht geschafft. Die letzte Hürde ist gewöhnlich die Zollkontrolle. Sie müssen eine ausgefüllte **Zollerklärung** vorlegen können. Wohnmobile werden von den Beamten gewöhnlich mit großem Interesse inspiziert. Oft gilt das Interesse aber mehr der Innenausstattung als den mitgeführten Waren.

Es kann vorkommen, dass Sie nach einer Inventarliste aller im Fahrzeug mitgeführten Gegenstände gefragt werden. Wir haben das auf unseren Reisen allerdings noch nicht erlebt. Sie können aber auf Nummer Sicher gehen und schon zu Hause in einer ruhigen Stunde vorsorglich eine solche Liste anlegen.

Wenn Sie auch die Zollkontrolle hinter sich haben, hebt ein weiterer Grenzpolizist den Schlagbaum. Willkommen in Russland!

Mein Tipp! Mit Ihren Einreisedokumenten haben Sie auch eine von den Einreisebeamten auf gewöhnlich 10 Tage befristete **„Zoll-Einfuhrerlaubnis" für Ihr Auto** bekommen. Bitten Sie um die Erteilung einer längeren Frist, falls Sie sich länger in Russland aufhalten werden, z. B. wenn Sie Kaliningrad und erst einige Tage später auch Sankt Petersburg besuchen werden. Denken Sie aber bitte unbedingt daran, dieses Papier bei der Ausreise abzugeben! Siehe dazu auch unter „Zollbestimmungen – Russland" weiter hinten.

Skandinavische Länder

Private Kraftfahrzeuge können von Besuchern vorübergehend zollfrei eingeführt werden. **Gültiger nationaler Führerschein** und **Kraftfahrzeugschein** sind ausreichend.

Die **Internationale „Grüne Versicherungskarte"** ist nicht zwingend vorgeschrieben, ihre Mitführung wird aber empfohlen.

Haustiere

Erkundigen Sie sich bitte rechtzeitig vor Ihrer Abreise bei Ihrem Tierarzt nach den neuesten Einfuhr- und Impfbestimmungen, die sich bis dahin z. B. für Russland u. U. geändert haben können!

Baltische Länder

Mit der Aufnahme in die Europäische Union ist es mittlerweile kein Problem mehr, seinen Hund oder seine Katze in die baltischen Staaten mitzunehmen. Wichtig ist die Mitnahme des **EU-Heimtierausweises** aus dem hervorgeht, dass das Tier geimpft ist. Zudem muss der Vierbeiner mit einer eindeutig erkennbaren Tätowierung oder einem Mikrochip zweifelsfrei zu identifizieren sein.

Dänemark und Finnland

Mit der Einführung des blauen **EU-Heimtierausweises** wurde das Reisen mit Haustieren auch in den skandinavischen Ländern erleichtert, wenn auch mit einigen Einschränkungen.

Gegen Tollwut geimpfte Hunde und Katzen dürfen nach **Dänemark** (Ausnahme Pit-Bull-Terrier und Tosa) und nach **Finnland** mitgebracht werden. Die Tollwutimpfung muss im EU-Heimtierpass attestiert sein. Finnland verlangt zudem eine Bescheinigung über eine tierärztliche Behandlung gegen Fuchsbandwurm.

Infos zum Heimtierausweis der Europäischen Union findet man unter https://www.bmel.de/DE/Tier/HausUndZootiere/Heimtiere/_Texte/Heimtierausweis.html.

Polen

Wer mit Hund, Katze oder Frettchen nach Polen einreisen möchte, hat seit Kurzem nicht mehr mit übermäßig viel Papierkram zu tun. Man braucht nur den so genannten **EU-Heimtierausweis**. In diesem müssen Name und Anschrift des Besitzers sowie eine Kennzeichnung des Tieres (Microchip) und dessen Impfungen enthalten sein.

Russland

Für **Russland** gelten hier andere Spielregeln. Die russischen Behörden verlangen ein amtstierärztliches Gesundheitszeugnis, das nicht älter als zehn Tage sein darf. Des Weiteren muss im Impfpass eine Tollwutimpfung eingetragen sein.

Schweden

Das Mitnehmen von Hunden und Katzen nach **Schweden** ist seit einigen Jahren bei Erfüllung bestimmter Voraussetzungen möglich.

Die Einfuhr bestimmter Hunderassen wie z. B. Pit-Bull-Terrier ist verboten.

Es empfiehlt sich dringend, sich sehr rechtzeitig vor Reiseantritt bei den Fremdenverkehrsämtern nach dem neuesten Stand der Vorschriften zu erkundigen!

Auf kürzeren Fähren müssen Haustiere während der Überfahrt im Auto bleiben. Auf längeren Fährstrecken müssen Haustiere in den auf den Fähren dafür vorgesehenen Käfigen untergebracht werden. Sind die Käfige belegt, kann das Haustier in aller Regel nicht mitgenommen werden! Einige Reedereien erlauben die Mitnahme eines Hundes z. B. mit an Deck oder in ein speziell gekennzeichnetes Areal in den Aufenthaltsräumen. Unbedingt vorher bei den Reedereien nach neuesten Stand der Vorschriften erkundigen!

Zollbestimmungen (Auszüge)

Bitte erkundigen Sie sich vor Ihrer Reise nach dem neuesten und vollständigen Stand der dann geltenden Bestimmungen! Die Einfuhr von Drogen, Waffen und Betäubungsmitteln in die erwähnten Länder ist entweder verboten oder unterliegt Beschränkungen.

Baltische Staaten

Bei Reisen in die Baltischen Staaten dürfen von Personen über 17 Jahre 800 Zigaretten, oder 400 Zigarillos oder 200 Zigarren und 1 kg Tabak pro Person zollfrei eingeführt werden.

Bei den alkoholischen Getränken gelten folgende Freimengen: 10 Liter hochprozentige Spirituosen, 20 Liter alkoholreicher Wein (Sherry, Port o. ä.), 90 Liter Wein und 110 Liter Bier.

Für alle drei baltischen Staaten gilt, dass bei der Rückkehr nach Deutschland nur 300 Zigaretten pro Person mitgebracht werden dürfen.

Polen

Pro Person können zollfrei eingeführt werden: 800 Zigaretten, 400 Zigarillos, 200 Zigarren oder 1 kg Tabak, 10 Liter hochprozentige Spirituosen, 10 Liter alkoholhaltige Süßgetränke, 20 Liter alkoholreicher Wein, 60 Liter Schaumwein, 110 Liter Bier, für Wein keine Richtmengen.

Russland

Waren bis zu einem Gesamtwert von 1.500 Euro oder einem Gewicht bis zu 50 kg können zollfrei ohne Deklaration eingeführt werden.

Darüber hinaus dürfen abgabenfrei eingeführt werden: 400 Zigaretten, 200 Zigarillos, 100 Zigarren oder 0,5 kg Tabak und 3 Liter Spirituosen. Frisches Gemüse und Obst, sowie Schriften, deren Inhalt gegen Russland gerichtet ist, unterliegen einem Einfuhrverbot!

Bargeldbestände, die einem Gegenwert bis 10.000 US-Dollar entsprechen, dürfen ohne Deklaration ein- bzw. ausgeführt werden.

An der Grenze wird eine **Kfz-Zolleinfuhrbescheinigung** erteilt, die den Reisenden verpflichtet, sein Fahrzeug nach einer in dem Dokument angegebenen Zeitspanne wieder auszuführen! **Wichtig** in diesem Zusammenhang ist, dass Sie dieses Dokument bei der Ausreise unbedingt an der russischen Grenzstation wieder abgeben müssen! Normalerweise behalten die kontrollierenden Beamten das Papier bei der Ausreise ein. Sollte das versäumt werden, geben Sie das Papier selbst ab.

Wenn Sie dieses Zollpapier aus Versehen mit nach Hause nehmen, stellt sich das beim russischen Zoll so dar, dass Sie das Fahrzeug nicht ausgeführt, also verkauft haben und deshalb Einfuhrzoll fällig wird! Es wäre nicht das erste Mal, dass Sie – wenn Sie schon lange nicht mehr daran denken – ein Schreiben erhalten, das Sie unmissverständlich auffordert, die ausstehenden Zollgebühren samt Strafgebühr zu begleichen. Das nun aufzuklären, bedeutet sehr viel Ärger und Lauferei, Übersetzerkosten etc!

Würden Sie nicht reagieren, würde gegen Sie in Russland ein Verfahren eingeleitet an dessen Ende Sie dort dann als vorbestraft gelten. Eine weitere Reise nach Russland wäre dann kaum möglich.

Skandinavische Länder

Persönliche Gegenstände und alle auf der Reise benötigten Artikel wie Sportgeräte können zollfrei eingeführt werden.

Medikamente, die ausschließlich für den Gebrauch durch die Reisenden bestimmt sind, können mitgeführt werden. Über Medikamente (in Schweden Ration für max. fünf Tage), die Rausch- oder Betäubungsmittel enthalten, auf die der Reisende aber aus medizinischen Gründen nicht verzichten kann, ist eine ärztliche Bescheinigung mitzuführen, aus der eindeutig diese Notwendigkeit hervorgeht; www.zoll.de.

Freigrenzen für Reisende aus EU-Ländern

Dänemark – Für Reisende aus EU-Ländern ab 16 Jahren gibt es außerdem folgende Freigrenzen: 10 l Spirituosen, 90 l Wein, 20 l mit Alkohol angereicherter Wein und 110 Liter Bier. Für Reisende ab 18 Jahren 800 Zigaretten, 400 Zigarillos, 200 Zigarren und 1 kg Tabak. Darüber hinaus 750 g Kaffee, 150 g Tee, 75 g Parfüm, andere Waren bis zu einem Gegenwert von höchstens DKK 1.400 (unvollständiger Auszug).

Diese Bestimmungen gelten aber nur, wenn direkt von Deutschland nach Dänemark eingereist wird. Reist man über andere Länder nach Dänemark, müssen auch die Bestimmungen dieser Länder sowie die Bestimmungen der Einreise von diesen Ländern nach Dänemark beachtet werden. Ein Einfuhrverbot besteht u. a. für Schusswaffen, Tränengas-Sprays, Luftgewehre, Gaspistolen, gewisse Arten von Messern.

Finnland – Reisende aus EU-Ländern ist die Einfuhr besteuerter Waren für den eigenen Bedarf oder zur Weitergabe als Geschenk in unbegrenzter Menge erlaubt mit Ausnahme von Alkohol- und Tabakwaren. Dafür gelten folgende Begrenzungen, in Klammern die Mengen für Nicht-EU-Länder: 10 (1) Liter Spirituosen (über 22 Vol. %, erlaubt nur für Personen ab 20 Jahren), 90 (3) Liter Wein und 110 (2) Liter Bier. 800 (200) Zigaretten, 400 Zigarillos, 200 Zigarren und 1000 g (250 g) Tabak.

Schweden – Reisende aus EU-Ländern über 20 Jahre dürfen abgabenfrei einführen: 800 Zigaretten, 400 Zigarillos, 100 Zigarren und 1000 g Tabak, 10 Liter Spirituosen (über 22 Vol. %), 20 Liter Desertwein (zw. 15% und 22%), 90 Liter Wein und 110 Liter Bier.

GESUNDHEIT UND SICHERHEIT

Wer unterwegs auf bestimmte Medikamente angewiesen ist, sollte sich diese von zu Hause in ausreichenden Mengen mitnehmen. Sie unterwegs zu bekommen ist unwahrscheinlich.

Sollten diese Medikamente Substanzen enthalten, die unter den Begriff „Betäubungsmittel" fallen (Ihr Arzt weiß das), sollten Sie ein Attest des Arztes dabeihaben, das bestätigt, dass Sie auf dieses Medikament angewiesen sind!

Der Abschluss einer **Auslandskrankenversicherung** ist sinnvoll, die auch die Kosten für einen evtl. notwendigen Rettungsflug abdeckt.

Oft ist eine solche Versicherung bereits in anderen Ihrer Versicherungen oder im Schutzbrief Ihres Autoclubs enthalten. Informieren Sie sich darüber, um nicht doppelt abzuschließen.

Für Russland ist eine Auslandsreisekrankenversicherung notwendig, die von den russischen Behörden anerkannt sein muss. Sie muss bereits vor Beantragung des Visums abgeschlossen sein, da sonst kein Visum erteilt wird. Informationen, welche Krankenkassen anerkannt werden, finden sich auf der Webseite www.visum.net der Fa. Spomer GmbH, die auch das Visum beschaffen kann.

Impfungen sind für die in diesem Reiseführer beschriebenen Länder nicht vorgeschrieben.

Dennoch empfehlen sich Impfungen gegen Polio, sowie gegen Diphtherie und Tetanus. Auch über eine Zeckenimpfung sollten Sie nachdenken. Fragen Sie

Ihren Hausarzt nach evtl. weiteren für Sie sinnvollen Impfungen und nach deren Vor- und Nachteile!

Verzichten Sie besser darauf, in östlichen Ländern **Leitungswasser** direkt zu trinken. Kaufen Sie lieber Trinkwasser in Flaschen. Kein Problem in Läden oder Supermärkten. Beim fliegenden Händler sollten Sie aber auf der Hut sein und nachsehen, ob die Flaschen auch noch original verschlossen sind!

Da Sie auf dieser Reise nicht nur in skandinavische Ländern unterwegs sind, in denen Leitungswasser als unbedenklich gilt, ist es kein Fehler, **Wasserentkeimungsmittel** dabei zu haben, um Wasser in zweifelhaften Zustand, das man im Wohnmobil bunkert, entkeimen zu können. Im Zweifel ist langgenuges Abkochen aber immer noch die zuverlässigste Lösung.

Der Zustand kostenloser **öffentlicher Toiletten** in östlichen Regionen sind gelegentlich in einem Zustand, der einen veranlasst, auf dem Absatz kehrt zu machen. Toilettenpapier ist vielfach unbekannt. Es ist ein gut gemeinter Tipp, immer etwas Toilettenpapier und Desinfektionstücher bei sich zu haben. Beaufsichtigte und gebührenpflichtige Toiletten sind meist in einem ordentlicheren Zustand.

In Russland finden Damen Toiletten gewöhnlich hinter der Tür mit einem „**Ж**" oder einem ▲-Symbol und Herren hinter der Tür mit einem „**M**" oder einem ▼-Symbol.

Überprüfen und ergänzen Sie Ihre **Reiseapotheke**!

Zum **Thema Sicherheit** kann gesagt werden, dass Reisen, auch Reisen mit Auto oder Wohnmobil, nach Polen, in die Baltischen Länder, nach Kaliningrad und Sankt Petersburg sowie in die skandinavischen Ostseeländer nicht riskanter ist, als Reisen in unseren Breiten, wenn man einige elementare, auf Reisen eigentlich überall gültige Vorsichtsmaßnahmen beherzigt. Lesen Sie dazu bitte auch unter Tour 13, Sankt Petersburg.

Fahren Sie konzentriert und defensiv. Lassen Sie sich von den Unarten örtlicher Fahrer nicht anstecken oder provozieren.

Parken und übernachten Sie nur auf beaufsichtigten Plätzen.

Tanken Sie nur an großen, gut beleuchteten Tankstellen.

Wenn Sie nicht selbst tanken, achten Sie darauf, dass auch tatsächlich der Kraftstofftank mit dem **richtigen Kraftstoff** und nicht aus Versehen der Wassertank befüllt wird. Nicht jeder russische Tankwart z. B. kennt sich schon mit Wohnmobilen aus.

Und verschließen Sie Ihr Auto auch während eines nur kurzen Tankstopps, wenn auch Ihre Reisebegleitung das Fahrzeug verlässt!

Lassen Sie keine wertvollen Räder, Roller z. B. oder andere Dinge/Sportgeräte während der Nacht oder während eines Stadtrundgangs außen am Fahrzeug.

Nehmen Sie wertvolle Gegenstände, Schmuck, besonders teure Kleidung etc., die Sie unterwegs nicht wirklich brauchen, erst gar nicht mit auf die Reise!

Tragen Sie Reisedokumente, Ausweispapiere, Geld u. ä. nur in körpernahen Taschen mit sich. Machen Sie Kopien von den Dokumenten.

Tragen Sie Ihren Reisepass bei sich.

Verteilen Sie Geld und Dokumente auf mehrere körpernahe Taschen. Denken Sie daran, dass nicht einer aus der Reisegesellschaft das ganze Geld in der Tasche hat. Verteilen Sie es auf Ihre Partner.

Meiden Sie große Menschenansammlungen oder Gruppen betrunkener Personen und seien Sie auf Bahnhöfen, Busbahnhöfen, bei Drängeleien in vollen Zügen und öffentlichen Bussen, in U-Bahn-Stationen etc. besonders aufmerksam und achten Sie auf Ihre „Sieben Sachen".

Lassen Sie sich nicht zu Straßenspielen animieren oder in zwielichtige Tausch- und Wechselgeschäfte verwickeln.

Seien Sie umsichtig, wenn Sie Geld aus Geldautomaten holen.

Vermeiden Sie es, nachts in unbekannten, abgelegenen und dunklen Stadtvierteln herumzuspazieren.

Falls Sie im Hotel wohnen, nutzen Sie die Hotelsafes, verschließen Sie immer

Ihr Zimmer, auch nachts und auch wenn Sie nur kurz weggehen.

Legen Sie (wenn vorhanden) die Sicherheitskette vor. Öffnen Sie auf das Klopfen an Ihrer Zimmertür nicht sofort und unbesehen, wenn Sie niemanden bestellt haben (Etagenkellner, Zimmermädchen, Reinigung etc. etc.). Schauen Sie erst durch den Tür-Spion (falls einer vorhanden ist), bevor Sie öffnen.

Seien Sie mit der Weitergabe Ihrer Zimmernummer nicht allzu vertrauensselig. Gleiches gilt für Kreditkartennummern oder Heimatanschriften.

KLIMA UND REISEZEIT

Baltische Länder

Übers Jahr gesehen können sich Temperaturen in einem Bereich bis zu 70°C ändern. Bis zu 33°C werden es im Sommer, während der frostige Winter mit weit unter 30°C Minus die Länder fest im Griff hat. Starke Schneefälle sind keine Seltenheit.

Aber wen wundert´s? Tallinn liegt nördlicher als Stockholm. Und es ist auch keine Seltenheit, wenn das baltische Meer zwischen Tallinn, St. Petersburg und Helsinki komplett zufriert.

In den letzten Jahren waren die Sommer zwar sehr warm und relativ trocken, doch sollte man immer regenfeste Kleidung im Gepäck haben.

In den Monaten Juni, Juli und August ist es am wärmsten und das Thermometer steigt im Schnitt auf 22°C.

Die **angenehmste Reisezeit** sind die Monate Mai bis September, wenn die Sonne am längsten scheint.

Bis zu 20 Stunden Helligkeit sind in Estland nicht ungewöhnlich und so werden auch in der Umgebung von Tallinn die **„Weißen Nächte"** wie in St. Petersburg gefeiert. Sommerlicher Höhepunkt ist natürlich die **Johannisfeier** am 23. Juni, wenn in Estland der längste Tag begangen wird und im Baltikum gerne, lange und laut gefeiert wird.

Im Gegensatz zu den langen Sommertagen sind die Tage im Winter extrem kurz.

Baden gehen kann man im Sommer bei Wassertemperaturen von 16° – 18°C in den Seen und Flüssen. In der Zeit von September bis zum Frühlingsanfang ist die Wassertemperatur in der Regel höher als die der Luft.

Dänemark

Gemäßigtes ozeanisches Klima. Oft rasch wechselnde Wetterlage. Regenschauer sind auch im Sommer nichts Ungewöhnliches. Lange, beständige Wetterperioden sind selten. Am ehesten kann in der Zeit zwischen Mai und Juni/Juli mit Schönwetterperioden gerechnet werden. Zumindest an den Küsten ständiger Wind.

Im Sommer liegen die Durchschnittstemperaturen am Tage um 20 Grad, die Meerestemperatur bei 18 Grad. Der wärmste Monat ist gewöhnlich der Juli, der kälteste der Februar.

Als **beste Zeit** für eine Reise quer durch Dänemark ist wohl die Spanne zwischen Ende Mai und Anfang August geeignet. In aller Regel ist dann mit den sonnigsten und wärmsten Wetterabschnitten zu rechnen und alle touristischen Einrichtungen sind in Betrieb.

Wärmende, wind- und regenabweisende Kleidung sollten aber nie im Gepäck fehlen, weder im Sommerurlaub noch auf einer Reise in der Nebensaison.

Finnland

Selbst Finnland profitiert noch vom Golfstrom, der dem Land ein gemäßigtes Klima verschafft. Allerdings hat das finnische Klima spürbar kontinentalen Charakter. Das zeigt sich in lang anhaltenden, konstanten Wetterperioden im Sommer wie im Winter. Als wärmster Monat gilt der Juli. In Lappland werden dann Temperaturen bis +32°C gemessen. Kältester Monat ist der Februar.

Die beste Zeit für eine Reise durch Finnland wird die Zeitspanne etwa zwischen Ende Juni und Mitte August sein. Zum Wandern in Lappland bietet sich die farbenprächtige Ruskazeit im Herbst an.

Ähnlich wie die Norweger machen die meisten Finnen im Juli Sommerurlaub. Viele Betriebe fahren in dieser Zeit nur mit einer Notbelegschaft. Wer kann, vermeidet als ausländischer Tourist diesen Monat. Wem das nicht möglich ist, der muss dank der Größe des Landes eigentlich nur in den Zentren des Tourismus (Saimaa-Seen-Gebiet, südliche Badeküsten, Inari-Region) mit Gedränge rechnen. In dieser Zeit sollte man auch Wartezeiten in den Fährhäfen an der Ostsee einkalkulieren.

Polen

Polen befindet sich in einer gemäßigten Klimazone. Bei einer Reise durch das Land muss man mit täglich wechselndem Wetter rechnen. Der Grund dafür liegt in der Lage Polens. Hier treffen warme und feuchte Luftmassen aus dem Westen vom Meer her auf die kühlen und trockenen Luftmassen aus Nordost. Pauschal kann man sagen, die Sommer in Polen sind um wenige Grade wärmer als in Deutschland und die Winter um wenige Grade kälter.

Das Gebiet um Suwałki an der Grenze zum Baltikum gilt als die kälteste Region Polens.

Polens Winter sind meistens feucht und viel zu warm. Doch auch frostige Winter sind nicht ungewöhnlich. Dann fällt das Thermometer auch unter die –10°C-Marke.

In den Sommermonaten liegen die Durchschnittstemperaturen bei 17°C an der Ostseeküste und 20°C im südlichen Polen. Geprägt sind die Sommer durch milde Temperaturen und häufige Niederschläge. Diese treten zumeist in den Gebirgen und Hochebenen auf.

Russland

Die Angaben beschränken sich auf die in diesem Reiseführer erwähnten Gebiet um **Kaliningrad** und **Sankt Petersburg**.

Hier können Sie mit sommerlichen Temperaturen und Wetterzuständen rechnen, wie sie in unseren norddeutschen Regionen herrschen. Generell ist mit „Seeklima" zu rechnen, was relativ warme, aber auch feuchte Sommer mit gelegentlichen Regen bedeutet.

Sehr beliebt ist für Reisen nach Sankt Petersburg die Zeit der **„Weißen Nächte"**, der hellen Sommernächte im Juni.

Frühling, in Sankt Petersburg die Zeit des Auftauens der Neva, und Herbst können regenreich sein und der Winter ist eiskalt und schneereich.

Schweden

Die Auswirkungen des warmen Golfstroms im Atlantik beeinflussen selbst noch das Klima Schwedens. Dadurch liegen die Durchschnittstemperaturen im Lande höher, als sie es ohne Golfstrom wären.

Geprägt wird das Klima von atlantischen Tiefausläufern, die die skandinavische Halbinsel von Westen her überqueren. Die Folge sind häufige Wetterwechsel und Niederschläge.

Die durchschnittlichen Temperaturen betragen im Sommer in Nordschweden ca. 13 Grad Celsius, auf der Höhe Stockholms ca. 18°C und in Südschweden rund 17°C. Im Winter liegen die Durchschnittswerte im Norden bei –13°C, auf der Höhe Stockholms bei ca. –3°C und in Südschweden bei rund –1°C.

Als beste Reisezeit können für das südliche Schweden die Zeit zwischen Ende Mai und Anfang September und im nördlichen Schweden die Monate Ende Juni bis Mitte August angegeben werden. Zum Wandern eignen sich im Norden allerdings am besten die Wochen von Anfang August bis Mitte September.

Zur Kleidung – eine individuelle Frage, die sich ja ganz nach persönlichen Vorlieben oder geplante Urlaubsaktivitäten richten wird – für eine Urlaubsreise rund um die Ostsee sei lediglich erwähnt, dass auch im Sommer dicke Wollpullover, winddichte Jacken und vor allem eine gute Regenbekleidung mit Gummistiefeln (mit denen es sich übrigens vorzüglich über die morastigen Hochebenen wandern lässt) im Reisegepäck nicht fehlen sollten.

Mückenschutz

Es lässt sich nicht leugnen, die summenden, blutsaugenden Plagegeister können sommerliche Aktivitäten in freier Natur und den Spaß daran schon arg verleiden. Vor allem in windgeschützten, waldreichen Seegebieten oder in feuchten Niederungen können Stechmückenschwärme den Aufenthalt im Freien für den Unvorbereiteten zum Martyrium werden lassen. Einziger kleiner Trost: Die in nördlichen Regionen auftretenden Stechmücken übertragen keine Malaria wie es heißt.

Im Prinzip hilft nur, sich rechtzeitig vorher mit wirksamen Mitteln einzucremen oder einzusprühen. Die Sportgeschäfte und Apotheken vor allem in Skandinavien halten da recht wirksame Mittelchen bereit. Im Normalfall sollte das genügen.

Ist man allerdings im Sommer in seendurchsetzten Tundra- oder Waldgebieten auf Wander- oder Kanutour, wird eincremen alleine nicht genügen. Kleidung aus festem Stoff mit dichten Bünden an den Ärmeln und Hosenbeinen, spezielle Hemden, ein Hut mit Moskitonetz, Handschuhe u. ä. sind dann fast unerlässlich. Machen Sie sich vorher in einschlägiger Outdoor-Literatur kundig, was Spezialisten zu diesem Thema zu sagen haben.

Mein Tipp! Machen Sie es wie die Kenner der Verhältnisse und verschieben Sie ihre Wandertour auf den Spätsommer bzw. Frühherbst, wenn z. B. in Nordskandinavien bereits die ersten leichten Nachtfröste eingesetzt haben, die Tage aber noch herrlich sonnig und warm sind. Dann ist die Mückenplage in aller Regel kein Thema mehr, die Landschaft in ihrer beginnenden Herbstfärbung aber noch traumhafter!

MIT DEM AUTO UNTERWEGS

Generelles

Generell empfiehlt sich ein **Euroschutzbrief** eines Automobilclubs. Die **Internationale Grüne Versicherungskarte** kann hilfreich sein.

Für Reisen nach Russland benötigen Sie einen **Internationalen Führerschein**.

Wenn Sie Eigner Ihres Fahrzeuges sind, aber auch Ihr Reisepartner das Fahrzeug unterwegs fahren wird, müssen Sie für Reisen in Russland eine **Erklärung** dabeihaben, die besagt, dass Sie diesem namentlich erwähnten Reisepartner das Führen Ihres Fahrzeuges erlauben.

Fertigen Sie von allen wichtigen Dokumenten (Pass, Fahrzeugschein, Führerschein etc., etc.) **Fotokopien** an und deponieren Sie diese einmal zu Hause, aber auch im Auto oder bei sich, an anderer Stelle natürlich als die Originaldokumente.

Nationalitätszeichen „D", „A", „CH" etc. am Fahrzeug anbringen.

Führen Sie **Warnwesten** für Fahrer und Beifahrer mit.

Geben Sie einen **Zweit-Autoschlüssel** Ihrem Reisepartner.

Führen Sie einen gefüllten **Kraftstoff-Reservekanister** mit.

Notieren Sie sich (bzw. speichern Sie im Mobiltelefon) **Notfall-Telefonnummern**, Rufnummern Ihrer Familie, ggf. die Rufnummer Ihres Hausarztes etc.

Erkundigen Sie sich vor Abreise nach dem **neuesten Stand der Verkehrsvorschriften** der einzelnen Länder!

Rechnen Sie auf polnischen und baltischen zweispurigen Fernverkehrsstraßen mit haarsträubenden Überholmanövern mancher Verkehrsteilnehmer.

Polnische Landstraßen, aber auch einige Nebenstraßen in den Baltischen Ländern sind mitunter in einem miserablen Zustand, wellig, ausgefahren, ausgefranste Fahrbahnränder, schmal, Alleebäume nahe des Fahrbahnrandes u. ä. Vor allem Gespannfahrer werden an diesen Straßenzuständen keine Freude haben!

Baltische Länder

Asphaltstraßen der unterschiedlichsten Qualität, aber auch **unbefestigte Straßen und Staubpisten** sind im gesamten Baltikum noch zu finden. Teilweise sind manche Schotterstraßen in einem so schlechten Zustand, dass man nur Schritttempo fahren kann. Andere unbefestigte Straßen (oft Straßen, die von den Hauptstraßen zur Küste oder zu ganz kleinen Orten abzweigen) sind zwar relativ gut befahrbar, wirbeln nach Schönwetterperioden aber viel Staub auf.

Vor allem Gespannfahrer sollten darauf vorbereitet sein, dass auch mit sehr welligen Fahrbahnen (meist auf Alleestraßen), mit tiefen Spurrillen, löchriger Fahrbahn, völlig ausgefranste Fahrbahnränder und desolaten Straßenbanketten zu rechnen ist.

Das **Tankstellennetz** ist dicht und weist teilweise sehr modern ausgestattete Tankstellen auf. Die Diesel-Zapfsäulen erkennt man an dem „D" oder an der Farbe der Zapfpistole (schwarz).

Bahnübergänge: Stopp an Bahnübergängen! Halten Sie sich besser aus zweierlei Gründen daran. Zum einen empfiehlt es sich sehr (gilt übrigens auch für Russland und Polen), an Bahnübergängen zu stoppen, da hier gerne kontrolliert wird und Zuwiderhandlungen dann mit Bußgeldern belegt werden. Zum anderen sind viele Bahnübergänge in einem so erbärmlichen Zustand, dass man sie schon im Interesse seines Fahrzeugs nach einem Stopp nur sehr langsam überqueren sollte, besonders auch mit Caravans!

Skandinavien

Ein dichtes, gut ausgebautes und ausgezeichnet beschildertes Straßennetz durchzieht ganz Dänemark und die skandinavische Halbinsel bis in den hohen Norden.

In allen skandinavischen Ländern gilt die **Anschnallpflicht** auf Vorder- und Rücksitzen. Das **Abblendlicht** (Fahrlicht) muss auch am Tage eingeschaltet sein! Standlicht genügt nicht!

Die Strafen bei Verstößen gegen Verkehrsregeln oder bei Alkohol am Steuer sind empfindlich!

Dänemark

Das dänische Straßennetz, ob Landstraßen oder Fernverbindungsstraßen kann nicht anders als vorzüglich bezeichnet werden. Selbst der kleinste Schleichweg ist geteert. Für Radfahrer ist häufig eine Fahrspur oder ein eigener Fahrweg vorgesehen. Die wenigen Autobahnstücke sind gebührenfrei.

Verkehrsregeln und Verkehrszeichen entsprechen den in Europa üblichen.

Vor allem beim Abbiegen nach rechts ist unbedingt auf geradeaus fahrende Rad- oder Mopedfahrer zu achten. Fußgänger, die die Straße überqueren wollen, ob auf Zebrastreifen oder nicht, haben immer das Vorrecht (Achtung beim Rechtsabbiegen!). Weiße Dreiecke, sog. „Haifischzähne" auf der Fahrbahn bedeuten soviel wie „Achtung! Vorfahrt gewähren!"

Ein **Warndreieck** muss mitgeführt werden. **Anschnallpflicht**. Spikes sind erlaubt zwischen 1. 10. und 30. 4.

Motorradfahrer müssen einen Schutzhelm tragen und bei Fahrten am Tage das Abblendlicht einschalten.

Promillegrenze: 0,5 Promille. Alkohol und Medikamente am Steuer werden streng bestraft.

Uns fremd ist *Datostop/Datoparkering*. Es besagt, dass Halten/Parken an Tagen mit geradem Datum nur an der Straßenseite mit geraden Hausnummern, an ungeraden Daten nur vor ungeraden Hausnummern erlaubt ist.

Übrigens: Telefonieren mit dem Handy im Auto während der Fahrt, kann in Dänemark für den Fahrer teuer werden.

Zulässige **Höchstgeschwindigkeiten**: Innerorts (ab Schild mit Ortssilhouette) 50 km/h, Abweichungen sind ausgeschildert. Pkw und Wohnmobile bis 3,5 t außerorts 80 km/h, auch auf Schnellstraßen; auf Autobahnen 130 km/h. Pkw mit Anhänger höchstens 80 km/h.

Wichtig für Caravan-Gespannfahrer: Anhänger hinter Pkw dürfen nicht länger als 12 m und nicht breiter als 2,5 m sein. Ist der Hänger mehr als 20 cm breiter als das Zugfahrzeug, sind vordere Begrenzungslichter am Anhänger vorgeschrieben.

Estland

Eine sehr gute **Beschilderung** macht es einem in Estland schwer, sich zu verfahren.

Verkehrsregeln und Verkehrszeichen entsprechen im Wesentlichen den in Europa üblichen.

Omnibusse und Straßenbahnen haben immer Vorfahrt.

Überholverbot an Kreuzungen und Bahnübergängen.

Es gibt keine Straßenbenutzungsgebühr.

Das ganze Jahr über muss **mit Abblendlicht gefahren werden**.

In den Wintermonaten von Dezember bis einschließlich März ist das

Benutzen von **Winterreifen** Pflicht. Je nach Wetterlage, kann dieser Zeitraum auch ausgedehnt werden. Die Nutzung von **Spikesreifen** ist in der Zeit von Mitte August bis Ende April erlaubt.

Das **Telefonieren** am Steuer während der Fahrt ohne Freisprecheinrichtung ist verboten.

Es gelten eine **0,0-Promille-Grenze** sowie **Anschnallpflicht**.

Die **Höchstgeschwindigkeiten:**

Innerorts für alle Kfz und Gespanne 50 km/h

Außerorts: Kfz bis 3,5 t 90 km/h, Kfz über 3,5 t und Gespanne 70 km/h

Schnellstraßen: Kfz bis 3,5 t 110 km/h, Kfz über 3,5 t und Gespanne 90 km/h

Finnland

Dem Autofahrer steht ein besonders in den südlichen Landesteilen dichtes und vorzüglich gepflegtes Straßennetz zur Verfügung. In nördlichen Landesteilen kann man gelegentlich auf unbefestigte oder mit „Öl-Sand" (Vorsicht bei Nässe!) bedeckte Straßen stoßen. In Finnland gibt es keine Straßenbenutzungsgebühr. Kurze Binnenautofähren sind kostenlos. In Finnland ist „leiser Straßenverkehr" Vorschrift. Es gelten die in Europa allgemein gültigen **Verkehrsregeln**.

Abblendlicht auch am Tage. **Anschnallpflicht**. Die **Promillegrenze** liegt bei **0,5 Promille**.

Für Caravans und Wohnmobile gilt eine max. Breite von 2,6 m. Spikes sind erlaubt von 1. November bis 31. März.

Die **Höchstgeschwindigkeiten** betragen – falls nicht anders ausgeschildert – innerorts 50 km/h.

Außerorts für Pkw und Motorräder 80 km/h bis 100 km/h (je nach Beschilderung), auf Autobahnen bis 120 km/h.

Für Pkw mit Anhänger und für Wohnmobile bis 3,5 t gilt außerorts 80 km/h.

Wildwechselbeschilderung unbedingt beachten! Ein ausgewachsener Elchbulle bringt ohne weiteres ein Gewicht von 600 bis 800 kg auf die Waage. Unfallfolgen können also nicht nur für das Tier, sondern auch für Auto und Insassen schlimmste Folgen haben. Nach einem Unfall mit Elch oder Rentier unbedingt sofort die nächste Polizeistation verständigen!

Lettland

Lettland verfügt auch über **autobahnähnliche Straßen**. Aber Achtung! Auf diesen so genannten „Autobahnen" darf links abgebogen und gewendet werden! Und auf diesen Straßen existieren sogar Zebrastreifen und auch Ampeln können vorkommen.

Verkehrsregeln und Verkehrszeichen entsprechen im Wesentlichen den in Europa üblichen.

Omnibusse und Straßenbahnen haben immer Vorfahrt.

Überholverbot an Kreuzungen und Bahnübergängen.

Rund um das gesamte Jahr muss mit **Abblendlicht** gefahren werden.

Warnwestenpflicht.

Promillegrenze: 0,5 Promille, 0,2 Promille bei Führerscheinneulingen.

Winterreifen sind Pflicht von 1. Dezember bis 1. März.

Die **Höchstgeschwindigkeiten:**

Innerorts für alle Kfz, Wohnmobile bis 7,5 t und Gespanne 50 km/h

Außerorts: Kfz und Wohnmobile bis 3,5 t 90 km/h, Gespanne 80 km/h.

Schnellstraßen/Autobahn: Kfz, Wohnmobile bis 3,5 t und Gespanne 100 km/h.

Auf Fernstraßen und Autobahnen besteht für Fahrzeuge über drei Tonnen zulässigem Gesamtgewicht **Mautpflicht**. Die Preise sind von der Schadstoffklasse und der Anzahl der Achsen abhängig. Für Pkw wird bislang keine Maut erhoben (außer zur Durchfahrt durch Jūrmala, Elektrofahrzeuge sind davon ausgenommen).

Maut kann in Lettland nicht vor Ort bezahlt werden. Es ist auch keine Plakette zu erwerben. Man meldet sich über das Internet an und erwirbt eine Maut für einen Tag, für 8 Tage, einen Monat oder für ein ganzes Jahr. Bezahlt wird im Internet mit Kreditkarte. Für ein Fahrzeug von 3 bis 3,5 Tonnen Gesamtgewicht werden für die einen Tag gültige Maut bislang rund 6 Euro fällig. Ausführliche

Infos über Maut in Lettland erfährt man in der Webseite https://www.bussgeld-katalog.org/maut-lettland/.

Litauen

Die **Straßenverhältnisse** sind etwas besser als in den nördlichen Nachbarländern und es gibt in Litauen weniger Schotterstrecken.

Verkehrsregeln und Verkehrszeichen entsprechen im Wesentlichen den in Europa üblichen.

Omnibusse und Straßenbahnen haben immer Vorfahrt.

Überholverbot an Kreuzungen und Bahnübergängen.

Es muss auch tagsüber mit **Abblendlicht** gefahren werden.

Es gelten **Anschnallpflicht** und **Telefonierverbot** ohne Freisprecheinrichtung.

Bei **Gelblicht an der Ampel** darf nicht mehr gefahren werden.

Warnwestenpflicht.

Promillegrenze: 0,4 Promille. Bei Fahrern von Fahrzeugen über 3,5 t und Führerscheinneulingen 0,0 Promille.

Winterreifenpflicht vom 10. November bis 1. April.

Die **Höchstgeschwindigkeiten:**

Innerorts für alle Kfz und Gespanne 50 km/h.

Außerorts: Pkw, Motorräder, Gespanne bis 3,5 t und Wohnmobile bis 3,5 t 90 km/h, Wohnmobile über 3,5 t und Gespanne 80 km/h. Auf nicht asphaltierten Straßen alle Kfz 70 km/h.

Schnellstraßen: Pkw, Motorräder und Wohnmobile bis 3,5 t 100 km/h, Führerscheinneulinge 90 km/h. Wohnmobile über 3,5 t 80 km/h. Gespanne 90 km/h.

Autobahnen: Pkw, Motorräder und Wohnmobile bis 3,5 t 130 km/h, Führerscheinneulinge 90 km/h. Wohnmobile über 3,5 t und Gespanne 90 km/h.

Polen

Schilder privater Art am Straßenrand mit der Aufschrift „pokoje" oder „wolnepokoje" weisen darauf hin, dass hier Fremdenzimmer frei und zu vermieten sind.

Der Zustand der Hauptverbindungsstraßen ist überwiegend gut. Allerdings kann es gelegentlich auf kleineren Nebenstraßen vorkommen, dass Radfahrer, landwirtschaftliche Nutzfahrzeuge oder Pferdefuhrwerke mit schlechter Beleuchtung unterwegs sind.

Die Landstraßen sind in der Regel nur zweispurig ausgebaut. Häufig befinden sich am Fahrbahnrand durch Fahrbahnmarkierungen abgetrennte schmale Fahrstreifen. In der Regel werden schnellere Fahrzeuge durch das Benutzen dieser Fahrstreifen vorbei gelassen. Doch hier ist Vorsicht geboten! Diese Fahrstreifen sind recht schmal und werden teilweise auch zur Bushaltestelle oder enden vor Ortschaften oder an Kreuzungen.

Die **Autobahnen** in Polen sind **mautpflichtig** und befinden sich derzeit noch im Aufbau. Zu den neueren Strecken gehört die A4 zwischen Wrocław/Breslau und Opole/Oppeln.

Parken und Sicherheit – Das Thema Autodiebstahl wird in den westlichen Medien teilweise stark übertrieben dargestellt. Trotzdem sollte man aufmerksam und vorsichtig sein. Dazu gehört beispielsweise das Aufsuchen bewachter Parkplätze. In den Städten und Ferienzentren gibt es flächendeckend Parkplätze, die rund um die Uhr bewacht werden. Gut sichern sollte man auf jeden Fall die am Wohnmobil angebrachten Fahrräder, Motorroller, Surfbretter u. ä.

Beachten Sie bitte beim **Parken in der Stadt**, dass Sie nicht einfach das Auto abschließen und zur Stadtbesichtigung aufbrechen. Gelegentlich erscheint nämlich ein Parkwächter und möchte abkassieren, was aber mit der Zunahme an Parkautomaten immer seltener passiert. Das Verfahren ist einfach. Der Wächter fragt nach der Anzahl der Stunden, die Sie beabsichtigen zu bleiben, anschließend notiert er das Kennzeichen auf einem Beleg, den Sie dann hinter die Scheibe legen.

Leider sind die Parkwächter nicht uniformiert. Daher erkennt man sie normalerweise nur an dem Geldbeutel und den Belegzetteln, die sie mit sich führen.

Verkehrsregeln und Verkehrszeichen entsprechen den international festgelegten und im übrigen europäischen Raum üblichen.

Die zulässigen Höchstgeschwindigkeiten betragen – wenn nicht anders ausgeschildert – innerorts für alle Kfz 50 km/h.

Außerorts: Pkw, Motorräder und Wohnmobile bis 3,5 t 90 km/h, Wohnmobile über 3,5 t und Gespanne 80 km/h.

Schnellstraßen: Pkw, Motorräder und Wohnmobile bis 3,5 t 100 km/h, auf vierspurigen Schnellstraßen 120 km/h, Wohnmobile über 3, 5 t und Gespanne 80 km/h.

Autobahnen: Pkw, Motorräder und Wohnmobile bis 3,5 t 140 km/h, Wohnmobile über 3, 5 t und Gespanne 80 km/h.

Halten Sie sich tunlichst an die Höchstgeschwindigkeiten. Kontrollen sind häufig. Und rechnen Sie immer mit überholenden Fahrzeugen, auch an Stellen, wo das verboten ist. Da wird nicht nur die durchgezogene Linie oder das Verkehrsschild ignoriert und es werden an den unmöglichsten Stellen gefährliche Überholmanöver gestartet.

Seien Sie immer darauf gefasst, dass Ihnen in einer Kurve oder an einer Kuppe jemand entgegen kommen kann.

Achten Sie beim Rechtsabbiegen auch auf den von rechts kommenden Verkehr.

Vorgeschrieben ist die Mitnahme eines **Warndreiecks,** von **Warnwesten** sowie eines **Verbandskastens**.

Für alle Sitzplätze gilt die **Gurtpflicht**, Kinder bis zum 12. Lebensjahr müssen hinten sitzen.

Abblendlicht auch bei Fahrten am Tage.

Die **Promillegrenze** liegt bei **0,2**. Bei Überschreitung der Alkoholgrenze wird der Führerschein eingezogen und das Fahrzeug sichergestellt.

Im Falle eines Unfalles muss immer die Polizei benachrichtigt werden.

Verkehrsverstöße, die in Deutschland zu Punkten führen würden, werden auch von Polen aus dem Zentralverkehrsregister in Flensburg gemeldet.

Bei Verkehrskontrollen im Auto sitzen bleiben, den Motor abstellen und die Hände aufs Lenkrad legen.

Das Tankstellennetz in Polen ist von der Dichte vergleichbar mit dem deutschen Netz. Angeboten werden die üblichen Benzinsorten mit 95 und 98 Oktan und Dieselkraftstoff. Erkennbar sind diese auch durch die Farbgebung der Zapfsäulen. Die Bezeichnung für **Diesel** lautet an manchen Tankstellen auch **„on"**. An den Autobahnen und wichtigen Hauptstraßen haben die Tankstellen meistens rund um die Uhr geöffnet. Die Spritpreise liegen unter deutschem Niveau.

Russland

Wer auf eigene Faust mit dem Auto in der Russischen Föderation unterwegs ist, sollte zumindest rudimentäre Kenntnisse der russischen Sprache beherrschen, oder in Begleitung einer russisch sprechenden Person sein. Das Allermindeste ist, dass man die russisch-kyrillische Schrift entziffern und lesen kann. Andernfalls ist das Orientieren anhand von Straßenschildern, Ortsnamen, Wegweisern extrem schwierig oder besser gesagt kaum möglich.

Notwendig ist ein **Internationaler Führerschein** und eine für Russland gültig geschriebene **„Internationale Grüne Versicherungskarte"**.

Im Falle eines Unfalls, dürfen Sie Ihr Fahrzeug auf keinen Fall von der Unfallstelle entfernen! Auch nur an den Fahrbahnrand stellen ist unzulässig! Sie müssen auf das Eintreffen der Miliz warten. Das kann zwar dauern, ist aber nicht zu umgehen.

Das dem allgemeinen Verkehr zur Verfügung stehende Straßennetz in der Russischen Föderation ist fast 600.000 km lang! Davon ist aber ein großer Teil reparaturbedürftig.

Vermeiden Sie es, nachts zu fahren. Die Straßenverhältnisse sind nämlich teilweise sehr schlecht bis gefährlich! Große Schlaglöcher und Risse in der Fahrbahndecke sind genauso wenig auszuschließen, wie fehlende Gullydeckel. Und lassen Sie sich nicht von der rasanten Fahrweise mancher Einheimischer anstecken.

Eine Haltelinie an Ampeln gibt es gewöhnlich nicht. Bei Rot wird oft soweit es nur geht und gefährlich nah an die Fahrspur des Querverkehrs vorgefahren.

In Russland finden viele **Polizeikontrollen** statt. Einfachstes Mittel, um hier nichts falsch zu machen, ist, immer schön freundlich bleiben. Wenn man dann nicht wirklich irgendeine Ordnungswidrigkeit begangen hat, z. B. nicht ganz und gar an der Linie beim Stoppschild angehalten hat, wird man im Normalfall nach kurzer Kontrolle der Ausweispapiere freundlich zur Weiterfahrt aufgefordert.

Sollten Sie tatsächlich ein Schild übersehen oder eine Vorschrift missachtet haben, bleiben Sie ruhig und versuchen Sie erst gar nicht Ihr Verhalten zu erklären, was gewöhnlich sowieso an den Verständigungsschwierigkeiten scheitern würde. Vor allem aber machen Sie *nicht den Fehler,* die Angelegenheit mit einem mehr oder minder diskret zugeschobenen Geldschein bereinigen zu wollen! In 99,99 Prozent der Fälle würden Sie damit die Situation nur verschlimmern.

Wie wir erfahren haben – und das sollten Sie im Zusammenhang mit Straßenkontrollen auch wissen – sind die kontrollierenden Beamten gehalten, Strafgebühren nicht direkt abzukassieren. Ob man sich aber immer und überall daran hält? Sie als Fahrer sollten bei Verstößen vielmehr einen Strafzettel erhalten, den Sie innerhalb von 14 Tagen bei einer Filiale der Russischen Sparbank begleichen müssen.

Die **Verkehrszeichen** entsprechen den international festgelegten Verkehrszeichen. Die Verkehrsregeln sind (mit Ausnahmen) denen im übrigen europäischen Raum angeglichen. Sarkastische Kenner des russischen Verkehrsalltags sind allerdings der Meinung: „Regel Nr. 1 ist, es gibt keine Regel".

Fahren mit Abblendlicht auch am Tage.

Straßenbahnen und Omnibusse haben immer Vorfahrt.

An **Bahnübergängen** und an **Kreuzungen** darf nicht überholt werden.

Verbandskasten, Warndreieck und **Feuerlöscher** müssen mitgeführt werden.

Rauchen am Steuer sowie das **Telefonieren am Steuer** ohne Freisprecheinrichtung ist verboten.

Promillegrenze: 0,0 Promille.

Tankstellen in den beschriebenen Gebieten Kaliningrad und Sankt Petersburg sind modern und ausreichend vorhanden, so dass hier keinerlei Probleme bestehen. In Russland steht das kyrillische Zeichen **„Д"** (D) für Diesel.

Die zulässigen Höchstgeschwindigkeiten, falls nicht anders ausgeschildert:

Innerorts für Kfz und für Gespanne 60 km/h.

Außerorts: Fahrzeuge bis 3,5 t und Gespanne 90 km/h, Fahrzeuge über 3,5 t 70 km/h.

Schnellstraßen/Autobahnen: Fahrzeuge bis 3,5 t 100 km/h, Fahrzeuge über 3,5 t 70 km/h.

Für Führerscheinneulinge gilt eine Höchstgeschwindigkeit auf allen Straßen außerhalb von Ortschaften von 70 km/h.

Interessantes über Autofahren in Russland ist auch auf der Webseite http://www.stawropol.de/html/mit_dem_auto_in_russland.html zu erfahren.

Schweden

Das schwedische Straßennetz ist recht dicht, vor allem in südlichen Provinzen, und fast überall hervorragend in Stand.

Notruf Pannendienst: +46 (0)20-91 2 912.

Die allgemeinen **Straßenverkehrsregeln** gleichen den in Europa allgemein gültigen.

Auch am Tage **Abblendlicht** einschalten. Nebelschlussleuchten dürfen nicht eingeschaltet werden.

Anschnallpflicht.

Die **Promillegrenze** ist auf **0,2** festgesetzt. Schon geringfügige Verstöße werden hart geahndet bis hin zur Einziehung der Fahrerlaubnis!

Beachten Sie besonders aufmerksam – vor allem in den Morgenstunden und in der Abenddämmerung – **Wildwechselbeschilderungen**. Elche und in nördlichen Regionen vor allem auch

Rentiere queren gelegentlich völlig überraschend die Fahrbahn.

Ein striktes Fahrverbot gilt im Gelände außerhalb befestigter Wege!

Die **Höchstgeschwindigkeiten** betragen in Wohngebieten 30 km/h, in geschlossenen Ortschaften 50 km/h, oft nur 40 km/h.

Für Pkw und Wohnmobile bis 3,5 t gelten außerhalb geschlossener Ortschaften je nach Beschilderung zwischen 70 und 90 km/h, auf Fernstraßen 80 km/h und auf Autobahnen zwischen 110 und 120 km/h.

Für Pkw mit Anhänger gelten auf Landstraßen und Autobahnen 80 km/h.

In Schweden sind zwischen 1. Oktober und 15. April **Spikes** erlaubt. Winterreifenpflicht von 1. Dezember bis 31. März.

Kraftstoffpreise

Selbstbedienung an den Zapfsäulen ist üblich. Vor allem in skandinavischen Ländern sind vielfach Tankautomaten zu finden, die mit Banknoten und/oder mit Kreditkarten zu aktivieren sind. Es empfiehlt sich, immer einen entsprechenden Vorrat an Banknoten oder eine Kreditkarte bei sich zu haben, besonders nachts, wenn man auf die Tankautomaten angewiesen ist.

Tankstellen sind gewöhnlich zwischen 7 und 21 Uhr geöffnet.

Preise pro Liter:

Dänemark:
Super - ca. DKK 11,68 (1,57 Euro)
Super Plus - ca. DKK 13,20 (1,77 Euro)
Diesel - ca. DKK 10,26 (1,38 Euro)

Estland:
Super - ca. EUR 1,30
Super Plus - ca. EUR 1,32
Diesel - ca. EUR 1,25

Finnland:
Super - ca. EUR 1,49
Super Plus - ca. EUR 1,59
Diesel - ca. EUR 1,30

Lettland:
Super - ca. EUR 1,25
Super Plus - ca. EUR 1,27
Diesel - ca. EUR 1,17

Litauen:
Super - ca. EUR 1,14
Super Plus - ca. EUR 1,21
Diesel - ca. EUR 0,97

Polen:
Super - ca. PLN 4,42 (0,96 Euro)
Super Plus - ca. PLN 4,62 (1,05 Euro)
Diesel - ca. PLN 4,40 (1,00 Euro)

Russland:
Super - ca. RUB 48,283 (0,56 Euro)
Super Plus -ca. RUB 56,90 (0,66 Euro)
Diesel - ca. RUB 47,42 (0,55 Euro)

Schweden:
Super - ca. SEK 13,85 (1,35 Euro)
Diesel - ca. SEK 13,95 (1,36 Euro)

ÖFFNUNGSZEITEN

Dänemark

Geschäfte – Montag bis Freitag 9.00/10.00 – 17.30/18.00 Uhr. Donnerstag oder Freitag bis 19.00/20.00 Uhr.

Samstag 9.00 – 12.00 oder 14.00 Uhr, teils bis 21.00 Uhr. Sonntag geschlossen, außer Kioske und Bäckereien.

Banken – Montag bis Freitag 9.30 – 16.00 Uhr. Donnerstag bis 18.00 Uhr.

Postämter – Montag bis Freitag 9.00 /10.00 – 17.00/18.00 Uhr. Samstag 9.00 – 12.00 Uhr.

Estland

Geschäfte – Montag bis Freitag 9.00 – 19.00 Uhr, Samstag 8.00 – 17.00 Uhr.

Große Supermärkte – Montag bis Freitag 9.00 – 20.00/22.00 Uhr, Samstag 10.00 – 21.00 Uhr.

Alkoholverkauf in Geschäften und Supermärkten nicht vor 10 Uhr vormittags.

Banken – Montag bis Freitag 9.00/10.00 – 18 Uhr, Samstag 9.00 – 18 Uhr.

Postämter – Montag bis Freitag 8.00 – 18.00, Samstag 9.30 – 15.00 Uhr (gilt nur für große Hauptpostämter), sonst Montag bis Freitag 9.00 – 18.00 Uhr, Samstag 9.00 – 14.00 Uhr.

Finnland

Geschäfte – Montag bis Freitag 9.00 – 17.00/18.00 Uhr, teils bis 21.00 Uhr.

Samstag 9.00 – 14.00, teils bis 18.00 Uhr.

Geschäfte in der Einkaufspassage unter dem Hauptbahnhof in Helsinki sind täglich bis 22.00 Uhr geöffnet.

Banken – Montag bis Freitag 9.00 – 16.30 Uhr. Bankschalter auf dem Flughafen Helsinki-Vantaa sind täglich von 6.30 bis 23.00 Uhr geöffnet.

Postämter – Montag bis Freitag 9.00 – 18.00 Uhr.

Lettland

Geschäfte – Montag bis Freitag 9.00/10.00 – 19.00 Uhr, Samstag 9.00/10.00 – 16.00/17.00 Uhr.

Große Supermärkte – Montag bis Freitag 10.00 – 19.00 Uhr, Samstag 8.00 – 20.00 Uhr, Sonntag 10.00 – 19.00 Uhr.

Banken – Montag bis Freitag 9.00 – 17.00 Uhr.

Postämter –Montag bis Freitag 9.00 – 18.00 Uhr, Samstag 9.00 – 16.00 Uhr. Das Hauptpostamt in Rīga auf dem Boulevard Brīvības 19.00 hat von Montag bis Freitag 7.00 – 22.00 Uhr und am Samstag und Sonntag von 8.00 – 20.00 Uhr geöffnet.

Litauen

Geschäfte – Montag bis Freitag 8.00 - 20.00, Samstag 10.00 – 15.00/16.00 Uhr.

Große Supermärkte haben oftmals rund um die Uhr geöffnet. Zu erkennen ist dies am Symbol 7/7 in Verbindung mit 24h.

Banken – Montag bis Freitag 8.00 – 18.00 Uhr, in großen Städten auch bis 20.00 Uhr und Samstag von 8.00 – 14.00 Uhr.

Postämter – Montag bis Freitag 7.00/8.00 – 18.00/20.00 Uhr, Samstag 9.00 – 16.00 Uhr.

Polen

Geschäfte – meistens von 6.00/7.00 - bis 18.00/19.00 Uhr geöffnet, Sa 7.00 - 13.00 Uhr, Einkaufszentren bis 22.00 Uhr, einige Lebensmittelgeschäfte und Supermärkte bedienen ihre Kundschaft auch sonntags.

Sog. **Nachtgeschäfte** sind rund um die Uhr geöffnet. Zu erkennen sind sie an der großen Leuchtreklame „24h".

Banken – Montag bis Freitag 7.30 – 17.00 Uhr, an ausgewählten Samstagen 7.30 – 14.00 Uhr.

Postämter – Montag bis Freitag 8.00 – 20.00 Uhr, Sa 8 - 14 Uhr, in Großstädten teils rund um die Uhr. Dort kann man auch Telefonkarten für die Kartentelefone erwerben.

Russland

Geschäfte – Montag bis Sonntag 9.00 – 21.00 Uhr. Immer beliebter werden in Großstädten Geschäfte, die 24 Stunden an sieben Tagen in der Woche geöffnet sind.

Banken – Montag bis Donnerstag 9.30 – 17 Uhr, Freitag 9.30 - 16 Uhr.

Postämter – Montag bis Freitag 8.00 – 18.00 Uhr.

Schweden

Geschäfte – Montag bis Freitag 9.30 – 18.00 Uhr, Samstag 9.00 – 14.00/16.00 Uhr.

Sonntag Warenhäuser 12.00 – 16.00 Uhr.

Banken – Montag bis Freitag 9.30 – 15.00 Uhr, Donnerstag bis 17.00 Uhr.

Samstag und Sonntag geschlossen.

Postämter – Montag bis Freitag 9.00 – 18.00 Uhr, Samstag 9.00 – 13.00 Uhr.

Sonntag geschlossen.

Bei allen Zeitangaben und für alle Länder gilt jedoch, dass die aufgeführten Öffnungszeiten variieren können! Besonders im ländlichen Bereich werden auch Mittagspausen eingelegt oder die Filialen schließen etwas früher oder bleiben samstags geschlossen.

POST UND TELEFON

Baltische Länder

Das komplette **Telefonsystem im Baltikum** ist wie im übrigen Mitteleuropa auf Selbstwählverkehr ausgerichtet und entspricht dem europäischen Standard.

Die meisten **Telefonzellen** sind mit einer **Telefonkarte** zu bedienen, bei manchen kann man auch mit Kreditkarte bezahlen. Telefonkarten sind in Geschäften, an Tankstellen oder an Kiosken erhältlich.

In Estland und Lettland wurde das Telefonnummern-System eingeführt, welches die **Vorwahl mit in die Rufnummer integriert**. So gibt es in diesen Ländern keine spezielle Vorwahl mehr und man wählt die komplette Rufnummer inkl. integrierter Vorwahlnummer, egal ob Orts- oder Ferngespräch.

Lettische Telefonnummern haben acht Ziffern und beginnen immer mit einer „6". Telefonnummern von Mobiltelefonen beginnen mit den Nummer 25, 26, 28 oder 29.

Nur in Litauen muss vor der eigentlichen Nummer noch eine 8 gewählt werden. Aber es gibt Ausnahmen: Die 8 wird *nicht* vorgewählt innerhalb derselben Stadt und auch nicht zu einer Handy-Rufnummer.

Das **Mobilfunknetz** ist gut ausgebaut und deckt den gesamten baltischen Raum ab.

Für die Angabe der entsprechenden Roaming-Gebühren hilft der heimische Handy-Anbieter weiter. Wer möchte, kann sich auch eine entsprechende Pre-Paid-Karte kaufen.

Die Landesvorwahlen

Vorwahlen von Deutschland aus:

Für **Dänemark: +45** oder **00 45** (danach achtstellige Rufnummer).

Für **Estland: +372** oder **00 372**

Für **Finnland: +358** oder **00 358** (danach Regionalkennzahl ohne erste Null, dann Rufnummer).

Für **Lettland: +371** oder **00 371**

Für **Litauen: +370** oder **00 370**

Für **Polen: +48** oder **00 48**.

Für **Russland: +7** oder **007**

Für **Schweden: +46** oder **00 46** (danach Ortsvorwahl ohne erste Null, dann Rufnummer).

Vorwahlen für Deutschland, Österreich, Schweiz

Für **Deutschland: +49** oder **00 49** (danach Ortsvorwahl ohne erste Null, dann Rufnummer). **Von Russland** aus: **1049**.

Für **Österreich: +43** oder **00 43** (danach Ortsvorwahl ohne erste Null, dann Rufnummer). **Von Russland** aus: **1043**.

Für die **Schweiz: +41** oder **00 41** (danach Ortsvorwahl ohne erste Null, dann Rufnummer). **Von Russland** aus: **1041**.

Dänemark

Porto in EU-Länder: Postkarte oder Standardbrief bis 20 g DKK 30 (ca. 4 €).

Estland

Porto in EU-Länder: Postkarte oder Standardbrief bis 20 g EUR 1,60.

Lettland

Porto in EU-Länder: Postkarte oder Standardbrief bis 20 g EUR 0,71.

Litauen

Porto in EU-Länder: Postkarte oder Standardbrief bis 20 g EUR 0,75.

Finnland

Porto in EU-Länder: Postkarten und Briefe bis 20 g EUR 1,60.

Finnland ist dabei, sein gesamtes Telefonnetz umzustellen! Ein großer Teil der Rufnummern wird sich in den nächsten Jahren ändern! Notfalls hilft die Auskunft weiter, in Finnland 118, oder 100 13.

Übrigens: Namen die mit **Æ**, **Å**, **Ä**, **Ø** oder **Ö** beginnen, finden Sie in dänischen, norwegischen, schwedischen und finnischen Telefonbüchern **am Ende des Alphabets**!

Polen

Porto: Postkarte/Standardbrief nach Deutschland: 5,28 Złoty/ EUR 1,16.

Telefonnummern in Polen bestehen aus zehn Ziffern und beinhalten bereits die Ortsvorwahl! Die ganze Nummer ist auch bei Ortsgesprächen immer komplett zu wählen.

Die **Telefonauskunft** erreicht man im ganzen Land unter 118 913 (Inlandsauskunft) oder 118 908 (Auslandsauskunft).

Die **Telefonkarten** für das öffentliche Fernsprechnetz sind erhältlich mit 25, 50 und 100 Einheiten. Vor der ersten Benutzung muss eine perforierte Ecke abgebrochen werden, damit das Gerät diese Karte erkennt.

Telefonieren mit dem Handy stellt im gesamten Land kein Problem dar. Vor Reiseantritt sollte aber beim heimatlichen Handy-Provider geklärt werden, welcher polnische Netzbetreiber gleichzeitig Roamingpartner ist.

Russland

Es lohnt nicht, für Urlaubsgrüße nach Hause die Post zu bemühen. **Postsendungen** nach Deutschland dauern mindestens zwei Wochen. Aber zwei Monate sind auch keine Seltenheit, immer vorausgesetzt, der Brief kommt überhaupt an! Wer ganz sicher gehen will oder es eilig hat, sollte sich an UPS oder DHL wenden, muss jedoch mit enormen Gebühren rechnen.

Die internationale **Telefonvorwahl** für Russland ist +7 bzw. 007. Danach wählt man die Ortsvorwahl z. B. für Kaliningrad (4012) oder für Sankt Petersburg (812) und dann die Teilnehmernummer.

Um von Russland nach Hause zu telefonieren müssen Sie zunächst die 8 wählen, einen Summton abwarten und die 1049 für Deutschland (10 für Auslandsgespräche und 49 für Deutschland), 1041 für die Schweiz oder die 1043 für Österreich, dann die Vorwahl ohne erste Null und die Teilnehmernummer wählen.

In großen Hotels gibt es blaue, öffentliche Telefonkabinen, von denen aus Auslandsgespräche geführt werden können. Diese Apparate funktionieren oft nur mit Kreditkarten oder mit Telefonkarten.

Schweden

Porto innerhalb Europas: Postkarte oder Standardbrief bis 50 g SEK 20,84/ EUR 1,96.

Die internationale **Vorwahl von Schweden ins Ausland** ist **009**. Es folgt die Vorwahl für das gewünschte Land, für Deutschland z.B. 49, für Österreich 43 und für die Schweiz 41. Danach ist ein **Signalton** abzuwarten bevor man weiterwählt. Beim Weiterwählen lässt man die erste Null der Ortskennzahl weg.

WÄHRUNG UND DEVISEN

Die Wechselkurse unterliegen Schwankungen.

Baltische Länder
Litauen, Lettland, Estland

In allen drei Ländern gilt der **Euro** als gesetzliches Zahlungsmittel.

Dänemark

Die dänische Währung ist die **Dänische Krone/Kroner** (DKK) zu 100 **Øre**.

1 EUR = 7,45 DKK

1 DKK = 0,13 EUR

Finnland

Finnlands Währung ist seit 1. 1. 2002 nicht mehr die *Markka*, sondern der **Euro.**

Polen

Gültiges Zahlungsmittel ist der **Złoty (PLN)**, der aus 100 **Grosz** besteht.

1 EUR = 4,40 PLN

1 PLN = 0,22 EUR

Es befinden sich folgende Geldscheine und Münzen im Umlauf:

Banknoten: 10 Złoty, 20 Złoty, 50 Złoty, 100 Złoty und 200 Złoty

Münzen: 1 Grosz, 2 Grosz, 5 Grosz, 10 Grosz, 20 Grosz, 50 Grosz, 1 Złoty, 2 Złoty, und 5 Złoty.

Russland

Die russische Währung ist der **Russische Rubel (RUB)**, Kurzform P (russisches R). Ein Rubel hat 100 **Kopeken**.

1 EUR = 87,18 RUB

1 RUB = 0,011 EUR

Rubel-Scheine sind in folgenden Werten im Umlauf: 5.000, 1.000, 500, 100, 50 und 10 Rubel.

Münzen gibt es im Wert von 10, 5, 2 und 1 Rubel sowie im Wert von 50, 10, 5 und 1 Kopeken.

Kreditkarten werden von allen größeren Geschäften, Hotels, Restaurants und Tankstellen akzeptiert. Gelegentlich werden lieber Euro als Rubel als Zahlungsmittel angenommen, obwohl das alleinige legale Zahlungsmittel in Russland der Rubel ist.

Auf dem „flachen Lande" allerdings sind Kreditkarten als Zahlungsmittel noch nicht sehr gebräuchlich. Hier geht ohne Rubel-Bargeld meist gar nichts!

Reiseschecks, sei es in Dollar oder in Euro, werden kaum akzeptiert.

Tauschen Sie nur bei den offiziellen Wechselstellen, in Hotels oder bei Banken. Auch in großen Warenhäusern in den Großstädten findet man offizielle Wechselstuben.

Wenn Sie Euro-Banknoten in Rubel tauschen wollen, achten Sie darauf, dass Sie möglichst neue, unzerknitterte, gänzlich unbeschädigte Euroscheine vorlegen können! Alt wirkende, zerknüllte oder gar eingerissene Scheine nimmt kaum eine Bank oder Wechselstelle an! Bewahren Sie Wechselquittungen unbedingt bis zur Ausreise auf! Empfehlenswert ist, Euros (oder auch Dollars) in möglichst kleinen Stückelungen bei sich zu haben und vor allem bei längerem Aufenthalt immer nur kleinere Beträge zu tauschen, um von den Kursschwankungen weniger betroffen zu sein.

Wechseln Sie möglichst nur soviel Geld, wie sie tatsächlich zu brauchen glauben. Überschüssige Rubel wieder zurückzutauschen ist sehr mühsam, wenn überhaupt möglich und immer mit gewaltigen Verlusten verbunden. Tanken Sie lieber, oder kaufen Sie sich was Schönes dafür.

Bankautomaten findet man verbreitet. Seien Sie aber umsichtig und aufmerksam, wenn Sie den Automaten bedienen.

Prüfen Sie wenn möglich, ob Sie an dem Automaten, an der Tastatur, an dem Schacht, in den Sie Ihre Kreditkarte schieben sollen etc. evtl. ungewöhnliche Dinge entdecken. Es wird von manipulierten Automaten berichtet, die Ihre Geheimnummer samt Bankdaten ausspähen, mit denen dann Missbrauch betrieben, sprich Ihr Konto geplündert werden kann. Geben Sie Ihre Geheimnummer möglichst gut verdeckt ein! Und brechen Sie den Vorgang lieber ab, wenn Sie den Eindruck haben, die Warteschlange hinter Ihnen rückt Ihnen zu sehr auf die Pelle. Lassen Sie sich nicht ablenken, wenn der Automat gerade die Geldscheine ausgibt! Transaktionen über Bankautomaten sind allerdings auch in Russland mit hohen Gebühren verbunden.

Schweden

Die schwedische Währung ist die **Schwedische Krone/Kronor (SEK)**. Eine Krone unterteilt sich in 100 **Öre**.

1 EUR = 10,27 SEK

1 SEK = 0,09 EUR

International bekannte **Reiseschecks** und die gängigen **Kreditkarten** werden in vielen Geschäften, Tankstellen, Hotels, Restaurants etc. als Zahlungsmittel akzeptiert.

Sehr verbreitet sind inzwischen auch in Dänemark, Norwegen, Schweden und Finnland **Geldautomaten**, an denen Sie mit Ihrer Maestro-Karte oder Kreditkarte mit der geheimen PIN-Nummer rund um die Uhr Geld von Ihrem Konto abheben können.

WICHTIGE RUFNUMMERN

In allen acht in diesem Reiseführer erwähnten Ländern ist in Notfällen die **Notrufnummer 112** aus allen Festnetz- und Mobilfunktelefonen (Handy) gebührenfrei erreichbar.

Rufnummern der deutschen Botschaften finden Sie weiter vorne unter „Anschriften/Webadressen".

Weitere Nummern

ADAC Auslandsnotruf – 0049 (0)89 22 22 22

ADAC-Ambulanzdienst – 0049 (0)89 76 76 76

ÖAMTC-Notrufzentrale – 0043 1 25 120 00

ZEITUNTERSCHIED

Das Baltikum ist uns das ganze Jahr hindurch eine Stunde voraus (MEZ + 1). Wenn es in Deutschland 12.00 Uhr schlägt ist es in Vilnius, Rīga und Tallinn bereits 13.00 Uhr.

Das gilt übrigens auch für Kaliningrad!

Zu beachten ist die **Schreibweise der Tage**. Besonders bei Öffnungszeiten ist die Verwendung von römischen Zahlen gewöhnungsbedürftig. Die römische 1 (I) steht für Montag, die 2 (II) für Dienstag und so geht es weiter bis Sonntag (VII).

In **Finnland** besteht das ganze Jahr über, also auch während der Sommerzeit, ein Zeitunterschied von plus einer Stunde zu den mitteleuropäischen Ländern (MEZ + 1). Beispiel: Deutschland 12.00 Uhr = Finnland 13.00 Uhr.

Dänemark, Polen, Schweden – Kein Zeitunterschied zu Deutschland. Es gilt die mitteleuropäische Zeit (MEZ)

Russland – Das riesige russische Reich weist nicht weniger als 11 Zeitzonen auf. Zwischen unserer Mitteleuropäischen Zeit (MEZ) und der **Moskauer Zeit**, die auch in **Sankt Petersburg** gilt, besteht ein Unterschied von zwei Stunden (MEZ + 2). Es ist dort zwei Stunden später als bei uns – Deutschland 12.00 Uhr = Sankt Petersburg 14.00 Uhr.

In Kaliningrad gilt dagegen MEZ + 1.

Haftungsausschluss

Alle in diesem Reiseführer gemachten Angaben, sowie Reise- und Sicherheitshinweise sind nach den aktuell erreichbaren und dem Verlag zugänglichen Informationen mit Sorgfalt und nach bestem Wissen zusammengestellt. Eine Gewähr für die Richtigkeit und die Vollständigkeit der Angaben sowie eine Haftung für eventuell eintretende oder daraus entstehende Schäden kann nicht übernommen werden. Gesetze, Vorschriften, Öffnungszeiten, Preise, Fahrpläne können sich jederzeit ändern, ohne dass der Verlag davon erfährt.

ZEICHENERKLÄRUNG

- Hauptstadt
- Etappen-Start-/Endpunkt
- Orte
- Sehenswürdigkeit
- Touristeninformation
- Museum, Schloss
- Rathaus, öffentl. Gebäude
- Busbahnhof, Bahnhof
- Parkplatz
- Tiefgarage
- Flughafen
- Postamt
- Restaurant
- Hotel
- Reiseweg, Route
- Campingplatz
- Womo-Stellplatz
- V & E Station
- Kirche, Kathedrale
- Burg, Kastell
- Wandermöglichkeit
- archäol. Stätte
- Berg, Gipfel
- Rast-, Picknickplatz
- Grenzübergang
- Pass
- Strand, Badeküste
- Höhle

V & E für Wohnmobile – Einrichtungen für Versorgung mit Trinkwasser sowie Entsorgung für Wohnmobilabwässer sind auf dem Platz vorhanden.

Wichtige, am Anfang zu jeder Tour vermerkte Sehenswürdigkeiten sind ihrer Bedeutung entsprechend mit einem, zwei oder drei Sternchen versehen.

* = sehenswert
** = sehr sehenswert
*** = ein „Muss" auf der Reise

INFORMATIONEN ZU GPS-NAVIGATIONSKOORDINATEN

Ein Wort zu den GPS-Daten

Alle unsere GPS-Koordinaten sind im System WGS 84 („World Geodetic System 1984"), einer der beiden internationalen Standards für Koordinatensysteme (neben UTM), erfasst.

Bitte beachten Sie: Die Genauigkeit der Routenführung durch das Navigationssystem hängt auch von der Genauigkeit und Aktualität des in Ihrem Navigationsgerät vorhandenen Kartenmaterials ab.

Minuten/Sekunden ändern in Dezimalkoordinaten

Alle Navigationsdaten in diesem Buch sind im Format Grad/Minuten/Sekunden angegeben. Falls Sie Navigationskoordinaten in Ihr Navigationsgerät evtl. nur als Dezimalkoordinaten eingeben können, ist das kein größeres Problem.

Koordinaten lassen sich von Grad/Minuten/Sekunden – so wie bei uns dargestellt – relativ einfach „per Hand" in Dezimalkoordinaten umrechnen und müssen dann gewöhnlich auch von Hand in das Navigationsgerät eingegeben werden.

– Da das Minuten/Sekunden-System in 60er Schritten geht, darf man die Minuten- und Sekunden-Markierungen nicht einfach ignorieren und daraus Dezimalkoordinaten machen, sondern man muss die Daten durch 60 teilen. Umgekehrt ist das auch von Dezimalwerten in Minuten/Sekunden möglich (multiplizieren).

Beispiel: Grad/Minuten/Sekunden-Format: z. B. N39° 29′ 12.6″ wird so zum Dezimalformat: 29 : 60 = 0,48, 12.6 : 60 = 0,21. Das wieder zusammengesetzte Format zeigt nun die Dezimalkoordinate: N 39,4821°.

Oder: E 20° 15′ 34.2″ – entspricht dann E 20,2557° (alle Angaben ohne Gewähr).

Sollten Sie Koordinatenformate konvertieren wollen, können Sie sich eines der **Konvertierungsprogramme** bedienen, die Sie kostenlos aus dem Internet herunterladen können, wie z. B.

GPS Babel http://www.gpsbabel.org (Englisch)
Routeconverter http://www.routeconverter.de (Deutsch)
Garmin POI-Loader http://www.garmin.com/products/poiloader (Englisch)

Im Reiseführer sind die Koordinaten wie folgt dargestellt:
Beispiel: [N70° 10′ 40.0″ E25° 17′ 49.0″].

Koordinaten in diesem Reiseführer, die in Orten/Städten angegeben sind, sind als Anhaltspunkte zur Orientierung mit Handnavigationsgeräten bei Stadtrundgängen gedacht. Sie bedeuten NICHT, dass diese Ziele (Wegpunkte) auch immer (Ausnahme Campings oder Wohnmobil-Stellplätze) mit dem Auto zu erreichen sind!

Gelegentlich steht vor der Koordinate das Wort „Parkplatz", **z. B. [Parkplatz, N70° 10′ 40.0″ E25° 17′ 49.0″]**. Damit wird darauf hingewiesen, dass sich bei oder ganz in der Nähe des Punktes ein Parkplatz befindet. Die Koordinate bezieht sich dann auf den Parkplatz. Vom Parkplatz können es noch ein paar Meter Fußweg bis zum eigentlichen Ziel sein.

Obwohl wir bei der Erfassung von GPS-Koordinaten größte Sorgfalt walten lassen, können wir für die Richtigkeit der in unseren Reiseführern angegebenen GPS-Koordinaten und Wegpunkte sowie für evtl. daraus resultierende Ereignisse durch Missweisungen keine Haftung übernehmen.

REGISTER

Personennamen in kursiver Schrift.

(CP) bzw. (ST) hinter dem Ortsnamen weist darauf hin, dass in oder ganz in der Nähe des Ortes ein im Reiseführer beschriebener Campingplatz und/oder ein Wohnmobil-Stellplatz zu finden ist.

MOBIL REISEN

NIX WIE RAUS!

Raus Reiseführer – die gelungene Mischung aus kompetentem Reiseführer, Tourenbuch, Camping- und Stellplatzführer.

Erlebnisreiche Touren zum Nachreisen mit Wohnmobil, Caravan oder Van-Camper.

Mobil Reisen: BALTIKUM
Die schönsten Reiserouten, kombiniert zu einer erlebnisreichen Tour durch alle drei baltischen Länder - Litauen, Lettland und Estland. Mit einem Abstecher nach Kaliningrad. Reisetipps in Fülle. Plus Vorschläge zu sechs Radtouren.
Mit Wohnmobil-Stellplätzen u. Campingplätzen.
336 S., 128 Farbfotos, 31 Karten und Stadtpläne.
ISBN 978-3-926145-89-5. € 19,90.

Mobil Reisen: BRETAGNE
Ein individueller Reiseführer mit Routenvorschlägen, ausgesuchten Touren für eine Reise von Nantes bis ans „Ende der Welt“, der Finistère an die bretonische Atlantikküste. Historisches, Amüsantes, Kulinarisches und natürlich viele praktische Reisetipps. Jetzt mit noch mehr Wohnmobil-Stellplätzen.
Mit vor Ort erfassten GPS-Koordinaten.
336 S., zahlr. Farbfotos, Karten, Stadtpläne, Hotels, Campingplätze sowie viele Infos und Reisetipps.
ISBN 978-3-926145-78-9. € 19,90.
GPS-Roadbook-CD mit Navigationskoordinaten verfügbar!

Mobil Reisen: DÄNEMARK – Mit Insel Bornholm
Handlich und praktisch für erlebnisreiches Van-Camper-, Caravan- oder Wohnmobil-Touring. Auf den 15 attraktivsten Urlaubsrouten zu den schönsten Städten und Küsten in Jütland, Fünen, Seeland und Bornholm. Ausführlicher Teil über "wonderful, wonderful Copenhagen".
Mit vor Ort erfassten GPS-Koordinaten.
312 S., zahlr. Farbfotos, Karten, Stadtpläne, sowie viele Infos, die schönsten Camping- u. Stellplätze.
ISBN 978-3-926145-87-1. € 19,90.

Mobil Reisen: ENGLAND SÜD

Von den weißen Felsen von Dover über lebhafte Seebäder bis hinaus an die abgeschiedene, wilde Küste von Cornwall. Wandern auf den herrlichen Küstenwegen und Klippenpfaden, den Schauplätzen aus Pilcher-Filmen nachspüren, in prächtigen Gärten schwelgen oder lieber gemütlich in einem uralten Pub verweilen, in dem sich schon die Schmuggler früherer Tage die Klinke in die Hand gaben? Dieser Reiseführer sagt Ihnen, wo's lang geht. Mit vor Ort erfassten GPS-Koordinaten.
348 S., zahlr. Farb-Abb., Karten, Stadtpläne, Pubs, sowie viele Infos und die schönsten Campingplätze.
ISBN 978-3-926145-86-4. € 22,90.
GPS-Roadbook-CD mit Navigationskoordinaten verfügbar!

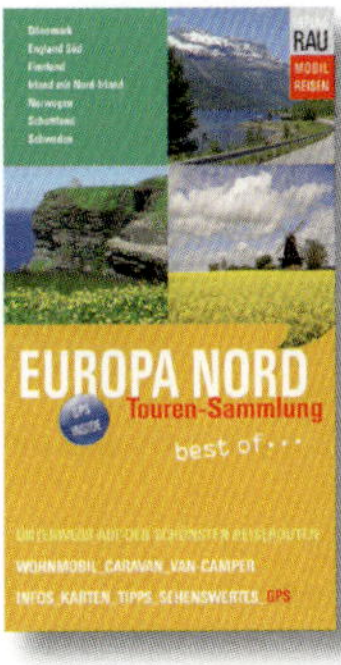

Mobil Reisen: EUROPA NORD

Wohin im nächsten Urlaub? Diese Sammlung der schönsten Wohnmobil-Touren durch Europas Norden gibt jede Menge Tipps. Erleben Sie auf den schönsten Reisewegen Touring Highlights in Dänemarks Jütland, in Englands Süden, in Finnland, in Irland und Nordirland, in Norwegens Fjordwelt und auf den Lofoten, in Schottland und in Südschweden.
Mit einladenden Camping- und Stellplätzen und mit vor Ort erfassten GPS-Koordinaten.
300 Seiten, zahlr. Farbfotos, Karten, Stadtpläne.
ISBN 978-3-926145-82-6. EUR 22,90.

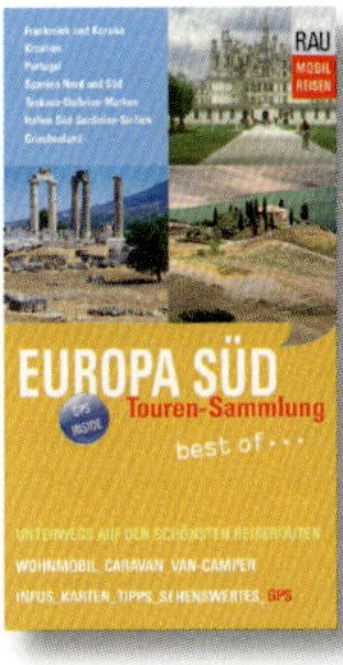

Mobil Reisen: EUROPA SÜD

Auf in den Süden! Mit dieser Sammlung der schönsten Wohnmobil-Touren fällt Ihnen die Auswahl, wohin die nächste Tour gehen soll, bestimmt leichter. Der „best of-Band Europa Süd" sagt Ihnen wo's langgehen könnte. Anhand der zahlreichen Tourenvorschläge können Sie wählen, ob es Sie lieber nach Frankreich, nach Griechenland, nach Kroatien, nach Spanien, Portugal oder doch eher nach Italien zieht.
Alle Touren sind ausführlich beschriebenen. Und Sie finden dort jede Menge Reisetipps und Infos zu Camping und Stellplätzen und natürlich auch GPS-Koordinaten.
Ca. 320 Seiten, zahlr. Farbfotos, Karten u. Pläne.
ISBN 978-3-926145-90-1. EUR 22,90.

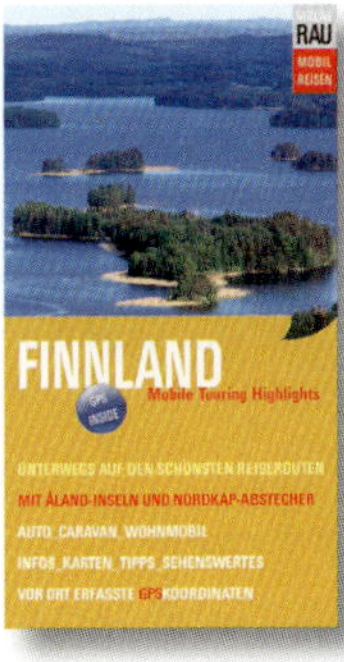

Mobil Reisen: FINNLAND – Mit Åland-Inseln

Das „Land der tausend Seen" von Helsinki über das Labyrinth des Saimaa-Seengebiets, weiter über Karelien, die einsamen Weiten Lapplands und zurück über den finnischen Schärengarten auf eigene Faust erleben. Anschließend ein Abstecher auf die Åland-Inseln.
Mit einem ausführlich geschilderten **Abstecher zum Nordkap**. Und das Ganze mit vor Ort erfassten GPS-Koordinaten.
264 S., zahlreiche Farbfotos, Karten, Stadtpläne, Hotels, Campingplätze sowie viele praktische Informationen über Land und Leute.
ISBN 978-3-926145-50-5. € 19,90.
GPS-Roadbook-CD mit Navigationskoordinaten verfügbar!

Mobil Reisen: GRIECHENLAND

Aus der Reisepraxis für die Reisepraxis geschrieben. Ein Reisehandbuch mit Routen, Touren und Reisetipps fürs Reisemobil-Touring.
Eine Fülle von Routenvorschlägen führt Sie durch alle Regionen Festlandgriechenlands, von den Badestränden der Chalkidiki-Halbinsel bis in den Süden der Peloponnes-Halbinsel und natürlich zu allen archäologischen Stätten.
Mit vor Ort erfassten GPS-Navigationskoordinaten!
312 S., zahlr. Farbfotos; Karten, Stadt- u. Lagepläne, Stadtspaziergänge, Hotels und die schönsten Campingplätze.
ISBN 978-3-926145-80-2. € 19,90.
GPS-Roadbook-CD mit Navigationskoordinaten verfügbar!

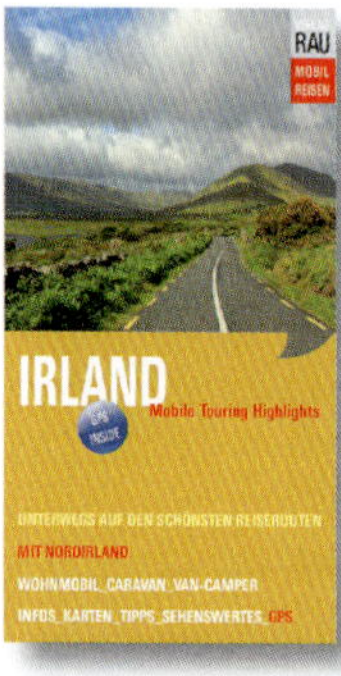

Mobil Reisen: IRLAND – Mit Nordirland

Der ideale Urlaubsführer für alle, die den Charme der "Grünen Insel" auf eigene Faust entdecken wollen. Ausgesuchte Routenvorschläge fürs Wohnmobil-Touring von den südlichen Counties über die imposante Westküste bis hinauf ins abgeschiedene Donegal und durch Nordirland. Ausführlicher Dublin- und Belfast-Teil mit detaillierten Rundgängen. Kultur, Folklore, Tipps zu Pubs, Wandermöglichkeiten.
Mit vor Ort erfassten GPS-Navigationskoordinaten!
408 S., zahlr. Farbfotos, Karten, Stadtpläne, Hotels, viele Infos und die schönsten Campingplätze.
ISBN 978-3-926145-84-0. € 22,90.
GPS-Roadbook-CD mit Navigationskoordinaten verfügbar!

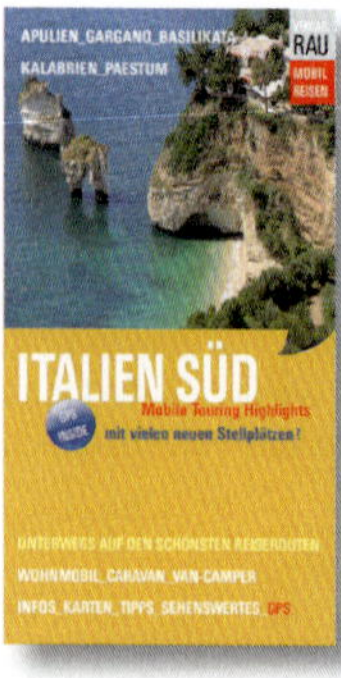

Mobil Reisen: ITALIEN SÜD

Italiens Süden hat viel mehr zu bieten als Sonne, Strand und Meer. Erleben Sie auf den schönsten Reisewegen die süditalienische Region Apulien mit dem hübschen Zentrum der Trullibehausungen und dem imposanten Stauferschloss Castel del Monte, die prächtige Küste der Halbinsel Gargano, sowie die einladendsten Plätze in Kalabrien. Und lernen Sie die Touring Highlights der Basilikata kennen. Natürlich fehlt auch ein Abstecher nach Paestum nicht. Neben jeder Menge an Reisetipps und Sehenswürdigkeiten finden Sie in diesem Tourenbuch eine Vielzahl von Camping- und Wohnmobilstellplätzen sowie vor Ort erfasste GPS-Koordinaten.
240 Seiten. Zahlr. Farbotos, Karten u. Pläne sowie eine Fülle an Tipps.
ISBN 978-3-926145-83-3. € 22,90.
GPS-Roadbook-CD mit Navigationskoordinaten verfügbar!

Mobil Reisen: KORSIKA

Korsika, „Ile de Beauté", die „Insel der Schönheit" besticht durch ihre wunderbare Berglandschaft und ihre herrliche, oft atemberaubende Küstenszenerie. Eine Herausforderung für alle unternehmungslustigen Wohnmobilisten und Caravaner und ein Eldorado für anspruchsvolle Wandertouren.
Hotels, Restaurants, Campingplätze und jede Menge Tipps und Infos.
Mit vor Ort erfassten GPS-Koordinaten.
228 S., zahlreiche Farbfotos., Karten, Stadtpläne.
ISBN 978-3-926145-41-3. € 18,90.
GPS-Roadbook-CD mit Navigationskoordinaten verfügbar!

Mobil Reisen: KROATIEN

Istrien, die Dalmatinische Küste und Kroatiens herrliche Adriainseln auf den schönsten Reisewegen erleben. Dieses praktische Reisehandbuch sagt Ihnen, wo's lang geht. U. a. mit Inseln Cres, Lošinj, Krk, Rab, Pag, Hvar, Korčula u. a., Makarska Riviera, Krka-Wässerfälle, Dubrovnik, Plitvicer Seen, Zagreb, sowie mit einer Fülle an Reisetipps, Infos zu Hotels und jede Menge Campingplätze.
Mit vor Ort erfassten GPS-Koordinaten.
264 S., zahlreiche Farbfotos, Karten, Stadtpläne, Stadtspaziergänge.
ISBN 978-3-926145-81-9. € 18,90.
GPS-Roadbook-CD mit Navigationskoordinaten verfügbar!

Mobil Reisen: LOIRETAL

Komplett überarbeitet, aktualisiert! Noch mehr Womo-Stellplätze!
Die schönsten Reisewege durch das Herz Frankreichs, der Landschaft, in der es sich leben lässt „wie Gott in Frankreich“. Nicht umsonst entstanden hier die prächtigsten Schlösser Frankreichs. Aber auch wer weniger das Historische als viel mehr kulinarische Erlebnisse sucht, wird in der Gegend um das Loiretal auf seine Kosten kommen. Und dieser Reiseführer sagt Ihnen wo's lang geht. Mit vielen Wohnmobil-Stellplätzen und mit vor Ort erfassten GPS-Navigationskoordinaten!
288 S., zahlr. Farbfotos, Karten, Stadtpläne, sowie viele Infos und die schönsten Camping- und Wohnmobilsstellplätze.
ISBN 978-3-926145-85-7. € 19,90.
GPS-Roadbook-CD mit Navigationskoordinaten verfügbar!

Mobil Reisen: NORWEGEN – Reisewege zum Nordkap

Komplett überarbeitet! Aktualisiert! Noch mehr Womo-Stellplätze!
Neue Touren und zusätzliche Routen! Noch übersichtlicher!
Jetzt mit praktischen „Tourenpaketen“ zum Kombinieren, wie z. B. „Südnorwegen“, „Gletscher, Fjells und Fjorde“ oder „Finnmark und Nordkap“.
Durchgehend farbig und noch mehr Fotos und Karten!
Verlässliche Kompetenz aus langjähriger Reiseerfahrung.
Mit vor Ort erfassten GPS-Koordinaten.
408 S., Stadtrundgänge, Wandervorschläge, viele Farbfotos, Karten, Stadtpläne, Hotels, sowie Reise-Infos in Fülle, dazu über 200 Campingplätze und zahlr. Stellplätze.
ISBN 978-3-926145-77-2. € 22,90.
GPS-Roadbook-CD mit Navigationskoordinaten verfügbar!

Mobil Reisen: POLEN

Polen bequem auf eigene Faust kennen lernen. Über die Sudeten und über Schlesien, weiter durch die Karpaten, Zentral- und Ostpolen mit einem ausführlichen Teil über die Hauptstadt Warschau, durch Ermland, die Masurische Seenplatte, durchs Lebuser Land und über Pommern schließlich bis zur Ostseeküste. Alles in bequem nachvollziehbaren Reiserouten beschrieben.
Von Michael Moll, 240 S., viele Farbfotos; Karten, Stadt- u. Lagepläne, Stadtspaziergänge, Hotels und die schönsten Campingplätze.
ISBN 978-3-926145-73-4. € 19,90.

Mobil Reisen: PORTUGAL

Gesamt Portugal, vom grünen Norden bis zur sonnigen Algarveküste, vom kargen, ursprünglichen Alto Alentejo bis zu den Seebädern am Atlantik beschreibt dieser Band auf leicht nachvollziehbaren Touren, die einen kompletten Eindruck von diesem überaus interessanten Reiseland vermitteln. Besonders ausführlich die Weinstadt Porto und natürlich Lissabon, eine der schönsten Hauptstädte Europas.
Mit vor Ort erfassten GPS-Koordinaten.
300 S., zahlr. Farbfotos, Karten, Stadtpläne, Hotels, sowie viele Infos und die schönsten Campingplätze.
ISBN 978-3-926145-64-2. € 19,90.
GPS-Roadbook-CD mit Navigationskoordinaten verfügbar!

Mobil Reisen: SARDINIEN

Ein Reiseziel mit ganz unerwarteten Attraktionen – zauberhafte Küstenszenerien, das größte Dünengebiet ganz Italiens, wunderschöne Seegrotten, mystische Nuraghen, geisterhafte alte Minenstädte und einer der spektakulärsten Canyons in Europa.
Dieses Tourenbuch, gespickt mit jeder Menge Reisetipps, führt auf den schönsten Routen und Wohnmobil-Touren durch Sardinien. Mit Wohnmobil-Stellplätzen, Tipps zu Hotels und Restaurants, Campingplätzen. Mit vor Ort erfassten GPS-Navigationskoordinaten!
252 S., zahlr. Farbfotos, Karten, Stadtpläne.
ISBN 978-3-926145-62-8. € 18,90.
GPS-Roadbook-CD mit Navigationskoordinaten verfügbar!

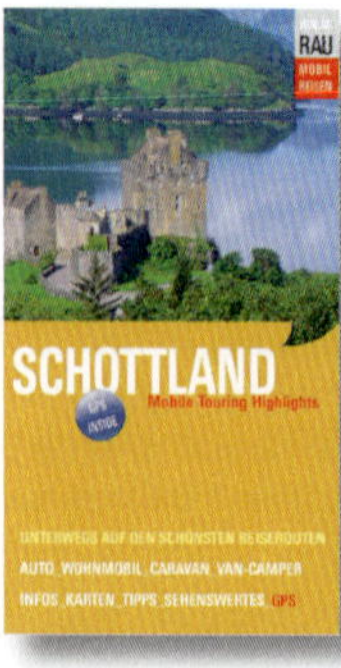

Mobil Reisen: SCHOTTLAND

Schottland auf neuen Wegen erleben. Eine variantenreiche Rundreise – von den Borders bis zu den Highlands, von den Western Isles bis zu den Orkneys. Detaillierte Beschreibung von Edinburgh, Glasgow, allen wichtigen Städten, Schlössern und Landschaften.
Außerdem Essen und Trinken, Whisky, Clans, Tartans und Dudelsäcke, Wandern u.v.m.
336 S., zahlr. Farbfotos., Karten, Stadtpläne, Hotels, sowie viele Infos und die schönsten Campingplätze mit GPS-Koordinaten.
ISBN 978-3-926145-79-6. € 19,90.
GPS-Roadbook-CD mit Navigationskoordinaten verfügbar!

Mobil Reisen: SCHWEDEN - Mit Inseln Öland und Gotland

Komplett überarbeitet, aktualisiert! Noch mehr Wohnmobil-Stellplätze! 22 sorgfältig ausgewählte, vor Ort getestete Reise(mobil)routen und Autotouren durch die schönsten Landschaften, Städte und Regionen. Mit vielen Reisetipps und Informationen über Sehenswertes vom südlichen Schonen bis Lappland. Mit ausführlichem Stockholm-Teil, Stadtrundgänge u. a. durch Helsingborg, Göteborg, Uppsala, Kalmar, sowie die Inseln Öland und Gotland. Mit vor Ort erfassten GPS-Koordinaten.
336 S., zahlr. Farbfotos, Karten, Stadtpläne, Hotels, sowie viele Infos und die schönsten Campingplätze. Mit Wohnmobil-Stellplätzen.
ISBN 978-3-926145-74-1. € 22,90.
GPS-Roadbook-CD mit Navigationskoordinaten verfügbar!

Mobil Reisen: SKANDINAVIEN

Reiseziel Nordkap

Die große Tour zum Nordkap in bequem zu kombinierenden Reiserouten. Mit neuen Touren und vielen Streckenvarianten durch alle vier nordischen Länder – Dänemark, Norwegen, Schweden und Finnland. Ausführliche Beschreibung der Hauptstädte. Übersichtlich, informativ, kompetent. Mit vor Ort erfassten GPS-Koordinaten.

408 S., zahlr. Farbfotos, Karten, Stadtpläne, Hotels, sowie viele Infos und die schönsten Campingplätze und viele Wohnmobil-Stellplätze.

ISBN 978-3-926145-71-0. € 22,90.

GPS-Roadbook-CD mit Navigationskoordinaten verfügbar!

Mobil Reisen: SPANIEN NORD

Spaniens Norden von den Stränden der Costa Brava über die Pyrenäen, durch das grüne Galicien mit dem Pilgerziel Santiago de Compostela bis ins Herz Kastiliens mit den Hochburgen von Kunst, Kultur und Geschichte wie Salamanca oder Segovia.

Ausführlich: **Der Jakobsweg**.

Paradores, Restaurants und die schönsten Camping- und Wohnmobilstellplätze. Mit vor Ort erfassten GPS-Koordinaten.

300 S., zahlr. Farbfotos; Karten und Stadtpläne.

ISBN 978-3-926145-91-8. € 22,90.

Mobil Reisen: SPANIEN SÜD

Eine gelungene Mischung aus Kunst, Kultur, Information und Reisetipps. Ein kompletter Reiseführer, der mehr als nur Routen und Touren bietet. Vom Mittelmeer ins Herz Kastiliens, auf den Spuren der Conquistadores, weiße Dörfer, maurische Paläste und der sonnige Süden Andalusiens.

PLUS: Madrid City Guide.

Mit vor Ort erfassten GPS-Koordinaten.

312 S., zahlreiche Farbfotos, Karten und Stadtpläne. Stadtspaziergänge, Hotels, Paradores, Campings, Wohnmobil-Stellplätze u. v. m.

ISBN 978-3-926145-69-7. € 22,90.

GPS-Roadbook-CD mit Navigationskoordinaten verfügbar.

Mobil Reisen: TOSKANA - Mit Florenz und Insel Elba

Wiege der Renaissance, altes Zentrum von Kunst, Kultur und Wissenschaft und natürlich Eldorado für Weinliebhaber und ein wahres Paradies für kulinarische Entdecker. Ein Autoführer mit bequem zu kombinierenden Reiserouten durch die gesamte Toskana, mit Elba.

Großer Florenz-Teil sowie alle wichtigen Städte, Landschaften und Sehenswürdigkeiten. Mit vor Ort erfassten GPS-Koordinaten.

300 S., zahlr. Farbfotos, Hotels, Restaurants, Camping- u. Reisemobil-Stellplätze, Kartenskizzen, Stadtpläne und viele Infos.

ISBN 978-3-926145-70-3. € 19,90.

GPS-Roadbook-CD mit Navigationskoordinaten verfügbar.

Mobil Reisen: UMBRIEN, MARKEN
Mit San Marino
Auf den schönsten Reiserouten durch die mittelitalienischen Regionen Umbrien und Marken. Reisen Sie von der sehenswerten Hauptstadt Umbriens Perugia über das prächtig gelegene Orvieto bis an die Ufer des Lago di Bolsena, weiter über die einladenden Höhen der Sibellinischen Berge an die adriatische Küste und in die älteste Republik Europas, San Marino. Mit vor Ort erfassten GPS-Koordinaten. 240 S., zahlr. Farbfotos, Hotels, Restaurants, Camping- u. Reisemobil-Stellplätze, Kartenskizzen, Stadtpläne und viele Infos.
ISBN 978-3-926145-76-5. € 19,90.
GPS-Roadbook-CD mit Navigationskoordinaten verfügbar.

Außerdem sind in der Reihe „Mobil Reisen“ erschienen:

Ostsee-Runde

Sizilien

Weitere Titel sind in Vorbereitung!

Fragen Sie im Buchhandel nach unseren aktuellen Neuerscheinungen.

Oder besuchen Sie uns im Internet:

https://www.rau-verlag.de

http://www.mobil-reisen.eu

VERLAG RAU MOBIL REISEN

WERNER RAU VERLAG, Feldbergstraße 54, D - 70569 Stuttgart
www.rau-verlag.de – e-mail: info@rau-verlag.de

Mobil Reisen: OSTSEE-RUNDE

Vorliegend: 4. Auflage 2021/2022